9급 국가직 · 지방직 · 고졸 채용을 위한 **기술직 공무원** 합격 완벽 대비서

전기이론
한권으로 끝내기

TECH
BIBLE

SD에듀
(주)시대고시기획

TECH BIBLE

Always with you

사람이 길에서 우연하게 만나거나 함께 살아가는 것만이 인연은 아니라고 생각합니다.
책을 펴내는 출판사와 그 책을 읽는 독자의 만남도 소중한 인연입니다.
SD에듀는 항상 독자의 마음을 헤아리기 위해 노력하고 있습니다.
늘 독자와 함께하겠습니다.

이 책은

공무원을 준비하는 수험생이 시험 전 반드시 알아두어야 할 이론과 국가직, 지방직 기출문제의 해설을 수록함으로써 이 한 권으로 전기이론 과목의 출제 경향을 파악할 수 있게 집필하였습니다.

이 책의 특징

1. 1편의 핵심이론에서는 다년간의 기출문제 분석을 통하여 11개 단원의 '회로이론' 분야와 7개 단원의 '전자기학' 분야로 분류하여 각 단원의 필수 기본 개념과 이론을 도표, 그림과 함께 수록하여 자세히 설명하였습니다.
2. 이론과 연관성 있는 필수확인문제를 수록하여 기본 개념을 빠르게 확립할 수 있도록 하였고, 각 단원의 적중예상문제를 통하여 응용된 문제까지도 스스로 해결하여 점진적으로 실력이 향상되도록 하였습니다.
3. '회로이론' 분야에서는 전기회로의 여러 법칙과 소자의 특징을 자세히 설명함으로써 직류 및 교류회로에서의 현상을 이해하고 바르게 해석하여 제시된 문제를 빠르게 해결할 수 있도록 하였습니다.
4. '전자기학' 분야에서는 전계와 자계의 다양한 현상과 물리적 개념을 이해하기 쉽게 설명하고, 필수 공식을 제시하여 문제를 어렵지 않게 해결할 수 있도록 하였습니다.
5. 2편의 기출문제에서는 다양한 그림과 회로해석 순서를 도시하고, 수험생의 눈높이에 맞춘 자세한 해설로 초보자도 쉽게 이해할 수 있도록 하였습니다.

현재

기출문제는 기본 개념을 바탕으로 동일한 문제가 반복되거나 조금씩 변화를 주며 출제되고 있으므로 제한된 시간 내에 효율적인 성과를 얻기 위해서는 핵심이론을 통해 개념을 이해하고 반복적인 문제풀이로 실전 감각을 키워야 합니다.

끝으로

이 책을 통해 지금도 곳곳에서 열심히 공부하고 있을 수험생 여러분의 합격을 진심으로 기원하며, 이 책이 출판되기까지 애써주신 SD에듀 편집부 모든 분들께 깊은 감사의 인사를 드립니다.

편저자 강은생

기술직 공무원의 업무

기계, 전기, 화공, 농업, 토목, 건축, 전산 등 각 분야에 대한 전문적이고 기술적인 업무를 수행

응시자격

▶ 9급채용 응시연령 : 18세 이상(고졸자 경력경쟁임용시험은 조기 입학한 17세 해당자도 응시 가능)

▶ 국가공무원법 제33조 및 지방공무원법 제31조(결격사유), 국가공무원법 제74조 및 지방공무원법 제66조(정년)에 해당되는 자 또는 지방공무원 임용령 제65조(부정행위자 등에 대한 조치) 및 부패방지 및 국민권익위원회의 설치와 운영에 관한 법률 제82조(비위면직자 등의 취업제한) 등 관계법령에 의하여 응시자격이 정지된 자는 응시할 수 없음

국가공무원법 제33조, 지방공무원법 제31조(결격사유)

- 피성년후견인
- 파산선고를 받고 복권되지 아니한 자
- 금고 이상의 형을 선고받고 그 집행이 종료되거나 집행을 받지 아니하기로 확정된 후 5년이 지나지 아니한 자
- 금고 이상의 형을 선고받고 그 집행유예 기간이 끝난 날부터 2년이 지나지 아니한 자
- 금고 이상의 형의 선고유예를 선고받고 그 선고유예 기간 중에 있는 자
- 법원의 판결 또는 다른 법률에 따라 자격이 상실되거나 정지된 자
- 공무원으로 재직기간 중 직무와 관련하여 형법 제355조(횡령, 배임) 및 제356조(업무상의 횡령과 배임)에 규정된 죄를 범한 사람으로서 300만원 이상의 벌금형을 선고받고 그 형이 확정된 후 2년이 지나지 아니한 자
- 성폭력범죄의 처벌 등에 관한 특례법 제2조에 규정된 죄를 범한 사람으로서 100만원 이상의 벌금형을 선고받고 그 형이 확정된 후 3년이 지나지 아니한 자
- 미성년자에 대한 다음의 어느 하나에 해당하는 죄를 저질러 파면 · 해임되거나 형 또는 치료감호를 선고받아 그 형 또는 치료감호가 확정된 자(집행유예를 선고받은 후 그 집행유예 기간이 경과한 자를 포함한다)
  – 성폭력범죄의 처벌 등에 관한 특례법 제2조에 따른 성폭력범죄
  – 아동 · 청소년의 성보호에 관한 법률 제2조제2호에 따른 아동 · 청소년대상 성범죄
- 징계로 파면처분을 받은 때부터 5년이 지나지 아니한 자
- 징계로 해임처분을 받은 때부터 3년이 지나지 아니한 자

▶ **거주지 제한(지방직 공무원, 아래의 요건 중 하나를 충족하여야 함)**

- 매년 1월 1일 이전부터 최종시험(면접시험)일까지 계속하여 응시지역에 주민등록상 주소지 또는 국내거소신고(재외국민에 한함)가 되어 있는 자

  📢 동 기간 중 주민등록의 말소 및 거주 불명으로 등록된 사실이 없어야 함

  📢 재외국민(해외영주권자)의 경우 위 요건과 같고 주민등록 또는 국내거소신고 사실증명으로 거주한 사실을 증명함

- 매년 1월 1일 이전까지 주민등록상 주소지 또는 국내거소신고(재외국민에 한함)가 응시지역으로 되어 있었던 기간을 모두 합산하여 총 3년 이상인 자

  📢 각 시 · 도에 따라 다를 수 있음

💡 시험방법

▶ **제1 · 2차 시험(병합실시) : 선택형 필기시험(과목별 20문항, 4지택일형)**

  📢 서류전형 : 필기시험 합격자에 한해 서면으로 실시(응시자격, 가산점 등)

▶ **제3차 시험 : 면접시험(필기시험 합격자 중 서류전형 합격자)**

💡 가산점

▶ **가산점 적용대상자 및 가산점 비율표**

구 분	가산비율	비 고
취업지원대상자	과목별 만점의 10% 또는 5%	• 취업지원대상자 가점과 의사상자 등 가점은 1개만 적용 • 취업지원대상자/의사상자 등 가점과 자격증 가산점은 각각 적용
의사상자 등	과목별 만점의 5% 또는 3%	
직렬별 가산대상 자격증 소지자	과목별 만점의 3~5% (1개의 자격증만 인정)	

  📢 세부 사항은 변경될 수 있으니 원서접수 홈페이지를 확인하시기 바랍니다.

▶ **기술직 가산점**

구 분	9급	
	기술사, 기능장, 기사, 산업기사	기능사
가산비율	5%	3%

  📢 폐지된 자격증으로서 국가기술자격법령 등에 따라 그 자격이 계속 인정되는 자격증은 가산대상 자격으로 인정됨

01

핵심이론/필수확인문제

필수적으로 학습해야 하는 중요한 이론들을 한눈에 이해할 수 있도록 각 단원별로 체계적으로 정리하여 수록하였습니다.

시험 출제경향을 완벽하게 분석하여 핵심이론당 필수적으로 풀어보아야 할 문제를 수록하였습니다.

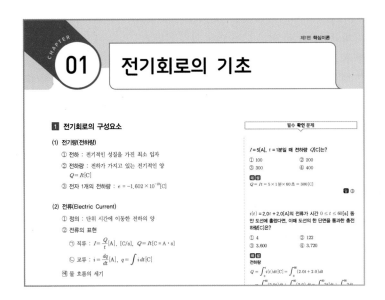

02

적중예상문제

각 단원별로 기본문제에서부터 심화문제까지, 시험에 출제될 가능성이 높은 문제들을 풀어봄으로써 광범위한 이론의 핵심을 빠른 시간 안에 습득할 수 있습니다.

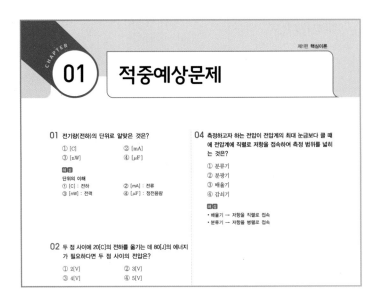

03

국가직·지방직 기출문제

과년도부터 최근까지 시행된 기출문제를 수록했습니다. 과년도 기출문제와 최근에 실시된 기출문제를 풀어보며 최신의 출제경향을 파악할 수 있습니다.

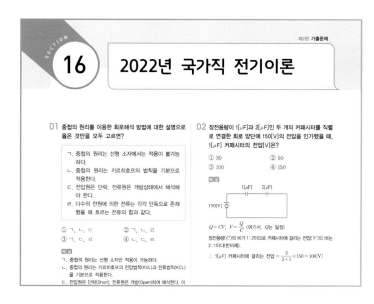

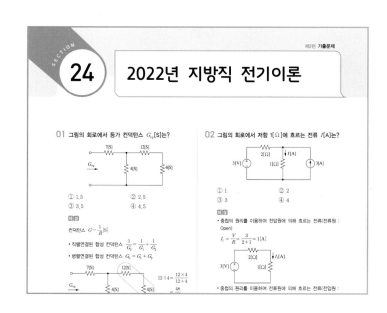

GUIDE

기술직 공무원 [전기이론] 목 차

한눈에 보는 기출문제 분석

한눈에 보는

기출문제 분석

국가직 9급 : 2007~2022년
지방직 9급 : 2009~2022년
서울시 9급 : 2017~2022년
지방직 9급 고졸경채 : 2017~2021년
서울시 9급 고졸경채 : 2020~2021년

Part 01 9급 전기이론 기출문제 종합 분석

출제영역	국가직 (2007~2022년)	지방직 (2009~2022년)	서울시 (2017~2022년)	지방직 고졸경채 (2017~2021년)	서울시 고졸경채 (2020~2021년)	합 계	비 율
전기회로의 기초	5	6	4	5	2	22	2.7%
회로 소자	29	18	24	12	9	92	11.2%
정현파	5	9	0	5	5	24	2.9%
교류회로의 해석	40	28	14	12	1	95	11.6%
공진회로와 전력	38	27	15	13	5	98	12.0%
회로망 해석	43	25	16	10	3	97	11.8%
과도현상	30	21	7	8	0	66	8.0%
4단자망 / 2단자망	5	1	3	0	1	10	1.2%
비정현파	13	8	4	5	1	31	3.8%
3상 회로	42	26	3	11	2	84	10.2%
라플라스 변환과 전달함수	0	2	7	0	0	9	1.1%
진공 중의 정전계	12	6	8	4	2	32	3.9%
진공 중의 도체계와 정전용량	1	0	1	0	0	2	0.2%
유전체	8	7	5	0	1	21	2.6%
진공 중의 정자계	6	3	7	2	3	21	2.6%
전류의 자기현상	17	12	9	9	4	51	6.2%
자성체와 자기회로	8	7	6	1	0	22	2.7%
전자유도와 유도결합 회로	18	14	7	3	1	43	5.2%
합 계	320	220	140	100	40	820	100%

Part 02　9급 국가직 기출문제 분석(2007~2022년)

출제영역	2007	2008	2009	2010	2011	2012	2013	2014	2015	2016	2017	2018	2019	2020	2021	2022	합계	비율
전기회로의 기초	1	0	0	1	0	0	1	0	0	0	1	0	0	0	1	0	5	1.6%
회로 소자	2	0	4	1	1	2	2	3	4	2	1	1	2	0	2	2	29	9.1%
정현파	0	0	0	0	0	0	0	1	1	0	1	0	0	1	1	0	5	1.6%
교류회로의 해석	3	3	3	3	2	2	1	4	3	2	2	2	3	1	3	3	40	12.5%
공진회로와 전력	3	2	1	1	2	2	3	2	1	4	3	2	4	3	3	2	38	11.9%
회로망 해석	2	5	1	4	3	2	2	4	1	3	1	4	2	3	2	4	43	13.4%
과도현상	1	2	2	2	3	3	2	1	2	1	2	2	2	2	1	2	30	9.4%
4단자망 / 2단자망	0	1	0	0	0	1	1	0	0	0	1	0	0	1	0	0	5	1.6%
비정현파	1	0	1	1	1	1	1	0	1	1	1	1	1	1	0	1	13	4.1%
3상 회로	3	2	3	2	4	3	3	1	3	3	2	3	2	3	3	2	42	13.1%
라플라스 변환과 전달함수	0	0	0	0	0	0	0	0	0	0	0	0	0	0	0	0	0	0%
진공 중의 정전계	1	1	0	1	1	1	0	1	1	1	1	0	1	1	0	1	12	3.8%
진공 중의 도체계와 정전용량	0	0	0	0	0	0	0	0	0	0	0	0	0	0	1	0	1	0.3%
유전체	0	1	1	1	1	0	1	0	0	0	0	2	0	0	1	0	8	2.5%
진공 중의 정자계	0	2	0	1	0	0	0	0	0	0	1	0	0	1	1	0	6	1.9%
전류의 자기현상	1	1	2	0	2	0	2	1	2	1	1	0	1	1	0	2	17	5.3%
자성체와 자기회로	1	0	0	0	0	2	0	1	0	1	0	2	0	0	1	0	8	2.5%
전자유도와 유도결합 회로	1	0	2	2	0	1	1	1	1	1	2	1	2	2	0	1	18	5.6%
합 계	20	20	20	20	20	20	20	20	20	20	20	20	20	20	20	20	320	100%

TECH BIBLE

제 **1** 편 핵심이론

9급 국가직 · 지방직 · 고졸 채용을 위한

TECH BIBLE

합격 완벽 대비서

기술직
전기이론

합격의 공식
온라인 강의

잠깐!

혼자 공부하기 힘드시다면 방법이 있습니다.
SD에듀의 동영상강의를 이용하시면 됩니다.
www.sdedu.co.kr ➜ 회원가입(로그인) ➜ 강의 살펴보기

CHAPTER 01 전기회로의 기초

1 전기회로의 구성요소

(1) 전기량(전하량)

① 전하 : 전기적인 성질을 가진 최소 입자

② 전하량 : 전하가 가지고 있는 전기적인 양

$Q = It[\text{C}]$

③ 전자 1개의 전하량 : $e = -1.602 \times 10^{-19}[\text{C}]$

(2) 전류(Electric Current)

① 정의 : 단위 시간에 이동한 전하의 양

② 전류의 표현

㉠ 직류 : $I = \dfrac{Q}{t}[\text{A}]$, $[\text{C/s}]$, $Q = It[\text{C} = \text{A} \cdot \text{s}]$

㉡ 교류 : $i = \dfrac{dq}{dt}[\text{A}]$, $q = \displaystyle\int i\,dt[\text{C}]$

예 물 흐름의 세기

(3) 전 압

① 정의 : 두 지점 사이의 전기적인 에너지차(전위차). 전류가 흐를 수 있게 하는 에너지

② 전압의 표현

㉠ 직류 : $V = \dfrac{W}{Q}[\text{J/C}]$, $[\text{V}]$

㉡ 교류 : $v = \dfrac{dw}{dq}[\text{V}]$

예 물의 높은 곳과 낮은 곳의 위치차

필수 확인 문제

$I = 5[\text{A}]$, $t = 1$분일 때 전하량 $Q[\text{C}]$는?

① 100 ② 200
③ 300 ④ 400

해설
$Q = It = 5 \times 1$분$\times 60$초$= 300[\text{C}]$

답 ③

$i(t) = 2.0t + 2.0[\text{A}]$의 전류가 시간 $0 \le t \le 60[\text{s}]$ 동안 도선에 흘렀다면, 이때 도선의 한 단면을 통과한 총전하량[C]은?

① 4 ② 122
③ 3,600 ④ 3,720

해설
전하량
$$Q = \int_0^t i(t)\,dt[\text{C}] = \int_0^{60}(2.0t + 2.0)\,dt$$
$$= \int_0^{60}(2.0t)\,dt + \int_0^{60}(2.0)\,dt = \int_0^{60}2t^1 dt + \int_0^{60}2\,dt$$
$$= \left[2 \cdot \frac{1}{1+1}t^{1+1}\right]_0^{60} + [2t]_0^{60}$$
$$= \left[2 \cdot \frac{1}{2}t^2\right]_0^{60} + [2t]_0^{60} = [t^2]_0^{60} + [2t]_0^{60}$$
$$= (60^2 - 0^2) + 2 \cdot (60 - 0) = (3,600 - 0) + 2 \cdot (60 - 0)$$
$$= 3,600 + 120 = 3,720[\text{C}]$$

답 ④

어떤 전하가 100[V]의 전위차를 갖는 두 점 사이를 이동하면서 10[J]의 일을 할 수 있다면, 이 전하의 전하량은?

① 0.1[C] ② 1[C]
③ 10[C] ④ 100[C]

해설
$W = VQ$
$$\therefore\ Q = \frac{W}{V} = \frac{10}{100} = 0.1[\text{C}]$$

답 ①

$V=24[\text{V}]$, $I=6[\text{A}]$일 때 컨덕턴스 G는?

① 0.25　　　　　② 0.5
③ 0.75　　　　　④ 1

해설
전류 $I=GV$

$\therefore\ G=\dfrac{I}{V}=\dfrac{6}{24}=\dfrac{1}{4}=0.25[\text{℧}]$

답 ①

정격 5,000[W]인 전열기를 30분 사용할 때 전력량은?

① 1.5　　　　　② 2.0
③ 2.5　　　　　④ 3.0

해설

전력량 $W=Pt=5\times\dfrac{30분}{60분}=5\times\dfrac{1}{2}=2.5[\text{kWh}]$

답 ③

저항 $R=10[\Omega]$, 전압 $V=100[\text{V}]$일 때 전류 $I[\text{A}]$는?

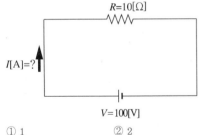

① 1　　　　　② 2
③ 5　　　　　④ 10

해설
$I=\dfrac{V}{R}=\dfrac{100}{10}=10[\text{A}]$

답 ④

(4) 저항(Resistance)과 컨덕턴스(Conductance)

① 저 항

　㉠ 정의 : 전류의 흐름을 방해하는 소자

　㉡ 도체의 저항 : $R=\rho\dfrac{l}{A}[\Omega]$

　㉔ 밸브를 잠그면 물이 흐르지 않는다.

② 컨덕턴스

　㉠ 정의 : 저항의 역수로 전류가 흐르기 쉬운 정도를 나타내는 특성

　㉡ $G=\dfrac{1}{R}[\text{℧}]$

(5) 전력과 전력량

① 전력 : 단위 시간에 공급 또는 소비되는 에너지

　㉠ $P=\dfrac{W}{t}=\dfrac{Q\cdot V}{t}=\dfrac{Q}{t}\cdot V=I\cdot V[\text{W}]\,(W=QV[\text{J}])$

　㉡ $P=VI=\dfrac{V^2}{R}=I^2R[\text{W}]$

② 전력량 : 소자에 의해 일정시간 공급 되거나 소비되는 에너지

　㉠ $W=P\cdot t=VIt[\text{J}]$

2 옴의 법칙(Ohm's Law)

(1) 옴의 법칙

① 정의 : 도체에 흐르는 전류는 전압에 비례하고 저항(임피던스)에 반비례한다는 법칙

② 옴의 법칙의 식 : $I=\dfrac{V}{R}[\text{A}]\,(V=IR[\text{V}],\ R=\dfrac{V}{I}[\Omega])$

전기회로	옴의 법칙
저항 $R[\Omega]$ / 전류 $I[\text{A}]$ / 전압 $V[\text{V}]$	V / I　R

※ 옴의 법칙 해석
• 그림(등가회로)을 그려서 해석한다.
• 미지수 3개 중에 2개를 알면 나머지 하나는 쉽게 구한다(공식 적용).

3 줄(Joule)의 법칙

(1) 도선에 전류가 흐르면 열이 발생한다.

(2) 수동소자 R에 전류 $I[A]$가 $t[s]$ 동안 흐를 때 외부로 방출되는 에너지는 I^2R에 비례한다.

(3) $H = 0.24 I^2 Rt\,[\text{cal}]$

$W = P \cdot t = VIt = I^2 Rt\,[\text{J}]$

$1[\text{J}] = \dfrac{1}{4.2}[\text{cal}] = 0.24[\text{cal}]$

(4) Joule의 법칙은 전기에너지를 열에너지로 변환하는 법칙이다.

4 비열과 열량

(1) 비 열

① 정의 : 어떤 물질 1[kg]의 온도를 1[℃] 높이는데 필요한 열량

② 비열$(c) = \dfrac{\text{열량}(Q)}{\text{질량}(m) \times \text{온도변화}(t)}$ [kcal/(kg · ℃)], [cal/(g · ℃)]

(2) 열 량

① 정의 : 온도가 다른 물체 사이에서 이동하는 열의 양

② 열량$(Q) = $ 비열$(c) \times$ 질량$(m) \times$ 온도변화(t)[cal]
　　　　　 $= 860 \times$ 전력$(P) \times$ 시간$(T)[h] \times$ 효율(η)[cal]

전류 $I = 1[\text{A}]$, 저항 $R = 500[\Omega]$, 시간 $t = 1$분일 때, 열량은 몇 [cal]인가?

① 7,200　　　　　　② 7,400

③ 7,600　　　　　　④ 7,800

해설

$H = 0.24 I^2 Rt\,[\text{cal}]$

$\quad = 0.24 \times (1)^2 \times 500 \times 1\,\text{분} \times 60\,\text{초}$

$\quad = 7,200[\text{cal}]$

답 ①

전압 100[V], 전류 5[A]인 전열기로 물 2[L]를 20[℃]에서 100[℃]로 가열하는데 필요한 시간은?(단, 효율은 1이다)

① 0.342　　　　　　② 0.372

③ 0.402　　　　　　④ 0.432

해설

$T = \dfrac{mc\theta}{860 P \eta} = \dfrac{2 \times 1 \times 80}{860 \times (0.5) \times 1} = 0.3720$ 시간

답 ②

100[W] 전열기를 10분간 사용하면 20[℃]의 물 1[kg]을 몇 도[℃]로 올릴 수 있는가?(단, 물의 비열은 1이고 1[J]은 0.24[cal]이다)

① 34.4　　　　　　② 36.5

③ 38.0　　　　　　④ 39.8

해설

전열기를 10분간 사용하여 발생한 열량

$Q = 0.24 Pt = 0.24 \times 100 \times 10(\text{분}) = 24 \times 10 \times 60(\text{초})$

$\quad = 14,400[\text{cal}]$

온도변화에 따른 열량

$Q = cm \Delta t = 1 \times 1,000 \times \Delta t = 14,400$

$\Delta t = \dfrac{14,400}{1,000} = 14.4[℃]$

상승한 온도 $=$ 처음온도 $+ \Delta t = 20 + 14.4 = 34.4[℃]$

답 ①

우리나라의 상용전압 및 주파수는?

① DC 220[V], 50[Hz]
② DC 220[V], 60[Hz]
③ AC 220[V], 50[Hz]
④ AC 220[V], 60[Hz]

해설
상용전압 AC 220[V], 주파수 60[Hz]

답 ④

보기와 같은 사인파의 주기[s]와 주파수[Hz]가 옳게 짝 지어진 것은?

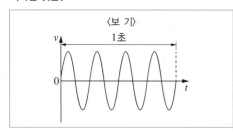

	[s]	[Hz]
①	0.25	4
②	0.25	3
③	0.5	2
④	0.5	1

해설
주기 $T = \dfrac{1}{4} = 0.25[s]$

주파수 $f = \dfrac{1}{T} = \dfrac{1}{\frac{1}{4}} = 4[Hz]$ (1초에 4번 반복)

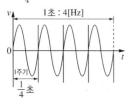

답 ①

5 전기의 구분

(1) 직류와 교류

① 직류(DC ; Direct Current)
　㉠ 정의 : 시간이 지남에 따라 크기와 방향이 일정한 전압 및 전류
　㉡ 표기방법 : 알파벳 대문자로 표기(V, I, P)

② 교류(AC ; Alternate Current)
　㉠ 정의 : 시간이 지남에 따라 크기와 방향이 바뀌는 전압 및 전류
　㉡ 표기방법 : 알파벳 소문자로 표기(v, i, p)

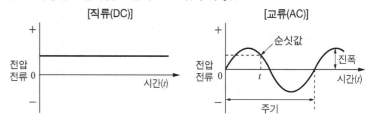

(2) 주파수와 주기

① 주파수(Frequency)
　㉠ 1초 동안에 전류(일정한 파형)의 방향이 바뀌는 횟수
　㉡ 초당 몇 번의 주기로 파동이 진동하느냐를 나타냄

② 주파수 $f = \dfrac{1}{T}[Hz]$

③ 우리나라 상용주파수(Commercial Frequency) : 60[Hz]

④ 주기 $T = \dfrac{1}{f}[s]$

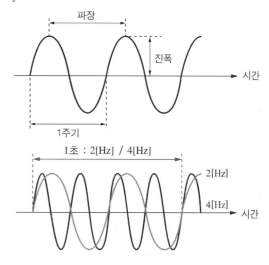

6 열전 효과(Thermoelectric Effect)

제베크 효과, 펠티에 효과, 톰슨 효과의 3가지 열과 전기의 상관현상을 총칭

(1) 제베크 효과(Seebeck Effect)

① 두 종류의 금속을 고리 모양으로 연결(폐회로 구성)하고, 한쪽 접점을 고온, 다른 쪽을 저온으로 했을 때 그 회로에 기전력(열기전력)이 발생하여 일정한 방향으로 전류가 흐르는 현상

② 다른 금속 → 온도차 → 전압 발생

(2) 펠티에 효과(Peltier Effect)

① 다른 종류의 금속을 접속해 전류가 흐를 때 접합부에서 열의 발생 또는 흡수가 일어나는 현상

② 금속의 양쪽에 전위차를 걸어 주면 열이 흘러서 양쪽 끝에 온도차를 만들어 내는 효과

③ 다른 금속 → 전류 → 발열·흡열

(3) 톰슨 효과(Thomson Effect)

① 동일한 금속에서 부분적인 온도차가 있을 때 전류를 흘리면 발열 또는 흡열이 일어나는 현상

② 같은 금속 → 전류 → 발열·흡열

7 패러데이 전기 분해 법칙(Faraday's Law of Electrolysis)

(1) 전지 분해에서 생성되거나 소모된 물질의 질량은 흘려 준 전하량에 비례한다.

(2) 흐른 전하량이 일정할 때 석출되는 물질의 질량은 각 물질의 화학당량(원자량/이온의 전하수)에 비례한다.

서로 다른 금속선으로 된 폐회로의 두 접합점의 온도를 다르게 하였을 때 열기전력이 발생하는 효과로 가장 옳은 것은?

① 톰슨(Thomson) 효과
② 핀치(Pinch) 효과
③ 제베크(Seebeck) 효과
④ 펠티에(Peltier) 효과

해설

③ 제베크 효과 : 두 종류의 금속을 고리 모양으로 연결(폐회로 구성)하고, 한쪽 접점을 고온, 다른 쪽을 저온으로 했을 때 그 회로에 기전력(열기전력)이 발생하여 일정한 방향으로 전류가 흐르는 현상

① 톰슨 효과 : 동일한 금속에서 부분적인 온도차가 있을 때 전류를 흘리면 발열 또는 흡열이 일어나는 현상

② 핀치 효과 : 기체 중을 흐르는 전류는 동일 방향의 평행 전류 간에 작용하는 흡인력에 의해 중심을 향해서 수축하려는 성질로 인한 현상

④ 펠티에 효과 : 다른 종류의 금속을 접속해 전류가 흐를 때 접합부에서 열의 발생 또는 흡수가 일어나는 열전현상. 즉, 금속의 양쪽에 전위차를 걸어 주면 열이 흘러서 양쪽 끝에 온도차를 만들어 내는 효과

답 ③

(가)와 (나)에 대한 전기현상을 바르게 연결한 것은?

> (가) 두 종류의 금속을 고리 모양으로 양끝을 접속하고 두 접속점에 서로 다른 온도를 가하면 기전력이 발생하여 일정한 방향으로 전류가 흐른다.
>
> (나) 전기 분해에 의해서 석출되는 물질의 양은 전해액을 통과한 총 전기량에 비례하며, 같은 전기량에 의해서 여러 가지 화합물이 전해될 때 석출되는 물질의 양은 각 물질의 화학당량에 비례한다.

	(가)	(나)
①	제베크 효과	렌츠의 법칙
②	제베크 효과	패러데이의 법칙
③	펠티에 효과	렌츠의 법칙
④	펠티에 효과	패러데이의 법칙

해설

• 제베크 효과 : 두 종류의 금속을 고리 모양으로 연결(폐회로 구성)하고, 한쪽 접점을 고온, 다른 쪽을 저온으로 했을 때 그 회로에 기전력(열기전력)이 발생하여 일정한 방향으로 전류가 흐르는 현상

• 패러데이의 법칙 : 전지 분해에서 생성되거나 소모된 물질의 질량은 흘려 준 전하량에 비례한다. 흐른 전하량이 일정할 때 석출되는 물질의 질량은 각 물질의 화학당량(원자량/이온의 전하수)에 비례한다.

답 ②

100[V] 전압계로 200[V]를 측정하고자 한다. 전압계 내부 저항이 5,000[Ω]일 때 배율기 저항 R_m은?

① 2,500　　　　　② 5,000

③ 7,500　　　　　④ 10,000

해설

$$R_m = (m-1)R_v[\Omega]$$
$$= (2-1) \times 5,000[\Omega]$$
$$= 5,000[\Omega]$$

답 ②

전압계의 측정 범위를 넓히기 위해 내부저항 R_V인 전압계에 직렬로 저항 R_m을 접속하여 그림의 ab 양단 전압을 측정하였다. 전압계의 지시전압이 V_0일 때 ab 양단 전압은?

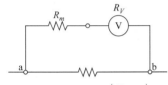

① V_0

② $V_0\left(\dfrac{R_m}{R_V}-1\right)$

③ $V_0\left(\dfrac{R_m}{R_V}\right)$

④ $V_0\left(\dfrac{R_m}{R_V}+1\right)$

해설

배율기

$$V_0 = \frac{R_V}{R_m + R_V} \times V_{ab}[V]$$

$$\therefore \ V_{ab} = \frac{(R_m + R_V)}{R_V} \times V_0 = \left(1 + \frac{R_m}{R_V}\right) \times V_0$$

답 ④

10[mA] 전류계로 100[mA]를 측정하고자 한다. 전류계 내부저항이 2[Ω]일 때 분류기 저항 R_s는?

① 0.11　　　　　② 0.22

③ 0.33　　　　　④ 0.44

해설

$$R_s = \frac{R_a}{(m-1)}[\Omega] = \frac{2}{(10-1)} = \frac{2}{9} = 0.22[\Omega]$$

답 ②

8 전기회로의 측정

(1) 검류계(G, Galvanometer)

① 브리지 평형 시 눈금은 0을 지시한다.

② 1[mA] 이하의 미소전류를 측정한다.

(2) 배율기(Multiplier)

전압계 측정 범위 확대, 직렬저항 연결

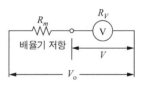

$$R_m = (m-1)R_v[\Omega]$$

R_m : 배율기 저항, m : 배율, R_v : 전압계 내부저항

(3) 분류기(Shunt)

전류계 측정 범위 확대, 병렬저항 연결

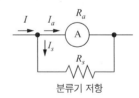

$$R_s = \frac{R_a}{(m-1)}[\Omega]$$

R_s : 분류기 저항, m : 배율, R_a : 전류계 내부저항

(4) 전압계 · 전류계 연결과 전력

전력 $P = VI - I^2 R_a \, [\text{W}]$	전력 $P = VI - \dfrac{V^2}{R_v} \, [\text{W}]$
전류계 A E —||— V 전압계 $\gtrless$ 부하	전류계 A E —||— V 전압계 $\gtrless$ 부하

적중예상문제

01 전기량(전하)의 단위로 알맞은 것은?

① [C] ② [mA]
③ [nW] ④ [μF]

해설
단위의 이해
① [C] : 전하 ② [mA] : 전류
③ [nW] : 전력 ④ [μF] : 정전용량

02 두 점 사이에 20[C]의 전하를 옮기는 데 80[J]의 에너지가 필요하다면 두 점 사이의 전압은?

① 2[V] ② 3[V]
③ 4[V] ④ 5[V]

해설
전압 $V = \dfrac{W}{Q} = \dfrac{80}{20} = 4[\mathrm{V}]$

03 옴의 법칙은 저항에 흐르는 전류와 전압의 관계를 나타낸 것이다. 회로의 저항이 일정할 때 전류는?

① 전압에 비례한다.
② 전압에 반비례한다.
③ 전압의 제곱에 비례한다.
④ 전압의 제곱에 반비례한다.

해설
저항이 일정할 때 $\uparrow I = \dfrac{V \uparrow}{R}$

04 측정하고자 하는 전압이 전압계의 최대 눈금보다 클 때에 전압계에 직렬로 저항을 접속하여 측정 범위를 넓히는 것은?

① 분류기
② 분광기
③ 배율기
④ 감쇠기

해설
• 배율기 → 저항을 직렬로 접속
• 분류기 → 저항을 병렬로 접속

05 정격전압에서 1[kW]의 전력을 소비하는 저항에 정격의 80[%] 전압을 가할 때의 전력[W]은?

① 320 ② 540
③ 640 ④ 860

해설
$P = \dfrac{V^2}{R}$
$P \propto V^2$
$1,000 \times 0.8^2 = 640[\mathrm{W}]$

06

800[kW], 역률 80[%]의 부하가 있다. $\frac{1}{4}$ 시간 동안 소비되는 전력량[kWh]은?

① 800
② 600
③ 400
④ 200

해설
$W = Pt = 800 \times 0.25 = 200[\text{kWh}]$

07

반지름이 5[mm]인 구리선에 10[A]의 전류가 흐르고 있을 때 단위 시간당 구리선의 단면을 통과하는 전자의 개수는?(단, 전자의 전하량 $e = 1.602 \times 10^{-19}$[C]이다)

① 6.24×10^{17}　　② 6.24×10^{19}
③ 1.28×10^{21}　　④ 1.28×10^{23}

해설
• 전하 $Q = It = ne$, $e = 1.602 \times 10^{-19}$[C] 대입
• 전자의 개수 $n = \dfrac{t}{e} \times I = \dfrac{1}{1.602 \times 10^{-19}} \times 10 \fallingdotseq 6.24 \times 10^{19}$ 개

08 다음 설명 중 옳지 않은 것은?

① 전류가 흐르고 있는 금속선에 있어서 임의의 두 점 간의 전위차는 전류에 비례한다.
② 저항의 단위는 옴[Ω]을 사용한다.
③ 금속선의 저항 R은 길이 l에 반비례한다.
④ 저항률(ρ)의 역수를 도전율이라고 한다.

해설
$R = \rho \dfrac{l}{S} = \dfrac{l}{\sigma S}[\Omega]$, 저항은 금속선의 길이에 비례한다.

09 다음 괄호 안의 ㉠과 ㉡에 들어갈 알맞은 내용은?

> 도체의 전기전도는 도전율로 나타내는데 이는 도체 내의 자유전하밀도에 (㉠)하고, 자유전하의 이동도에 (㉡)한다.

① ㉠ 비례　　　㉡ 비례
② ㉠ 반비례　　㉡ 반비례
③ ㉠ 비례　　　㉡ 반비례
④ ㉠ 반비례　　㉡ 비례

해설
도체의 전기도전율은 도체 내의 자유전하밀도와 자유전하의 이동도에 비례한다.

$$\text{전도율} = \frac{1}{\text{고유저항}}$$

10 다음 중 틀린 것은?

① 도체의 전류밀도 J는 가해진 전기장 E에 비례하여 온도변화와 무관하게 항상 일정하다.
② 도전율의 변화는 원자구조, 불순도 및 온도에 의하여 설명이 가능하다.
③ 전기저항은 도체의 재질, 형상, 온도에 따라 결정되는 상수이다.
④ 고유저항의 단위는 [$\Omega \cdot$ m]이다.

해설
도체의 저항은 온도가 상승하면 증가하는 정부하 특성을 가지므로 옴의 법칙에 따라 전류밀도도 변하게 된다.

11 직류 500[V] 절연저항계로 절연저항을 측정하니 2[MΩ]이 되었다면 누설전류는?

① 25[μA]

② 250[μA]

③ 1,000[μA]

④ 1,250[μA]

해설

누설전류 $I = \dfrac{V}{R} = \dfrac{500}{2 \times 10^6} = 250 \times 10^{-6}[\text{A}] = 250[\mu\text{A}]$

13 간격 50[cm]인 평행 도체판 사이에 10[Ω·m]인 물질을 채웠을 때 단위 면적당의 저항은 몇 [Ω]인가?

① 1[Ω]

② 5[Ω]

③ 10[Ω]

④ 15[Ω]

해설

$R = \rho \dfrac{l}{A} = 10[\Omega \cdot \text{m}] \times \dfrac{0.5[\text{m}]}{1[\text{m}^2]} = 5[\Omega]$

12 고유저항이 $\rho[\Omega \cdot \text{m}]$, 한 변의 길이가 r[m]인 정육면체의 저항[Ω]은?

① $\dfrac{\rho}{\pi r}$

② $\dfrac{r}{\rho}$

③ $\dfrac{\pi r}{\rho}$

④ $\dfrac{\rho}{r}$

해설

$R = \rho \dfrac{l}{A}[\Omega]$에서 정육면체 한변의 길이가 r[m]이므로 $A = r^2$,

$l = r$을 대입하면

$\therefore R = \rho \dfrac{l}{A} = \rho \dfrac{r}{r^2} = \dfrac{\rho}{r}[\Omega]$

14 1.2[kW]의 전열기를 45분간 사용할 때 발생한 열량[kcal]은?

① 471

② 542

③ 673

④ 778

해설

• 일 $W = Pt = 1.2[\text{kW}] \times 45 \times 60[\text{s}] = 3,240[\text{kJ}]$

• 열량 $H = 0.24W[\text{kcal}] = 0.24 \times 3,240 \fallingdotseq 778[\text{kcal}]$

15 10^6[cal]의 열량은 몇 [kWh] 정도의 전력량에 상당하는가?

① 0.06   ② 1.16

③ 2.27   ④ 4.17

해설

단위 변환 : $1[\text{kWh}] = 860[\text{kcal}]$

$1[\text{kWh}] : 860[\text{kcal}] = W[\text{kWh}] : 10^3[\text{kcal}]$

$W[\text{kWh}] = \dfrac{1[\text{kWh}]}{860[\text{kcal}]} \times 10^3[\text{kcal}] \fallingdotseq 1.16[\text{kWh}]$

16 제베크(Seebeck)효과를 이용한 것은?

① 광전지   ② 열전대

③ 전자냉동   ④ 수정 발진기

해설

제베크효과 : 두 종류의 금속 접속면에 온도차를 주면 기전력이 발생하는 현상으로 주로 열전대에 이용한다.

17 하나의 금속에서 전류의 흐름으로 인한 온도 구배부분의 줄열 이외의 발열 또는 흡열에 관한 현상은?

① 펠티에효과(Peltier Effect)

② 볼타 법칙(Volta Law)

③ 제베크효과(Seebeck Effect)

④ 톰슨효과(Thomson Effect)

해설

④ 톰슨효과 : 동일한 금속 도선에 전류를 흘리면 열이 발생되거나 흡수하는 현상

① 펠티에효과 : 두 종류의 금속선에 전류를 흘리면 접속점에서의 열의 흡수 또는 발생하는 현상

② 볼타효과 : 유전체와 유전체, 유전체와 도체를 접촉시키면 전자가 이동하여 양, 음으로 대전되는 현상

③ 제베크효과 : 두 종류 금속 접속면에 온도차를 주면 기전력이 발생하는 현상

18 두 종류의 금속 접합면에 전류를 흘리면 접속점에서 열의 흡수 또는 발생이 일어나는 현상은?

① 제베크효과   ② 펠티에효과

③ 톰슨효과   ④ 파이로효과

해설

② 펠티에효과 : 두 종류의 금속선에 전류를 흘리면 접속점에서의 열의 흡수 또는 발생이 일어나는 현상

① 제베크효과 : 두 종류 금속 접속면에 온도차를 주면 기전력이 발생하는 현상

③ 톰슨효과 : 동일한 금속 도선에 전류를 흘리면 열이 발생되거나 흡수가 일어나는 현상

④ 파이로효과 : 전기석이나 타이타늄산바륨의 결정에 가열을 하거나 냉각을 시키면 결정의 한 쪽 면에는 (+)전하, 다른 쪽 면에는 (−)전하가 나타나는 분극현상

19 도체나 반도체에 전류를 흘리고 이것과 직각 방향으로 자계를 가하면 이 두 방향과 직각 방향으로 기전력이 생기는 현상을 무엇이라 하는가?

① 홀효과　　　　　　② 핀치효과
③ 볼타효과　　　　　④ 압전효과

해설

① 홀효과 : 도체나 반도체에 전류를 흘리고 이것과 직각 방향으로 자계를 가하면 이 두 방향과 직각 방향으로 기전력이 생기는 현상
② 핀치효과 : 직류전압 인가 시 전류가 도선 중심 쪽으로 집중되어 흐르려는 현상을 핀치 효과(Pinch Effect)라 한다.
③ 볼타효과 : 유전체와 유전체, 유전체와 도체를 접촉시키면 전자가 이동하여 양, 음으로 대전되는 현상
④ 압전효과 : 수정, 전기석, 로셀염, 타이타늄산바륨에 압력이나 인장을 가하면 그 응력으로 인하여 전기분극과 분극전하가 나타나는 현상

20 두 종류의 금속으로 된 폐회로에 전류를 흘리면 양 접속점에서 한쪽은 온도가 올라가고 다른 쪽은 온도가 내려가는 현상을 무엇이라 하는가?

① 볼타(Volta)효과
② 제베크(Seebeck)효과
③ 펠티에(Peltier)효과
④ 톰슨(Thomson)효과

해설

③ 펠티에효과 : 두 종류의 금속선에 전류를 흘리면 접속점에서의 열의 흡수 또는 발생하는 현상
① 볼타효과 : 유전체와 유전체, 유전체와 도체를 접촉시키면 전자가 이동하여 양, 음으로 대전되는 현상
② 제베크효과 : 두 종류 금속 접속면에 온도차를 주면 기전력이 발생하는 현상
④ 톰슨효과 : 동일한 금속 도선에 전류를 흘리면 열이 발생되거나 흡수하는 현상

02 회로 소자

1 소자의 구분

(1) 능동소자 : 에너지를 생성함(전원)

(2) 수동소자 : 에너지를 생성하지 못함(저항, 인덕턴스, 커패시터)

2 전 원

(1) 전원의 종류

① 독립전원

㉠ 독립전압원

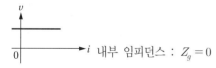

• 기호 :

• 이상적인 전압원

내부 임피던스 : $Z_g = 0$

• 실제 전압원

내부 임피던스 : $Z_g \neq 0$

필수 **확인 문제**

독립전원과 종속전압원이 포함된 다음의 회로에서 저항 20 [Ω]의 전압 V_a[V]는?

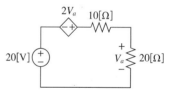

① −40 ② −20
③ 20 ④ 40

해설

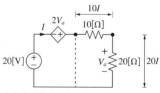

전압원 20[V]에 대한 회로의 전류를 I라고 할 때, 저항 20[Ω]에 걸리는 전압 $V_a = 20 \cdot I$[V]이고, 종속전원 $2V_a = 2 \cdot 20 \cdot I = 40I$[V]이다.
직렬회로에 대한 키르히호프 법칙(KVL)에 따라
Σ 전압원 = Σ 전압강하이므로
$20 + 40I = 10I + 20I$
따라서 회로 전체에 흐르는 전류 $I = -2$[A]
종속전원 $2V_a = 40I = 40(-2) = -80$
∴ $V_a = -40$[V]

답 ①

그림과 같은 연산증폭기 회로에서 $v_1 = 1[V]$, $v_2 = 2[V]$, $R_1 = 1[\Omega]$, $R_2 = 4[\Omega]$, $R_3 = 1[\Omega]$, $R_4 = 4[\Omega]$일 때, 출력 전압 v_0의 값[V]은?(단, 연산증폭기는 이상적이라고 가정한다)

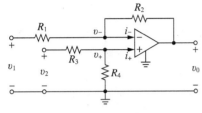

① 1[V]　　　　　② 2[V]
③ 3[V]　　　　　④ 4[V]

해설

이상적인 증폭기의 특성

- 전압제한 : $V_+ = V_-$
- 전류제한 : $i_+ = i_-$

$$2 \times \frac{4}{4+1} = 0.4[V] \qquad (\text{내부 } Z = \infty)$$

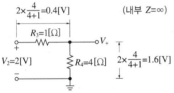

$V_+ = 1.6[V]$,　$V_+ = V_-$이므로　$V_- = 1.6[V]$

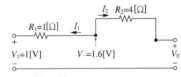

$$\frac{V_- - V_1}{R_1} + \frac{V_- - V_0}{R_2} = 0$$

$$\frac{1.6 - 1}{1} + \frac{1.6 - V_0}{4} = 0$$

$$4 \cdot 0.6 + 1.6 = V_0$$

$$\therefore V_0 = 4[V]$$

답 ④

ⓒ 독립전류원

- 기호 :

- 이상적인 전류원

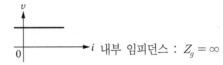

   내부 임피던스 : $Z_g = \infty$

- 실제 전류원

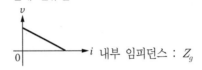

   내부 임피던스 : Z_g

② 종속전원

ⓐ 종속 전압원

- 전압제어 종속 전압원
- 전류제어 종속 전압원

> ※ 대표 종속 전압원 : 연산증폭기(OP AMP)
>
>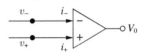
>
> - 이상적인 OP AMP의 조건
>   - 내부저항 : $R_i = \infty$
>   - 출력저항 : $R_o = 0$
> - 이상적인 OP AMP의 특성
>   - 두 입력 단자의 전압은 같다($v_+ = v_-$).
>   - 두 입력 단자로 흘러 들어가는 전류는 0이다($i_+ = i_-$).

ⓑ 종속 전류원

- 전압제어 종속 전류원
- 전류제어 종속 전류원

(2) 전지의 기전력

① 내부저항이 있는 전지

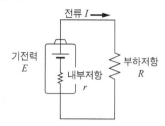

$$\bigcirc \ I = \frac{E}{r+R}[\text{A}]$$

ⓛ 내부저항(r)과 부하저항(R)이 같을 때 최대 전력 전달 조건

$$I = \frac{E}{2R}[\text{A}]$$

② 전지의 직렬연결(n개)

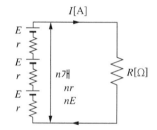

ⓛ 전력은 n배 증가하고 용량은 일정

ⓛ $I = \dfrac{nE}{nr+R}[\text{A}]$

③ 전지의 병렬연결(m개)

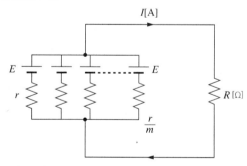

ⓛ 용량은 m배 증가하고, 기전력은 일정

ⓛ $I = \dfrac{E}{\dfrac{r}{m}+R}[\text{A}]$

④ 전지의 직렬(n개), 병렬(m개)연결

$$I = \frac{nE}{\dfrac{n}{m}r+R}[\text{A}]$$

부하저항 10[Ω], 내부저항 5[Ω], 기전력 30[V]일 때 전류는?

① 1　　　　　　② 2
③ 3　　　　　　④ 4

해설

$$I = \frac{E}{r+R} = \frac{30}{5+10} = \frac{30}{15} = 2[\text{A}]$$

답 ②

기전력 1.5[V], 내부저항 0.2[Ω]인 전지가 15개 있다. 이것들을 모두 직렬로 접속하여 3[Ω]의 부하저항을 연결할 경우의 부하전류값[A]과, 모두 병렬로 접속하여 3[Ω]의 부하저항을 연결할 경우의 부하전류값[A]을 가장 가깝게 나타낸 것은?

	직 렬	병 렬
①	3.25	0.75
②	3.75	0.75
③	3.25	0.5
④	3.75	0.5

해설

- 직렬접속 시
  - 내부저항 $r_0 = n \times R = 15$개 $\times 0.2 = 3[\Omega]$
  - 기전력 $E_0 = n \times E = 15$개 $\times 1.5 = 22.5[\text{V}]$
  - 전류 $I_{직렬} = \dfrac{E}{r+R} = \dfrac{22.5}{3+3} = 3.75[\text{A}]$

- 병렬접속 시
  - 내부저항 $r_0 = \dfrac{R}{n} = \dfrac{0.2}{15개} ≒ 0.013[\Omega]$
  - 기전력 $E_0 = E = 1.5[\text{V}]$
  - 전류 $I_{병렬} = \dfrac{E}{r+R} = \dfrac{1.5}{0.013+3} = 0.4978 ≒ 0.5[\text{A}]$

답 ④

굵기가 일정한 원통형의 도체를 체적은 고정시킨 채 길게 늘여 지름이 절반이 되도록 하였다. 이 경우 길게 늘인 도체의 저항값은?

① 원래 도체의 저항값의 2배가 된다.
② 원래 도체의 저항값의 4배가 된다.
③ 원래 도체의 저항값의 8배가 된다.
④ 원래 도체의 저항값의 16배가 된다.

해설
• 도체의 저항

$R = \rho \dfrac{l}{A}[\Omega]$, $A = \pi r^2$에서 $r = \dfrac{1}{2}$로 한다.

$\therefore R = \rho \dfrac{l}{\pi r^2}$, $r = \dfrac{1}{2}r$ 대입

$\quad = \rho \dfrac{l}{\pi \left(\dfrac{1}{2}r\right)^2} = \rho \dfrac{l}{\pi \left(\dfrac{1}{4}r^2\right)}$

• 체적이 고정되어 있는 상태에서 단면적 $A = \dfrac{1}{4}$이 되면, 길이 l은 비례해서 4배가 된다.

$R = \rho \dfrac{4l}{\dfrac{\pi r^2}{4}} = \rho \dfrac{16l}{\pi r^2}$

$\therefore$ 도체의 저항은 16배 커진다.

답 ④

그림과 같은 색띠 저항에 10[V]의 직류전원을 연결하면 이 저항에서 10분간 소모되는 열량[cal]은?(단, 색상에 따른 숫자는 다음 표와 같으며, 금색이 의미하는 저항값의 오차는 무시한다)

색상	검정	갈색	빨강	주황	노랑	녹색	파랑	보라	회색	흰색
숫자	0	1	2	3	4	5	6	7	8	9

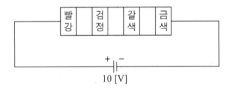

① 12
② 36
③ 72
④ 144

해설
• 저항값(빨강/검정/갈색/금색) ⇒ $R = 200[\Omega] \pm 5[\%]$
• 열량

$H = 0.24 I^2 R t [\text{cal}] = 0.24 \times \left(\dfrac{V}{R}\right)^2 \times R \times t$

$\quad = 0.24 \times \left(\dfrac{10}{200}\right)^2 \times 200 \times 10분 \times 60초$

$\quad = \dfrac{2,880,000}{40,000} = 72[\text{cal}]$

답 ③

---

3 저 항

(1) 도체의 전기저항

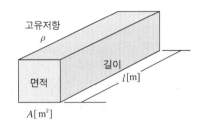

① $R = \rho \dfrac{l}{A}[\Omega]$

② 길이 l에 비례, 단면적 A에 반비례

③ 고유저항 $\rho = \dfrac{RA}{l}[\Omega \cdot \text{m}^2/\text{m}] = [\Omega \cdot \text{m}]$

④ 도전율 $\sigma = \dfrac{1}{\rho} = \dfrac{l}{RA} = [\text{℧}/\text{m}]$

⑤ 저항온도계수 $\alpha [1/℃]$
　㉠ 저항이 온도에 따라서 얼마나 영향을 받는지 나타내는 계수
　㉡ 특정 온도에서 온도가 1[℃] 변할 때의 저항 변화 비율

⑥ 온도에 따른 저항의 변화값
　$R = R_0 (1 + \alpha \Delta T)[\Omega]$
　(R_0 : 기준온도에 따른 저항값, Δt : 기준온도에서의 온도변화값)

(2) 색띠 저항 읽는 법(4개띠 저항)

색 상		제1숫자 (10자리)	제2숫자 (1자리)	제3숫자 (승수)	제4숫자 (오차)
검은색	Black	0	0	$10^0(1)$	
갈 색	Brown	1	1	$10^1(10)$	±1[%]
빨간색	Red	2	2	$10^2(100)$	±2[%]
주황색	Orange	3	3	$10^3(1,000)$	
노란색	Yellow	4	4	$10^4(10,000)$	
초록색	Green	5	5	$10^5(100,000)$	±0.5[%]
파란색	Blue	6	6	$10^6(1,000,000)$	
보라색	Purple/Violet	7	7	$10^7(10,000,000)$	
회 색	Gray	8	8	$10^8(100,000,000)$	
흰 색	White	9	9	$10^9(1,000,000,000)$	
금 색	Gold			$10^{-1}(0.1)$	±5[%]
은 색	Silver			$10^{-2}(0.01)$	±10[%]
무(無)색	No color				±20[%]

(3) 직렬접속(Series Connection) 회로 : 전류가 같다.

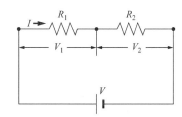

① 직렬연결 : 전류는 각 저항에 일정하게 흐르며 전압은 각 저항에 비례 분배

② 합성 저항

$$R_0 = R_1 + R_2[\Omega], \ R_0 = R_1 + R_2 + R_3 + \cdots\cdots + R_n = \sum_{k=1}^{n} R_k[\Omega]$$

③ 전체 전압

$$V = IR = V_1 + V_2[V] = IR_1 + IR_2 = I(R_1 + R_2)$$

④ 전압 분배(저항에 비례)

$$V_1 = IR_1[V] = \frac{R_1}{R_1 + R_2} \times V[V]$$

$$V_2 = IR_2[V] = \frac{R_2}{R_1 + R_2} \times V[V]$$

⑤ 전체 전류

$$I = \frac{V}{R_0}[A]$$

(4) 병렬접속(Parallel Connection) 회로 : 전압이 같다.

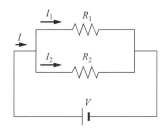

① 병렬연결 : 전압은 각 저항에 일정하며 전류는 각 저항에 반비례 분배

② 합성 저항

$$R_0 = \frac{R_1 \times R_2}{R_1 + R_2}[\Omega] \text{(분모는 더하고, 분자는 곱한다)}$$

$$\frac{1}{R_0} = \frac{1}{R_1} + \frac{1}{R_2} + \frac{1}{R_3} + \cdots\cdots + \frac{1}{R_n} = \sum_{k=1}^{n} \frac{1}{R_k}[1/\Omega]$$

$$G_0 = G_1 + G_2 + G_3 + \cdots\cdots + G_n = \sum_{k=1}^{n} G_k[\mho]$$

다음 회로에서 합성 저항 R_0, 전체 전류 I, 분배 전압 V_1, V_2의 값은?

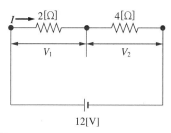

① 6[Ω], 1[A], 3[A], 6[V]

② 6[Ω], 2[A], 4[A], 8[V]

③ 7[Ω], 1[A], 3[A], 6[V]

④ 7[Ω], 2[A], 4[A], 8[V]

해설

• 합성 저항 $R_0 = R_1 + R_2 = 2 + 4 = 6[\Omega]$

• 전체 전류 $I = \dfrac{V}{R_0} = \dfrac{12}{6} = 2[A]$

• 분배 전압

　– 전류와 저항을 아는 경우

　　$V_1 = IR_1 = 2 \times 2 = 4[V], \ V_2 = IR_2 = 2 \times 4 = 8[V]$

　– 저항과 전압을 아는 경우

　　$V_1 = \dfrac{R_1}{R_1 + R_2} \times V = \dfrac{2}{2+4} \times 12 = 4[V]$

　　$V_2 = \dfrac{R_2}{R_1 + R_2} \times V = \dfrac{4}{2+4} \times 12 = 8[V]$

※ 결과적으로 분배 전압의 계산 결과가 같다.

답 ②

$R_1 = 3[\Omega]$, $R_2 = 3[\Omega]$, $R_3 = 3[\Omega]$일 때 직렬 합성 저항 R_0은?

① 3　　　　　　　② 6

③ 9　　　　　　　④ 12

해설

풀이 1 : $R_0 = R_1 + R_2 + R_3[\Omega] = 3 + 3 + 3 = 9[\Omega]$

풀이 2 : 합성 저항 $R_0 = n \times R[\Omega] = 3$개$\times 3[\Omega] = 9[\Omega]$

※ 계산 결과가 같다.

답 ③

$R_1 = 3[\Omega]$, $R_2 = 3[\Omega]$, $R_3 = 3[\Omega]$일 때 병렬 합성 저항 R_0의 값은?

① 1　　　　　　② 2
③ 3　　　　　　④ 4

해설

합성 저항 $R_0 = \dfrac{R}{n} = \dfrac{3[\Omega]}{3개} = 1[\Omega]$

답 ①

그림과 같은 회로에서 합성 저항 R_0, 등가 저항 R_t, 분배 전압 V_1, V_2, 전체 전류 I_1, 배분 전류 I_2, I_3를 구하면?

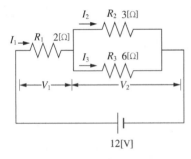

12[V]

① $2[\Omega]$, $2[\Omega]$, $4[V]$, $4[V]$, $3[A]$, $2[A]$, $1[A]$
② $2[\Omega]$, $4[\Omega]$, $4[V]$, $6[V]$, $4[A]$, $2[A]$, $2[A]$
③ $4[\Omega]$, $2[\Omega]$, $6[V]$, $6[V]$, $3[A]$, $2[A]$, $1[A]$
④ $4[\Omega]$, $4[\Omega]$, $6[V]$, $12[V]$, $4[A]$, $2[A]$, $2[A]$

해설

• 합성 저항 $R_0 = R_1 + \dfrac{R_2 \times R_3}{R_2 + R_3} = 2 + \dfrac{3 \times 6}{3 + 6} = 4[\Omega]$

• 등가 저항 $R_t = \dfrac{R_2 \times R_3}{R_2 + R_3} = \dfrac{3 \times 6}{3 + 6} = \dfrac{18}{9} = 2[\Omega]$

• 분배 전압 $V_1 = \dfrac{R_1}{R_1 + R_t} \times V = \dfrac{2}{2 + 2} \times 12 = 6[V]$

$V_2 = \dfrac{R_t}{R_1 + R_t} \times V = \dfrac{2}{2 + 2} \times 12 = 6[V]$

• 전체 전류 $I_1 = \dfrac{V}{R_0} = \dfrac{12}{4} = 3[A]$

• 배분 전류 $I_2 = \dfrac{R_3}{R_2 + R_3} \times I_1 = \dfrac{6}{3 + 6} \times 3 = 2[A]$

$I_3 = \dfrac{R_2}{R_2 + R_3} \times I_1 = \dfrac{3}{3 + 6} \times 3 = 1[A]$

답 ③

③ 전체 전류

$$I = \dfrac{V}{R_0} = I_1 + I_2[A]$$

④ 전류 배분(저항에 반비례)

$$I_1 = \dfrac{V}{R_1}[A] = \dfrac{R_2}{R_1 + R_2} \times I[A]$$

$$I_2 = \dfrac{V}{R_2}[A] = \dfrac{R_1}{R_1 + R_2} \times I[A]$$

⑤ 전체 전압

$$V = IR_0[V]$$

⑥ 모두가 같은 값인 저항 n개가 병렬일 때

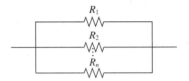

합성 저항 $R_0 = \dfrac{R}{n}[\Omega]$(1개 저항값 ÷ 저항 개수)

(5) 직·병렬접속 회로

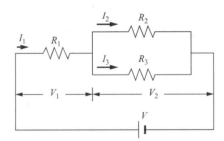

① 합성 저항

$$R_0 = R_1 + \dfrac{R_2 \times R_3}{R_2 + R_3}[\Omega]$$

② 분배 전압

$$V_1 = \dfrac{R_1}{R_1 + R_t} \times V[V]$$

$$V_2 = \dfrac{R_t}{R_1 + R_t} \times V[V]$$

여기서, $R_t = \dfrac{R_2 \times R_3}{R_2 + R_3}[\Omega]$

③ 전체 전압

$$V = V_1 + V_2[V]$$

④ 배분 전류

$$I_2 = \frac{R_3}{R_2 + R_3} \times I_1 [\text{A}]$$

$$I_3 = \frac{R_2}{R_2 + R_3} \times I_1 [\text{A}]$$

⑤ 전체 전류

$$I_1 = \frac{V}{R_0} = I_2 + I_3 [\text{A}]$$

(6) 병렬회로와 직·병렬회로의 전압

① 병렬회로의 전압

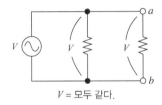

V = 모두 같다.

② 직·병렬회로의 전압

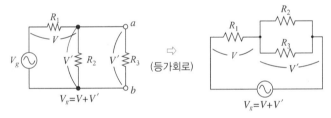

(등가회로)

전체 전압 V_g(전원)는 R_1 양단 전압 V와 R_2 양단 전압 V'를 더한 것과 같다.

(7) 브리지 회로

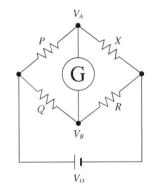

그림의 회로에서 3[Ω]에 흐르는 전류 I[A]는?

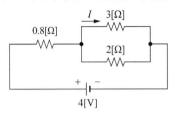

① 0.4 　　　　② 0.8

③ 1.2 　　　　④ 2

해설

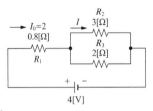

합성 저항

$$R_0 = R_1 + \frac{R_2 \times R_3}{R_2 + R_3} = 0.8 + \frac{3 \times 2}{3 + 2} = 0.8 + 1.2 = 2 [\Omega]$$

0.8[Ω] 저항에 흐르는 전체 전류 : $I_0 = \dfrac{V}{R_0} = \dfrac{4}{2} = 2 [\text{A}]$

전류 배분에 의해

$$I = \frac{2}{3 + 2} \times 2 = \frac{4}{5} = 0.8 [\text{A}]$$

답 ②

다음 그림의 휘트스톤 브리지 회로에서 $R_1 = 50[\Omega]$, $R_3 = 5[\Omega]$, $R_4 = 30[\Omega]$이라고 하면 R_2의 값[Ω]은?(단, 검류계(G)의 지시값은 0이다)

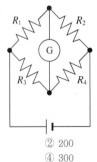

① 150 　　　　② 200

③ 250 　　　　④ 300

해설

브리지 평형 조건

$R_1 R_4 = R_2 R_3$에서 $(50 \times 30) = (5 \times R_2)$

$\therefore R_2 = \dfrac{50 \times 30}{5} = \dfrac{1,500}{5} = 300 [\Omega]$

답 ④

다음 회로에서 단자 a, b, c에 대칭 3상 전압을 인가하여 각 선전류가 같은 크기로 흐르게 하기 위한 저항 $R[\Omega]$은?

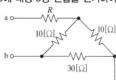

① 2　　　　② 4
③ 6　　　　④ 8

해 설

△ 결선 ⇒ Y 결선으로 변환(등가회로)

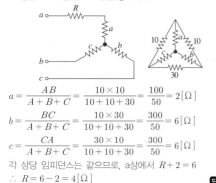

$$a = \frac{AB}{A+B+C} = \frac{10 \times 10}{10+10+30} = \frac{100}{50} = 2[\Omega]$$

$$b = \frac{BC}{A+B+C} = \frac{10 \times 30}{10+10+30} = \frac{300}{50} = 6[\Omega]$$

$$c = \frac{CA}{A+B+C} = \frac{30 \times 10}{10+10+30} = \frac{300}{50} = 6[\Omega]$$

각 상당 임피던스는 같으므로, a상에서 $R + 2 = 6$
$$\therefore R = 6 - 2 = 4[\Omega]$$

답 ②

그림 (a)의 T형 회로를 그림 (b)의 π형 등가회로로 변환할 때, $Z_3[\Omega]$은?(단, $\omega = 10^3[\text{rad/s}]$이다)

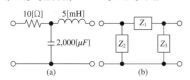

① $-90 + j5$　　　② $9 - j0.5$
③ $0.25 + j4.5$　　④ $9 + j4.5$

해 설

Y ⇒ △ 변환

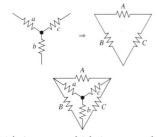

$$A = \frac{ab+bc+ca}{b}, \ B = \frac{ab+bc+ca}{c}, \ C = \frac{ab+bc+ca}{a}$$

T형 회로(Y결선)를 π형 회로(△결선)으로 변환하면

$$Z_3 = \frac{ab+bc+ca}{a}$$

$$= \frac{10 \cdot j5 + j5 \cdot \frac{1}{j2} + \frac{1}{j2} \cdot 10}{10} = \frac{j50 + \frac{5}{2} + \frac{5}{j}}{10}$$

$$= j5 + \frac{1}{4} + \frac{1}{j2} = j5 + 0.25 - j0.5 = 0.25 + j4.5[\Omega]$$

답 ③

① 브리지 평형 : 전류계 G에 전류가 흐르지 않는다($V_A = V_B$).

$$V_A = \frac{X}{P+X}V_O, \ V_B = \frac{R}{Q+R}V_O \text{이므로},$$

$$V_A = V_B \text{에서} \ \frac{X}{P+X} = \frac{R}{Q+R}, \ R(P+X) = X(Q+R)$$

$$\therefore PR = QX$$

② 전류가 V_A에서 V_B로 흐르면 $PR < QX$

③ 전류가 V_B에서 V_A로 흐르면 $PR > QX$

(8) 저항의 변환

① △ ⇒ Y 변환

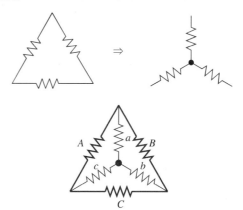

Y결선의

$$a = \frac{AB}{A+B+C}, \ b = \frac{BC}{A+B+C}, \ c = \frac{CA}{A+B+C}$$

② Y ⇒ △ 변환

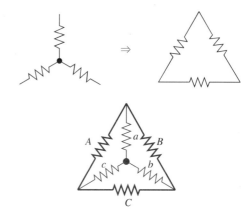

△결선의

$$A = \frac{ab+bc+ca}{b}, \ B = \frac{ab+bc+ca}{c}, \ C = \frac{ab+bc+ca}{a}$$

4 인덕턴스(L, Inductance, 코일)

(1) 코일의 개요

① 회로에 흐르는 전류의 변화에 의해 자속(磁束)이 생기며, 전류의 변화를 방해하는 방향으로 유도기전력이 생긴다.

② 단위는 헨리[H]나 밀리헨리[mH]를 널리 사용한다.

(2) 인덕턴스

① 권선수 N인 코일에 전류 i를 흘릴 때 발생되는 쇄교 자속 수(ϕ)는 전류 i에 비례

$$Li = N\phi$$

(L : 자기인덕턴스, i : 전류, N : 코일의 권선비, ϕ : 자속)

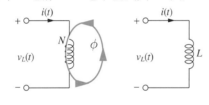

$$\Phi = N\phi \qquad\qquad \Phi = Li$$

② $e = -N\dfrac{d\phi}{dt} = -L\dfrac{di}{dt}$ [V]

　㉠ 유도기전력을 나타낼 때 e와 v를 같이 쓴다.

　㉡ 유도기전력의 부호(−)는 방향이 반대임을 나타낸다.

(3) 인덕터에서의 전압

$$v_L = N\dfrac{d\phi}{dt} = L\dfrac{di}{dt}\,[\text{V}], \ i_L = \dfrac{1}{L}\int v_L dt\,[\text{A}]$$

$N = 200$[회], $I = 5$[A], $\phi = 0.025$[Wb]일 때, 인덕턴스 L은?

① 1　　　　　　　② 2

③ 3　　　　　　　④ 4

해설

$LI = N\phi$

$\therefore L = \dfrac{N\phi}{I} = \dfrac{200 \times 0.025}{5} = 1\,[\text{H}]$

답 ①

$L = 10[\text{mH}]$, $I = 10[\text{A}]$일 때 코일에 축적되는 에너지 W는?

① 0.5　　　　　　② 1.0

③ 1.5　　　　　　④ 2.0

해설

$$W = \frac{1}{2}LI^2 = \frac{1}{2} \times (10 \times 10^{-3}) \times (10)^2 = 0.5[\text{J}]$$

답 ①

그림의 회로에서 단자 a, b 사이의 합성 인덕턴스[H]는?

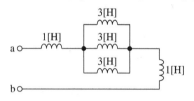

① 1　　　　　　　② 2

③ 3　　　　　　　④ 4

해설

병렬회로의 합성 임피던스 :

$$\frac{1}{L} + \frac{1}{L} + \frac{1}{L} = \frac{1}{3} + \frac{1}{3} + \frac{1}{3} = \frac{3}{3} = 1[\text{H}]$$

직렬회로의 합성 임피던스 : $L + L + L = 1 + 1 + 1 = 3[\text{H}]$

답 ③

(4) 인덕터에 충전되는 에너지

$$W = \frac{1}{2}LI^2[\text{J}]$$

(5) 인덕터 접속

① 직 렬

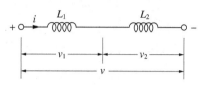

$$v_1 = L_1 \frac{di}{dt}, \quad v_2 = L_2 \frac{di}{dt}$$

$$v = v_1 + v_2 = (L_1 + L_2)\frac{di}{dt}$$

$$\therefore L_t = L_1 + L_2[\text{H}] (\text{합성 임피던스})$$

② 병 렬

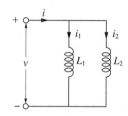

$$i_1 = \frac{1}{L_1}\int v\,dt, \quad i_2 = \frac{1}{L_2}\int v\,dt$$

$$i = i_1 + i_2 = \left(\frac{1}{L_1} + \frac{1}{L_2}\right)\int v\,dt$$

$$\therefore \frac{1}{L_t} = \frac{1}{L_1} + \frac{1}{L_2} (\text{합성 임피던스}), \quad L_t = \frac{L_1 \times L_2}{L_1 + L_2}[\text{H}]$$

5 커패시터(C, Capacitance, 콘덴서)

(1) 콘덴서 개요

① 유전체를 사이에 두고 양면에 금속판 또는 금속박을 둔 구조로, 정전용량을 가진 것이다.

② 단위는 패럿[F]이나 마이크로패럿[μF]을 널리 사용한다.

(2) 커패시턴스

① 도체의 전위가 V일 때 도체에 축적된 전하는 $Q = CV$

② $C = \dfrac{Q}{V} = \dfrac{\varepsilon E \cdot A}{E \cdot d} = \dfrac{\varepsilon A}{d}$ [F]

(C : 정전용량[F], ε : 유전율[F/m], A(또는 S) : 단면적[m^2],
d(또는 l) : 거리, 간격[m])

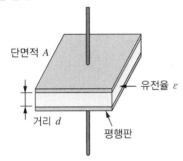

단면적 A
유전율 ε
거리 d
평행판

(3) 커패시터에서의 전류

$i_C = \dfrac{dQ}{dt} = C\dfrac{dv}{dt}$ [A], $v_C = \dfrac{1}{C}\displaystyle\int i_C dt$ [V]

$i_C \quad C[\text{F}]$

$+ \ v_C \ -$

간격이 d이고 도체판의 면적이 A인 두 평행판으로 만들어진 커패시터에 대한 설명으로 옳은 것은?

① 두 평행판의 면적 A를 크게 하면 커패시턴스가 감소한다.

② 두 평행판 사이의 거리 d를 짧게 하면 커패시턴스가 증가한다.

③ 두 개의 커패시터를 직렬보다 병렬로 연결하면 커패시턴스가 감소한다.

④ 두 평행판 사이에 유전율이 작은 물질을 사용하면 커패시턴스가 증가한다.

해설

평행판 콘덴서의 정전용량 $C = \dfrac{\varepsilon A}{d}$ [F]

• 면적을 크게하면 커패시턴스 증가
• 거리를 짧게하면 커패시턴스 증가
• 병렬로 연결하면 커패시턴스 증가
• 유전율이 작으면 커패시턴스 감소

답 ②

동일한 면적의 진공 평판 콘덴서의 평판 간격을 2배로 증가시키고 전압을 2배로 인가할 때, 콘덴서에 저장되는 정전에너지는 몇 배인가?(단, 가장자리 효과는 무시한다)

① 0.5 　　　　　 ② 1
③ 2 　　　　　　 ④ 4

해설

평판형 콘덴서의 유전율 ε, 두께 d, 면적 S라고 하면,
정전용량에서 $C = \varepsilon \dfrac{S}{d}$ [F]이다.

면적은 동일하게, 간격을 2배로 하면($d' = 2d$)

정전용량 $C' = \varepsilon \cdot \dfrac{S}{d'} = \varepsilon \cdot \dfrac{S}{2d} = \dfrac{1}{2}C$

전압을 2배로 하면 $V' = 2V$

정전에너지 $W = \dfrac{1}{2}CV^2$에서 간격 2배, 전압 2배일 경우

정전에너지 $W' = \dfrac{1}{2}C'V'^2 = \dfrac{1}{2} \cdot \dfrac{1}{2}C \cdot (2V)^2 = CV^2$

따라서, 정전에너지는 2배가 된다.

답 ③

다음 그림과 같은 콘덴서 연결 시 합성 정전용량은?

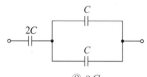

① C ② $2C$
③ $3C$ ④ $4C$

해설

• C와 C 사이 병렬 $C_0 = C + C = 2C[\text{F}]$

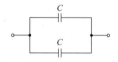

• $2C$와 $2C$ 사이 직렬 $C_0 = \dfrac{2C \times 2C}{2C + 2C} = C[\text{F}]$

∴ $C[\text{F}]$ ○─┤├─○

답 ①

---

(4) 콘덴서에 충전되는 에너지

$$W = \frac{1}{2}CV^2 = \frac{1}{2}VQ = \frac{Q^2}{2C}[\text{J}]$$

(5) 콘덴서 접속

① **직렬접속** : 저항의 병렬계산과 같다(직렬일 때는 Q가 같다).

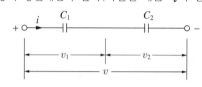

$$v_1 = \frac{Q}{C_1}, \quad v_2 = \frac{Q}{C_2}$$

$$v = v_1 + v_2 = \left(\frac{1}{C_1} + \frac{1}{C_2}\right)Q$$

$$\therefore \ \frac{1}{C_t} = \frac{1}{C_1} + \frac{1}{C_2}\ (\text{합성 정전용량}), \quad C_t = \frac{C_1 \times C_2}{C_1 + C_2}[\text{F}]$$

② **병렬접속** : 저항의 직렬계산과 같다(병렬일 때는 v가 같다).

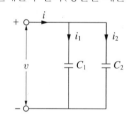

$$Q_1 = C_1 v, \quad Q_2 = C_2 v$$

$$Q_t = Q_1 + Q_2 = (C_1 + C_2)V$$

$$C_t = C_1 + C_2[\text{F}]\ (\text{합성 정전용량})$$

적중예상문제

01 그림과 같은 회로에서 $a-b$ 단자에서 본 합성 저항은 몇 $[\Omega]$인가?

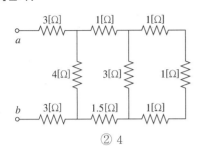

① 2

② 4

③ 6

④ 8

해설

오른쪽에서 왼쪽으로 계산한다.

회로 전체 저항 : $R_T = 3 + 3 + R_2$

$R = 1 + 1 + 1 = 3$

$3[\Omega]$과 $3[\Omega]$의 병렬 합성 저항은 $3/2 = 1.5$

$1 + 1.5 + 1.5 = 4[\Omega]$

$4[\Omega]$과 $4[\Omega]$의 병렬 합성 저항은 $4/2 = 2[\Omega]$

$\therefore R_T = 3 + 2 + 3 = 8[\Omega]$

02 굵기가 일정한 도체에서 체적은 변하지 않고 지름을 $\dfrac{1}{n}$로 줄였다면 저항은?

① $\dfrac{1}{n^2}$로 된다.

② n배로 된다.

③ n^2배로 된다.

④ n^4배로 된다.

해설

• 체적 일정 $V = Al = \pi \left(\dfrac{D}{2}\right)^2 l$에서

지름을 $\dfrac{1}{n}$배일 때 단면적은 $\dfrac{1}{n^2}$배, 길이는 n^2배

• 저항 $R = \rho \dfrac{l}{A}$에서 $R' = \rho \dfrac{n^2 l}{\dfrac{A}{n^2}} = n^4 \rho \dfrac{l}{A}$

03 금속도체의 전기저항은 일반적으로 온도와 어떤 관계인가?

① 전기저항은 온도의 변화에 무관하다.

② 전기저항은 온도의 변화에 대해 정특성을 갖는다.

③ 전기저항은 온도의 변화에 대해 부특성을 갖는다.

④ 금속도체의 종류에 따라 전기저항의 온도특성은 일관성이 없다.

해설

도체의 전기저항은 온도의 변화에 정특성을 가지고 절연체와 반도체는 온도의 변화에 부특성을 갖는다.

04 온도 $0[℃]$에서 저항이 $R_1[\Omega]$, $R_2[\Omega]$, 저항온도계수가 $\alpha_1, \alpha_2[1/℃]$인 두 개의 저항선을 직렬로 접속하는 경우, 그 합성 저항온도계수는 몇 $[1/℃]$인가?

① $\dfrac{\alpha_1 R_2}{R_1 + R_2}$

② $\dfrac{\alpha_1 R_1 + \alpha_2 R_2}{R_1 + R_2}$

③ $\dfrac{\alpha_1 R_1 - \alpha_2 R_2}{R_1 + R_2}$

④ $\dfrac{\alpha_1 R_2 + \alpha_2 R_1}{R_1 + R_2}$

해설

저항 $R_1, R_2[\Omega]$이고 온도계수가 α_1, α_2일 때의 합성 온도계수

$\alpha(R_1 + R_2) = \alpha_1 R_1 + \alpha_2 R_2$

$\alpha = \dfrac{\alpha_1 R_1 + \alpha_2 R_2}{R_1 + R_2}$

05 다음 중 정전용량의 단위 [F](패럿)와 같은 것은?(단, [C]는 쿨롱, [N]은 뉴턴, [V]는 볼트, [m]은 미터이다)

① $\left[\dfrac{V}{C}\right]$ 　　② $\left[\dfrac{N}{C}\right]$

③ $\left[\dfrac{C}{m}\right]$ 　　④ $\left[\dfrac{C}{V}\right]$

해설

$Q = [C/V] \rightarrow C = \dfrac{Q}{V}[F]$

06 단자 $a-b$에 30[V]의 전압을 가했을 때 전류 I는 3[A]가 흘렀다고 한다. 저항 $r[\Omega]$은 얼마인가?

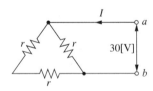

① 5 　　② 10
③ 15 　　④ 20

해설

옴의 법칙에서 $R = \dfrac{V}{I} = \dfrac{30}{3} = 10[\Omega]$ ·························· ㉠

회로에서 $R = \dfrac{2r^2}{2r+r}[\Omega]$ ·························· ㉡

㉠과 ㉡이 같으므로 $10 \times 3r = 2r^2$

$\therefore r = 15[\Omega]$

07 회로에서의 전류 방향을 옳게 나타낸 것은?

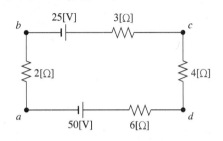

① 알 수 없다.　　② 시계 방향이다.
③ 흐르지 않는다.　　④ 반시계 방향이다.

해설

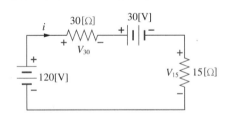

반시계 방향

08 회로에서 V_{30}과 V_{15}는 각각 몇 [V]인가?

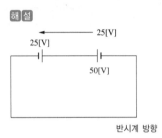

① $V_{30} = 60$, $V_{15} = 30$

② $V_{30} = 80$, $V_{15} = 40$

③ $V_{30} = 90$, $V_{15} = 45$

④ $V_{30} = 120$, $V_{15} = 60$

해설

$V = 120 - 30 = 90[V]$

$I = \dfrac{V}{R} = \dfrac{90}{45} = 2[A]$

$V_{30} = IR_{30} = 2 \times 30 = 60[V]$

$V_{15} = IR_{15} = 2 \times 15 = 30[V]$

09 그림과 같은 회로에서 $V-i$ 관계식은?

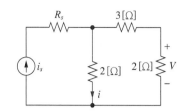

① $V = 0.8i$

② $V = i_s R_s - 2i$

③ $V = 2i$

④ $V = 3 + 0.2i$

해설

전압의 분배 $V = \dfrac{2}{3+2} \times 2i = 0.8i$

3[Ω]과 2[Ω]에 걸리는 전체 전압은 $2i$이다.

10 다음과 같은 회로에서 a, b 양단의 전압은 몇 [V]인가?

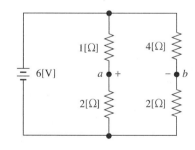

① 1

② 2

③ 2.5

④ 3.5

해설

$V_a = \dfrac{1}{1+2} \times 6 = 2\,[\mathrm{V}]$

$V_b = \dfrac{4}{4+2} \times 6 = 4\,[\mathrm{V}]$

$V_{ab} = |V_a - V_b| = 2\,[\mathrm{V}]$

11 그림과 같은 회로에서 S를 열었을 때 전류계는 10[A]를 지시하였다. S를 닫을 때 전류계의 지시는 몇 [A]인가?

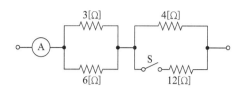

① 10

② 12

③ 14

④ 16

해설

• 스위치가 OFF 상태

 – 전체 저항 $R_{OFF} = \dfrac{3 \times 6}{3+6} + 4 = 6\,[\Omega]$

 – 전체 전압 $V = IR = 10 \times 6 = 60\,[\mathrm{V}]$

• 스위치가 ON 상태

 – 전체 저항 $R_{ON} = 2 + \dfrac{4 \times 12}{4+12} = 5\,[\Omega]$

 – 전류 $I = \dfrac{V}{R_{ON}} = \dfrac{60}{5} = 12\,[\mathrm{A}]$

12 내부저항이 15[kΩ]이고 최대 눈금이 150[V]인 전압계와 내부저항이 10[kΩ]이고 최대 눈금이 150[V]인 전압계가 있다. 두 전압계를 직렬접속하여 측정하면 최대 몇 [V]까지 측정할 수 있는가?

① 200

② 250

③ 300

④ 375

해설

측정전압 E일 때 두 저항 중 큰 값일 때 측정범위가 최대가 된다.

전압 분배 법칙에 따라 $\dfrac{15}{15+10} \times E = 150$를 만족해야 한다.

$\therefore E = \dfrac{25}{15} \times 150 = 250\,[\mathrm{V}]$

13 그림과 같은 회로에서 저항 r_1, r_2에 흐르는 전류의 크기가 $1:2$의 비율이라면 r_1, r_2는 각각 몇 $[\Omega]$인가?

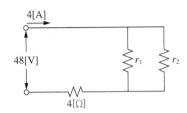

① $r_1=6$, $r_2=3$ ② $r_1=8$, $r_2=4$

③ $r_1=16$, $r_2=8$ ④ $r_1=24$, $r_2=12$

해설

- 합성 저항 $R=\dfrac{V}{I}=\dfrac{48}{4}=12[\Omega]$

- 전류비 $I_1:I_2=1:2$일 때 $r_1:r_2=2:1$에서 $r_1=2r_2$

- 병렬회로의 합성 저항

$r_T=12-4=8[\Omega]=\dfrac{r_2\times 2r_2}{r_2+2r_2}=\dfrac{2}{3}r_2[\Omega]$

$\therefore r_2=\dfrac{8}{\frac{2}{3}}=12[\Omega]$, $r_1=2r_2=2\times 12=24[\Omega]$

14 저항 R인 검류계 G에 그림과 같이 r_1인 저항을 병렬로, 또 r_2인 저항을 직렬로 접속하였을 때 A, B 단자 사이의 저항을 R과 같게 하고 또한 G에 흐르는 전류를 전전류의 $\dfrac{1}{n}$로 하기 위한 $r_1[\Omega]$의 값은?

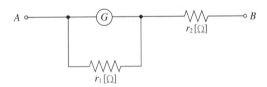

① $\dfrac{n-1}{R}$ ② $R\left(1-\dfrac{1}{n}\right)$

③ $\dfrac{R}{n-1}$ ④ $R\left(1+\dfrac{1}{n}\right)$

해설

전전류를 I라 하면 $I_G=\dfrac{1}{n}I=\dfrac{r_1}{R+r_1}I$

(전류는 남은 것이 올라간다)

$nr_1=R+r_1$

$r_1(n-1)=R$

$r_1=\dfrac{R}{n-1}$

15 길이에 따라 비례하는 저항값을 가진 어떤 전열선에 E_0 $[V]$의 전압을 인가하면 $P_0[W]$의 전력이 소비된다. 이 전열선을 잘라 원래 길이의 $\dfrac{2}{3}$로 만들고 $E[V]$의 전압을 가한다면 소비전력 $P[W]$는?

① $P=\dfrac{P_0}{2}\left(\dfrac{E}{E_0}\right)^2$ ② $P=\dfrac{3P_0}{2}\left(\dfrac{E}{E_0}\right)^2$

③ $P=\dfrac{2P_0}{3}\left(\dfrac{E}{E_0}\right)^2$ ④ $P=\dfrac{\sqrt{3}P_0}{2}\left(\dfrac{E}{E_0}\right)^2$

해설

$P=\dfrac{V^2}{R}=\dfrac{V^2}{\rho\dfrac{l}{A}}$ 에서 전력(P)은 전압의 제곱(V^2)에 비례하고 길이 (l)에 반비례한다.

$\dfrac{3}{2}P_0\left(\dfrac{E}{E_0}\right)^2$

16 내부저항 $0.1[\Omega]$인 건전지 10개를 직렬로 접속하고 이것을 한 조로 하여 5조 병렬로 접속하면 합성 내부저항은 몇 $[\Omega]$인가?

① 5

② 1

③ 0.5

④ 0.2

해설

직렬 $r=nr_1=10\times 0.1=1$

이것을 병렬로 5개

$r=\dfrac{r}{m}=\dfrac{1}{5}=0.2[\Omega]$

17 기전력 3[V], 내부저항 0.5[Ω]의 전지 9개가 있다. 이것을 3개씩 직렬로 하여 3조 병렬접속한 것에 부하저항 1.5[Ω]을 접속하면 부하전류[A]는?

① 2.5   ② 3.5

③ 4.5   ④ 5.5

해설

$$I = \frac{V}{R_0} = \frac{V}{r+R} = \frac{9}{\frac{0.5 \times 3}{3} + 1.5} = 4.5\,[\text{A}]$$

18 정전용량이 같은 콘덴서 2개를 병렬로 연결했을 때의 합성 정전용량은 직렬로 연결했을 때의 몇 배인가?

① 2   ② 4

③ 6   ④ 8

해설

• 병렬접속 $C_P = C + C = 2C$

• 직렬접속 $C_S = \dfrac{CC}{C+C} = \dfrac{1}{2}C$

$$\frac{C_P}{C_S} = \frac{2C}{\frac{1}{2}C} = 4$$

$$\therefore \ C_P = 4C_S$$

19 어떤 콘덴서를 300[V]로 충전하는 데 9[J]의 에너지가 필요하였다. 이 콘덴서의 정전용량은 몇 [μF]인가?

① 100   ② 200

③ 300   ④ 400

해설

$$W_C = \frac{1}{2}CV^2$$

$$C = \frac{2W_C}{V^2} = \frac{2 \times 9}{300^2} \times 10^6 = 200\,[\mu\text{F}]$$

20 다음과 같은 회로의 $a-b$ 간 합성 인덕턴스는 몇 [H]인가? (단, $L1=4[\text{H}]$, $L2=4[\text{H}]$, $L3=2[\text{H}]$, $L4=2[\text{H}]$이다)

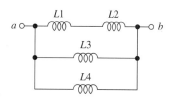

① $\dfrac{8}{9}$ ② 6

③ 9   ④ 12

해설

$$L = \frac{1}{\frac{1}{8} + \frac{8}{8}} = \frac{1}{\frac{9}{8}} = \frac{8}{9}\,[\text{H}]$$

21 다음 회로에서 절점 a와 절점 b의 전압이 같은 조건은?

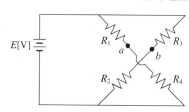

① $R_1 R_3 = R_2 R_4$

② $R_1 R_2 = R_3 R_4$

③ $R_1 + R_3 = R_2 + R_4$

④ $R_1 + R_2 = R_3 + R_4$

해설

$$\frac{R_1}{R_1 + R_4} = \frac{R_3}{R_2 + R_3}$$

$$R_1 R_2 = R_3 R_4$$

22 다음과 같은 회로에서 단자 a, b 사이의 합성 저항[Ω]은?

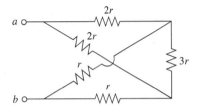

① r

② $\dfrac{1}{2}r$

③ $\dfrac{3}{2}r$

④ $3r$

해설

브리지 회로의 평형상태이므로

$$R = \frac{3r \times 3r}{3r + 3r} = \frac{9r^2}{6r} = \frac{3}{2}r[\Omega]$$

23 다음과 같은 Y결선회로와 등가인 △결선 회로의 A, B, C값은 몇 [Ω]인가?

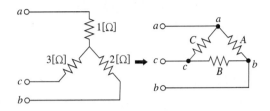

① $A = 11$, $B = \dfrac{11}{2}$, $C = \dfrac{11}{3}$

② $A = \dfrac{7}{3}$, $B = 7$, $C = \dfrac{7}{2}$

③ $A = \dfrac{11}{3}$, $B = 11$, $C = \dfrac{11}{2}$

④ $A = 7$, $B = \dfrac{7}{2}$, $C = \dfrac{7}{3}$

해설

Y결선을 △결선으로 변환

$$A = \frac{R_a \cdot R_b + R_b \cdot R_c + R_c \cdot R_a}{R_c} = \frac{3 + 6 + 2}{3} = \frac{11}{3}[\Omega]$$

$$B = \frac{11}{1} = 11[\Omega], \quad C = \frac{11}{2}[\Omega]$$

CHAPTER 03 정현파

1 교류의 발생

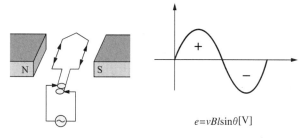

$$e = vBl\sin\theta\,[\mathrm{V}]$$

(1) $v(t) = V_m \sin\omega t\,[\mathrm{V}]$

(2) $i(t) = I_m \sin\omega t\,[\mathrm{A}]$

2 교류의 표기

$$\underbrace{v(t)}_{\text{순싯값}} = \underbrace{V_m}_{\text{최댓값}} \sin(\omega t + \underbrace{\theta}_{\text{각속도}})\,[\mathrm{V}]}$$

3 주파수, 주기와 위상

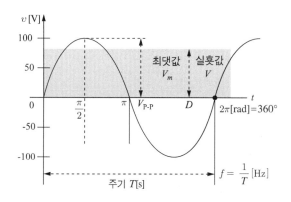

그림의 Ch1 파형과 Ch2 파형에 대한 설명으로 옳은 것은?

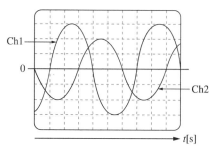

① Ch1 파형이 Ch2 파형보다 위상은 앞서고, 주파수는 높다.

② Ch1 파형이 Ch2 파형보다 위상은 앞서고, 주파수는 같다.

③ Ch1 파형이 Ch2 파형보다 위상은 뒤지고, 진폭은 크다.

④ Ch1 파형이 Ch2 파형보다 위상은 뒤지고, 진폭은 같다.

해설

위상은 0을 기준으로 시작하는 점이 앞쪽에 있는 Ch1의 파형이 앞선다(왼쪽의 파형이 앞선다).

두 파형의 1주기의 간격이 같으므로 주기와 주파수가 같다.

진폭은 (+)최댓값과 (-)최솟값의 폭으로 Ch1이 크다.

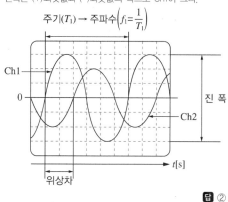

답 ②

그림과 같은 정현파 교류전압을 $R=5[\Omega]$인 부하에 인가했을 때, 이 회로에 흐르는 전류 $I(t)$[A]는?

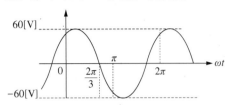

① $12\sin\left(\omega t - \dfrac{\pi}{3}\right)$ ② $12\sin\left(\omega t + \dfrac{\pi}{3}\right)$

③ $12\sin\left(\omega t - \dfrac{2\pi}{3}\right)$ ④ $12\sin\left(\omega t + \dfrac{2\pi}{3}\right)$

해설

전류 실횻값 $I = \dfrac{V}{R} = \dfrac{\dfrac{60}{\sqrt{2}}}{5} = \dfrac{12}{\sqrt{2}} = 6\sqrt{2}\,[\text{A}]$

위상각 $\theta = \pi - \dfrac{2\pi}{3} = \dfrac{\pi}{3}$

순싯값 $i = I_m \sin(\omega t + \theta) = \sqrt{2}\, I \sin(\omega t + \theta)$

$\quad\quad = 12\sin\left(\omega t + \dfrac{\pi}{3}\right)[\text{A}]$

답 ②

$v = 3\sin\left(240\pi t - \dfrac{\pi}{2}\right)$[V]일 때, 주파수[Hz]는?

① 60   ② 120

③ 180   ④ 240

해설

$v = 3\sin\left(240\pi t - \dfrac{\pi}{2}\right)$[V]

$\omega = 2\pi f = 240\pi\,[\text{rad/s}]$

$f = \dfrac{240\pi}{2\pi} = 120\,[\text{Hz}]$

답 ②

1초 동안 30회전하는 교류의 각속도 ω는?

① 40π ② 50π

③ 60π ④ 70π

해설

$\omega = 2\pi f = 2\pi \times \dfrac{1}{T}$

$\quad = \dfrac{2\pi \times rev}{T} = \dfrac{2\pi \times 30}{1} = 60\pi\,[\text{rad/s}]$

답 ③

---

(1) **주파수(Frequency)** : 1초 동안에 변화하는 주기의 수이다.

$$f = \dfrac{1}{T}\,[\text{Hz}]$$

(2) **주기** : 1주기 사이클에 걸리는 시간이다.

$$T = \dfrac{1}{f}\,[\text{s}]$$

(3) **각속도** : 1초 동안의 각의 변화율이다.

① $\omega = \dfrac{2\pi}{T} = 2\pi f\,[\text{rad/s}]$

② $\omega = 377t$일 때 $f = 60[\text{Hz}]$

③ $\omega = 314t$일 때 $f = 50[\text{Hz}]$

(4) **위상(θ)** : 반복되는 파형의 한 주기에서 첫 시작점의 각도 혹은 어느 한순간의 위치

(5) **위상차**

① 주파수가 동일한 2개의 교류신호의 상호 간의 시간적 차이(편위, 어긋남을 표현하는 양)

② 왼쪽 파형의 위상이 앞선다.

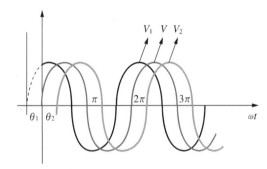

- $v(t) = V_m \sin\omega t\,[\text{V}]$
- $v_1(t) = V_m \sin(\omega t + \theta_1)\,[\text{V}]$
- $v_2(t) = V_m \sin(\omega t - \theta_2)\,[\text{V}]$

4 실횻값과 평균값

(1) 실횻값

① 1주기 동안 교류전력과 같은 전력을 낼 수 있는 직류값

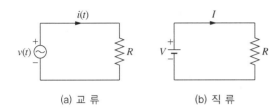

(a) 교 류   (b) 직 류

(a)회로에서 $W = \int_0^T i^2(t) R \, dt \, [\text{J}]$

(b)회로에서 $W = P \cdot t = I^2 R T \, [\text{J}]$

$$\int_0^T i^2(t) R \, dt = I^2 R T, \quad I^2 = \frac{1}{T} \int_0^T i^2(t) \, dt$$

$$I = \sqrt{\frac{1}{T} \int_0^T i^2(t) \, dt}$$

$$\quad = \sqrt{1\text{주기 동안의 } i^2 \text{의 평균}}$$

$$\quad = \frac{I_m}{\sqrt{2}} = 0.707 I_m \, [\text{A}]$$

$$V = \frac{1}{\sqrt{2}} V_m = 0.707 V_m$$

② 정현파의 실횻값은 최댓값의 $\dfrac{1}{\sqrt{2}}$ 배

(2) 평균값

① (+)반주기에 대한 순싯값의 평균(I_{av}, V_{av})

$$I_{av} = \frac{1}{T/2} \int_0^{\frac{T}{2}} i \, dt = \frac{2}{T} \int_0^{\frac{T}{2}} i \, dt$$

$$\quad = \frac{2}{T} \int_0^{\frac{T}{2}} I_m \sin \omega t \, dt = \frac{2 I_m}{\pi} = 0.637 I_m$$

$$V_{av} = \frac{2}{\pi} V_m = 0.637 V_m$$

② 정현파의 평균값은 최댓값의 $\dfrac{2}{\pi}$ 배

$v = 100\sqrt{2} \sin(\omega t + \theta) \, [\text{V}]$일 때 실효전압 V는?

① 50

② 100

③ 150

④ 200

해설

실횻값 $= \dfrac{\text{최댓값}}{\sqrt{2}} = \dfrac{100\sqrt{2}}{\sqrt{2}} = 100 \, [\text{V}]$

답 ②

$v = 141.4 \sin(\omega t + \theta) \, [\text{V}]$일 때 **실효전압** V는?

① 50

② 100

③ 150

④ 200

해설

실횻값 $= \dfrac{141.4}{\sqrt{2}} = \dfrac{100\sqrt{2}}{\sqrt{2}} = 100 \, [\text{V}]$

답 ②

다음 그림과 같은 삼각파의 실효전류는?

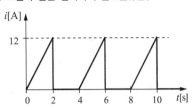

① $\sqrt{6}$ 　　　　　② $2\sqrt{6}$

③ $3\sqrt{6}$ 　　　　　④ $4\sqrt{6}$

해설

삼각파 실효전류

$$I = \sqrt{\frac{1}{T}\int_0^T i^2 dt}\,[\text{A}] = \sqrt{\frac{1}{4}\int_0^2 (6t)^2 dt}\,[\text{A}]$$

$$= \sqrt{\frac{1}{4}\int_0^2 36t^2 dt}\,[\text{A}] = \sqrt{\frac{1}{4}\cdot 36\int_0^2 t^2 dt}\,[\text{A}]$$

$$= \sqrt{9\cdot\left[\frac{1}{3}t^3\right]_0^2}$$

$$= \sqrt{24}$$

$$= 2\sqrt{6}$$

답 ②

다음 그림과 같은 반구형파의 실효전압은?

① $\sqrt{10}$ 　　　　　② $\sqrt{20}$

③ $\sqrt{30}$ 　　　　　④ $\sqrt{40}$

해설

반구형파 실효전압

$$V = \sqrt{\frac{1}{T}\int_0^T v^2 dt}\,[\text{V}] = \sqrt{\frac{1}{5}\int_0^1 (10)^2 dt}$$

$$= \sqrt{\frac{1}{5}\int_0^1 100\, dt} = \sqrt{\frac{1}{5}[100t]_0^1}$$

$$= \sqrt{\frac{100}{5}}$$

$$= \sqrt{20}\,[\text{V}]$$

답 ②

(3) 참고자료

① 적분 구간

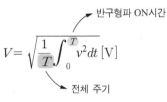

$$V = \sqrt{\frac{1}{T}\int_0^T v^2 dt}\,[\text{V}]$$

반구형파 ON시간

전체 주기

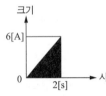

사각형 면적의 $\frac{1}{2}$, $\frac{12[\text{A}]}{2[\text{초}]} = 6[\text{A}]$ 적분

② 구형파 ≠ 구형 반파(서로 다른 파형)

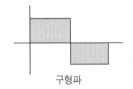

구형파

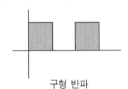

구형 반파

③ 삼각파 파형

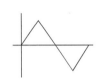 

④ 제형파(梯形波) : 사다리꼴 파형

면적 = 직사각형의 2배

⑤ 사각파 vs 삼각파

㉠ 사각파 : 시간에 따라 크기 일정(상수값 적용)

㉡ 삼각파 : 시간에 따라 크기 변화(상수값에 t를 곱한 값 적용)

5 파고율과 파형률

(1) 파고율 = $\dfrac{\text{최댓값}}{\text{실횻값}}$

(2) 파형률 = $\dfrac{\text{실횻값}}{\text{평균값}}$

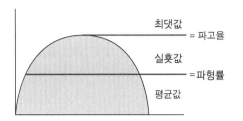

최댓값 ＝ 파고율
실횻값 ＝ 파형률
평균값

6 각 파형의 데이터값

구 분	파 형	실횻값	평균값	파고율	파형률
정현파 (사인파)	V_m	$\dfrac{V_m}{\sqrt{2}}$	$\dfrac{2}{\pi}V_m$	$\sqrt{2}$	$\dfrac{\pi}{2\sqrt{2}}$
전파 (정류)		$\dfrac{V_m}{\sqrt{2}}$	$\dfrac{2}{\pi}V_m$	$\sqrt{2}$	$\dfrac{\pi}{2\sqrt{2}}$
반파 (정류)		$\dfrac{V_m}{2}$	$\dfrac{V_m}{\pi}$	2	$\dfrac{\pi}{2}$
구형파 (사각파)		V_m	V_m	1	1
반구형파		$\dfrac{V_m}{\sqrt{2}}$	$\dfrac{V_m}{2}$	$\sqrt{2}$	$\sqrt{2}$
삼각파 (톱니파)		$\dfrac{V_m}{\sqrt{3}}$	$\dfrac{V_m}{2}$	$\sqrt{3}$	$\dfrac{2}{\sqrt{3}}$
제형파 (사다리꼴)		$\dfrac{\sqrt{5}}{3}V_m$	$\dfrac{2}{3}V_m$	$\dfrac{3}{\sqrt{5}}$	$\dfrac{\sqrt{3}}{2}$

구형파의 파고율과 파형률은?

① 1, 1

② 1, $\sqrt{2}$

③ $\sqrt{2}$, $\sqrt{2}$

④ 2, 2

해설
구형파 = 최댓값(V_m) = 실횻값(V) = 평균값(V_{av})
∴ 파고율(1) = 파형률(1)

답 ①

다음은 교류정현파의 최댓값과 다른 값들과의 상관관계를 나타낸 것이다. 실횻값(A)와 파고율(B)는?

파 형	최댓값	실횻값	파형률	파고율
교류 정현파	V_m	(A)	$\dfrac{\pi}{2\sqrt{2}}$	(B)

	(A)	(B)
①	$\dfrac{V_m}{\sqrt{2}}$	$\dfrac{1}{\sqrt{2}}$
②	$\dfrac{V_m}{\sqrt{2}}$	$\sqrt{2}$
③	$\sqrt{2}\,V_m$	$\dfrac{1}{\sqrt{2}}$
④	$\sqrt{2}\,V_m$	$\sqrt{2}$

답 ②

$v = 100\sqrt{2}\sin\left(\omega t + \dfrac{\pi}{2}\right)$[V]일 때, 극좌표로 표시하면?

① $V = 100\angle 45°$　　　② $V = 100\angle 90°$

③ $V = 100\sqrt{2}\angle 45°$　　④ $V = 100\sqrt{2}\angle 90°$

해설
극좌표 표시 시 실횻값 적용
∴ $V = 100\angle 90°$

답 ②

$v = 10\sqrt{2}\sin\left(\omega t + \dfrac{\pi}{6}\right)$[V]일 때, 직각좌표로 표시하면?

① $4\sqrt{3} + j3$[V]　　　② $5\sqrt{3} + j3$[V]

③ $4\sqrt{3} + j5$[V]　　　④ $5\sqrt{3} + j5$[V]

해설
$V = 10\angle 30° = 10(\cos 30° + j\sin 30°)$
$= 10\left(\dfrac{\sqrt{3}}{2} + j\dfrac{1}{2}\right) = 5\sqrt{3} + j5$[V]

답 ④

$10\angle 30°$을 직각좌표로 표현한 것은?

① $3\sqrt{3} + j5$　　　② $4\sqrt{3} + j5$

③ $5\sqrt{3} + j5$　　　④ $6\sqrt{3} + j5$

해설
$10\angle 30° = 10(\cos 30° + j\sin 30°)$
$= 10\left(\dfrac{\sqrt{3}}{2} + j\dfrac{1}{2}\right)$
$= 5\sqrt{3} + j5$

답 ③

$I = 5\sqrt{3} + j5$[A]로 표시되는 교류전류의 극좌표로 옳은 것은?

① $10\angle 30°$　　　② $10\angle 60°$

③ $20\angle 30°$　　　④ $20\angle 60°$

해설
복소수법으로 표시된 $I = 5\sqrt{3} + j5$[A]를 극좌표 형식으로 표시하면
$I = |I|\angle \theta$[A]
$|I| = \sqrt{(5\sqrt{3})^2 + 5^2} = \sqrt{75 + 25} = \sqrt{100} = 10$[A]
$\theta = \tan^{-1}\dfrac{5}{5\sqrt{3}} = \tan^{-1}\dfrac{1}{\sqrt{3}} = \dfrac{\pi}{6} = 30°$
$I = 10\angle 30°$[A]

답 ①

---

7 복소수 j의 성질

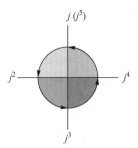

$j = \sqrt{-1} = 1\angle 90°$

$j = -\dfrac{1}{j}$

$j^2 = (\sqrt{-1})^2 = -1$

$j^3 = j^2 \times j = (-1) \times j = -j$

$j^4 = j^2 \times j^2 = (-1) \times (-1) = 1$

$j^5 = j^3 \times j^2 = (-j) \times (-1) = j$

8 교류의 벡터 표시법과 계산

(1) 벡터 표시 방법

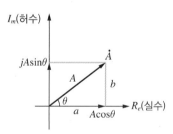

① 순시식 : $a(t) = \sqrt{2}\,A\sin(\omega t + \theta)$

② 복소수법 : $\dot{A} = a + jb(j = \sqrt{-1})$

③ 극형식법 : $\dot{A} = A\angle \theta = \sqrt{a^2 + b^2}\,\angle \tan^{-1}\dfrac{b}{a}$

　　　　　$\left(A = \sqrt{a^2 + b^2},\ \theta = \tan^{-1}\dfrac{b}{a}\right)$

④ 삼각함수법 : $\dot{A} = A\cos\theta + jA\sin\theta = A(\cos\theta + j\sin\theta)$

⑤ 지수함수법 : $\dot{A} = Ae^{j\theta} = Ae^{j\omega t}$

(2) 극형식의 계산

$A \angle \theta_1 = A\cos\theta_1 + jA\sin\theta_1$와 $B \angle \theta_2 = B\cos\theta_2 + jB\sin\theta_2$일 때

① 곱셈 : $A \angle \theta_1 \times B \angle \theta_2 = AB \angle \theta_1 + \theta_2$

② 나눗셈 : $\dfrac{A \angle \theta_1}{B \angle \theta_2} = \dfrac{A}{B} \angle \theta_1 - \theta_2$

③ 덧셈 : $A \angle \theta_1 + B \angle \theta_2 = \sqrt{A^2 + B^2 + 2AB\cos(\theta_1 - \theta_2)}$

(3) 켤레 복소수 : 허수부의 부호를 반대로 바꾼 복소수

$A = a + jb$의 켤레 복소수 → $\overline{A} = A^* = a - jb$

$A_1 = 10 \angle 90°$, $A_2 = 5 \angle 30°$일 때, $\dfrac{A_1}{A_2}$의 값은?

① $2 \angle 20°$

② $2 \angle 40°$

③ $2 \angle 60°$

④ $2 \angle 80°$

해 설

$\dfrac{A_1}{A_2} = \dfrac{10 \angle 90°}{5 \angle 30°} = 2 \angle 60°$

 ③

03 적중예상문제

01 $i_1 = I_m \sin\omega t$[A]와 $i_2 = I_m \cos\omega t$[A]인 두 교류전류의 위상차는 몇 도인가?

① $0°$　　　　　② $30°$
③ $60°$　　　　　④ $90°$

해설
$i_1 = I_m \sin\omega t$[A]
$i_2 = I_m \cos\omega t$[A] $= I_m \sin(\omega t + 90°)$[A]
i_2가 i_1보다 $90°$ 앞선다.

03 어느 소자에 걸리는 전압은 $v = 3\cos 3t$[V]이고, 흐르는 전류 $i = -2\sin(3t + 10°)$[A]이다. 전압과 전류 간의 위상차는?

① $10°$　　　　　② $30°$
③ $70°$　　　　　④ $100°$

해설
$V = \dfrac{3}{\sqrt{2}} \angle 90°$($\cos$을 $\sin$으로 변환 : $+90°$)
$I = -\dfrac{2}{\sqrt{2}} \angle 10° = \dfrac{2}{\sqrt{2}} \angle 190°$($-$값을 $+$로 변환 : $+180°$)
위상차 $\theta = 190 - 90 = 100°$

02 전류 $\sqrt{2}\,I\sin(\omega t + \theta)$[A]와 기전력 $\sqrt{2}\,V\cos(\omega t - \phi)$[V] 사이의 위상차는?

① $\dfrac{\pi}{2} - (\phi - \theta)$　　　② $\dfrac{\pi}{2} - (\phi + \theta)$
③ $\dfrac{\pi}{2} + (\phi + \theta)$　　　④ $\dfrac{\pi}{2} + (\phi - \theta)$

해설
$I = \sqrt{2} \angle \theta°$
$V = \sqrt{2} \angle (-\phi° + 90°)$($\cos$을 $\sin$으로 변환 : $+90°$)
위상차 $\theta_d = (-\phi + 90) - \theta = 90 - \theta - \phi = \dfrac{\pi}{2} - (\theta + \phi)$

04 2개의 교류전압 $V_1 = 141\sin(120\pi t - 30°)$[V]와 $V_2 = 500\cos(120\pi t - 30°)$[V]의 위상차를 시간으로 표시하면 몇 초인가?

① $\dfrac{1}{60}$　　　　　② $\dfrac{1}{120}$
③ $\dfrac{1}{240}$　　　　　④ $\dfrac{1}{360}$

해설
V_1의 위상 $= -30°$
V_2의 위상($\cos$을 $\sin$으로 변환 : $+90°$) $= 90 - 30 = 60°$
위상차 $\theta = 60 - (-30) = 90°$, $\dfrac{\pi}{2} = 90°$
$\theta = \omega t$에서
$\therefore$ 시간 $t = \dfrac{\theta}{\omega} = \dfrac{\frac{\pi}{2}}{120\pi} = \dfrac{1}{240}$

05 그림과 같은 파형의 순싯값은?

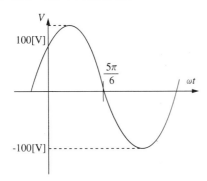

① $v = 100\sqrt{2}\sin\omega t$

② $v = 100\sqrt{2}\cos\omega t$

③ $v = 100\sin\left(\omega t + \dfrac{\pi}{6}\right)$

④ $v = 100\sin\left(\omega t - \dfrac{\pi}{6}\right)$

해설

정현파의 순싯값

$v = V_m\sin(\omega t + \theta)$, $V_m = 100$[V], $\theta = \dfrac{\pi}{6}$ 만큼 위상이 앞섬

$\therefore\ v = 100\sin\left(\omega t + \dfrac{\pi}{6}\right)$

06 $i = 10\sin\left(\omega t - \dfrac{\pi}{6}\right)$[A]로 표시되는 전류와 주파수는 같으나 위상이 45° 앞서는 실횻값 100[V]의 전압을 표시하는 식으로 옳은 것은?

① $100\sin\left(\omega t - \dfrac{\pi}{10}\right)$

② $100\sqrt{2}\sin\left(\omega t + \dfrac{\pi}{12}\right)$

③ $\dfrac{100}{\sqrt{2}}\sin\left(\omega t - \dfrac{5}{12}\pi\right)$

④ $100\sqrt{2}\sin\left(\omega t - \dfrac{\pi}{12}\right)$

해설

• 위상 : 전압이 45° 앞서므로 $\theta = -30° + 45° = 15° = \dfrac{\pi}{12}$

• 전압의 최댓값 : $100\sqrt{2}$

$\therefore$ 전압의 순싯값 $v = 100\sqrt{2}\sin\left(\omega t + \dfrac{\pi}{12}\right)$

07 최댓값이 10[V]인 정현파 전압이 있다. $t = 0$에서의 순싯값이 5[V]이고 이 순간에 전압이 증가하고 있다. 주파수가 60[Hz]일 때, $t = 2$[ms]에서의 전압의 순싯값[V]은?

① $10\sin30°$ ② $10\sin43.2°$

③ $10\sin73.2°$ ④ $10\sin103.2°$

해설

$v = 10\sin(377t + \theta)$

• $t \rightarrow 0$일 때 $v = 10\sin\theta = 5$

  $\sin\theta = \dfrac{5}{10}$

  $\theta = \sin^{-1}\dfrac{1}{2}$

  $\theta = 30°$

• $t \rightarrow 2$[ms]일 때

  $v = 10\sin(2\times\pi\times60\times2\times10^{-3} + 30) = 10\sin73.2°$

※ 이때 π는 180°로 계산

08 저항 $R_1 = 10$[Ω]과 $R_2 = 40$[Ω]이 직렬로 접속된 회로에 100[V], 60[Hz]인 정현파 교류전압을 인가할 때, 이 회로에 흐르는 전류로 옳은 것은?

① $\sqrt{2}\sin377t$[A]

② $2\sqrt{2}\sin377t$[A]

③ $\sqrt{2}\sin422t$[A]

④ $2\sqrt{2}\sin422t$[A]

해설

• 합성 저항 $R = R_1 + R_2 = 10 + 40 = 50$[Ω]

• 실횻값 $I = \dfrac{V}{R} = \dfrac{100}{50} = 2$[A]

• 각속도 $\omega = 2\pi f \fallingdotseq 377$

$\therefore$ 순시전류값 $I = 2\sqrt{2}\sin377t$[A]

09 교류의 파형률이란?

① $\dfrac{최댓값}{실횻값}$ ② $\dfrac{실횻값}{최댓값}$

③ $\dfrac{평균값}{실횻값}$ ④ $\dfrac{실횻값}{평균값}$

해설

파형률 $= \dfrac{실횻값}{평균값}$, 파고율 $= \dfrac{최댓값}{실횻값}$

10 최댓값이 E_m인 반파 정류 정현파의 실횻값은 몇 [V]인가?

① $\dfrac{2E_m}{\pi}$ ② $\sqrt{2}\,E_m$

③ $\dfrac{E_m}{\sqrt{2}}$ ④ $\dfrac{E_m}{2}$

해설

파 형		실횻값 (V)	평균값 (V_{av})	파형률	파고율
전파	정현파	$\dfrac{V_m}{\sqrt{2}}$	$\dfrac{2}{\pi}V_m$	1.11	1.414
	구형파	V_m	V_m	1	1
	삼각파 (톱니파)	$\dfrac{V_m}{\sqrt{3}}$	$\dfrac{V_m}{2}$	1.155	1.732
반파	정현파	$\dfrac{1}{2}V_m$	$\dfrac{V_m}{\pi}$	$\dfrac{\pi}{2}$	2

11 정현파 교류전압의 파고율은?

① 0.91 ② 1.11

③ 1.41 ④ 1.73

해설

파고율 $= \dfrac{최댓값}{실횻값} = \dfrac{V_m}{\frac{1}{\sqrt{2}}V_m} = \sqrt{2} \fallingdotseq 1.414$

12 정현파 교류전압의 평균값은 최댓값의 약 몇 [%]인가?

① 50.1 ② 63.7

③ 70.7 ④ 90.1

해설

정현파의 평균값 $V_{av} = \dfrac{2}{\pi}V_m \fallingdotseq 0.637V_m$

13 정현파 교류전압의 실횻값에 어떠한 수를 곱하면 평균값을 얻을 수 있는가?

① $\dfrac{2\sqrt{2}}{\pi}$ ② $\dfrac{\sqrt{3}}{2}$

③ $\dfrac{2}{\sqrt{3}}$ ④ $\dfrac{\pi}{2\sqrt{2}}$

해설

정현파의 평균값 $V_{av} = \dfrac{2}{\pi}V_m = \dfrac{2}{\pi}\sqrt{2}\,V$

14 그림과 같은 반파정현파의 실횻값은?

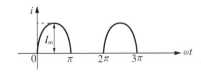

① $\dfrac{1}{\sqrt{2}} I_m$ ② $\dfrac{2}{\pi} I_m$

③ $\dfrac{1}{\pi} I_m$ ④ $\dfrac{1}{2} I_m$

해설

파 형		실횻값 (V)	평균값 (V_{av})	파형률	파고율
반 파	정현파	$\dfrac{1}{2} V_m$	$\dfrac{V_m}{\pi}$	$\dfrac{\pi}{2}$	2

16 구형파의 파형률(㉠)과 파고율(㉡)은?

① ㉠ 1 ㉡ 0

② ㉠ 1.11 ㉡ 1.414

③ ㉠ 1 ㉡ 1

④ ㉠ 1.57 ㉡ 2

해설

파 형		실횻값	평균값	파형률	파고율
전 파	구형파	V_m	V_m	1	1

파형률 = $\dfrac{\text{실횻값}}{\text{평균값}}$, 파고율 = $\dfrac{\text{최댓값}}{\text{실횻값}}$

17 그림과 같은 파형의 파고율은?

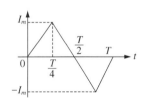

① $\dfrac{1}{\sqrt{3}}$ ② $\dfrac{2}{\sqrt{3}}$

③ $\sqrt{2}$ ④ $\sqrt{3}$

해설

파 형		실횻값 (V)	평균값 (V_{av})	파형률	파고율
전 파	정현파	$\dfrac{V_m}{\sqrt{2}}$	$\dfrac{2}{\pi} V_m$	1.11	1.414
	구형파	V_m	V_m	1	1
	삼각파 (톱니파)	$\dfrac{V_m}{\sqrt{3}}$	$\dfrac{V_m}{2}$	1.155	1.732
반 파	정현파	$\dfrac{1}{2} V_m$	$\dfrac{V_m}{\pi}$	$\dfrac{\pi}{2}$	2

15 그림과 같은 파형의 파고율은?

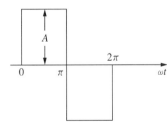

① 1 ② 2

③ $\sqrt{2}$ ④ $\sqrt{3}$

해설

구형파의 실횻값 I_m, 평균값 I_m, 파고율 1, 파형률 1

18 $v = 100\sqrt{2}\sin\left(\omega t + \dfrac{\pi}{3}\right)$[V]를 복소수로 나타내면?

① $25 + j25\sqrt{3}$
② $50 + j25\sqrt{3}$
③ $25 + j50\sqrt{3}$
④ $50 + j50\sqrt{3}$

해설
$V = 100\angle 60° = 50 + j50\sqrt{3}$ [V]

19 두 벡터의 값이 $A_1 = 20\left(\cos\dfrac{\pi}{3} + j\sin\dfrac{\pi}{3}\right)$ 이고,

$A_2 = 5\left(\cos\dfrac{\pi}{6} + j\sin\dfrac{\pi}{6}\right)$ 일 때 $\dfrac{A_1}{A_2}$ 의 값은?

① $10\left(\cos\dfrac{\pi}{6} + j\sin\dfrac{\pi}{6}\right)$

② $10\left(\cos\dfrac{\pi}{3} + j\sin\dfrac{\pi}{3}\right)$

③ $4\left(\cos\dfrac{\pi}{6} + j\sin\dfrac{\pi}{6}\right)$

④ $4\left(\cos\dfrac{\pi}{3} + j\sin\dfrac{\pi}{3}\right)$

해설
벡터의 연산
$\overline{A_1} = 20\angle\dfrac{\pi}{3}$, $\overline{A_2} = 5\angle\dfrac{\pi}{6}$

$\dfrac{\overline{A_1}}{\overline{A_2}} = \dfrac{20\angle\frac{\pi}{3}}{5\angle\frac{\pi}{6}} = 4\angle\left(\dfrac{\pi}{3} - \dfrac{\pi}{6}\right) = 4\angle\dfrac{\pi}{6} = 4\left(\cos\dfrac{\pi}{6} + j\sin\dfrac{\pi}{6}\right)$

20 $e_1 = 6\sqrt{2}\sin\omega t$[V], $e_2 = 4\sqrt{2}\sin(\omega t - 60°)$[V]일 때, $e_1 - e_2$의 실횻값[V]은?

① $2\sqrt{2}$
② 4
③ $2\sqrt{7}$
④ $2\sqrt{13}$

해설
$V = 6\angle 0° - 4\angle -60° = 4 + j2\sqrt{3} = \sqrt{4^2 + (2\sqrt{3})^2} = 2\sqrt{7}$ [V]

21 $e^{j\frac{2}{3}\pi}$ 와 같은 것은?

① $-\dfrac{1}{2} - j\dfrac{\sqrt{3}}{2}$
② $\dfrac{1}{2} - j\dfrac{\sqrt{3}}{2}$
③ $-\dfrac{1}{2} + j\dfrac{\sqrt{3}}{2}$
④ $\cos\dfrac{2}{3}\pi + \sin\dfrac{2}{3}\pi$

해설
지수를 복소수로 변환
$\therefore e^{j\frac{2}{3}\pi} = \cos\dfrac{2\pi}{3} + j\sin\dfrac{2\pi}{3} = -\dfrac{1}{2} + j\dfrac{\sqrt{3}}{2}$

CHAPTER 04 교류회로의 해석

1 *RLC* 소자

(1) 저항($R[\Omega]$) 회로

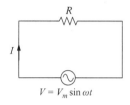

① 순시식 : $v(t) = R \cdot i(t)\,[\mathrm{V}]$, $i(t) = \dfrac{v(t)}{R}\,[\mathrm{A}]$

② 위상차 : 동위상(Same Phase)

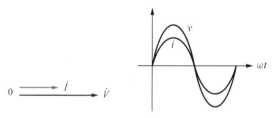

③ 복소수식 : $\dot{V} = R\dot{I}\,[\mathrm{V}]$, $\dot{I} = \dfrac{\dot{V}}{R}\,[\mathrm{A}]$

④ 순시식과 복소수식 전환 관계

$v(t) = R \cdot i(t)\,[\mathrm{V}]$

$\updownarrow \quad \updownarrow \; . \updownarrow$

$\dot{V} = R \cdot \dot{I}\,[\mathrm{V}]$

필수**확인 문제**

$v = 100\sin(377t + 60°)\,[\mathsf{V}]$, $i = 100\sin(377t + 60°)$
[A]일 때 교류회로에서 어떤 소자를 나타내는가?

① 저 항   ② 전 류
③ 전 압   ④ 주파수

해설
위상차가 동위상이므로 저항 R 소자

답 ①

(2) 인덕터(L[H]) 회로

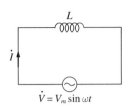

① 순시식 : $v(t) = L\dfrac{d}{dt}i(t)\,[\text{V}]$, $\ i(t) = \dfrac{1}{L}\displaystyle\int v(t)\,[\text{A}]$

② 위상차 : $\dot{V} > \dot{I}\left(\dfrac{\pi}{2}[\text{rad}]\right)$

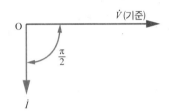 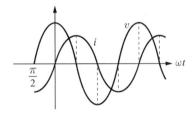

    ㉠ 인덕터에서는 $\dot{I}$가 $\dot{V}$보다 $\dfrac{\pi}{2}$(90°)위상이 뒤진다.

    ㉡ 인덕터에 흐르는 전류를 지상전류라 한다(뒤진 전류).

③ 복소수식 : $\dot{V} = j\omega L \cdot \dot{I}\,[\text{V}]$, $\ \dot{I} = \dfrac{\dot{V}}{X_L} = \dfrac{\dot{V}}{j\omega L} = \dfrac{\dot{V}}{2\pi f L}\,[\text{A}]$

④ 유도리액턴스 : $X_L = \omega L = 2\pi f L\,[\Omega]$

⑤ 유도리액턴스와 주파수 관계 : $X_L \propto f$

⑥ 순시식과 복소수식 전환 관계

$v(t) = L\,\dfrac{d}{dt}\,i(t)\,[\text{V}]$

$\updownarrow \qquad \updownarrow \quad\ \updownarrow \qquad\qquad \boxed{\left(\dfrac{d}{dt} \leftrightarrow j\omega\right)}$

$\dot{V} = L\,(j\omega)\cdot\dot{I}\,[\text{V}]$

⑦ 인덕터에 저장되는 에너지

$W = \displaystyle\int p\,dt = \int v i\,dt = \int L\dfrac{di}{dt}i\,dt = \dfrac{1}{2}LI^2\,[\text{J}]$

100[mH]의 자기인덕턴스가 있다. 여기에 10[A]의 전류가 흐를 때 자기인덕턴스에 축적되는 에너지의 크기[J]는?

① 0.5   ② 1
③ 5   ④ 10

해설

에너지 $W = \dfrac{1}{2}LI^2[\text{J}] = \dfrac{1}{2}\times 100\times 10^{-3}\times 10^2 = 5\,[\text{J}]$

답 ③

(3) 커패시터(C[F]) 회로

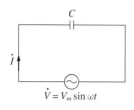

① 순시식 : $v(t) = \dfrac{1}{C}\displaystyle\int i(t)\,[\text{V}]$, $i(t) = C\dfrac{d}{dt}v(t)\,[\text{A}]$

② 위상차 : $\dot{I} > \dot{V}\left(\dfrac{\pi}{2}[\text{rad}]\right)$

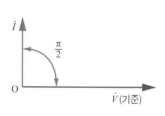 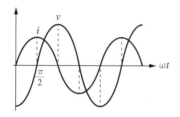

㉠ 커패시터에서는 $\dot{I}$ 가 $\dot{V}$ 보다 $\dfrac{\pi}{2}$ (90°)위상이 앞선다.

㉡ 커패시터에 흐르는 전류를 진상전류라 한다(앞선전류).

③ 복소수식 : $\dot{V} = \dfrac{1}{j\omega C}\cdot\dot{I}\,[\text{V}]$, $\dot{I} = \dfrac{\dot{V}}{X_c} = \dfrac{\dot{V}}{\dfrac{1}{j\omega C}} = j\omega C\dot{V} = 2\pi f C\dot{V}\,[\text{A}]$

④ 용량리액턴스 : $X_c = \dfrac{1}{\omega C} = \dfrac{1}{2\pi f C}[\Omega]$

⑤ 용량리액턴스와 주파수 관계 : $X_c \propto \dfrac{1}{f}$

반비례

⑥ 순시식과 복소수식 전환 관계

$$v(t) = \dfrac{1}{C}\int i(t)\,[\text{V}]$$

$$\updownarrow \qquad \updownarrow \qquad \updownarrow$$

$$\dot{V} = \dfrac{1}{C}\left(\dfrac{1}{j\omega}\right)\cdot\dot{I}\,[\text{V}]$$

$$\left(\int dt \leftrightarrow \dfrac{1}{j\omega}\right)$$

다음 그래프는 교류회로에서 순시전압 $v(t)$와 전류 $i(t)$를 나타낸 것이다. 이에 대한 설명으로 옳지 않은 것은?

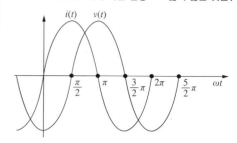

① 위상은 전류가 전압보다 앞선다.
② 회로는 용량성이다.
③ 위상각 차 $\theta_v - \theta_i$는 90°이다.
④ 전류와 전압주파수는 서로 같다.

해설

주어진 그래프에서

$i(t) = I_m \sin \omega t$ 이고, $v(t) = V_m \sin\left(\omega t + \dfrac{\pi}{2}\right)$이다.

따라서

① $i(t)$는 $v(t)$에 비해 90°$\left(=\dfrac{\pi}{2}\right)$ 빠른 위상이며, 반대로 $v(t)$는 $i(t)$에 비해 90°$\left(=\dfrac{\pi}{2}\right)$ 느린 위상이다.

② 전압을 기준하여 전류가 진상이므로 콘덴서가 있는 용량성 회로임을 알 수 있다.

③ 전압과 전류의 위상각의 차이 $(\theta_v - \theta_i)$는 전류가 전압보다 90° 빠르므로 0° − 90° = −90°이다.

④ 전류와 전압의 주파수는 같은 주기이므로 서로 같다.

답 ③

정전용량 10[μF]인 콘덴서 양단에 200[V]의 전압을 가했을 때 콘덴서에 축적되는 에너지[J]는?

① 0.2   ② 2
③ 4   ④ 20

해설

$W = \dfrac{1}{2}CV^2[\text{J}] = \dfrac{1}{2}\times 10\times 10^{-6}\times(200)^2 = 0.2[\text{J}]$

답 ①

⑦ 커패시터에 저장되는 에너지

$$W = \int p\,dt = \int vi\,dt = \int v \cdot c\frac{dv}{dt}\,dt = \int cv\,dv = \frac{1}{2}CV^2 \,[\text{J}]$$

RL 직렬회로에서 $R = 3[\Omega]$, $X_L = 4[\Omega]$일 때, 임피던스 Z의 값은?

① 2　　　　　　　② 3
③ 4　　　　　　　④ 5

해설
$Z = R + jX_L[\Omega]$ 이므로 $Z = 3 + j4[\Omega]$
$\therefore |Z| = \sqrt{(3)^2 + (4)^2} = 5[\Omega]$

답 ④

2 RLC 직렬회로

(1) RL 직렬회로

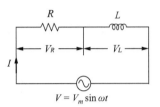

① 임피던스

$$\dot{Z} = R + jX_L[\Omega] = R + j\omega L[\Omega] = Z\angle\theta\,[\Omega]$$
$$|Z| = \sqrt{(\text{실수})^2 + (\text{허수})^2}\,[\Omega]$$
$$= \sqrt{R^2 + X_L^2}\,[\Omega]$$
$$= \sqrt{R^2 + (\omega L)^2}\,[\Omega]$$

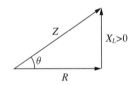

인덕턴스 $L = 8[\text{mH}]$, $f = 60[\text{Hz}]$일 때, 유도리액턴스 $X_L[\Omega]$은?

① 1　　　　　　　② 2
③ 3　　　　　　　④ 4

해설
$X_L = \omega L = 2\pi f L[\Omega]$
$\quad = 2 \times 3.14 \times 60 \times 8 \times 10^{-3}$
$\quad ≒ 3[\Omega]$

답 ③

② 위상차

㉠ $\theta = \tan^{-1}\dfrac{\text{허수}}{\text{실수}} = \tan^{-1}\dfrac{X_L}{R} = \tan^{-1}\dfrac{\omega L}{R}$

㉡ 임피던스의 위상각이 전압과 전류의 위상차가 된다.

㉢ $\dot{V}_R$은 $\dot{I}$와 동위상이고 $\dot{V}_L$은 $\dot{I}$보다 $\dfrac{\pi}{2}$ 위상이 앞선다.

　→ 합성 전압 $\dot{V}$는 $\dot{I}$보다 θ만큼 위상이 앞선다.

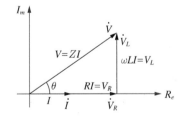

RL 직렬회로에서 $R = 8[\Omega]$, $X_L = 6[\Omega]$일 때, 임피던스 Z와 역률 $\cos\theta$는?

① 5[Ω], 0.8　　　　② 5[Ω], 1.0
③ 10[Ω], 0.8　　　　④ 10[Ω], 1.0

해설
• 임피던스 $Z = 8 + j6[\Omega]$
　$\therefore |Z| = \sqrt{(8)^2 + (6)^2} = 10[\Omega]$
• 역률 $\cos\theta = \dfrac{\text{실수}}{\text{임피던스 } |Z|} = \dfrac{8}{10} = 0.8$

답 ③

③ 역 률

$$\cos\theta = \frac{실수}{임피던스 \ |Z|} = \frac{R}{|Z|} = \frac{R}{\sqrt{(R)^2 + (X_L)^2}}$$

④ 전 류

$$I = \frac{V}{|Z|}[\text{A}]$$

⑤ 전 압

$$\dot{V} = \dot{V}_R + \dot{V}_L = \dot{Z} \cdot \dot{I}[\text{V}]$$

$$|V| = \sqrt{V_R^2 + V_L^2}[\text{V}]$$

(2) RC 직렬회로

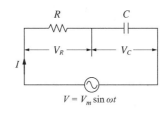

① 임피던스

$$\dot{Z} = R - jX_C[\Omega] = R - j\frac{1}{\omega C}[\Omega] = Z\angle\theta\,[\Omega]$$

$$|Z| = \sqrt{(실수)^2 + (허수)^2}\,[\Omega] = \sqrt{R^2 + X_C^2}\,[\Omega] = \sqrt{R^2 + \left(\frac{1}{\omega C}\right)^2}\,[\Omega]$$

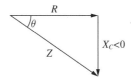

② 위상차

㉠ $\theta = \tan^{-1}\dfrac{허수}{실수} = \tan^{-1}\dfrac{X_C}{R} = \tan^{-1}\dfrac{\frac{1}{\omega C}}{R} = \tan^{-1}\dfrac{1}{\omega CR}$

㉡ 임피던스의 위상각이 전압과 전류의 위상차가 된다.

㉢ $\dot{V}_R$은 $\dot{I}$와 동위상이고 $\dot{V}_C$는 $\dot{I}$보다 $\dfrac{\pi}{2}$ 위상이 뒤진다.

→ 합성 전압 $\dot{V}$는 $\dot{I}$보다 θ만큼 위상이 뒤진다.

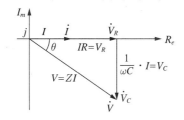

RL 직렬회로에서 $V_R = 3[\text{V}]$, $V_L = 4[\text{V}]$일 때, 전체 전압 $V[\text{V}]$는?

① 2 ② 3
③ 4 ④ 5

해 설

$\dot{V} = \dot{V}_R + \dot{V}_L[\text{V}]$

$\therefore |V| = \sqrt{V_R^2 + V_L^2} = \sqrt{(3)^2 + (4)^2} = 5[\text{V}]$

답 ④

다음 그림과 같은 RC 직렬회로에 정현파 교류전원을 인가하였을 때, 저항 양단 전압과 콘덴서 양단 전압의 실효치가 같았다. 인가된 전압과 전류의 위상차(°)는?

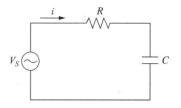

① 30 ② 45
③ 60 ④ 90

해 설

역률 $\cos\theta = \dfrac{V_R}{|V|} = \dfrac{V_R}{\sqrt{(V_R)^2 + (V_C)^2}}$

V_R과 V_C를 1이라 두면

$\cos\theta = \dfrac{V_R}{\sqrt{(V_R)^2 + (V_C)^2}} = \dfrac{1}{\sqrt{(1)^2 + (1)^2}} = \dfrac{1}{\sqrt{2}}$

$\cos\theta = \dfrac{1}{\sqrt{2}}$ 이므로 $\theta = \cos^{-1}\dfrac{1}{\sqrt{2}} = 45°$

즉, 45°의 위상차가 발생한다.

답 ②

RC 직렬회로에 200[V]의 교류전압을 인가하였더니 10[A]의 전류가 흘렀다. 전류가 전압보다 위상이 $60°$ 앞설 때, 저항[Ω]은?

① 5　　　　　　　　② $5\sqrt{3}$
③ 10　　　　　　　　④ $10\sqrt{3}$

해설

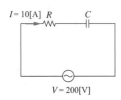

• 임피던스

$$Z = \frac{V}{I}[\Omega] = \frac{200}{10} = 20[\Omega]$$

• 역률

$$\cos\theta = \frac{\text{실수}}{|Z|} = \frac{R}{|Z|}$$

$$R = \cos\theta \cdot |Z|$$

$$= \cos 60° \times 20, \ \cos 60° = \frac{1}{2} \text{ 대입}$$

$$= \frac{1}{2} \times 20 = 10[\Omega]$$

답 ③

RLC 직렬회로에서 $R = 3[\Omega]$, $X_L = 8[\Omega]$, $X_C = 4[\Omega]$일 때, 임피던스 Z는?

① 2　　　　　　　　② 3
③ 4　　　　　　　　④ 5

해설

$Z = R + j(X_L - X_C)[\Omega]$에서 $Z = 3 + j(8-4)[\Omega]$

$\therefore |Z| = \sqrt{(3)^2 + (4)^2} = 5[\Omega]$

답 ④

$R = 90[\Omega]$, $L = 32[\text{mH}]$, $C = 5[\mu\text{F}]$의 직렬회로에 전원전압 $v(t) = 750\cos(5{,}000t + 30°)[\text{V}]$를 인가했을 때 회로의 리액턴스[$\Omega$]는?

① 40　　　　　　　　② 90
③ 120　　　　　　　④ 160

해설

RLC 직렬회로

임피던스 $Z = R + j(X_L - X_C)[\Omega]$

$X_L = j\omega L = j(5{,}000 \times 32 \times 10^{-3}) = j160$

$X_C = \dfrac{1}{j\omega C} = \dfrac{1}{j(5{,}000 \times 5 \times 10^{-6})} = \dfrac{40}{j} = -j40$

$Z = 90 + j(160 - 40) = 90 + j120[\Omega]$

$\therefore$ 리액턴스 $= 120[\Omega]$

답 ③

③ 역 률

$$\cos\theta = \frac{\text{실수}}{\text{임피던스 } |Z|} = \frac{R}{|Z|} = \frac{R}{\sqrt{(R)^2 + (X_C)^2}}$$

④ 전 류

$$I = \frac{V}{|Z|}[\text{A}]$$

⑤ 전 압

$$\dot{V} = \dot{V}_R + \dot{V}_C = \dot{Z} \cdot \dot{I}[\text{V}]$$

$$|V| = \sqrt{V_R^2 + V_C^2}[\text{V}]$$

(3) RLC 직렬회로

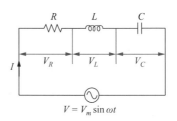

① 임피던스

$$\dot{Z} = R + j(X_L - X_C)[\Omega] = R + j\left(\omega L - \frac{1}{\omega C}\right)[\Omega] = Z\angle\theta[\Omega]$$

$$|Z| = \sqrt{R^2 + (X_L - X_C)^2}[\Omega] = \sqrt{R^2 + \left(\omega L - \frac{1}{\omega C}\right)^2}[\Omega]$$

㉠ $X_L > X_C$의 경우(유도성 회로)

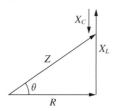

㉡ $X_L = X_C$의 경우(공진회로)

ⓒ $X_L < X_C$의 경우(용량성 회로)

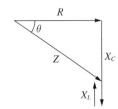

② 위상차

㉠ $\theta = \tan^{-1}\dfrac{허수}{실수} = \tan^{-1}\dfrac{(X_L - X_C)}{R} = \tan^{-1}\dfrac{\left(\omega L - \dfrac{1}{\omega C}\right)}{R}$

㉡ 임피던스의 위상각이 전압과 전류의 위상차가 된다.

㉢ $\dot{V}_R$은 $\dot{I}$와 동위상이고 $\dot{V}_L$은 $\dot{I}$보다 $\dfrac{\pi}{2}$위상이 앞서고 $\dot{V}_C$는 $\dot{I}$보다

$\dfrac{\pi}{2}$위상이 뒤진다.

㉣ $X_L > X_C$의 경우(유도성 회로)

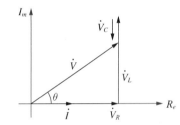

㉤ $X_L = X_C$의 경우(공진회로)

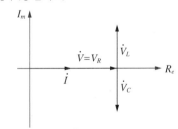

㉥ $X_L < X_C$의 경우(용량성 회로)

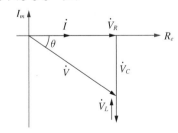

③ 역 률

$$\cos\theta = \frac{\text{실수}}{\text{임피던스}} = \frac{R}{|Z|}$$

④ 전 류

$$I = \frac{V}{|Z|}[\text{A}]$$

⑤ 전 압

$$\dot{V} = \dot{V}_R + \dot{V}_L + \dot{V}_C = \dot{Z} \cdot \dot{I}[\text{V}]$$

$$|V| = \sqrt{V_R^2 + V_L^2 + V_C^2}[\text{V}]$$

(4) 임피던스와 어드미턴스 비교

임피던스	어드미턴스
$Z[\Omega]$	$Y[\mho]$
$Z = \dfrac{1}{Y}[\Omega]$	$Y = \dfrac{1}{Z}[\mho]$
$Z = R + jX[\Omega]$	$Y = G + jB[\mho]$ └ 서셉턴스 └ 컨덕턴스

3 *RLC* 병렬회로

(1) *RL* 병렬회로

RL 병렬회로에서 $I_R = 6[\text{A}]$, $I_L = 8[\text{A}]$일 때, 전체 전류 I는?

① 8   ② 10

③ 12   ④ 14

해설

$\dot{I} = \dot{I}_R + \dot{I}_L[\text{A}]$

$\therefore |I| = \sqrt{I_R^2 + I_L^2} = \sqrt{(6)^2 + (8)^2} = 10[\text{A}]$

답 ②

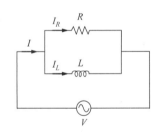

① 어드미턴스

$$\dot{Y} = \frac{1}{\dot{Z}} = \frac{1}{R} - j\frac{1}{X_L}[\mho]$$

$$|Y| = \sqrt{\left(\frac{1}{R}\right)^2 + \left(\frac{1}{X_L}\right)^2}[\mho]$$

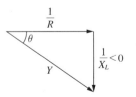

② 임피던스

$$Z = \frac{1}{Y} = \frac{1}{\sqrt{\left(\frac{1}{R}\right)^2 + \left(\frac{1}{X_L}\right)^2}}[\Omega] = \frac{1}{\sqrt{\frac{R^2 + X_L^2}{R^2 \times X_L^2}}} = \sqrt{\frac{R^2 \times X_L^2}{R^2 + X_L^2}}$$

$$= \frac{R \times X_L}{\sqrt{R^2 + X_L^2}}[\Omega]$$

③ 위상차

㉠ $\theta = \tan^{-1}\frac{\text{실수}}{\text{허수}} = \tan^{-1}\frac{R}{X_L} = \tan^{-1}\frac{R}{\omega L}$

㉡ 어드미턴스의 위상각이 전압과 전류의 위상차가 된다.

㉢ $\dot{I}_R$은 $\dot{V}$와 동위상이고 $\dot{I}_L$은 $\dot{V}$보다 $\frac{\pi}{2}$ 위상이 뒤진다.

→ 합성 전류 $\dot{I}$는 $\dot{V}$보다 θ만큼 위상이 뒤진다.

→ 인덕턴스(L)회로는 직·병렬 모두 지상전류(전압보다 뒤진 전류)가 흐른다.

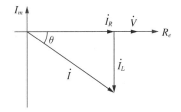

④ 역률

$$\cos\theta = \frac{\frac{1}{R}}{Y} = \frac{\frac{1}{R}}{\sqrt{\left(\frac{1}{R}\right)^2 + \left(\frac{1}{X_L}\right)^2}} = \frac{\frac{1}{R}}{\sqrt{\frac{R^2 + X_L^2}{R^2 \times X_L^2}}}$$

$$= \frac{\frac{1}{R}}{\frac{1}{R \times X_L}\sqrt{R^2 + X_L^2}} = \frac{R \times X_L}{R\sqrt{R^2 + X_L^2}}$$

$$= \frac{X_L}{\sqrt{R^2 + X_L^2}}$$

⑤ 전류

$$\dot{I} = \dot{I}_R + \dot{I}_L[\text{A}] = \dot{Y} \cdot \dot{V}[\text{A}]$$

$$|I| = \sqrt{I_R^2 + I_L^2}[\text{A}]$$

다음의 회로에서 역률각(위상각) 표시로 옳은 것은?

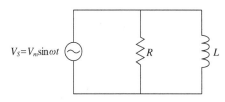

① $\tan^{-1}\left(\frac{R^2}{\omega^2 L^2}\right)$ 　 ② $\tan^{-1}\left(\frac{\omega^2 L^2}{R^2}\right)$

③ $\tan^{-1}\left(\frac{\omega L}{R}\right)$ 　 ④ $\tan^{-1}\left(\frac{R}{\omega L}\right)$

해설

RL 병렬회로 위상차

$\theta = \tan^{-1}\frac{\text{실수}}{\text{허수}} = \tan^{-1}\frac{R}{X_L} = \tan^{-1}\frac{R}{\omega L}$

[참고] RL 직렬회로 위상차

$\theta = \tan^{-1}\frac{\text{허수}}{\text{실수}}$

답 ④

RL 병렬회로에서 $R = 3[\Omega]$, $X_L = 4[\Omega]$일 때, 역률 $\cos\theta$는?

① 0.2 　 ② 0.4

③ 0.6 　 ④ 0.8

해설

$\cos\theta = \frac{X_L}{\sqrt{R^2 + X_L^2}} = \frac{4}{\sqrt{(3)^2 + (4)^2}} = \frac{4}{5} = 0.8$

답 ④

다음 그림과 같이 평형 3상 RC 부하에 교류전압을 인가할 때, 부하의 역률은?

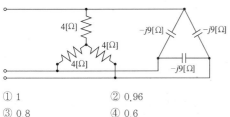

① 1　　　　　　　　② 0.96

③ 0.8　　　　　　　④ 0.6

해설

C 부하 △→Y 변환 $\left(\dfrac{\triangle}{3}\right)$

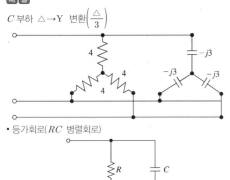

• 등가회로(RC 병렬회로)

• 역률

$$\cos\theta = \frac{X_c}{\sqrt{(R)^2+(X_C)^2}} = \frac{3}{\sqrt{(4)^2+(3)^2}} = \frac{3}{5} = 0.6$$

답 ④

---

(2) RC 병렬회로

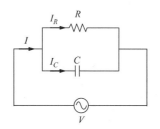

① 어드미턴스

$$Y = \frac{1}{R} + j\frac{1}{X_C}\,[\mho]$$

$$|Y| = \sqrt{\left(\frac{1}{R}\right)^2 + \left(\frac{1}{X_C}\right)^2}\,[\mho]$$

② 임피던스

$$Z = \frac{1}{Y} = \frac{1}{\sqrt{\left(\dfrac{1}{R}\right)^2 + \left(\dfrac{1}{X_C}\right)^2}}\,[\Omega]$$

$$= \frac{1}{\sqrt{\dfrac{R^2+X_C^2}{R^2 \times X_C^2}}} = \sqrt{\frac{R^2 \times X_C^2}{R^2+X_C^2}} = \frac{R \times X_C}{\sqrt{R^2+X_C^2}}\,[\Omega]$$

③ 위상차

㉠ $\theta = \tan^{-1}\dfrac{\text{허수}}{\text{실수}} = \tan^{-1}\dfrac{R}{X_C} = \tan^{-1}\dfrac{R}{\dfrac{1}{\omega C}} = \tan^{-1}\omega CR$

㉡ 어드미턴스의 위상각이 전압과 전류의 위상차가 된다.

㉢ $\dot{I}_R$은 $\dot{V}$와 동위상이고 $\dot{I}_C$은 $\dot{V}$보다 $\dfrac{\pi}{2}$ 위상이 앞선다.

　→ 합성 전류 $\dot{I}$는 $\dot{V}$보다 θ만큼 위상이 앞선다.

　→ 커패시터(C)회로는 직·병렬 모두 진상전류(전압보다 앞선 전류)가 흐른다.

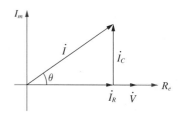

④ 역 률

$$\cos\theta = \frac{컨덕턴스}{어드미턴스} = \frac{G}{|Y|} = \frac{\frac{1}{R}}{Y} = \frac{\frac{1}{R}}{\sqrt{\left(\frac{1}{R}\right)^2 + \left(\frac{1}{X_C}\right)^2}} = \frac{\frac{1}{R}}{\sqrt{\frac{R^2 + X_C^2}{R^2 \times X_C^2}}}$$

$$= \frac{\frac{1}{R}}{\frac{1}{R \times X_C}\sqrt{R^2 + X_C^2}} = \frac{R \times X_C}{R\sqrt{R^2 + X_C^2}}$$

$$= \frac{X_C}{\sqrt{R^2 + X_C^2}}$$

⑤ 전 류

$$\dot{I} = \dot{I}_R + \dot{I}_C \,[\text{A}]$$

$$|I| = \sqrt{I_R^2 + I_C^2}\,[\text{A}]$$

(3) RLC 병렬회로

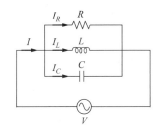

① 어드미턴스

$$\dot{Y} = \frac{1}{R} + j\left(\frac{1}{X_C} - \frac{1}{X_L}\right)[\text{℧}] = \frac{1}{R} + j\left(\omega C - \frac{1}{\omega L}\right)[\text{℧}] = Y\angle\theta\,[\text{℧}]$$

㉠ $X_L < X_C = \dfrac{1}{X_C} > \dfrac{1}{X_L} = B_L > B_C$의 경우(유도성 회로)

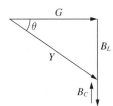

㉡ $X_L = X_C$, $\dfrac{1}{X_L} = \dfrac{1}{X_C}$, $B_L = B_C$의 경우(공진회로)

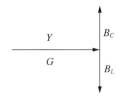

보기와 같은 RLC 병렬회로에서 $v = 80\sqrt{2}\sin(\omega t)\,[\text{V}]$ 인 교류를 a, b 단자에 가할 때, 전류 I의 실횻값이 10[A] 라면, X_C의 값은?

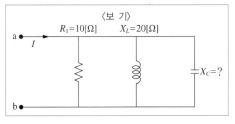

① 8[Ω]   ② 10[Ω]

③ $10\sqrt{2}$ [Ω]   ④ 20[Ω]

해설

$I_R = \dfrac{v}{R} = \dfrac{80}{10} = 8\,[\text{A}]$

$I_L = \dfrac{v}{X_L} = \dfrac{80}{j20} = -j4\,[\text{A}]$

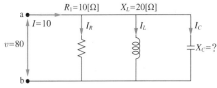

RLC 병렬회로이므로

$I = I_R + j(I_C - I_L)$, $I_X = (I_C - I_L)$라 두면

$|\dot{I}| = \sqrt{(I_R)^2 + (I_X)^2}$

$10 = \sqrt{(8)^2 + (I_X)^2}$, 양변 제곱

$100 = 64 + (I_X)^2$

$(I_X)^2 = 36$

$\therefore I_X = 6$, $I_X = (I_C - I_L)$

$I_L = -j4$이므로, $I_C = j10$

$\therefore X_C = \dfrac{v}{I_C} = \dfrac{80}{10} = 8\,[\Omega]$

답 ①

다음 RLC 병렬회로의 동작에 대한 보기의 설명으로 옳은 것을 모두 고르면?

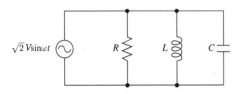

〈보 기〉

ㄱ. 각 소자 R, L, C 양단에 걸리는 전압은 전원전압과 같다.

ㄴ. 회로의 어드미턴스 $\dot{Y} = \dfrac{1}{R} + j\left(\omega L - \dfrac{1}{\omega C}\right)$ 이다.

ㄷ. ω를 변화시켜 공진일 때 전원에서 흘러나오는 모든 전류는 R에만 흐른다.

ㄹ. L에 흐르는 전류와 C에 흐르는 전류는 동상(In Phase)이다.

ㅁ. 모든 에너지는 저항 R에서만 소비된다.

① ㄱ, ㅁ   ② ㄱ, ㄴ, ㄹ
③ ㄱ, ㄷ, ㅁ   ④ ㄴ, ㄷ, ㄹ

해설

ㄱ. RLC 병렬이므로 전압은 모두 같다.

ㄴ. 어드미턴스

$$Y = \frac{1}{R} + j\frac{1}{X_c} - j\frac{1}{X_L} [\mho]$$

$$= \frac{1}{R} + j\left(\frac{1}{X_c} - \frac{1}{X_L}\right), \ X_c = \frac{1}{\omega C}, \ X_L = \omega L \ \text{대입}$$

$$= \frac{1}{R} + j\left(\frac{1}{\frac{1}{\omega C}} - \frac{1}{\omega L}\right) = \frac{1}{R} + j\left(\omega C - \frac{1}{\omega L}\right)[\mho]$$

ㄷ. 공진 시 전류는 저항 R에만 흐른다.

ㄹ. L과 C의 전류 위상차 : $-90°$와 $+90°$, 즉 $180°$ 위상차 발생)

L[H]	C[F]
O ──→ $\dot{V}$(기준) $\dfrac{\pi}{2}$ ↓ i	i $\dfrac{\pi}{2}$ O ──→ $\dot{V}$(기준)
$v > I\left(\dfrac{\pi}{2}\right)$	$v < I\left(\dfrac{\pi}{2}\right)$

ㅁ. 공진 시 에너지는 저항 R에서만 소비

답 ③

ⓒ $X_L > X_C = \dfrac{1}{X_C} < \dfrac{1}{X_L} = B_L < B_C$의 경우(용량성 회로)

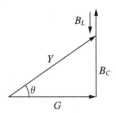

② 위상차

㉠ $\theta = \tan^{-1}\dfrac{\text{허수}}{\text{실수}} = \tan^{-1}\dfrac{\left(\dfrac{1}{X_C} - \dfrac{1}{X_L}\right)}{\dfrac{1}{R}} = \tan^{-1}\dfrac{\left(\omega C - \dfrac{1}{\omega L}\right)}{\dfrac{1}{R}}$

$\qquad = \tan^{-1}\dfrac{B_C - B_L}{G}$

㉡ 어드미턴스의 위상각이 전압과 전류의 위상차가 된다.

㉢ $\dot{I}_R$은 $\dot{V}$와 동위상이고 $\dot{I}_L$은 $\dot{V}$보다 $\dfrac{\pi}{2}$ 위상이 뒤지고 $\dot{I}_C$은 $\dot{V}$보다 $\dfrac{\pi}{2}$ 위상이 앞선다.

㉣ $B_L > B_C$의 경우(유도성 회로)

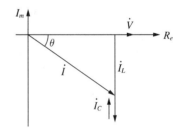

㉤ $B_L = B_C$의 경우(공진회로)

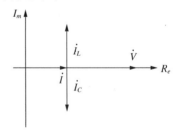

㉥ $B_L < B_C$의 경우(용량성 회로)

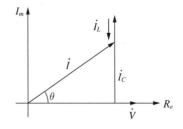

04 적중예상문제

01 임피던스 $Z = 15 + j4[\Omega]$의 회로에 $I = 5(2+j)[A]$의 전류를 흘리는 데 필요한 전압 $V[V]$는?

① $10(26 + j23)$ ② $10(34 + j23)$

③ $5(26 + j23)$ ④ $5(34 + j23)$

해설

$V = IZ = (10 + j5)(15 + j4)$
$\quad = 150 + j40 + j75 - 20$
$\quad = 130 + j115$
$\quad = 5(26 + j23)[V]$

02 $Z_1 = 2 + j11[\Omega]$, $Z_2 = 4 - j3[\Omega]$의 직렬회로에 교류전압 100[V]를 가할 때 회로에 흐르는 전류는 몇 [A]인가?

① 10   ② 8

③ 6   ④ 4

해설

임피던스 직렬회로

$Z = Z_1 + Z_2 = 2 + j11 + 4 - j3 = 6 + j8 = \sqrt{6^2 + 8^2} = 10[\Omega]$

전류 $I = \dfrac{V}{Z} = \dfrac{100}{10} = 10[A]$

03 어느 소자에 전압 $e = 125\sin 377t[V]$를 가했을 때 전류 $i = 50\cos 377t[A]$가 흘렀다. 이 회로의 소자는 어떤 종류인가?

① 순저항

② 용량리액턴스

③ 유도리액턴스

④ 저항과 유도리액턴스

해설

$e = 125\sin 377t$
$i = 50\cos 377t = 50\sin(377t + 90°)$
C만의 회로의 특징
• 전류는 전압보다 90° 빠르다(진상, 앞선 전류)
• 용량성

04 정현파 교류전원 $e = E_m \sin(\omega t + \theta)[V]$가 인가된 RLC 직렬회로에 있어서 $\omega L > \dfrac{1}{\omega C}$ 일 경우, 이 회로에 흐르는 전류 $I[A]$의 위상은 인가전압 $e[V]$의 위상보다 어떻게 되는가?

① $\tan^{-1}\dfrac{\omega L - \dfrac{1}{\omega C}}{R}$ 앞선다.

② $\tan^{-1}\dfrac{\omega L - \dfrac{1}{\omega C}}{R}$ 뒤진다.

③ $\tan^{-1} R\left(\dfrac{1}{\omega L} - \omega C\right)$ 앞선다.

④ $\tan^{-1} R\left(\dfrac{1}{\omega L} - \omega C\right)$ 뒤진다.

해설

$\theta = \tan^{-1}\dfrac{X_L - X_C}{R} = \tan^{-1}\dfrac{\omega L - \dfrac{1}{\omega C}}{R}$

$\omega L > \dfrac{1}{\omega C}$일 때 $\theta > 0$이므로 전류는 전압보다 θ만큼 뒤진다.

05 RL 병렬회로의 합성 임피던식[Ω]는?(단, ω[rad/s]는 이 회로의 각주파수이다)

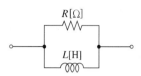

① $R\left(1+j\dfrac{\omega L}{R}\right)$　　② $R\left(1-j\dfrac{1}{\omega L}\right)$

③ $\dfrac{R}{\left(1-j\dfrac{R}{\omega L}\right)}$　　④ $\dfrac{R}{\left(1+j\dfrac{R}{\omega L}\right)}$

해설

RL 병렬회로에서 합성 임피던스

$Z(j\omega)=\dfrac{R\times j\omega L}{R+j\omega L}$ 에서 양변을 $j\omega L$로 나누어 주면

$\dfrac{R}{1+\dfrac{R}{j\omega L}}=\dfrac{R}{1+\dfrac{Rj}{j\omega Lj}}=\dfrac{R}{1-j\dfrac{R}{\omega L}}$

06 저항 $\dfrac{1}{3}$[Ω], 유도리액턴스 $\dfrac{1}{4}$[Ω]인 RL 병렬회로의 합성 어드미턴스[℧]는?

① $3+j4$　　② $3-j4$

③ $\dfrac{1}{3}+j\dfrac{1}{4}$　　④ $\dfrac{1}{3}-j\dfrac{1}{4}$

해설

$Y=Y_1+Y_2$
$=\dfrac{1}{R}+\dfrac{1}{jX_L}$
$=\dfrac{1}{\dfrac{1}{3}}+\dfrac{1}{j\dfrac{1}{4}}=3-j4$[℧]

07 저항 4[Ω]과 유도리액턴스 X_L[Ω]이 병렬로 접속된 회로에 12[V]의 교류전압을 가하니 5[A]의 전류가 흘렀다. 이 회로의 X_L[Ω]은?

① 8　　② 6

③ 3　　④ 1

해설

RL 병렬회로에서 교류일 때

전전류 $I=I_R-jI_L=\sqrt{I_R^2+I_L^2}$ [A]

$I_L=\sqrt{I^2-I_R^2}=\sqrt{5^2-\left(\dfrac{12}{4}\right)^2}=4$[A]

유도리액턴스 $X_L=\dfrac{V}{I_L}=\dfrac{12}{4}=3$[Ω]

08 그림과 같은 회로에서 유도성 리액턴스 X_L의 값[Ω]은?

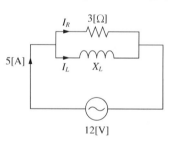

① 8　　② 6

③ 4　　④ 1

해설

RL 병렬회로에서 교류일 때

전전류 $I=I_R-jI_L=\sqrt{I_R^2+I_L^2}$ [A]

$I_L=\sqrt{I^2-I_R^2}=\sqrt{5^2-\left(\dfrac{12}{3}\right)^2}=3$[A]

유도리액턴스 $X_L=\dfrac{V}{I_L}=\dfrac{12}{3}=4$[Ω]

09 그림과 같은 회로에서 전류 I[A]는?

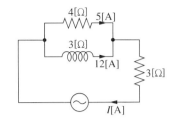

① 7

② 10

③ 13

④ 17

해설

$I = \sqrt{I_유^2 + I_무^2} = \sqrt{5^2 + 12^2} = 13[A]$

11 그림과 같이 저항 $R = 3[\Omega]$과 용량리액턴스 $\dfrac{1}{\omega C} = 4[\Omega]$

인 콘덴서가 병렬로 연결된 회로에 100[V]의 교류전압을 인가할 때, 합성 임피던스 $Z[\Omega]$는?

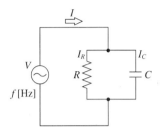

① 1.2

② 1.8

③ 2.2

④ 2.4

해설

RC 병렬회로에서

$Z = \dfrac{1}{Y} = \dfrac{1}{\sqrt{\left(\dfrac{1}{3}\right)^2 + \left(\dfrac{1}{4}\right)^2}} = 2.4[\Omega]$

10 저항 R과 리액턴스 X를 병렬로 연결할 때의 역률은?

① $\dfrac{X}{\sqrt{R^2 + X^2}}$

② $\dfrac{R}{\sqrt{R^2 + X^2}}$

③ $\dfrac{1/X}{\sqrt{R^2 + X^2}}$

④ $\dfrac{1/R}{\sqrt{R^2 + X^2}}$

해설

RX 병렬회로에서

역률 $\cos\theta = \dfrac{I_R}{I} = \dfrac{G}{Y} = \dfrac{\dfrac{1}{R}}{\sqrt{\left(\dfrac{1}{R}\right)^2 + \left(\dfrac{1}{X}\right)^2}} = \dfrac{X}{\sqrt{R^2 + X^2}}$

(직렬에 반대)

12 그림과 같은 RC 병렬회로에서 전원전압이

$e(t) = 3e^{-5t}$인 경우 이 회로의 임피던스는?

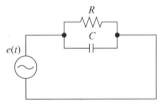

① $\dfrac{j\omega RC}{1 + j\omega RC}$

② $\dfrac{R}{1 - 5RC}$

③ $\dfrac{R}{1 + RCs}$

④ $\dfrac{1 + j\omega RC}{R}$

해설

$Z = \dfrac{\dfrac{R}{j\omega C}}{R + \dfrac{1}{j\omega C}} = \dfrac{R}{1 + j\omega CR}$

$e(t) = Ae^{j\theta} = Ae^{j\omega t}$

$e(t) = 3e^{-5t} = Ae^{j\omega t}$에서 $j\omega = -5$를 대입하면

$Z = \dfrac{R}{1 - 5CR}$

13 그림과 같은 회로에서 단자 $a-b$ 간의 전압 V_{ab}[V]는?

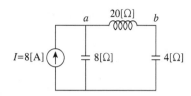

① $-j160$
② $j160$
③ 40
④ 80

해설

• 전류의 분배 $I_{ab} = \dfrac{-j8}{j20 - j4 - j8} \times 8 = -8[\mathrm{A}]$

• 단자전압 $V_{ab} = i \times X_L = -8 \times (j20) = -j160[\mathrm{V}]$

14 그림과 같은 회로에서 $a-b$ 양단 간의 전압은 몇 [V]인가?

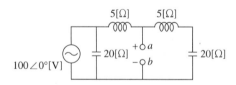

① 80
② 90
③ 120
④ 150

해설

$I = \dfrac{100}{j5 + j5 - j20} = \dfrac{100}{-j10} = \dfrac{100j}{-j10j} = j10[\mathrm{A}]$

$V_{ab} = IX = j10(j5 - j20) = 150[\mathrm{V}]$

15 그림과 같은 회로에서 지로전류 I_L[A]과 I_C[A]가 크기는 같고 90°의 위상차를 이루는 조건은?

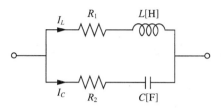

① $R_1 = R_2$, $R_2 = \dfrac{1}{\omega C}$

② $R_1 = \dfrac{1}{\omega C}$, $R_2 = \omega L$

③ $R_1 = \omega L$, $R_2 = \dfrac{1}{\omega C}$

④ $R_1 = \omega L$, $R_2 = \dfrac{1}{\omega L}$

해설

$I_L = \dfrac{V}{R_1 + j\omega L}$, $I_C = \dfrac{V}{R_2 - j\dfrac{1}{\omega C}}$

I_C는 I_L보다 위상이 90° 앞서므로 $I_C = jI_L$

$\dfrac{V}{R_2 - j\dfrac{1}{\omega C}} = j\dfrac{V}{R_1 + j\omega L}$

$R_1 + j\omega L = jR_2 + \dfrac{1}{\omega C}$ 실수부와 허수부가 각각 같아야 하므로

$\therefore R_1 = \dfrac{1}{\omega C}$, $R_2 = \omega L$

16 주파수 f[Hz], 단상 교류전압 V[V]의 전원에 저항 R[Ω], 인덕턴스 L[H]의 코일을 접속한 회로가 있을 때, L을 가감해서 R의 전력을 $L=0$일 때의 $\frac{1}{5}$로 하면 L[H]의 크기는?

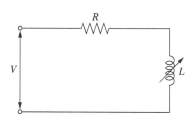

① $\dfrac{R^2}{2\pi f}$ ② $\pi f R^2$

③ $\dfrac{R}{\pi f}$ ④ $\dfrac{R}{2\pi f}$

해설

$$P = \frac{V^2 R}{R^2 + X_L^2} = \frac{1}{5}\frac{V^2}{R}$$

$$\frac{R}{R^2 + X_L^2} = \frac{1}{5R}$$

$$5R^2 = R^2 + X_L^2$$

$$4R^2 = (2\pi f L)^2$$

$$2R = 2\pi f L$$

$$L = \frac{2R}{2\pi f} = \frac{R}{\pi f}\,[\mathrm{H}]$$

17 다음 회로에서 전압 V를 가하니 20[A]의 전류가 흘렀다고 한다. 이 회로의 역률은?

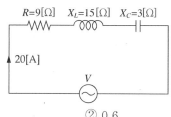

① 0.8   ② 0.6

③ 1.0   ④ 0.9

해설

역 률

$$\cos\theta = \frac{R}{Z} = \frac{R}{\sqrt{R^2 + (X_L - X_C)^2}} = \frac{9}{\sqrt{9^2 + (15-3)^2}} = 0.6$$

18 다음과 같은 교류 브리지 회로에서 Z_0에 흐르는 전류가 0이 되기 위한 각 임피던스의 조건은?

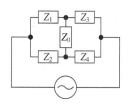

① $Z_1 Z_2 = Z_3 Z_4$ ② $Z_1 Z_2 = Z_3 Z_0$

③ $Z_2 Z_3 = Z_1 Z_0$ ④ $Z_2 Z_3 = Z_1 Z_4$

해설

Z_0에 흐르는 전류가 0이 되기 위한 조건 : $Z_1 Z_4 = Z_2 Z_3$

19 다음과 같은 브리지 회로가 평형이 되기 위한 Z_4의 값은?

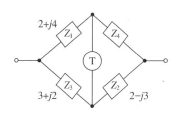

① $2+j4$ ② $-2+j4$

③ $4+j2$ ④ $4-j2$

해설

브리지 회로 평형 조건 : $Z_1 Z_2 = Z_3 Z_4$

$$Z_4 = \frac{Z_1 Z_2}{Z_3} = \frac{(2+j4)(2-j3)}{(3+j2)} = 4-j2$$

20 회로에서 단자 $a-b$ 사이의 합성 저항 R_{ab}는 몇 [Ω]인 가?(단, 저항의 크기는 r[Ω]이다)

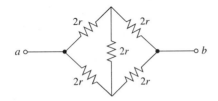

① $\dfrac{1}{3}r$ ② $\dfrac{1}{2}r$

③ r ④ $2r$

해설

브리지 회로 평형 조건 : $Z_1 Z_2 = Z_3 Z_4$
중앙의 저항 무시, 즉 전선으로 연결하고 저항을 계산하면
$R_{ab} = \dfrac{4r \cdot 4r}{4r + 4r} = 2r$ 가 된다.

21 그림과 같은 교류 브리지가 평형상태에 있다. L[H]의 값은 얼마인가?

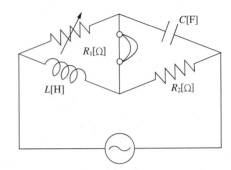

① $L = \dfrac{R_1 R_2}{C}$

② $L = \dfrac{C}{R_1 R_2}$

③ $L = R_1 R_2 C$

④ $L = \dfrac{R_2}{R_1 C}$

해설

브리지 회로 평형 조건 : $Z_1 Z_2 = Z_3 Z_4$
$R_1 R_2 = \omega L \times \dfrac{1}{\omega C}$에서 $R_1 R_2 = \dfrac{L}{C}$
$\therefore$ 인덕턴스 $L = R_1 R_2 C$[H]

C H A P T E R

05 공진회로와 전력

1 공진회로

(1) RLC 직렬 공진회로($X_L = X_C$)

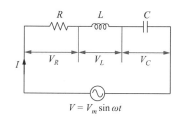

$$V = V_m \sin \omega t$$

① 임피던스

$$Z = R + j(X_L - X_C)\,[\Omega] = R + j\left(\omega L - \frac{1}{\omega C}\right)[\Omega]$$

$Z = R$(임피던스는 최소)

② 위상차 : 전압과 전류는 동위상

③ 역률 : $\cos \theta = 1$

④ 전류 : $I = \dfrac{V}{Z}[\mathrm{A}]$(전류는 최대)

⑤ 공진 주파수

$$X_L = X_C, \ \omega L = \frac{1}{\omega C}, \ \omega^2 L C = 1$$

$$\therefore f_0 = \frac{1}{2\pi\sqrt{LC}}[\mathrm{Hz}]$$

⑥ 첨예도(Q) : 전압확대비(율), 양호도

　㉠ 전원전압 V에 대한 L 및 C양단의 단자 전압인 V_L, V_C 전압의 비율

　㉡ 저항에 대한 리액턴스비

　㉢ $Q = \dfrac{X_L}{R} = \dfrac{X_C}{R} = \dfrac{\omega_0 L}{R} = \dfrac{1}{\omega_0 CR} = \dfrac{V_L}{V} = \dfrac{V_C}{V}$

　　 $= \dfrac{1}{R}\sqrt{\dfrac{L}{C}}\left(\omega_0 = \dfrac{1}{\sqrt{LC}}\right)$

RLC 직렬 교류회로의 공진현상에 대한 설명으로 옳지 않은 것은?

① 회로의 전류는 유도리액턴스의 값에 의해 결정된다.

② 유도리액턴스와 용량리액턴스의 크기가 서로 같다.

③ 공진일 때 전류의 크기는 최대이다.

④ 전류의 위상은 전압의 위상과 같다.

해설

① $I = \dfrac{V}{Z}[\mathrm{A}]$, 전류는 임피던스값과 관련 있다.

② $\omega L = \dfrac{1}{\omega C}$, 공진 시 유도리액턴스와 용량리액턴스는 같다.

③ $I = \dfrac{V}{Z}[\mathrm{A}]$, 공진 시 임피던스가 작아지므로 전류는 커진다.

④ $Z = R + j\left(\omega L - \dfrac{1}{\omega C}\right)[\Omega]$, 공진 시 허수부는 0이므로,

　 $Z = R[\Omega]$만의 회로가 된다.

즉, 저항 R은 전압과 전류의 위상이 같다(동위상). **답** ①

저항 R, 인덕터 L, 커패시터 C 등의 회로 소자들을 직렬회로로 연결했을 경우에 나타나는 특성에 대한 설명으로 옳은 것만을 모두 고르면?

ㄱ. 인덕터 L만으로 연결된 회로에서 유도리액턴스 $X_L = \omega L\,[\Omega]$이고, 전류는 전압보다 위상이 90° 앞선다.

ㄴ. 저항 R과 인덕터 L이 직렬로 연결되었을 때의 합성 임피던스의 크기 $|Z| = \sqrt{R^2 + (\omega L)^2}\,[\Omega]$이다.

ㄷ. 저항 R과 커패시터 C가 직렬로 연결되었을 때의 합성 임피던스의 크기 $|Z| = \sqrt{R^2 + (\omega C)^2}\,[\Omega]$이다.

ㄹ. 저항 R, 인덕터 L, 커패시터 C가 직렬로 연결되었을 때의 일반적인 양호도(Quality Factor) $Q = \dfrac{1}{R}\sqrt{\dfrac{L}{C}}$로 정의한다.

① ㄱ, ㄴ　　　　　　　　② ㄴ, ㄹ

③ ㄱ, ㄷ, ㄹ　　　　　　④ ㄴ, ㄷ, ㄹ

해설

ㄱ. 유도리액턴스 $X_L = \omega L\,[\Omega]$

　→ L소자는 전압이 전류보다 위상이 90° 앞선다.

ㄷ. RC 직렬회로 임피던스

$$Z = R - j\frac{1}{\omega C}, \ |Z| = \sqrt{(R)^2 + \left(\frac{1}{\omega C}\right)^2}\,[\Omega]$$

답 ②

병렬 RLC 공진회로에 대한 설명으로 옳은 것은?

① 공진주파수에서 임피던스가 최솟값을 가지며, 커패시터에 의한 리액턴스와 인덕터에 의한 리액턴스의 값이 다르다.

② 공진주파수에서 임피던스가 최댓값을 가지며, 커패시터에 의한 리액턴스와 인덕터에 의한 리액턴스의 값이 다르다.

③ 공진주파수에서 임피던스가 최솟값을 가지며, 커패시터에 의한 리액턴스와 인덕터에 의한 리액턴스의 값이 같다.

④ 공진주파수에서 임피던스가 최댓값을 가지며, 커패시터에 의한 리액턴스와 인덕터에 의한 리액턴스의 값이 같다.

해설

RLC 병렬 공진회로

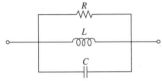

• 어드미턴스

$Y = \dfrac{1}{R} + j\left(\omega C - \dfrac{1}{\omega L}\right)[\text{℧}]$

허수부 $\left(\omega C - \dfrac{1}{\omega L}\right) = 0$ 이므로 $Y = \dfrac{1}{R}$ 만의 회로(Y는 최소)

• 전 류

$I = YV[\text{A}]$ ($Y =$ 최소이므로 $I =$ 최소)

• Y가 최소이므로 역수인 Z는 최대가 된다.

[참고] RLC 직렬 공진회로

$\overset{R}{\text{──}\!\!\!\!\text{WW}}\!\!\!\!\overset{L}{\text{─}\!\text{◠◠◠}}\!\!\overset{C}{\text{─}\|\text{─}}$

• 임피던스

$Z = R + j\left(\omega L - \dfrac{1}{\omega C}\right)[\Omega]$

허수부 $\left(\omega L - \dfrac{1}{\omega C}\right) = 0$ 이므로 $Z = R$ 만의 회로(Z는 최소)

• 전 류

$I = \dfrac{V}{Z}[\text{A}]$ ($Z =$ 최소이므로 $I =$ 최대)

• Z가 최소이므로 역수인 Y는 최대가 된다.

RLC 직렬 공진회로	RLC 병렬 공진회로
$\overset{R}{\text{WW}}\overset{L}{\text{◠◠}}\overset{C}{\|}$	$\begin{array}{c}R\\L\\C\end{array}$
$Z = R + j\left(\omega L - \dfrac{1}{\omega C}\right)[\Omega]$	$Y = \dfrac{1}{R} + j\left(\omega C - \dfrac{1}{\omega L}\right)[\text{℧}]$
• 임피던스 $Z \Downarrow$	• 임피던스 $Z \Uparrow$
• 전류 $I \Uparrow$	• 전류 $I \Downarrow$
• 어드미턴스 $Y \Uparrow$	• 어드미턴스 $Y \Downarrow$
공진주파수 $f = \dfrac{1}{2\pi\sqrt{LC}}[\text{Hz}]$	

답 ④

② 공진곡선 : Q가 클수록 공진곡선이 첨예(예리)해 진다.

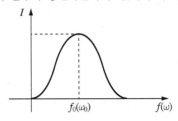

(2) RLC 병렬 공진회로($X_L = X_C$)

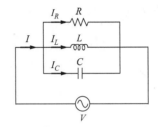

① 어드미턴스

$Y = \dfrac{1}{R} + j\left(\dfrac{1}{X_C} - \dfrac{1}{X_L}\right)[\text{℧}] = \dfrac{1}{R} + j\left(\omega C - \dfrac{1}{\omega L}\right)[\text{℧}]$

$Y = \dfrac{1}{R}$ (어드미턴스 최소)

② 위상차 : 전압과 전류는 동위상

③ 역률 : $\cos\theta = 1$

④ 전류 : $I = YV[\text{A}]$ (전류는 최소)

⑤ 공진주파수

$\dfrac{1}{X_L} = \dfrac{1}{X_C}$, $\dfrac{1}{\omega L} = \omega C$, $\omega^2 LC = 1$

$\therefore f_0 = \dfrac{1}{2\pi\sqrt{LC}}[\text{Hz}]$

⑥ 첨예도(Q) : 전류확대비(율), 양호도

　㉠ 전원전류 I에 대한 L 및 C에 흐르는 전류인 I_L, I_C 전류의 비율

　㉡ 리액턴스에 대한 저항비

　㉢ $Q = \dfrac{R}{X_L} = \dfrac{R}{X_C} = \dfrac{R}{\omega_0 L} = \omega_0 CR = \dfrac{I_L}{I} = \dfrac{I_C}{I}$

　　$= R\sqrt{\dfrac{C}{L}} \left(\omega_0 = \dfrac{1}{\sqrt{LC}}\right)$

㉣ 공진곡선 : Q가 클수록 공진곡선이 첨예(예리)해 진다.

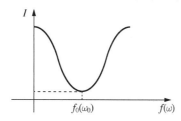

(3) RLC 직렬 공진회로와 병렬 공진회로 비교

RLC 직렬 공진회로	RLC 병렬 공진회로
R L C (그림)	R L C (그림)
• 임피던스 $Z=R+j\left(\omega L-\dfrac{1}{\omega C}\right)[\Omega]$ 에서 $\omega L-\dfrac{1}{\omega C}=0,\ \omega L=\dfrac{1}{\omega C}$ ∴ 허수부가 0이므로 $Z=R$만의 회로 　　(Z는 최소) • 전류 $I=\dfrac{V}{Z}[\mathrm{A}]$ 　　($Z=$ 최소이므로 $I=$ 최대) • Z가 최소이므로 역수인 Y는 최대가 　된다.	• 어드미턴스 $Y=\dfrac{1}{R}+j\left(\omega C-\dfrac{1}{\omega L}\right)[\mho]$ 에서 $\omega C-\dfrac{1}{\omega L}=0,\ \omega C=\dfrac{1}{\omega L}$ ∴ 허수부가 0이므로 $Y=\dfrac{1}{R}$만의 회로 　　(Y는 최소) • 전류 $I=YV[\mathrm{A}]$ 　　($Y=$ 최소이므로 $I=$ 최소) • Y가 최소이므로 역수인 Z는 최대가 　된다.
$Q=\dfrac{1}{R}\sqrt{\dfrac{L}{C}}$	$Q=R\sqrt{\dfrac{C}{L}}$

RLC 병렬회로에서 저항 10[Ω], 인덕턴스 100[H], 정전용량 $10^4[\mu \mathrm{F}]$일 때 공진현상이 발생하였다. 이때 공진주파수[Hz]는?

① $\dfrac{1}{2\pi}\times 10^{-3}$ 　　② $\dfrac{1}{2\pi}$

③ $\dfrac{1}{\pi}$ 　　④ $\dfrac{10}{\pi}$

해설

병렬회로 공진주파수는 직렬과 같다.

$$\therefore f=\frac{1}{2\pi\sqrt{LC}}[\mathrm{Hz}]$$

$$=\frac{1}{2\pi\sqrt{100\times 1\times 10^4\times 10^{-6}}}=\frac{1}{2\pi}[\mathrm{Hz}]$$

답 ②

다음 그림과 같은 회로에 교류전압을 인가하여 전류 I가 최소로 될 때, 리액턴스 $X_C[\Omega]$는?

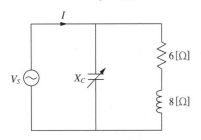

① 8.5　　　　　② 10.5

③ 12.5　　　　　④ 14.5

해설

어드미턴스

$$Y = \frac{R}{R^2 + (\omega L)^2} + j\left(\omega C - \frac{\omega L}{R^2 + (\omega L)^2}\right)[\mho]$$

X_C를 구하기 위해 허수부를 0으로 두면

$$\omega C - \frac{\omega L}{R^2 + (\omega L)^2} = 0$$

$$\omega C = \frac{\omega L}{R^2 + (\omega L)^2}$$

$$\frac{1}{X_C} = \frac{\omega L}{R^2 + (\omega L)^2} = \frac{8}{(6)^2 + (8)^2}$$

$$X_C = \frac{(6)^2 + (8)^2}{8} = \frac{100}{8} = 12.5[\Omega]$$

답 ③

2 RLC 직·병렬 공진회로 해석(RL 직렬과 C 병렬회로의 해석 방법)

(1) 어드미턴스 Y로 해석(RL 직렬 + C 병렬)

예

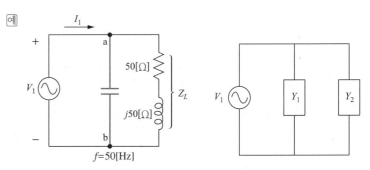

$f = 50[Hz]$

① $Y_1 = \dfrac{1}{Z_1} = \dfrac{1}{-jX_c} = \dfrac{1}{-j\dfrac{1}{\omega C}} = j\omega C\,[\mho]\left(\because -\dfrac{1}{j} = j\right)$

② $Y_2 = \dfrac{1}{Z_2} = \dfrac{1}{R + jX_L} = \dfrac{1}{R + j\omega L}\,[\mho]\,(X_L = \omega L)$

③ $Y = Y_1 + Y_2 = j\omega C + \left(\dfrac{1}{R + j\omega L}\right)$

$$= \frac{j\omega CR - \omega^2 LC + 1}{R + j\omega L}$$

$$= \frac{(j\omega CR - \omega^2 LC + 1)(R - j\omega L)}{(R + j\omega L)(R - j\omega L)}$$

$$= \frac{j\omega CR^2 + \omega^2 LCR - \omega^2 LCR + j\omega^3 L^2 C + R - j\omega L}{R^2 + \omega^2 L^2}$$

$$= \frac{R + j(\omega^3 L^2 C + \omega CR^2 - \omega L)}{R^2 + \omega^2 L^2}$$

$$= \frac{R}{R^2 + \omega^2 L^2} + j\frac{(\omega^3 L^2 C + \omega CR^2 - \omega L)}{R^2 + \omega^2 L^2}$$

허수부에서 ωC를 공통으로 묶어서 변형하면

$$허수부 = j\left(\omega C - \frac{\omega L}{R^2 + \omega^2 L^2}\right)$$

$$\therefore\ Y = \frac{R}{R^2 + \omega^2 L^2} + j\left(\omega C - \frac{\omega L}{R^2 + \omega^2 L^2}\right)$$

허수부에서 $\left(\omega C - \dfrac{\omega L}{R^2 + \omega^2 L^2}\right) = 0$이라 두면

$$\omega C = \frac{\omega L}{R^2 + \omega^2 L^2}$$

$$\omega L = \omega C \cdot (R^2 + \omega^2 L^2)$$

$$C = \frac{L}{(R^2 + \omega^2 L^2)} = \frac{L}{R^2 + (\omega L)^2}[F]$$

④ 인덕턴스 L 구하기

$$X_L = \omega L = 2\pi f L$$

$$L = \frac{X_L}{\omega} \, (\omega = 2\pi f)$$

⑤ $C = \dfrac{L}{R^2 + (\omega L)^2}[\mathrm{F}] = \dfrac{\dfrac{X_L}{\omega}}{R^2 + (X_L)^2}$

$$= \frac{\dfrac{50}{2\pi \times 50}}{(50)^2 + (50)^2} = \frac{1}{10{,}000\pi} = \frac{1}{10^4 \pi} = \frac{1}{\pi} \times 10^{-4}$$

$$= \frac{100}{\pi} \times 10^{-6}[\mathrm{F}] = \frac{100}{\pi}[\mu\mathrm{F}]$$

(2) 임피던스 Z로 해석(RL 직렬 + C 병렬)

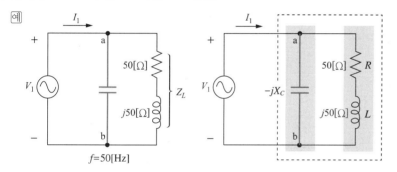

① 임피던스

$$Z = R + jX_L = R + j\omega L\,[\Omega]$$

$$Z' = -jX_c = -j\frac{1}{\omega C} = \frac{1}{j\omega C}[\Omega]$$

$$Z_0 = \frac{Z \times Z'}{Z + Z'} = \frac{(R + j\omega L) \cdot \dfrac{1}{j\omega C}}{(R + j\omega L) + \dfrac{1}{j\omega C}}$$

$$= \frac{\dfrac{R + j\omega L}{j\omega C}}{\dfrac{j\omega CR - \omega^2 LC + 1}{j\omega C}} = \frac{R + j\omega L}{j\omega CR - \omega^2 LC + 1}$$

② 어드미턴스

$$Y = \frac{1}{Z_0} = \frac{j\omega CR - \omega^2 LC + 1}{R + j\omega L}$$

$$= \frac{(j\omega CR - \omega^2 LC + 1)(R - j\omega L)}{(R + j\omega L)(R - j\omega L)}$$

$$= \frac{j\omega CR^2 + \omega^2 LCR - \omega^2 LCR + j\omega^3 L^2 C + R - j\omega L}{R^2 + \omega^2 L^2}$$

$$= \frac{R + j(\omega^3 L^2 C + \omega CR^2 - \omega L)}{R^2 + \omega^2 L^2}$$

$$= \frac{R}{R^2 + \omega^2 L^2} + j\frac{(\omega^3 L^2 C + \omega CR^2 - \omega L)}{R^2 + \omega^2 L^2}$$

허수부에서 ωC를 공통으로 묶어서 변형하면

$$허수부 = +j\left(\omega C - \frac{\omega L}{R^2 + \omega^2 L^2}\right)$$

$$\therefore \ Y = \frac{R}{R^2 + \omega^2 L^2} + j\left(\omega C - \frac{\omega L}{R^2 + \omega^2 L^2}\right)$$

허수부에서 $\left(\omega C - \dfrac{\omega L}{R^2 + \omega^2 L^2}\right) = 0$이라 두면

$$\omega C = \frac{\omega L}{R^2 + \omega^2 L^2}$$

$$\omega L = \omega C \cdot (R^2 + \omega^2 L^2)$$

$$C = \frac{L}{(R^2 + \omega^2 L^2)} = \frac{L}{R^2 + (\omega L)^2}[\mathrm{F}]$$

③ 인덕턴스 L 구하기

$$X_L = \omega L = 2\pi f L$$

$$L = \frac{X_L}{\omega} \ (\omega = 2\pi f)$$

④ $C = \dfrac{L}{R^2 + (\omega L)^2}[\mathrm{F}] = \dfrac{\dfrac{X_L}{\omega}}{R^2 + (X_L)^2}$

$$= \frac{\dfrac{50}{2\pi \times 50}}{(50)^2 + (50)^2} = \frac{1}{10,000\pi} = \frac{1}{10^4 \pi} = \frac{1}{\pi} \times 10^{-4}$$

$$= \frac{100}{\pi} \times 10^{-6}[\mathrm{F}] = \frac{100}{\pi}[\mu\mathrm{F}]$$

(3) 전류 $I = (G + jB)V = Y \cdot V$ 형태로 계산 (RL 직렬 + C 병렬)

예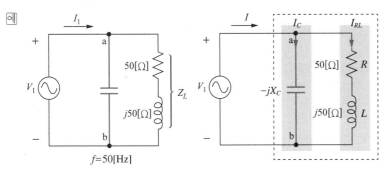

$f = 50[\text{Hz}]$

① $I_{RL} = \dfrac{V}{Z}[\text{A}] = \dfrac{V}{R + jX_L} = \dfrac{V}{R + j\omega L}$

$\qquad = \dfrac{V \cdot (R - j\omega L)}{(R + j\omega L) \cdot (R - j\omega L)} = \dfrac{(R - j\omega L) \cdot V}{R^2 + (\omega L)^2}$

$\qquad = \left(\dfrac{R}{R^2 + (\omega L)^2} - j\dfrac{\omega L}{R^2 + (\omega L)^2} \right) \cdot V$

② $I_C = \dfrac{V}{-jX_c} = \dfrac{V}{-j\dfrac{1}{\omega C}} = j\omega C \cdot V$

③ $I_0 = I_{RL} + I_C$

$\qquad = \left(\dfrac{R}{R^2 + (\omega L)^2} - j\dfrac{\omega L}{R^2 + (\omega L)^2} \right) \cdot V + j\omega C \cdot V$

$\qquad = \left(\dfrac{R}{R^2 + (\omega L)^2} + j\left(\omega C - \dfrac{\omega L}{R^2 + (\omega L)^2} \right) \right) \cdot V$

$\qquad = (G + jB) \cdot V = Y \cdot V$ 형태로 계산

허수부에서 $\left(\omega C - \dfrac{\omega L}{R^2 + (\omega L)^2} \right) = 0$이라 두면

$\omega C = \dfrac{\omega L}{R^2 + (\omega L)^2}$

$\omega L = \omega C \cdot (R^2 + (\omega L)^2)$

$C = \dfrac{L}{R^2 + (\omega L)^2}[\text{F}]$

④ 인덕턴스 L 구하기

$X_L = \omega L = 2\pi f L$

$L = \dfrac{X_L}{\omega} \, (\omega = 2\pi f)$

⑤ $C = \dfrac{L}{R^2+(\omega L)^2}[\mathrm{F}] = \dfrac{\dfrac{X_L}{\omega}}{R^2+(X_L)^2}$

$= \dfrac{\dfrac{50}{2\pi \times 50}}{(50)^2+(50)^2} = \dfrac{1}{10,000\pi}$

$= \dfrac{1}{10^4\pi} = \dfrac{1}{\pi} \times 10^{-4}$

$= \dfrac{100}{\pi} \times 10^{-6}[\mathrm{F}] = \dfrac{100}{\pi}[\mu\mathrm{F}]$

(4) 콘덴서 연결 전과 후의 전류로 계산(RL 직렬 $+$ C 병렬)

예

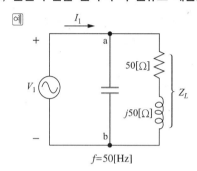

$f=50[\mathrm{Hz}]$

① 콘덴서 연결 전 전류

$I_{RL} = \dfrac{V}{Z} = \dfrac{V}{R+jX_L} = \dfrac{100}{50+j50}[\mathrm{A}]$

$= \dfrac{100(50-j50)}{(50+j50)(50-j50)} = \dfrac{5,000-j5,000}{2,500+2,500} = 1-j1$

공진 시 $\cos\theta = 1$이므로 완전 역률이 되려면 허수부 $= 0$

$(1-j1) + I_C = 1$

$\therefore I_C = j1$

② 콘덴서 연결 후 전류

$I_C = \dfrac{V}{X_C} = \dfrac{V}{-jX_C},\ I_C = j1$ 대입

$j1 = \dfrac{100}{-jX_C}$

$X_C = 100[\Omega]$

③ $X_C = \dfrac{1}{\omega C} = \dfrac{1}{2\pi f C}$

$100 = \dfrac{1}{2\pi f C}$

$C = \dfrac{1}{2\pi f \times 100} = \dfrac{1}{2\pi \times 50 \times 100} = \dfrac{1}{10,000\pi} = \dfrac{1}{10^4\pi} = \dfrac{1}{\pi} \times 10^{-4}$

$= \dfrac{100}{\pi} \times 10^{-6}[\mathrm{F}] = \dfrac{100}{\pi}[\mu\mathrm{F}]$

3 전 력

(1) 전력의 개요

① 전력(Electric Power) : 단위 시간에 공급된 전기에너지가 하는 일이다.

$$P = VI = I^2R = \frac{V^2}{R}[\text{W}]$$

② 전력량 $W = PT[\text{kWh}]$

※ 여기서, T는 시간[h]이다.

(2) 회로 소자에서의 교류전력

① 저항 부하에서의 전력

$$i(t) \quad R[\Omega]$$

⊙ 전압과 전류는 동상

$$i(t) = \sqrt{2}\,I\sin\omega t[\text{A}], \quad v(t) = \sqrt{2}\,V\sin\omega t[\text{V}]$$

ⓛ 순시전력

$$p(t) = v(t) \cdot i(t) = 2\,VI\sin^2\omega t = VI(1 - \cos^2\omega t)[\text{W}]$$

ⓒ 평균 전력

$$P = \frac{1}{T}\int_0^T p(t)dt = \frac{1}{2\pi}\int_0^{2\pi} VI(1 - \cos^2\omega t)d\omega t = VI[\text{W}]$$

② 인덕터 부하에서의 전력

$$i(t) \quad L[\text{H}]$$

⊙ 전류가 전압보다 $\dfrac{\pi}{2}$ 위상이 뒤짐

$$i(t) = \sqrt{2}\,I\sin\omega t[\text{A}], \quad v(t) = \sqrt{2}\,V\sin\left(\omega t + \frac{\pi}{2}\right) = \sqrt{2}\,V\cos\omega t[\text{V}]$$

ⓛ 순시전력

• $p(t) = v(t) \cdot i(t) = 2\,VI\sin\omega t\cos\omega t = VI\sin2\omega t[\text{W}]$

• 순시전력 $p > 0$인 경우 전원으로부터 에너지를 공급 받고, $p < 0$일 때는 반대로 전원으로 에너지를 반환함 → 평균 전력 $= 0$

ⓒ 평균 전력

• $P = \dfrac{1}{T}\int_0^T p(t)dt = \dfrac{1}{2\pi}\int_0^{2\pi} VI\sin2\omega t\,d\omega t = VI = 0\,[\text{W}]$

• 외부로 방출되는 에너지는 없다(유효전력 $= 0$).

직류회로에서 전류 $V = 100[\text{V}]$, 저항 $R = 4[\Omega]$일 때 전력은?

① 2,500 ② 5,000
③ 7,500 ④ 10,000

해설

직류전력 $P = \dfrac{V^2}{R} = \dfrac{(100)^2}{4} = \dfrac{10,000}{4} = 2,500[\text{W}]$

답 ①

어떤 부하에 단상 교류전압 $v(t) = \sqrt{2}\,V\sin\omega t[\text{V}]$를 인가하여 부하에 공급되는 순시전력이 그림과 같이 변동할 때 부하의 종류는?

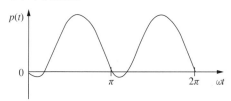

① R 부하 ② RL 부하
③ RC 부하 ④ LC 부하

해설

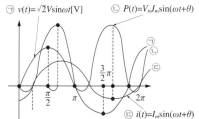

전류 $i(t)$가 전압 $v(t)$보다 θ만큼 느리다(RL 회로).

답 ②

ㄹ 인덕터에 저장되는 에너지

$$\omega_L(t) = \int_0^t p(t)dt \int_0^t v(t)\cdot i(t)dt = \int_0^t L\frac{di}{dt}i\,dt$$

$$= \int_0^t Li\,di = \frac{1}{2}Li^2[\text{J}]$$

$$i(t) = \sqrt{2}\,I\sin\omega t[\text{A}]$$

$$\omega_L(t) = LI^2\sin^2\omega t = LI^2(1-\cos^2\omega t)\,[\text{J}]$$

ㅁ 평균 저장에너지

$$W = \frac{1}{T}\int_0^T \omega_L(t)dt = \frac{1}{2\pi}\int_0^{2\pi}\frac{1}{2}LI^2(1-\cos^2\omega t)d\omega t = \frac{1}{2}LI^2[\text{J}]$$

③ 커패시터 부하에서의 전력

$i(t)$　　$C[\text{F}]$

$+$　　$v(t)$　　$-$

ㄱ 전류가 전압보다 $\dfrac{\pi}{2}$ 위상이 앞섬

$$v(t) = \sqrt{2}\,V\sin\omega t[\text{V}],\ \ i(t) = \sqrt{2}\,I\sin\left(\omega t+\frac{\pi}{2}\right) = \sqrt{2}\,I\cos\omega t[\text{A}]$$

ㄴ 순시전력

- $p(t) = v(t)\cdot i(t) = 2VI\sin\omega t\cos\omega t = VI\sin 2\omega t[\text{W}]$
- 순시전력 $p > 0$인 경우 전원으로부터 에너지를 공급 받고, $p < 0$일 때는 반대로 전원으로 에너지를 반환함 → 평균 전력 = 0

ㄷ 평균 전력

- $P = \dfrac{1}{T}\int_0^T p(t)dt = \dfrac{1}{2\pi}\int_0^{2\pi}VI\sin 2\omega t\,d\omega t = VI = 0[\text{W}]$
- 외부로 방출되는 에너지는 없다(유효전력 = 0).

ㄹ 커패시터에 저장되는 에너지

$$\omega_C(t) = \int_0^t p(t)dt = \int_0^t v(t)\cdot i(t)dt = \int_0^t v\cdot C\frac{dv}{dt}\,dt$$

$$= \int_0^t Lv\,dv = \frac{1}{2}Cv^2[\text{J}]$$

$$v(t) = \sqrt{2}\,V\sin\omega t[\text{V}]$$

$$\omega_C(t) = CV^2\sin^2\omega t = CV^2(1-\cos^2\omega t)[\text{J}]$$

ㅁ 평균 저장에너지

$$W = \frac{1}{T}\int_0^T \omega_C(t)dt = \frac{1}{2\pi}\int_0^{2\pi}\frac{1}{2}CV^2(1-\cos^2\omega t)d\omega t = \frac{1}{2}CV^2[\text{J}]$$

커패시터만의 교류회로에 대한 설명으로 옳지 않은 것은?

① 전압과 전류는 동일 주파수이다.

② 전류는 전압보다 위상이 $\dfrac{\pi}{2}$ 앞선다.

③ 전압과 전류의 실횻값의 비는 1이다.

④ 정전기에서 커패시터에 축적된 전하는 전압에 비례한다.

해설

③ 전압과 전류의 비는 용량리액턴스 X_c 값에 의해 결정된다.

$$X_c = \frac{V}{I}[\Omega]$$

① 전압과 전류에 대한 주파수는 같다.

② 전류는 전압보다 $\dfrac{\pi}{2}$ 만큼 위상이 앞선다.

④ 커패시터에 충전된 전하는 전압에 비례한다.

$$Q = CV[\text{C}]$$

답 ③

(3) 교류전력의 종류

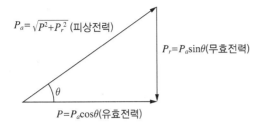

$P_a = \sqrt{P^2 + P_r^2}$ (피상전력)

$P_r = P_a \sin\theta$(무효전력)

$P = P_a \cos\theta$(유효전력)

① 피상전력(Apparent Power)[VA]

　ⓐ 교류의 부하 또는 전원의 용량을 표시하는 전력, 전원에서 공급되는 전력

　ⓑ $P_a = VI = I^2 Z = \dfrac{V^2}{Z} = P \pm jP_r = \sqrt{P^2 + P_r^2}$ [VA]

② 유효전력(Active Power)[W]

　ⓐ 전원에서 공급되어 부하에서 유효하게 이용되는 전력, 전원에서 부하로 실제 소비되는 전력(소비전력, 부하전력, 평균 전력)

　ⓑ $P = P_a \cos\theta = VI\cos\theta = I^2 R = \sqrt{P_a^2 - P_r^2}$ [W]

③ 무효전력(Reactive Power)[Var]

　ⓐ 실제로는 일을 하지 않아 부하에서 전력으로 이용할 수 없는 전력

　ⓑ $P_r = P_a \sin\theta = VI\sin\theta = I^2 X = \sqrt{P_a^2 - P^2}$ [Var]

④ 역률(Power Factor)

　ⓐ 피상전력 중에서 유효전력으로 사용되는 비율

　ⓑ $\cos\theta = \dfrac{P}{P_a} = \dfrac{P}{\sqrt{P^2 + P_r^2}} = \dfrac{VI\cos\theta}{VI} = \dfrac{R}{|Z|}$

⑤ 무효율(Reactive Factor)

　ⓐ 피상전력 중에서 무효전력으로 사용되는 비율

　ⓑ $\sin\theta = \dfrac{P_r}{P_a} = \dfrac{X}{|Z|}$

⑥ 복소전력(Complex Power)[VA]

　ⓐ 복소평면에서의 전력

　ⓑ $\dot{S} = \dot{V}\dot{I}* = \dot{V}\bar{I}$[VA]

$$= (a + jb)(c - jd)$$
$$= V\angle\theta_v \cdot I\angle -\theta_i = VI\angle\theta_v - \theta_i$$
$$= VI\cos\theta + jVI\sin\theta, \ (\theta = \theta_v - \theta_i)$$

> 공액(켤레) 복소수는 $V*,\ I*,\ \overline{V},\ \overline{I}$로 표시
> $V = a + jb = V\angle\theta_v,\ I = c + jd = I\angle\theta_i$

단상 교류회로에서 유효전력 $P = 300$[W], 무효전력 $P_r = 400$[Var]일 때 피상전력 P_a[VA]는?

① 250　　　　　② 500

③ 750　　　　　④ 1,000

해설

단상 피상전력

$P_a = \sqrt{P^2 + P_r^2} = \sqrt{(300)^2 + (400)^2} = 500$[VA]

답 ②

복소전력 $S = 1,500 - j500$[VA]일 때 3상 유효전력과 무효전력은?

① 500[W], 500[Var]

② 500[W], −500[Var]

③ 1,500[W], 500[Var]

④ 1,500[W], −500[Var]

해설

3상 유효전력 $P = 1,500$[W], 무효전력 $P_r = -500$[Var]

답 ④

부하 양단 전압이 $v(t) = 60\cos(\omega t - 10°)$[V]이고 부하에 흐르는 전류가 $i(t) = 1.5\cos(\omega t + 50°)$[A]일 때 복소전력 S[VA]와 부하 임피던스 Z[Ω]는?

	S[VA]	Z[Ω]
①	$45\angle 40°$	$40\angle 60°$
②	$45\angle 40°$	$40\angle -60°$
③	$45\angle -60°$	$40\angle 60°$
④	$45\angle -60°$	$40\angle -60°$

해설

$V = \dfrac{60}{\sqrt{2}}\angle -10°,\ I = \dfrac{1.5}{\sqrt{2}}\angle 50°$

• 임피던스 $Z = \dfrac{V}{I} = \dfrac{\dfrac{60}{\sqrt{2}}\angle -10°}{\dfrac{1.5}{\sqrt{2}}\angle 50°}$

$$= \dfrac{60}{1.5}\angle -60° = 40\angle -60°$$

• 복소전력

$S = V\bar{I}$[VA] $= \left(\dfrac{60}{\sqrt{2}}\angle -10°\right) \times \left(\dfrac{1.5}{\sqrt{2}}\angle -50°\right)$

$$= (30 \times 1.5)\angle -60° = 45\angle -60°$$

답 ④

역률 0.8, 유효전력 4,000[kW]인 부하의 역률을 100[%]로 하기 위한 콘덴서의 용량은?

① 2,000　　　　　　② 3,000
③ 3,400　　　　　　④ 3,800

해설

$$Q = P(\tan\theta_1 - \tan\theta_2)[\mathrm{VA}] = P\left(\frac{\sin\theta_1}{\cos\theta_1} - \frac{\sin\theta_2}{\cos\theta_2}\right)$$

$$= 4,000\left(\frac{0.6}{0.8} - \frac{0}{1}\right) = 3,000[\mathrm{kVA}]$$

답 ②

다음 회로에서 $V_{Th} = 12\angle0°$이고 $Z_{Th} = 600 + j150[\Omega]$이다. 부하 임피던스 Z_L에 전달 가능한 최대 전력[W]은?

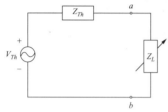

① 0.06　　　　　　② 0.08
③ 1.00　　　　　　④ 1.02

해설

최대 전력 전달 조건

$$P = \frac{V^2}{4R}[\mathrm{W}] = \frac{(12)^2}{4 \times 600} = \frac{144}{2,400} = 0.06[\mathrm{W}]$$

답 ①

다음 그림의 회로에서 최대 전력이 공급되는 부하 임피던스 $Z_L[\Omega]$은?

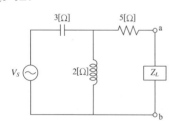

① $5+j6$　　　　　　② $5-j6$
③ $5+j\dfrac{6}{5}$　　　　　④ $5-j\dfrac{6}{5}$

해설

테브난 등가저항 Z_{TH} : 전압원 단락, 부하저항 Z_L 개방

$$Z_{TH} = \frac{(-j3) \cdot (j2)}{(-j3) + (j2)} + 5 = \frac{6}{-j} + 5 = 5 + j6$$

$$\therefore Z_{TH} = \overline{Z_L}$$이므로 부하 임피던스 $Z_L = 5 - j6[\Omega]$

답 ②

(4) 역률의 개선

우리나라는 산업용 전력의 75[%]를 전동기에 의한 동력부하로 소비하고 있다. 전동기는 유도성 무효전력을 발생시킨다. 유도성 무효전력을 줄이기 위해 부하에 병렬로 콘덴서를 접속하면 부하전류의 위상이 전압의 위상에 접근하게 되어 역률의 개선이 이루어진다.

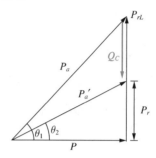

$$Q_C = P_{rL} - P_r = P\tan\theta_1 - P\tan\theta_2 = P(\tan\theta_1 - \tan\theta_2)$$

$$= P\left(\frac{\sin\theta_1}{\cos\theta_1} - \frac{\sin\theta_2}{\cos\theta_2}\right)[\mathrm{kVA}]$$

(Q_C : 콘덴서가 제공하는 무효전력[kVA], P : 유효전력[kW], P_{rL} : 개선 전 무효전력, P_r : 개선 후 무효전력, $\cos\theta_1$: 개선 전 역률, $\cos\theta_2$: 개선 후 역률)

② $Q_C = B_C V^2 = \omega C V^2$

$$C = \frac{Q_C}{\omega V^2}[\mathrm{F}]$$

(C : 콘덴서 용량[F])

(5) 최대 전력 전달

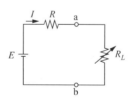

① 내부저항(R) = 부하저항(R_L)일 때

전류 $I = \dfrac{E}{R + R_L} = \dfrac{E}{2R}[\mathrm{A}]$

② 내부 임피던스(Z)와 부하 임피던스(Z_L)는 공액 복소수일 때($Z_L = \overline{Z}$)

전류 $I = \dfrac{E}{Z + Z_L} = \dfrac{E}{Z + \overline{Z}} = \dfrac{E}{R + jX + R - jX} = \dfrac{E}{2R}[\mathrm{A}]$

③ 전력 $P = \dfrac{E^2}{4R}[\mathrm{W}]$

※ 최대 전력은 내부저항과 부하저항이 같을 때 전달된다($R = R_L$).

적중예상문제

01 저항 $R[\Omega]$과 리액턴스 $X[\Omega]$이 직렬로 연결된 회로에서 $\dfrac{X}{R}=\dfrac{1}{\sqrt{2}}$ 일 때, 이 회로의 역률은?

① $\dfrac{1}{\sqrt{2}}$ ② $\dfrac{1}{\sqrt{3}}$

③ $\sqrt{\dfrac{2}{3}}$ ④ $\dfrac{\sqrt{3}}{2}$

해설

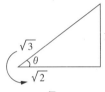

$\cos\theta = \dfrac{\sqrt{2}}{\sqrt{3}}$

(가로축 : 유효분, 세로축 : 무효분)

02 RLC 직렬회로에서 공진 시의 전류는 공급전압에 대하여 어떤 위상차를 갖는가?

① $0°$ ② $90°$

③ $180°$ ④ $270°$

해설

RLC 직렬 공진 시(전압과 전류가 동상 $0°$)

$I =$ 최대, $Z =$ 최소

$f = \dfrac{1}{2\pi\sqrt{LC}}$, $Q = \dfrac{1}{R}\sqrt{\dfrac{L}{C}}$

03 다음 중 LC 직렬회로의 공진 조건으로 옳은 것은?

① $\dfrac{1}{\omega L} = \omega C + R$ ② 직류전원을 가할 때

③ $\omega L = \omega C$ ④ $\omega L = \dfrac{1}{\omega C}$

해설

• 직렬회로 공진 조건 : $\omega L = \dfrac{1}{\omega C}$

• 병렬회로 공진 조건 : $\omega C = \dfrac{1}{\omega L}$

04 RLC 직렬회로에서 전원전압은 V라 하고, L, C에 걸리는 전압을 각각 V_L 및 V_C라면 선택도 Q는?

① $\dfrac{CR}{L}$ ② $\dfrac{CL}{R}$

③ $\dfrac{V}{V_L}$ ④ $\dfrac{V_C}{V}$

해설

직렬 공진회로의 선택도(첨예도, 확대도, 전압확대율)

$Q = \dfrac{V_L}{V} = \dfrac{V_C}{V} = \dfrac{1}{R}\sqrt{\dfrac{L}{C}}$

05 RLC 병렬 공진회로에 관한 설명 중 틀린 것은?

① R의 비중이 작을수록 Q가 높다.
② 공진 시 입력 어드미턴스는 매우 작아진다.
③ 공진주파수 이하에서의 입력전류는 전압보다 위상이 뒤진다.
④ 공진 시 L 또는 C에 흐르는 전류는 입력전류 크기의 Q배가 된다.

해설

RLC 병렬 공진회로 $Q = R\sqrt{\dfrac{C}{L}}$ 에서 선택도 Q는 R과 비례한다.

06 그림과 같은 회로에서 전류 I[A]는?

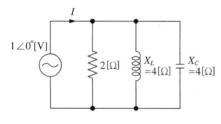

① 0.2
② 0.5
③ 0.7
④ 0.9

해설

$I_L = \dfrac{V}{X_L} = \dfrac{V}{j\omega L} = \dfrac{1}{j4} = -j0.25[\text{A}]$

$I_C = \dfrac{V}{X_C} = \dfrac{V}{-j\dfrac{1}{\omega C}} = j\dfrac{1}{4} = j0.25[\text{A}]$

$I = I_R + I_L + I_C = 0.5 - j0.25 + j0.25 = 0.5[\text{A}]$

(※ L과 C가 병렬 공진이므로 $I = I_R$에 흐르는 전류는 같다)

07 그림과 같은 회로에서 공진 시의 어드미턴스[℧]는?

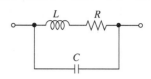

① $\dfrac{CR}{L}$
② $\dfrac{LC}{R}$
③ $\dfrac{C}{RL}$
④ $\dfrac{R}{LC}$

해설

어드미턴스

$Y = \dfrac{1}{R + j\omega L} + j\omega C = \dfrac{R - j\omega L}{(R + j\omega L)(R - j\omega L)} + j\omega C$

$\quad = \dfrac{R - j\omega L}{R^2 + (\omega L)^2} + j\omega C$

$\quad = \dfrac{R}{R^2 + (\omega L)^2} - \dfrac{j\omega L}{R^2 + (\omega L)^2} + j\omega C$

$\quad = \dfrac{R}{R^2 + (\omega L)^2} + j\left(\omega C - \dfrac{\omega L}{R^2 + (\omega L)^2}\right)$

공진 시 $\omega C = \dfrac{\omega L}{R^2 + (\omega L)^2}$ 이므로 대입하면

$R^2 + (\omega L)^2 = \dfrac{\omega L}{\omega C}$ 에서 $R^2 + (\omega L)^2 = \dfrac{L}{C}$

$Y = \dfrac{R}{R^2 + (\omega L)^2}$ 에서 $Y = \dfrac{R}{\dfrac{L}{C}} = \dfrac{RC}{L}[\text{℧}]$

08 RL 병렬회로의 양단에 $e = E_m \sin(\omega t + \theta)$[V]의 전압이 가해졌을 때 소비되는 유효전력[W]은?

① $\dfrac{E_m^2}{2R}$
② $\dfrac{E_m^2}{\sqrt{2}\,R}$
③ $\dfrac{E_m}{2R}$
④ $\dfrac{E_m}{\sqrt{2}\,R}$

해설

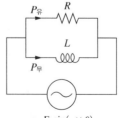

$P = \dfrac{V^2}{R} = \dfrac{\left(\dfrac{E_m}{\sqrt{2}}\right)^2}{R} = \dfrac{E_m^2}{2R}$

09 RLC 직렬회로에 $e = 170\cos\left(120\pi t + \dfrac{\pi}{6}\right)$[V]를 인가할 때 $i = 8.5\cos\left(120\pi t - \dfrac{\pi}{6}\right)$[A]가 흐르는 경우 소비되는 전력은 약 몇 [W]인가?

① 361   ② 623
③ 720   ④ 1,445

해설

전압 및 전류 위상차 $= 30° - (-30°) = 60°$

소비전력 $P = VI\cos\theta = \dfrac{V_m}{\sqrt{2}} \times \dfrac{I_m}{\sqrt{2}} \cos\theta$[W]

$\quad = \dfrac{170 \times 8.5}{2} \cos 60° = 361.25$[W]

11 저항 R[Ω], 리액턴스 X[Ω]와의 직렬회로에 교류전압 V[V]를 가했을 때 소비되는 전력[W]은?

① $\dfrac{V^2 R}{\sqrt{R^2 + X^2}}$

② $\dfrac{V}{\sqrt{R^2 + X^2}}$

③ $\dfrac{V^2 R}{R^2 + X^2}$

④ $\dfrac{X}{R^2 + X^2}$

해설

유효전력 $P = \dfrac{V^2 R}{R^2 + X^2}$, 피상전력 $P_a = \dfrac{V^2 Z}{R^2 + X^2}$,

무효전력 $P_r = \dfrac{V^2 X}{R^2 + X^2}$

10 어떤 소자에 걸리는 전압이 $100\sqrt{2}\cos\left(314t - \dfrac{\pi}{6}\right)$[V]이고, 흐르는 전류가 $3\sqrt{2}\cos\left(314t + \dfrac{\pi}{6}\right)$[A]일 때 소비되는 전력[W]은?

① 100   ② 150
③ 250   ④ 300

해설

$P = 100 \times 3 \times \cos 60° = 150$[W]

12 저항 $R = 6$[Ω]과 유도리액턴스 $X_L = 8$[Ω]이 직렬로 접속된 회로에서 $v = 200\sqrt{2}\sin\omega t$[V]인 전압을 인가하였다. 이 회로의 소비되는 전력[kW]은?

① 1.2   ② 2.2
③ 2.4   ④ 3.2

해설

유효전력 $P = \dfrac{V^2 R}{R^2 + X^2} = \dfrac{200^2 \times 6}{6^2 + 8^2} = 2,400$[W] $= 2.4$[kW]

13 100[V], 800[W], 역률 80[%]인 교류회로의 리액턴스는 몇 [Ω]인가?

① 6   ② 8

③ 10   ④ 12

해설

$\cos\theta = \dfrac{P}{P_a}$

$0.8 = \dfrac{800}{P_a}$

$P_a = 1,000\,[\text{VA}]$

$P_a = VI = 100 \times I = 1,000$

$\therefore \ I = 10\,[\text{A}]$

$Z = \dfrac{V}{I} = \dfrac{100}{10} = 10\,[\Omega]$

$X = Z\sin\theta = 10 \times 0.6 = 6\,[\Omega]$

※ $\sin\theta = \sqrt{1 - \cos^2\theta}$

14 어떤 교류전동기의 명판에 역률 = 0.6, 소비전력 = 120[kW]로 표기되어 있다. 이 전동기의 무효전력은 몇 [kVar]인가?

① 80   ② 100

③ 140   ④ 160

해설

$Q_r = P_a\sin\theta$

$\quad = P\dfrac{\sin\theta}{\cos\theta} = 120 \times \dfrac{0.8}{0.6} = 160\,[\text{kVar}]$

15 $V = 50\sqrt{3} - j50\,[\text{V}]$, $I = 15\sqrt{3} + j15\,[\text{A}]$일 때 유효전력 P[W]와 무효전력 P_r[Var]은 각각 얼마인가?

① $P = 3,000,\ P_r = 1,500$

② $P = 1,500,\ P_r = 1,500\sqrt{3}$

③ $P = 750,\ P_r = 750\sqrt{3}$

④ $P = 2,250,\ P_r = 1,500\sqrt{3}$

해설

복소전력

$P_a = \overline{V}I = P \pm jP_r\,[\text{VA}]$

$\quad = (50\sqrt{3} + j50)(15\sqrt{3} + j15) = 1,500 + j1,500\sqrt{3}$

$\therefore \ P = 1,500\,[\text{W}],\ P_r = 1,500\sqrt{3}\,[\text{Var}]$

16 코일에 단상 100[V]의 전압을 가하면 30[A]의 전류가 흐르고 1.8[kW]의 전력을 소비한다고 한다. 이 코일과 병렬로 콘덴서를 접속하여 회로의 합성 역률을 100[%]로 하기 위한 용량리액턴스는 대략 몇 [Ω]이어야 하는가?

① 1.2   ② 2.6

③ 3.2   ④ 4.2

해설

L회로에서 $P_a = VI = 100 \times 30 = 3,000\,[\text{VA}]$

$P_r = \sqrt{P_a^2 - P^2} = \sqrt{3,000^2 - 1,800^2} = 2,400\,[\text{Var}]$

역률이 100[%](손실이 최소)가 되기 위해 $Q = \dfrac{V^2}{X_C}\,[\text{Var}]$의 콘덴서를 병렬접속하여 무효분을 0으로 만든다. 즉, 무효전력만큼 콘덴서를 설치해야 된다.

용량리액턴스 $X_C = \dfrac{V^2}{Q} = \dfrac{100^2}{2,400} \fallingdotseq 4.2\,[\Omega]$

17 어떤 회로의 전압 E, 전류 I일 때 $P_a = \overline{E}I = P + jP_r$에서 $P_r > 0$이다. 이 회로는 어떤 부하인가?(단, $\overline{E}$는 E의 공액복소수이다)

① 용량성 ② 무유도성
③ 유도성 ④ 정저항

해설

복소전력

$P_a = \overline{E}I = P \pm jP_r\,[\mathrm{VA}]$

여기서, jP_r : 앞선 전류(용량성), $-jP_r$: 뒤진 전류(유도성)

19 어떤 코일의 임피던스를 측정하고자 직류전압 100[V]를 가했더니 500[W]가 소비되고, 교류전압 150[V]를 가했더니 720[W]가 소비되었다. 코일의 저항[Ω]과 리액턴스[Ω]는 각각 얼마인가?

① $R = 20$, $X_L = 15$
② $R = 15$, $X_L = 20$
③ $R = 25$, $X_L = 20$
④ $R = 30$, $X_L = 25$

해설

• 직류 $P = \dfrac{V^2}{R}$ 에서 $R = \dfrac{V^2}{P} = \dfrac{100^2}{500} = 20\,[\Omega]$

• 교류 $P = I^2 R = \left(\dfrac{V}{\sqrt{R^2 + X_L^2}}\right)^2 R$에서 $R^2 + X_L^2 = \dfrac{RV^2}{P}$

∴ 유도리액턴스 $X_L = \sqrt{\dfrac{RV^2}{P} - R^2} = \sqrt{\dfrac{20 \times 150^2}{720} - 20^2}$
$\qquad\qquad\qquad = 15\,[\Omega]$

18 회로에서 각 계기들의 지시값은 다음과 같다. 전압계 ⓥ는 240[V], 전류계 ⓐ는 5[A], 전력계 ⓦ는 720[W]이다. 이때 인덕턴스 L[H]은 얼마인가?(단, 전원주파수는 60[Hz]이다)

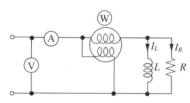

① $\dfrac{1}{\pi}$ ② $\dfrac{1}{2\pi}$
③ $\dfrac{1}{3\pi}$ ④ $\dfrac{1}{4\pi}$

해설

• 피상전력 $P_a = VI = 240 \times 5 = 1{,}200\,[\mathrm{VA}]$

• 무효전력 $P_r = \sqrt{P_a^2 - P^2} = \sqrt{1{,}200^2 - 720^2} = 960\,[\mathrm{Var}]$

$P_r = VI\sin\theta = I^2 X = \dfrac{V^2}{X}\,[\mathrm{Var}]$

$X = \dfrac{V^2}{P_r} = \dfrac{240^2}{960} = 60\,[\Omega]$

∴ 인덕턴스 $L = \dfrac{60}{2\pi \times 60} = \dfrac{1}{2\pi}\,[\mathrm{H}]$

20 그림과 같이 전압 V와 저항 R로 구성되는 회로단자 $A - B$ 간에 적당한 저항 R_L을 접속하여 R_L에서 소비되는 전력을 최대로 하게 했다. 이때 R_L에서 소비되는 전력 P는?

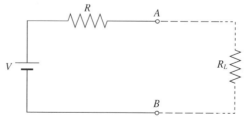

① $\dfrac{V^2}{4R}$ ② $\dfrac{V^2}{2R}$
③ R ④ $2R$

해설

$P = I^2 R = \left(\dfrac{V}{R + R_L}\right)^2 \cdot R\,(R = R_L\,\text{이면})$

$\quad = \left(\dfrac{V}{2R}\right)^2 R = \dfrac{V^2}{4R^2}R = \dfrac{V^2}{4R}$

21 다음 회로에서 부하 R에 최대 전력이 공급될 때의 전력 값이 5[W]라고 하면 $R_L + R_i$의 값은 몇 $[\Omega]$인가?(단, R_i는 전원의 내부저항이다)

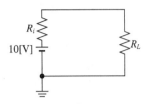

① 5
② 10
③ 15
④ 20

해설

$P_{\max} = \dfrac{V^2}{4R}$ 에서 $5 = \dfrac{10^2}{4R}$

$R = 5$이므로 $r + R = 10[\Omega]$

22 부하저항 $R_L[\Omega]$이 전원의 내부저항 $R_0[\Omega]$의 3배가 되면 부하저항 R_L에서 소비되는 전력 $P_L[W]$은 최대 전송전력 $P_m[W]$의 몇 배인가?

① 0.89배
② 0.75배
③ 0.5배
④ 0.3배

해설

$P_L = I^2 R_L = \left(\dfrac{V_0}{R_0 + R_L}\right)^2 \times R_L = \left(\dfrac{V_0}{R_0 + 3R_0}\right)^2 \times 3R_0$

$= \left(\dfrac{V_0}{4R_0}\right)^2 \times 3R_0 = \dfrac{3V_0^2}{16R_0}$

최대 전력 $P_{\max} = \dfrac{V_0^2}{4R_0}$

$\therefore \dfrac{P_L}{P_{\max}} = \dfrac{\dfrac{3V_0^2}{16R_0}}{\dfrac{V_0^2}{4R_0}} = \dfrac{12}{16} = 0.75$

23 전원의 내부 임피던스가 순저항 R과 리액턴스 X로 구성되고 외부에 부하저항 R_L을 연결하여 최대 전력을 전달하려면 R_L의 값은?

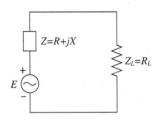

① $R_L = \sqrt{R^2 + X^2}$
② $R_L = \sqrt{R^2 - X^2}$
③ $R_L = R$
④ $R_L = R + X$

해설

최대 전력 전달 조건 : $Z_L = \overline{Z_g}$

$\therefore$ 외부저항 $R_L = R - jX = \sqrt{R^2 + X^2}$

24 내부 임피던스가 $0.3 + j2[\Omega]$인 발전기에 임피던스가 $1.7 + j3[\Omega]$인 선로를 연결하여 전력을 공급한다. 부하 임피던스가 몇 $[\Omega]$일 때 최대 전력이 전달되겠는가?

① $2[\Omega]$
② $2 - j5[\Omega]$
③ $\sqrt{29}[\Omega]$
④ $2 + j5[\Omega]$

해설

최대 전력 전달 조건 : $Z_L = \overline{Z_g}$

내부 임피던스는 발전기 임피던스와 Z_g인 선로 임피던스의 합으로 나타낸다.

즉, $Z_g = 0.3 + j2 + 1.7 + j3 = 2 + j5[\Omega]$

$\therefore$ 부하 임피던스 $Z_L = 2 - j5[\Omega]$

CHAPTER 06 회로망 해석

1 선형 회로망 해석

(1) 키르히호프의 법칙(Kirchhoff's Law)

① 제1법칙(전류법칙 : KCL)

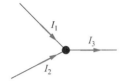

임의의 폐회로에 흐르는 전류의 대수합(들어오고 나가는 것)은 0이다.

$\sum I = 0$

$I_1 + I_2 - I_3 = 0$

② 제2법칙(전압법칙 : KVL)

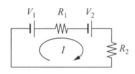

임의의 폐회로에 흐르는 전류와 저항의 곱의 합은 기전력의 합과 같다.

$\sum IR = \sum E$

$(R_1 + R_2)I = V_1 + V_2$

(2) 루프 해석법(Mesh 해석법, 순환전류법)

① 방 법

㉠ 독립된 루프에는 하나의 통일된 전류가 흐른다고 가정하고 이를 i_1, i_2, i_3...와 같은 이름을 붙이고 방향을 설정한다.

㉡ 전류에 의한 각 소자에서의 전압강하(−)와 전압상승(+)을 나타내는 극성을 표시한다. → 능동소자(전원)는 전류가 나가는 쪽이 (+)이고, 전류가 들어가는 쪽이 (−)이며, 수동소자(저항, 인덕터, 커패시터)는 전류가 들어가는 쪽이 (+), 전류가 나가는 쪽이 (−)이다.

㉢ 각 루프에 대해서 전류 방향으로 일주하면서 키르히호프의 전압법칙을 적용하여 방정식을 세운다.

㉣ 연립된 방정식을 풀어서 루프 전류를 구한다.

다음과 같은 회로망에서 전류 I_3는 얼마인가?

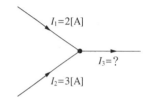

① 1[A] 　　　　② 2[A]

③ 3[A] 　　　　④ 5[A]

해설

$I_3 = I_1 + I_2 = 5[\text{A}]$

답 ④

다음 회로에서 저항 R_{ab}에 흐르는 전류가 0이 되기 위한 조건을 순환전류법으로 구하면?

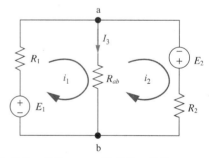

① $R_1 E_1 = R_2 E_2$ 　　② $R_1 E_1 = R_1 E_2$

③ $R_1 E_2 = R_2 E_2$ 　　④ $R_2 E_1 = R_1 E_2$

해설

$E_1 = (R_1 + R_{ab})i_1 - R_{ab}i_2$, $E_2 = (R_2 + R_{ab})i_2 - R_{ab}i_1$

조건에서 R_{ab}에 흐르는 전류는 0이므로

$E_1 = R_1 i_1$, $E_2 = R_2 i_2$

$i_1 = i_2$일 때 $\dfrac{E_1}{R_1} = \dfrac{E_2}{R_2}$

$\therefore R_2 E_1 = R_1 E_2$

답 ④

다음 회로에서 저항 2[Ω]에 소비되는 전력[W]은?

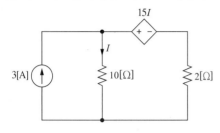

① 30
② 40
③ 50
④ 60

해설

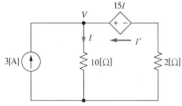

절점방정식 해석

절점을 V라 두면

$$\left(3 - \frac{V}{10} + \frac{15I - V}{2}\right) = 0, \quad I = \frac{V}{10} \ \text{대입}$$

$$3 - \frac{V}{10} + \frac{15\left(\frac{V}{10}\right) - V}{2} = 0$$

$$3 = \frac{V}{10} - \frac{15\left(\frac{V}{10}\right) - V}{2}$$

$$3 = \frac{V}{10} - \frac{15V - 10V}{20}$$

$$3 = \frac{V}{10} - \frac{5V}{20}$$

$$3 = \frac{2V - 5V}{20}$$

$$3 = \frac{-3V}{20}$$

$$\therefore -3V = 3 \times 20$$

$$V = -\frac{60}{3} = -20[\text{V}]$$

• 전 류

$$I = \frac{V}{R} = \frac{-20}{10} = -2[\text{A}]$$

회로에서 절점 V를 기준으로 저항 2[Ω]에 흐르는 전류를 구하면

$$3 - (-2) + I' = 0$$

$$\therefore I' = -5[\text{A}]$$

• 저항 2[Ω]에서 소비되는 전력

$$P = I^2 R = (-5)^2 \times 2 = 25 \times 2 = 50[\text{W}]$$

답 ③

② 예

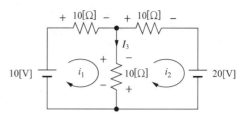

$$\sum IR = \sum E$$

$$10 = 10i_1 + 10(i_1 - i_2), \qquad 10 = 20i_1 - 10i_2$$

$$-20 = 10i_2 + 10(i_2 - i_1), \quad -20 = 20i_2 - 10i_1$$

행렬식 이용

$$i_1 = \frac{\begin{bmatrix} 10 & -10 \\ -20 & 20 \end{bmatrix}}{\begin{bmatrix} 20 & -10 \\ -10 & 20 \end{bmatrix}} = \frac{200 - 200}{400 - 100} = \frac{0}{300} = 0[\text{A}]$$

$$i_2 = \frac{\begin{bmatrix} 20 & 10 \\ -10 & -20 \end{bmatrix}}{\begin{bmatrix} 20 & -10 \\ -10 & 20 \end{bmatrix}} = \frac{-400 + 100}{400 - 100} = \frac{-300}{300} = -1[\text{A}]$$

$$I_3 = i_1 - i_2 = 0 - (-1) = 1[\text{A}]$$

(3) 노드 해석법(마디 해석법)

① 방 법

　㉠ 회로에서 노드를 찾는다.

　㉡ 한 노드의 전위(기준노드)를 0으로 두고, 나머지 노드들에서는 기준이 된 노드와의 전위차를 구하며 하나씩 v_1, v_2 등의 이름을 붙인다.

　㉢ 노드에 들어오고 나가는 전류와 전류의 방향을 정한다.

　㉣ 키르히호프의 전류법칙을 노드에 적용하여 오고 가는 전류에 대한 방정식을 적는다.

　㉤ 연립방정식을 풀어서 마디 전압을 구하고, 옴의 법칙 등으로 전류도 구한다.

② 예

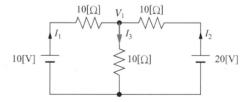

V_1 노드에서 KCL을 적용하면($\sum I = 0$)

$$\frac{10 - V_1}{10} + \frac{20 - V_1}{10} - \frac{V_1}{10} = 0$$

$$10 - V_1 + 20 - V_1 - V_1 = 0$$

$$-3V_1 = -30, \quad V_1 = 10[\text{V}]$$

$$I_1 = \frac{10 - V_1}{10} = \frac{10 - 10}{10} = 0[\text{A}]$$

$$I_2 = \frac{20 - V_1}{10} = \frac{20 - 10}{10} = 1[\text{A}]$$

$$I_3 = \frac{V_1}{10} = \frac{10}{10} = 1[\text{A}]$$

(4) 지로전류법

① 방 법

　㉠ 각 지로의 전류와 전압을 미지수로 해석하는 방법이다.

　㉡ 지로전류를 미지수로 하여 각 절점에 대하여 KCL를 적용하여 방정식을 세운다.

　㉢ 각 폐로에 대하여 KVL을 적용하여 방정식을 세운다.

　㉣ 연립방정식을 풀어서 전류를 구한다(행렬식 이용).

② 예

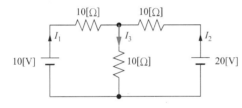

$$\sum I = 0 \, (I_1 + I_2 - I_3 = 0)$$

$$\sum IR = \sum E$$

$$10 = 10I_1 + 10I_3$$

$$20 = 10I_2 + 10I_3$$

$$I_3 = \frac{\begin{bmatrix} 1 & 1 & 0 \\ 10 & 0 & 10 \\ 0 & 10 & 20 \end{bmatrix}}{\begin{bmatrix} 1 & 1 & -1 \\ 10 & 0 & 10 \\ 0 & 10 & 10 \end{bmatrix}} = \frac{(0) - (100 + 200)}{(-100) - (100 + 100)} = \frac{-300}{-300} = 1[\text{A}]$$

2 회로망 정리

(1) 중첩의 원리

① 정의 : 다수의 전원을 포함하는 선형회로망에 있어서 회로 내의 임의의 점의 전류의 크기 또는 임의의 두 점 간의 전압의 크기는 개개의 전원이 단독으로 존재할 때에 그 점을 흐르는 전류 또는 그 두 점 간의 전압을 합한 것과 같다는 원리

다음 회로에서 $R_3[\Omega]$에 흐르는 전류를 중첩의 원리로 구하면?

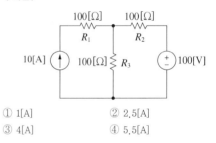

① 1[A]　　　　② 2.5[A]

③ 4[A]　　　　④ 5.5[A]

해설

• 전류원 해석 : 전압원(단락)

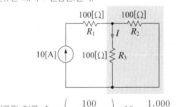

전류원 전류 $I_A = \left(\dfrac{100}{100 + 100}\right) \times 10 = \dfrac{1,000}{200} = 5[\text{A}]$

• 전압원 해석 : 전류원(개방)

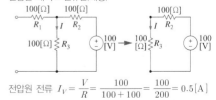

전압원 전류 $I_V = \dfrac{V}{R} = \dfrac{100}{100 + 100} = \dfrac{100}{200} = 0.5[\text{A}]$

∴ 전체 전류 $I = I_A + I_V = 5 + 0.5 = 5.5[\text{A}]$

답 ④

② 단독 해석방법(전원 소거방법) : 전압원은 단락(Short), 전류원은 개방(Open)하여 해석한다.

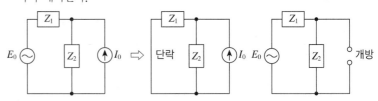

③ 적용범위 : 선형회로에서만 적용 가능

(2) 테브난의 정리(Thevenin's Theorem) : 등가 전압원의 원리

① 정의 : 임의의 회로망에 대한 부하 측의 개방단자에서 회로망 쪽으로 본 내부 합성 임피던스(전압원 단락, 전류원 개방상태에서 구한 임피던스)의 회로는 개방단자전압에 내부합성 임피던스와 직렬로 연결된 회로와 같다는 원리

② 해석방법 : 전압원은 단락(Short), 전류원은 개방(Open)하여 해석한다.

   ㉠ 전압원회로 : 전압원 V_0 단락(Short)

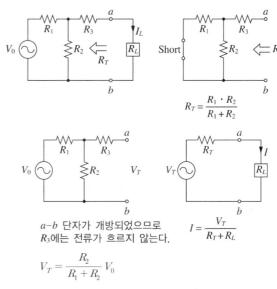

$a-b$ 단자가 개방되었으므로 R_3에는 전류가 흐르지 않는다.

$$V_T = \frac{R_2}{R_1+R_2}V_0$$

$$I = \frac{V_T}{R_T+R_L}$$

   ㉡ 전류원회로 : 전류원 I 개방(Open)

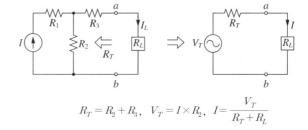

$$R_T = R_2 + R_3, \quad V_T = I \times R_2, \quad I = \frac{V_T}{R_T+R_L}$$

다음 회로에서 테브난 등가저항 $R_{TH}[\Omega]$의 값은?

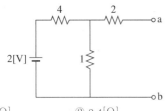

① 2.2[Ω]   ② 2.4[Ω]
③ 2.6[Ω]   ④ 2.8[Ω]

해설
$$R_{TH} = \left(\frac{4 \times 1}{4+1}\right) + 2 = \frac{4}{5} + 2 = 2.8[\Omega]$$

답 ④

〈그림 1〉의 회로를 노턴(Norton)의 등가회로로 변환한 회로가 〈그림 2〉이다. 변환된 등가회로의 전류원 $I[A]$는?

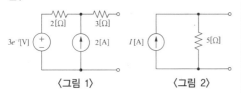

    〈그림 1〉   〈그림 2〉

① $\frac{4}{5} + \frac{3}{5}e^{-t}$ ② $4 + 3e^{-t}$

③ $\frac{3}{5}e^{-t}$ ④ $4 - 3e^{-t}$

해설
• 노턴 등가저항
  R_N : 전압원 단락, 전류원 개방

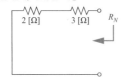

$$\therefore R_N = 2 + 3 = 5[\Omega]$$

(3) 노턴의 정리(Norton's Theorem) : 등가 전류원의 원리

① 정의 : 전원을 포함한 회로망에서 임의의 단자를 단락했을 때 흐르는 단락 전류와 부하 측 개방단자에서 회로망 쪽으로 본 내부합성 임피던스(전압원 단락, 전류원 개방 사이에서 구한 임피던스)의 회로는 단락 전류와 내부 임피던스가 병렬로 연결된 회로와 같다는 원리

② 해석방법 : 전압원은 단락(Short), 전류원은 개방(Open)하여 해석한다.

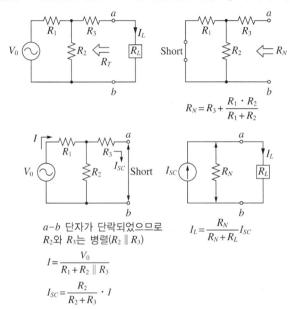

$$R_N = R_3 + \frac{R_1 \cdot R_2}{R_1 + R_2}$$

$a-b$ 단자가 단락되었으므로
R_2와 R_3는 병렬($R_2 \parallel R_3$)

$$I = \frac{V_0}{R_1 + R_2 \parallel R_3}$$

$$I_{SC} = \frac{R_2}{R_2 + R_3} \cdot I$$

$$I_L = \frac{R_N}{R_N + R_L} I_{SC}$$

(4) 밀만의 정리(Millman's Theorem)

① 정의 : 여러 개의 전압원이 병렬로 접속되어 있는 회로에서 그 병렬접속점에 나타나는 합성 저항은 각각의 전압원을 단락했을 때 흐르는 전류의 대수합을 각각의 전원의 내부어드미턴스의 대수합으로 나눈 것과 같다는 원리

② 해석방법

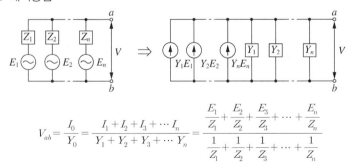

$$V_{ab} = \frac{I_0}{Y_0} = \frac{I_1 + I_2 + I_3 + \cdots I_n}{Y_1 + Y_2 + Y_3 + \cdots Y_n} = \frac{\dfrac{E_1}{Z_1} + \dfrac{E_2}{Z_2} + \dfrac{E_3}{Z_3} + \cdots + \dfrac{E_n}{Z_n}}{\dfrac{1}{Z_1} + \dfrac{1}{Z_2} + \dfrac{1}{Z_3} + \cdots + \dfrac{1}{Z_n}}$$

• 노턴 등가회로 전류
  I_N : 개방단 단자 단락 후에 흐르는 전류

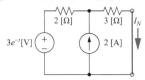

  – 전압원 적용 시(전류원 개방)

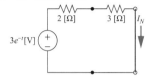

$$I_N = \frac{3e^{-t}}{2+3} = \frac{3e^{-t}}{5}\,[\mathrm{A}]$$

  – 전류원 적용 시(전압원 단락)

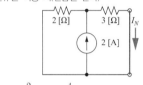

$$I_N = \frac{2}{2+3} \times 2 = \frac{4}{5}\,[\mathrm{A}]$$

  – 노턴 전류

$$I_N = 전류원\ I_N + 전압원\ I_N = \frac{4}{5} + \frac{3e^{-t}}{5}\,[\mathrm{A}]$$

답 ①

단자 a, b 사이의 전압 V_{ab}를 구하면?

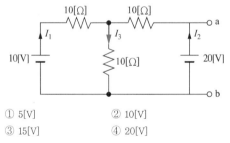

① 5[V] 　　② 10[V]
③ 15[V] 　　④ 20[V]

해설

$$V_{ab} = \frac{각\ 저항분의\ 전압}{각\ 저항분의\ 1}$$

$$= \frac{\dfrac{10}{10} + \dfrac{20}{10}}{\dfrac{1}{10} + \dfrac{1}{10} + \dfrac{1}{10}} = \frac{\dfrac{30}{10}}{\dfrac{3}{10}} = \frac{30}{3} = 10\,[\mathrm{V}]$$

답 ②

적중예상문제

01 전하보존의 법칙(Conservation of Charge)과 가장 관계가 있는 것은?

① 키르히호프의 전류법칙
② 키르히호프의 전압법칙
③ 옴의 법칙
④ 렌츠의 법칙

해설

유입하는 전류와 유출하는 전류의 양은 같다.

02 그림에서 전류 i_5의 크기는?

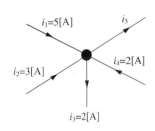

① 3[A]   ② 5[A]
③ 8[A]   ④ 12[A]

해설

키르히호프의 전류법칙(KCL) : 임의의 점에서 유입되는 전류의 합과 유출되는 전류의 합은 같다.

$i_1 + i_2 + i_4 = i_3 + i_5$

$\therefore i_5 = i_1 + i_2 + i_4 - i_3 = 5 + 3 + 2 - 2 = 8[A]$

03 그림과 같이 선형저항 R_1과 이상전압원 V_2와의 직렬접속된 회로에서 $V-i$ 특성을 나타낸 것은?

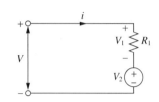

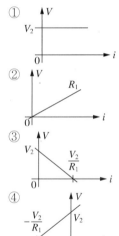

해설

키르히호프의 전압법칙(KVL) $V = Ri + V_2$에서

$i = 0$일 때 $V = V_2$이고 $V = 0$일 때 $i = -\dfrac{V_2}{R_1}$이다.

두 점을 이어주면 ④의 그래프가 된다.

1 ① 2 ③ 3 ④ **정답**

04 다음 용어에 대한 설명으로 옳은 것은?

① 능동소자는 나머지 회로에 에너지를 공급하는 소자이며 그 값은 양과 음의 값을 갖는다.

② 종속전원은 회로 내의 다른 변수에 종속되어 전압 또는 전류를 공급하는 전원이다.

③ 선형소자는 중첩의 원리와 비례의 법칙을 만족할 수 있는 다이오드 등을 말한다.

④ 개방회로는 두 단자 사이에 흐르는 전류가 양 단자에 전압과 관계없이 무한대값을 갖는다.

해설
① 능동소자는 나머지 회로에 에너지를 공급하는 소자이며 그 값은 양의 값을 갖는다.

③ 선형소자는 중첩의 원리와 비례의 법칙을 만족할 수 있는 저항, 인덕터, 커패시터 등을 말한다.

④ 개방회로는 두 단자 사이에 흐르는 전류가 양 단자에 전압과 관계없이 최솟값을 갖는다.

06 그림과 같은 회로에 컨덕턴스 G_2에 흐르는 전류는 몇 [A]인가?

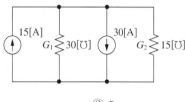

① 3
② 5
③ 10
④ 15

해설
전류원이 2개 병렬접속되어 있어 합성하면
$I = 15 - 30 = -15[A]$, 아래 방향으로 흐른다.

전류의 크기 $I_2 = I \times \dfrac{G_2}{G_1 + G_2} = 15 \times \dfrac{15}{30 + 15} = 5[A]$

05 회로에서 저항 15[Ω]이 흐르는 전류는 몇 [A]인가?

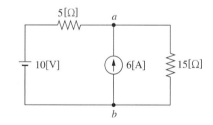

① 8
② 5.5
③ 2
④ 0.5

해설
중첩의 원리
• 전압원만 존재(전류원 개방) $I_1 = \dfrac{10}{20} = 0.5[A]$

• 전류원만 존재(전압원 단락) $I_2 = \dfrac{5}{5 + 15} \times 6 = 1.5[A]$

• 전체 전류 $I = I_1 + I_2 = 0.5 + 1.5 = 2[A]$

07 그림과 같은 회로에서 저항 R에 흐르는 전류 I[A]는?

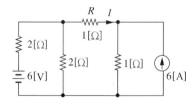

① -2
② -1
③ 2
④ 1

해설
중첩의 원리(전압원 : 단락, 전류원 : 개방)

• 전류원만 인가 시 : 전압원 단락 $I_R' = \dfrac{1}{1 + 2} \times (-6) = -2[A]$

• 전압원만 인가 시 : 전류원 개방 $I_R'' = \dfrac{V_R}{R} = \dfrac{2}{2} = 1[A]$

∴ $I = I_R' + I_R'' = -2 + 1 = -1[A]$

08 그림의 회로에서 절점전압 V_a[V]와 지로전류 I_a[A]의 크기는?

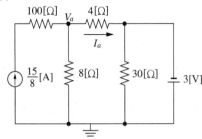

① $V_a = 4$[V], $I_a = \dfrac{11}{8}$[A]

② $V_a = 5$[V], $I_a = \dfrac{5}{4}$[A]

③ $V_a = 2$[V], $I_a = \dfrac{13}{8}$[A]

④ $V_a = 3$[V], $I_a = \dfrac{3}{2}$[A]

해설

a점의 절점방정식 $\dfrac{15}{8} = \dfrac{V_a}{8} + \dfrac{V_a + 3}{4}$

$15 = V_a + 2(V_a + 3)$에서 $9 = 3V_a$

• a점의 전위 $V_a = 3$[V]

• 전류 $I_a = \dfrac{V_a + 3}{4} = \dfrac{6}{4} = \dfrac{3}{2}$[A]

09 그림과 같은 회로에서 i_x는 몇 [A]인가?

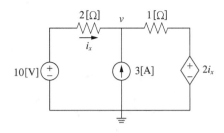

① 3.2   ② 2.6

③ 2.0   ④ 1.4

해설

전류원 3[A]를 개방

$I_x(2+1) = 10 - 2I_x$

$3I_x = 10 - 2I_x$

$5I_x = 10$

$I_x = 2$[A]

10[V] 전압원을 단락시키면

$I_x + 3 = \dfrac{V - 2I_x}{1}$

$I_x + 3 = V - 2I_x$ 정리하면 $I_x = \dfrac{V-3}{3}$ ·················· ㉠

$I_x = \dfrac{-V}{2}$에서 $V = -2I_x$ ·················· ㉡

㉡식을 ㉠식에 대입하면 $I_x = \dfrac{-2I_x - 3}{3}$에서 $I_x = -0.6$

전체 $I_x = 2 - 0.6 = 1.4$[A]

10 전류가 전압에 비례한다는 것을 가장 잘 나타낸 것은?

① 테브난의 정리   ② 상반의 정리

③ 밀만의 정리   ④ 중첩의 정리

해설

• 전압과 전류의 비례 : 테브난의 정리

• 모든 회로에 적용 가능 : 키르히호프의 법칙

• 선형회로만 적용 가능 : 중첩의 원리

11 테브난의 정리와 쌍대 관계에 있는 정리는?

① 보상의 정리　　② 노턴의 정리
③ 중첩의 정리　　④ 밀만의 정리

해설

쌍대는 역소자, 역회로로 구성할 수 있다.

원회로	쌍 대	변환회로
직렬회로	⇔	병렬회로
전압원 V	⇔	전류원 I
저항 R	⇔	컨덕턴스 G
인덕턴스 L	⇔	정전용량 C
리액턴스 X	⇔	서셉턴스 B
개방회로	⇔	단락회로
Y형	⇔	△형
키르히호프(전압법칙)	⇔	키르히호프(전류법칙)
폐로방정식	⇔	절점방정식
테브난의 정리	⇔	노턴의 정리

12 다음 회로에서 $V_1 = 6[V]$, $R_1 = 1[k\Omega]$, $R_2 = 2[k\Omega]$일 때 등가회로로 변환한 회로의 합성 저항 $R_{th}[k\Omega]$와 등가전압 $V_{eq}[V]$는 각각 얼마인가?

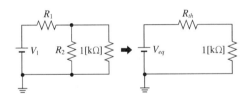

① $R_{th} = 0.67$, $V_{eq} = 2$
② $R_{th} = 0.67$, $V_{eq} = 4$
③ $R_{th} = 3$, $V_{eq} = 2$
④ $R_{th} = 4$, $V_{eq} = 4$

해설

테브난 등가저항(전압원 단락, 전류원 개방)

$$R_{th} = \frac{R_1 R_2}{R_1 + R_2} = \frac{1 \times 2}{1 + 2} = \frac{2}{3} = 0.667[k\Omega]$$

테브난 등가전압

$$V_{eq} = \frac{2}{1+2} \times 6 = 4[V]$$

13 테브난의 정리를 이용하여 그림 (a)의 회로를 (b)와 같은 등가회로로 만들려고 할 때 V와 R의 값은?

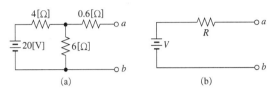

① $V = 12[V]$, $R = 3[\Omega]$
② $V = 20[V]$, $R = 3[\Omega]$
③ $V = 12[V]$, $R = 10[\Omega]$
④ $V = 20[V]$, $R = 10[\Omega]$

해설

• 테브난 등가저항(전압원 단락, 전류원 개방)

$$R_{TH} = 0.6 + \frac{4 \times 6}{4 + 6} = 3[\Omega]$$

• 테브난 등가전압 $V_{TH} = 20 \times \dfrac{6}{4+6} = 12[V]$

14 테브난의 정리를 이용하여 (a)회로를 (b)와 같은 등가회로로 바꾸려 한다. $V[V]$와 $R[\Omega]$의 값은?

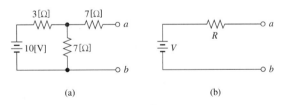

① 7[V], 9.1[Ω]
② 10[V], 9.1[Ω]
③ 7[V], 6.5[Ω]
④ 10[V], 6.5[Ω]

해설

$$R = \frac{3 \times 7}{3 + 7} + 7 = 9.1[\Omega]$$

$$V = \frac{7}{3 + 7} \times 10 = 7[V]$$

15 회로망 출력단자 $a-b$에서 바라본 등가 임피던스는? (단, $V_1 = 6[\text{V}]$, $V_2 = 3[\text{V}]$, $I_1 = 10[\text{A}]$, $R_1 = 15[\Omega]$, $R_2 = 10[\Omega]$, $L = 2[\text{H}]$, $j\omega = s$ 이다)

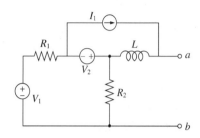

① $\dfrac{1}{s+3}$

② $s+15$

③ $\dfrac{3}{s+2}$

④ $2s+6$

해설

테브난 저항(전압원 단락, 전류원 개방)

$$Z_{ab} = \frac{R_1 R_2}{R_1 + R_2} + j\omega L = \frac{15 \times 10}{15 + 10} + 2s = 6 + 2s$$

16 그림과 같은 직류회로에서 저항 $R[\Omega]$의 값은?

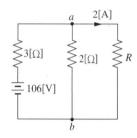

① 10

② 20

③ 30

④ 40

해설

테브난의 정리

테브난 전압 $V_{TH} = \dfrac{2}{3+2} \times 106 = 42.4[\text{V}]$

테브난 저항 $R_{TH} = \dfrac{3 \times 2}{3+2} = 1.2[\Omega]$ (전압원 단락)

전류 $I = \dfrac{42.4}{1.2+R} = 2[\text{A}]$에서 $42.4 = 2(1.2+R)[\text{A}]$

∴ 저항 $R = 20[\Omega]$

17 그림과 같은 회로에서 부하 R_L에서 소비되는 최대 전력은 몇 [W]인가?

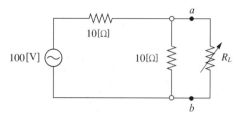

① 50

② 125

③ 250

④ 500

해설

• 테브난 등가저항(전압원 단락, 전류원 개방)

$$R_{th} = \frac{R_1 R_2}{R_1 + R_2} = \frac{10 \times 10}{10 + 10} = 5[\Omega]$$

• 테브난 등가전압 $V_{th} = \dfrac{10}{10+10} \times 100 = 50[\text{V}]$

• 최대 전력 $P_{\max} = \dfrac{V_{th}^2}{4R_{th}} = \dfrac{50^2}{4 \times 5} = 125[\text{W}]$

18 그림 (a)와 (b)의 회로가 등가회로가 되기 위한 전류원 I[A]와 임피던스 Z[Ω]의 값은?

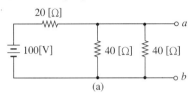

(a)

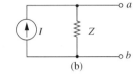

(b)

① 5[A], 10[Ω]

② 2.5[A], 10[Ω]

③ 5[A], 20[Ω]

④ 2.5[A], 20[Ω]

해설

전압원을 전류원으로 등가변환하면(전압원의 직렬 20[Ω]이 전류원에 병렬로 등가됨)

$$I = \frac{100}{20} = 5[A]$$

5[A] 전류에 20[Ω], 40[Ω], 40[Ω]이 병렬이 되므로

$$Z = \frac{1}{\frac{1}{20} + \frac{1}{40} + \frac{1}{40}} = 10[Ω]$$

19 그림과 같은 회로에서 저항 0.2[Ω]에 흐르는 전류는 몇 [A]인가?

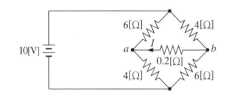

① 0.4

② −0.4

③ 0.2

④ −0.2

해설

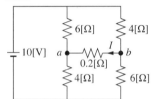

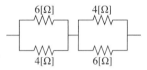

$$\frac{6 \times 4}{6 + 4} = 2.4[Ω]$$

$$2.4[Ω] + 2.4[Ω] = 4.8[Ω]$$

$$V_a = 4[V], \quad V_b = 6[V] \,(V_a, \; V_b점의 전위차)$$

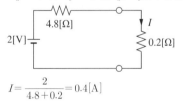

$$I = \frac{2}{4.8 + 0.2} = 0.4[A]$$

20 그림과 같은 회로와 쌍대(Dual)가 될 수 있는 회로는?

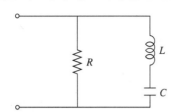

①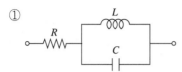

②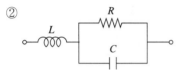

③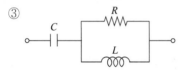

④ ○—R—⧓—L—⧓—C—⊣—○

해설

쌍대는 역소자, 역회로로 구성할 수 있다.

원회로	쌍 대	변환회로
직렬회로	⇔	병렬회로
전압원 V	⇔	전류원 I
저항 R	⇔	컨덕턴스 G
인덕턴스 L	⇔	정전용량 C
리액턴스 X	⇔	서셉턴스 B
개방회로	⇔	단락회로
Y형	⇔	△형
키르히호프(전압법칙)	⇔	키르히호프(전류법칙)
폐로방정식	⇔	절점방정식
테브난의 정리	⇔	노턴의 정리

21 그림과 같은 회로에서 $a-b$ 사이의 전위차[V]는?

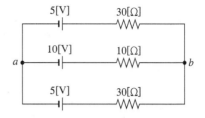

① 10[V]　　　　② 8[V]

③ 6[V]　　　　④ 4[V]

해설

밀만의 정리 $V_{ab} = \dfrac{\dfrac{E_1}{R_1} + \dfrac{E_2}{R_2} + \dfrac{E_3}{R_3}}{\dfrac{1}{R_1} + \dfrac{1}{R_2} + \dfrac{1}{R_3}} = \dfrac{\dfrac{5}{30} + \dfrac{10}{10} + \dfrac{5}{30}}{\dfrac{1}{30} + \dfrac{1}{10} + \dfrac{1}{30}} = 8[V]$

22 그림의 회로에서 전류 I는 약 몇 [A]인가?(단, 저항의 단위는 [Ω]이다)

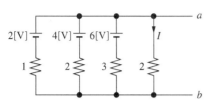

① 1.125 ② 1.29

③ 6 ④ 7

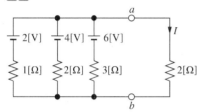

$$V_{ab} = \frac{\dfrac{2}{1} + \dfrac{4}{2} + \dfrac{6}{3}}{\dfrac{1}{1} + \dfrac{1}{2} + \dfrac{1}{3}} \fallingdotseq 3.273[\text{V}]$$

$$R_0 = \frac{1}{\dfrac{1}{1} + \dfrac{1}{2} + \dfrac{1}{3}} \fallingdotseq 0.545[\Omega]$$

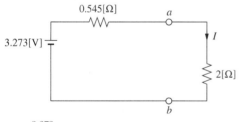

$$I = \frac{3.273}{2 + 0.543} \fallingdotseq 1.29[\text{A}]$$

23 그림에서 a, b단자의 전압이 100[V], a, b에서 본 능동 회로망 N의 임피던스가 15[Ω]일 때, a, b단자에 10[Ω]의 저항을 접속하면 a, b 사이에 흐르는 전류는 몇 [A]인가?

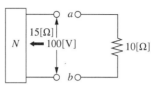

① 2

② 4

③ 6

④ 8

$$I = \frac{E}{R_1 + R_2} = \frac{100}{15 + 10} = 4[\Omega]$$

24 $a - b$ 단자의 전압이 $50\angle 0°$[V], $a - b$ 단자에서 본 능동 회로망(N)의 임피던스가 $Z = 6 + j8$[Ω]일 때, $a - b$ 단자에 임피던스 $Z' = 2 - j2$[Ω]를 접속하면 이 임피던스에 흐르는 전류[A]는?

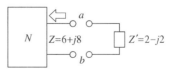

① $3 - j4$ ② $3 + j4$

③ $4 - j3$ ④ $4 + j3$

$$I = \frac{V}{Z} = \frac{50\angle 0°}{(6 + j8) + (2 - j2)} = 4 - j3[\text{A}]$$

07 과도현상

1 과도현상

(1) 과도상태(자연응답) : 스위칭 동작으로 인하여 회로에 전원이 순간적으로 인가 또는 제거 되었을 때 회로는 비정상적인 변화를 거쳐 정상상태에 도달하게 되는데 이와 같이 순간적인 변화가 일어나서 정상상태에 이르기까지의 상태, $t \to 0$일 때의 상태

(2) 정상상태(강제응답) : 전원에 의하여 지배되는 응답상태, $t \to \infty$일 때의 상태

(3) 완전응답 : 자연응답과 강제응답의 합

2 과도현상의 응답 해석

(1) DC 전원일 때

① 순간적으로 전원이 인가(제거)되었을 때($t \to 0$)

L은 개방회로로, C는 단락회로로 동작

② 전원이 인가(제거)된 후 충분한 시간이 경과되었을 때($t \to \infty$)

L은 단락회로로, C는 개방회로로 동작

(2) AC 전원일 때

① 순간적으로 전원이 인가(제거)되었을 때($t \to 0$)

L은 개방회로로, C는 단락회로로 동작

② 전원이 인가(제거)된 후 충분한 시간이 경과되었을 때($t \to \infty$)

L은 $j\omega L [\Omega]$의 리액턴스를 갖고, C는 $\dfrac{1}{j\omega C}[\Omega]$의 리액턴스를 갖음

필수 **확인 문제**

다음 회로에서 스위치가 충분히 오랜 시간 동안 닫혀 있 다가 $t = 0$인 순간에 열렸다. 스위치가 열린 직후의 전류 $i(0_+)$와 시간이 무한히 흘렀을 때의 전류 $i(\infty)$는?

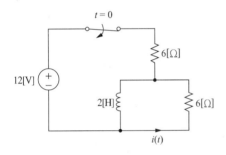

	$i(0_+)[\mathrm{A}]$	$i(\infty)[\mathrm{A}]$
①	0	1
②	0	2
③	1	0
④	2	0

해설

• 스위치가 열린 직후의 전류 : 초기 상태(L 단락)

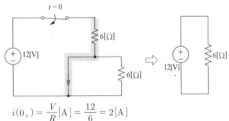

$$i(0_+) = \frac{V}{R}[\mathrm{A}] = \frac{12}{6} = 2[\mathrm{A}]$$

• 시간이 무한히 흘렀을 때의 전류 : 정상상태(L 개방)

시간이 무한히 흘렀을 때 L에 흐르는 전류 $i(\infty) = 0[\mathrm{A}]$

답 ④

소 자 \ 전 원	DC 전원	AC 전원
L	$t\to 0$ ───○ ○─── $\qquad$ $t\to\infty$ ───○──○───	$t\to 0$ ───○──○─── $\qquad$ $t\to\infty$ ───ⵎⵎⵎ─── $j\omega L$
C	$t\to 0$ ───○──○─── $\qquad$ $t\to\infty$ ───○ ○───	$t\to 0$ ───○ ○─── $\qquad$ $t\to\infty$ ───┤├─── $-j\dfrac{1}{\omega C}$

※ 저항만의 회로에서는 과도현상이 없다.

3 RL 직렬회로

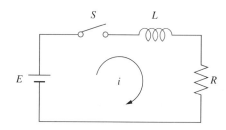
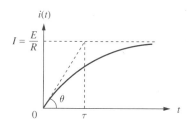

(1) 전 류

① $i_{on}(t) = \dfrac{E}{R}(1 - e^{-\frac{R}{L}t})[\text{A}]$

  ㉠ 초기 전류 $i_{on}(0) = 0[\text{A}]$

  ㉡ 정상전류 $i_{on}(\infty) = \dfrac{E}{R}[\text{A}]$

② $i_{off}(t) = \dfrac{E}{R}(e^{-\frac{R}{L}t})[\text{A}]$

(2) 전 압

① $V_R(t) = Ri(t) = E(1 - e^{-\frac{R}{L}t})[\text{V}]$

  $t = 0\ (e^{-0} = 1) \Rightarrow V_R(0) = 0$

  $t = \infty\ (e^{-\infty} = 0) \Rightarrow V_R(\infty) = E$

② $V_L(t) = E - V_R(t) = E - E(1 - e^{-\frac{R}{L}t}) = E(e^{-\frac{R}{L}t})[\text{V}]$

  $t = 0\ (e^{-0} = 1) \Rightarrow V_L(0) = E$

  $t = \infty\ (e^{-\infty} = 0) \Rightarrow V_L(\infty) = 0$

그림과 같은 회로에서 1[V]의 전압을 인가한 후, 오랜 시간이 경과했을 때 전류(I)의 크기[A]는?

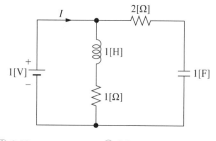

① 0.33 　　② 0.5
③ 0.66 　　④ 1

해설

직류에서 오랜 시간이 경과되면 코일 L → 단락, 콘덴서 C → 개방

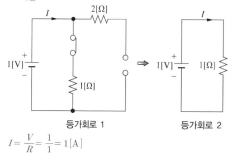

등가회로 1　　　　　등가회로 2

$I = \dfrac{V}{R} = \dfrac{1}{1} = 1[\text{A}]$

답 ④

다음 RL 회로에서 $t = 0$인 시점에 스위치(SW)를 닫았을 때에 대한 설명으로 옳은 것은?

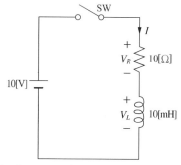

① 회로에 흐르는 초기 전류($t = 0_+$)는 1[A]이다.
② 회로의 시정수는 10[ms]이다.
③ 최종적($t = \infty$)으로 V_R 양단의 전압은 10[V]이다.
④ 최초($t = 0_+$)의 V_L 양단의 전압은 0[V]이다.

해설

③ $V_R = E(1 - e^{-\frac{R}{L}t})[\mathrm{V}]$

$t = \infty$ 일 때 $e^{-\infty} = 0$

$\therefore V_R = E(1 - 0) = E = 10[\mathrm{V}]$

① $t = 0$일 때 인덕턴스 초기 전류 $= 0[\mathrm{A}] \rightarrow$ 시간이 지나면 단락된다.

② 시정수 $\tau = \dfrac{L}{R} = \dfrac{10 \times 10^{-3}}{10} = 1[\mathrm{ms}]$

④ $V_L = E(e^{-\frac{R}{L}t})[\mathrm{V}]$

$t = 0$일 때 $e^{-0} = 1$

$\therefore V_L = E(1) = E = 10[\mathrm{V}]$

답 ③

RL 직렬회로에서 $R = 5[\Omega]$, $L = 2[\mathrm{H}]$일 때 시정수 τ는?

① 0.1　　　　　　② 0.2

③ 0.3　　　　　　④ 0.4

해설

시정수 $\tau = \dfrac{L}{R} = \dfrac{2}{5} = 0.4[\mathrm{s}]$

답 ④

다음 회로에서 스위치 S를 충분히 오랜 시간 ①에 접속하였다가 $t = 0$일 때 ②로 전환하였다. $t \geq 0$에 대한 전류 $i(t)[\mathrm{A}]$를 나타낸 식은?

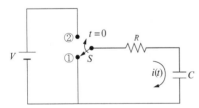

① $\dfrac{V}{RC}e^{-t/RC}$　　　　② $\dfrac{V}{RC}e^{-t/R}$

③ $\dfrac{CV}{R}e^{-t/RC}$　　　　④ $\dfrac{V}{R}e^{-t/RC}$

해설

SW를 ①에서 ②로 전환 시 $t \geq 0$일 때 $i(t)$: RC 직렬회로

$i(t) = \dfrac{V}{R}(e^{-\frac{1}{RC}t})[\mathrm{A}]$

답 ④

---

(3) **시정수** : 정상전류의 63.2[%]에 도달할 때까지의 시간

① 시정수

$$\tau = \frac{L}{R}[\mathrm{s}]$$

② 시정수에서의 전류

$$i_{on}\left(\frac{L}{R}\right) = 0.632\frac{E}{R}[\mathrm{A}]$$

$$i_{off}\left(\frac{L}{R}\right) = 0.368\frac{E}{R}[\mathrm{A}]$$

(4) **특성근**

$$P = -\frac{R}{L}$$

4 　RC 직렬회로

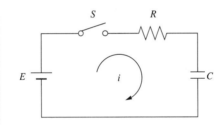　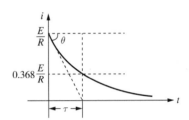

(1) **전 류**

① $i_{on}(t) = \dfrac{E}{R}(e^{-\frac{1}{RC}t})[\mathrm{A}]$

　㉠ 초기 전류 $i_{on}(0) = \dfrac{E}{R}[\mathrm{A}]$

　㉡ 정상전류 $i_{on}(\infty) = 0[\mathrm{A}]$

② $i_{off}(t) = -\dfrac{E}{R}(e^{-\frac{1}{RC}t})[\mathrm{A}]$

(2) 전 압

① $V_R(t) = R\,i(t) = E(e^{-\frac{1}{RC}t})$ [V]

$t = 0\ (e^{-0} = 1) \Rightarrow V_R(0) = E$

$t = \infty\ (e^{-\infty} = 0) \Rightarrow V_R(\infty) = 0$

② $V_C(t) = E - V_R(t) = E - E(e^{-\frac{1}{RC}t}) = E(1 - e^{-\frac{1}{RC}t})$ [V]

$t = 0\ (e^{-0} = 1) \Rightarrow V_C(0) = 0$

$t = \infty\ (e^{-\infty} = 0) \Rightarrow V_C(\infty) = E$

(3) 시정수 : 정상전류의 63.2[%]에 도달할 때까지의 시간

① 시정수

$\tau = RC$ [s]

② 시정수에서의 전압

$v_{on}(RC) = 0.632\,E$ [V]

$v_{off}(RC) = 0.368\,E$ [V]

(4) 특성근

$P = -\dfrac{1}{RC}$

다음 그림의 회로에서 스위치(SW₂)가 충분한 시간동안 열려 있다. $t = 0$인 순간 동시에 스위치(SW₁)를 열고, 스위치(SW₂)를 닫을 경우 전류 $i_o(0_+)$[mA]는?(단, $i_o(0_+)$는 스위치(SW₂)가 닫힌 직후의 전류이다)

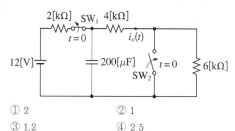

① 2 　　　　　　　② 1

③ 1.2 　　　　　　④ 2.5

해설

• $\text{SW}_1 = \text{On}$, $\text{SW}_2 = \text{Off}$ 시 : L 단락, 콘덴서 C 개방

　$R = 2 + 4 + 6 = 12[\text{k}\Omega]$

　$I = \dfrac{V}{R} = \dfrac{12}{12 \times 10^3} = 1[\text{mA}]$

• 콘덴서 양단에 걸리는 전압 : $4[\text{k}\Omega]$와 $6[\text{k}\Omega]$ 양단 전압과 같다.

　$V = \dfrac{(4+6)}{(4+6)+2} \times 12 = \dfrac{10}{12} \times 12 = 10[\text{V}]$

　즉, 콘덴서 양단에는 $10[\text{V}]$가 걸린다.

• $\text{SW}_1 = \text{Off}$, $\text{SW}_2 = \text{On}$ 시 : L 단락, 콘덴서 C 개방

　$\therefore\ i_o(0_+) = \dfrac{V}{R} = \dfrac{10}{4 \times 10^3} = 2.5[\text{mA}]$

답 ④

RC 직렬회로에서 $R = 10[\text{k}\Omega]$, $C = 5[\mu\text{F}]$일 때 시정수 τ는?

① 50×10^{-1} 　　　　② 50×10^{-2}

③ 50×10^{-3} 　　　　④ 50×10^{-4}

해설

시정수 $\tau = RC = 10 \times 10^3 \times 5 \times 10^{-6} = 50 \times 10^{-3}$ [s]

답 ③

RLC 직렬회로에서 $L = 50[\text{mH}]$, $C = 5[\mu\text{F}]$일 때 진동적 과도현상을 보이는 $R[\Omega]$의 값은?

① 100　　　　　　② 200

③ 300　　　　　　④ 400

해설

$R^2 = 4\dfrac{L}{C}$

$R = \sqrt{4\dfrac{L}{C}} = \sqrt{4 \times \dfrac{50 \times 10^{-3}}{5 \times 10^{-6}}} = 200[\Omega]$

그러나 조건에서 $R^2 - 4\dfrac{L}{C} < 0$ 즉, 200보다 작은 값인 100이 되어야 진동하게 된다.

답 ①

5 RLC 직렬회로

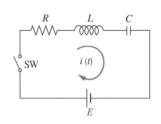

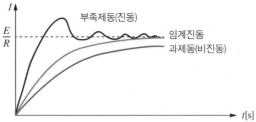

$t = 0$일 때 KVL에 의해 커패시터(C)에 걸리는 전압 v_C를 구하면

$Ri + L\dfrac{di}{dt} + \dfrac{1}{C}\displaystyle\int i\,dt = E$ 이고, $i(t) = C\dfrac{dv_C}{dt}$ 이므로

$RC\dfrac{dv_C}{dt} + LC\dfrac{d^2 v_C}{dt^2} + v_C = E$

$LC\dfrac{d^2 v_C}{dt^2} + RC\dfrac{dv_C}{dt} + v_C = 0\,(E = 0$으로 놓으면$)$

$L\dfrac{d^2 v_C}{dt^2} + R\dfrac{dv_C}{dt} + \dfrac{v_C}{C} = 0$

위 특성방정식으로부터 근의 공식을 통하여 특성근(S)을 구하면

$S = \dfrac{-R \pm \sqrt{R^2 - 4\dfrac{L}{C}}}{2L} = -\dfrac{R}{2L} \pm \sqrt{\left(\dfrac{R}{2L}\right)^2 - \dfrac{1}{LC}}$ 이므로

판별식 $\sqrt{R^2 - 4\dfrac{L}{C}}$ 의 값이 실수인가, 0인가 또는 허수인가에 따라 다음과 같은 과도현상으로 분석할 수 있다.

$R^2 - 4\dfrac{L}{C} > 0$: 과제동(비진동)

$R^2 - 4\dfrac{L}{C} = 0$: 임계진동

$R^2 - 4\dfrac{L}{C} < 0$: 부족진동(진동)

※ $ax^2 + bx + c = 0$일 때 근의 공식

$x = \dfrac{-b \pm \sqrt{b^2 - 4ac}}{2a}\,(a \neq 0)$

적중예상문제

01 다음 회로에 대한 설명으로 옳은 것은?

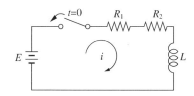

① 이 회로의 시정수는 $\dfrac{L}{R_1 + R_2}$ 이다.

② 이 회로의 특성근은 $\dfrac{R_1 + R_2}{L}$ 이다.

③ 정상전류값은 $\dfrac{E}{R_2}$ 이다.

④ 이 회로의 전류값은 $i(t) = \dfrac{E}{R_1 + R_2}\left(1 - e^{-\frac{L}{R_1 + R_2}t}\right)$ 이다.

해설

RL **직렬회로의 해석**

• 전류 $i(t) = \dfrac{E}{R_1 + R_2}\left(1 - e^{-\frac{R_1 + R_2}{L}t}\right)[\text{A}]$

• 시정수 $T = \dfrac{L}{R} = \dfrac{L}{R_1 + R_2}[\text{s}]$

• 특성근 $P = -\dfrac{R_1 + R_2}{L}$

• 정상전류 $I_s = \dfrac{E}{R_1 + R_2}$

02 $t = 0$에서 스위치 S를 닫을 때의 전류 $i(t)$는?

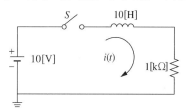

① $0.01(1 - e^{-t})$

② $0.01(1 + e^{-t})$

③ $0.01(1 - e^{-100t})$

④ $0.01(1 + e^{-100t})$

해설

$$i(t) = \frac{E}{R}\left(1 - e^{-\frac{R}{L}t}\right) = \frac{10}{1,000}\left(1 - e^{-\frac{1,000}{10} \times t}\right)$$
$$= 0.01(1 - e^{-100t})$$

03 $t = 0$에서 스위치 S를 닫았을 때 정상전류값[A]은?

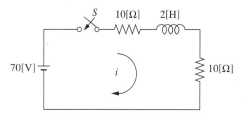

① 1

② 2.5

③ 3.5

④ 7

해설

$$I = \frac{V}{R} = \frac{70}{20} = 3.5[\text{A}]$$

04 다음과 같은 회로에서 $t=0$인 순간에 스위치 S를 닫았다. 이 순간에 인덕턴스 L에 걸리는 전압은?(단, L의 초기 전류는 0이다)

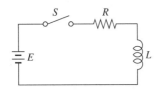

① 0

② $\dfrac{LE}{R}$

③ E

④ $\dfrac{E}{R}$

해설

RL 직렬회로, 직류인가하여 스위치를 닫는 순간 인덕턴스에 걸리는 전압

$$E_L = Ee^{-\frac{R}{L}t} = Ee^{-\frac{R}{L}\times 0} = E$$

06 회로에서 스위치 S를 닫을 때, 이 회로의 시정수는?

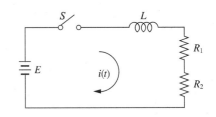

① $\dfrac{L}{R_1+R_2}$

② $\dfrac{-L}{R_1+R_2}$

③ $\dfrac{R_1+R_2}{L}$

④ $-\dfrac{R_1+R_2}{L}$

해설

RL 직렬회로에서 $R=R_1+R_2$이므로

∴ 시정수 $T=\dfrac{L}{R}=\dfrac{L}{R_1+R_2}$

05 $R-L-C$ 직렬회로에서 시정수의 값이 작을수록 과도현상이 소멸되는 시간은 어떻게 되는가?

① 짧아진다.
② 관계없다.
③ 길어진다.
④ 일정하다.

해설

• 시정수 : 최종값(정상값)의 63.2[%] 도달하는 데 걸리는 시간
• 시정수가 클수록 과도현상은 오래 지속된다.
• 시정수는 소자(R, L, C)의 값으로 결정된다.
• 특성근 역의 절댓값이다.

07 코일의 권수 $N=1,000$회, 저항 $R=10[\Omega]$이다. 전류 $I=10[A]$를 흘릴 때 자속 $\phi=3\times10^{-2}[Wb]$이라면 이 회로의 시정수[s]는?

① 0.3

② 0.4

③ 3.0

④ 4.0

해설

$T=\dfrac{L}{R}=\dfrac{3}{10}=0.3[s]$

여기서, $LI=N\phi$

$L=\dfrac{N\phi}{I}=\dfrac{1,000\times3\times10^{-2}}{10}=3$

08 RL 직렬회로에 직류전압 5[V]를 $t=0$에서 인가하였더니 $i(t)=50(1-e^{-20\times10^{-3}t})$ [mA]$(t\geq0)$이었다. 이 회로의 저항을 처음값의 2배로 하면 시정수는 얼마가 되겠는가?

① 10[ms]

② 40[ms]

③ 5[s]

④ 25[s]

해설

RL 직렬회로, 직류인가

회로방정식 $RI(s)+\dfrac{1}{Cs}I(s)=\dfrac{E}{s}$

전류 $i(t)=\dfrac{E}{R}\left(1-e^{-\frac{R}{L}t}\right)$

시정수 $T=\dfrac{L}{R}=\dfrac{1}{20\times10^{-3}}=50[\mathrm{s}]$

∴ 저항 2배인 경우 시정수

$T\propto\dfrac{1}{R}$, $T'=\dfrac{1}{2}T=\dfrac{1}{2}\times50=25[\mathrm{s}]$

09 회로에서 10[mH]의 인덕턴스에 흐르는 전류는 일반적으로 $i(t)=A+Be^{-at}$로 표시된다. a의 값은?

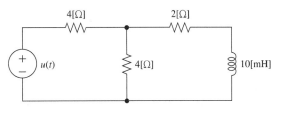

① 100

② 200

③ 400

④ 500

해설

개방전압과 등가저항

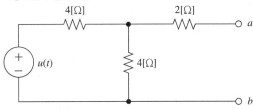

- $V_{ab}=0.5u(t)$

- 테브난 정리 $R_{th}=2+\dfrac{4\times4}{4+4}=4[\Omega]$

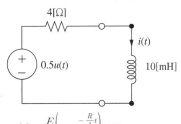

- $i(t)=\dfrac{E}{R}\left(1-e^{-\frac{R}{L}t}\right)$에서

$a=\dfrac{R}{L}=\dfrac{4}{10\times10^{-3}}=400$

10 RL 직렬회로에 V인 직류전압원을 갑자기 연결하였을 때 $t = 0^+$인 순간, 이 회로에 흐르는 회로전류에 대하여 바르게 표현된 것은?

① 이 회로에는 전류가 흐르지 않는다.

② 이 회로에는 $\dfrac{V}{R}$ 크기의 전류가 흐른다.

③ 이 회로에는 무한대의 전류가 흐른다.

④ 이 회로에는 $\dfrac{V}{R + j\omega L}$ 의 전류가 흐른다.

해설

$RL(RC)$ 직렬회로의 해석

구 분	과도($t = 0$)	정상($t = \infty$)
$X_L = \omega L = 2\pi fC$	개 방	단 락
$X_C = \dfrac{1}{\omega C} = \dfrac{1}{2\pi fC}$	단 락	개 방

초기 저항에 흐르는 전류 $i_1(0^+) = \dfrac{V}{R_1}$

초기 인덕턴스에 흐르는 전류 $i_2(0^+) = 0$

11 그림과 같은 RC 회로에서 스위치를 넣은 순간 전류는? (단, 초기 조건은 0이다)

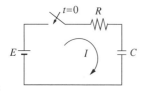

① 불변전류이다.
② 진동전류이다.
③ 증가함수로 나타난다.
④ 감쇠함수로 나타난다.

해설

RC 직렬회로일 때 지수적 감쇠함수로 나타난다.

12 그림의 회로에서 스위치 S를 닫을 때의 충전전류 $i(t)$[A]는 얼마인가?(단, 콘덴서에 초기 충전전하는 없다)

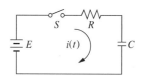

① $\dfrac{E}{R} e^{-\frac{1}{CR}t}$

② $\dfrac{E}{R} e^{\frac{R}{C}t}$

③ $\dfrac{E}{R} e^{-\frac{C}{R}t}$

④ $\dfrac{E}{R} e^{\frac{1}{CR}t}$

해설

RC 직렬회로, 직류인가

회로방정식 $RI(s) + \dfrac{1}{Cs} I(s) = \dfrac{E}{s}$

전류 $i(t) = \dfrac{E}{R} e^{-\frac{1}{RC}t}$[A]

전압 $v_c(t) = E\left(1 - e^{-\frac{1}{RC}t}\right)$[V]

시정수 $T = RC$

13 $R = 1[\text{k}\Omega]$, $C = 1[\mu\text{F}]$가 직렬접속된 회로에 스텝(구형파)전압 10[V]를 인가하는 순간에 커패시터 C에 걸리는 최대 전압[V]은?

① 0 　　　　　② 3.72

③ 6.32 　　　　④ 10

해설

$V_C = E\left(1 - e^{-\frac{1}{RC}t}\right)$

$t = 0$을 대입하면 $V_C = E\left(1 - e^{-\frac{1}{RC}t}\right) = 0$[V]

14 그림과 같은 회로에서 $t=0$에서 스위치를 닫으면 전류 $i(t)$[A]는?(단, 콘덴서의 초기 전압은 0[V]이다)

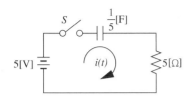

① $5(1-e^{-t})$

② $1-e^{-t}$

③ $5e^{-t}$

④ e^{-t}

해설

$$i(t) = \frac{E}{R}e^{-\frac{1}{RC}t} = \frac{5}{5}e^{-\frac{1}{5 \times \frac{1}{5}}t} = e^{-t}$$

15 RC 직렬회로의 과도현상에 대하여 옳게 설명한 것은?

① $\frac{1}{RC}$의 값이 클수록 과도전류값은 천천히 사라진다.

② RC값이 클수록 과도전류값은 빨리 사라진다.

③ 과도전류는 RC값에 관계가 없다.

④ RC값이 클수록 과도전류값은 천천히 사라진다.

해설

• 시정수 : 최종값(정상값)의 63.2[%] 도달하는 데 걸리는 시간
• 시정수가 클수록 과도현상은 오래 지속된다.
• 시정수는 소자(R, L, C)의 값으로 결정된다.
• 특성근 역의 절댓값이다.

16 그림의 회로에서 스위치 S를 갑자기 닫은 후 회로에 흐르는 전류 $i(t)$의 시정수는?(단, C에 초기 전하는 없었다)

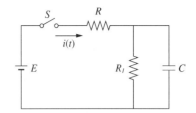

① $\dfrac{R+R_1}{RR_1C}$

② $\dfrac{C}{RR_1+R_1}$

③ $\dfrac{RR_1C}{R+R_1}$

④ $(RR_1+R_1)C$

해설

시정수(T)

최종값(정상값)의 63.2[%] 도달하는 데 걸리는 시간

$R-C$ 직렬회로	$R-L$ 직렬회로
$T = RC[\text{s}]$	$T = \dfrac{L}{R}[\text{s}]$

RC 회로의 시정수 $T = R_0C = \dfrac{RR_1}{R+R_1}C[\text{s}]$

17 RC 회로의 입력단자에 계단전압을 인가하면 출력전압은?

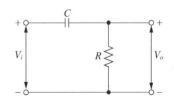

① 0부터 지수적으로 증가한다.

② 처음에는 입력과 같이 변했다가 지수적으로 감쇠한다.

③ 같은 모양의 계단전압이 나타난다.

④ 아무것도 나타나지 않는다.

해설

RC 직렬회로의 해석

$v_0 = Ve^{-\frac{1}{RC}t}$[V]에서 $t=0$에서 계단전압이 되고, $t=\infty$에서 0이 되므로 지수적으로 감소된다.

18 그림과 같은 RC회로에 단위 계단전압을 가하면 출력전압은?

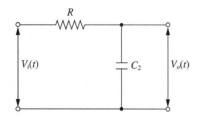

① 아무 전압도 나타나지 않는다.
② 처음부터 계단전압이 나타난다.
③ 계단전압에서 지수적으로 감쇠한다.
④ 0부터 상승하여 계단전압에 이른다.

해설

RL(RC) 직렬회로의 해석

구 분	과도($t=0$)	정상($t=\infty$)
$X_L = \omega L = 2\pi f C$	개 방	단 락
$X_C = \dfrac{1}{\omega C} = \dfrac{1}{2\pi f C}$	단 락	개 방

∴ 0부터 상승하여 계단전압에 이른다.

19 다음 회로에서 $t=0$일 때 스위치 K를 닫았다. $i_1(0^+)$, $i_2(0^+)$의 값은?(단, $t<0$에서 C 전압과 L전압은 각각 0[V]이다)

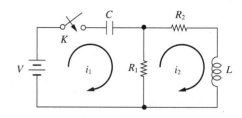

① $\dfrac{V}{R_1}$, 0   ② 0, $\dfrac{V}{R_2}$

③ 0, 0   ④ $-\dfrac{V}{R_1}$, 0

해설

RL(RC) 직렬회로의 해석

구 분	과도($t=0$)	정상($t=\infty$)
$X_L = \omega L = 2\pi f C$	개 방	단 락
$X_C = \dfrac{1}{\omega C} = \dfrac{1}{2\pi f C}$	단 락	개 방

초기 저항에 흐르는 전류 $i_1(0^+) = \dfrac{V}{R_1}$

초기 인덕턴스에 흐르는 전류 $i_2(0^+) = 0$

20 그림과 같은 회로에서 정전용량 C[F]를 충전한 후 스위치 S를 닫아서 이것을 방전할 때 과도전류는?(단, 회로에는 저항이 없다)

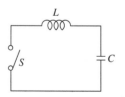

① 주파수가 다른 전류
② 크기가 일정하지 않은 전류
③ 증가 후 감쇠하는 전류
④ 불변의 진동전류

해설

저항이 없고 코일과 콘덴서가 직렬로 연결된 회로에서 충전 후 방전하면 전력 소모가 없고 크기와 주파수의 변화가 없는 무감쇠 진동전류가 흐른다.

21 그림과 같은 회로에서 스위치 S를 닫았을 때, 과도분을 포함하지 않기 위한 $R[\Omega]$은?

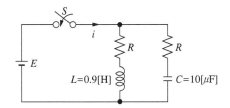

① 100
② 200
③ 300
④ 400

해설

$i_1 = \dfrac{E}{R} - \dfrac{E}{R}e^{-\frac{R}{L}t}$ (L에 흐르는 전류)

$i_2 = \dfrac{E}{R}e^{-\frac{1}{RC}t}$ (C에 흐르는 전류)

$i = i_1 + i_2 = \dfrac{E}{R} - \dfrac{E}{R}e^{-\frac{R}{L}t} + \dfrac{E}{R}e^{-\frac{1}{RC}t}$

i가 시간에 관계없이 일정

$\dfrac{E}{R}e^{-\frac{R}{L}t} = \dfrac{E}{R}e^{-\frac{1}{RC}t}$

$\dfrac{R}{L} = \dfrac{1}{RC}$, $R^2 C = L$

그러므로 $R = \sqrt{\dfrac{L}{C}} = \sqrt{\dfrac{0.9}{10 \times 10^{-6}}} = 300[\Omega]$

22 그림과 같은 회로를 $t=0$에서 스위치 S를 닫았을 때 $R[\Omega]$에 흐르는 전류 $i_R(t)[A]$는?

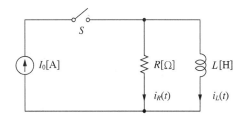

① $I_0\left(1 - e^{-\frac{R}{L}t}\right)$

② $I_0\left(1 + e^{-\frac{R}{L}t}\right)$

③ I_0

④ $I_0 e^{-\frac{R}{L}t}$

해설

$i_L(t) = I_0\left(1 - e^{-\frac{R}{L}t}\right)$

키르히호프 법칙(전류법칙)

$I_0 = i_R(t) + i_L(t)$

$i_R(t) = I_0 - i_L(t) = I_0 - I_0\left(1 - e^{-\frac{R}{L}t}\right) = I_0 e^{-\frac{R}{L}t}$

23 RLC 직렬회로에서 $t=0$에서 교류전압 $e = E_m \sin(\omega t + \theta)$를 가할 때, $R^2 - 4\dfrac{L}{C} > 0$이면 이 회로는?

① 진동적이다.
② 비진동적이다.
③ 임계진동적이다.
④ 비감쇠진동이다.

해설

RLC 직렬회로에서 자유진동주파수

$f = \dfrac{1}{2\pi}\sqrt{\dfrac{1}{LC} - \left(\dfrac{R}{2L}\right)^2}$

비진동(과제동)	임계진동	진동(부족제동)
$R^2 > 4\dfrac{L}{C}$	$R^2 = 4\dfrac{L}{C}$	$R^2 < 4\dfrac{L}{C}$

08 4단자망 / 2단자망

그림과 같은 회로에서 4단자 임피던스 파라미터 행렬이 보기와 같이 주어질 때 파라미터 Z_{11} 과 Z_{22}, 각각의 값 [Ω]은?

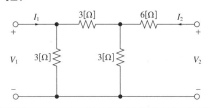

〈보 기〉
$$\begin{bmatrix} V_1 \\ V_2 \end{bmatrix} = \begin{bmatrix} Z_{11} & Z_{12} \\ Z_{21} & Z_{22} \end{bmatrix} \begin{bmatrix} I_1 \\ I_2 \end{bmatrix}$$

① 1, 9 ② 2, 8
③ 3, 9 ④ 6, 12

해설

4단자 상수

$V_1 = Z_{11}I_1 + Z_{12}I_2$ $V_2 = Z_{21}I_1 + Z_{22}I_2$

• $Z_{11} = \dfrac{V_1}{I_1}(I_2 = 0)$

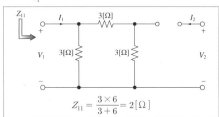

$$Z_{11} = \frac{3 \times 6}{3 + 6} = 2[\Omega]$$

• $Z_{22} = \dfrac{V_2}{I_2}(I_1 = 0)$

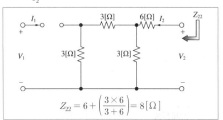

$$Z_{22} = 6 + \left(\frac{3 \times 6}{3 + 6}\right) = 8[\Omega]$$

답 ②

1 4단자망 : 2개의 입력과 2개의 출력을 갖는 회로망(2포트)

2 파라미터(Parameter) : 매개 변수

(1) 임피던스 Z 파라미터

- 두 회로망이 직렬로 접속되어 있는 경우 유리

$\begin{pmatrix} V_1 \\ V_2 \end{pmatrix} = \begin{bmatrix} Z_{11} & Z_{12} \\ Z_{21} & Z_{22} \end{bmatrix} \begin{pmatrix} I_1 \\ I_2 \end{pmatrix}$ $V_1 = Z_{11}\,I_1 + Z_{12}\,I_2$ $V_2 = Z_{21}\,I_1 + Z_{22}\,I_2$	$Z_{11} = \dfrac{V_1}{I_1}(I_2 = 0)$ $Z_{12} = \dfrac{V_1}{I_2}(I_1 = 0)$ $Z_{21} = \dfrac{V_2}{I_1}(I_2 = 0)$ $Z_{22} = \dfrac{V_2}{I_2}(I_1 = 0)$

(2) 어드미턴스 Y 파라미터

– 두 회로망이 병렬로 접속되어 있는 경우 유리

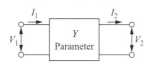

$$\begin{pmatrix} I_1 \\ I_2 \end{pmatrix} = \begin{bmatrix} Y_{11} & Y_{12} \\ Y_{21} & Y_{22} \end{bmatrix} \begin{pmatrix} V_1 \\ V_2 \end{pmatrix}$$

$$I_1 = Y_{11}V_1 + Y_{12}V_2$$

$$I_2 = Y_{21}V_1 + Y_{22}V_2$$

$$Y_{11} = \frac{I_1}{V_1}\,(V_2 = 0)$$

$$Y_{12} = \frac{I_1}{V_2}\,(V_1 = 0)$$

$$Y_{21} = \frac{I_2}{V_1}\,(V_2 = 0)$$

$$Y_{22} = \frac{I_2}{V_2}\,(V_1 = 0)$$

(3) H 파라미터

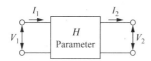

$$\begin{pmatrix} V_1 \\ I_2 \end{pmatrix} = \begin{bmatrix} H_{11} & H_{12} \\ H_{21} & H_{22} \end{bmatrix} \begin{pmatrix} I_1 \\ V_2 \end{pmatrix}$$

$$V_1 = H_{11}I_1 + H_{12}V_2$$

$$I_2 = H_{21}I_1 + H_{22}V_2$$

$$H_{11} = \frac{V_1}{I_1}\,(V_2 = 0)$$

$$H_{12} = \frac{V_1}{V_2}\,(I_1 = 0)$$

$$H_{21} = \frac{I_2}{I_1}\,(V_2 = 0)$$

$$H_{22} = \frac{I_2}{V_2}\,(I_1 = 0)$$

다음 4단자 회로망(Two Port Network)의 Y 파라미터 중 $Y_{11}[\Omega^{-1}]$은?

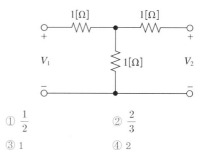

① $\dfrac{1}{2}$ ② $\dfrac{2}{3}$

③ 1   ④ 2

해 설

Y 파라미터

$I_1 = Y_{11}V_1 + Y_{12}V_2$

$I_2 = Y_{21}V_1 + Y_{22}V_2$

이 식에서 $Y_{11} = \dfrac{I_1}{V_1}\,(V_2 = 0$(출력측 단락))

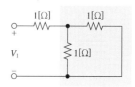

$R = 1 + \left(\dfrac{1 \times 1}{1 + 1}\right) = 1.5\,[\Omega]$

$Y_{11} = \dfrac{I_1}{V_1}$, $V_1 = RI_1$ 대입

$\quad = \dfrac{I_1}{1.5I_1} = \dfrac{1}{1.5} = \dfrac{2}{3}\,[\text{℧}] = \dfrac{2}{3}\,[\Omega^{-1}]$

답 ②

(4) G **파라미터**

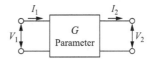

$$\begin{pmatrix} I_1 \\ V_2 \end{pmatrix} = \begin{bmatrix} G_{11} & G_{12} \\ G_{21} & G_{22} \end{bmatrix} \begin{pmatrix} V_1 \\ I_2 \end{pmatrix}$$

$$I_1 = G_{11}V_1 + G_{12}I_2$$

$$V_2 = G_{21}V_1 + G_{22}I_2$$

$$G_{11} = \frac{I_1}{V_1}\,(I_2 = 0)$$

$$G_{12} = \frac{I_1}{I_2}\,(V_1 = 0)$$

$$G_{21} = \frac{V_2}{V_1}\,(I_2 = 0)$$

$$G_{22} = \frac{V_2}{I_2}\,(V_1 = 0)$$

3 전송 파라미터($ABCD$ 파라미터)

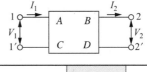

$$\begin{pmatrix} V_1 \\ I_1 \end{pmatrix} = \begin{bmatrix} A & B \\ C & D \end{bmatrix} \begin{pmatrix} V_2 \\ I_2 \end{pmatrix}$$

$$V_1 = AV_2 + BI_2$$

$$I_1 = CV_2 + DI_2$$

※ $AD - BC = 1$
$(A = D)$ 이면 대칭이다.

전압비	$A = \dfrac{V_1}{V_2}\,(I_2 = 0)$
임피던스	$B = \dfrac{V_1}{I_2}\,(V_2 = 0)$
어드미턴스	$C = \dfrac{I_1}{V_2}\,(I_2 = 0)$
전류비	$D = \dfrac{I_1}{I_2}\,(V_2 = 0)$

4 기본 4단자 정수

구 분	4단자 회로	4단자 정수
임피던스 Z형		$\begin{pmatrix} A & B \\ C & D \end{pmatrix} = \begin{pmatrix} 1 & Z \\ 0 & 1 \end{pmatrix}$
어드미턴스 Y형		$\begin{pmatrix} A & B \\ C & D \end{pmatrix} = \begin{pmatrix} 1 & 0 \\ Y & 1 \end{pmatrix}$
		$\begin{pmatrix} A & B \\ C & D \end{pmatrix} = \begin{pmatrix} 1 & 0 \\ \dfrac{1}{Z} & 1 \end{pmatrix}$
L형		$\begin{pmatrix} A & B \\ C & D \end{pmatrix} = \begin{pmatrix} 1+\dfrac{Z_1}{Z_2} & Z_1 \\ \dfrac{1}{Z_2} & 1 \end{pmatrix}$
역 L형		$\begin{pmatrix} A & B \\ C & D \end{pmatrix} = \begin{pmatrix} 1 & Z_2 \\ \dfrac{1}{Z_1} & 1+\dfrac{Z_2}{Z_1} \end{pmatrix}$
T형		$\begin{pmatrix} A & B \\ C & D \end{pmatrix} = \begin{pmatrix} 1+\dfrac{Z_1}{Z_2} & \dfrac{Z_1 Z_2 + Z_2 Z_3 + Z_3 Z_1}{Z_2} \\ \dfrac{1}{Z_2} & 1+\dfrac{Z_3}{Z_2} \end{pmatrix}$
π형		$\begin{pmatrix} A & B \\ C & D \end{pmatrix} = \begin{pmatrix} 1+\dfrac{Z_2}{Z_3} & Z_2 \\ \dfrac{Z_1 + Z_2 + Z_3}{Z_1 Z_3} & 1+\dfrac{Z_2}{Z_1} \end{pmatrix}$

다음 그림과 같은 T형 4단자망 회로에서 4단자 정수 A와 C를 나타낸 것으로 옳은 것은?

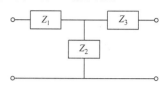

① $A = 1 + \dfrac{Z_1}{Z_2}$, $C = \dfrac{1}{Z_2}$

② $A = 1 + \dfrac{Z_1}{Z_3}$, $C = \dfrac{1}{Z_3}$

③ $A = 1 + \dfrac{Z_2}{Z_1}$, $C = \dfrac{1}{Z_2}$

④ $A = 1 + \dfrac{Z_1}{Z_2}$, $C = \dfrac{1}{Z_3}$

해설

T형 4단자망

$A = 1 + \dfrac{Z_1}{Z_2}$, $C = \dfrac{1}{Z_2}$

답 ①

어떤 4단자망의 전송 파라미터 행렬 $\begin{bmatrix} A & B \\ C & D \end{bmatrix}$ 가

$\begin{bmatrix} \sqrt{5} & j400 \\ -\dfrac{j}{100} & \sqrt{5} \end{bmatrix}$ 로 주어질 때 영상 임피던스[Ω]는?

① $j100$ ② 100

③ $j200$ ④ 200

해설

영상 임피던스

$Z = \sqrt{\dfrac{AB}{CD}} = \sqrt{\dfrac{(\sqrt{5}) \cdot (j400)}{\left(-\dfrac{j}{100}\right) \cdot (\sqrt{5})}}$

$= \sqrt{\dfrac{j400}{\left(-\dfrac{j}{100}\right)}} = \sqrt{\dfrac{j40,000}{-j}} = \sqrt{j^2 40,000}$

$= j200[\Omega]$

답 ③

구동점 임피던스에 있어서 영점(Zero)은?

① 전류가 흐르지 않는 경우이다.

② 회로를 개방한 것과 같다.

③ 회로를 단락한 것과 같다.

④ 전압이 가장 큰 상태이다.

해설

영점은 회로 단락상태이다.

답 ③

구동점 임피던스함수에 있어서 극점(Pole)은?

① 단락회로 상태를 의미한다.

② 개방회로 상태를 의미한다.

③ 아무 상태도 아니다.

④ 전류가 많이 흐르는 상태를 의미한다.

해설

극점은 회로 개방상태이다.

답 ②

---

5 영상 임피던스

$$Z = \sqrt{\dfrac{AB}{CD}} \ , \quad A = D \text{이면} \ Z = \sqrt{\dfrac{B}{C}}$$

6 2단자망

(1) 영점(Zero)과 극점(Pole)

$$Z(s) = \dfrac{(s+2)(s+4)}{(s+1)(s+3)}$$

① 영점(Zero)

    ㉠ 분자가 $0(s = -2, \ -4)$

    ㉡ 회로 단락상태 : $(\bullet)$ 로 표시

② 극점(Pole)

    ㉠ 분모가 $0(s = -1, \ -3)$

    ㉡ 회로 개방상태 : $(\times)$ 로 표시

(2) 역회로(Duality)

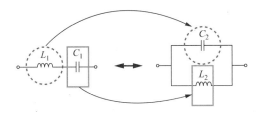

① $R \Leftrightarrow G, \ L \Leftrightarrow C, \ 직렬 \Leftrightarrow 병렬$

② $K^2 = \dfrac{L_1}{C_2} = \dfrac{L_2}{C_1}$

(3) 정저항회로

① 정저항회로

    ㉠ 순수 저항만의 회로이다.

    ㉡ 주파수 f와 무관한 회로이다.

    ㉢ 과도분 포함하지 않는다(허수부 $= 0$).

② $R^2 = \dfrac{L}{C}$, $R \fallingdotseq \sqrt{\dfrac{L}{C}}$

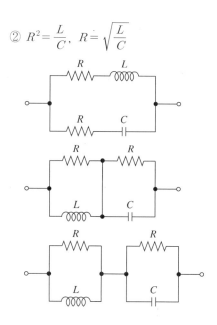

다음 RLC 회로에서 $t = 0$인 순간에 스위치 S를 닫을 때, 과도성분을 포함하지 않기 위한 저항 $R[\Omega]$은?(단, 인덕턴스 $L = 16$[mH], 커패시턴스 $C = 10[\mu\text{F}]$이다)

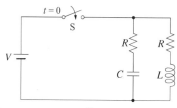

① 10   ② 20

③ 30   ④ 40

해 설

정저항회로 $R^2 = \dfrac{L}{C}$

$R = \sqrt{\dfrac{L}{C}} = \sqrt{\dfrac{16 \times 10^{-3}}{10 \times 10^{-6}}} = \sqrt{16 \times 10^2} = \sqrt{1,600}$

$\quad = 40[\Omega]$

답 ④

다음의 회로에서 실횻값 100[V]의 전원 v_s를 인가한 경우에 회로주파수와 무관하게 전류 i_s가 전원과 동상이 되도록 하는 $C[\mu\text{F}]$는?(단, $R = 10[\Omega]$, $L = 1$[mH]이다)

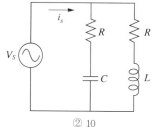

① 5   ② 10

③ 15   ④ 20

해 설

정저항회로

$R^2 = \dfrac{L}{C}$, $C = \dfrac{L}{R^2}$

$\therefore C = \dfrac{L}{R^2} = \dfrac{1 \times 10^{-3}}{(10)^2} = 1 \times 10^{-5}[\text{F}]$

$\quad\quad = 10 \times 10^{-6}[\text{F}]$

$\quad\quad = 10[\mu\text{F}]$

답 ②

적중예상문제

01 4단자 정수 A, B, C, D 중에서 어드미턴스 차원을 가진 정수는?

① A 　　　　② B

③ C 　　　　④ D

해설
A : 전압비, B : 임피던스 차원, C : 어드미턴스 차원, D : 전류비

02 어떤 회로망의 4단자 정수가 $A = 8$, $B = j2$, $D = 3 + j2$이면 이 회로망의 C는?

① $2 + j3$ 　　　　② $3 + j3$

③ $24 + j14$ 　　　　④ $8 - j11.5$

해설
$AD - BC = 1$
$8(3 + j2) - j2C = 1$
$-j2C = 1 - 8(3 + j2)$
$C = \dfrac{1 - 8(3 + j2)}{-j2} = \dfrac{1 - 24 - j16}{-j2} = \dfrac{-23}{-j2} + 8 = 8 - 11.5j$

03 그림과 같은 4단자 회로망에서 출력측을 개방하니 $V_1 = 12[\text{V}]$, $I_1 = 2[\text{A}]$, $V_2 = 4[\text{V}]$이고, 출력측을 단락하니 $V_1 = 16[\text{V}]$, $I_1 = 4[\text{A}]$, $I_2 = 2[\text{A}]$이었다. 4단자 정수 A, B, C, D는 얼마인가?

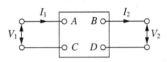

① $A = 2$, $B = 3$, $C = 8$, $D = 0.5$

② $A = 0.5$, $B = 2$, $C = 3$, $D = 8$

③ $A = 8$, $B = 0.5$, $C = 2$, $D = 3$

④ $A = 3$, $B = 8$, $C = 0.5$, $D = 2$

해설
4단자 정수

$\dot{A} = \left.\dfrac{\dot{V_1}}{\dot{V_2}}\right|_{\dot{I_2} = 0} = \dfrac{12}{4} = 3$, 　$\dot{B} = \left.\dfrac{\dot{V_1}}{\dot{I_2}}\right|_{\dot{V_2} = 0} = \dfrac{16}{2} = 8$

$\dot{C} = \left.\dfrac{\dot{I_1}}{\dot{V_2}}\right|_{\dot{I_2} = 0} = \dfrac{2}{4} = 0.5$, 　$\dot{D} = \left.\dfrac{\dot{I_1}}{\dot{I_2}}\right|_{\dot{V_2} = 0} = \dfrac{4}{2} = 2$

04 그림과 같은 단일 임피던스 회로의 4단자 정수는?

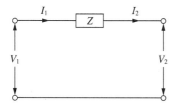

① $A=Z$, $B=0$, $C=1$, $D=0$

② $A=0$, $B=1$, $C=Z$, $D=1$

③ $A=1$, $B=Z$, $C=0$, $D=1$

④ $A=1$, $B=0$, $C=1$, $D=Z$

해설

$$\begin{bmatrix} A\ B \\ C\ D \end{bmatrix} = \begin{bmatrix} 1\ Z \\ 0\ 1 \end{bmatrix}$$

$\therefore$ $A=1$, $B=Z$, $C=0$, $D=1$

06 다음 회로의 4단자 정수는?

① $A=1+2\omega^2 LC$, $B=j2\omega C$, $C=j\omega L$, $D=0$

② $A=1-2\omega^2 LC$, $B=j\omega L$, $C=j2\omega C$, $D=1$

③ $A=2\omega^2 LC$, $B=j\omega L$, $C=j2\omega C$, $D=1$

④ $A=2\omega^2 LC$, $B=j2\omega L$, $C=j\omega L$, $D=0$

해설

$$A=1+\frac{j\omega L}{\dfrac{1}{j2\omega C}}=1-2\omega^2 LC, \ B=j\omega L, \ C=j2\omega C, \ D=1$$

05 다음과 같은 회로에서 4단자 정수는 어떻게 되는가?

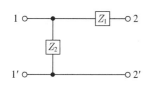

① $A=1$, $B=\dfrac{1}{Z_1}$, $C=Z_1$, $D=1+\dfrac{Z_2}{Z_3}$

② $A=0$, $B=\dfrac{1}{Z_2}$, $C=Z_3$, $D=2+\dfrac{Z_2}{Z_3}$

③ $A=1$, $B=Z_1$, $C=\dfrac{1}{Z_2}$, $D=1+\dfrac{Z_1}{Z_2}$

④ $A=1$, $B=\dfrac{1}{Z_2}$, $C=\dfrac{Z_3}{Z_2+Z_3}$, $D=Z_2+Z_3$

해설

$$\begin{bmatrix} A\ B \\ C\ D \end{bmatrix} = \begin{bmatrix} 1 & 0 \\ \dfrac{1}{Z_2} & 1 \end{bmatrix}\begin{bmatrix} 1\ Z_1 \\ 0\ 1 \end{bmatrix} = \begin{bmatrix} 1 & Z_1 \\ \dfrac{1}{Z_2} & \dfrac{Z_1}{Z_2}+1 \end{bmatrix}$$

07 그림과 같은 회로망에서 Z_1을 4단자 정수에 의해 표시하면 어떻게 되는가?

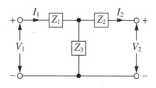

① $\dfrac{1}{C}$

② $\dfrac{D-1}{C}$

③ $\dfrac{B-1}{C}$

④ $\dfrac{A-1}{C}$

해설

4단자(T형 회로 A, B, C, D)

A	B	C	D
$1+\dfrac{Z_1}{Z_3}$	$\dfrac{Z_1 Z_2 + Z_2 Z_3 + Z_3 Z_1}{Z_3}$	$\dfrac{1}{Z_3}$	$1+\dfrac{Z_2}{Z_3}$

$\therefore$ $Z_1 = (A-1)Z_3 = \dfrac{A-1}{C}$

08 그림에서 4단자 회로 정수 A, B, C, D 중 출력 단자가 3, 4가 개방되었을 때의 $\dfrac{V_1}{V_2}$인 A의 값은?

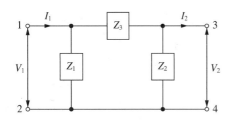

① $1 + \dfrac{Z_2}{Z_1}$ ② $1 + \dfrac{Z_3}{Z_2}$

③ $1 + \dfrac{Z_2}{Z_3}$ ④ $\dfrac{Z_1 + Z_2 + Z_3}{Z_1 Z_3}$

해설

4단자(π형 회로 A, B, C, D정수)

A	B	C	D
$1 + \dfrac{Z_3}{Z_2}$	Z_3	$\dfrac{Z_1 + Z_2 + Z_3}{Z_1 Z_2}$	$1 + \dfrac{Z_3}{Z_1}$

09 그림과 같이 π형 회로에서 Z_3를 4단자 정수로 표시한 것은?

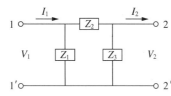

① $\dfrac{A}{1 - B}$ ② $\dfrac{B}{1 - A}$

③ $\dfrac{A}{B - 1}$ ④ $\dfrac{B}{A - 1}$

해설

$A = 1 + \dfrac{Z_2}{Z_3}$, $B = Z_2$

$A = 1 + \dfrac{B}{Z_3} \Rightarrow A - 1 = \dfrac{B}{Z_3}$

$\therefore Z_3 = \dfrac{B}{A - 1}$

10 그림과 같이 10[Ω]의 저항에 권수비가 10 : 1의 결합회로를 연결했을 때 4단자 정수 A, B, C, D는?

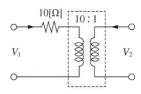

① $A = 1, B = 10, C = 0, D = 10$

② $A = 10, B = 1, C = 0, D = 10$

③ $A = 10, B = 0, C = 1, D = \dfrac{1}{10}$

④ $A = 10, B = 1, C = 0, D = \dfrac{1}{10}$

해설

$\begin{bmatrix} A\ B \\ C\ D \end{bmatrix} = \begin{bmatrix} 1 & 10 \\ 0 & 1 \end{bmatrix} \begin{bmatrix} 10 & 0 \\ 0 & \dfrac{1}{10} \end{bmatrix}$

$\therefore \begin{bmatrix} 10 & 1 \\ 0 & \dfrac{1}{10} \end{bmatrix}$

11 회로에서 단자 1–1′에서 본 구동점 임피던스 Z_{11}은 몇 [Ω]인가?

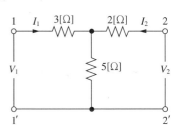

① 5   ② 8

③ 10   ④ 15

해설

$Z_{11} = 3 + 5 = 8$

$Z_{12} = Z_{21} = 5$

$Z_{22} = 2 + 5 = 7$

12 그림과 같은 π형 4단자 회로의 어드미턴스 파라미터 중 Y_{22}는?

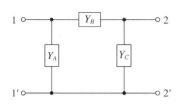

① $Y_{22} = Y_A + Y_C$ ② $Y_{22} = Y_B$

③ $Y_{22} = Y_A$ ④ $Y_{22} = Y_B + Y_C$

해설

4단자(π형 회로, 어드미턴스)

$$\dot{Y}_{11} = \left.\frac{\dot{I}_1}{\dot{V}_1}\right|_{\dot{V}_2=0} = Y_A + Y_B$$

$$\dot{Y}_{12} = \left.\frac{\dot{I}_1}{\dot{V}_2}\right|_{\dot{V}_1=0} = -Y_B$$

$$\dot{Y}_{21} = \left.\frac{\dot{I}_2}{\dot{V}_1}\right|_{\dot{V}_2=0} = -Y_B$$

$$\dot{Y}_{22} = \left.\frac{\dot{I}_2}{\dot{V}_2}\right|_{\dot{V}_1=0} = Y_B + Y_C$$

13 그림에서 4단자망의 개방 순방향 전달 임피던스 $Z_{21}[\Omega]$과 단락 순방향 전달 어드미턴스 $Y_{21}[\mho]$은?

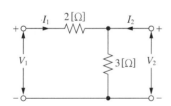

① $Z_{21}=5,\ Y_{21}=-\frac{1}{2}$ ② $Z_{21}=3,\ Y_{21}=-\frac{1}{3}$

③ $Z_{21}=3,\ Y_{21}=-\frac{1}{2}$ ④ $Z_{21}=5,\ Y_{21}=-\frac{5}{6}$

해설

4단자(T형 회로)

$$Z_{21} = \left.\frac{V_2}{I_1}\right|_{I_2=0} = \frac{3I_1}{I_1} = 3[\Omega]$$

$$Y_{12} = Y_{21} = \left.\frac{I_2}{V_1}\right|_{V_2} = \frac{-\frac{V_1}{2}}{V_1} = -\frac{1}{2}[\mho]$$

14 L형 4단자 회로망에서 4단자 정수가 $B=\frac{5}{3}$, $C=1$이고, 영상 임피던스 $Z_{01}=\frac{20}{3}[\Omega]$일 때 영상 임피던스 $Z_{02}[\Omega]$의 값은?

① 4 ② $\frac{1}{4}$

③ $\frac{100}{9}$ ④ $\frac{9}{100}$

해설

$$Z_{01} \cdot Z_{02} = \frac{B}{C}$$

$$Z_{02} = \frac{B}{C} \times \frac{1}{Z_{01}} = \frac{5}{3} \times \frac{3}{20} = \frac{1}{4}$$

15 그림과 같은 회로의 영상 임피던스 Z_{01}, $Z_{02}[\Omega]$는 각각 얼마인가?

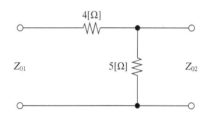

① 9, 5 ② 6, $\frac{10}{3}$

③ 4, 5 ④ 4, $\frac{20}{9}$

해설

$A = 1 + \frac{4}{5} = \frac{9}{5}$

$B = 4$

$C = \frac{1}{5}$

$D = 1$

$$Z_{01} = \sqrt{\frac{AB}{CD}} = \sqrt{\frac{\frac{9}{5}\times 4}{\frac{1}{5}\times 1}} = \sqrt{\frac{\frac{36}{5}}{\frac{1}{5}}} = 6[\Omega]$$

$$Z_{02} = \sqrt{\frac{DB}{CA}} = \sqrt{\frac{1\times 4}{\frac{1}{5}\times \frac{9}{5}}} = \sqrt{\frac{\frac{4}{1}}{\frac{9}{25}}} = \sqrt{\frac{100}{9}} = \frac{10}{3}[\Omega]$$

16 다음과 같은 4단자 회로에서 영상 임피던스[Ω]는?

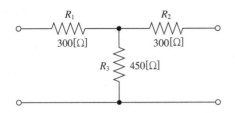

① 200   ② 300

③ 450   ④ 600

해설

$Z_{01} = \sqrt{\dfrac{AB}{CD}}$ $Z_{02} = \sqrt{\dfrac{DB}{CA}}$ 에서 대칭일 때 $A = D$

$Z_{01} = Z_{02} = \sqrt{\dfrac{B}{C}}$

$= \sqrt{\dfrac{\dfrac{300 \times 300 + 300 \times 450 + 450 \times 300}{450}}{\dfrac{1}{450}}}$

$= 600[\Omega]$

17 구동점 임피던스(Driving Point Impedance)함수에 있어서 극점(Pole)은?

① 단락회로 상태를 의미한다.
② 개방회로 상태를 의미한다.
③ 아무런 상태도 아니다.
④ 전류가 많이 흐르는 상태를 의미한다.

해설

구 분	$Z(s)$	상 태	표 시	최 소
영점(Zero)	0	단 락	실수축 ○	전 압
극점(Pole)	∞	개 방	허수축 ×	전 류

18 2단자 임피던스함수가 $Z(s) = \dfrac{s(s+1)}{(s+2)(s+3)}$ 일 때 회로의 단락상태를 나타내는 점은?

① −1, 0   ② 0, 1

③ −2, −3   ④ 2, 3

해설

• 영점(Zero) : 회로망함수 $Z(s)$가 0이 되는 s의 값(분자= 0), 단락 상태, 전압 최소

• 2단자 임피던스 $Z(s) = \dfrac{영점}{극점} = \dfrac{s(s+1)}{(s+2)(s+3)}$

∴ 영점 $s = -1$, $s = 0$

영점은 단락, 극점은 개방으로 해석

19 2단자 임피던스함수 $Z(s) = \dfrac{(s+2)(s+3)}{(s+4)(s+5)}$ 일 때 극점(Pole)은?

① −2, −3   ② −3, −4

③ −2, −4   ④ −4, −5

해설

• 극점(Pole) : 2단자 임피던스의 분모= 0인 경우 $Z = \infty$(회로 개방)

• 2단자 임피던스 $Z(s) = \dfrac{영점}{극점} = \dfrac{(s+2)(s+3)}{(s+4)(s+5)}$

∴ 극점 : $s = -4, -5$

20 $G(s)=\dfrac{s+1}{s^2+3s+2}$ 의 특성방정식의 근의 값은?

① -2, 3 ② 1, 2
③ -2, -1 ④ 1, -3

해설
전달함수의 분모를 0으로 놓은 식을 특성방정식이라 한다.
특성방정식 $s^2+3s+2=(s+2)(s+1)$, $s=-2$, $s=-1$

22 리액턴스함수가 $Z(s)=\dfrac{3s}{s^2+15}$ 로 표시되는 리액턴스 2단자 망은?

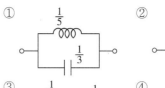

① $\frac{1}{5}$ $\frac{1}{3}$ ② $\frac{1}{3}$ $\frac{1}{5}$
③ $\frac{1}{3}$ $\frac{1}{5}$ ④ $\frac{1}{5}$ $\frac{1}{3}$

해설
2단자 임피던스 $Z(s)=\dfrac{3s}{s^2+15}$ 에서 분자를 1로 만든다.

$$Z(s)=\cfrac{1}{\cfrac{s}{3}+\cfrac{1}{\cfrac{1}{5}s}}\ (LC\ 병렬회로)$$

$$\therefore\ L=\frac{1}{5}, \ C=\frac{1}{3}$$

21 임피던스함수 $Z(s)=\dfrac{s+50}{s^2+3s+2}[\Omega]$으로 주어지는 2단자 회로망에 100[V]의 직류전압을 가했다면 회로의 전류는 몇 [A]인가?

① 4 ② 6
③ 8 ④ 10

해설
$Z(s)=\dfrac{50}{2}=25$

$I=\dfrac{V}{Z}=\dfrac{100}{25}=4[A]$ (직류는 $j\omega=s=0$으로 놓고 계산 : 무효분이 존재하지 않음)

23 임피던스가 $Z(s)=\dfrac{4s+2}{s}$ 로 표시되는 2단자 회로는? (단, $s=j\omega$이다)

① $4[\Omega]$ $\dfrac{1}{2}[H]$

② $4[\Omega]$ $\dfrac{1}{2}[F]$

③ $\dfrac{1}{2}[\Omega]$ $4[H]$

④ $\dfrac{1}{2}[\Omega]$ $4[F]$

해설
2단자 임피던스 $Z(s)=\dfrac{4s+2}{s}=4+\dfrac{2}{s}$

$$\therefore\ Z(s)=4+\cfrac{1}{\cfrac{1}{2}s}\ (RC\ 직렬회로)$$

24 그림의 회로가 주파수에 관계없이 일정한 임피던스를 갖도록 $C[\mu\mathrm{F}]$의 값을 구하면?

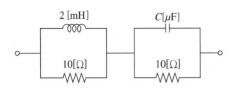

① 20

② 10

③ 2.45

④ 0.24

해설

정저항회로의 조건 $R^2 = \dfrac{L}{C}$

정전용량 $C = \dfrac{L}{R^2} = \dfrac{2 \times 10^{-3}}{10^2} \times 10^6 = 20[\mu\mathrm{F}]$

25 다음 회로에서 정저항회로가 되기 위해서는 $\dfrac{1}{\omega C}$의 값은 몇 [Ω]이면 되는가?

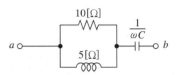

① 2

② 4

③ 6

④ 8

해설

정저항회로의 조건 $R^2 = Z_1 Z_2$

$Z = -j\dfrac{1}{\omega C} + \dfrac{10 \times j5}{10 + j5} = -j\dfrac{1}{\omega C} + \dfrac{j50(10 - j5)}{(10 + j5)(10 - j5)}$

$= -j\dfrac{1}{\omega C} + \dfrac{250 + j500}{125} = -j\dfrac{1}{\omega C} + 2 + j4$

정저항회로는 허수부가 0이 되어야 성립된다.

$\therefore -j\dfrac{1}{\omega C} + j4 = 0$에서 $\dfrac{1}{\omega C} = 4$

09 비정현파

1 비정현파 교류

(1) 비정현파

정현파로부터 일그러진 파형을 총칭하여 비정현파(Non-sinusoidal Wave)라
한다.

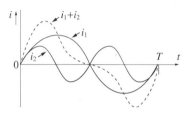

(2) 비정현파의 발생원인

① 교류발전기에서의 전기자 반작용에 의한 일그러짐

② 변압기에서의 철심의 자기포화

③ 변압기에서의 히스테리시스 현상에 의한 여자전류의 일그러짐

④ 다이오드의 비직선성에 의한 전류의 일그러짐

2 푸리에 급수(Fourier Series)

(1) 푸리에 급수의 정의

푸리에 급수는 주파수와 진폭을 달리하는 무수히 많은 성분을 갖는 비정현파를
무수히 많은 삼각함수의 합으로 표현하는 것을 의미한다.

(2) 급수 표현식

$$f(t) = a_0 + a_1\cos\omega t + a_2\cos 2\omega t + a_3\cos 3\omega t + \cdots + a_n\cos n\omega t + b_1\sin\omega t$$
$$+ b_2\sin 2\omega t + b_3\sin 3\omega t + \cdots + b_n\sin n\omega t$$
$$= a_0 + \sum_{n=1}^{\infty} a_n\cos n\omega t + \sum_{n=1}^{\infty} b_n\sin n\omega t$$

※ 비정현파 교류 = 직류분 + 기본파 + 고조파

(3) 푸리에 급수에 의한 전개

① 직류분(a_0) : 비정현파의 한 주기까지의 평균값

$$\int_0^T f(t)dt = a_0 T \;\rightarrow\; a_0 = \frac{1}{T}\int_0^T f(t)dt = \frac{1}{2\pi}\int_0^{2\pi} f(\omega t)\,d(\omega t)$$

② a_n : 양변에 $\cos m\omega t$를 곱하고 한 주기를 적분한 값

$$\int_0^T f(t)\cos m\omega t\,dt = \int_0^T f(t)\cos m\omega t\,dt + \sum_{n=1}^{\infty}\int_0^T a_n\cos n\omega t\cos m\omega t\,dt$$
$$+ \sum_{n=1}^{\infty}\int_0^T b_n\sin n\omega t\cos m\omega dt$$

$$\int_0^T a_n\cos n\omega t\cos m\omega t\,dt = \frac{a_n}{2}\int_0^T[\cos(n+m)\omega t + \cos(n-m)\omega t]\,dt$$
$$= a_n\frac{T}{2}(m=n)$$

$$\therefore \int_0^T f(t)\cos m\omega t\,dt = a_n\frac{T}{2}$$

$$\therefore a_n = \frac{2}{T}\int_0^T f(t)\cos m\omega t\,dt = \frac{1}{\pi}\int_0^{2\pi} f(\omega t)\cos n\omega t\,d(\omega t)$$

③ b_n : 양변에 $\sin m\omega t\,dt$를 곱하고 한 주기를 적분한 값

$$\int_0^T f(t)\sin m\omega t\,dt = \int_0^T a_0\sin m\omega t\,dt + \sum_{n=1}^{\infty}\int_0^T a_n\cos n\omega t\sin m\omega t\,dt$$
$$+ \sum_{n=1}^{\infty}\int_0^T b_n\sin n\omega t\sin m\omega t\,dt$$

$$\int_0^T b_n\sin n\omega t\sin m\,dt$$
$$= \frac{b_n}{2}\int_0^T[\cos(n-m)\omega t - \cos(m+n)\omega t]\,dt = b_n\frac{T}{2}(m=n)$$

$$\therefore \int_o^t f(t)\sin m\omega t\,dt = \frac{b_n}{2}T$$

$$\therefore b_n = \frac{2}{T}\int_0^T f(t)\sin m\omega t = \frac{1}{\pi}\int_0^{2\pi} f(\omega t)\sin n\omega t\,d(\omega t)$$

(4) 푸리에 급수의 정현표현

$$f(t) = a_0 + \sum_{n=1}^{\infty} a_n\cos n\omega t + \sum_{n=1}^{\infty} b_n\sin n\omega t = a_0 + \sum_{n=1}^{\infty} c_n\sin(n\omega t + \theta_n)$$

$$\left(c_n = \sqrt{a_n^2 + b_n^2},\ \theta_n = \tan^{-1}\frac{b_n}{a_n}\right)$$

(5) 대칭성 비정현파의 푸리에 급수 변환

① 기함수 : 정현대칭, 원점대칭 → sin항만 존재(n : 정수)

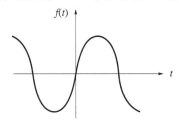

$$f(t) = -f(-t)$$
$$a_0 = 0, \ a_n = 0$$
$$f(t) = \sum_{n=1}^{\infty} b_n \sin n\omega t$$

② 우함수 : 여현대칭, Y축 대칭 → a_0, cos항만 존재(n : 정수)

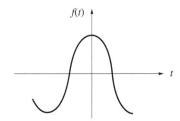

$$f(t) = f(-t)$$
$$b_n = 0$$
$$f(t) = a_0 + \sum_{n=1}^{\infty} a_n \cos n\omega t$$

③ 반파대칭 : sin항과 cos항 존재(n : 홀수항 1, 3, 5...)

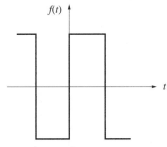

$$f(t) = -f(t+\pi) = -f\left(t + \frac{T}{2}\right)$$
$$a_0 = 0$$
$$f(t) = \sum_{n=1}^{\infty} a_n \cos n\omega t + \sum_{n=1}^{\infty} b_n \sin n\omega t$$

④ 정현반파 대칭 : sin항 중 홀수항만 존재

⑤ 여현반파 대칭 : cos항 중 홀수항만 존재

그림과 같은 주기적인 전압 파형에 포함되지 않은 고조파의 주파수[Hz]는?

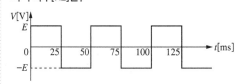

① 60   ② 100

③ 120   ④ 140

해설

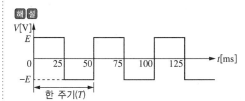

주파수 $= \dfrac{1}{\text{주기}}$

$$f = \frac{1}{T} = \frac{1}{50 \times 10^{-3}} = \frac{1}{0.05} = 20[\text{Hz}]$$

비정현파 교류에서

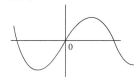

• 원점대칭인 경우
$$\sin\theta = -\sin(-\theta)$$
$$f(t) = -f(t)$$

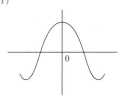

• 여현대칭(Y축대칭)
$$\cos\theta = \cos(-\theta)$$
$$f(t) = f(-t)$$

• 반파대칭 → 홀수 고조파만 존재
$$\sin \underline{\omega} t + \sin \underline{3\omega} t + \sin \underline{5\omega} t + \cdots$$
$$f(t) = f\left(t + \frac{T}{2}\right)$$

따라서 기본주파수가 20[Hz]이므로 홀수배인

고조파 주파수 $\dfrac{20[\text{Hz}]}{1배}$, $\dfrac{60[\text{Hz}]}{3배}$, $\dfrac{100[\text{Hz}]}{5배}$, $\dfrac{140[\text{Hz}]}{7배}$ ... 가

존재한다.

답 ③

(6) 톱니파의 푸리에 급수식

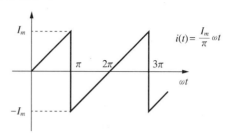

$$i(t) = \frac{I_m}{\pi}\,\omega t$$

$$f(t) \neq -f\left(t + \frac{T}{2}\right)$$

$$f(t) = \frac{2A}{\pi}\left(\sin\omega t - \frac{1}{2}\sin 2\omega t + \frac{1}{3}\sin 3\omega t - \frac{1}{4}\sin 4\omega t + \cdots\right)$$

(7) 구형파의 푸리에 급수식 : 무수히 많은 주파수 성분의 합성

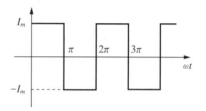

$$f(t) = \frac{4I_m}{\pi}\left(\sin\omega t + \frac{1}{3}\sin 3\omega t + \frac{1}{5}\sin 5\omega t + \cdots\right)$$

(8) 상회전

① 기본파와 동일 : $3n+1$ 고조파 $\Rightarrow$ 4, 7, 10, 13 $\cdots$

② 각 상 동상 : $3n$ 고조파 $\Rightarrow$ 3, 6, 9, 12 $\cdots$

③ 기본파와 반대 : $3n-1$ 고조파 $\Rightarrow$ 2, 5, 8, 11 $\cdots$

---

3 비정현파의 계산

(1) 비정현파의 실횻값 : 각 파의 실횻값의 제곱의 합의 제곱근

$$v = V_0 + V_{m1}\sin\omega t + V_{m2}\sin 2\omega t + V_{m3}\sin 3\omega t \cdots$$

$$V = \sqrt{V_0{}^2 + \left(\frac{V_{m1}}{\sqrt{2}}\right)^2 + \left(\frac{V_{m2}}{\sqrt{2}}\right)^2 \cdots}$$

$$i = I_0 + I_{m1}\sin\omega t + I_{m2}\sin 2\omega t + I_{m3}\sin 3\omega t \cdots$$

$$I = \sqrt{I_0{}^2 + \left(\frac{I_{m1}}{\sqrt{2}}\right)^2 + \left(\frac{I_{m2}}{\sqrt{2}}\right)^2 \cdots}$$

$i = 8\sqrt{2}\sin\omega t + 6\sqrt{2}\sin(2\omega t + 60°)$**일 때 실횻값은?**

① 6   ② 8

③ 10   ④ 12

해설

실횻값 $= \sqrt{\left(\dfrac{\text{기본파 } I_{m1}}{\sqrt{2}}\right)^2 + \left(\dfrac{\text{2고조파 } I_{m1}}{\sqrt{2}}\right)^2}$

$\qquad = \sqrt{\left(\dfrac{8\sqrt{2}}{\sqrt{2}}\right)^2 + \left(\dfrac{6\sqrt{2}}{\sqrt{2}}\right)^2} = 10\,[\text{A}]$

답 ③

$v = 100\sqrt{2}\sin\omega t + 40\sqrt{2}\sin 2\omega t + 10\sqrt{2}\sin 3\omega t\,[\text{V}]$
일 때 왜형률은?

① 0.212   ② 0.312

③ 0.412   ④ 0.512

해설

왜형률 $= \dfrac{\text{전 고조파의 실횻값}}{\text{기본파의 실횻값}}$

$\qquad = \dfrac{\sqrt{\left(\dfrac{40\sqrt{2}}{\sqrt{2}}\right)^2 + \left(\dfrac{10\sqrt{2}}{\sqrt{2}}\right)^2}}{\dfrac{100\sqrt{2}}{\sqrt{2}}}$

$\qquad = \dfrac{\sqrt{(1{,}600+100)}}{100} = \dfrac{\sqrt{1{,}700}}{100} \fallingdotseq 0.412$

답 ③

(2) 왜형률(Distortion Factor)

기본파에 대해 고조파 성분이 어느 정도 포함되었는가를 나타내는 지표(정현파를 기준으로 일그러짐률)

$$왜형률 = \frac{전\ 고조파의\ 실횻값}{기본파의\ 실횻값} \times 100$$

$$= \sqrt{\left(\frac{V_2}{V_1}\right)^2 + \left(\frac{V_3}{V_1}\right)^2 + \left(\frac{V_4}{V_1}\right)^2 \cdots} \times 100$$

$$= \frac{\sqrt{V_2^2 + V_3^2 + V_4^2 \cdots}}{V_1} \times 100$$

(3) 비정현파의 전력

① 평균 전력(소비전력 = 유효전력) : 직류분과 각 고조파 전력의 합으로 나타내며(주파수가 다르면 전력은 존재하지 않는다) 같은 고조파 성분으로 구한다.

$$P = V_0 I_0 + \sum_{n=1}^{\infty} V_n I_n \cos \theta_n$$

$$= V_0 I_0 + V_1 I_1 \cos \theta_1 + V_2 I_2 \cos \theta_2 + \cdots$$

$$= \frac{V_0^2}{R} + \frac{V_1^2 R}{R^2 + X_1^2} + \frac{V_2^2 R}{R^2 + X_2^2} + \cdots$$

$$= \frac{V_n^2 R}{R^2 + (n\omega L)^2} = \frac{V_n^2 R}{R^2 + \left(\frac{1}{n\omega C}\right)^2}$$

② 무효전력 : 같은 고조파 성분으로 구한다.

$$P_r = \sum_{n=1}^{\infty} V_n I_n \sin \theta_n$$

$$= V_1 I_1 \sin \theta_1 + V_2 I_2 \sin \theta_2 + \cdots$$

$$= \frac{V_1^2 X_1}{R^2 + X_1^2} + \frac{V_2^2 X_2}{R^2 + X_2^2} + \cdots$$

③ 피상전력 : 전전압 실횻값과 전전류 실횻값의 곱으로 구한다.

$$P_a = VI = \sqrt{V_0^2 + V_1^2 + V_2^2 + \cdots} \times \sqrt{I_0^2 + I_1^2 + I_2^2 + \cdots}$$

④ 역 률

$$\cos \theta = \frac{P}{P_a} = \frac{V_0 I_0 + V_1 I_1 \cos \theta_1 + V_2 I_2 \cos \theta_2 + \cdots}{\sqrt{V_0^2 + V_1^2 + V_2^2 + \cdots} \times \sqrt{I_0^2 + I_1^2 + I_2^2 + \cdots}}$$

다음 비정현파 전압전원 $v(t)$ 가 저항 2 [Ω] 양단에 연결되었을 때, 저항에 전달되는 전력[W]은?

$$v(t) = 2 + 4\sin\omega t + 2\sin 2\omega t\,[\text{V}]$$

① 2   ② 4

③ 5   ④ 7

해설

$v(t) = V_0 + \sqrt{2}\,V_1 \sin(\omega t + \theta_1) + \sqrt{2}\,V_2 \sin(2\omega t + \theta_2) + \cdots$ 에서

$V_0 = 2$, $\sqrt{2}\,V_1 = 4$, $\sqrt{2}\,V_2 = 2$

$\theta_1 = \theta_2 = 0°$ 이므로,

$V_0 = 2$, $V_1 = 2\sqrt{2}$, $V_2 = \sqrt{2}$ 이고

$I_0 = \dfrac{V_0}{R} = \dfrac{2}{2} = 1$, $I_1 = \dfrac{V_1}{R} = \dfrac{2\sqrt{2}}{2} = \sqrt{2}$

$I_2 = \dfrac{V_2}{R} = \dfrac{\sqrt{2}}{2}$ 이다.

따라서,

비정현파 교류의 평균 전력

$P = V_0 I_0 + \sum_{n=1}^{\infty} V_n I_n \cos \theta_n\,[\text{W}]$ 이므로

$P = V_0 I_0 + V_1 I_1 \cos \theta_1 + V_2 I_2 \cos \theta_2$ 에서

$= 2 \cdot 1 + 2\sqrt{2} \cdot \sqrt{2} \cdot \cos 0° + \sqrt{2} \cdot \dfrac{\sqrt{2}}{2} \cdot \cos 0°$

$= 2 + 2 \cdot 2 + 1 = 7$

답 ④

RL 직렬회로에 $e(t) = 1,000\sqrt{2}\sin\omega t = 500\sqrt{2}$ $\sin3\omega t + 200\sqrt{2}\sin5\omega t$[V]를 인가할 때, 제5고조파 전류의 실횻값[A]은?(단, 기본 각주파수 ω에서 $R = 80$ [Ω], $X_L = 12$[Ω]이다)

① 1   ② 2
③ 3   ④ 4

해설

$V_5 = 200$, $R = 80[\Omega]$, $X_L = 12[\Omega]$

제5고조파 전류

$$I_5 = \frac{V_5}{\sqrt{R^2 + (5X_L)^2}} = \frac{200}{\sqrt{80^2 + (5 \times 12)^2}}$$

$$= \frac{200}{\sqrt{80^2 + 60^2}}$$

$$= \frac{200}{100} = 2[A]$$

답 ②

그림과 같은 회로에 $R = 3[\Omega]$, $\omega L = 1[\Omega]$을 직렬연결한 후 $v(t) = 100\sqrt{2}\sin\omega t + 30\sqrt{2}\sin3\omega t$[V]의 전압을 인가했을 때 흐르는 전류 $i(t)$의 실횻값[A]은?

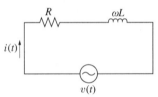

① $4\sqrt{3}$ ② $5\sqrt{5}$
③ $5\sqrt{42}$ ④ $6\sqrt{17}$

해설

기본파	3고조파
• $Z = R + j\omega L = 3 + j1$ $\|Z\| = \sqrt{(3)^2 + (1)^2}$ $= \sqrt{10}[\Omega]$ • $i(t) = \frac{v(t)}{\|Z\|}$ $= \frac{100\sqrt{2}}{\sqrt{10}}\sin\omega t$ $= \frac{100\sqrt{20}}{10}\sin\omega t$ $= 10\sqrt{20}\sin\omega t$ • 실효전류 $I = \frac{10\sqrt{20}}{\sqrt{2}}$ $= \frac{10 \times \sqrt{2} \times \sqrt{10}}{\sqrt{2}}$ $= 10\sqrt{10}[A]$	• $Z = R + j3\omega L$ $= 3 + j(3 \times 1)$ $\|Z\| = \sqrt{(3)^2 + (3)^2}$ $= \sqrt{18} = 3\sqrt{2}[\Omega]$ • $i(t) = \frac{v(t)}{\|Z\|}$ $= \frac{30\sqrt{2}}{3\sqrt{2}}\sin3\omega t$ $= 10\sin3\omega t$ • 실효전류 $I' = \frac{10}{\sqrt{2}}[A]$

∴ 실효전류

$$I = \sqrt{(I)^2 + (I')^2} = \sqrt{(10\sqrt{10})^2 + \left(\frac{10}{\sqrt{2}}\right)^2}$$

$$= \sqrt{(100 \times 10) + \left(\frac{100}{2}\right)} = \sqrt{1,050} = 5\sqrt{42}[A]$$

답 ③

---

(4) 직렬 임피던스

① 유도리액턴스

$$Z_n = R + jn\omega L = \sqrt{R^2 + (n\omega L)^2}$$

$$I_n = \frac{V_n}{\sqrt{R^2 + (n\omega L)^2}}$$

② 용량리액턴스

$$Z_n = R - j\frac{1}{n\omega C} = \sqrt{R^2 + \left(\frac{1}{n\omega C}\right)^2}$$

$$I_n = \frac{V_n}{\sqrt{R^2 + \left(\frac{1}{n\omega C}\right)^2}}$$

(5) 공진 조건

$$n\omega L = \frac{1}{n\omega C} \text{ 에서 } \omega^2 = \frac{1}{n^2 LC}, \omega = \frac{1}{n\sqrt{LC}}$$

$$\therefore f = \frac{1}{2\pi n\sqrt{LC}}[\text{Hz}]$$

(6) △−Y 결선

① △ 결선 : 제3고조파 전류는 동상이므로 △ 결선 내에서 순환전류가 발생하여 선에는 나타나지 않는다.

$$I_p = \sqrt{{I_1}^2 + {I_3}^2 + {I_5}^2}$$

$$I_l = \sqrt{3}\,I_p = \sqrt{3} \times \sqrt{{I_1}^2 + {I_5}^2}$$

② Y 결선 : 제3고조파 기전력은 동상이므로 상에만 존재하고 선간에는 나타나지 않는다.

$$V_p = \sqrt{{V_1}^2 + {V_3}^2 + {V_5}^2}$$

$$V_l = \sqrt{3}\,V_p = \sqrt{3} \times \sqrt{{V_1}^2 + {V_5}^2}$$

09 적중예상문제

01 비정현파의 성분을 가장 적합하게 나타낸 것은?

① 직류분 + 고조파
② 교류분 + 고조파
③ 직류분 + 기본파 + 고조파
④ 교류분 + 기본파 + 고조파

해설
비정현파(일그러진 파형의 총칭)는 직류분과 기본파, 고조파로 구성되어 있다.

02 주기함수 $f(t)$의 푸리에 급수 전개식으로 옳은 것은?

① $f(t) = \sum_{n=1}^{\infty} a_n \sin n\omega t + \sum_{n=1}^{\infty} b_n \sin n\omega t$

② $f(t) = b_0 + \sum_{n=2}^{\infty} a_n \sin n\omega t + \sum_{n=2}^{\infty} b_n \cos n\omega t$

③ $f(t) = a_0 + \sum_{n=1}^{\infty} a_n \cos n\omega t + \sum_{n=1}^{\infty} b_n \sin n\omega t$

④ $f(t) = \sum_{n=1}^{\infty} a_n \cos n\omega t + \sum_{n=1}^{\infty} b_n \cos n\omega t$

해설
푸리에 급수 : 비정현파 = 직류분 + 기본파 + 고조파
$$f(t) = a_0 + \sum_{n=1}^{\infty} a_n \cos n\omega t + \sum_{n=1}^{\infty} b_n \sin n\omega t$$

03 푸리에 급수에서 직류항은?

① 우함수이다.
② 기함수이다.
③ 우함수 + 기함수이다.
④ 우함수 × 기함수이다.

해설

정현대칭	여현대칭	반파대칭
sin항	직류, cos항	고조파의 홀수항
$f(t) = -f(-t)$	$f(t) = f(-t)$	$f(t) = -f\left(t + \dfrac{T}{2}\right)$
원점 대칭, 기함수	수직선 대칭, 우함수	반주기마다 크기가 같고 부호 반대인 대칭

04 비정현파에서 정현대칭의 조건은 어느 것인가?

① $f(t) = f(-t)$
② $f(t) = -f(-t)$
③ $f(t) = -f(t)$
④ $f(t) = -f\left(t + \dfrac{T}{2}\right)$

해설

정현대칭	여현대칭	반파대칭
sin항	직류, cos항	고조파의 홀수항
$f(t) = -f(-t)$	$f(t) = f(-t)$	$f(t) = -f\left(t + \dfrac{T}{2}\right)$
원점 대칭, 기함수	수직선 대칭, 우함수	반주기마다 크기가 같고 부호 반대인 대칭

정답 1 ③ 2 ③ 3 ① 4 ②

05 비정현파 $f(x)$가 반파대칭 및 정현대칭일 때 옳은 식은?(단, 주기는 2π이다)

① $f(-x) = f(x)$, $f(x+\pi) = f(x)$
② $f(-x) = f(x)$, $f(x+2\pi) = f(x)$
③ $f(-x) = -f(x)$, $-f(x+\pi) = f(x)$
④ $f(-x) = -f(x)$, $-f(x+2\pi) = f(x)$

해설
정현대칭
$f(x) = -f(-x) \rightarrow f(-x) = -f(x)$
반파대칭
$f(x) = -f\left(x+\dfrac{X}{2}\right)$
$= -f\left(x+\dfrac{2\pi}{2}\right) = -f(x+\pi)$
$\rightarrow -f(x+\pi) = f(x)$

06 다음에서 $f_e(t)$는 우함수, $f_0(t)$는 기함수를 나타낸다. 주기함수 $f(t) = f_e(t) + f_0(t)$에 대한 다음의 서술 중 바르지 못한 것은?

① $f_e(t) = f_e(-t)$
② $f_0(t) = \dfrac{1}{2}[f(t) - f(-t)]$
③ $f_0(t) = -f_0(-t)$
④ $f_e(t) = \dfrac{1}{2}[f(t) - f(-t)]$

해설
$f_e(t) = f_e(-t)$, $f_0(t) = -f_0(-t)$는 옳고
$f(t) = f_e(t) + f_0(t)$이므로

• $\dfrac{1}{2}[f(t) + f(-t)]$
$= \dfrac{1}{2}[f_e(t) + f_0(t) + f_e(-t) + f_0(-t)]$
$= \dfrac{1}{2}[f_e(t) + f_0(t) + f_e(t) - f_0(t)] = f_e(t)$

• $\dfrac{1}{2}[f(t) - f(-t)]$
$= \dfrac{1}{2}[f_e(t) + f_0(t) - f_e(-t) - f_0(-t)]$
$= \dfrac{1}{2}[f_e(t) + f_0(t) - f_e(t) + f_0(t)]$
$= f_0(t)$가 된다.

07 그림과 같은 비정현파의 주기함수에 대한 설명으로 틀린 것은?

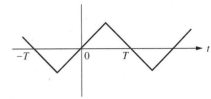

① 기함수파이다.
② 반파대칭파이다.
③ 직류성분은 존재하지 않는다.
④ 홀수차의 정현항 계수는 0이다.

해설
반파정현 대칭함수이므로 $f(t) = -f(t+\pi)$와 $f(t) = -f(-t)$의 두 조건을 만족하는 기함수파이다. 직류분은 존재하지 않는다.

08 반파대칭의 왜형파에 포함되는 고조파는?

① 제2고조파
② 제4고조파
③ 제5고조파
④ 제6고조파

해설

반파대칭
$f(t) = \displaystyle\sum_{n=1}^{\infty} a_n \cos n\omega t + \sum_{n=1}^{\infty} b_n \sin n\omega t$, $n = 1, 3, 5, 7 \cdots$
$f(t) = -f(\pi + t)$
반주기마다 크기가 같고 부호 반대인 대칭(예 t, $\sin\omega t$)

※ 홀수항만 존재

09 주기적인 구형파 신호의 구성은?

① 직류 성분만으로 구성된다.
② 기본파 성분만으로 구성된다.
③ 고조파 성분만으로 구성된다.
④ 직류 성분, 기본파 성분, 무수히 많은 고조파 성분으로 구성된다.

해설
구형파 : 무수히 많은 고조파 성분이 포함되어 있다.

10 그림의 왜형파를 푸리에의 급수로 전개할 때, 옳은 것은?

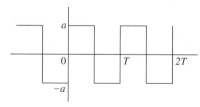

① 우수파만 포함함.
② 기수파만 포함한다.
③ 우수파·기수파 모두 포함한다.
④ 푸리에의 급수로 전개할 수 없다.

해설
반파정현 대칭으로 기수파만 포함된다.

11 다음 중 옳지 않은 것은?

① 역률 = $\dfrac{\text{유효전력}}{\text{피상전력}}$

② 파형률 = $\dfrac{\text{실횻값}}{\text{평균값}}$

③ 파고율 = $\dfrac{\text{실횻값}}{\text{최댓값}}$

④ 왜형률 = $\dfrac{\text{전 고조파의 실횻값}}{\text{기본파의 실횻값}}$

해설
파고율 = $\dfrac{\text{최댓값}}{\text{실횻값}}$, 파형률 = $\dfrac{\text{실횻값}}{\text{평균값}}$

12 다음과 같은 왜형파의 실횻값[V]은?

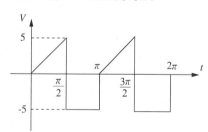

① $5\sqrt{2}$
② $\dfrac{10}{\sqrt{6}}$
③ 15
④ 35

해설

실횻값 $V = \sqrt{\dfrac{1}{\pi}\displaystyle\int_0^{\frac{\pi}{2}}\left(\dfrac{5}{\frac{\pi}{2}}t\right)^2 dt + \dfrac{1}{\pi}\displaystyle\int_{\frac{\pi}{2}}^{\pi}(-5)^2 dt}$

$= \sqrt{\dfrac{1}{\pi}\left(\left|\dfrac{100}{\pi^2}\dfrac{1}{3}t^3\right|_0^{\frac{\pi}{2}} + |25t|_{\frac{\pi}{2}}^{\pi}\right)}$

$= \sqrt{\dfrac{1}{\pi}\left[\dfrac{100}{\pi^2}\dfrac{1}{3}\left(\dfrac{\pi}{2}\right)^3\right] + \left[25\left(\pi - \dfrac{\pi}{2}\right)\right]}$

$= \sqrt{\dfrac{1}{\pi}\left(\dfrac{25\pi}{6} + \dfrac{25\pi}{2}\right)}$

$= \sqrt{\dfrac{1}{\pi}\left(\dfrac{25\pi}{6} + \dfrac{75\pi}{6}\right)}$

$= \sqrt{\dfrac{100}{6}} = \dfrac{10}{\sqrt{6}}$

13 RL 직렬회로에서 $e = 10 + 100\sqrt{2}\sin\omega t + 50\sqrt{2}$ $(3\omega t + 60°)\sin + 60\sqrt{2}\sin(5\omega t + 30°)[\text{V}]$인 전압을 가할 때 제3고조파 전류의 실횻값은 몇 [A]인가?(단, $R = 8[\Omega]$, $\omega L = 2[\Omega]$이다)

① 1   ② 3

③ 5   ④ 7

해설

제3고조파 전압의 실횻값

$$I_3 = \frac{V_3}{Z_3} = \frac{V_3}{\sqrt{R^2 + (3\omega L)^2}} = \frac{50}{\sqrt{8^2 + 6^2}} = 5[\text{A}]$$

14 $e = 200\sqrt{2}\sin\omega t + 100\sqrt{2}\sin3\omega t + 50\sqrt{2}\sin5\omega t[\text{V}]$ 인 전압을 RL 직렬회로에 가할 때에 제3고조파 전류의 실횻값[A]은?(단, $R = 8[\Omega]$, $\omega L = 2[\Omega]$이다)

① 10[A]

② 14[A]

③ 20[A]

④ 28[A]

해설

- 기본파의 임피던스 $Z_1 = R + j\omega L = 8 + j2$
- 제3고조파의 임피던스 $Z_3 = R + j3\omega L = 8 + j6$
- 제3고조파 전류의 실횻값

$$I_3 = \frac{V_3}{Z_3} = \frac{V_3}{\sqrt{R^2 + (3\omega L)^2}} = \frac{100}{10} = 10[\text{A}]$$

15 다음과 같은 비정현파 전압을 RL 직렬회로에 인가할 때에 제3고조파 전류의 실횻값[A]은?(단, $R = 4[\Omega]$, $\omega L = 1[\Omega]$이다)

$$e = 100\sqrt{2}\sin\omega t + 75\sqrt{2}\sin3\omega t + 20\sqrt{2}\sin5\omega t[\text{V}]$$

① 4   ② 15

③ 20   ④ 75

해설

$$Z_3 = \sqrt{4^2 + (1 \times 3)^2} = 5$$

$$I_3 = \frac{e_3}{Z_3} = \frac{75}{5} = 15[\text{A}]$$

16 기본파의 60[%]인 제3고조파와 80[%]인 제5고조파를 포함하는 전압의 왜형률은?

① 0.3   ② 1

③ 5   ④ 10

해설

$$왜형률 = \frac{전\ 고조파의\ 실횻값}{기본파의\ 실횻값} \times 100$$

$$= \frac{\sqrt{V_3^2 + V_5^2}}{V_1} = \sqrt{0.6^2 + 0.8^2} = 1$$

17 전압 $e = 100\sin10t + 20\sin20t$[V]이고, 전류 $i = 20\sin(10t-60)+10\sin20t$[A]일 때 소비전력은 몇 [W]인가?

① 500

② 550

③ 600

④ 650

해설

$$P = \frac{100}{\sqrt{2}} \times \frac{20}{\sqrt{2}} \times \cos60° + \frac{20}{\sqrt{2}} \times \frac{10}{\sqrt{2}} \times \cos0° = 600[\text{W}]$$

18 어느 저항에 $v_1 = 220\sqrt{2}\sin(2\pi \cdot 60t - 30°)$[V]와 $v_2 = 100\sqrt{2}\sin(3 \cdot 2\pi \cdot 60t - 30°)$의 전압이 각각 걸릴 때 올바른 것은?

① v_1이 v_2보다 위상이 15° 앞선다.

② v_1이 v_2보다 위상이 15° 뒤진다.

③ v_1이 v_2보다 위상이 75° 앞선다.

④ v_1이 v_2의 위상관계는 의미가 없다.

해설

v_1은 기본파이고 v_2는 제3고조파이므로 위상관계는 의미가 없다. 반드시 주파수가 같은 파에서만 위상관계가 존재한다.

19 RLC 직렬회로에서 제n고조파의 공진주파수 f[Hz]는?

① $\dfrac{1}{2\pi\sqrt{LC}}$

② $\dfrac{1}{2\pi\sqrt{nLC}}$

③ $\dfrac{1}{2\pi n\sqrt{LC}}$

④ $\dfrac{1}{2\pi n^2\sqrt{LC}}$

해설

$$Z_n = R + j\left(n\omega L - \frac{1}{n\omega C}\right) \text{에서 } n\omega L = \frac{1}{n\omega C}$$

$$f_n = \frac{1}{2\pi n\sqrt{LC}}$$

20 RLC 직렬 공진회로에서 제3고조파의 공진주파수 f[Hz]는?

① $\dfrac{1}{2\pi\sqrt{LC}}$

② $\dfrac{1}{3\pi\sqrt{LC}}$

③ $\dfrac{1}{6\pi\sqrt{LC}}$

④ $\dfrac{1}{9\pi\sqrt{LC}}$

해설

RLC 직렬회로 공진 시 제3고조파 공진주파수

$3\omega L = \dfrac{1}{3\omega C}$ 이므로 $\omega^2 = \dfrac{1}{9LC}$에서 $\omega = \dfrac{1}{3\sqrt{LC}}$ $(\omega = 2\pi f)$

$\therefore f = \dfrac{1}{6\pi\sqrt{LC}}$

여기서, 제n고조파의 공진주파수는 $f = \dfrac{1}{2\pi n\sqrt{LC}}$ 이다.

CHAPTER

10 3상 회로

필수 **확인 문제**

그림과 같이 3상 회로의 상전압을 직렬로 연결했을 때, 양단 전압 $\dot{V}$[V]는?

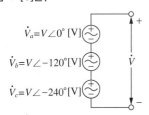

① $0\angle 0°$

② $V\angle 90°$

③ $\sqrt{2}\,V\angle 120°$

④ $\dfrac{1}{\sqrt{2}}\,V\angle 240°$

[해설]

$\dot{V} = \dot{V}_a + \dot{V}_b + \dot{V}_c = V\angle 0° + V\angle -120° + V\angle -240°$

$= V[\cos 0° + j\sin 0°] + V[\cos(-120°) + j\sin(-120°)]$

$\quad + V[\cos(-240°) + j\sin(-240°)]$

$= V(1-j0) + V\left(-\dfrac{1}{2} - j\dfrac{\sqrt{3}}{2}\right) + V\left(-\dfrac{1}{2} + j\dfrac{\sqrt{3}}{2}\right)$

$= V - \dfrac{1}{2}V - \dfrac{1}{2}V = 0$

[답] ①

---

1 3상 교류전원의 발생

(1) 3상 교류전원의 발생

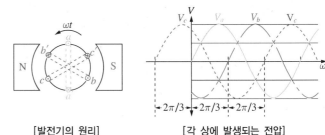

[발전기의 원리]　　　　[각 상에 발생되는 전압]

(2) 3상 교류의 전압

크기가 같고 각각 $\dfrac{2}{3}\pi[\text{rad}](120°)$의 위상차를 갖는다.

① $V_a = \sqrt{2}\,V\sin\omega t\,[\text{V}]$

② $V_b = \sqrt{2}\,V\sin\left(\omega t - \dfrac{2}{3}\pi\right)[\text{V}]$

③ $V_c = \sqrt{2}\,V\sin\left(\omega t - \dfrac{4}{3}\pi\right)[\text{V}]$

(3) 3상 교류의 벡터

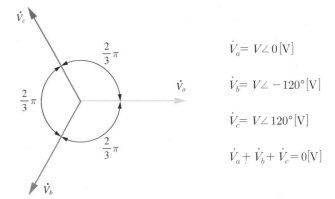

$\dot{V}_a = V\angle 0\,[\text{V}]$

$\dot{V}_b = V\angle -120°\,[\text{V}]$

$\dot{V}_c = V\angle 120°\,[\text{V}]$

$\dot{V}_a + \dot{V}_b + \dot{V}_c = 0[\text{V}]$

2 3상 교류의 결선

(1) Y 결선(스타결선, 성형결선)

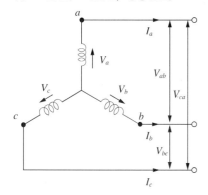 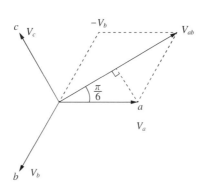

① $I_l = I_p$ (선전류 = 상전류)

② $V_l = \sqrt{3}\, V_p \angle 30°$ (선전압 = $\sqrt{3}$ 상전압)

③ 전 력

    ⊙ 유효전력 $P = 3V_p I_p \cos\theta = \sqrt{3}\, V_l I_l \cos\theta\,[\mathrm{W}] = 3I_p^2 R\,[\mathrm{W}]$

    ⊙ 무효전력 $P_r = 3V_p I_p \sin\theta = \sqrt{3}\, V_l I_l \sin\theta\,[\mathrm{Var}] = 3I_p^2 X\,[\mathrm{Var}]$

    ⊙ 피상전력 $P_a = 3V_p I_p = \sqrt{3}\, V_l I_l\,[\mathrm{VA}] = \sqrt{P^2 + P_r^2}\,[\mathrm{VA}] = 3I_p^2 Z\,[\mathrm{VA}]$

    ⊙ 역률(Power Factor) $\cos\theta = \dfrac{P}{P_a} = \dfrac{P}{\sqrt{P^2 + P_r^2}} = \dfrac{R}{|Z|}$

    ⊙ 무효율 $\sin\theta = \dfrac{P_r}{P_a} = \dfrac{X}{|Z|}$

(2) △ 결선(삼각결선, 환상결선)

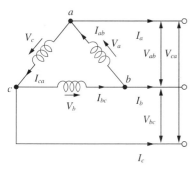 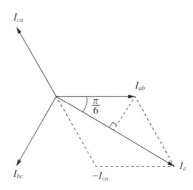

① $V_l = V_p$ (선전압 = 상전압)

② $I_l = \sqrt{3}\, I_p \angle -30°$ (선전류 = $\sqrt{3}$ 상전류)

③ 전력 → Y 결선과 같다.

대칭 3상 Y결선 부하에서 상전압 $V_p = 173[\mathrm{V}]$일 때 선간전압은?

① 100   ② 200

③ 300   ④ 400

해설

Y결선 선간전압 $V_l = \sqrt{3}\, V_p = \sqrt{3} \times 173 ≒ 300[\mathrm{V}]$

답 ③

대칭 3상 Y결선 부하에서 선간전압 $V_l = 220[\mathrm{V}]$일 때 상전압은?

① 87   ② 107

③ 127   ④ 147

해설

Y결선 상전압 $V_p = \dfrac{V_l}{\sqrt{3}} = \dfrac{220}{\sqrt{3}} = 127[\mathrm{V}]$

답 ③

대칭 3상 △결선 부하에서 상전압 $V_p = 200[\mathrm{V}]$, 임피던스 $Z = 3 + j4[\Omega]$일 때 상전류는?

① 10   ② 20

③ 30   ④ 40

해설

△결선 상전류 $I_p = \dfrac{V_p}{|Z_p|} = \dfrac{200}{5} = 40[\mathrm{A}]$

답 ④

대칭 3상 △결선 부하에서 상전압 $V_p = 400[\mathrm{V}]$, 임피던스 $Z = 4 + j3[\Omega]$일 때 선전류는?

① $20\sqrt{3}$ ② $40\sqrt{3}$

③ $60\sqrt{3}$ ④ $80\sqrt{3}$

해설

△결선 선전류 $I_l = \sqrt{3}\, I_p[\mathrm{A}] = \sqrt{3} \times \dfrac{V_p}{|Z_p|} = \sqrt{3} \times \dfrac{400}{5}$

$= 80\sqrt{3}\,[\mathrm{A}]$

답 ④

△결선 한 변의 임피던스 9[Ω]일 때, Y결선으로 변환하면 몇 [Ω]인가?

① 1   ② 2
③ 3   ④ 4

해설

△ ⇒ Y 변환$\left(\dfrac{\triangle}{3}\right)$ ∴ $\dfrac{\triangle}{3} = \dfrac{9}{3} = 3[\Omega]$

답 ③

Y결선 한 변의 임피던스 3[Ω]일 때, △결선으로 변환하면 몇 [Ω]인가?

① 9   ② 10
③ 11   ④ 12

해설

Y ⇒ △ 변환(3Y) ∴ $3Y = 3 \times 3 = 9[\Omega]$

답 ①

3상 전원의 △결선에서 한 상에 고장이 발생하였을 때, 3상 부하에 3상 전력을 공급할 수 있는 결선 방법은?

① V결선   ② Y결선
③ △결선   ④ 중성선

해설

3상 전원에서 △결선 운전 중 1상 고장 발생 시에는 V결선으로 운전이 가능하다.

답 ①

1대의 용량이 100[kVA]인 단상 변압기 3대를 평형 3상 △결선으로 운전 중 변압기 1대에 장애가 발생하여 2대의 변압기를 V 결선으로 이용할 때, 전체 출력용량[kVA]은?

① $\dfrac{100}{\sqrt{3}}$ ② $\dfrac{173}{\sqrt{3}}$
③ $\dfrac{220}{\sqrt{3}}$ ④ $\dfrac{300}{\sqrt{3}}$

해설

• V 결선 : 단상 2대 변압기로 3상 전력출력(단상 1대의 $\sqrt{3}$ 배)

  – 출력비 : $\dfrac{\text{V 결선출력}}{\text{3상 출력}} = \dfrac{\sqrt{3}\,VI}{3\,VI} = \dfrac{1}{\sqrt{3}}$

                 $= 0.577\,(= 57.7[\%])$

  – 이용률 : $\dfrac{\text{V 결선출력}}{\text{설비용량}} = \dfrac{\sqrt{3}\,VI}{2\,VI} = \dfrac{\sqrt{3}}{2}$

                 $= 0.866\,(= 86.6[\%])$

따라서, $P_V = \sqrt{3}\,P_1 = \sqrt{3} \cdot 100$

             $= 100\sqrt{3}\,\left(= \dfrac{300}{\sqrt{3}}\right)[\text{kVA}]$

답 ④

(3) 평형 Y – △ 결선

① Y – Y 결선 회로로 전환하여 해석

② △ 결선 부하를 Y 결선 부하로 변환(CHAPTER 2 회로 소자 – **3** 저항 – (8) 저항의 변환 참고)

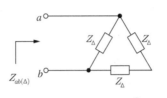 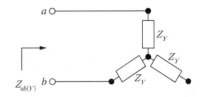

$Z_{ab(\triangle)} = \dfrac{Z_{\triangle} \cdot 2Z_{\triangle}}{Z_{\triangle} + 2Z_{\triangle}} = \dfrac{2Z_{\triangle}^2}{3Z_{\triangle}} = \dfrac{2}{3}Z_{\triangle}$ $Z_{ab(Y)} = 2Z_Y$

$\rightarrow Z_{ab(\triangle)} = Z_{ab(Y)},\ \dfrac{2}{3}Z_{\triangle} = 2Z_Y$

$\therefore\ Z_Y = \dfrac{1}{3}Z_{\triangle}$

(4) V 결선

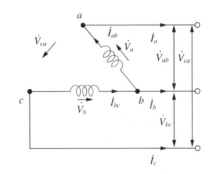 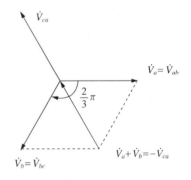

① V 결선 방법

    △ – △ 결선된 평형 3상 회로에서 전원 변압기의 1상을 제거한 상태인 2대의 단상 변압기로 3상의 전원을 공급하여 운전하는 결선 방법

② $V_l = V_p,\ I_l = I_p$(상전류가 선전류가 되어 부하로 들어감)

③ 출 력

    $P_V = \sqrt{3}\,V_l I_l \cos\theta = \sqrt{3}\,V_p I_p \cos\theta\,[\text{W}]$

④ 출력비

$$\dfrac{\text{V 결선 시 출력}}{\text{고장 전 △ 결선의 출력}} = \dfrac{P_V}{P_\triangle} = \dfrac{\sqrt{3}\,V_p I_p \cos\theta}{3\,V_p I_p \cos\theta} = \dfrac{\sqrt{3}}{3}$$

$$= 0.577\,(= 57.7[\%])$$

⑤ 이용률

$$\frac{\text{V 결선 시 출력}}{\text{고장 후 2대의 출력}} = \frac{P_V}{2 \times P_\text{단상}} = \frac{\sqrt{3}\,V_p I_p \cos\theta}{2\,V_p I_p \cos\theta} = \frac{\sqrt{3}}{2}$$
$$= 0.866\,(=86.6\,[\%])$$

3 3상 전력의 측정법

(1) 2전력계법

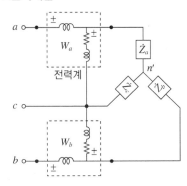

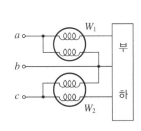

① 유효전력 : $P = W_1 + W_2\,[\text{W}]$

② 무효전력 : $P_r = \sqrt{3}\,(W_1 - W_2)\,[\text{Var}]$

③ 피상전력 : $P_a = 2\sqrt{W_1^2 + W_2^2 - W_1 W_2}\,[\text{VA}]$

④ 역률 : $\cos\theta = \dfrac{W_1 + W_2}{2\sqrt{W_1^2 + W_2^2 - W_1 W_2}}$

(2) 1전력계법

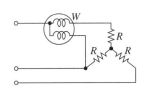

① 유효전력 : $P = 2 \times W\,[\text{W}]$

② 무효전력 : $P_r = 0\,[\text{Var}]$

③ 피상전력 : $P_a = 2\,W\,[\text{VA}]$

④ 역률 : $\cos\theta = 1$

단상 변압기 3대를 △결선으로 운전하던 중 변압기 1대의 고장으로 V결선으로 운전하게 되었다. 이때 V결선의 출력은 고장 전 △결선 출력의 (㉠)[%]로 감소되며, 동시에 출력에 대한 용량 즉, 변압기 이용률은 (㉡)[%]가 된다. ㉠과 ㉡의 값으로 옳은 것은?

	㉠	㉡
①	86.6	57.7
②	57.7	86.6
③	173.2	57.7
④	50	66.7

해설
- V결선 출력 $= 57.7[\%]\left(\dfrac{1}{\sqrt{3}}\right)$
- 이용률 $= 86.6[\%]\left(\dfrac{\sqrt{3}}{2}\right)$

답 ②

다음의 3상 부하에서 소비되는 전력을 2전력계법으로 측정하였더니 전력계의 눈금이 $P_1 = 150[\text{W}]$, $P_2 = 50[\text{W}]$를 각각 지시하였다. 이때 3상 부하의 소비전력[W]은? (단, 부하역률은 0.90이다)

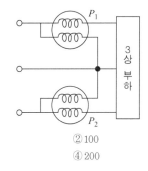

① 90	② 100
③ 180	④ 200

해설
유효전력 $P = P_1 + P_2[\text{W}] = 150 + 50 = 200[\text{W}]$

답 ④

CHAPTER 10 적중예상문제

01 대칭 3상 Y결선 부하에서 각 상의 임피던스가 $Z = 16 + j12[\Omega]$이고 부하전류가 5[A]일 때, 이 부하의 선간전압[V]은?

① $100\sqrt{3}$
② $100\sqrt{2}$
③ $200\sqrt{3}$
④ $200\sqrt{2}$

해설

Y결선에서 $I_l = I_p[\text{A}], \quad V_l = \sqrt{3}\,V_p[\text{V}]$

상전압 $V_p = I_p \times Z = 5 \times \sqrt{16^2 + 12^2} = 100[\text{V}]$

∴ 선간전압 $V_l = \sqrt{3}\,V_p = 100\sqrt{3}[\text{V}]$

03 대칭 3상 Y결선에서 선간전압이 $200\sqrt{3}$[V]이고 각 상의 임피던스가 $30 + j40[\Omega]$의 평형부하일 때 선전류[A]는?

① 2
② $2\sqrt{3}$
③ 4
④ $4\sqrt{3}$

해설

$$I_l = I_p = \frac{V_p}{Z} = \frac{200}{50} = 4[\text{A}]$$

$$V_l = \sqrt{3}\,V_p \Rightarrow V_p = \frac{V_l}{\sqrt{3}} = \frac{200\sqrt{3}}{\sqrt{3}} = 200[\text{V}]$$

02 각 상의 임피던스가 $R + jX[\Omega]$인 것을 Y결선으로 한 평형 3상 부하에 선간전압 E[V]를 가하면 선전류는 몇 [A]가 되는가?

① $\dfrac{E}{\sqrt{2(R^2 + X^2)}}$
② $\dfrac{\sqrt{2}\,E}{\sqrt{R^2 + X^2}}$
③ $\dfrac{\sqrt{3}\,E}{\sqrt{R^2 + X^2}}$
④ $\dfrac{E}{\sqrt{3(R^2 + X^2)}}$

해설

Y결선에서 $I_l = I_p[\text{A}], \quad V_l = \sqrt{3}\,V_p[\text{V}]$

• 상전류 $I_p = \dfrac{V_p}{Z} = \dfrac{\dfrac{E}{\sqrt{3}}}{\sqrt{R^2 + X^2}} = \dfrac{E}{\sqrt{3}\,\sqrt{R^2 + X^2}}[\text{A}]$

• 선전류 $I_l = I_p[\text{A}]$

04 그림과 같은 불평형 Y형 회로에 평형 3상 전압을 가할 경우 중성점의 전위 V_n[V]는?(단, Y_1, Y_2, Y_3는 각 상의 어드미턴스[℧]이고, Z_1, Z_2, Z_3는 각 어드미턴스에 대한 임피던스[Ω]이다)

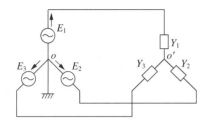

① $\dfrac{E_1 + E_2 + E_3}{Z_1 + Z_2 + Z_3}$

② $\dfrac{Z_1 E_1 + Z_2 E_2 + Z_3 E_3}{Z_1 + Z_2 + Z_3}$

③ $\dfrac{E_1 + E_2 + E_3}{Y_1 + Y_2 + Y_3}$

④ $\dfrac{Y_1 E_1 + Y_2 E_2 + Y_3 E_3}{Y_1 + Y_2 + Y_3}$

해설

밀만의 정리

$$V_n = \frac{Y_1 E_1 + Y_2 E_2 + Y_3 E_3}{Y_1 + Y_2 + Y_3} = \frac{\dfrac{E_1}{Z_1} + \dfrac{E_2}{Z_2} + \dfrac{E_3}{Z_3}}{\dfrac{1}{Z_1} + \dfrac{1}{Z_2} + \dfrac{1}{Z_3}}$$

05 그림과 같은 대칭 3상 Y결선 부하 $Z = 6 + j8[\Omega]$에 200[V]의 상전압이 공급될 때 선전류는 몇 [A]인가?

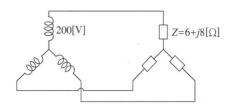

① 15

② 20

③ $15\sqrt{3}$

④ $20\sqrt{3}$

해설

Y결선에서 $I_l = I_p[\mathrm{A}]$, $V_l = \sqrt{3}\, V_p[\mathrm{V}]$

상전류 $I_p = \dfrac{V_p}{Z} = \dfrac{200}{\sqrt{6^2 + 8^2}} = 20[\mathrm{A}]$

∴ 선전류 $I_l = I_p = 20[\mathrm{A}]$

06 평형 3상 3선식 회로에서 부하는 Y결선이고, 선간전압이 173.2∠0°[V]일 때 선전류는 20∠−120°[A]이었다면, Y결선된 부하 한 상의 임피던스는 약 몇 [Ω]인가?

① $5 \angle 60°$

② $5 \angle 90°$

③ $5\sqrt{3} \angle 60°$

④ $5\sqrt{3} \angle 90°$

해설

$$Z_p = \frac{V_p}{I_p} = \frac{\dfrac{173.2}{\sqrt{3}} \angle -30°}{20 \angle -120°} = \frac{100}{20} \angle -30° + 120° = 5 \angle 90°$$

07 평형 3상 Y결선회로의 선간전압 V_l, 상전압 V_p, 선전류 I_l, 상전류가 I_p일 때 다음의 관련 식 중 틀린 것은?(단, P_y는 3상 부하전력을 의미한다)

① $V_l = \sqrt{3}\,V_p$

② $I_l = I_p$

③ $P_y = \sqrt{3}\,V_l I_l \cos\theta$

④ $P_y = \sqrt{3}\,V_p I_p \cos\theta$

해설

Y결선 $I_l = I_p$, $V_l = \sqrt{3}\,V_p$

$$P_y = 3V_p I_p \cos\theta = \sqrt{3}\,V_l I_l \cos\theta = 3I_p^2 R = 3\frac{V_p^2}{R} = \sqrt{P^2 + P_r^2}$$

$$= \frac{V_l^2 R}{R^2 + X^2}$$

09 평형 3상 △결선 부하의 각 상의 임피던스가 $Z = 8 + j6[\Omega]$인 회로에 대칭 3상 전원전압 100[V]를 가할 때 무효율과 무효전력[Var]은?

① 무효율 : 0.6, 무효전력 : 1,800

② 무효율 : 0.6, 무효전력 : 2,400

③ 무효율 : 0.8, 무효전력 : 1,800

④ 무효율 : 0.8, 무효전력 : 2,400

해설

$$\text{무효전력 } P_r = 3I^2 X = 3 \cdot \frac{V^2}{\left(\sqrt{R^2 + X^2}\right)^2} \cdot X$$

$$= 3 \cdot \frac{100^2}{\left(\sqrt{8^2 + 6^2}\right)^2} \times 6 = 1{,}800[\text{Var}]$$

여기서, $Z = \sqrt{8^2 + 6^2} = 10$, $\sin\theta = \dfrac{X}{Z} = \dfrac{6}{10} = 0.6$

10 $R[\Omega]$의 저항 3개를 Y로 접속하고 이것을 선간전압 200[V]의 평형 3상 교류전원에 연결할 때 선전류가 20[A]흘렀다. 이 3개의 저항을 △로 접속하고 동일전원에 연결하였을 때의 선전류는 몇 [A]인가?

① 30　　　　　　② 40

③ 50　　　　　　④ 60

해설

Y결선 → △결선	△결선 → Y결선
3배	$\dfrac{1}{3}$ 배

저항, 임피던스, 선전류, 소비전력

- 전원, Y결선에서 $I_{lY} = I_{pY}[\text{A}]$, $V_{lY} = \sqrt{3}\,V_{pY}[\text{V}]$

  상전류 $I_{pY} = \dfrac{V_{pY}}{R} = \dfrac{\frac{200}{\sqrt{3}}}{R} = \dfrac{200}{\sqrt{3}\,R}[\text{A}]$

  선전류 $I_{lY} = I_{pY}[\text{A}]$

- 부하, △결선에서 $I_{l\triangle} = \sqrt{3}\,I_{p\triangle}[\text{A}]$, $V_{p\triangle} = V_{pY}\sqrt{3}[\text{V}]$

  상전류 $I_{p\triangle} = \dfrac{V_{p\triangle}}{R} = \dfrac{200}{R}[\text{A}]$

  선전류 $I_{l\triangle} = \sqrt{3}\,I_{p\triangle} = \sqrt{3} \times \dfrac{200}{R}[\text{A}]$

  $\dfrac{I_{l\triangle}}{I_{lY}} = \sqrt{3} \times \dfrac{200}{R} \times \dfrac{\sqrt{3}\,R}{200}$

  $\therefore I_{l\triangle} = \sqrt{3} \times \dfrac{200}{R} \times \dfrac{\sqrt{3}\,R}{200} I_{lY} = 3I_{lY} = 3 \times 20 = 60[\text{A}]$

08 선간전압이 200[V]인 대칭 3상 전원에 평형 3상 부하가 접속되어 있다. 부하 1상의 저항은 10[Ω], 유도리액턴스 15[Ω], 용량리액턴스 5[Ω]가 직렬로 접속된 것이다. 부하가 △결선일 경우, 선로전류[A]와 3상 전력[W]은 약 얼마인가?

① $I_l = 10\sqrt{6}$, $P_3 = 6{,}000$

② $I_l = 10\sqrt{6}$, $P_3 = 8{,}000$

③ $I_l = 10\sqrt{3}$, $P_3 = 6{,}000$

④ $I_l = 10\sqrt{3}$, $P_3 = 8{,}000$

해설

$Z = \sqrt{10^2 + 10^2} = 10\sqrt{2}$

$$I_l = \sqrt{3}\,I_p = \sqrt{3} \times \frac{V_p}{Z} = \sqrt{3} \times \frac{200}{10\sqrt{2}} = 10\sqrt{6}[\text{A}]$$

$$P = 3I_p^2 R = 3\left(\frac{200}{10\sqrt{2}}\right)^2 \times 10 = 6{,}000[\text{W}]$$

11 △결선된 저항부하를 Y결선으로 바꾸면 소비전력은? (단, 저항과 선간전압은 일정하다)

① 3배로 된다.

② 9배로 된다.

③ $\dfrac{1}{9}$ 로 된다.

④ $\dfrac{1}{3}$ 로 된다.

해설

Y결선 → △결선	△결선 → Y결선
3배	$\dfrac{1}{3}$ 배

저항, 임피던스, 선전류, 소비전력

12 그림과 같은 순 저항회로에서 대칭 3상 전압을 가할 때 각 선에 흐르는 전류가 같으려면 R의 값은 몇 [Ω]인가?

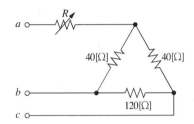

① 8

② 12

③ 16

④ 20

해설

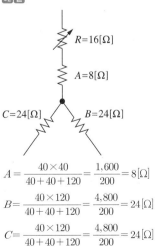

$A = \dfrac{40 \times 40}{40 + 40 + 120} = \dfrac{1,600}{200} = 8[\Omega]$

$B = \dfrac{40 \times 120}{40 + 40 + 120} = \dfrac{4,800}{200} = 24[\Omega]$

$C = \dfrac{40 \times 120}{40 + 40 + 120} = \dfrac{4,800}{200} = 24[\Omega]$

13 대칭 3상 전압을 그림과 같은 평형부하에 가할 때 부하의 역률은 얼마인가?(단, $R = 9[\Omega]$, $\dfrac{1}{\omega C} = 4[\Omega]$이다)

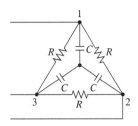

① 0.4

② 0.6

③ 0.8

④ 1.0

해설

Y결선 → △결선	△결선 → Y결선
3배	$\dfrac{1}{3}$ 배

저항, 임피던스, 선전류, 소비전력

1상의 $R_Y = 3[\Omega]$과 $X_C = \dfrac{1}{\omega C} = 4[\Omega]$이 병렬연결하여 Y결선

1상의 어드미턴스 $Y = \dfrac{1}{R} + j\omega C = \dfrac{1}{3} + j\dfrac{1}{4}[\Omega]$

∴ 역률 $\cos\theta = \dfrac{\dfrac{1}{3}}{\sqrt{\left(\dfrac{1}{3}\right)^2 + \left(\dfrac{1}{4}\right)^2}} \times 100 = 80[\%]$

14 같은 저항 $r[\Omega]$ 6개를 사용하여 그림과 같이 결선하고 대칭 3상 전압 $V[V]$를 가하였을 때 흐르는 전류 I는 몇 [A]인가?

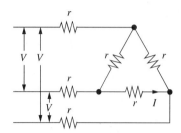

① $\dfrac{V}{2r}$

② $\dfrac{V}{3r}$

③ $\dfrac{V}{4r}$

④ $\dfrac{V}{5r}$

해설

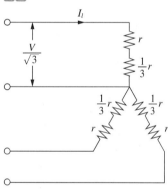

$\triangle \rightarrow$Y로 바꾸면 $\dfrac{1}{3}r$

$I_l = \dfrac{\dfrac{V}{\sqrt{3}}}{\dfrac{1}{3}r + r} = \dfrac{\dfrac{V}{\sqrt{3}}}{\dfrac{4r}{3}} = \dfrac{3V \times \sqrt{3}}{4\sqrt{3}r \times \sqrt{3}}$

$= \dfrac{\sqrt{3}\,V}{4r}$

$\triangle$결선의 $I_l = \sqrt{3}\,I_p$

$I_p = \dfrac{1}{\sqrt{3}}I_l$

$\therefore\ I = \dfrac{V}{4r}$

15 전원이 Y결선, 부하가 $\triangle$결선된 3상 대칭회로가 있다. 전원의 상전압이 220[V]이고 전원의 상전류가 10[A]일 경우, 부하 한 상의 임피던스[Ω]는?

① 66

② $22\sqrt{3}$

③ 22

④ $\dfrac{22}{\sqrt{3}}$

해설

• Y결선에서 $I_{lY} = I_{pY}[A],\ \ V_{lY} = \sqrt{3}\,V_{pY}[V]$

• 부하, $\triangle$결선에서 $I_{l\triangle} = \sqrt{3}\,I_{p\triangle}[A],\ \ V_{p\triangle} = V_{pY}\sqrt{3}[V]$

• 임피던스 $Z_a = \dfrac{V_{p\triangle}}{I_{p\triangle}} = \dfrac{220\sqrt{3}}{\dfrac{10}{\sqrt{3}}} = 66[\Omega]$

16 역률이 60[%]이고 1상의 임피던스가 60[Ω]인 유도부하를 $\triangle$로 결선하고 여기에 병렬로 저항 20[Ω]을 Y결선으로 하여 3상 선간전압 200[V]를 가할 때의 소비전력[W]은?

① 3,200

② 3,000

③ 2,000

④ 1,000

해설

부하가 Y결선과 $\triangle$결선이 병렬로 연결되어 있어 각각의 전력을 구하여 더하면 전체 전력이 된다.

• $P_\triangle = 3V_pI_p\cos\theta = 3 \times 200 \times \dfrac{200}{60} \times 0.6 = 1,200[W]$

• $P_Y = 3I_p^2R = 3\left(\dfrac{\dfrac{200}{\sqrt{3}}}{20}\right)^2 \times 20 = 2,000[W]$

$\therefore\ P = P_\triangle + P_Y = 1,200 + 2,000 = 3,200[W]$

17 2전력계법으로 평형 3상 전력을 측정하였더니 각각의 전력계가 500[W], 300[W]를 지시하였다면 전전력[W]은?

① 200

② 300

③ 500

④ 800

해설

유효전력 $P = P_1 + P_2 = 500 + 300 = 800[\text{W}]$

무효전력 $P = \sqrt{3}\,(P_1 - P_2)[\text{Var}]$

피상전력 $P_a = 2\sqrt{P_1^2 + P_2^2 - P_1 P_2}\,[\text{VA}]$

18 두 대의 전력계를 사용하여 3상 평형 부하의 역률을 측정하려고 한다. 전력계의 지시가 각각 $P_1[\text{W}]$, $P_2[\text{W}]$할 때 이 회로의 역률은?

① $\dfrac{\sqrt{P_1 + P_2}}{P_1 + P_2}$

② $\dfrac{P_1 + P_2}{P_1^2 + P_2^2 - 2P_1 P_2}$

③ $\dfrac{2(P_1 + P_2)}{\sqrt{P_1^2 + P_2^2 - P_1 P_2}}$

④ $\dfrac{P_1 + P_2}{2\sqrt{P_1^2 + P_2^2 - P_1 P_2}}$

해설

유효전력 $P = P_1 + P_2$

무효전력 $P = \sqrt{3}\,(P_1 - P_2)$

피상전력 $P_a = 2\sqrt{P_1^2 + P_2^2 - P_1 P_2}$

역률 $= \dfrac{\text{유효전력}}{\text{피상전력}} = \dfrac{P_1 + P_2}{2\sqrt{P_1^2 + P_2^2 - P_1 P_2}}$

19 그림은 상순이 $a-b-c$인 3상 대칭회로이다. 선간전압이 220[V]이고 부하 한 상의 임피던스가 $100\angle 60°[\Omega]$일 때 전력계 W_a의 지시값[W]은?

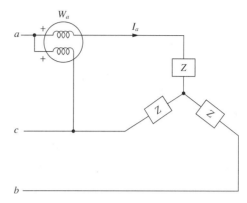

① 242

② 386

③ 419

④ 484

해설

$2W = 3V_p I_p$

$W = \dfrac{3\left(\dfrac{V_l}{\sqrt{3}}\right)\times\left(\dfrac{\dfrac{V_l}{\sqrt{3}}}{Z}\right)}{2} = \dfrac{3\left(\dfrac{220}{\sqrt{3}}\times\dfrac{\dfrac{220}{\sqrt{3}}}{100}\right)}{2} = 242[\text{W}]$

20 다음과 같은 회로에서 E_1, E_2, $E_3[\text{V}]$를 대칭 3상 전압이라 할 때 전압 $E_0[\text{V}]$은?

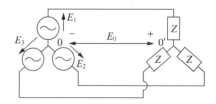

① 0

② $\dfrac{E_1}{3}$

③ $\dfrac{2}{3}E_1$

④ E_1

해설

$3\phi 3w$식에서 대칭일 때 중성점의 전압은 0[V]

21 3상 4선식에서 중성선이 필요하지 않아서 중성선을 제거하여 3상 3선식으로 하려고 한다. 이때 중성선의 조건식은 어떻게 되는가?(단, I_a, I_b, I_c[A]는 각 상의 전류이다)

① $I_a + I_b + I_c = 1$

② $I_a + I_b + I_c = \sqrt{3}$

③ $I_a + I_b + I_c = 3$

④ $I_a + I_b + I_c = 0$

해설

영상분은 접지선이나 중성선에 존재하므로 중성선을 제거하면 영상전류가 0이 되어야 한다.

$I_0 = \dfrac{1}{3}(I_a + I_b + I_c) = 0$에서 $I_0 = I_a + I_b + I_c = 0$

22 비접지 3상 Y회로에서 전류 $I_a = 15 + j2$[A], $I_b = -20 - j14$[A]일 경우 I_c[A]는?

① $5 + j12$

② $-5 + j12$

③ $5 - j12$

④ $-5 - j12$

해설

$I_a + I_b + I_c = 0$

$15 + j2 - 20 - j14 + I_c = 0$

$-5 - j12 + I_c = 0$

$I_c = 5 + j12$

11 라플라스 변환과 전달함수

1 라플라스 변환

(1) 라플라스 변환 정의 : 시간영역의 함수를 복소수영역의 함수로 변환하는 것

$$f(t) \xrightarrow{\mathcal{L}[f(t)]} F(s)$$

(시간영역)   (주파수영역)

t : 실수 s : 복소수

→ 방법 : 시간함수 $f(t)$에 e^{-st}를 곱하고 시간(t)에 대하여 적분한다.

기본 공식 $\mathcal{L}[f(t)] = F(s) = \displaystyle\int_0^\infty f(t)e^{-st}dt$

(2) 라플라스 변환

	함수명	$f(t)$	$F(s) = \mathcal{L}[f(t)]$
1	단위 임펄스함수	$\delta(t)$	1
2	단위 계단함수	$u(t) = 1$	$\dfrac{1}{s}$
3	단위 램프함수	t	$\dfrac{1!}{s^2}$
4	포물선함수	t^2	$\dfrac{2!}{s^3}$
5	n차 램프함수	t^n	$\dfrac{n!}{s^{n+1}}$
6	지수감쇠함수	e^{-at}	$\dfrac{1}{s+a}$
7	지수감쇠 램프함수	te^{-at}	$\dfrac{1!}{(s+a)^2}$
8	지수감쇠 포물선함수	t^2e^{-at}	$\dfrac{2!}{(s+a)^3}$
9	지수감쇠 n차 램프함수	t^ne^{-at}	$\dfrac{n!}{(s+a)^{n+1}}$
10	정현파함수	$\sin\omega t$	$\dfrac{\omega}{s^2+\omega^2}$
11	여현파함수	$\cos\omega t$	$\dfrac{s}{s^2+\omega^2}$
12	지수감쇠 정현파함수	$e^{-at}\sin\omega t$	$\dfrac{\omega}{(s+a)^2+\omega^2}$

필수 확인 문제

상수 2의 라플라스 변환 $\mathcal{L}[2]$의 값은?

① s ② $2s$

③ $\dfrac{2}{s}$ ④ $\dfrac{s}{2}$

해설
상수값을 s로 나눈값이다.

$\therefore \dfrac{2}{s}$

답 ③

단위 램프함수 $\rho(t) = tu(t)$의 라플라스 변환은?

① $\dfrac{1}{s}$ ② $\dfrac{1}{s^2}$

③ s ④ $2s$

해설
$u(t) = 1$이므로 t에 대한 라플라스 변환이다.

$\therefore \dfrac{1}{s^2}$

답 ②

라플라스함수 $F(s) = \dfrac{s+1}{s^2+2s+5}$의 역변환 $f(t)$는?

① $e^{-2t}\cos t$ ② $e^{-2t}\sin t$

③ $e^{-t}\cos 2t$ ④ $e^{-t}\sin 2t$

해설
• 식 변형

$F(s) = \dfrac{s+1}{s^2+2s+5} = \dfrac{s+1}{(s^2+2s+1)+4}$

$= \dfrac{s+1}{(s+1)^2+2^2}, \quad s+1 \to s$

$= \dfrac{s}{s^2+2^2} \Rightarrow \cos 2t$

• $s+1$은 e^{-t} 함수이므로

$\therefore f(t) = \cos 2t \cdot e^{-t}$

$= e^{-t} \cdot \cos 2t$

답 ③

$f(t) = \dfrac{5s+3}{2s^2+4s}$ 의 초깃값 정리는?

① 1.5　　　　　　② 2.5
③ 3.5　　　　　　④ 4.5

해설

$$\mathcal{L}\left[f(t)\right] = \lim_{s \to \infty} s F(s)$$
$$= \lim_{s \to \infty} s \cdot \frac{5s+3}{s(2s+4)}$$
$$= \lim_{s \to \infty} \frac{5s+3}{2s+4}$$
$$= \lim_{s \to \infty} \frac{5 + \dfrac{3}{s}}{2 + \dfrac{4}{s}}$$

$s = \infty$ 이므로

$$\therefore \frac{5}{2} = 2.5$$

답 ②

$F(s) = \dfrac{2(s+2)}{s(s^2+3s+4)}$ 일 때, $F(s)$ 의 역라플라스 변환
(Inverse Laplace Transform)된 함수 $f(t)$ 의 최종값
은?

① $\dfrac{1}{4}$　　　　　　② $\dfrac{1}{2}$

③ $\dfrac{3}{4}$　　　　　　④ 1

해설

최종값 정리
$$\mathcal{L}\left[\lim_{t \to \infty} f(t)\right] = \lim_{s \to 0} s F(s)$$
$$= \lim_{s \to 0} s \times \frac{2(s+2)}{s(s^2+3s+4)}$$
$$= \frac{2s+4}{s^2+3s+4}\bigg|_{s \to 0} = \frac{4}{4} = 1$$

답 ④

	함수명	$f(t)$	$F(s) = \mathcal{L}\left[f(t)\right]$
13	지수감쇠 여현파함수	$e^{-at}\cos \omega t$	$\dfrac{(s+a)}{(s+a)^2+\omega^2}$
14	쌍곡선 정현파함수	$\sinh \omega t$	$\dfrac{\omega}{s^2-\omega^2}$
15	쌍곡선 여현파함수	$\cosh \omega t$	$\dfrac{s}{s^2-\omega^2}$
16	복소 미분 정리	$\mathcal{L}\left(t\sin \omega t\right)$	$\dfrac{2\omega s}{(s^2+\omega^2)^2}$
17	복소 미분 정리	$\mathcal{L}\left(t\cos \omega t\right)$	$\dfrac{s^2-\omega^2}{(s^2+\omega^2)^2}$

(3) 라플라스 변환의 기본 성질

	구 분	변환 전	변환 후
1	선형 정리	$\mathcal{L}\left[af_1(t) \pm bf_2(t)\right]$	$aF_1(s) \pm bF_2(s)$
2	상사 정리	$\mathcal{L}\left[f(at)\right]$	$\dfrac{1}{a}F\left(\dfrac{s}{a}\right)$
		$\mathcal{L}\left[f\left(\dfrac{t}{a}\right)\right]$	$aF(as)$
3	초깃값 정리	$\mathcal{L}\left[\lim_{t \to 0} f(t)\right]$	$\lim_{s \to \infty} s F(s)$
4	최종값 정리	$\mathcal{L}\left[\lim_{t \to \infty} f(t)\right]$	$\lim_{s \to 0} s F(s)$
5	시간 추이 정리	$\mathcal{L}\left[f(t-a)\right]$	$F(s)e^{-as}$
6	복소 추이 정리	$\mathcal{L}\left[f(t)e^{-at}\right]$	$F(s+a)$
7	미분 정리	$\mathcal{L}\left[\dfrac{d}{dt}f(t)\right]$	$sF(s) + \cdots$
		$\mathcal{L}\left[\dfrac{d^2}{dt^2}f(t)\right]$	$s^2 F(s) + \cdots$
		$\mathcal{L}\left[\dfrac{d^n}{dt^n}f(t)\right]$	$s^n F(s) + \cdots$
8	적분 정리	$\mathcal{L}\left[\displaystyle\int_0^t f(t)\,dt\right]$	$\dfrac{1}{s}F(s) + \cdots$
9	복소 미분 정리	$\mathcal{L}\left[t\,f(t)\right]$	$-\dfrac{d}{ds}F(s)$
10	실 미분 정리	$\mathcal{L}\left[f'(t)\right]$	$sF(s) + \cdots$

2 전달함수

(1) 정의 : 모든 초깃값을 0으로 한 상태에서 입력 라플라스에 대한 출력 라플라스와의 비를 전달함수라고 한다.

$$\therefore \ G(s) = \frac{C(s)}{R(s)} = \frac{\mathcal{L}\,[c(t)]}{\mathcal{L}\,[r(t)]}$$

(2) 임펄스 응답 : 입력이 임펄스함수($\delta(t)$)일 때 출력 응답

$$c(t) = r(t) * g(t) = \delta(t) * g(t) = g(t)$$

$$c(t) = g(t)$$

$$\therefore \ C(s) = G(s)$$

→ $\mathcal{L}\,[\delta(t)] = 1$이므로 출력 $C(s)$는 전달함수 $G(s)$와 같다.

(3) 인디셜 응답 : 입력이 단위 계단함수($u(t)$)일 때 출력 응답

$$c(t) = r(t) * g(t) = u(t) * g(t)$$

$$\therefore \ C(s) = \frac{1}{S}\,G(s)$$

→ $\mathcal{L}\,[u(t)] = \frac{1}{S}$ 이므로

(4) 제어요소의 전달함수(입력신호 : $x(t)$, 출력신호 : $y(t)$)

① 비례요소 $G(s) = \dfrac{Y(s)}{X(s)} = K$

   (K : 이득정수)

② 미분요소 $G(s) = \dfrac{Y(s)}{X(s)} = KS$

③ 적분요소 $G(s) = \dfrac{Y(s)}{X(s)} = \dfrac{K}{S}$

④ 1차 지연요소 $G(s) = \dfrac{Y(s)}{X(s)} = \dfrac{K}{TS+1}$

⑤ 2차 지연요소 $G(s) = \dfrac{Y(s)}{X(s)} = \dfrac{K\omega_n^2}{S^2 + 2\delta\omega_n S + \omega_n^2}$

   (단, δ : 감쇠계수 또는 제동비, ω_n : 고유주파수)

⑥ 부작동 시간요소 $G(s) = \dfrac{Y(s)}{X(s)} = Ke^{-LS}$

   (단, L : 부작동 시간)

CHAPTER 11 적중예상문제

01 그림과 같은 직류전압의 라플라스 변환을 구하면?

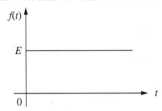

① $\dfrac{E}{s-1}$ 　　② $\dfrac{E}{s+1}$

③ $\dfrac{E}{s}$ 　　④ $\dfrac{E}{s^2}$

해설

$f(t) = E u(t)$

$F(s) = \dfrac{E}{s}$

02 그림과 같은 단위 계단함수는?

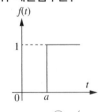

① $u(t)$ 　　② $u(t-a)$

③ $u(a-t)$ 　　④ $-u(t-a)$

해설

단위 계단함수 $f(t) = u(t-a)$

03 그림과 같은 구형파의 라플라스 변환은?

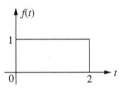

① $\dfrac{1}{s}(1-e^{-s})$

② $\dfrac{1}{s}(1+e^{-s})$

③ $\dfrac{1}{s}(1-e^{-2s})$

④ $\dfrac{1}{s}(1+s^{-2s})$

해설

라플라스 변환(구형파)

$f(t) = u(t)-u(t-2)$ 에서 $F(s) = \dfrac{1}{s}(1-e^{-2s})$

04 그림과 같은 구형파의 라플라스 변환은?

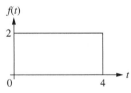

① $\dfrac{2}{s}(1-e^{4s})$ 　　② $\dfrac{2}{s}(1-e^{-4s})$

③ $\dfrac{4}{s}(1-e^{4s})$ 　　④ $\dfrac{4}{s}(1-e^{-4s})$

해설

$f(t) = 2u(t)-2u(t-4)$

$F(s) = \dfrac{2}{s}-\dfrac{2}{s}e^{-4s} = \dfrac{2}{s}(1-e^{-4s})$

1 ③　2 ②　3 ③　4 ②　**정답**

05 콘덴서 $C[\text{F}]$ 에서 단위 임펄스의 전류원을 접속하여 동작시키면 콘덴서의 전압 $V_c(t)$ 는?(단, $u(t)$ 는 단위 계단함수이다)

① $V_c(t) = C$

② $V_c(t) = Cu(t)$

③ $V_c(t) = \dfrac{1}{C}$

④ $V_c(t) = \dfrac{1}{C}u(t)$

해설

$v = i \cdot Z = \delta(t) \cdot \dfrac{1}{c}u(t)$

$v(t) = \dfrac{1}{c}u(t)$

※ $u(t)$ 는 보조함수이다.

06 $f(t) = At^2$ 의 라플라스 변환은?

① $\dfrac{A}{s^2}$

② $\dfrac{2A}{s^2}$

③ $\dfrac{A}{s^3}$

④ $\dfrac{2A}{s^3}$

해설

라플라스 변환

$f(t) = At^2$ 에서 $F(s) = A \times \dfrac{2!}{s^3} = \dfrac{2A}{s^3}$

07 $e^{j\omega t}$ 의 라플라스 변환은?

① $\dfrac{1}{s - j\omega}$

② $\dfrac{1}{s + j\omega}$

③ $\dfrac{1}{s^2 + \omega^2}$

④ $\dfrac{\omega}{s^2 + \omega^2}$

해설

라플라스 변환(지수함수)

$f(t) = e^{at}$ 에서 $F(s) = \dfrac{1}{s - j\omega}$, 기호에 주의한다.

08 어느 회로망의 응답 $h(t) = (e^{-t} + 2e^{-2t})u(t)$ 의 라플라스 변환은?

① $\dfrac{3s + 4}{(s + 1)(s + 2)}$

② $\dfrac{3s}{(s - 1)(s - 2)}$

③ $\dfrac{3s + 2}{(s + 1)(s + 2)}$

④ $\dfrac{-s - 4}{(s - 1)(s - 2)}$

해설

$h(t) = (e^{-t} + 2e^{-2t})u(t) \xrightarrow{\mathcal{L}} \dfrac{1}{s + 1} + \dfrac{2}{s + 2}$

$= \dfrac{s + 2 + 2s + 2}{(s + 1)(s + 2)} = \dfrac{3s + 4}{(s + 1)(s + 2)}$

09 어떤 제어계의 출력이 $C(s) = \dfrac{5}{s(s^2 + s + 2)}$ 로 주어질 때 출력의 시간함수 $C(t)$ 의 정상값은?

① 5

② 2

③ $\dfrac{2}{5}$

④ $\dfrac{5}{2}$

해설

구 분	초깃값 정리	최종값 정리
라플라스 변환	$x(0) = \lim\limits_{s \to \infty} sX(s)$	$x(\infty) = \lim\limits_{s \to 0} sX(s)$

$\therefore \lim\limits_{s \to 0} sC(s) = \lim\limits_{s \to 0} s\dfrac{5}{s(s^2 + s + 2)} = \lim\limits_{s \to 0} \dfrac{5}{(s^2 + s + 2)} = \dfrac{5}{2}$

10 $\dfrac{1}{s + 3}$ 을 역라플라스 변환하면?

① e^{3t}

② e^{-3t}

③ $e^{\frac{t}{3}}$

④ $e^{-\frac{t}{3}}$

해설

$f(t) = \mathcal{L}^{-1}\left[\dfrac{1}{s + 3}\right] = e^{-3t}$

11 $F(s) = \dfrac{1}{s(s+a)}$ 의 라플라스 역변환은?

① e^{-at}
② $1 - e^{-at}$
③ $a(1 - e^{-at})$
④ $\dfrac{1}{a}(1 - e^{-at})$

해설

$\dfrac{k_1}{s} + \dfrac{k_2}{s+a} = \dfrac{1}{a}\dfrac{1}{s} - \dfrac{1}{a}\dfrac{1}{s+a} = \dfrac{1}{a}(1 - e^{-at})$

$k_1 = \lim_{s \to 0} \dfrac{1}{s+a} = \dfrac{1}{a}$

$k_2 = \lim_{s \to -a} \dfrac{1}{s} = -\dfrac{1}{a}$

13 다음 함수 $F(s) = \dfrac{5s+3}{s(s+1)}$ 의 역라플라스 변환은?

① $2 + 3e^{-t}$
② $3 + 2e^{-t}$
③ $3 - 2e^{-t}$
④ $2 - 3e^{-t}$

해설

$F(s) = \dfrac{5s+3}{s(s+1)} = \dfrac{k_1}{s} + \dfrac{k_2}{s+1}$

$k_1 = \dfrac{5s+3}{s+1}\bigg|_{s=0} = 3$

$k_2 = \dfrac{5s+3}{s}\bigg|_{s=-1} = 2$

$F(s) = 3\dfrac{1}{s} + 2\dfrac{1}{s+1}$ 에서 $f(t) = 3 + 2e^{-t}$

12 $F(s) = \dfrac{s+1}{s^2+2s}$ 의 역라플라스 변환은?

① $\dfrac{1}{2}(1 - e^{-t})$
② $\dfrac{1}{2}(1 - e^{-2t})$
③ $\dfrac{1}{2}(1 + e^t)$
④ $\dfrac{1}{2}(1 + e^{-2t})$

해설

$\dfrac{s+1}{s^2+2s} = \dfrac{s+1}{s(s+2)} = \dfrac{k_1}{s} + \dfrac{k_2}{s+2} = \dfrac{1}{2}\dfrac{1}{s} + \dfrac{1}{2}\dfrac{1}{s+2}$

$= \dfrac{1}{2} + \dfrac{1}{2}e^{-2t} = \dfrac{1}{2}(1 + e^{-2t})$

여기서, $k_1 = \dfrac{s+1}{s+2}\bigg|_{s=0} = \dfrac{1}{2}$, $k_2 = \dfrac{s+1}{s}\bigg|_{s=-2} = \dfrac{1}{2}$

14 1차 지연요소의 전달함수는?

① K
② $\dfrac{K}{s}$
③ Ks
④ $\dfrac{K}{1+Ts}$

해설

비례요소	미분요소	적분요소	1차 지연요소	부동작 시간요소
K	Ks	$\dfrac{K}{s}$	$\dfrac{K}{Ts+1}$	Ke^{-Ls}

15 전달함수에 대한 설명으로 틀린 것은?

① 어떤 계의 전달함수는 그 계에 대한 임펄스 응답의 라플라스 변환과 같다.

② 전달함수는 $\dfrac{\text{출력 라플라스 변환}}{\text{입력 라플라스 변환}}$ 으로 정의된다.

③ 전달함수 s 가 될 때 적분요소라 한다.

④ 어떤 계의 전달함수의 분모를 0으로 놓으면 이것이 곧 특성방정식이 된다.

해설

비례요소	미분요소	적분요소	1차 지연요소	부동작 시간요소
K	Ks	$\dfrac{K}{s}$	$\dfrac{K}{Ts+1}$	Ke^{-Ls}

16 다음과 같은 전기회로의 입력을 e_i, 출력을 e_o라고 할 때 전달함수는? $\left(\text{단, } T=\dfrac{L}{R}\text{이다}\right)$

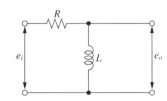

① $Ts+1$ ② Ts^2+1
③ $\dfrac{1}{Ts+1}$ ④ $\dfrac{Ts}{Ts+1}$

해설

전압비 전달함수

$$G(s)=\frac{E_o(s)}{E_i(s)}=\frac{Ls}{R+Ls}=\frac{\dfrac{L}{R}s}{1+\dfrac{L}{R}s}=\frac{Ts}{1+Ts}$$

17 전기회로의 입력을 V_1, 출력을 V_2라고 할 때 전달함수는?(단, $s=j\omega$이다)

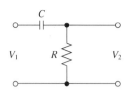

① $\dfrac{1}{R+\dfrac{1}{j\omega C}}$ ② $\dfrac{1}{j\omega+\dfrac{1}{RC}}$

③ $\dfrac{j\omega}{j\omega+\dfrac{1}{RC}}$ ④ $\dfrac{j\omega}{R+\dfrac{1}{j\omega C}}$

해설

$$\frac{V_2}{V_1}=\frac{(R)\times sC}{\left(R+\dfrac{1}{sC}\right)\times sC}=\frac{(RsC)\times\dfrac{1}{RC}}{(RsC+1)\times\dfrac{1}{RC}}=\frac{s}{s+\dfrac{1}{RC}}$$

$$=\frac{j\omega}{j\omega+\dfrac{1}{RC}}$$

18 회로의 전압비 전달함수 $G(s)=\dfrac{V_2(s)}{V_1(s)}$ 는?

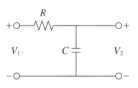

① RC ② $\dfrac{1}{RC}$

③ $RCs+1$ ④ $\dfrac{1}{RCs+1}$

해설

$$G(s)=\frac{V_2(s)}{V_1(s)}=\frac{\dfrac{1}{Cs}I(s)\times sC}{\left(R+\dfrac{1}{Cs}\right)I(s)\times sC}=\frac{1}{RCs+1}$$

19 그림과 같은 회로에서 $V_1(S)$를 입력, $V_2(S)$를 출력으로 한 전달함수는?

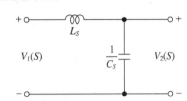

① $\dfrac{1}{\dfrac{1}{Ls}+Cs}$

② $\dfrac{1}{1+s^2LC}$

③ $\dfrac{1}{LC+Cs}$

④ $\dfrac{Cs}{s^2(s+LC)}$

해설

$$G(S) = \dfrac{\dfrac{1}{sC}\times sC}{\left(sL+\dfrac{1}{sC}\right)\times sC} = \dfrac{1}{s^2LC+1}$$

20 그림과 같은 RLC 회로에서 입력전압 $e_i(t)$, 출력전류가 $i(t)$인 경우 이 회로의 전달함수 $I(s)/E(s)$는?(단, 모든 초기 조건은 0이다)

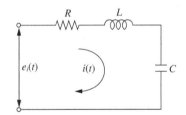

① $\dfrac{Cs}{RCs^2+LCs+1}$

② $\dfrac{1}{RCs^2+LCs+1}$

③ $\dfrac{Cs}{LCs^2+RCs+1}$

④ $\dfrac{1}{LCs^2+RCs+1}$

해설

RLC 직렬회로

• 회로방정식 $E(s)=\left(R+Ls+\dfrac{1}{Cs}\right)I(s)$

• 어드미턴스 $\dfrac{I(s)}{E(s)}=\dfrac{I(s)}{\left(R+Ls+\dfrac{1}{Cs}\right)I(s)}$ 양변에 $\times Cs$

$$\therefore \dfrac{I(s)}{E(s)}=\dfrac{Cs}{(CsR+CsLs+1)}=\dfrac{Cs}{(LCs^2+RCs+1)}$$

21 그림의 전기회로에서 전달함수 $\dfrac{E_2(s)}{E_1(s)}$는?

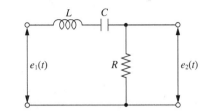

① $\dfrac{LRs}{LCs^2+RCs+1}$

② $\dfrac{Cs}{LCs^2+RCs+1}$

③ $\dfrac{RCs}{LCs^2+RCs+1}$

④ $\dfrac{LRCs}{LCs^2+RCs+1}$

해설

• 회로방정식

입력 $e_1(t)=L\dfrac{d}{dt}i(t)+\dfrac{1}{C}\displaystyle\int i(t)dt+Ri(t)$

출력 $e_2(t)=Ri(t)$

• 라플라스 변환

입력 $E_1(s)=LsI(s)+\dfrac{1}{C}\dfrac{1}{s}I(s)+RI(s)$

출력 $E_2(s)=RI(s)$

• 전달함수

$$G(s)=\dfrac{E_1(s)}{E_2(s)}=\dfrac{RI(s)\times sC}{\left(Ls+\dfrac{1}{Cs}+R\right)I(s)\times sC}$$

$$=\dfrac{RCs}{LCs^2+RCs+1}$$

22 그림과 같은 회로의 전달함수는?(단, 초기 조건은 0이다)

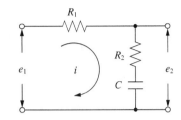

① $\dfrac{R_2 + Cs}{R_1 + R_2 + Cs}$

② $\dfrac{R_1 + R_2 + Cs}{R_1 + Cs}$

③ $\dfrac{R_2 Cs + 1}{R_2 Cs + R_1 Cs + 1}$

④ $\dfrac{R_1 Cs + R_2 Cs + 1}{R_2 Cs + 1}$

해설

$$G(s) = \frac{e_2}{e_1} = \frac{\left(R_2 + \dfrac{1}{sC}\right)I(s) \times sC}{\left(R_1 + R_2 + \dfrac{1}{sC}\right)I(s) \times sC} = \frac{R_2 sC + 1}{R_1 sC + R_2 sC + 1}$$

23 그림과 같은 요소는 제어계의 어떤 요소인가?

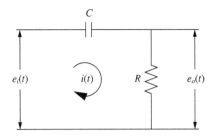

① 적분요소

② 미분요소

③ 1차 지연요소

④ 1차 지연 미분요소

해설

비례요소	미분요소	적분요소	1차 지연요소	부동작 시간요소
K	Ks	$\dfrac{K}{s}$	$\dfrac{K}{Ts+1}$	Ke^{-Ls}

전달함수 $G(s) = \dfrac{RCs}{1 + RCs} = \dfrac{Ts}{1 + Ts}$, 1차 지연 미분요소

CHAPTER 12 진공 중의 정전계

직각좌표계 $(x,\ y,\ z)$의 원점에 점전하 0.3[μC]이 놓여져 있다. 이 점전하로부터 좌표점 (1, 2, −2)[m]에 미치는 전계 중 x축 성분의 전계의 세기[V/m]는?(단, 매질은 진공이다)

① 100　　　　　② 200
③ 300　　　　　④ 400

해설

거 리

$r = 1i + 2j - 2k$

$|r| = \sqrt{(1)^2 + (2)^2 + (-2)^2} = \sqrt{9} = 3[\text{m}]$

r 방향의 단위 벡터

$r_0 = \dfrac{r}{|r|} = \dfrac{1i + 2j - 2k}{3} = \dfrac{1}{3}(i + 2j - 2k)$

x축 성분 전계의 세기

$E = \dfrac{1}{4\pi\varepsilon_0} \cdot \dfrac{Q}{r^2}[\text{V/m}]$

$\quad = 9 \times 10^9 \times \dfrac{Q}{r^2} \times A_{xi}$

$\quad = 9 \times 10^9 \times \dfrac{0.3 \times 10^{-6}}{(3)^2} \times \dfrac{1}{3}$

$\quad = 100[\text{V/m}]$

답 ①

1 벡터의 해석

(1) 스칼라(Scalar)와 벡터(Vector)

① 스칼라량 : 크기만으로 나타내는 양

　예 길이, 질량, 온도, 에너지, 자위, 전위, 일 등

② 벡터량 : 크기와 방향으로 나타내는 양 → 운동계

　예 힘, 속도, 가속도, 토크(회전력), 전계, 자계 등

(2) 벡터의 표현

① 벡터의 표시 : $\dot{A}$ = 크기 × 단위 벡터(방향) = $|A| \times a_0$

　※ 단위 벡터 : 크기가 1이며 방향 성분을 나타내는 벡터

② 직교좌표계 : x, y평면상에 A_x, A_y의 크기의 위치벡터 A에 대하여 $A = A_x i + A_y j$로 표시하며, 크기는 $|A| = \sqrt{A_x^2 + A_y^2}$ 가 된다.

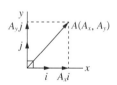

③ 직각좌표계 : 임의의 벡터 A가 좌표 $(x,\ y,\ z)$ 방향으로 크기 $(A_x,\ A_y,\ A_z)$를 가지고 지난다면 $\vec{A} = A_x i + A_y j + A_z k$로 표현할 수 있다.

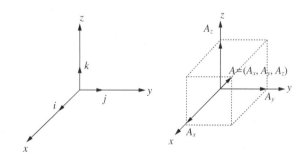

㉠ 벡터의 크기 $|A| = \sqrt{A_x^2 + A_y^2 + A_z^2}$

　ⓛ 단위 벡터 $= \dfrac{\text{벡터}}{\text{크기}} = \dfrac{\vec{A}}{|A|}$

　ⓒ 단위 벡터의 크기 : 1

(3) 벡터의 가감 : 같은 방향 성분의 합 또는 차로 계산한다.

$A = A_x i + A_y j + A_z k, \ \ B = B_x i + B_y j + B_z k$에서

$A + B = (A_x + B_x)i + (A_y + B_y)j + (A_z + B_z)k = C$

$A - B = (A_x - B_x)i + (A_y - B_y)j + (A_z - B_z)k = C$

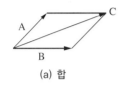 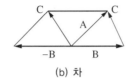

(a) 합 　　　　　 (b) 차

(4) 벡터의 곱

　ⓛ 내적(· , Scalar Product) : 스칼라 곱(교환법칙 성립)

　　벡터 A와 B의 스칼라곱 또는 내적은 $A \cdot B$로 표시, 같은 단위 성분끼리만

　　의 곱으로 계산

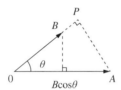

　　$A = A_x i + A_y j + A_z k, \ \ B = B_x i + B_y j + B_z k$에서

$$A \cdot B = |A| \cdot |B| \cos\theta$$

　ⓜ 기본 벡터의 내적

　　ⓣ 동일 성분끼리의 내적 : 1

　　　$i \cdot i = |i| \cdot |i| \cos 0°$이므로 $i \cdot i = j \cdot j = k \cdot k = 1$

　　ⓤ 수직 성분끼리의 내적 : 0

　　　$i \cdot j = |i| \cdot |j| \cos 90° = 0$이므로 $i \cdot j = j \cdot k = k \cdot i = 0$

다음 그림과 같이 어떤 자유공간(Free Space) 내의 A점 $(3, 0, 0)$[m]에 4×10^{-9}[C]의 전하가 놓여 있다. 이때 P점 $(6, 4, 0)$[m]의 전계의 세기 E[V/m]는?

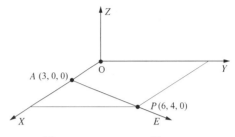

① $E = \dfrac{36}{25}$　　　　② $E = \dfrac{25}{36}$

③ $E = \dfrac{36}{5}$　　　　④ $E = \dfrac{5}{36}$

해설

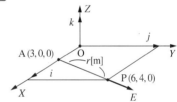

P점까지의 거리를 r[m]라 두면

$r = (6-3)i + (4-0)j + (0-0)k = 3i + 4j$

$\therefore |r| = \sqrt{(3)^2 + (4)^2} = \sqrt{25} = 5$[m]

전계의 세기

$E = \dfrac{1}{4\pi\varepsilon_0} \cdot \dfrac{Q}{r^2}$[V/m] $= 9 \times 10^9 \times \dfrac{4 \times 10^{-9}}{(5)^2} = \dfrac{36}{25}$[V/m]

답 ①

③ 외적(×, Vector Product) : 벡터 곱(교환법칙 성립하지 않음)

크기는 A와 B를 두 변으로 하는 평행사변형의 면적이며 그 방향은 A에서 B로 회전하는 오른나사의 진행 방향(n)이 된다.

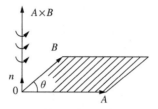

평행사변형의 면적

$A = A_x i + A_y j + A_z k, \ B = B_x i + B_y j + B_z k$에서

$$A \times B = |A||B|\sin\theta = \begin{vmatrix} i & j & k \\ A_x & A_y & A_z \\ B_x & B_y & B_z \end{vmatrix}$$

$$= i\begin{vmatrix} A_y & A_z \\ B_y & B_z \end{vmatrix} + j\begin{vmatrix} A_z & A_x \\ B_z & B_x \end{vmatrix} + k\begin{vmatrix} A_x & A_y \\ B_x & B_y \end{vmatrix}$$

$$평행사변형의\ 면적 = (A_y B_z - A_z B_y)i + (A_z B_x - A_x B_z)j$$
$$+ (A_x B_y - A_y B_x)k$$

④ 기본 벡터의 외적(암페어의 오른나사 법칙)

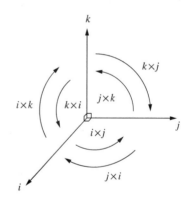

㉠ 동일 성분끼리의 외적 $i \times i = j \times j = k \times k = 0$

㉡ 수직 성분끼리의 외적

회전 : 오른나사 방향		회전 : 오른나사 반대(−)	
ⓐ	$i \times j = k$	ⓐ	$j \times i = -k$
ⓑ	$j \times k = i$	ⓑ	$k \times j = -i$
ⓒ	$k \times i = j$	ⓒ	$i \times k = -j$

(5) 벡터의 미분 연산

① 미분 기호 : ∇(nabla, 나블라)

x, y, z방향으로 변화율과 방향을 표시

㉠ 직각좌표계 : $\nabla = i\dfrac{\partial}{\partial x} + j\dfrac{\partial}{\partial y} + k\dfrac{\partial}{\partial z}$

㉡ 원통좌표계 : $\nabla = \dfrac{\partial}{\partial r}a_r + \dfrac{\partial}{r\partial\phi}a_\phi + \dfrac{\partial}{\partial z}a_z$

㉢ 구좌표계 : $\nabla = \dfrac{\partial}{\partial r}a_r + \dfrac{\partial}{r\partial\theta}a_\theta + \dfrac{\partial}{r\sin\theta\partial\phi}a_\phi$

② 기울기 벡터 : ∇(grad ; gradient[그레디언트])

경도(Gradient)와 같으며 임의의 스칼라함수에 ∇를 취하면 그 함수의 기울기(거리에 대한 변화율) 벡터가 된다.

$$\nabla = \mathrm{grad}\,V = \dfrac{\partial V}{\partial x}i + \dfrac{\partial V}{\partial y}j + \dfrac{\partial V}{\partial z}k$$

※ 스칼라함수(V)는 스칼라양이나 기울기 벡터로 나타내면 그 결과인 ∇V는 벡터량으로 표현된다.

※ 전계의 세기 : $E = -\nabla V$

③ 벡터계의 발산(Divergene)

$$\nabla \cdot \vec{A} = \mathrm{div}\,\vec{A} = \left(\dfrac{\partial}{\partial x}i + \dfrac{\partial}{\partial y}j + \dfrac{\partial}{\partial z}k\right) \cdot (A_x i + A_y j + A_z k)$$
$$= \dfrac{\partial A_x}{\partial x} + \dfrac{\partial A_y}{\partial y} + \dfrac{\partial A_z}{\partial z}$$

벡터 A인 단위 체적에서 발산하는 선속수의 물리적 의미를 나타내며 A(벡터함수)는 벡터량이지만 발산 시 div$A$는 스칼라량이 된다.

㉠ 가우스 법칙(전기장) : $\mathrm{div}\,D = \rho$

전하가 있는 공간에서는 전속선이 발생(발산)한다.

㉡ 가우스 법칙(자기장) : $\mathrm{div}\,B = 0$

임의점에서 자속의 순발산량은 0이다.

④ 벡터계의 회전(Rotation, Curl)

$$\nabla \times \vec{A} = \mathrm{rot}\,\vec{A} = \mathrm{curl}\,\vec{A} = \begin{vmatrix} i & j & k \\ \dfrac{\partial}{\partial x} & \dfrac{\partial}{\partial y} & \dfrac{\partial}{\partial z} \\ A_x & A_y & A_z \end{vmatrix}$$
$$= \left(\dfrac{\partial A_z}{\partial y} - \dfrac{\partial A_y}{\partial z}\right)i + \left(\dfrac{\partial A_x}{\partial z} - \dfrac{\partial A_z}{\partial x}\right)j + \left(\dfrac{\partial A_y}{\partial x} - \dfrac{\partial A_x}{\partial y}\right)k$$

회전은 A방향으로 나타난 자기력선이 전류 주위를 회전하는 물리적 의미를 나타내는 것으로 A는 벡터량이고, 회전의 결과인($\nabla \times H = \mathrm{rot}\,H = \mathrm{curl}\,H$)도 벡터량이다.

전위함수가 $V = 3x + 2y^2$[V]로 주어질 때 점 (2, -1, 3)에서 전계의 세기[V/m]는?

① 5 　　　　② 6

③ 8 　　　　④ 12

해설

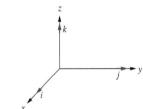

$E = -\nabla V$
$= -\left(\dfrac{\partial}{\partial x}i + \dfrac{\partial}{\partial y}j + \dfrac{\partial}{\partial z}k\right)(3x + 2y^2)$
$= -\left(\dfrac{\partial(3x + 2y^2)}{\partial x}i + \dfrac{\partial(3x + 2y^2)}{\partial y}j + \dfrac{\partial(3x + 2y^2)}{\partial z}k\right)$
$= -(3i + 4yj + 0)$, $(x = 2,\ y = -1,\ z = 3)$ 대입
$= -(3i + (4 \times -1)j)$
$= -3i + 4j$
$\therefore |E| = \sqrt{(3)^2 + (4)^2} = 5[\mathrm{V/m}]$

답 ①

※ 원통좌표계

$$\nabla \times A = \frac{1}{r} \begin{vmatrix} e_r & re_\theta & e_z \\ \frac{\partial}{\partial r} & \frac{\partial}{\partial \theta} & \frac{\partial}{\partial z} \\ A_r & rA_\theta & A_z \end{vmatrix}$$

　㉠ 암페어의 주회법칙 : $\nabla \times H = J$

　　• 전류가 흐르면 주위에 회전하는 자계를 발생

　　• 임의의 점에서 자계 H의 회전량은 그 점의 전류밀도 J와 같다.

　㉡ 정전계에서 전계의 비회전성 : $\nabla \times E = 0$

　　정전계에서 전계(전기력선)는 회전하지 않으며 전기력선은 그 자신만으로 폐곡선을 이루지 못한다.

⑤ 라플라스 연산자(Laplacian[라플라시안]) : 2중 미분연산

$$\nabla \cdot \nabla = \left(\frac{\partial}{\partial x} i + \frac{\partial}{\partial y} j + \frac{\partial}{\partial z} k \right) \cdot \left(\frac{\partial}{\partial x} i + \frac{\partial}{\partial y} j + \frac{\partial}{\partial z} k \right)$$

$$= \frac{\partial^2}{\partial x^2} + \frac{\partial^2}{\partial y^2} + \frac{\partial^2}{\partial z^2} = \nabla^2$$

⑥ Gauss의 발산 정리 : 면적분 → 체적적분

$$\int_s E \cdot ds = \int_{vol} \nabla \cdot E ds$$

2 전계와 정전계

(1) **전계(전장)** : 대전체에 의해 점전하에 힘이 작용하는 공간, 전기력선의 영향이 미치는 공간

(2) **정전계** : 정지하고 있는 전하에 의해서 발생하는 전기력이 작용하는 곳

　① 전하를 정지된 상태로 가정하여 해석한 것

　② 정지한 두 전하 사이에서 작용하는 힘의 영역

　③ 전계에너지가 최소인 전하 분포

3 쿨롱의 법칙

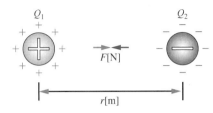

(1) **두 전하 Q_1, Q_2 사이에 작용하는 힘** : 두 전하의 곱에 비례하고 거리의 제곱에 반비례

$$F = \frac{1}{4\pi\varepsilon_0} \times \frac{Q_1 Q_2}{r^2}[\text{N}] = 9 \times 10^9 \times \frac{Q_1 Q_2}{r^2}[\text{N}]$$

※ 유전율 : $\varepsilon = \varepsilon_0 \varepsilon_s \,[\text{F/m}]$

- 진공 중의 유전율 : $\varepsilon_0 = 8.855 \times 10^{-12}\,[\text{F/m}]$
- 비유전율 : ε_s (공기나 진공에서 그 값은 1이다)

(2) **쿨롱의 법칙의 성질**

① 같은 종류의 전하 사이에는 반발력 작용

② 다른 종류의 전하 사이에는 흡인력 작용

③ 힘의 크기는 두 전하량의 곱에 비례, 떨어진 거리의 제곱에 반비례

④ 힘의 방향은 두 전하 사이의 일직선상으로 존재

⑤ 힘의 크기는 두 전하 사이에 존재하는 매질에 따라 달라진다.

4 힘과 전기장의 세기

$$F = QE[\text{N}], \quad E = \frac{F}{Q}[\text{V/m}], \quad Q = \frac{F}{E}[\text{C}]$$

5 전계(Electric Field)

$Q[\text{C}]$의 전하가 $r[\text{m}]$ 떨어진 곳에서 단위 전하 $+1[\text{C}]$에 대해 작용하는 힘의 세기

$$E = \frac{F}{Q} = \frac{1}{4\pi\varepsilon_0} \times \frac{Q}{r^2}[\text{V/m}] = 9 \times 10^9 \times \frac{Q}{r^2}[\text{V/m} = \text{A} \cdot \Omega/\text{m} = \text{N/C}]$$

진공 중에서 1[m]의 거리로 10^{-5}[C]과 10^{-6}[C]의 두 점전하를 놓았을 때 그 사이에 작용하는 힘은?

① 9×10^{-1} ② 9×10^{-2}

③ 9×10^{-3} ④ 9×10^{-4}

해설

$$F = \frac{1}{4\pi\varepsilon_0} \times \frac{Q_1 Q_2}{r^2}[\text{N}]$$
$$= 9 \times 10^9 \times \frac{10^{-5} \times 10^{-6}}{(1)^2}$$
$$= 9 \times 10^{-2}[\text{N}]$$

답 ②

$Q = 5 \times 10^{-8}$[C], $F = 1.5 \times 10^{-3}$[N]일 때, 전계의 세기 E는?

① 1×10^{-4} ② 2×10^4

③ 3×10^4 ④ 4×10^4

해설

$$E = \frac{F}{Q} = \frac{1.5 \times 10^{-3}}{5 \times 10^{-8}} = 3 \times 10^4 [\text{V/m}]$$

답 ③

$E = 10$[V/m], $F = 0.1$[N]일 때, 전하량 Q는?

① 0.01   ② 0.02

③ 0.03   ④ 0.04

해설

$$Q = \frac{F}{E} = \frac{0.1}{10} = 0.01[\text{C}]$$

답 ①

$Q = 2 \times 10^{-7}$[C], $r = 0.5$[m]일 때, 전계의 세기 E는?

① 7.2×10^1 ② 7.2×10^2

③ 7.2×10^3 ④ 7.2×10^4

해설

$$E = \frac{1}{4\pi\varepsilon_0} \times \frac{Q}{r^2}[\text{V/m}]$$
$$= 9 \times 10^9 \times \frac{2 \times 10^{-7}}{(0.5)^2}$$
$$= 7.2 \times 10^3[\text{V/m}]$$

답 ③

6　전위차(Electric Potential Difference)

어떤 점 A에서 어떤 점 B까지 단위 정전하(+1[C])를 운반하는데 요하는 일

$$V_{BA} = \frac{Q}{4\pi\varepsilon_0}\left[\frac{1}{r_B} - \frac{1}{r_A}\right][\mathrm{V}]$$

7　전위(Electric Potential)

전계의 작용이 미치지 않는 무한원점을 기준점으로 하여 그 점과 임의의 점 간의 전위차

$$V = Ed(r) = \frac{1}{4\pi\varepsilon_0} \times \frac{Q}{r}[\mathrm{V}] = 9 \times 10^9 \times \frac{Q}{r}[\mathrm{V}]$$

※ 거리를 나타낼 때 d와 r을 혼용하여 사용하기도 한다.

공기 중에서 2×10^{-7}[C]인 전하로부터 10[cm] 떨어진 점의 전위는?

① 9×10^3 　　　　② 18×10^3

③ 27×10^3 　　　　④ 36×10^3

해설

$V = \frac{1}{4\pi\varepsilon_0} \times \frac{Q}{r}[\mathrm{V}] = 9 \times 10^9 \times \frac{2 \times 10^{-7}}{(0.1)} = 18 \times 10^3[\mathrm{V}]$

답 ②

8　전기력선

(1) 정의 : 전계의 모양을 나타내기 위해 가시화시킨 선

(2) 전속(Dielectric Flux)

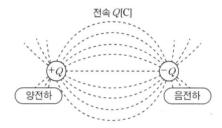

전속 Q[C]

+Q　양전하　　　−Q　음전하

① 전기력선의 집합이다.

② 전속은 양전하에서 나와 음전하에서 끝난다.

③ 1[C]의 전하에서 1개의 전속이 나온다.

④ 1[C]의 전하에서 $\frac{1}{\varepsilon_0}$개의 전기력선이 발산된다.

(3) 전속밀도(Dielectric Flux Density)

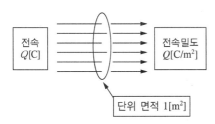

① 단위 면적을 직각으로 관통하는 전기력선의 수이다.

② 전계의 세기 $E = \dfrac{D}{\varepsilon} = \dfrac{D}{\varepsilon_0 \varepsilon_s}$ [V/m]

③ 전속밀도 $D = \dfrac{Q}{S} = \dfrac{Q}{4\pi r^2} = \dfrac{\varepsilon Q}{4\pi\varepsilon r^2} = \varepsilon E$ [C/m²]

(4) 등전위면(Equipotential Surface)

① 전기장에서 전위가 같은 점을 연결하여 이루어진 곡면

② 정전기장은 전위의 기울기가 있으므로 등전위면은 전기장과 수직이다(즉, 등전위면은 전위의 기울기가 없는 부분으로 평면을 이룬다).

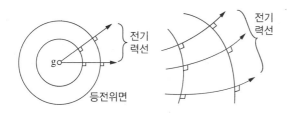

③ 등전위면의 간격이 조밀할수록 전기력선이 밀하고 전기장이 세다.

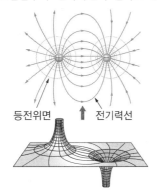

(5) 전기력선 수 :

$N = \displaystyle\int_s E \cdot dS = \dfrac{Q}{4\pi\varepsilon r^2} \times 4\pi r^2 = \dfrac{Q}{\varepsilon} = \dfrac{Q}{\varepsilon_0 \varepsilon_s}$ (유전율 ε,

전하 Q[C]일 때)

※ 비유전율 ε_s : 계산 시 주어지지 않으면 1로 본다.

비유전율 $\varepsilon_s = 2.5$, $D = 2 \times 10^{-6}$[C/m]일 때 전계의 세기 E는?

① 9×10^1 ② 9×10^2
③ 9×10^3 ④ 9×10^4

해설

$E = \dfrac{D}{\varepsilon} = \dfrac{D}{\varepsilon_0 \varepsilon_s}$ [V/m]

$= \dfrac{2 \times 10^{-6}}{8.855 \times 10^{-12} \times 2.5}$

$= 9 \times 10^4$ [V/m]

답 ④

어떤 전장 속의 한 점 P의 전속밀도가 1[C/m²]이고, 전하와 P점 간의 거리가 1[m]일 때 전하량[C]은?

① 11.56 ② 12.56
③ 13.56 ④ 14.56

해설

$D = \dfrac{Q}{A} = \dfrac{Q}{4\pi r^2}$ [C/m²]

$\therefore Q = D \times 4\pi r^2 = 1 \times 4 \times 3.14 \times (1)^2 = 12.56$ [C]

답 ②

등전위면(Equipotential Surface)의 특징에 대한 설명으로 옳은 것만을 모두 고르면?

> ㄱ. 등전위면과 전기력선은 수평으로 접한다.
> ㄴ. 전위의 기울기가 없는 부분으로 평면을 이룬다.
> ㄷ. 다른 전위의 등전위면은 서로 교차하지 않는다.
> ㄹ. 전하의 밀도가 높은 등전위면은 전기장의 세기가 약하다.

① ㄱ, ㄹ ② ㄴ, ㄷ
③ ㄱ, ㄴ, ㄷ ④ ㄴ, ㄷ, ㄹ

답 ②

전기력선의 성질에 대한 설명으로 옳은 것은?

① 전하가 없는 곳에서 전기력선은 발생, 소멸이 가능하다.
② 전기력선은 그 자신만으로 폐곡선을 이룬다.
③ 전기력선은 도체 내부에 존재한다.
④ 전기력선은 등전위면과 수직이다.

해설
전기력선은 등전위면과 수직이다.

답 ④

다음 전기력선의 성질에 대한 설명으로 옳은 것만을 모두 고르면?

> ㄱ. 전기력선은 양(+)전하에서 시작하여 음(−)전하에서 끝난다.
> ㄴ. 전기장 내에 도체를 넣으면 도체 내부의 전기장이 외부의 전기장을 상쇄하나 도체 내부에 전기력선은 존재한다.
> ㄷ. 전기장 내 임의의 점에서 전기력선의 접선 방향은 그 점에서의 전기장의 방향을 나타낸다.
> ㄹ. 전기장 내 임의의 점에서 전기력선의 밀도는 그 점에서의 전기장의 세기와 비례하지 않는다.

① ㄱ, ㄴ   ② ㄱ, ㄷ
③ ㄴ, ㄹ   ④ ㄷ, ㄹ

해설
전기력선의 성질
- 도체 표면에 존재(도체 내부에는 없다)
- (+) → (−) 이동
- 등전위면과 수직으로 발산
- 전하가 없는 곳에는 전기력선이 없음(발생, 소멸이 없다)
- 전기력선 자신만으로 폐곡선을 이루지 않음
- 전위가 높은 곳에서 낮은 곳으로 이동
- 전기력선은 서로 교차하지 않음
- 전기력선 접선 방향＝그 점의 전계의 방향
- $Q[\mathrm{C}]$에서 $\dfrac{Q}{\varepsilon_0}$개의 전기력선이 나옴
- 전기력선의 밀도는 전기장의 세기에 비례

답 ②

(6) **전기력선의 성질**

① 도체 표면에 존재한다(도체 내부에는 없다).

② (+)에서 (−)로 이동한다.

③ 등전위면과 수직으로 발산한다.

④ 전기력선 접선 방향＝그 점의 전계의 방향

⑤ 전기력선 자신만으로 폐곡선을 이루지 않는다.

⑥ 전기력선은 반발하며 서로 교차하지 않는다. 회전하지 않는다.

⑦ 임의 점에서 전계의 세기는 전기력선의 밀도와 같다(가우스 법칙).

⑧ 전위가 높은 곳에서 낮은 곳으로 이동한다($E = -\operatorname{grad} V = -\nabla V$).

⑨ 전하가 없는 곳에는 전기력선의 발생이나 소멸이 없고 연속적이다.

⑩ 전하 $Q[\mathrm{C}]$에서 $\dfrac{Q}{\varepsilon_0}$개의 전기력선이 출입하고, 전속수는 Q개다.

(7) **가우스의 법칙** : 전하가 임의의 분포(선, 면, 체적)를 하고 있을 때, 폐곡면 내의 전 전하와 폐곡면을 통과하는 전기력선의 수 또는 전속과의 관계를 표현한 식

① 폐곡면에서 나오는 전 전기력선 수는 폐곡면 내에 있는 전 전하량에 대해 $\dfrac{1}{\varepsilon_0}$ 배와 같다.

$$\oint_S E \cdot dS = \frac{Q}{\varepsilon_0} \ (\text{적분형})$$

② 임의의 점에서 전기력선의 발산량은 그 점에서의 체적전하밀도에 대해 $\dfrac{1}{\varepsilon_0}$ 배와 같다.

$$\operatorname{div} E = \nabla \cdot E = \frac{\rho}{\varepsilon_0} \ (\text{미분형})$$

12 적중예상문제

01 전계 $E = i3x^2 + j2xy^2 + kx^2yz$의 div$E$는 얼마인가?

① $-i6x + jxy + kx^2y$

② $i6x + j6xy + kx^2y$

③ $-6x - 6xy - x^2y$

④ $6x + 4xy + x^2y$

해설

$\text{div}E = \nabla \cdot E$

$\quad = \left(\dfrac{\partial}{\partial x}i + \dfrac{\partial}{\partial y}j + \dfrac{\partial}{\partial z}k \right) \cdot (3x^2 i + 2xy^2 j + x^2 yz k)$

$\quad = \dfrac{\partial 3x^2}{\partial x} + \dfrac{\partial 2xy^2}{\partial y} + \dfrac{\partial x^2 yz}{\partial z} = 6x + 4xy + x^2 y$

02 두 벡터가 $A = 2a_x + 4a_y - 3a_z$, $B = a_x - a_y$일 때 $A \times B$는?

① $6a_x - 3a_y + 3a_z$

② $-3a_x - 3a_y - 6a_z$

③ $6a_x + 3a_x - 3a_z$

④ $-3a_x + 3a_y + 6a_z$

해설

$A \times B = \begin{vmatrix} a_x & a_y & a_z \\ 2 & 4 & -3 \\ 1 & -1 & 0 \end{vmatrix} = -3a_x - 3a_y - 2a_z - 4a_z$

$\qquad\quad = -3a_x - 3a_y - 6a_z$

03 진공 중에 $+20[\mu C]$과 $-3.2[\mu C]$인 2개의 점전하가 1.2[m] 간격으로 놓여 있을 때 두 전하 사이에 작용하는 힘[N]과 작용력은 어떻게 되는가?

① 0.2[N], 반발력

② 0.2[N], 흡인력

③ 0.4[N], 반발력

④ 0.4[N], 흡인력

해설

쿨롱의 법칙 $F = 9 \times 10^9 \times \dfrac{Q_1 Q_2}{R^2}$[N]에서

$F = 9 \times 10^9 \times \dfrac{+20 \times 10^{-6} \times (-3.2 \times 10^{-6})}{1.2^2} = -0.4$[N]

부호가 (−)이므로 흡인력 작용, 크기는 0.4[N]이다.

04 그림과 같이 진공 내의 A, B, C 각 점에 $Q_A = 4 \times 10^{-6}$[C], $Q_B = 2 \times 10^{-6}$[C], $Q_C = 5 \times 10^{-6}$[C]의 점전하가 일직선상에 놓여 있을 때 B점에 작용하는 힘은 몇 [N]인가?

```
 A      F_C       B      F_A       C
 ●←─────────────●─────────────→●
    └─ 2[m] ─┘      └─ 3[m] ─┘
```

① 0.8×10^{-2}

② 1.2×10^{-2}

③ 1.8×10^{-2}

④ 2.4×10^{-2}

해설

B점에 작용하는 힘

$F_B = F_{BA} - F_{BC}$

$\quad = \dfrac{Q_A Q_B}{4\pi\varepsilon_0 r_A^2} - \dfrac{Q_B Q_C}{4\pi\varepsilon_0 r_B^2} = \dfrac{Q_B}{4\pi\varepsilon_0} \left(\dfrac{Q_A}{r_A^2} - \dfrac{Q_C}{r_B^2} \right)$

$\quad = 9 \times 10^9 \times 2 \times 10^{-6} \left(\dfrac{4 \times 10^{-6}}{2^2} - \dfrac{5 \times 10^{-6}}{3^2} \right)$

$\quad = 8 \times 10^{-3} = 0.8 \times 10^{-2}$[N]

05 진공 중에 놓인 $3[\mu C]$의 점전하에서 3[m]되는 점의 전계는 몇 [V/m]인가?

① 100　　　　　　② 1,000

③ 300　　　　　　④ 3,000

해설

점의 전계

$$E = \frac{Q}{4\pi\varepsilon_0 r^2} = 9 \times 10^9 \times \frac{Q}{r^2} = 9 \times 10^9 \times \frac{3 \times 10^{-6}}{3^2} = 3,000 [V/m]$$

07 전계의 세기를 주는 대전체 중 거리 r에 반비례하는 것은?

① 구전하에 의한 전계

② 점전하에 의한 전계

③ 선전하에 의한 전계

④ 전기쌍극자에 의한 전계

해설

- 구도체(점전하) $E = \dfrac{Q}{4\pi\varepsilon_0 r^2}$

- 무한장 직선전하(선전하) $E = \dfrac{\lambda}{2\pi\varepsilon_0 r}$

- 무한평면 $E = \dfrac{\sigma}{2\varepsilon_0}[V/m]$

08 축이 무한히 길고 반지름이 a[m]이 원주 내에 전하가 축대칭이며, 축방향으로 균일하게 분포되어 있을 경우, 반지름 $r(>a)$[m]되는 동심 원통면상 외부의 한 점 P의 전계의 세기는 몇 [V/m]인가?(단, 원주의 단위 길이당의 전하를 λ[C/m]라 한다)

① $\dfrac{\lambda}{\varepsilon_0}$　　　　　　② $\dfrac{\lambda}{2\pi\varepsilon_0}$

③ $\dfrac{\lambda}{\pi a}$　　　　　　④ $\dfrac{\lambda}{2\pi\varepsilon_0 r}$

해설

- 원통형 도체 전계의 세기

  $E = \dfrac{\lambda}{2\pi\varepsilon r}$ 에서　$E = \dfrac{\lambda}{2\pi\varepsilon_0 r}[V/m]$

- 무한 직선 도체(선전하), 원통 도체

  전계 $E = \dfrac{\lambda}{2\pi\varepsilon_0 r}$

  전위 $V = -\int_\infty^r E \cdot dr = \int_r^\infty \dfrac{\rho}{2\pi\varepsilon_0 r} dr = \dfrac{\rho}{2\pi\varepsilon_0}[\ln r]_r^\infty = \infty$

- 동심 원통(동축 케이블)

  전계 $E = \dfrac{\rho}{2\pi\varepsilon_0 r}$

  전위 $V = \dfrac{\rho}{2\pi\varepsilon_0}[\ln r]_a^b = \dfrac{\rho}{2\pi\varepsilon_0}\ln\dfrac{b}{a}$

06 코로나 방전이 3×10^6[V/m]에서 일어난다고 하면 반지름 10[cm]인 도체구에 저축할 수 있는 최대 전하량은 몇 [C]인가?

① 0.33×10^{-5}　　　② 0.72×10^{-6}

③ 0.84×10^{-7}　　　④ 0.98×10^{-8}

해설

공기 중 구도체 전계의 세기(절연내력)

$E = \dfrac{Q}{4\pi\varepsilon_0 r^2} = 3 \times 10^6 [V/m]$ 에서

최대 전하 $Q = 4\pi\varepsilon_0 r^2 \times E = \dfrac{1}{9 \times 10^9} \times 0.1^2 \times 3 \times 10^6$

$\qquad\qquad = 0.33 \times 10^{-5}[C]$

09 표면전하밀도가 $\rho_s[\text{C/m}^2]$인 무한히 넓은 도체판에서 R [m]만큼 떨어져 있는 점의 전계의 세기[V/m]는?

① $\dfrac{\rho_s}{\varepsilon_0}$ ② $\dfrac{\rho_s}{2\varepsilon_0}$

③ $\dfrac{\rho_s}{4\pi R^2}$ ④ $\dfrac{\rho_s}{2R}$

해설

표면전하밀도가 $\rho_s[\text{C/m}^2]$일 때

- 도체 표면에서의 전계의 세기 : $E=\dfrac{\rho_s}{\varepsilon_0}$
- 무한평면 도체판에서의 전계의 세기 : $E=\dfrac{\rho_s}{2\varepsilon_0}$

11 유전율이 ε인 유전체 내에 있는 점전하 Q에서 발산되는 전기력선의 수는 총 몇 개인가?

① Q ② $\dfrac{Q}{\varepsilon_0\varepsilon_s}$

③ $\dfrac{Q}{\varepsilon_s}$ ④ $\dfrac{Q}{\varepsilon_0}$

해설

전기력선 수와 전기력선 밀도는 매질과 전하에 모두 관계되므로 전계에 관한 가우스 정리에서

$\displaystyle\int_s E\cdot dS=\dfrac{Q}{\varepsilon}=\dfrac{Q}{\varepsilon_0\varepsilon_s}$ 이므로 전기력선의 수는 $\dfrac{Q}{\varepsilon_0\varepsilon_s}$ 개다.

10 도체의 성질에 대한 설명으로 틀린 것은?

① 도체 내부의 전계는 0이다.
② 전하는 도체 표면에만 존재한다.
③ 도체의 표면 및 내부의 전위는 등전위이다.
④ 도체 표면의 전하밀도는 표면의 곡률이 큰 부분일수록 작다.

해설

도체의 성질과 전하분포
- 도체 내부 전계의 세기는 0이다.
- 도체 내부는 중성이라 전하를 띠지 않고 도체 표면에만 전하가 분포한다.
- 도체 면에서의 전계의 세기는 도체 표면에 항상 수직이다.
- 도체 표면에서 전하밀도는 곡률이 클수록, 곡률반경은 작을수록 높다.

12 전기력선의 성질에 대한 설명 중 옳은 것은?

① 전기력선은 도체 표면과 직교한다.
② 전기력선은 전위가 낮은 점에서 높은 점으로 향한다.
③ 전기력선은 도체 내부에 존재할 수 있다.
④ 전기력선은 등전위면과 평행하다.

해설

전기력선의 성질
② 전기력선은 전위가 높은 점에서 낮은 점으로 향한다.
③ 전기력선은 도체 내부에 존재할 수 없다.
④ 전기력선은 등전위면과 항상 직교한다.

13 전기력선의 설명 중 틀린 것은?

① 전기력선은 부전하에서 시작하여 정전하에서 끝난다.
② 단위 전하에서는 $1/\varepsilon_0$개의 전기력선이 출입한다.
③ 전기력선은 전위가 높은 점에서 낮은 점으로 향한다.
④ 전기력선의 방향은 그 점의 전계의 방향과 일치하며 밀도는 그 점에서의 전계의 크기와 같다.

해설
전기력선의 성질
• 전기력선은 정(+)전하에서 출발하여 부(−)전하로 끝난다.
• 단위 전하에서는 $\dfrac{Q}{\varepsilon_0}$개의 전기력선이 출입하고 전속수는 Q개다.
• 전기력선은 전위가 높은 점에서 낮은 점으로 향한다.
• 전계가 0이 아닌 곳에서는 전기력선은 등전위면(도체면)에 수직으로 출입한다(전계의 방향은 전기력선의 접선 방향과 같다).

14 정전계에 주어진 전하분포에 의하여 발생되는 전계의 세기를 구하려고 할 때 적당하지 않은 방법은?

① 쿨롱의 법칙을 이용하여 구한다.
② 전위를 이용하여 구한다.
③ 가우스 법칙을 이용하여 구한다.
④ 비오−사바르의 법칙에 의하여 구한다.

해설
① 쿨롱의 법칙을 이용 : $E = \dfrac{Q}{4\pi\varepsilon_0 r^2}$
② 전위를 이용 : $V = E \cdot r,\ E = \dfrac{V}{r}$
③ 가우스 법칙을 이용 : $\displaystyle\int_S E ds = \dfrac{Q}{\varepsilon_0}$
④ 비오−사바르의 법칙(유한장 직선의 자계의 세기) 이용
$$H = \frac{I}{4\pi a}(\sin\theta_1 + \sin\theta_2) = \frac{I}{4\pi a}(\cos\beta_1 + \cos\beta_2)$$

15 원점에 점전하 Q[C]이 있을 때, 원점을 제외한 모든 점에서 $\nabla \cdot D$의 값은?

① ∞
② 0
③ 1
④ ε_0

해설
전하가 없는 곳의 전속밀도는 0이다($\nabla \cdot D = 0$).

16 진공 중에서 어떤 대전체의 전속이 Q이었다. 이 대전체를 비유전율 2.2인 유전체 속에 넣었을 경우의 전속은?

① Q
② εQ
③ $2.2Q$
④ 0

해설
전속 : 매질에 상관없이 불변한다.
$$\phi = \int_S D dS = Q$$

17 등전위면을 따라 전하 Q[C]를 운반하는 데 필요한 일은?

① 항상 0이다.
② 전하의 크기에 따라 변한다.
③ 전위의 크기에 따라 변한다.
④ 전하의 극성에 따라 변한다.

해설
정전계에서 전위는 위치만 결정되므로 전계 내에서 폐회로를 따라 전하를 일주시킬 때 하는 일은 항상 0이 된다. 또한 등전위면에서 하는 일은 항상 0이다.

18 $V = x^2$[V]로 주어지는 전위분포일 때 $x = 20$[cm]인 점의 전계는?

① $+x$방향으로 40[V/m]

② $-x$방향으로 40[V/m]

③ $+x$방향으로 0.4[V/m]

④ $-x$방향으로 0.4[V/m]

해설

$$E = -\nabla V = -\left(\frac{\partial V}{\partial x}a_x + \frac{\partial V}{\partial y}a_y + \frac{\partial V}{\partial z}a_z\right)$$
$$= -2x a_x = -2 \times 0.2 a_x = -0.4 a_x \text{[V/m]}$$

∴ 전계는 $-x$방향으로 0.4[V/m]이다.

19 반지름이 r_1인 가상구 표면에 $+Q$의 전하가 균일하게 분포되어 있는 경우, 가상구 내의 전위분포에 대한 설명으로 옳은 것은?

① $V = \dfrac{Q}{4\pi\varepsilon_0 r_1}$ 로 반지름에 반비례하여 감소한다.

② $V = \dfrac{Q}{4\pi\varepsilon_0 r_1}$ 로 일정하다.

③ $V = \dfrac{Q}{4\pi\varepsilon_0 r_1^2}$ 로 반지름에 반비례하여 감소한다.

④ $V = \dfrac{Q}{4\pi\varepsilon_0 r_1^2}$ 로 일정하다.

해설

대전 도체 내부는 전계가 없다. 즉 전위차가 없으므로 내부의 전위와 표면 전위는 같다.

가상구의 전위 $V = \dfrac{Q}{4\pi\varepsilon_0 r_1}$[V]

20 반경 a인 구도체에 $-Q$의 전하를 주고 구도체의 중심 O에서 $10a$되는 점 P에 $10Q$의 점전하를 놓았을 때, 직선 OP 위의 점 중에서 전위가 0이 되는 지점과 구도체의 중심 O와의 거리는?

① $\dfrac{a}{5}$

② $\dfrac{a}{2}$

③ a

④ $2a$

해설

$V_P - V_a = 9 \times 10^9 \dfrac{10Q}{10a} - 9 \times 10^9 \dfrac{Q}{X} = 0$[V]에서 전위가 0인 구도체의 거리 $X = a$[m]

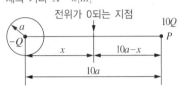

21 그림과 같이 $AB = BC = 1$[m]일 때 A와 B에 동일한 $+1[\mu C]$이 있는 경우 C점의 전위는 몇 [V]인가?

$$\overset{A}{\circ} \quad\quad \overset{B}{\circ} \quad\quad \overset{C}{\circ}$$

① 6.25×10^3

② 8.75×10^3

③ 12.5×10^3

④ 13.5×10^3

해설

$$V_C = V_A + V_B$$
$$= 9 \times 10^9 \times \frac{Q_A}{r} + 9 \times 10^9 \times \frac{Q_B}{2r}$$
$$= 9 \times 10^9 \times 1 \times 10^{-6} \times \left(1 + \frac{1}{2}\right)$$
$$= 13.5 \times 10^3 \text{[V]}$$

22 한 변의 길이가 $\sqrt{2}$ [m]인 정사각형의 4개 꼭짓점에 $+10^{-9}$[C]의 점전하가 각각 있을 때 이 사각형의 중심에서의 전위[V]는?

① 0

② 18

③ 36

④ 72

해설

10^{-9}[C] 하나에 대한 중심의 전위

$$V' = \frac{Q}{4\pi\varepsilon_0 a} = 9\times10^9 \times \frac{Q}{a} = 9\times10^9 \times \frac{10^{-9}}{1} = 9[\text{V}]$$

∴ 합성 전위 $V = 4V' = 4\times9 = 36[\text{V}]$

13 진공 중의 도체계와 정전용량

1 정전용량

도체에 일정한 전위 V를 주었을 때 전하 Q를 축적하는 능력

$$C = \frac{Q}{V} \ [\text{F} = \text{C/V}]$$

2 정전용량의 계산

(1) 구도체의 정전용량

$$C = \frac{Q}{V} = \frac{Q}{\dfrac{Q}{4\pi\varepsilon_0 a}} = 4\pi\varepsilon_0 a \ [\text{F}]$$

(2) 동심구도체의 정전용량

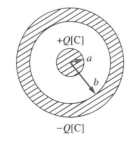

$$C = \frac{Q}{V_{ab}} = \frac{Q}{\dfrac{Q}{4\pi\varepsilon_0}\left(\dfrac{1}{a} - \dfrac{1}{b}\right)} = \frac{4\pi\varepsilon_0}{\left(\dfrac{1}{a} - \dfrac{1}{b}\right)}$$

내전압이 모두 같고 정전용량의 크기가 각각 0.01[F], 0.02[F], 0.04[F]인 3개의 콘덴서를 직렬연결하였다. 이 직렬회로 양단에 인가되는 전압을 서서히 증가시켰을 때 제일 먼저 파괴되는 콘덴서는?

① 0.01[F] 콘덴서

② 0.02[F] 콘덴서

③ 0.04[F] 콘덴서

④ 세 콘덴서 모두 동시에 파괴됨

해설

콘덴서 직렬연결 시 : 전하량 Q 일정

∴ $Q = CV$[C]에서 $Q \propto C$

C의 값이 가장 작은 것에 높은 전압이 인가되므로 $0.01[\mu\text{F}]$이 제일 먼저 파괴된다.

답 ①

내구의 반지름이 a[m], 외구의 반지름이 b[m]인 동심 구형 콘덴서에서 내구의 반지름과 외구의 반지름을 각각 $2a$[m], $2b$[m]로 증가시키면 구형 콘덴서의 정전용량은 몇 배로 되는가?

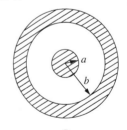

① 1   ② 2

③ 4   ④ 8

해설

$a = 2a$, $b = 2b$를 대입하면

$$C' = \frac{4\pi\varepsilon_0 \cdot 2a2b}{2b - 2a} = \frac{4\pi\varepsilon_0 \cdot 4ab}{2(b-a)} = \frac{4\pi\varepsilon_0 \cdot 2ab}{(b-a)} = 2C$$

∴ 2배가 된다.

답 ②

내·외 도체의 반경이 각각 a, b이고 길이 L인 동축케이블의 정전용량[F]은?

① $C = \dfrac{2\pi\varepsilon L}{\ln\dfrac{b}{a}}$ ② $C = \dfrac{4\pi\varepsilon L}{\ln\dfrac{b}{a}}$

③ $C = \dfrac{2\pi\varepsilon L}{\ln\dfrac{a}{b}}$ ④ $C = \dfrac{4\pi\varepsilon L}{\ln\dfrac{a}{b}}$

해설

• 선전하 λ가 주어졌을 때 전계의 세기

$$E = \frac{\lambda}{2\pi\varepsilon r}\,[\mathrm{V/m}]$$

• 내원통과 외원통의 전위차

$$V_{ab} = -\int_b^a E\,dr\,[\mathrm{V}] = \int_a^b E\,dr = \int_a^b \frac{\lambda}{2\pi\varepsilon r}\,dr$$

$$= \frac{\lambda}{2\pi\varepsilon}\int_a^b \frac{1}{r}\,dr \,.\, \int_a^b \frac{1}{r}\,dr = \ln r \ \text{대입}$$

$$= \frac{\lambda}{2\pi\varepsilon}[\ln r]_a^b = \frac{\lambda}{2\pi\varepsilon}(\ln b - \ln a) = \frac{\lambda}{2\pi\varepsilon}\ln\frac{b}{a}\,[\mathrm{V}]$$

• 동축 케이블의 정전용량

$$C = \frac{\lambda}{V_{ab}} = \frac{\lambda}{\dfrac{\lambda}{2\pi\varepsilon}\ln\dfrac{b}{a}} = \frac{2\pi\varepsilon}{\ln\dfrac{b}{a}}\,[\mathrm{F}]$$

∴ 단위 길이 $L[\mathrm{m}]$가 주어진 경우 $C = \dfrac{2\pi\varepsilon}{\ln\dfrac{b}{a}}\cdot L[\mathrm{F}]$

답 ①

한 변의 길이가 30[cm]인 정방형 전극판이 2[cm] 간극으로 놓여 있는 평행판 콘덴서가 있다. 이 콘덴서의 평행판 사이에 유전율이 10^{-5}[F/m]인 유전체를 채우고 양 극판에 200[V]의 전위차를 주면 축적되는 전하량[C]은?

① 3×10^{-3} ② 5×10^{-3}

③ 9×10^{-3} ④ 15×10^{-3}

해설

• 평행판 콘덴서 정전용량

$$C = \frac{\varepsilon A}{d}\,[\mathrm{F}] = \frac{10^{-5}\times(0.3\times0.3)}{0.02} = 4.5\times10^{-5}\,[\mathrm{F}]$$

• 전하량

$$Q = CV = (4.5\times10^{-5})\times200 = 900\times10^{-5} = 9\times10^{-3}\,[\mathrm{C}]$$

답 ③

---

(3) 동심원통 도체(동축케이블)의 정전용량

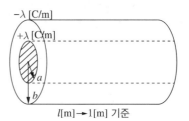

$$C = \frac{Q}{V} = \frac{\lambda\cdot1}{V} = \frac{\lambda}{\dfrac{\lambda}{2\pi\varepsilon_0}\ln\dfrac{b}{a}} = \frac{2\pi\varepsilon_0}{\ln\dfrac{b}{a}}\,[\mathrm{F/m}]$$

(4) 평행 원통도체 사이의 정전용량

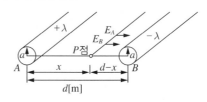

$$C = \frac{Q}{V} = \frac{\lambda\cdot1}{V} = \frac{\lambda}{\dfrac{\lambda}{\pi\varepsilon_0}\ln\dfrac{d}{a}} = \frac{\pi\varepsilon_0}{\ln\dfrac{d}{a}}\,[\mathrm{F/m}]\,(단,\ d\gg a\,일\ 때)$$

(5) 평행판 전극에서의 정전용량

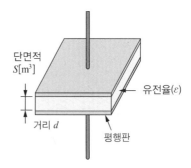

$$C = \frac{Q}{V} = \frac{\sigma S}{\dfrac{\sigma}{\varepsilon}d} = \frac{\varepsilon S}{d}\,[\mathrm{F}]$$

3 합성 정전용량

(1) 직렬연결 : Q가 일정

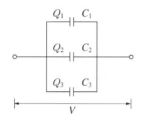

$$V_1 = \frac{Q}{C_1}, \quad V_2 = \frac{Q}{C_2}, \quad V_3 = \frac{Q}{C_3}$$

$$V = V_1 + V_2 + V_3 = \frac{Q}{C_1} + \frac{Q}{C_2} + \frac{Q}{C_3} = Q\left(\frac{1}{C_1} + \frac{1}{C_2} + \frac{1}{C_3}\right)[\mathrm{V}]$$

합성 용량 $C_t = \dfrac{Q}{V} = \dfrac{Q}{Q\left(\dfrac{1}{C_1} + \dfrac{1}{C_2} + \dfrac{1}{C_3}\right)} = \dfrac{1}{\left(\dfrac{1}{C_1} + \dfrac{1}{C_2} + \dfrac{1}{C_3}\right)}[\mathrm{F}]$

(2) 병렬연결 : V가 일정

$$Q_1 = C_1 V, \quad Q_2 = C_2 V, \quad Q_3 = C_3 V$$

$$Q = Q_1 + Q_2 + Q_3 = C_1 V + C_2 V + C_3 V = (C_1 + C_2 + C_3)V$$

합성 용량 $C_t = \dfrac{Q}{V} = \dfrac{(C_1 + C_2 + C_3)V}{V} = C_1 + C_2 + C_3[\mathrm{F}]$

4 콘덴서에 충전되는 에너지

$$W = \frac{1}{2}CV^2 = \frac{1}{2}VQ = \frac{Q^2}{2C}[\mathrm{J}]$$

정전용량이 10[μF]과 40[μF]인 2개의 커패시터를 직렬 연결한 회로가 있다. 이 직렬회로에 10[V]의 직류전압을 인가할 때, 10[μF]의 커패시터에 축적되는 전하의 양[C]은?

① 8×10^{-5} ② 4×10^{-5}

③ 2×10^{-5} ④ 1×10^{-5}

해설

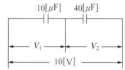

콘덴서 직렬연결

$C = \dfrac{C_1 \times C_2}{C_1 + C_2} = \dfrac{10 \times 40}{10 + 40} = \dfrac{400}{50} = 8[\mu\mathrm{F}]$

$Q = CV[\mathrm{C}] = 8 \times 10^{-6} \times 10 = 8 \times 10^{-5}$

C_1과 C_2에 충전되는 전하량은 같다.

답 ①

다음 회로에서 콘덴서 C_1 양단의 전압[V]은?

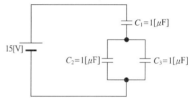

① 4   ② 5

③ 10   ④ 12

해설

• 합성 정전용량

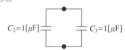

$C = 1 + 1 = 2[\mu\mathrm{F}]$

• 콘덴서 C_1 양단의 분배 전압

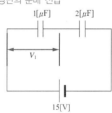

$Q = CV, \quad V = \dfrac{Q}{C}$ 이므로

$\therefore V_1 = \dfrac{C_2}{C_1 + C_2} \times V[\mathrm{V}] = \dfrac{2}{1+2} \times 15 = \dfrac{2 \times 15}{3} = \dfrac{30}{3}$

$\quad = 10[\mathrm{V}]$

답 ③

적중예상문제

01 두 도체 사이에 100[V]의 전위를 가하는 순간 700[μC]의 전하가 축적되었을 때 이 두 도체 사이의 정전용량은 몇 [μF]인가?

① 4

② 5

③ 6

④ 7

해설

정전용량 $C = \dfrac{Q}{V} = \dfrac{700[\mu\text{C}]}{100[\text{V}]} = 7[\mu\text{F}]$

03 평행판 콘덴서의 양극판 면적을 3배로 하고 간격을 $\dfrac{1}{3}$로 줄이면 정전용량은 처음의 몇 배가 되는가?

① 1

② 3

③ 6

④ 9

해설

정전용량 $C = \varepsilon\dfrac{S}{d}[\text{F}]$에서 $C' = \varepsilon\dfrac{3S}{\dfrac{d}{3}} = \varepsilon\dfrac{9S}{d} = 9C[\text{F}]$

02 평행판 콘덴서에서 전극 간에 V[V]의 전위차를 가할 때 전계의 세기가 공기의 절연내력 E[V/m]를 넘지 않도록 하기 위한 콘덴서의 단위 면적당의 최대 용량은 몇 [F/m^2]인가?

① $\dfrac{\varepsilon_0 V}{E}$

② $\dfrac{\varepsilon_0 E}{V}$

③ $\dfrac{\varepsilon_0 V^2}{E}$

④ $\dfrac{\varepsilon_0 E^2}{V}$

해설

정전용량 $C = \dfrac{\varepsilon_0 S}{d}[\text{F}]$에서

$C = \dfrac{\varepsilon_0}{d}[\text{F/m}^2] = \dfrac{\varepsilon_0}{\dfrac{V}{E}} = \dfrac{\varepsilon_0 E}{V}[\text{F/m}^2]$

04 정전용량 6[μF], 극간거리 2[mm]의 평행 평판 콘덴서에 300[μC]의 전하를 주었을 때 극판 간의 전계는 몇 [V/mm]인가?

① 25

② 50

③ 150

④ 200

해설

평행 평판 콘덴서

$V = \dfrac{Q}{C} = \dfrac{300 \times 10^{-6}}{6 \times 10^{-6}} = 50[\text{V}]$ 이며

$V = E \cdot r = E \cdot d = E \cdot l$에 의해

$E = \dfrac{V}{l} = \dfrac{50}{2 \times 10^{-3}} = 25 \times 10^3[\text{V/m}] = 25[\text{V/mm}]$

05 진공 중에서 1[μF]의 정전용량을 갖는 구의 반지름은 몇 [km]인가?

① 0.9　　　　　　　② 9

③ 90　　　　　　　④ 900

해설

구도체의 정전용량

$C = 4\pi\varepsilon_0 a = \dfrac{1}{9\times 10^9}\times a$이므로

$\therefore$ 반지름$(a) = 9\times 10^9\, C = 9\times 10^9 \times 1\times 10^{-6} = 9\times 10^3 [\mathrm{m}]$
$= 9[\mathrm{km}]$

06 동심구형 콘덴서의 내외 반지름을 각각 5배로 증가시키면 정전용량은 몇 배로 증가하는가?

① 5　　　　　　　② 10

③ 15　　　　　　　④ 20

해설

동심구의 정전용량 $C = \dfrac{4\pi\varepsilon_0}{\dfrac{1}{a}-\dfrac{1}{b}} = \dfrac{1}{9\times 10^9}\cdot\dfrac{ab}{b-a}$에서

$C' = \dfrac{1}{9\times 10^9}\cdot\dfrac{5a5b}{5b-5a} = \dfrac{1}{9\times 10^9}\cdot\dfrac{5a5b}{5(b-a)}$

$= 5\cdot\dfrac{1}{9\times 10^9}\cdot\dfrac{ab}{(b-a)}$

$= 5C$

07 동심구형 콘덴서의 내외 반지름을 각각 2배로 증가시켜서 처음의 정전용량과 같게 하려면 유전체의 비유전율은 처음의 유전체에 비하여 어떻게 하면 되는가?

① 1배로 한다.　　　② 2배로 한다.

③ $\dfrac{1}{2}$로 줄인다.　　④ $\dfrac{1}{4}$로 줄인다.

해설

동심구의 정전용량

• 처음 $C_{ab} = \dfrac{4\pi\varepsilon}{\dfrac{1}{a}-\dfrac{1}{b}} = \dfrac{4\pi\varepsilon_0\varepsilon_s ab}{b-a}[\mathrm{F}]$

• 변화 $C_{ab}' = \dfrac{4\pi\varepsilon_0\varepsilon_s'\times 2a\times 2b}{2(b-a)} = 2\times\dfrac{4\pi\varepsilon_0\varepsilon_s' ab}{b-a} = 2C[\mathrm{F}]$

$C_{ab}' = C_{ab}$일 때 비유전율 $\varepsilon_s' = \dfrac{\varepsilon_s}{2}$

08 그림과 같은 동축케이블에 유전체가 채워졌을 때의 정전용량[F]은?(단, 유전체의 비유전율은 ε_s이고 내반지름과 외반지름은 각각 a[m], b[m]이며 케이블의 길이는 l[m]이다)

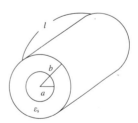

① $\dfrac{2\pi\varepsilon_s l}{\ln\dfrac{b}{a}}$　　　　　② $\dfrac{2\pi\varepsilon_0\varepsilon_s l}{\ln\dfrac{b}{a}}$

③ $\dfrac{\pi\varepsilon_s l}{\ln\dfrac{b}{a}}$　　　　　④ $\dfrac{\pi\varepsilon_0\varepsilon_s l}{\ln\dfrac{b}{a}}$

해설

동축케이블의 정전용량 $C = \dfrac{2\pi\varepsilon}{\ln\dfrac{b}{a}}[\mu\mathrm{F/km}]$

09 그림과 같이 내외 도체의 반지름이 a, b인 동축선(케이블)의 도체 사이에 유전율이 ε인 유전체가 채워져 있는 경우 동축선의 단위 길이당 정전용량은?

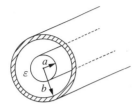

① $\varepsilon\log_e\dfrac{b}{a}$에 비례한다.

② $\dfrac{1}{\varepsilon}\log_e\dfrac{b}{a}$에 비례한다.

③ $\dfrac{\varepsilon}{\log_e\dfrac{b}{a}}$에 비례한다.

④ $\dfrac{\varepsilon b}{a}$에 비례한다.

해설

동축선(원통)의 정전용량

$C=\dfrac{2\pi\varepsilon}{\ln\dfrac{b}{a}}[\mathrm{F/m}]$

10 반지름 a[m]인 두 개의 무한장 도선이 d[m]의 간격으로 평행하게 놓여 있을 때, $a\ll d$인 경우, 단위 길이당 정전용량[F/m]은?

① $\dfrac{2\pi\varepsilon_o}{\ln\dfrac{d}{a}}$

② $\dfrac{\pi\varepsilon_o}{\ln\dfrac{d}{a}}$

③ $\dfrac{4\pi\varepsilon_o}{\dfrac{1}{a}-\dfrac{1}{d}}$

④ $\dfrac{2\pi\varepsilon_o}{\dfrac{1}{a}-\dfrac{1}{d}}$

해설

평형 도선의 정전용량 $C=\dfrac{\pi\varepsilon_0}{\ln\dfrac{d-a}{a}}[\mathrm{F/m}]$

조건 $d\gg a$에서 $C=\dfrac{\pi\varepsilon_0}{\ln\dfrac{d}{a}}[\mathrm{F/m}]$

11 그림과 같이 반지름 a[m], 중심간격 d[m]인 평행원통도체가 공기 중에 있다. 원통도체의 선전하밀도가 각각 $\pm\rho_L$[C/m]일 때 두 원통도체 사이의 단위 길이당 정전용량은 약 몇 [F/m]인가?(단, $d\gg a$이다)

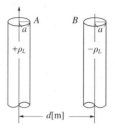

① $\dfrac{\pi\varepsilon_0}{\ln\dfrac{d}{a}}$

② $\dfrac{\pi\varepsilon_0}{\ln\dfrac{a}{d}}$

③ $\dfrac{4\pi\varepsilon_0}{\ln\dfrac{d}{a}}$

④ $\dfrac{4\pi\varepsilon_0}{\ln\dfrac{a}{d}}$

해설

평행도선의 정전용량 $C=\dfrac{\pi\varepsilon_0}{\ln\dfrac{d-a}{a}}[\mathrm{F/m}]$

조건 $d\gg a$에서 $C=\dfrac{\pi\varepsilon_0}{\ln\dfrac{d}{a}}[\mathrm{F/m}]$

12 두 개의 콘덴서를 직렬접속하고 직류전압을 인가 시 설명으로 옳지 않은 것은?

① 정전용량이 작은 콘덴서의 전압이 많이 걸린다.
② 합성 정전용량은 각 콘덴서의 정전용량의 합과 같다.
③ 합성 정전용량은 각 콘덴서의 정전용량보다 작아진다.
④ 각 콘덴서의 두 전극에 정전유도에 의하여 정·부의 동일한 전하가 나타나고 전하량은 일정하다.

해설

직렬접속 시

• $C_0=\dfrac{C_1C_2}{C_1+C_2}$

• 저항의 병렬결선과 동일 방법

• 접속되는 콘덴서가 증가할수록 합성 정전용량은 감소

13 콘덴서의 성질에 관한 설명으로 틀린 것은?

① 정전용량이란 도체의 전위를 1[V]로 하는 데 필요한 전하량을 말한다.

② 용량이 같은 콘덴서를 n개 직렬연결하면 내압은 n배, 용량은 $1/n$로 된다.

③ 용량이 같은 콘덴서를 n개 병렬연결하면 내압은 같고, 용량은 n배로 된다.

④ 콘덴서를 직렬연결할 때 각 콘덴서에 분포되는 전하량은 콘덴서 크기에 비례한다.

해설

콘덴서를 직렬연결 시 두 콘덴서에 충전되는 전하량은 같다.

14 콘덴서를 그림과 같이 접속했을 때 C_x의 정전용량은 몇 [μF]인가?(단, $C_1 = C_2 = C_3 = 3[\mu F]$이고, $a-b$ 사이의 합성 정전용량은 5[μF]이다)

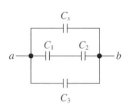

① 0.5   ② 1
③ 2   ④ 4

해설

$$C_o = C_x + C_3 + \frac{C_1 C_2}{C_1 + C_2}$$

$$\therefore\ C_x = C_0 - C_3 - \frac{C_1 C_2}{C_1 + C_2} = 5 - 3 - \frac{3 \times 3}{3 + 3} = 0.5[\mu F]$$

15 100[kV]로 충전된 8×10^3[pF]의 콘덴서가 축적할 수 있는 에너지는 몇 [W] 전구가 2초 동안 한 일에 해당되는가?

① 10   ② 20
③ 30   ④ 40

해설

• 일 $W = \frac{1}{2}CV^2 = \frac{1}{2} \times 8 \times 10^3 \times 10^{-12} \times (100,000)^2 = 40[J]$

• 에너지 $P = \frac{W}{t} = \frac{40}{2} = 20[W]$

16 5,000[μF]의 콘덴서를 60[V]로 충전시켰을 때 콘덴서에 축적되는 에너지는 몇 [J]인가?

① 5   ② 9
③ 45   ④ 90

해설

정전 에너지

$$W = \frac{1}{2}CV^2 = \frac{1}{2}\frac{Q^2}{C} = \frac{1}{2}QV[J] = \frac{1}{2} \times 5,000 \times 10^{-6} \times 60^2$$
$$= 9[J]$$

17 1[kV]로 충전된 어떤 콘덴서의 정전에너지가 1[J]일 때, 이 콘덴서의 크기는 몇 [μF]인가?

① 2[μF]   ② 4[μF]
③ 6[μF]   ④ 8[μF]

해설

콘덴서에 저장되는 에너지 $W = \frac{1}{2}CV^2$ 에서

$$C = \frac{2W}{V^2} = \frac{2 \times 1}{1,000^2} = 2[\mu F]$$

18 W_1, W_2의 에너지를 갖는 두 콘덴서를 병렬로 연결하였을 경우 총에너지 W에 대한 관계식으로 옳은 것은?(단, $W_1 \neq W_2$이다)

① $W_1 + W_2 > W$ ② $W_1 + W_2 < W$
③ $W_1 + W_2 = W$ ④ $W_1 - W_2 = W$

해설
전위가 다르게 충전된 콘덴서를 병렬로 접속 시 전위차가 같아지도록 높은 전위 콘덴서의 전하가 낮은 전위 콘덴서 쪽으로 이동하여 이에 따른 전하의 이동으로 도선에서 전력 소모가 일어난다.

20 정전용량(C_i)과 내압($V_{i\max}$)이 다른 콘덴서를 여러 개 직렬로 연결하고 그 직렬회로 양단에 직류전압을 인가할 때 가장 먼저 절연이 파괴되는 콘덴서는?

① 정전용량이 가장 작은 콘덴서
② 최대 충전전하량이 가장 작은 콘덴서
③ 내압이 가장 작은 콘덴서
④ 배분전압이 가장 큰 콘덴서

해설
직렬회로에서 축적되는 전하량이 같으므로 각 콘덴서의 전하용량($Q = CV$)이 작을수록 빨리 파괴된다.

19 유전율 ε, 전계의 세기 E인 유전체의 단위 체적에 축적되는 에너지는?

① $\dfrac{E}{2\varepsilon}$ ② $\dfrac{\varepsilon E}{2}$
③ $\dfrac{\varepsilon E^2}{2}$ ④ $\dfrac{\varepsilon^2 E^2}{2}$

해설
단위 체적당 에너지
$$w = \frac{1}{2}\varepsilon E^2 = \frac{D^2}{2\varepsilon} = \frac{1}{2}ED[\text{J/m}^3]$$

CHAPTER 14 유전체

1 유전체

(1) 유전체

① 전계 중에서 분극현상이 나타나는 절연체

② 비유전율(ε_s)이 1보다 큰 절연체

(2) 유전율(ε)

전하가 유전되어 퍼져나가는 비율

$$\varepsilon = \varepsilon_0 \varepsilon_s$$

(3) 비유전율(ε_s)

① 진공에서의 유전율(ε_0)에 대한 다른 매질의 유전율의 비율

② 매질마다 각각 다른 값을 가지며 진공(공기) 중에서의 값은 1이다.

$$\varepsilon_s = \frac{C}{C_0} = \frac{\varepsilon \dfrac{S}{d}}{\varepsilon_0 \dfrac{S}{d}} = \frac{\varepsilon}{\varepsilon_0} > 1$$

C_0 : 절연체 삽입 전(진공) 콘덴서의 정전용량, C : 절연체 삽입 후 콘덴서의 정전용량

③ 콘덴서에 유전체를 삽입하면 전계의 세기 및 전위차는 감소하고 정전용량은 증가한다.

→ 이는 분극현상에 의해 극판간에 중화된 양만큼의 전하가 더 축적되기 때문이다.

그림과 같이 비유전율이 각각 5와 8인 유전체 A와 B를 동일한 면적, 동일한 두께로 접합하여 평판전극을 만들었다. 전극 양단에 전압을 인가하여 완전히 충전한 후, 유전체 A의 양단 전압을 측정하였더니 80[V]였다. 이때 유전체 B의 양단 전압[V]은?

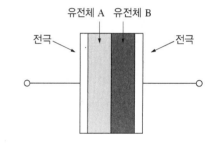

유전체 A   유전체 B

전극   전극

① 50   ② 80
③ 96   ④ 128

해 설

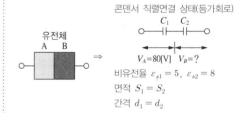

유전체
A B

콘덴서 직렬연결 상태(등가회로)

C_1 C_2

$V_A = 80[\text{V}]$ $V_B = ?$

비유전율 $\varepsilon_{s1} = 5$, $\varepsilon_{s2} = 8$

면적 $S_1 = S_2$

간격 $d_1 = d_2$

$C_1 = \dfrac{\varepsilon S}{d} = 5\dfrac{S}{d}$, $C_2 = \dfrac{\varepsilon S}{d} = 8\dfrac{S}{d}$

$C_1 : C_2 = 5 : 8$이므로

$Q = CV$, $V = \dfrac{Q}{C}$에서 $V_A : V_B = 8 : 5$

$\therefore V_A = 80[\text{V}]$, $V_B = 50[\text{V}]$

답 ①

정전용량이 C_0[F]인 평행평판 공기 콘덴서가 있다. 이 극판에 평행하게, 판 간격 d[m]의 $\frac{4}{5}$ 두께가 되는 비유전율 ε_s인 에보나이트 판으로 채우면, 이 때의 정전용량의 값[F]은?

① $\dfrac{5\varepsilon_s}{1+4\varepsilon_s}C_0$[F]　　② $\dfrac{5\varepsilon_s}{4+\varepsilon_s}C_0'$[F]

③ $\dfrac{4+\varepsilon_s}{5}C_0$[F]　　④ $\dfrac{1+4\varepsilon_s}{5}C_0'$[F]

해설

평행판 콘덴서의 정전용량

$C = \varepsilon \cdot \dfrac{A}{d}$[F]

(A : 평행판 면적, d : 평행판 간격, $\varepsilon(=\varepsilon_0 \cdot \varepsilon_r)$: 유전율, ε_0 : 고유유전율(공기=1), ε_r : 비유전율)

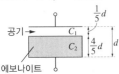

C_1 : 공기($\varepsilon_1 = 1$)
C_2 : 에보나이트($\varepsilon_r = \varepsilon_s$)

모두 공기 : $C_0 = \varepsilon_0 \cdot \dfrac{A}{d}$

공기 : $C_1 = \varepsilon_0 \cdot 1 \cdot \dfrac{A}{\frac{1}{5}d} = 5\varepsilon_0 \cdot \dfrac{A}{d} = 5C_0$

에보나이트 : $C_2 = \varepsilon_0 \varepsilon_s \cdot \dfrac{A}{\frac{4}{5}d} = \dfrac{5}{4} \cdot \varepsilon_s \cdot \varepsilon_0 \dfrac{A}{d}$

$\qquad\qquad = \dfrac{5}{4}\varepsilon_s \cdot C_0$

C_1과 C_2는 직렬로 연결되어 있으므로,

$C = \dfrac{C_1 \cdot C_2}{C_1 + C_2} = \dfrac{5C_0 \cdot \frac{5}{4}\varepsilon_s C_0}{5C_0 + \frac{5}{4}\varepsilon_s \cdot C_0}$

$\quad = \dfrac{\frac{5}{4}\varepsilon_s \cdot 5C_0 \cdot C_0}{\left(1 + \frac{1}{4}\varepsilon_s\right) \cdot 5C_0} = \dfrac{5\varepsilon_s}{4+\varepsilon_s}C_0$[F]

답 ②

2 유전체에 의한 콘덴서의 정전용량

(1) 직렬연결 시(S가 일정)

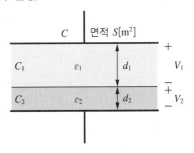

[등가회로]

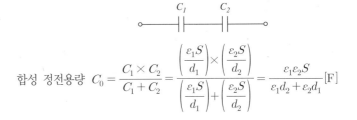

합성 정전용량 $C_0 = \dfrac{C_1 \times C_2}{C_1 + C_2} = \dfrac{\left(\dfrac{\varepsilon_1 S}{d_1}\right) \times \left(\dfrac{\varepsilon_2 S}{d_2}\right)}{\left(\dfrac{\varepsilon_1 S}{d_1}\right) + \left(\dfrac{\varepsilon_2 S}{d_2}\right)} = \dfrac{\varepsilon_1 \varepsilon_2 S}{\varepsilon_1 d_2 + \varepsilon_2 d_1}$[F]

(2) 병렬연결 시(d가 일정)

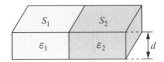

[등가회로]

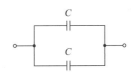

$\therefore\ C_0 = C_1 + C_2 = \dfrac{\varepsilon_1 S_1}{d} + \dfrac{\varepsilon_2 S_2}{d} = \dfrac{\varepsilon_0}{d}\left(\varepsilon_{s1}S_1 + \varepsilon_{s2}S_2\right)$[F]

3 분극

(1) 전기 분극현상

① 유전체에 전계가 인가될 때 전자와 핵의 위치이동으로 인해 극이 분리되는 현상

② 양전하는 전계 방향으로 음전하는 전계와 반대 방향으로 변위를 일으켜 전기 쌍극자를 형성한다.

(2) 유전체의 전계와 전속밀도

① 진공의 경우 : $E = \dfrac{\rho}{\varepsilon_0}$ [V/m]

② 유전체 삽입한 경우 : $E = \dfrac{\rho - \rho'}{\varepsilon_0}$ [V/m]

($\because$ 분극전하밀도가 나타나 면전하밀도는 $\rho - \rho'$ 로 감소)

ρ : 진전하밀도(유전체의 전하밀도), $\rho = D[\text{C/m}^2]$, $D = \varepsilon E = \varepsilon_0 \varepsilon_s E[\text{C/m}^2]$

ρ' : 분극전하밀도(=분극의 세기), $\rho' = P[\text{C/m}^2]$

(3) 분극의 세기 $P[\text{C/m}^2]$(분극전하밀도 = 전기분극도)

① 전계의 세기 $E = \dfrac{D - P}{\varepsilon_0}$ [V/m]

② 분극의 세기 $P = D - \varepsilon_0 E = D - \dfrac{D}{\varepsilon_s} = D\left(1 - \dfrac{1}{\varepsilon_s}\right) = \varepsilon_0 \varepsilon_s E - \varepsilon_0 E$

$\qquad\qquad\qquad = \varepsilon_0 (\varepsilon_s - 1) E$

③ 분극률 $\chi = \varepsilon_0 (\varepsilon_s - 1)$

전계의 세기가 50.0[kV/m]이고 비유전율이 8.00인 유전체 내의 전속밀도[C/m²]는?

① 8.85×10^{-6} ② 7.08×10^{-6}

③ 4.42×10^{-6} ④ 3.54×10^{-6}

해설
전속밀도
$D = \varepsilon E = \varepsilon_0 \cdot \varepsilon_s \cdot E[\text{C/m}^2]$

$\quad = 8.855 \times 10^{-12} \times 8 \times 50 \times 10^3$

$\quad = 3.542 \times 10^{-12} \times 10^3 \fallingdotseq 3.54 \times 10^{-6}[\text{C/m}^2]$

답 ④

자유공간에 놓여 있는 1[cm] 두께의 합성수지판 표면에 수직 방향(법선 방향)으로 외부에서 전계 E_0[V/m]를 가하였을 경우에 대한 설명으로 가장 옳지 않은 것은?(단, 합성수지판의 비유전율은 $\varepsilon_r = 2.50$이며, ε_0는 자유공간의 유전율이다)

① 합성수지판 내부의 전속밀도는 $\varepsilon_0 E_0$[C/m²]이다.

② 합성수지판 내부의 전계의 세기는 $0.4 E_0$[V/m]이다.

③ 합성수지판 내부의 분극 세기는 $0.5 \varepsilon_0 E_0$[C/m²]이다.

④ 합성수지판 외부에서 분극 세기는 0이다.

해설
• 내부 전속밀도 $D = \varepsilon_0 E_0 [\text{C/m}^2]$

• 내부 전계의 세기 $E = \dfrac{D}{\varepsilon} = \dfrac{\varepsilon_0 E_0}{2.5 \varepsilon_0} = 0.4 E_0 [\text{V/m}]$

• 내부 분극의 세기 $P = \varepsilon_0 (\varepsilon_r - 1) E$

$\qquad\qquad\qquad = \varepsilon_0 (2.5 - 1) 0.4 E_0$

$\qquad\qquad\qquad = 0.6 \varepsilon_0 E_0 [\text{C/m}^2]$

• 외부 분극의 세기 $P = \varepsilon_0 (\varepsilon_r - 1) E$, $\varepsilon_r = 1$

$\qquad\qquad\qquad = 0$

답 ③

서로 다른 유전체의 경계면에서 발생되는 전기적 현상에 대한 설명으로 옳은 것은?

① 경계면에서 전계 세기의 접선 성분은 유전율의 차이로 달라진다.
② 경계면에서 전속밀도의 법선 성분은 유전율의 차이에 관계없이 같다.
③ 전속밀도는 유전율이 큰 영역에서 크기가 줄어든다.
④ 전계의 세기는 유전율이 작은 영역에서 크기가 줄어든다.

해 설
• 경계면에서 전계 세기의 접선 성분은 유전율에 의해 일정하다.
• 전속밀도는 유전율이 큰 영역에서 크기가 커진다.
• 전계의 세기는 유전율이 작은 영역에서 크기가 커진다.

답 ②

$E = 50[\text{V/m}]$, $D = 100[\text{C/m}^2]$일 때, 에너지 W는?

① 2,000　　　　② 2,500
③ 3,000　　　　④ 3,500

해 설
$$W = \frac{1}{2} DE [\text{J/m}^3] = \frac{1}{2} \times 100 \times 50 = 2,500 [\text{J/m}^3]$$

답 ②

4 유전체의 경계 조건

(1) **전계** : 경계면에서 접선(수평)성분은 양측에서 같다.

$$E_{1t} = E_{2t}, \quad E_1 \sin\theta_1 = E_2 \sin\theta_2$$

(2) **전속밀도** : 경계면에서 법선(수직)성분은 양측에서 같다.

$$D_{1n} = D_{2n}, \quad D_1 \cos\theta_1 = D_2 \cos\theta_2$$

(3) **굴절각**

$$\frac{\tan\theta_1}{\tan\theta_2} = \frac{\varepsilon_1}{\varepsilon_2}$$

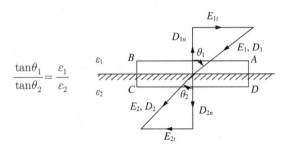

(4) **비례관계**

$$\varepsilon_1 > \varepsilon_2, \quad \theta_1 > \theta_2, \quad D_1 > D_2, \quad E_1 < E_2$$

5 유전체에서 에너지밀도

$$w = \frac{1}{2} ED = \frac{1}{2} \frac{D^2}{\varepsilon} = \frac{1}{2} \varepsilon E^2 [\text{J/m}^3]$$

6 정전 흡인력

$$F = \frac{1}{2} \varepsilon E^2 [\text{N/m}^2]$$

적중예상문제

01 임의의 절연체에 대한 유전율의 단위로 옳은 것은?

① [F/m]
② [V/m]
③ [N/m]
④ [C/m²]

해설

진공(공기) 유전율의 단위는 [F/m]이다.

02 비유전율 ε_s에 대한 설명으로 옳은 것은?

① ε_s의 단위는 [C/m]이다.
② ε_s는 항상 1보다 작은 값이다.
③ ε_s는 유전체의 종류에 따라 다르다.
④ 진공의 비유전율은 0이고, 공기의 비유전율은 1이다.

해설

③ 비유전율은 유전체의 종류에 따라 다르다.
① 비유전율은 진공의 유전율과 다른 절연물의 유전율과의 비이며 단위는 없다.
② 모든 유전체의 비유전율은 1보다 크다.
④ 진공의 비유전율은 1, 공기의 비유전율은 약 1이다.

03 강유전체에 대한 설명 중 옳지 않은 것은?

① 타이타늄산바륨과 인산칼륨은 강유전체에 속한다.
② 강유전체의 결정에 힘을 가하면 분극을 생기게 하여 전압이 나타난다.
③ 강유전체에 생기는 전압의 변화와 고유진동수의 관계를 이용하여 발전기, 마이크로폰 등에 이용되고 있다.
④ 강유전체에 전압을 가하면 변형이 생기고 내부에만 정・부의 전하가 생긴다.

해설

강유전체에 전압을 가하면 변형이 생기고 내부와 외부에 전하가 생긴다.

04 평행판 공기 콘덴서의 양 극판에 $+\sigma[C/m^2]$, $-\sigma[C/m^2]$의 전하가 분포되어 있다. 이 두 전극 사이에 유전율 ε [F/m]인 유전체를 삽입한 경우의 전계[V/m]는?(단, 유전체의 분극전하밀도를 $+\sigma'[C/m^2]$, $-\sigma'[C/m^2]$이라 한다)

① $\dfrac{\sigma}{\varepsilon_0}$
② $\dfrac{\sigma+\sigma'}{\varepsilon_0}$
③ $\dfrac{\sigma}{\varepsilon_0}-\dfrac{\sigma'}{\varepsilon}$
④ $\dfrac{\sigma-\sigma'}{\varepsilon_0}$

해설

유전체의 전계와 전속밀도의 관계

$$E = \frac{진전하밀도 - 분극전하밀도}{\varepsilon_0} = \frac{\sigma-\sigma'}{\varepsilon_0}[V/m]$$

05 전속밀도 D, 전계의 세기 E, 분극의 세기 P 사이의 관계식은?

① $P = D + \varepsilon_0 E$
② $P = D - \varepsilon_0 E$
③ $P = D(1 - \varepsilon_0)E$
④ $P = \varepsilon_0(D - E)$

해설

• 분극의 세기 $P = D - \varepsilon_0 E = \varepsilon_0(\varepsilon_s - 1)E = D\left(1 - \dfrac{1}{\varepsilon_s}\right) = \chi \cdot E$

• 분극의 정의 : 단위 체적당 전기쌍극자모멘트

$P = \dfrac{\Delta Q}{\Delta S} = \dfrac{\Delta M}{\Delta V} = \delta'\,[\text{C/m}^2]$

• 자기 쌍극자 $M = Q \cdot \delta\,[\text{C} \cdot \text{m}]$

07 비유전율 $\varepsilon_s = 5$인 등방유전체인 한 점에서 전계의 세기 $E = 10^4[\text{V/m}]$일 때, 이 점에서의 분극률은?

① $\dfrac{10^{-5}}{9\pi}\,[\text{F/m}]$
② $\dfrac{10^{-7}}{9\pi}\,[\text{F/m}]$
③ $\dfrac{10^{-9}}{9\pi}\,[\text{F/m}]$
④ $\dfrac{10^{-12}}{9\pi}\,[\text{F/m}]$

해설

• 분극의 세기 $P = \varepsilon_0(\varepsilon_s - 1)E$

• 분극률 $\chi = \varepsilon_0(\varepsilon_s - 1) = \dfrac{P}{E} = \dfrac{1}{36\pi \times 10^9} \times (5 - 1)$

$\qquad = \dfrac{10^{-9}}{9\pi}\,[\text{F/m}]$

06 비유전율이 10인 유전체를 5[V/m]인 전계 내에 놓으면 유전체의 표면전하밀도는 몇 [C/m²]인가?(단, 유전체의 표면과 전계는 직각이다)

① $35\varepsilon_0$
② $45\varepsilon_0$
③ $55\varepsilon_0$
④ $65\varepsilon_0$

해설

분극의 세기

$P = D - \varepsilon_0 E = \varepsilon_0(\varepsilon_s - 1)E = D\left(1 - \dfrac{1}{\varepsilon_s}\right) = \chi \cdot E$에서

유전체의 표면전하밀도 $\delta = P$

$P = \varepsilon_0(\varepsilon_s - 1)E = \varepsilon_0(10 - 1) \times 5 = 45\varepsilon_0$

08 완전 유전체에서 경계 조건을 설명한 것 중 맞는 것은?

① 전속밀도의 접선성분은 같다.
② 전계의 법선성분은 같다.
③ 경계면에 수직으로 입사한 전속은 굴절하지 않는다.
④ 유전율이 큰 유전체에서 유전율이 작은 유전체로 전계가 입사하는 경우 굴절각은 입사각보다 크다.

해설

전계의 경계 조건에서 $\dfrac{\tan\theta_1}{\tan\theta_2} = \dfrac{\varepsilon_1}{\varepsilon_2}$에서 굴절각은 유전율에 비례한다.

09 서로 다른 두 유전체 사이의 경계면에 전하분포가 없다면 경계면 양쪽에서의 전계 및 전속밀도는?

① 전계 및 전속밀도의 접선성분은 서로 같다.
② 전계 및 전속밀도의 법선성분은 서로 같다.
③ 전계의 법선성분이 서로 같고, 전속밀도의 접선성분이 서로 같다.
④ 전계의 접선성분이 서로 같고, 전속밀도의 법선성분이 서로 같다.

해설

유전체 경계면에서의 경계 조건
- 전 계
  경계면에서 전선(수평)성분은 양측에서 같다.
  $E_{1t} = E_{2t}$
  $\therefore E_1 \sin\theta_1 = E_2 \sin\theta_2$
- 전속밀도
  경계면에서 법선(수직)성분은 양측에서 같다.
  $D_{1n} = D_{2n}$
  $\therefore D_1 \cos\theta_1 = D_2 \cos\theta_2$

10 그림과 같이 유전체 경계면에서 $\varepsilon_1 < \varepsilon_2$이었을 때, E_1과 E_2의 관계식 중 옳은 것은?

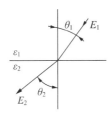

① $E_1 > E_2$ ② $E_1 < E_2$
③ $E_1 = E_2$ ④ $E_1\cos\theta_1 = E_2\cos\theta_2$

해설

- 법선성분 : $D_1\cos\theta_1 = D_2\cos\theta_2$
- 접선성분 : $E_1\sin\theta_1 = E_2\sin\theta_2$
- 굴절의 법칙 : $\dfrac{\tan\theta_1}{\tan\theta_2} = \dfrac{\varepsilon_1}{\varepsilon_2}$
- 유전율이 큰 쪽으로 굴절
  $\varepsilon_1 > \varepsilon_2 : \theta_1 > \theta_2,\ D_1 > D_2,\ E_1 < E_2$
  $\varepsilon_1 < \varepsilon_2 : \theta_1 < \theta_2,\ D_1 < D_2,\ E_1 > E_2$
- 수직 입사 : $\theta_1 = 0$, 비굴절, 전속밀도 연속$(D_1 = D_2,\ E_1 \neq E_2)$
- 수평 입사 : $\theta_1 = 90$, 전계 연속$(D_1 \neq D_2,\ E_1 = E_2)$

11 그림과 같은 유전속 분포가 이루어질 때 ε_1과 ε_2의 크기 관계는?

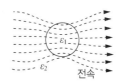

① $\varepsilon_1 > \varepsilon_2$
② $\varepsilon_1 < \varepsilon_2$
③ $\varepsilon_1 = \varepsilon_2$
④ $\varepsilon_1 > 0,\ \varepsilon_2 > 0$

해설

전속선은 유전율이 큰 쪽으로 모이므로 $\varepsilon_1 > \varepsilon_2$이다.

12 그림과 같은 평행판 콘덴서에 극판의 면적이 $S[\text{m}^2]$, 전 전하밀도를 $\sigma[\text{C/m}^2]$, 유전율이 각각 $\varepsilon_1 = 4$, $\varepsilon_2 = 2$인 유전체를 채우고 a, b 양단에 $V[\text{V}]$의 전압을 인가할 때 ε_1, ε_2인 유전체 내부의 전계의 세기 E_1, E_2와의 관계식은?

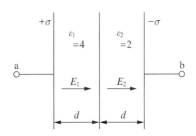

① $E_1 = 2E_2$ ② $E_1 = 4E_2$
③ $2E_1 = E_2$ ④ $E_1 = E_2$

해설

경계 조건 $D_1\cos\theta_1 = D_2\cos\theta_2$에서
경계면에 수직$(\theta_1 = \theta_2 = 0°)$이므로
$D_1 = D_2 \rightarrow \varepsilon_1 E_1 = \varepsilon_2 E_2$
$E_1 = \dfrac{\varepsilon_2}{\varepsilon_1} E_2 = \dfrac{2}{4} \times E_2 = \dfrac{1}{2} E_2$
$\therefore 2E_1 = E_2$

13 두 종류의 유전체 경계면에서 전속과 전기력선이 경계면에 수직으로 도달할 때에 대한 설명으로 틀린 것은?

① 전속밀도는 변하지 않는다.
② 전속과 전기력선은 굴절하지 않는다.
③ 전계의 세기는 불연속적으로 변한다.
④ 전속선은 유전율이 작은 유전체 쪽으로 모이려는 성질이 있다.

해설
- 법선성분 : $D_1\cos\theta_1 = D_2\cos\theta_2$
- 접선성분 : $E_1\sin\theta_1 = E_2\sin\theta_2$
- 굴절의 법칙 : $\dfrac{\tan\theta_1}{\tan\theta_2} = \dfrac{\varepsilon_1}{\varepsilon_2}$
- 유전율이 큰 쪽으로 굴절
  $\varepsilon_1 > \varepsilon_2 : \theta_1 > \theta_2,\ D_1 > D_2,\ E_1 < E_2$
  $\varepsilon_1 < \varepsilon_2 : \theta_1 < \theta_2,\ D_1 < D_2,\ E_1 > E_2$
- 수직 입사 : $\theta_1 = 0$, 비굴절, 전속밀도 연속($D_1 = D_2$, $E_1 \neq E_2$)
- 수평 입사 : $\theta_1 = 90$, 전계 연속($D_1 \neq D_2$, $E_1 = E_2$)

14 두 유전체의 경계면에 대한 설명 중 옳은 것은?

① 두 유전체의 경계면에 전계가 수직으로 입사하면 두 유전체 내의 전계의 세기는 같다.
② 유전율이 작은 쪽에서 큰 쪽으로 전계가 입사할 때 입사각은 굴절각보다 크다.
③ 경계면에서 정전력은 전계가 경계면에 수직으로 입사할 때 유전율이 큰 쪽에서 작은 쪽으로 작용한다.
④ 유전율이 큰 쪽에서 작은 쪽으로 전계가 경계면에 수직으로 입사할 때 유전율이 작은 쪽 전계의 세기가 작아진다.

해설
① 두 유전체의 경계면에 전계가 수직으로 입사하면 두 유전체 내의 전속밀도의 세기는 같다.
② 유전율이 작은 쪽에 전계가 입사할 때 입사각은 굴절각보다 작다.
④ 유전율이 큰 쪽에서 작은 쪽으로 전계가 경계면에 수직으로 입사할 때 유전율이 큰 쪽 전계의 세기가 작아진다.

15 유전체에 대한 경계 조건으로 설명이 옳지 않은 것은?

① 표면전하밀도란 구속전하의 표면밀도를 말하는 것이다.
② 완전 유전체 내에서는 자유전하는 존재하지 않는다.
③ 경계면에 외부전하가 있으면, 유전체의 내부와 외부의 전하는 평형되지 않는다.
④ 특수한 경우를 제외하고 경계면에서 표면전하밀도는 영(Zero)이다.

해설
분극전하밀도란 구속전하의 표면밀도를 말하는 것이다.

16 정전용량이 C_0[F]인 평행판 공기 콘덴서가 있다. 이것의 극판에 평행으로 판간격 d[m]의 $\dfrac{1}{2}$ 두께인 유리판을 삽입하였을 때의 정전용량[F]은?(단, 유리판의 유전율은 ε[F/m]이라 한다)

① $\dfrac{2C_0}{1+\dfrac{1}{\varepsilon}}$

② $\dfrac{C_0}{1+\dfrac{1}{\varepsilon}}$

③ $\dfrac{2C_0}{1+\dfrac{\varepsilon_0}{\varepsilon}}$

④ $\dfrac{C_0}{1+\dfrac{\varepsilon}{\varepsilon_0}}$

해설
공기 부분의 정전용량을 C_1이라 하면
$$C_1 = \frac{\varepsilon_0 S}{\dfrac{d}{2}}[F] = \frac{2S\varepsilon_0}{d}[F]\ \text{이고}$$

유리판 부분의 정전용량을 C_2라 하면 $C_2 = \dfrac{\varepsilon S}{\dfrac{d}{2}} = \dfrac{2S\varepsilon}{d}$[F] 이다.

그러므로, 극판 간 공극의 두께 $\dfrac{1}{2}$ 상당의 유리판을 넣는 경우 정전용량 C는

$$C = \frac{1}{\dfrac{1}{C_1} + \dfrac{1}{C_2}} = \frac{1}{\dfrac{d}{2S}\left(\dfrac{1}{\varepsilon_0} + \dfrac{1}{\varepsilon}\right)} = \frac{1}{\dfrac{d}{2\varepsilon_0 S}\left(1 + \dfrac{\varepsilon_0}{\varepsilon}\right)} = \frac{2C_0}{1+\dfrac{\varepsilon_0}{\varepsilon}}$$
$$= \frac{2C_0}{1+\dfrac{1}{\varepsilon_s}}[F]$$

17 정전용량 0.06[μF]의 평행판 공기 콘덴서가 있다. 전극판 간격의 $\dfrac{1}{2}$ 두께의 유리판을 전극에 평행하게 넣으면 공기 부분의 정전용량과 유리판 부분의 정전용량을 직렬로 접속한 콘덴서가 된다. 유리의 비유전율을 ε_s＝5라 할 때 새로운 콘덴서의 정전용량은 몇 [μF]인가?

① 0.01
② 0.05
③ 0.1
④ 0.5

해설

평행판 콘덴서에서 **직렬접속**

• $C_1 = \varepsilon_0 \dfrac{S}{\dfrac{d}{2}} = \varepsilon_0 \dfrac{2S}{d} = 2C_0[\text{F}]$ 과 $C_2 = \varepsilon_0 \varepsilon_s \dfrac{2S}{d} = 2\varepsilon_s C_0[\text{F}]$ 를

대입

• $C_s = \dfrac{C_1 C_2}{C_1 + C_2} = \dfrac{2C_0 \times 2\varepsilon_s C_0}{2C_0 + 2\varepsilon_s C_0} = \dfrac{2\varepsilon_s}{1 + \varepsilon_s} C_0[\text{F}]$

$\qquad = \dfrac{2 \times 5}{1 + 5} \times 0.06 = 0.1[\mu\text{F}]$

18 그림과 같은 정전용량이 C_0[F] 되는 평행판 공기 콘덴서의 판면적의 $\dfrac{2}{3}$ 되는 공간에 비유전율 ε_s인 유전체를 채우면 공기 콘덴서의 정전용량은 몇 [F]인가?

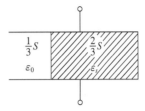

① $\dfrac{2\varepsilon_s}{3} C_0$ ② $\dfrac{3}{1 + 2\varepsilon_s} C_0$
③ $\dfrac{1 + \varepsilon_s}{3} C_0$ ④ $\dfrac{1 + 2\varepsilon_s}{3} C_0$

해설

평행판 공기 콘덴서 **병렬접속**에서

• $C_1 = \varepsilon_0 \dfrac{\dfrac{S}{3}}{l} = \varepsilon_0 \dfrac{S}{3l} = \dfrac{1}{3} C_0$

• $C_2 = \varepsilon_0 \varepsilon_s \dfrac{\dfrac{2S}{3}}{l} = \varepsilon_0 \varepsilon_s \dfrac{2S}{3l} = \dfrac{2}{3} \varepsilon_s C_0$

• $C = C_1 + C_2 = \left(\dfrac{1}{3} + \dfrac{2}{3} \varepsilon_s\right) C_0 = \left(\dfrac{1 + 2\varepsilon_s}{3}\right) C_0$

19 유전체 내의 전속밀도를 정하는 원천은?

① 유전체의 유전율이다.
② 분극전하만이다.
③ 진전하만이다.
④ 진전하와 분극전하이다.

해설

• 전속밀도 D＝진전하밀도 ρ[C/cm^2]
• $\text{div}D = \rho$, 유전체 속의 전속밀도의 발산은 진전하에 의해 결정된다.

20 그림과 같은 판의 면적 $\frac{1}{3}S$, 두께 d와 판면적 $\frac{1}{3}S$, 두께 $\frac{1}{2}d$되는 유전체($\varepsilon_s =3$)를 끼웠을 경우의 정전용량은 처음의 몇 배인가?

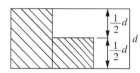

① $\frac{1}{6}$

② $\frac{5}{6}$

③ $\frac{11}{6}$

④ $\frac{13}{6}$

해설

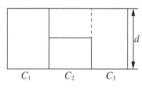

평행판 공기 콘덴서의 정전용량 : C_0

각 부분별 정전용량 : C_1, C_2, C_3

$C_1 = \dfrac{\varepsilon_0 \varepsilon_s S}{d}$ 에서 $\dfrac{3\varepsilon_0 \left(\frac{1}{3}S\right)}{d} = C_0$

$C_2 = \left(\dfrac{\dfrac{\varepsilon_0 \left(\frac{1}{3}S\right)}{\frac{d}{2}} \cdot \dfrac{3\varepsilon_0 \left(\frac{1}{3}S\right)}{\frac{d}{2}}}{\dfrac{\varepsilon_0 \left(\frac{1}{3}S\right)}{\frac{d}{2}} + \dfrac{3\varepsilon_0 \left(\frac{1}{3}S\right)}{\frac{d}{2}}} \right) = \dfrac{\varepsilon_0 S}{2d} = \dfrac{1}{2} C_0$

$C_3 = \dfrac{1}{3} C_0$

합성 정전용량 $C = C_0 + \dfrac{1}{2} C_0 + \dfrac{1}{3} C_0 = \dfrac{11}{6} C_0$

21 비유전율이 2.4인 유전체 내의 전계의 세기가 100 [mV/m]이다. 유전체에 저축되는 단위 체적당 정전에너지는 몇 [J/m³]인가?

① 1.06×10^{-13}

② 1.77×10^{-13}

③ 2.32×10^{-13}

④ 2.32×10^{-11}

해설

단위 체적당 에너지 $\omega = \dfrac{1}{2}\varepsilon E^2 = \dfrac{D^2}{2\varepsilon} = \dfrac{1}{2}ED[\mathrm{J/m^3}]$ 에서

$\omega = \dfrac{1}{2}\varepsilon E^2 = \dfrac{1}{2} \times 2.4 \times 8.855 \times 10^{-12} \times 0.1^2 \fallingdotseq 1.06 \times 10^{-13} [\mathrm{J/m^3}]$

15 진공 중의 정자계

1 자계와 정자계

(1) **자계(자장)** : 자기를 가지고 있는 물체에 의해 점자하에 힘(자기력)이 작용하는 공간, 자기력선의 영향이 미치는 공간

(2) **정자계** : 정지하고 있는 자하(점자극이 가지는 자기)에 힘이 작용하는 공간

2 쿨롱의 법칙

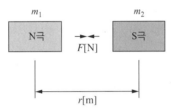

(1) 두 자극 m_1, m_2 사이에 작용하는 힘은 두 자극의 곱에 비례하고 거리의 제곱에 반비례한다.

$$F = \frac{1}{4\pi\mu_0} \times \frac{m_1 m_2}{r^2}[\mathrm{N}] = 6.33 \times 10^4 \times \frac{m_1 m_2}{r^2}[\mathrm{N}]$$

※ 투자율 : $\mu = \mu_0 \mu_s$ [H/m]

• 진공 중의 투자율 : $\mu_0 = 4\pi \times 10^{-7}$ [H/m]

• 비투자율 : μ_s

(2) **쿨롱의 법칙의 성질**

① 서로 같은 극끼리는 반발력, 서로 다른 극끼리는 흡인력이 작용한다.

② 힘의 크기는 두 자하량의 곱에 비례하고 떨어진 거리의 제곱에 반비례한다.

③ 힘의 방향은 두 자하의 일직선상에 존재한다.

④ 힘의 크기는 매질과 관계가 있다.

필수 확인 문제

$m_1 = 5 \times 10^{-4}$[Wb], $m_2 = 3 \times 10^{-4}$[Wb], 거리 $r = 0.1$ [m]일 때 힘 F[N]은?

① 64.95×10^{-2}

② 74.95×10^{-2}

③ 84.95×10^{-2}

④ 94.95×10^{-2}

해설

$$F = \frac{1}{4\pi\mu_0} \times \frac{m_1 m_2}{r^2}[\mathrm{N}]$$

$$= 6.33 \times 10^4 \times \frac{5 \times 10^{-4} \times 3 \times 10^{-4}}{(0.1)^2}$$

$$= 94.95 \times 10^{-2}[\mathrm{N}]$$

답 ④

3 힘과 자기장의 세기

$$F = mH[\text{N}], \quad H = \frac{F}{m}[\text{AT/m}], \quad m = \frac{F}{H}[\text{Wb}]$$

4 자계(Magnetic Field)

자기장 중에 단위 자극을 놓았을 때 그것에 작용하는 힘의 세기

$$H = \frac{F}{m}[\text{AT/m}] = \frac{1}{4\pi\mu_0} \times \frac{m}{r^2}[\text{AT/m}] = 6.33 \times 10^4 \times \frac{m}{r^2}[\text{AT/m}]$$

5 자위차(Magnetic Potential Difference)

어떤 점 A에서 어떤 점 B까지 단위 정자하(+1[Wb])를 운반하는데 요하는 일

$$U_{BA} = \frac{m}{4\pi\mu_0}\left[\frac{1}{r_B} - \frac{1}{r_A}\right][\text{AT}]$$

6 자위(Magnetic Potential)

자계의 작용이 미치지 않는 무한원점을 기준점으로 하여 그 점과 임의의 점 간의 자위차

$$U = Hd(r)[\text{AT}] = \frac{1}{4\pi\mu_0} \times \frac{m}{r}[\text{AT}] = 6.33 \times 10^4 \times \frac{m}{r}[\text{AT}]$$

※ 거리를 나타낼 때 d와 r을 혼용하여 사용하기도 한다.

7 자기력선

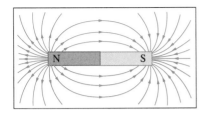 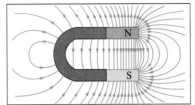

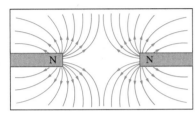 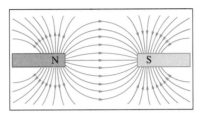

(1) **정의** : 자계의 모양을 나타내기 위해 가시화시킨 선

(2) **자속(Magnetic Flux)**

　① 자기력선의 집합이다.

　② 자속은 N극(+극)에서 나와서 S극(-극)에서 끝난다.

　③ 1[Wb]의 자하에서 1개의 자속이 나온다.

　④ 1[Wb]의 자하에서 $\dfrac{1}{\mu_0}$ 개의 자기력선이 발산된다.

(3) **자속밀도(Magnetic Flux Density)**

　① 위 면적을 직각으로 관통하는 자기력선의 수이다.

　② 자계의 세기 $H = \dfrac{B}{\mu} = \dfrac{B}{\mu_0 \mu_s}$ [AT/m]

　③ 자속밀도 $B = \dfrac{\phi}{S} = \dfrac{m}{4\pi r^2} = \dfrac{\mu m}{4\pi \mu r^2} = \mu H$ [Wb/m^2]

(4) **자기력선 수**

$$N = \int_s H \cdot dS = \dfrac{m}{4\pi \mu r^2} \times 4\pi r^2 = \dfrac{m}{\mu} \ (\text{투자율 } \mu, \ \text{자하 } m\,[\text{Wb}]\text{일 때})$$

※ 비투자율 μ_s : 계산 시 주어지지 않으면 1로 본다.

공심 솔레노이드 내부 자기장의 세기가 200[AT/m]일 때 자속밀도 B[Wb/m^2]는?

① $5\pi \times 10^{-5}$　　　② $6\pi \times 10^{-5}$

③ $7\pi \times 10^{-5}$　　　④ $8\pi \times 10^{-5}$

해설
$B = \mu H$[Wb/m^2]
$\quad = 4\pi \times 10^{-7} \times 200 = 8\pi \times 10^{-5}$[Wb/m^2]

답 ④

자계의 세기가 400[AT/m]이고 자속밀도가 0.8[Wb/m^2]인 재질의 투자율[H/m]은?

① 10^{-4}　　　　　② 2×10^{-3}

③ 320　　　　　　④ 800

해설
자속밀도 $B = \mu H$[Wb/m^2]에서
$\mu = \dfrac{B}{H} = \dfrac{0.8}{400} = 0.002 = 2 \times 10^{-3}$[H/m]

답 ②

(5) 자기력선의 성질

① 자기력선은 N극(+극)에서 나와서 S극(-극)으로 들어간다.

② 등자위면과 수직으로 발산한다.

③ 자기력선 접선 방향=그 점의 자계의 방향

④ 자기력선 자신만으로 폐곡선을 이룰 수 있다($\operatorname{div} B = 0$).

⑤ 자기력선은 같은 극끼리 반발하며 다른 극끼리는 흡인력이 생긴다.

⑥ 자기력선은 서로 교차할 수 없다.

⑦ 임의 점에서 자계의 세기는 자기력선의 밀도와 같다(가우스 법칙).

⑧ 자극이 없는 곳에는 자기력선의 발생이나 소멸이 없고 연속적이다 ($\nabla \cdot B = 0$).

⑨ 전하 $m[\mathrm{AT}]$에서 $\dfrac{m}{\mu_0}$개의 자기력선이 출입하고, 자속수는 m개다.

8　전계와 자계

전 계	자 계
전하 $Q[\mathrm{C}]$	자하(자극) $m[\mathrm{Wb}]$
전기력선 수 $N = \int_s E \cdot dS = \dfrac{Q}{4\pi\varepsilon_0 r^2} \times 4\pi r^2 = \dfrac{Q}{\varepsilon_0}$ 개	자기력선 수 $N = \int_s H \cdot dS = \dfrac{m}{4\pi\mu_0 r^2} \times 4\pi r^2 = \dfrac{m}{\mu_0}$ 개
쿨롱의 법칙 $F = \dfrac{1}{4\pi\varepsilon_0} \dfrac{Q_1 Q_2}{\varepsilon_s r^2} = 9 \times 10^9 \times \dfrac{Q_1 Q_2}{\varepsilon_s r^2}[\mathrm{N}]$ 진공(공기) 유전율 $\varepsilon_0 = 8.855 \times 10^{-12}[\mathrm{F/m}]$ 물질의 비유전율 $\varepsilon_s = \dfrac{\varepsilon}{\varepsilon_0}$, 공기(진공) $\fallingdotseq 1$	쿨롱의 법칙 $F = \dfrac{1}{4\pi\mu_0} \dfrac{m_1 m_2}{\mu_s r^2} = 6.33 \times 10^4 \times \dfrac{m_1 m_2}{\mu_s r^2}[\mathrm{N}]$ 진공(공기) 유전율 $\mu_0 = 4\pi \times 10^{-7}[\mathrm{H/m}]$ 물질의 비투자율 $\mu_s = \dfrac{\mu}{\mu_0}$, 공기(진공) $\fallingdotseq 1$
전기장 $E = \dfrac{Q \times 1}{4\pi\varepsilon_0 r^2} = 9 \times 10^9 \times \dfrac{Q}{r^2}[\mathrm{V/m}]$ 전계 중 작용하는 힘 $F = QE[\mathrm{N}]$	자기장 $H = \dfrac{m \times 1}{4\pi\mu_0 r^2} = 6.33 \times 10^4 \times \dfrac{m}{r^2}[\mathrm{AT/m}]$ 자계 중 작용하는 힘 $F = mH[\mathrm{N}]$
전 위 $V = \dfrac{Q}{4\pi\varepsilon_0 r} = -\int_\infty^r E dr$ $\quad = 9 \times 10^9 \times \dfrac{Q}{r}[\mathrm{V}]$	자 위 $U = \dfrac{m}{4\pi\mu_0 r} = -\int_\infty^r H dr$ $\quad = 6.33 \times 10^4 \times \dfrac{m}{r}[\mathrm{AT}]$
전위 경도 $E = -\operatorname{grad} V = -\nabla \cdot V$	자위 경도 $H = -\operatorname{grad} U = -\nabla \cdot U$
전속밀도 $D = \dfrac{Q}{S} = \dfrac{Q}{4\pi r^2} = \dfrac{\varepsilon Q}{4\pi\varepsilon r^2} = \varepsilon E\ [\mathrm{C/m^2}]$	자속밀도 $B = \dfrac{\phi}{S} = \dfrac{m}{4\pi r^2} = \dfrac{\mu m}{4\pi\mu r^2} = \mu H\ [\mathrm{Wb/m^2}]$

9 맥스웰(Maxwell) 방정식

구 분	미분형	적분형	설 명
가우스 법칙 (전기장)	$\nabla \cdot E = \dfrac{\rho}{\varepsilon_0}$	$\oint E \cdot dA = \dfrac{Q}{\varepsilon_0}$	공간에 전하가 있을 때 전계는 발산한다. 고립된 전하는 존재한다.
가우스 법칙 (자기장)	$\nabla \cdot B = 0$	$\oint B \cdot dA = 0$	자계는 발산하지 않고 주변을 돌고 있다. 고립된 자극은 존재할 수 없다(N극과 S극은 분리되지 않는다).
패러데이 법칙	$\nabla \times E = -\dfrac{\partial B}{\partial t}$	$\oint E \cdot dl = -\dfrac{d\phi}{dt}$	자계의 시간적 변화를 방해하는 방향으로 전계가 생성(회전)된다.
앙페르– 맥스웰 법칙	$\nabla \times \vec{H} = \vec{J} + \dfrac{\partial \vec{D}}{\partial t}$	$\oint B \cdot dl = \mu_0\left(J + \varepsilon_0 \dfrac{d\phi}{dt}\right)$	전류의 변화에 자기장이 생성된다는 앙페르 법칙에 전기장의 변화(변위전류)도 자기장이 생성된다는 내용을 맥스웰이 추가하였다.

시변 전계, 시변 자계와 관련한 Maxwell 방정식의 4가지 수식으로 가장 옳지 않은 것은?

① $\nabla \cdot \vec{D} = \rho_v$

② $\nabla \cdot \vec{E} = 0$

③ $\nabla \cdot \vec{B} = 0$

④ $\nabla \times \vec{H} = \vec{J} + \dfrac{\partial \vec{D}}{\partial t}$

해설

Maxwell 방정식

① $\nabla \cdot E = \dfrac{\rho}{\varepsilon_0}$: 전기장의 가우스 법칙

$\oint E \cdot dA = \dfrac{Q}{\varepsilon_0}$ (전기장은 전하에 의해 만들어진다)

② $\nabla \cdot B = 0$: 자기장의 가우스 법칙

$\oint B \cdot dA = 0$ (자기장은 시작과 끝이 없다. 단일 자극이 없다)

③ $\nabla \times E = -\dfrac{\partial B}{\partial t}$: 패러데이 법칙

$\oint E \cdot dl = -\dfrac{d\phi}{dt}$ (전기장은 자기장의 변화에 의해 만들어진다)

④ $\nabla \times B = \mu_0\left(J + \varepsilon_0 \cdot \dfrac{d\phi}{dt}\right)$: 맥스웰이 수정한 앙페르 법칙

$\oint B \cdot dl = \mu_0\left(J + \varepsilon_0 \dfrac{d\phi}{dt}\right)$ (자기장은 전류나 전기장의 변화에 의해 만들어진다)

답 ②

CHAPTER **15**

적중예상문제

01 두 개의 자하 m_1, m_2 사이에 작용되는 쿨롱의 법칙으로서 자하 간의 자기력에 대한 설명으로 옳지 않은 것은?

① 두 자하가 동일 극성이면 반발력이 작용한다.
② 두 자하가 서로 다른 극성이면 흡인력이 작용한다.
③ 두 자하의 거리에 반비례한다.
④ 두 자하의 곱에 비례한다.

해설
쿨롱의 법칙 : 두 자하 사이에 작용하는 힘은 두 자하의 곱에 비례, 두 자하의 거리 제곱에 반비례한다.

$$F = \frac{m_1 m_2}{4\pi\mu_0\mu_s r^2} = 6.33 \times 10^4 \times \frac{m_1 m_2}{\mu_s r^2}[\text{N}]$$

여기서, 공기(진공) 투자율 $\mu_0 = 4\pi \times 10^{-7}[\text{H/m}]$

02 진공 중의 자계 10[AT/m]인 점에 5×10^{-3}[Wb]의 자극을 놓으면 그 자극에 작용하는 힘[N]은?

① 5×10^{-2}
② 5×10^{-3}
③ 2.5×10^{-2}
④ 2.5×10^{-3}

해설
$$F = mH = 5 \times 10^{-3} \times 10 = 5 \times 10^{-2}[\text{N}]$$

03 비투자율 μ_s, 자속밀도 B인 자계 중에 있는 m[Wb]의 점자극이 받는 힘[N]은?

① $\dfrac{mB}{\mu_0}$
② $\dfrac{mB}{\mu_0\mu_s}$
③ $\dfrac{mB}{\mu_s}$
④ $\dfrac{\mu_0\mu_s}{mB}$

해설
자계 중의 자극이 받는 힘
$$F = mH = \frac{mB}{\mu_s\mu_0}$$

04 500[AT/m]의 자계 중에 어떤 자극을 놓았을 때 3×10^3[N]의 힘이 작용했다면 이 때의 자극의 세기는 몇 [Wb]인가?

① 2[Wb]
② 3[Wb]
③ 5[Wb]
④ 6[Wb]

해설
자계 중의 자극이 받는 힘
$$F = mH = \frac{mB}{\mu_s\mu_0} \text{ 에서 자극의 세기 } m = \frac{F}{H} = \frac{3 \times 10^3}{500} = 6[\text{Wb}]$$

05 500[AT/m]의 자계 중에 어떤 자극을 놓았을 때 4×10^3[N]의 힘이 작용했다면 이때 자극의 세기는 몇 [Wb]인가?

① 2 　　　　　　　② 4

③ 6 　　　　　　　④ 8

해설

자계 중의 자극이 받는 힘

$F = mH = \dfrac{mB}{\mu_s \mu_0}$ 에서

자극의 세기 $m = \dfrac{F}{H} = \dfrac{4 \times 10^3}{500} = 8 \,[\text{Wb}]$

06 500[AT/m]의 자계 중에 어떤 자극을 놓았을 때 5×10^3[N]의 힘이 작용했을 때의 자극의 세기는 몇 [Wb]인가?

① 10 　　　　　　　② 20

③ 30 　　　　　　　④ 40

해설

$F = mH$에서 $m = \dfrac{F}{H} = \dfrac{5 \times 10^3}{500} = 10 \,[\text{Wb}]$

07 1,000[AT/m]의 자계 중에 어떤 자극을 놓았을 때 3×10^2[N]의 힘을 받았다고 한다. 자극의 세기[Wb]는?

① 0.03 　　　　　　② 0.3

③ 3 　　　　　　　　④ 30

해설

자계 중의 자극이 받는 힘

$F = mH = \dfrac{mB}{\mu_s \mu_0}$ 에서

자극의 세기 $m = \dfrac{F}{H} = \dfrac{3 \times 10^2}{1,000} = 0.3 \,[\text{Wb}]$

08 10^{-5}[Wb]와 1.2×10^{-5}[Wb]의 점자극을 공기 중에서 2[cm] 거리에 놓았을 때 극간에 작용하는 힘은 약 몇 [N]인가?

① 1.9×10^{-2} 　　　② 1.9×10^{-3}

③ 3.8×10^{-2} 　　　④ 3.8×10^{-3}

해설

$F = \dfrac{1}{4\pi\mu_0} \cdot \dfrac{m_1 m_2}{r^2} = 6.33 \times 10^4 \times \dfrac{10^{-5} \times 1.2 \times 10^{-5}}{0.02^2}$

$\fallingdotseq 1.9 \times 10^{-2} \,[\text{N}]$

09 그림과 같이 공기 중에서 1[m]의 거리를 사이에 둔 2점 A, B에 각각 3×10^{-4}[Wb]와 -3×10^{-4}[Wb]의 점자극을 두었다. 이때 점 P에 단위 정(+)자극을 두었을 때 이 극에 작용하는 힘의 합력은 약 몇 [N]인가?
(단, $m(\overline{\text{AP}}) = m(\overline{\text{BP}})$, $m(\angle \text{APB}) = 90°$이다)

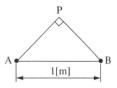

① 0 　　　　　　　② 18.9

③ 37.9 　　　　　　④ 53.7

해설

• $F_{PA} = 6.33 \times 10^4 \times \dfrac{3 \times 10^{-4} \times 1}{\left(\dfrac{\sqrt{2}}{2}\right)^2} = 37.98 \,[\text{N}]$

• $F_{PB} = 6.33 \times 10^4 \times \dfrac{-3 \times 10^{-4} \times 1}{\left(\dfrac{\sqrt{2}}{2}\right)^2} = -37.98 \,[\text{N}]$

• $F_P = 2 \times 37.98 \times \cos 45° \fallingdotseq 53.7 \,[\text{N}]$

10 다음 식에서 관계없는 것은?

$$\oint_c H \, dl = \int_s J \, ds = \int_s (\nabla \times H) \, ds = I$$

① 맥스웰의 방정식
② 암페어의 주회적분
③ 스토크스(Stokes)의 정리
④ 패러데이 법칙

해설

① 맥스웰 방정식 $\int_s (\nabla \times H) \, ds = I$

② 암페어의 주회법칙 $\oint_c H \, dl = I$

③ 스토크스의 정리 $\oint_c H \, dl = \int_s (\nabla \times H) \, ds$

④ 패러데이의 법칙 $e = -N\left(\dfrac{d\phi}{dt}\right)[\text{V}] = -L\left(\dfrac{dI}{dt}\right)[\text{V}]$

11 자계의 세기를 표시하는 단위가 아닌 것은?

① [A/m]
② [Wb/m]
③ [N/Wb]
④ [AT/m]

해설

$H = \dfrac{NI}{2\pi r} \, [\text{AT/m}]$

$H = \dfrac{F}{m} \, [\text{N/Wb}]$

12 공기 중 임의의 점에서 자계의 세기(H)가 20[AT/m]라면 자속밀도(B)는 약 몇 [Wb/m²]인가?

① 2.5×10^{-5}
② 3.5×10^{-5}
③ 4.5×10^{-5}
④ 5.5×10^{-5}

해설

자속밀도 $B = \mu_0 H \fallingdotseq 2.5 \times 10^{-5}$

13 단면적 4[cm²]의 철심에 6×10^{-4}[Wb]의 자속을 통하게 하려면 2,800[AT/m]의 자계가 필요하다. 이 철심의 비투자율은?

① 43
② 75
③ 324
④ 426

해설

• 자속밀도 $B = \dfrac{\phi}{S} = \dfrac{6 \times 10^{-4}}{4 \times 10^{-4}} = 1.5 \, [\text{Wb/m}^2]$, $B = \mu H$

• 철심의 비투자율 $\mu_s = \dfrac{B}{\mu_0 H} = \dfrac{1.5}{4\pi \times 10^{-7} \times 2,800} \fallingdotseq 426.3$

14 무한평면에 일정한 전류가 표면에 한 방향으로 흐르고 있다. 평면으로부터 r만큼 떨어진 점과 $2r$ 만큼 떨어진 점과의 자계의 비는 얼마인가?

① 1
② $\sqrt{2}$
③ 2
④ 4

해설

무한평면인 경우 자기장 H는 좌표 (y, z)에 관계없으므로
$H = H(x)$

15 등자위면의 설명으로 잘못된 것은?

① 등자위면은 자력선과 직교한다.
② 자계 중에서 같은 자위의 점으로 이루어진 면이다.
③ 자계 중에 있는 물체의 표면은 항상 등자위면이다.
④ 서로 다른 등자위면은 교차하지 않는다.

해설

자계 중에서 자위가 같은 점으로 이루어진 면을 등자위면이라 하며, 등자위면과 자기력선은 직각으로 교차한다. 그러나 자기에서는 전기에서의 도체에 해당하는 물질이 없기 때문에 어떤 물질을 자계 내에 놓았을 때 그 면이 항상 등자위면이 되지 않는다.

16 자위(Magnetic Potential)의 단위로 옳은 것은?

① [C/m] ② [N · m]

③ [AT] ④ [J]

해설

자위의 단위는 [AT]이다.

17 자위의 단위에 해당되는 것은?

① [A] ② [J/C]

③ [N/Wb] ④ [Gauss]

해설

자위 $U_m = -\int_\infty^P H \cdot dl$ 에서 [A/m] · [m]=[A]

18 전계와 자계의 기본법칙에 대한 내용으로 틀린 것은?

① 암페어의 주회적분 법칙 : $\oint_c H \cdot dl = I + \int_s \frac{\partial D}{\partial t} \cdot dS$

② 가우스의 정리 : $\oint_s B \cdot dS = 0$

③ 가우스의 정리 : $\oint_s D \cdot dS = \int_v \rho dv = Q$

④ 패러데이의 법칙 : $\oint_c D \cdot dl = -\int_s \frac{dH}{dt} dS$

해설

패러데이의 법칙 $\oint_c E \cdot dl = -\int_s \frac{\partial B}{\partial t} dS$

19 맥스웰 방정식 중 틀린 것은?

① $\oint_s B \cdot dS = \rho_s$

② $\oint_s D \cdot dS = \int_v \rho dv$

③ $\oint_c E \cdot dl = -\int_s \frac{\partial B}{\partial t} \cdot dS$

④ $\oint_c H \cdot dl = I + \int_s \frac{\partial D}{\partial t} \cdot dS$

해설

① $\mathrm{div} B = 0$

20 자속의 연속성을 나타내는 식은?

① $B = \mu H$ ② $\nabla \cdot B = 0$

③ $\nabla \cdot B = \rho$ ④ $\nabla B = \mu H$

해설

가우스 정리 미분형

• $\mathrm{div} D = \nabla \cdot V = \rho_v$ (불연속, 발산, 고립 전하는 존재한다)

• $\mathrm{div} B = 0$ (연속, 회전, 고립 자극은 존재할 수 없다)

 16 전류의 자기현상

'폐회로에 시간적으로 변화하는 자속이 쇄교할 때 발생하는 기전력', '도선에 전류가 흐를 때 발생하는 자계의 방향', '자계 중에 전류가 흐르는 도체가 놓여 있을 때 도체에 작용하는 힘의 방향'을 설명하는 법칙들은 각각 무엇인가?

① 암페어의 오른손 법칙, 가우스 법칙, 패러데이의 전자유도 법칙
② 패러데이의 전자유도 법칙, 가우스 법칙, 플레밍의 왼손 법칙
③ 패러데이의 전자유도 법칙, 암페어의 오른손 법칙, 플레밍의 왼손 법칙
④ 패러데이의 전자유도 법칙, 암페어 왼손 법칙, 플레밍의 오른손 법칙

해설

• 패러데이 전자유도 법칙 $v = -N\dfrac{d\phi}{dt}[\mathrm{V}]$
  폐회로에 시간적으로 변화하는 자속이 쇄교할 때 발생하는 기전력
• 암페어의 오른나사 법칙
  도선에 전류가 흐를 때 발생하는 자계의 방향
• 플레밍의 왼손 법칙
  자계(B) 중에 전류(I)가 흐르는 도체가 놓여 있을 때 도체에 작용하는 힘(F)의 방향

답 ③

1 암페어(Ampere : 앙페르)의 오른나사(오른손) 법칙

주먹을 쥐고 엄지만 편 상태에서 엄지 방향으로 전류가 흐르면 네 손가락을 감은 방향으로 자기장이 발생하고, 또 네 손가락을 감은 방향으로 전류가 흐르면 엄지 손가락 방향으로 자기장이 발생하는 법칙(암페어의 오른나사 법칙으로 전류와 자기장의 방향을 알 수 있음)

전류에 의한 자기장의 방향 결정

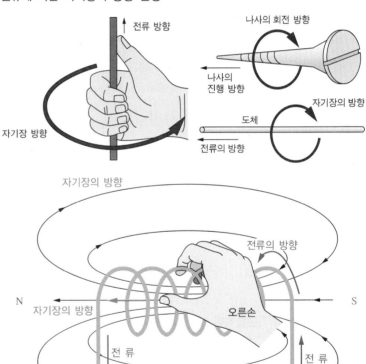

2 암페어(Ampere : 앙페르)의 주회법칙

임의의 폐곡선상에서 자계의 선적분은 폐곡선으로 둘러싸인 면을 통과하는 전류와 같다.

$$\oint_c Hdl = \sum I$$

3 플레밍(Fleming)의 오른손 법칙

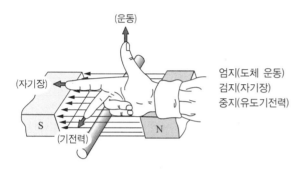

(운동)

엄지(도체 운동)
검지(자기장)
중지(유도기전력)

(자기장)

S   N

(기전력)

발전기의 원리이며, 자계 내에 놓인 도선이 운동하면서 자속을 끊어 기전력을 발생시키는 원리

$$e = Blv\sin\theta \, [\text{V}]$$

여기서, e : 유도기전력, B : 자속밀도, l : 도선의 길이, v : 도선의 선속도,
θ : 도선과 자기장의 각도

전류에 의한 자기장 현상에 대한 설명으로 옳지 않은 것은?

① 렌츠(Lenz)의 법칙으로 유도기전력의 방향을 알 수 있다.
② 직선도체에 흐르는 전류 주위에는 원형의 자기력선이 발생한다.
③ 직선도체에 전류가 흐를 때 자기력선의 방향은 앙페르(Ampere)의 오른나사 법칙을 따른다.
④ 플레밍(Fleming)의 오른손 법칙으로 직선도체에 흐르는 전류의 방향과 자기장의 방향이 수직인 경우, 직선도체가 자기장에서 받는 힘의 방향을 알 수 있다.

해설
• 플레밍(Fleming)의 오른손 법칙 : 발전기의 원리이며 자계 내에 놓인 도체가 운동하면서 자속을 끊어 기전력을 발생시키는 원리
• 렌츠의 법칙(Lenz's Law) : 코일에서 발생하는 기전력의 방향은 자속 ϕ 의 증감을 방해하는 방향으로 발생한다는 법칙
• 앙페르(Ampere)의 오른나사 법칙 : 도선에 전류가 흐를 때 발생하는 자계의 방향을 알 수 있다는 법칙으로, 전류가 들어가는 방향일 때의 자력선의 방향을 알 수 있다.

답 ④

다음은 플레밍의 오른손 법칙을 설명한 것이다. 괄호 안에 들어갈 말을 바르게 나열한 것은?

자기장 내에 놓여 있는 도체가 운동을 하면 유도기전력이 발생하는데, 이때 오른손의 엄지, 검지, 중지를 서로 직각이 되도록 벌려서 엄지를 (㉠)의 방향에, 검지를 (㉡)의 방향에 일치시키면 중지는 (㉢)의 방향을 가리키게 된다.

	㉠	㉡	㉢
①	도체 운동	유도기전력	자기장
②	도체 운동	자기장	유도기전력
③	자기장	유도기전력	도체 운동
④	자기장	도체 운동	유도기전력

해설
엄지(도체 운동), 검지(자기장), 중지(유도기전력)

답 ②

길이 10[cm]의 도선이 자속밀도 1[Wb/m²]의 자장 속에서 자장과 수직 방향으로 3[s]동안에 15[m] 이동했다면 유도되는 기전력의 크기는?

① 0.5   ② 1.0
③ 1.5   ④ 2.0

해설

$$e = Blv\sin\theta = 1 \times 0.1 \times \frac{15}{3} \times \sin 90° = 0.5 [\text{V}]$$

답 ①

$B = 3[\text{Wb/m}^2]$, $l = 0.5[\text{m}]$, $I = 10[\text{A}]$, 각도는 60°일
때 전자력의 크기는?

① 12　　　　　　② 13
③ 14　　　　　　④ 15

해설

$$F = BlI\sin\theta = 3 \times 0.5 \times 10 \times \frac{\sqrt{3}}{2} = 13[\text{N}]$$

답 ②

4 플레밍(Fleming)의 왼손 법칙

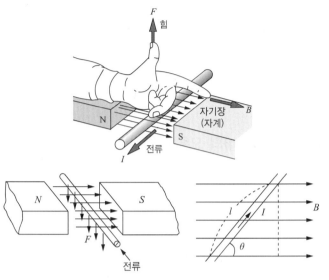

전동기의 원리이며, 자계 내에 놓인 도선에 전류가 흐를 때 도선이 받는 힘의
원리

$$F = BlI\sin\theta[\text{N}]$$

여기서, F : 도체가 받는 힘, B : 자속밀도, l : 도선의 길이, I : 전류,
　　　　θ : 도선과 자기장의 각도

5 비오-사바르의 법칙

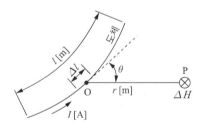

전류와 자기장의 세기 $\Delta H = \dfrac{I \Delta l \sin\theta}{4\pi r^2}[\text{AT/m}]$

6 무한장 직선 전류에 의한 자기장의 세기

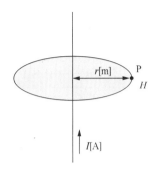

$$H = \frac{I}{2\pi r}\,[\text{AT/m}]$$

※ 자기장의 방향은 전류의 방향과 수직(90°)

7 원형 코일 중심에서의 자기장의 세기

$$H = \frac{NI}{2r}\,[\text{AT/m}]$$

8 환상 솔레노이드

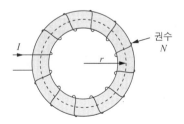

$$H = \frac{NI}{l} = \frac{NI}{2\pi r}\,[\text{AT/m}]\,(\text{원주 길이 } l = 2\pi r)$$

※ 솔레노이드(Solenoid) : 코일을 균등하게 나선형으로 감은 것(예 전자석)

$I = 20[\text{A}]$, $r = 0.15[\text{m}]$일 때 무한장 직선전류에 의한 자기장의 세기는?

① 20.23 　　　　② 21.23

③ 22.23 　　　　④ 23.23

해설

$$H = \frac{I}{2\pi r} = \frac{20}{2 \times 3.14 \times 0.15} = 21.23\,[\text{AT/m}]$$

답 ②

$I = 5[\text{A}]$, $N = 10$회, $r = 0.1[\text{m}]$일 때 원형 코일 중심에서의 자기장의 세기는?

① 150 　　　　② 200

③ 250 　　　　④ 300

해설

$$H = \frac{NI}{2r} = \frac{10 \times 5}{2 \times 0.1} = 250\,[\text{AT/m}]$$

답 ③

다음 그림과 같은 환상 솔레노이드에 있어서 r은 20[cm], 권선수는 50, 전류는 4[A]일 때, 솔레노이드 내부 자계의 세기[AT/m]는?

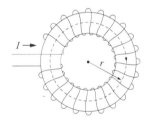

① 0.8 　　　　② 1.59

③ 80 　　　　④ 159

해설

솔레노이드 내부 자계의 세기

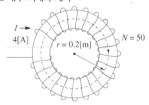

$$H = \frac{NI}{2\pi r}\,[\text{AT/m}]$$
$$= \frac{50 \times 4}{2\pi \times 0.2} = \frac{200}{0.4\pi} = 159.2$$
$$≒ 159\,[\text{AT/m}]$$

답 ④

$N = 100$회, $I = 10[\text{A}]$일 때 무한장 솔레노이드의 자기장의 세기는?

① 1,000   ② 2,000
③ 3,000   ④ 4,000

해설
$H = nI = 100 \times 10 = 1,000[\text{AT/m}]$

답 ①

$B = 5[\text{Wb/m}^2]$, $A = 2[\text{m}^2]$, $N = 10$회, $I = 1[\text{A}]$, 각도는 $60°$일 때 구형 코일에 작용하는 힘은?

① 50   ② 100
③ 150   ④ 200

해설
$T = BANI\cos\theta = 5 \times 2 \times 10 \times 1 \times \dfrac{1}{2} = 50[\text{N}\cdot\text{m}]$

답 ①

공기 중에서 무한히 긴 두 도선 A, B가 평행하게 $d = 1[\text{m}]$의 간격을 두고 있다. 이 두 도선 모두 1[A]의 전류가 같은 방향으로 흐를 때, 도선 B에 작용하는 단위 길이당 힘의 크기[N/m] 및 형태를 옳게 구한 것은?

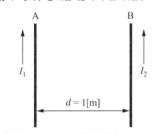

	힘의 크기	힘의 형태
①	4×10^{-7}	흡인력
②	2×10^{-7}	반발력
③	2×10^{-7}	흡인력
④	4×10^{-7}	반발력

해설
• 나란한 두 도체(단위 길이)에 작용하는 힘

$$F = \frac{2I_1 I_2}{r} \times 10^{-7}[\text{N/m}]$$
$$= \frac{2 \times 1 \times 1}{1} \times 10^{-7}$$
$$= 2 \times 10^{-7}[\text{N/m}]$$

• 같은 방향 전류이므로 흡인력

답 ③

---

9   무한장 솔레노이드

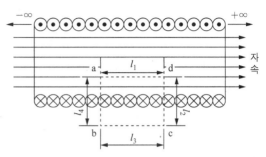

$$H = nI[\text{AT/m}]$$

10   구형 코일에 작용하는 토크

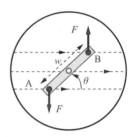

$$T = BANI\cos\theta[\text{N}\cdot\text{m}]$$

11   평행한 두 도체 간에 작용하는 힘

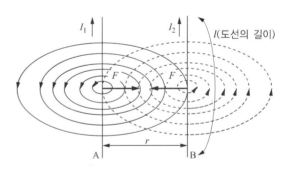

직선 전류에 작용하는 힘

$$F = \frac{\mu_0 I_1 I_2}{2\pi r} = 2 \times 10^{-7} \times \frac{I_1 I_2}{r}[\text{N/m}]$$
$$= 2 \times 10^{-7} \times \frac{I_1 I_2 l}{r}[\text{N}]$$

[증 명]

$$F = BlI[\text{N}] = \mu HlI = \mu_0 \mu_s HlI$$

$$= 4\pi \times 10^{-7} \times 1 \times \frac{I}{2\pi r} \times l \times I'$$

$$= 2 \times 10^{-7} \times \frac{I \times I' \times l}{r}[\text{N}]$$

- 같은 방향의 전류가 흐를 때 : 흡인력 작용
- 다른 방향의 전류가 흐를 때 : 반발력 작용

12 프린징 효과(Fringing Effect)

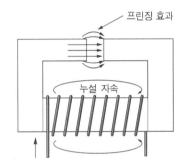

전자석 내부 자속이 공기 중으로 나오면서 휘어지거나 퍼지는 현상이다.

13 자기 흡인력

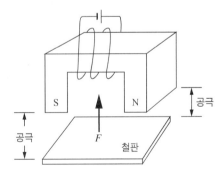

$$F = \frac{1}{2} \cdot \frac{B^2}{\mu_0} \cdot A[\text{N}]$$

자기장의 방향 : N극 → 공극 → 철판 → 공극 → S극

※ 전기에서 면적을 나타낼 때 영문자 $A[\text{m}^2]$와 $S[\text{m}^2]$를 함께 쓴다.

다음 그림과 같은 자기부상열차의 전자석이 발생시키는 부상력 $F[\text{N}]$는?(단, 공극에 저장된 자기에너지는 자속밀도 B, 공기투자율 μ_0, 전자석의 단면적 S, 공극길이 g 등의 관계식으로 결정된다)

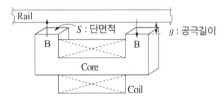

① $F = \dfrac{B^2}{\mu_0} S$　　② $F = \dfrac{B^2}{\mu_0 g} S$

③ $F = \dfrac{\mu_0 B^2}{g} S$　　④ $F = \dfrac{gB^2}{S\mu_0}$

해설
자기 흡인력(부상력) 힘
$$F = \frac{1}{2} \cdot \frac{B^2}{\mu_0} \cdot S[\text{N}], \quad S = 2 곳이므로$$
$$= \frac{1}{2} \times \frac{B^2}{\mu_0} \times 2S = \frac{B^2 S}{\mu_0}[\text{N}]$$

답 ①

14 막대자석

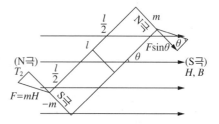

$m = 10^{-5}$[Wb], $l = 0.1$[m]일 때 자기 모멘트 M[Wb · m]는?

① 10^{-4}
② 10^{-5}
③ 10^{-6}
④ 10^{-7}

해설

$M = m \cdot l$[Wb · m] $= 10^{-5} \times 0.1 = 10^{-6}$[Wb · m]

답 ③

v[m/s]의 속도를 가진 전자가 B[Wb/m²]의 평등 자계에 직각으로 들어가면 등속원운동을 한다. 이때 원운동의 주기 T[s]와 원의 반지름 r[m]은?(단, 전자의 전하는 q[C], 질량은 m[kg]이다)

	T[s]	r[m]
①	$\dfrac{\pi m}{\lvert q \rvert B}$	$\dfrac{mv}{\lvert q \rvert B}$
②	$\dfrac{\pi m}{\lvert q \rvert B}$	$\dfrac{2mv}{\lvert q \rvert B}$
③	$\dfrac{2\pi m}{\lvert q \rvert B}$	$\dfrac{mv}{\lvert q \rvert B}$
④	$\dfrac{2\pi m}{\lvert q \rvert B}$	$\dfrac{2mv}{\lvert q \rvert B}$

해설

힘 $F = BlI\sin\theta$[N]에서 $I = \dfrac{dq}{dt}$, $\sin 90° = 1$ 대입

$\quad = Bq\dfrac{dl}{dt} \times 1 = Bqv$[N] $\left(\because v = \dfrac{dl}{dt}$[m/s] $\right)$

구심력(원심력) $F' = \dfrac{mv^2}{r}$[N]

$F = F'$ 라 두면 $Bqv = \dfrac{mv^2}{r}$ 에서 $r = \dfrac{mv^2}{Bqv} = \dfrac{mv}{qB}$[m]

주기 $T = \dfrac{1}{f}$[s]에 $f = \dfrac{\omega}{2\pi}$, $\omega = \dfrac{v}{r}$ 대입

$\quad = \dfrac{2\pi}{\dfrac{v}{r}} = \dfrac{2\pi r}{v} = \dfrac{2\pi \cdot \dfrac{mv}{qB}}{v} = \dfrac{2\pi m}{qB}$[s]

$\quad \left(\because r = \dfrac{mv}{qB}$[m] $\right)$

답 ③

(1) 회전력

$T = \overrightarrow{M} \times \overrightarrow{H} = MH\sin\theta = mlH\sin\theta$[N · m]

자기모멘트 $M = ml$[Wb · m]

(2) θ만큼 회전하는 데 필요한 일(에너지)

$W = \displaystyle\int_0^\theta T d\theta = -\int_\theta^0 MH_0 \sin\theta d\theta = -MH_0 [-\cos\theta]_\theta^0 = MH_0(1 - \cos\theta)$[J]

15 등속 원운동 주기 및 반지름

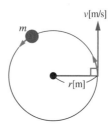

(1) 원운동 주기

$T = \dfrac{2\pi m}{qB}$[s]

(2) 원의 반지름

$r = \dfrac{mv}{qB}$[m]

CHAPTER 16 적중예상문제

01 전류에 의한 자계의 발생 방향을 결정하는 법칙은?

① 비오-사바르의 법칙
② 쿨롱의 법칙
③ 패러데이의 법칙
④ 암페어의 오른손 법칙

해설

• 전류에 의한 자계의 크기 : 비오-사바르의 법칙
• 방향 : 암페어의 오른손 법칙

02 0.2[Wb/m²]의 평등자계 속에 자계와 직각 방향으로 놓인 길이 30[cm]의 도선을 자계와 30°의 방향으로 30[m/s]의 속도로 이동시킬 때 도체 양단에 유기되는 기전력은 몇 [V]인가?

① 0.45
② 0.9
③ 1.8
④ 90

해설

유기기전력의 크기
$e = Blv\sin\theta = 0.2 \times 0.3 \times 30 \times \sin 30° = 0.9[\text{V}]$

03 $l_1 = \infty$, $l_2 = 1[\text{m}]$의 두 직선도선을 50[cm]의 간격으로 평행하게 놓고, l_1을 중심축으로 하여 l_2를 속도 100[m/s]로 회전시키면 l_2에 유기되는 전압은 몇 [V]인가?(단, l_1에 흐르는 전류는 50[mA]이다)

① 0
② 5
③ 2×10^{-6}
④ 3×10^{-6}

해설

자계 내 운동 도체의 유기기전력 $e = lvB\sin\theta = lv\mu_0 H\sin\theta[\text{N}]$에서 자계와 속도가 이루는 각도가 같으므로 전압이 유기되지 않는다.

04 평등 자계 내에 놓여 있는 전류가 흐르는 직선도선이 받는 힘에 대한 설명으로 틀린 것은?

① 힘은 전류에 비례한다.
② 힘은 자장의 세기에 비례한다.
③ 힘은 도선의 길이에 반비례한다.
④ 힘은 전류의 방향과 자장의 방향과의 사이각의 정현에 관계된다.

해설

플레밍의 왼손 법칙

자속밀도가 $B[\text{Wb/m}^2]$인 자계 중에 길이를 l의 도체를 놓고 $I[\text{A}]$의 전류를 흘릴 경우 자계 내에서 도체가 받는 힘의 크기 $F = BIl\sin\theta[\text{N}]$이다.
따라서, 힘은 도선의 길이에 비례한다.

05 진공 중에서 e[C]의 전하가 B[Wb/m²]의 자계 안에서 자계와 수직 방향으로 v[m/s]의 속도로 움직일 때 받는 힘[N]은?

① $\dfrac{evB}{\mu_0}$ ② $\mu_0 evB$

③ evB ④ $\dfrac{eB}{v}$

해설

전자력 $F = Bli\sin\theta = Bl\dfrac{e}{t}\sin\theta = Bev\sin\theta$ 에서

수직이므로 $\sin\theta = 90°$

∴ $F = Bev$[N]

06 Biot-Savart의 법칙에 의하면, 전류소에 의해서 임의의 한 점(P)에 생기는 자계의 세기를 구할 수 있다. 다음 중 설명으로 틀린 것은?

① 자계의 세기는 전류의 크기에 비례한다.

② MKS 단위계를 사용할 경우 비례상수는 $\dfrac{1}{4\pi}$ 이다.

③ 자계의 세기는 전류소와 점 P와의 거리에 반비례한다.

④ 자계의 방향은 전류소 및 이 전류소와 점 P를 연결하는 직선을 포함하는 면에 법선 방향이다.

해설

자계의 세기 $dH = \dfrac{Idl}{4\pi r^2}\sin\theta$

07 Z축의 정방향(+방향)으로 $10\pi a_z$[A]가 흐를 때 이 전류로부터 5[m] 지점에 발생되는 자계의 세기 H[AT/m]는?

① $H = -a_z$ ② $H = a_\phi$

③ $H = \dfrac{1}{2}a_\phi$ ④ $H = -a_\phi$

해설

직선도선 자계의 세기 $H = \dfrac{I}{2\pi r} = \dfrac{10\pi}{2\pi \times 5} = 1$[AT/m]

전류가 z축으로 흐르기 때문에 원통좌표에 의해 a_ϕ으로 회전한다.

08 전류가 흐르고 있는 무한직선도체로부터 2[m]만큼 떨어진 자유공간 내 P점의 자계의 세기가 $\dfrac{4}{\pi}$[AT/m]일 때, 이 도체에 흐르는 전류는 몇 [A]인가?

① 2 ② 4

③ 8 ④ 16

해설

자계의 세기 $H = \dfrac{I}{2\pi r}$[AT/m]이므로,

∴ $I = 2\pi r H = 2\pi \times 2 \times \dfrac{4}{\pi} = 16$[A]

09 그림에서 $I[\mathrm{A}]$의 전류가 반지름 $a[\mathrm{m}]$의 무한히 긴 원주 도체를 축에 대하여 대칭으로 흐를 때 원주 외부의 자계 H를 구한 값은?

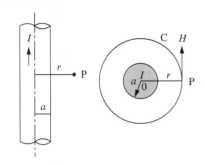

① $H = \dfrac{I}{4\pi r}[\mathrm{AT/m}]$ ② $H = \dfrac{I}{4\pi r^2}[\mathrm{AT/m}]$

③ $H = \dfrac{I}{2\pi r}[\mathrm{AT/m}]$ ④ $H = \dfrac{I}{2\pi r^2}[\mathrm{AT/m}]$

해설

무한원주도체 자계 $H = \dfrac{I}{2\pi r}[\mathrm{AT/m}]$

10 무한장 직선도체가 있다. 이 도체로부터 수직으로 0.1[m] 떨어진 점의 자계의 세기가 180[AT/m]이다. 이 도체로부터 수직으로 0.3[m] 떨어진 점의 자계의 세기[AT/m]는?

① 20   ② 60

③ 180   ④ 540

해설

무한장 직선도체에 $I[\mathrm{A}]$가 흐를 때 이 도체에 의한 자계의 세기는 $H = \dfrac{I}{2\pi r}$로 거리에 반비례한다.

$H_1 : H_2 = \dfrac{1}{r_1} : \dfrac{1}{r_2} = \dfrac{1}{0.1} : \dfrac{1}{0.3}$에서

$H_2 = \dfrac{0.1}{0.3} H_1 = \dfrac{1}{3} \times 180 = 60[\mathrm{AT/m}]$

11 그림과 같이 평행한 두 개의 무한 직선 도선에 전류가 각각 I, $2I$인 전류가 흐른다. 두 도선 사이의 점 P에서 자계의 세기가 0이다. 이때 $\dfrac{a}{b}$는?

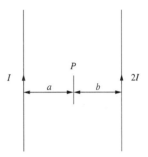

① 4   ② 2

③ $\dfrac{1}{2}$ ④ $\dfrac{1}{4}$

해설

$\dfrac{I}{2\pi a} = \dfrac{2I}{2\pi b}$

$\therefore \dfrac{a}{b} = \dfrac{1}{2}$

12 무한장 원주형 도체에 전류 I가 표면에만 흐른다면 원주 내부의 자계의 세기는 몇 [AT/m]인가?(단, $r[\mathrm{m}]$는 원주의 반지름이고, N은 권선수이다)

① 0   ② $\dfrac{NI}{2\pi r}$

③ $\dfrac{I}{2r}$ ④ $\dfrac{I}{2\pi r}$

해설

도체의 전류가 표면에만 흐르면 내부 자계는 0이다.

13 전류 I[A]가 반지름 a[m]의 원주를 균일하게 흐를 때 원주 내부의 중심에서 r[m] 떨어진 원주 내부 점의 자계의 세기는 몇 [AT/m]인가?

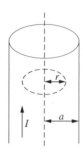

① $\dfrac{Ir}{2\pi a^2}$ [AT/m] 　　② $\dfrac{Ir}{2\pi a}$ [AT/m]

③ $\dfrac{Ir}{\pi a^2}$ [AT/m] 　　④ $\dfrac{Ir}{\pi a}$ [AT/m]

해설

$a > r$일 때 무한 원주

• 내부 도체 자계 $H_i = \dfrac{Ir}{2\pi a^2}$ [AT/m]

• 외부 자계 $H_i = \dfrac{I}{2\pi r}$ [AT/m]

14 반지름 a[m]이고, $N=1$회의 원형 코일에 I[A]의 전류가 흐를 때 그 코일의 중심점에서의 자계의 세기[AT/m]는?

① $\dfrac{I}{2\pi a}$ 　　② $\dfrac{I}{4\pi a}$

③ $\dfrac{I}{2a}$ 　　④ $\dfrac{I}{4a}$

해설

원형 코일 전계의 세기

$H = \dfrac{NI}{2a} = \dfrac{I}{2a}$ [AT/m]

15 전류의 세기가 I[A], 반지름 r[m]인 원형 선전류 중심에 m[Wb]인 가상 점자극을 둘 때 원형 선전류가 받는 힘은?

① $\dfrac{mI}{2\pi r}$ [N] 　　② $\dfrac{mI}{2r}$ [N]

③ $\dfrac{mI^2}{2\pi r}$ [N] 　　④ $\dfrac{mI}{2\pi r^2}$ [N]

해설

원형 코일 자계의 세기 $H = \dfrac{I}{2r}$ [AT/m]를 대입하여

작용력 $F = mH = \dfrac{mI}{2r}$ [N]

16 평균 길이 1[m], 권수 1,000회의 솔레노이드 코일에 비투자율 1,000의 철심을 넣고 자속밀도 1[Wb/m²]을 얻기 위해 코일에 흘려야 할 전류는 몇 [A]인가?

① $\dfrac{10}{4\pi}$ 　　② $\dfrac{100}{8\pi}$

③ $\dfrac{6\pi}{100}$ 　　④ $\dfrac{4\pi}{10}$

해설

환상 솔레노이드에서

$H = \dfrac{NI}{l}$, $B = \mu H = \mu \dfrac{NI}{l}$

$\therefore I = \dfrac{lB}{N\mu} = \dfrac{1 \times 1}{1,000 \times 4\pi \times 10^{-7} \times 1,000} = \dfrac{10}{4\pi}$ [A]

17 무한장 솔레노이드에 전류가 흐를 때 발생되는 자계에 관한 설명으로 옳은 것은?

① 외부와 내부 자계의 세기는 같다.
② 내부 자계의 세기는 0이다.
③ 외부 자계는 평등 자계이다.
④ 내부 자계는 평등 자계이다.

해설

무한장 솔레노이드, 단위 길이에 대한 권수 $N[회/m]$일 때 솔레노이드 자계의 세기
• 내부(평등자계) $H = NI[\mathrm{AT/m}]$
• 외부 $H = 0$

18 다음 설명 중 옳은 것은?

① 무한직선도선에 흐르는 전류에 의한 도선 내부에서 자계의 크기는 도선의 반경에 비례한다.
② 무한직선도선에 흐르는 전류에 의한 도선 외부에서 자계의 크기는 도선의 중심과의 거리에 무관하다.
③ 무한장 솔레노이드 내부자계의 크기는 코일에 흐르는 전류의 크기에 비례한다.
④ 무한장 솔레노이드 내부자계의 크기는 단위 길이당 권수의 제곱에 비례한다.

해설

• 무한장 솔레노이드 내부자계의 세기는 평등하며, 그 크기는 $H_i = n_0 I[\mathrm{AT/m}]$ 이다.
  (단, n_0는 단위 길이당 코일권수[회/m])
• 무한장 솔레노이드 외부자계 $H_0 = 0[\mathrm{AT/m}]$ 이다.

19 평행한 두 도선 간의 전자력은?(단, 두 도선 간의 거리는 $r[m]$라 한다)

① r에 비례
② r^2에 비례
③ r에 반비례
④ r^2에 반비례

해설

평행도선 사이의 작용력

$$F = \frac{\mu_0 I_1 I_2}{2\pi d} = \frac{2 I_1 I_2}{d} \times 10^{-7}[\mathrm{N/m}]$$

20 2[cm]의 간격을 가진 선간전압 6,600[V]인 두 개의 평행도선에 2,000[A]의 전류가 흐를 때 도선 1[m]마다에 작용하는 힘의 크기는 몇 [N/m]인가?

① 20
② 30
③ 40
④ 50

해설

2개 평행도선 사이에 작용하는 힘

$$F = \frac{2 I_1 I_2}{d} \times 10^{-7}[\mathrm{N/m}] = \frac{2 \times 2,000^2}{0.02} \times 10^{-7} = 40[\mathrm{N/m}]$$

(단위 길이 $l = 1[m]$)

21 자속밀도가 B인 곳에 전하 Q, 질량 m인 물체가 자속밀도 방향과 수직으로 입사한다. 속도를 2배로 증가시키면, 원운동의 주기는 몇 배가 되는가?

① 1/2
② 1
③ 2
④ 4

해설

주파수$(f) = \dfrac{BQ}{2\pi m}$

$\therefore T = \dfrac{1}{f} = \dfrac{2\pi m}{BQ}$ [s]

주기의 식에 속도 v가 없으므로 주기는 속도의 변화에 관계가 없다.

22 속도 v[m/s]되는 전자가 자속밀도 B[Wb/m²]인 평등자계 중에 자계와 수직으로 입사했을 때 전자궤도의 반지름 r은 몇 [m]인가?

① $\dfrac{ev}{mB}$
② $\dfrac{mB}{ev}$
③ $\dfrac{eB}{mv}$
④ $\dfrac{mv}{eB}$

해설

로렌츠의 힘(구심력 = 원심력) $Bev = \dfrac{mv^2}{r}$ 일 때 발생한다.

$\therefore$ 전자의 궤적 반지름 $r = \dfrac{mv}{Be}$ [m]

17 자성체와 자기회로

필수 **확인**·문제

1 자성체와 자화

(1) **자화** : 물체에 자계를 가하여 그 물체가 자기적 성질을 갖게 되는 현상

(2) **자성체** : 자화된 물체

(3) **자화의 주 원인** : 전자의 자전(스핀)

(4) **자화의 세기**

① $J = \dfrac{m}{S}[\mathrm{Wb/m^2}]$

($S[\mathrm{m^2}]$: 자성체의 단면적, $m[\mathrm{Wb}]$: 자극의 세기)

② $J = \dfrac{m \cdot l}{S \cdot l} = \dfrac{M}{V}[\mathrm{Wb \cdot m/m^3}]$

($l[\mathrm{m}]$: 자성체의 길이, $M[\mathrm{Wb \cdot m}]$: 자기 쌍극자의 자기 모멘트, $V[\mathrm{m^3}]$: 자성체의 체적)

③ $J = \chi H = \mu_0(\mu_s - 1)H[\mathrm{Wb/m^2}]$

($\chi = \mu_0\chi_s$: 자화율, $\chi_s = \mu_s - 1$: 비자화율)

∴ 자화의 세기 J는 자계의 세기 H에 비례한다.

2 자성체에서 에너지밀도

$$w = \frac{1}{2}BH = \frac{1}{2}\frac{B^2}{\mu} = \frac{1}{2}\mu H^2[\mathrm{J/m^3}]$$

※ 비교 : 유전체에서 에너지밀도

$$w = \frac{1}{2}ED = \frac{1}{2}\frac{D^2}{\varepsilon} = \frac{1}{2}\varepsilon E^2[\mathrm{J/m^3}]$$

히스테리시스 특성 곡선에 대한 설명으로 옳지 않은 것은?

① 히스테리시스 손실은 주파수에 비례한다.
② 곡선이 수직축과 만나는 점은 잔류자기를 나타낸다.
③ 자속밀도, 자기장의 세기에 대한 비선형 특성을 나타낸다.
④ 곡선으로 둘러싸인 면적이 클수록 히스테리시스 손실이 적다.

해설
④ 면적이 클수록 히스테리시스 손실도 크다.
① 주파수에 비례한다.
② 수직축(세로, 종축)과 만나는 점은 잔류자기를 나타낸다.
③ 자속밀도(B), 자기장의 세기(H)에 대한 특성을 나타낸다.
답 ④

---

3 자기 흡인력

$$F = \frac{1}{2}BH = \frac{1}{2}\frac{B^2}{\mu} = \frac{1}{2}\mu H^2 [\text{N/m}^2]$$

4 히스테리시스 곡선(Hysteresis Loop)

(1) **히스테리시스 곡선(자기이력 곡선)** : 자기력 H의 변화에 지연되는 자속밀도 B를 나타낸 그래프

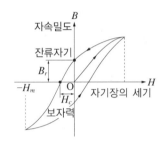

① 잔류자기와 보자력
 ㉠ 잔류자기(B_r) : 자장을 작용시켜 자화된 물체에 자장을 제거하여도 자력이 남아 있는 것
 ㉡ 보자력(H_c) : 자화된 자성체의 자화도를 0으로 만들기 위해 걸어주는 역자기장의 세기
② 영구자석과 전자석의 특징
 ㉠ 영구자석 : 보자력과 잔류자기가 크고 히스테리시스 곡선의 면적이 크다 (∵ 외부 자계에 의해 잔류자기가 쉽게 없어지면 안 되므로).
 ㉡ 전자석 : 잔류자기는 크고 보자력과 히스테리시스 곡선의 면적은 작다.

(2) **히스테리시스 손실(Hysteresis Loss)**
① 정의 : 철심 중에서 자속밀도가 교번하는 데 따라서 발생하는 손실로 히스테리시스 곡선의 면적에 해당한다.
② 철 손
 시간적으로 변화하는 자기력 때문에 열이 발생하여 생기는 철심의 전력손실로 히스테리시스손과 와류손으로 구성된다.
 ㉠ 히스테리시스 손실
 $$P_e = \eta f B_m^{1.6}$$
 (f : 주파수, B_m : 최대 자속밀도, η : 히스테리시스 상수)
 ㉡ 와류손
 $$P_e = \eta (B_m t f)^2 [\text{J/m}^3]$$

ⓒ 히스테리시스 손실을 줄이기 위해서 히스테리시스 면적이 작은 규소강판을 사용하고, 와류손을 줄이기 위해 성층하여 사용한다.

ⓔ 바크하우젠 효과 : B가 계단적으로 증가하는 현상

5 자기회로 : 자속이 통하는 통로(= 자로)

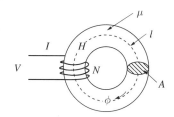

(1) 기자력(Magnetomotive Force)

$$F = NI[\text{AT}]$$

(N : 권수비, I : 전류)

$$F = NI = \oint_c H \cdot dl = \oint_c \frac{B}{\mu} dl = \oint_c \frac{\phi}{\mu A} dl = \phi \frac{l}{\mu A} = \phi R_m$$

(2) 자기저항

$$R_m = \frac{l}{\mu A} = \frac{l}{\mu_0 \mu_s A} [\text{AT/Wb}]$$

$$R_m = \frac{F}{\phi} [\text{AT/Wb}]$$

(3) 자 속

$$\phi = \frac{F}{R_m} [\text{Wb}](\text{자기회로의 옴의 법칙})$$

(4) 자기회로와 전기회로의 쌍대성

자기회로	전기회로
기자력 $F[\text{AT}]$	기전력 $V[\text{V}]$
자속 $\phi[\text{Wb}]$	전류 $I[\text{A}]$
자기저항 $R_m = \dfrac{l}{\mu A}[\text{AT/Wb}]$	전기저항 $R = \rho \dfrac{l}{S} = \dfrac{l}{kS}[\Omega]$
투자율 $\mu[\text{H/m}]$	전도율 $k[\mho/\text{m}]$(고유저항 $\rho = \dfrac{1}{k}[\Omega \cdot \text{m}]$)
자속밀도 $B = \dfrac{\phi}{A}[\text{Wb/m}^2]$	전류밀도 $J = \dfrac{I}{S}[\text{A/m}^2]$

$N = 600$회, $I = 0.5[\text{A}]$일 때 힘 F는?

① 100 ② 200
③ 300 ④ 400

해설

$F = NI = 600 \times 0.5 = 300[\text{AT}]$

답 ③

$R_m = 2,300[\text{AT/Wb}]$, $F = 40,000[\text{AT}]$일 때, 자속 ϕ는?

① 16.39 ② 17.39
③ 18.39 ④ 19.39

해설

$\phi = \dfrac{F}{R_m} = \dfrac{40,000}{2,300} ≒ 17.39[\text{Wb}]$

답 ②

다음 그림과 같이 $\mu_r = 50$인 선형모드로 작용하는 페라이트 자성체의 전체 자기저항은?(단, 단면적 $A = 1[\text{m}^2]$, 단면적 $B = 0.5[\text{m}^2]$, 길이 $a = 10[\text{m}]$, 길이 $b = 2[\text{m}]$이다)

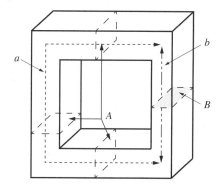

① $\dfrac{7}{25\mu_0}$ ② $\dfrac{7}{1,000\mu_0}$
③ $\dfrac{7\mu_0}{25}$ ④ $\dfrac{7\mu_0}{1,000}$

해설

- $R_A = \dfrac{l_a}{\mu A_A} = \dfrac{10}{50\mu_0 \times 1} = \dfrac{10}{50\mu_0}$
- $R_B = \dfrac{l_b}{\mu A_B} = \dfrac{2}{50\mu_0 \times 0.5} = \dfrac{4}{50\mu_0}$

자기저항 $R_m = R_A + R_B$

$$= \dfrac{10}{50\mu_0} + \dfrac{4}{50\mu_0} = \dfrac{14}{50\mu_0}$$

$$= \dfrac{7}{25\mu_0}$$

답 ①

CHAPTER

17 적중예상문제

01 물질의 자화 현상은?

① 전자의 자전
② 전자의 공전
③ 전자의 이동
④ 분자의 운동

해설

물질의 자화 : 물질을 구성하는 각 원자 내의 핵과 전자의 운동으로 인한 미소전류 루프에 의한 것으로 핵 주위를 회전하는 전자의 궤도운동과 궤도전자 및 핵의 자전운동(Spin)에 의한 것

02 자화의 세기로 정의할 수 있는 것은?

① 단위 면적당 자위밀도
② 단위 체적당 자기모멘트
③ 자력선밀도
④ 자화선밀도

해설

- 자화의 세기 $J = \dfrac{m}{S}[\text{Wb/m}^2]$: 단위 면적당 자극의 세기

- 자화의 세기 $J = \dfrac{M}{V}[\text{Wb/m}^2]$: 단위 체적당 자기모멘트

03 강자성체의 자속밀도 B의 크기와 자화의 세기 J의 크기 사이에는 어떤 관계가 있는가?

① J가 B보다 약간 크다.
② J는 B보다 대단히 크다.
③ J는 B보다 약간 작다.
④ J는 B와 똑같다.

해설

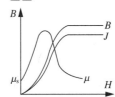

- 자화의 세기 $J = \mu_0(\mu_s - 1)H = B - \mu_0 H = \left(1 - \dfrac{1}{\mu_s}\right)B[\text{Wb/m}^2]$

- 강자성체는 $\mu_s \gg 1$이므로 $J \leq B$, 즉 J는 B보다 약간 작다.

04 다음 조건 중 틀린 것은?(단, χ_m : 비자화율, μ_r : 비투자율이다)

① $\mu_r \gg 1$이면 강자성체
② $\chi_m > 0$, $\mu_r < 1$이면 상자성체
③ $\chi_m < 0$, $\mu_r < 1$이면 반자성체
④ 물질은 χ_m 또는 μ_r의 값에 따라 반자성체, 상자성체, 강자성체 등으로 구분한다.

해설

- 강자성체 : $\mu_s \gg 1$, $\mu \gg \mu_0$, $\chi \gg 1$
- 상자성체 : $\mu_s > 1$, $\mu > \mu_0$, $\chi > 0$
- 반자성체(역자성체) : $\mu_s < 1$, $\mu < \mu_0$, $\chi < 0$

05 비투자율 μ_s는 역자성체에서 다음 중 어느 값을 갖는가?

① $\mu_s = 1$ 　　　② $\mu_s < 1$

③ $\mu_s > 1$ 　　　④ $\mu_s = 0$

해설

- 강자성체 $\mu_s \gg 1$, $\mu \gg \mu_0$, $\chi \gg 1$
- 상자성체 $\mu_s > 1$, $\mu > \mu_0$, $\chi > 0$
- 반자성체(역자성체) $\mu_s < 1$, $\mu < \mu_0$, $\chi < 0$

μ_s : 비투자율, χ_m : 비자화율

자성체 종류	특 징	자기모멘트	영구 자기 쌍극자	종 류
강자성체	$\mu_s \gg 1$ $\chi_m \gg 1$		동일방향 배열	철, 니켈, 코발트
상자성체	$\mu_s > 1$ $\chi_m > 0$		비규칙적인 배열	알루미늄, 백금, 주석, 산소, 질소
반자성체, 역자성체	$\mu_s < 1$ $\chi_m < 0$		없 음	비스무트, 은, 구리, 탄소 등
반 강자성체			반대방향 배열	

06 두 자성체 경계면에서 정자계가 만족하는 것은?

① 자계의 법선성분이 같다.

② 자속밀도의 접선성분이 같다.

③ 경계면상의 두 점 간의 자위차가 같다.

④ 자속은 투자율이 작은 자성체에 모인다.

해설

① 자계의 접선성분이 같다.

② 자속밀도의 법선성분이 같다.

④ 자속은 투자율이 큰 자성체에 모인다.

07 상이한 매질의 경계면에서 전자파가 만족해야 할 조건이 아닌 것은?(단, 경계면은 두 개의 무손실 매질 사이이다)

① 경계면은 양측에서 전계의 접선성분은 서로 같다.

② 경계면의 양측에서 자계의 접선성분은 서로 같다.

③ 경계면의 양측에서 자속밀도의 접선성분은 서로 같다.

④ 경계면의 양측에서 전속밀도의 법선성분은 서로 같다.

해설

경계면의 양측에서 자속밀도의 접선성분은 서로 같다.

[별 해] 경계면의 조건

유전체 $E_{t1} = E_{t2}$, $D_{n1} = D_{n2}$

자성체 $H_{t1} = H_{t2}$, $B_{n1} = B_{n2}$

08 히스테리시스 곡선에서 히스테리시스 손실에 해당하는 것은?

① 보자력의 크기

② 잔류자기의 크기

③ 보자력과 잔류자기의 곱

④ 히스테리시스 곡선의 면적

해설

히스테리시스곡선 면적은 단위 체적당 에너지 손실에 대응된다.

09 히스테리시스 손실과 히스테리시스 곡선과의 관계는?

① 히스테리시스 곡선의 면적이 클수록 히스테리시스 손실이 작다.

② 히스테리시스 곡선의 면적이 작을수록 히스테리시스 손실이 작다.

③ 히스테리시스 곡선의 잔류자기값이 클수록 히스테리시스 손실이 작다.

④ 히스테리시스 곡선의 보자력값이 클수록 히스테리시스 손실이 작다.

해설

히스테리시스 곡선의 면적이 작을수록 히스테리시스 손실이 작다.

11 히스테리시스 곡선의 기울기는 다음의 어떤 값에 해당하는가?

① 투자율   ② 유전율

③ 자화율   ④ 감자율

해설

히스테리시스 곡선의 x축(횡축)은 자계의 세기 H, y축(종축)은 자속밀도 B가 된다.

$B = \mu H$에서 투자율 $\mu = \dfrac{B}{H}[\text{H/m}]$은 기울기를 의미한다.

10 전자석의 재료(연철)로 적당한 것은?

① 잔류자속밀도가 크고, 보자력이 작아야 한다.

② 잔류자속밀도와 보자력이 모두 작아야 한다.

③ 잔류자속밀도와 보자력이 모두 커야 한다.

④ 잔류자속밀도가 작고, 보자력이 커야 한다.

해설

규소강판은 전자석의 재료이므로 H-loop면적과 보자력(H_c)은 작고 잔류자기(B_r)는 큰 특성을 갖는다.

12 영구자석에 관한 설명으로 틀린 것은?

① 한번 자화된 다음에는 자기를 영구적으로 보존하는 자석이다.

② 보자력이 클수록 자계가 강한 영구자석이 된다.

③ 잔류자속밀도가 클수록 자계가 강한 영구자석이 된다.

④ 자석재료로 폐회로를 만들면 강한 영구자석이 된다.

해설

보자력과 잔류자속밀도가 클수록 강한 영구자석이 된다. 자석재료로 폐회로를 만들면 전자석이 된다.

13 와류손에 대한 설명으로 틀린 것은?(단, f : 주파수, B_m : 최대 자속밀도, t : 두께, ρ : 저항률이다)

① t^2에 비례한다.

② f^2에 비례한다.

③ ρ^2에 비례한다.

④ B_m^2에 비례한다.

해설

와류손 $P_e = kf^2 B^2$ ∴ $P_e \propto B^2$

와류손은 자속밀도의 제곱에 비례한다.

15 같은 평등 자계 중의 자계와 수직 방향으로 전류 도선을 놓으면 N, S극이 만드는 자계와 전류에 의한 자계와의 상호작용에 의하여 자계의 합성이 이루어지고 전류 도선은 힘을 받는다. 이러한 힘을 무엇이라 하는가?

① 전자력   ② 기전력

③ 기자력   ④ 전계력

해설

전자력은 평등 자계 속에서 도선을 놓고 전류를 흘려주면 전류와 자계의 상호작용에 의해 발생하는 힘이다.

14 투자율 μ[H/m], 자계의 세기 H[AT/m], 자속밀도 B[Wb/m²]인 곳의 자계에너지밀도[J/m³]는?

① $\dfrac{B^2}{2\mu}$ ② $\dfrac{H^2}{2\mu}$

③ $\dfrac{1}{2}\mu H$ ④ BH

해설

자성체 단위 체적당 저장되는 에너지

$\omega = \dfrac{1}{2}\mu H^2 = \dfrac{B^2}{2\mu} = \dfrac{1}{2}BH[\mathrm{J/m^3}]$

16 자기회로에 대한 설명으로 틀린 것은?

① 전기회로의 정전용량에 해당되는 것은 없다.

② 자기저항에는 전기저항의 줄 손실에 해당되는 손실이 있다.

③ 기자력과 자속은 변화가 비직선성을 갖고 있다.

④ 누설자속은 전기회로의 누설전류에 비하여 대체로 많다.

해설

② 전기저항에는 줄 손실이 있지만 자기저항에는 철손이 있다.

17 자계와 전류계의 대응으로 틀린 것은?

① 자속 ↔ 전류
② 기자력 ↔ 기전력
③ 투자율 ↔ 유전율
④ 자계의 세기 ↔ 전계의 세기

해설

자기회로와 전기회로의 대응

자기회로	전기회로
자속 $\phi[\mathrm{Wb}]$	전류 $I[\mathrm{A}]$
자계 $H[\mathrm{AT/m}]$	전계 $E[\mathrm{V/m}]$
기자력 $F[\mathrm{AT}]$	기전력 $U[\mathrm{V}]$
자속밀도 $B[\mathrm{Wb/m^2}]$	전류밀도 $i[\mathrm{A/m^2}]$
투자율 $\mu[\mathrm{H/m}]$	도전율 $k[\mho/\mathrm{m}]$
자기저항 $R_m[\mathrm{AT/Wb}]$	전기저항 $R[\Omega]$

18 비투자율 $\mu_s = 800$, 원형 단면적이 $S = 10[\mathrm{cm^2}]$, 평균 자로 길이 $l = 8\pi \times 10^{-2}[\mathrm{m}]$의 환상 철심에 600회의 코일을 감고 이것에 1[A]의 전류를 흘리면 내부의 자속은 몇 [Wb]인가?

① 1.2×10^{-3} ② 1.2×10^{-5}
③ 2.4×10^{-3} ④ 2.4×10^{-5}

해설

$$\text{자속 } \phi = \frac{F}{R_m} = \frac{NI}{\dfrac{l}{\mu S}} = \frac{\mu SNI}{l} = \frac{\mu_0 \mu_s SNI}{l}$$

$$= \frac{4\pi \times 10^{-7} \times 800 \times 10 \times 10^{-4} \times 600 \times 1}{8\pi \times 10^{-2}}$$

$$= 2.4 \times 10^{-3}[\mathrm{Wb}]$$

19 자기회로에 관한 설명으로 옳은 것은?

① 자기회로의 자기저항은 자기회로의 단면적에 비례한다.
② 자기회로의 기자력은 자기저항과 자속의 곱과 같다.
③ 자기저항 R_{m1}과 R_{m2}을 직렬연결 시 합성 자기저항은 $\dfrac{1}{R_m} = \dfrac{1}{R_{m1}} + \dfrac{1}{R_{m2}}$ 이다.
④ 자기회로의 자기저항은 자기회로의 길이에 반비례한다.

해설

① $R_m = \dfrac{l}{\mu A}\left(R_m \propto \dfrac{1}{A}\right)$

② $F = NI = R_m \phi$

③ $R_m = R_{m1} + R_{m2}$

④ $R_m = \dfrac{l}{\mu A}(R_m \propto l)$

20 철심부의 평균 길이가 l_2, 공극의 길이가 l_1, 단면적이 S인 자기회로이다. 자속밀도를 $B[\text{Wb/m}^2]$로 하기 위한 기자력[AT]은?

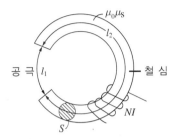

① $\dfrac{\mu_o}{B}\left(l_1 + \dfrac{\mu_s}{l_2}\right)$

② $\dfrac{B}{\mu_o}\left(l_2 + \dfrac{l_1}{\mu_s}\right)$

③ $\dfrac{\mu_o}{B}\left(l_2 + \dfrac{\mu_s}{l_1}\right)$

④ $\dfrac{B}{\mu_o}\left(l_1 + \dfrac{l_2}{\mu_s}\right)$

해설

철심부의 자기저항을 R_1, 공극의 자기저항을 R_2라 하면 R_1, R_2는 직렬이므로

합성 자기저항 $R = R_1 + R_2 = \dfrac{l_1}{\mu_0 S} + \dfrac{l_2}{\mu S}[\text{AT/Wb}]$

따라서, 기자력 $F = NI = R\phi = RBS = \left(\dfrac{l_1}{\mu_0 S} + \dfrac{l_2}{\mu S}\right)BS$

$\qquad = \dfrac{B}{\mu_0}\left(l_1 + \dfrac{l_2}{\mu_s}\right)[\text{AT}]$

18 전자유도와 유도결합 회로

(A), (B), (C)가 각각 설명하고 있는 법칙들을 바르게 연결한 것은?

> (A) 전자유도에 의한 기전력은 자속변화를 방해하는 전류가 흐르도록 그 방향이 결정된다.
> (B) 전류가 흐르고 있는 도선에 대해 자기장이 미치는 힘의 방향을 정하는 법칙으로, 전동기의 회전 방향을 결정하는데 유용하다.
> (C) 코일에 발생하는 유도기전력의 크기는 쇄교자속의 시간적 변화율과 같다.

① (A) 렌츠의 법칙
   (B) 플레밍의 왼손 법칙
   (C) 패러데이의 유도 법칙
② (A) 쿨롱의 법칙
   (B) 플레밍의 왼손 법칙
   (C) 암페어의 주회법칙
③ (A) 렌츠의 법칙
   (B) 플레밍의 오른손 법칙
   (C) 암페어의 주회법칙
④ (A) 쿨롱의 법칙
   (B) 플레밍의 오른손 법칙
   (C) 패러데이의 유도 법칙

답 ①

1 전자유도(Electromagnetic Induction)

(1) **전자유도 현상** : 코일을 지나는 자속이 변화하면 코일에 기전력이 생기는(전류가 흐르는) 현상

(2) **전자유도 법칙**

   ① 패러데이의 법칙(Faraday's Law) : 기전력의 크기
      ㉠ 유도되는 기전력의 크기는 쇄교하는 자속에 비례한다.
      ㉡ $e \propto \dfrac{\Delta\phi}{\Delta t}$

   ② 렌츠의 법칙(Lenz's Law) : 기전력의 방향

유도전류 B → G → A	유도전류 A → G → B
운동 방향 N	운동 방향 N

   ㉠ 유도기전력의 방향은 코일 면을 통과하는 자속의 변화를 방해하는 방향으로 나타난다.

   ㉡ $e = -\dfrac{\Delta\phi}{\Delta t}[V] = -\dfrac{d\phi}{dt}[V]$

③ 패러데이-렌츠의 전자유도 법칙(노이만의 법칙)

  ㉠ 권수가 N인 코일과 쇄교하는 경우

  ㉡ $e = -N\dfrac{d\phi}{dt}$

2 표피전류와 와전류

(1) 표피효과

① 정의 : 원주 형태의 도체에 전류가 흐를 때 내부로 갈수록 전류와 쇄교하는 자속이 증가하므로 이에 따른 유도기전력이 커져 전류가 잘 흐르지 못하고 표면으로 전류가 집중해서 흐르는 현상

② 침투깊이

$$\delta = \sqrt{\frac{2}{\omega\sigma\mu}} = \frac{1}{\sqrt{\pi f \sigma \mu}}\,[\mathrm{m}]$$

$\sigma = \dfrac{1}{2\times 10^{-8}}[\mho/\mathrm{m}]$: 도전율

$\mu = 4\pi \times 10^{-7}[\mathrm{H/m}]$: 투자율

δ : 표피두께 또는 침투깊이

주파수, 도전율, 투자율이 높을수록 표피두께 δ가 감소하여 표피효과는 증대되며 도체의 실효저항이 증가한다.

③ 표피효과는 주파수, 도전율, 투자율에 비례한다.

(2) 와전류

① 와전류 현상 : 도체에 자속의 시간적 변화를 막기 위해 도체 표면에 유기되는 회전하는 전류(맴돌이전류)가 발생하는 현상

② 와전류손 : $P_e = kf^2 B_m^2$

3 자기유도와 자기인덕턴스

(1) 자기유도(Self-induction) : 임의의 회로에서 전류가 변화하면, 이 전류에 의한 쇄교 자속 수가 변화하게 되고 이러한 변화를 막는 방향의 기전력이 자기 자신의 회로 내에 발생하는 현상

철심을 갖는 코일에 전류가 흐르면 전력손실이 발생한다. 이러한 자기회로에서 전력손실이 발생하는 원인이 아닌 것은?

① 코일의 저항
② 코일의 인덕턴스
③ 철심 내부의 맴돌이전류
④ 철심의 히스테리시스 현상

해설
인덕턴스 L과 손실은 무관하다.

답 ②

솔레노이드 코일의 단위 길이당 권선수를 4배로 증가시켰을 때, 인덕턴스의 변화는?

① $\frac{1}{16}$ 로 감소

② $\frac{1}{4}$ 로 감소

③ 4배 증가

④ 16배 증가

해설

$LI = N\phi$

$L = \dfrac{N\phi}{I}$, $\phi = BA$ 대입

$\quad = \dfrac{NBA}{I}$, $B = \mu H$ 대입

$\quad = \dfrac{N\mu HA}{I}$, $H = \dfrac{NI}{l}$ 대입

$\quad = \dfrac{N\mu \frac{NI}{l}A}{I} = \dfrac{\mu AN^2}{l}$[H]

$\therefore L \propto N^2$에서 $L \propto (4)^2 = 16$배 증가

답 ④

(2) 자기인덕턴스(Self-inductance)

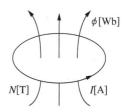

$e = -N\dfrac{d\phi}{dt} = -N\dfrac{d\phi}{di}\dfrac{di}{dt} = L\dfrac{di}{dt}$ 에서

자기인덕턴스 $L = N\dfrac{d\phi}{di}$ 를 적분하면 $LI = N\phi = \Phi$[Wb · turn]

$\therefore L = \dfrac{N\phi}{I} = \dfrac{N}{I} \cdot \dfrac{NI}{R_m} = \dfrac{N^2}{\frac{l}{\mu S}} = \dfrac{\mu SN^2}{l}$[H]

4   상호유도와 상호인덕턴스

(1) **상호유도(Mutual Induction)** : 2개의 코일을 서로 근접시키면 한쪽 코일에 흐르는 전류에 의한 자속이 다른 쪽 코일과도 쇄교한다. 이와 같이 한쪽 코일의 전류가 변화할 때 다른 쪽 유도기전력이 발생하는 현상

(2) **상호인덕턴스(Mutual Induction)**

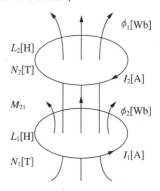

$\phi_{21} \propto I_1$

$\phi_{21} = M_{21}I_1$

$N_2\phi_{21} = M_{21}I_1$

1차측 전류에 의해 2차측에 유기되는 상호유도전압

$e_2 = -N_2\dfrac{d\phi_{21}}{dt} = -N_2\dfrac{d\phi_{21}}{di_1}\dfrac{di_1}{dt} = -M_{21}\dfrac{di_1}{dt}$

$L_1 = 40$[mH], $L_2 = 90$[mH]이며 누설자속이 없을 때 상호인덕턴스 M[mH]는?

① 50   ② 60

③ 70   ④ 80

해설

$M = k\sqrt{L_1 L_2} = \sqrt{40 \times 90} = \sqrt{3,600} = 60$[mH]

답 ②

상호인덕턴스 $M_{21} = N_2 \dfrac{d\phi_{21}}{di_1}$ 를 적분하면 $M_{21}I_1 = N_2\phi_{21}[\text{Wb} \cdot \text{turn}]$

누설자속이 없으면 $\phi_{21} = \phi_2$, 또한 $M_{21} = M$이므로

$\therefore \ M = \dfrac{N_2\phi_1}{I_1} = \dfrac{N_1\phi_2}{I_2}[\text{H}]$(1차측도 동일)

또한 $M = \dfrac{N_2\phi_1}{I_1} = \dfrac{N_2}{I_1} \dfrac{N_1 I_1}{R_m} = \dfrac{N_1 N_2}{\dfrac{l}{\mu S}} = \dfrac{\mu S N_1 N_2}{l}[\text{H}]$

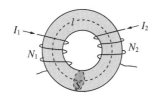

(3) 상호인덕턴스와 자기인덕턴스의 관계

$M = k\sqrt{L_1 L_2} \ (k : 결합계수, \ 0 \le k \le 1)$

5 유도결합 회로(인덕턴스의 접속)

(1) 직렬연결

① 가동결합

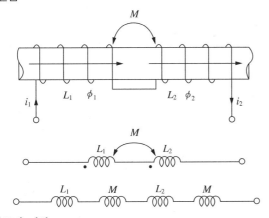

㉠ 가극성 결합
㉡ 자속의 방향이 같다.
㉢ 합성 자기인덕턴스 $L_t = L_1 + L_2 + 2M[\text{H}]$

자체 인덕턴스가 L_1, L_2인 2개의 코일을 〈그림 1〉 및 〈그림 2〉와 같이 직렬로 접속하여 두 코일 간의 상호인덕턴스 M을 측정하고자 한다. 두 코일이 정방향일 때의 합성 인덕턴스가 24[mH], 역방향일 때의 합성 인덕턴스가 12[mH]라면 상호인덕턴스 M[mH]은?

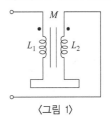　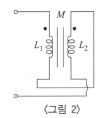

　　〈그림 1〉　　　　　〈그림 2〉

① 3　　　　　　　② 6
③ 12　　　　　　　④ 24

해 설
〈그림 2〉 가극성 $L_A = L_1 + L_2 + 2M[\text{mH}]$, $L_A = 24[\text{mH}]$
〈그림 1〉 감극성 $L_B = L_1 + L_2 - 2M[\text{mH}]$, $L_B = 12[\text{mH}]$
$L_A - L_B = 4M$
$24 - 12 = 4M$
$\therefore M = \dfrac{12}{4} = 3[\text{mH}]$

답 ①

$L_1 = 0.25[\text{H}]$, $L_2 = 0.23[\text{H}]$인 두 코일이 가극성일 때, 합성 인덕턴스 L은?

① 0.9　　　　　　② 0.96
③ 1.06　　　　　　④ 1.2

해 설
가극성(+) $L = L_1 + L_2 + 2M$
・ 상호인덕턴스가 주어져 있지 않으므로 $M = k\sqrt{L_1 L_2}$ 대입
・ $L = L_1 + L_2 + 2k\sqrt{L_1 L_2}$, $k = 1$ 대입
　 $= 0.25 + 0.23 + (2 \times \sqrt{0.25 \times 0.23}) \fallingdotseq 0.96[\text{H}]$

답 ②

② 차동결합

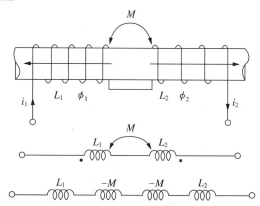

㉠ 감극성 결합
㉡ 자속의 방향이 반대
㉢ 합성 자기인덕턴스 $L_t = L_1 + L_2 - 2M[\mathrm{H}]$

(2) 병렬연결

① 가동결합

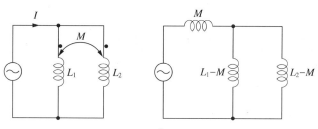

합성 자기인덕턴스 $L_t = \dfrac{L_1 L_2 - M^2}{L_1 + L_2 - 2M}[\mathrm{H}]$

② 차동결합

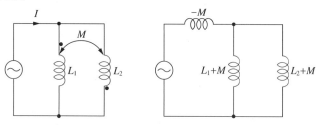

합성 자기인덕턴스 $L_t = \dfrac{L_1 L_2 - M^2}{L_1 + L_2 + 2M}[\mathrm{H}]$

자기인덕턴스가 L_1과 L_2인 두 개의 코일이 직렬로 가동 접속되어 있을 때, 합성 인덕턴스 $L[\mathrm{H}]$은?(단, $L_1 = 2[\mathrm{H}]$ 와 $L_2 = 3[\mathrm{H}]$, 상호인덕턴스 $M = \sqrt{6}\,[\mathrm{H}]$이다)

① $6 + \sqrt{6}$　　　　② $6 - 2\sqrt{6}$
③ $5 + 2\sqrt{6}$　　　　④ $5 - \sqrt{6}$

해 설
• 가극성 합성 인덕턴스 $L = L_1 + L_2 + 2M[\mathrm{H}]$
• 감극성 합성 인덕턴스 $L = L_1 + L_2 - 2M[\mathrm{H}]$
∴ 합성 인덕턴스 $L = 5 + 2\sqrt{6}$

답 ③

(3) 인덕턴스 접속 정리

종 류	가동접속(가극성)	차동접속(감극성)
직 렬	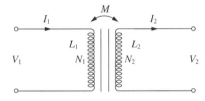	
	$L = L_1 + L_2 + 2M$	$L = L_1 + L_2 - 2M$
병 렬		
	$L = \dfrac{L_1 L_2 - M^2}{L_1 + L_2 - 2M}$	$L = \dfrac{L_1 L_2 - M^2}{L_1 + L_2 + 2M}$

6 이상변압기

(1) 이상변압기 조건

① 두 코일 간의 결합계수가 1일 것(누설자속 = 0)

② 코일에 손실이 없을 것(코일의 저항, 히스테리시스 손실, 와류손실이 없다)

③ 각 코일의 인덕턴스는 무한대일 것

(2) 권수비

$$a = \frac{N_1}{N_2} = \frac{V_1}{V_2} = \frac{I_2}{I_1} = \sqrt{\frac{Z_1}{Z_2}} = \frac{L_1}{M} = \frac{M}{L_2} = \sqrt{\frac{L_1}{L_2}}$$

(3) 임피던스비

$$a = \sqrt{\frac{Z_1}{Z_2}} \text{에서 } a^2 = \frac{Z_1}{Z_2}$$

$$\therefore Z_1 = a^2 Z_2$$

이상적인 변압기에서 1차측 코일과 2차측 코일의 권선비 가 $\dfrac{N_1}{N_2} = 10$일 때, 옳은 것은?

① 2차측 소비전력은 1차측 소비전력의 10배이다.

② 2차측 소비전력은 1차측 소비전력의 100배이다.

③ 1차측 소비전력은 2차측 소비전력의 100배이다.

④ 1차측 소비전력은 2차측 소비전력과 동일하다.

해설

이상적인 변압기에서 $P_1 = V_1 I_1 [\text{W}]$, $P_2 = V_2 I_2 [\text{W}]$ 이므로 소비전력은 같다.

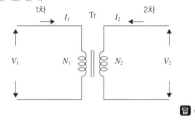

답 ④

그림과 같은 회로의 이상적인 단권변압기에서 Z_{in} 과 Z_L 사이의 관계식으로 옳은 것은?(단, V_1 은 1차측 전압, V_2 는 2차측 전압, I_1 은 1차측 전류, I_2 는 2차측 전류, $N_1 + N_2$ 는 1차측 권선수, N_2 는 2차측 권선수이다)

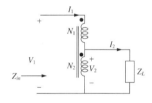

① $Z_{in} = Z_L \left(\dfrac{N_1 + N_2}{N_2} \right)^2$ ② $Z_{in} = Z_L \left(\dfrac{N_1 + N_2}{N_1} \right)^2$

③ $Z_{in} = Z_L \left(\dfrac{N_1 + N_2}{N_2} \right)$ ④ $Z_{in} = Z_L \left(\dfrac{N_1 + N_2}{N_1} \right)$

해설

단권변압기 $a = \dfrac{N_{1차}}{N_{2차}} = \sqrt{\dfrac{Z_{1차}}{Z_{2차}}}$ 에서

$Z_{1차} = Z_{in}$, $Z_{2차} = Z_L$ 이므로

$\dfrac{N_{1차}}{N_{2차}} = \sqrt{\dfrac{Z_{in}}{Z_L}}$, 양변을 제곱하면

$\left(\dfrac{N_{1차}}{N_{2차}} \right)^2 = \dfrac{Z_{in}}{Z_L}$, $N_{1차} = N_1 + N_2$, $N_{2차} = N_2$ 대입

$\left(\dfrac{N_1 + N_2}{N_2} \right)^2 = \dfrac{Z_{in}}{Z_L}$

$\therefore Z_{in} = Z_L \left(\dfrac{N_1 + N_2}{N_2} \right)^2$

답 ①

CHAPTER

18 적중예상문제

01 10[V]의 기전력을 유기시키려면 5초간에 몇 [Wb]의 자속을 끊어야 하는가?

① 2   ② 10
③ 25   ④ 50

해설

전자유도 법칙 $e = -N\dfrac{d\phi}{dt}$ 에서

자속 $\phi = -\dfrac{t}{N}e = \dfrac{5}{1} \times 10 = 50\,[\text{Wb}]$

02 자기인덕턴스 0.5[H]의 코일에 1/200초 동안에 전류가 25[A]로부터 20[A]로 줄었다. 이 코일에 유기된 기전력의 크기 및 방향은?

① 50[V], 전류와 같은 방향
② 50[V], 전류와 반대 방향
③ 500[V], 전류와 같은 방향
④ 500[V], 전류와 반대 방향

해설

$e = -L\dfrac{di}{dt} = -0.5 \times \dfrac{(-5)}{\dfrac{1}{200}} = 500\,[\text{V}]$

03 다음 (가), (나)에 대한 법칙으로 알맞은 것은?

전자유도에 의하여 회로에 발생되는 기전력은 쇄교 자속수의 시간에 대한 감소비율에 비례한다는 (가)에 따르고 특히, 유도된 기전력의 방향은 (나)에 따른다.

	(가)	(나)
①	패러데이의 법칙	렌츠의 법칙
②	렌츠의 법칙	패러데이의 법칙
③	플레밍의 왼손 법칙	패러데이의 법칙
④	패러데이의 법칙	플레밍의 왼손 법칙

해설

전자유도 법칙 $e = -N\dfrac{d\phi}{dt}$

• 패러데이 법칙 : 유도기전력 크기 $\left(e = N\dfrac{d\phi}{dt}\right)$ 결정
• 렌츠의 법칙 : 유도기전력 방향(−) 결정

04 정현파 자속으로 하여 기전력이 유기될 때 자속의 주파수가 3배로 증가하면 유기기전력은 어떻게 되는가?

① 3배 증가   ② 3배 감소
③ 9배 증가   ④ 9배 감소

해설

정현파의 자속 $\phi = \phi_m \sin\omega t$ 일 때 유기기전력

$e = -N\dfrac{\partial \phi}{\partial t} = -\omega N\phi_m \cos(\omega t) = -2\pi f N\phi_m \sin\left(\omega t - \dfrac{\pi}{2}\right)$

$\therefore\ e \propto f$, 자속의 주파수가 3배 증가하면 유기기전력도 3배 증가한다.

1 ④ 2 ③ 3 ① 4 ① **정답**

05 자속밀도가 10[Wb/m^2]인 자계 내의 길이 4[cm]의 도체를 자계와 직각으로 놓고 이 도체를 0.4초 동안 1[m]씩 균일하게 이동하였을 때 발생하는 기전력은 몇 [V]인가?

① 1   ② 2

③ 3   ④ 4

해설

$$v = \frac{ds}{dt} = \frac{1}{0.4} = 2.5[\text{m/s}]$$

$$\therefore\ e = Blv\sin\theta = 10 \times 4 \times 10^{-2} \times 2.5 \times \sin 90° = 1[\text{V}]$$

06 표피효과에 대한 설명으로 옳은 것은?

① 주파수가 높을수록 침투깊이가 얇아진다.
② 투자율이 크면 표피효과가 작게 나타난다.
③ 표피효과에 따른 표피저항은 단면적에 비례한다.
④ 도전율이 큰 도체에는 표피효과가 작게 나타난다.

해설

전류의 주파수가 증가할수록 도체 내부의 전류밀도가 지수함수적으로 감소되는 현상을 표피효과라 한다.

표피효과 깊이 $\delta = \sqrt{\dfrac{2}{\omega\sigma\mu}} = \sqrt{\dfrac{1}{\pi f \sigma\mu}}[\text{m}]$

δ : 표피두께 또는 침투깊이이므로 f(주파수), σ(도전율), μ(투자율)가 클수록 δ가 작게 되어 표피효과가 심해진다.

07 와전류와 관련된 설명으로 틀린 것은?

① 단위 체적당 와류손의 단위는 [W/m^3]이다.
② 와전류는 교번자속의 주파수와 최대 자속밀도에 비례한다.
③ 와전류손은 히스테리시스손과 함께 철손이다.
④ 와전류손을 감소시키기 위하여 성층철심을 사용한다.

해설

와전류손 : 와전류에 의해 발생하는 손실 $P_e = \delta f^2 B_m^2\, t^2\,[\text{W}]$

• 와전류는 교번자속의 주파수와 최대 자속밀도, 철심의 두께의 2승에 비례한다.
• 철손 = 히스테리시스손 + 와전류손
• 와전류손 감소 대책 : 성층철심을 사용한다.

08 그 양이 증가함에 따라 무한장 솔레노이드의 자기인덕턴스값이 증가하지 않는 것은 무엇인가?

① 철심의 반경
② 철심의 길이
③ 코일의 권수
④ 철심의 투자율

해설

인덕턴스 $L = N\dfrac{\phi}{I} = \dfrac{\mu S N^2}{l} = \dfrac{\mu S N^2}{2\pi r}[\text{H}]$

$\therefore$ 인덕턴스는 단면적에 비례하고 권선수의 제곱에 비례, 반지름에 반비례한다.

09 단면적 S, 평균 반지름 r, 권선수 N인 환상 솔레노이드에 누설자속이 없는 경우, 자기인덕턴스의 크기는?

① 권선수의 제곱에 비례하고 단면적에 반비례한다.
② 권선수 및 단면적에 비례한다.
③ 권선수의 제곱 및 단면적에 비례한다.
④ 권선수의 제곱 및 평균 반지름에 비례한다.

해설

• 자속 $\phi = \dfrac{F}{R_m} = \dfrac{NI}{\dfrac{l}{\mu S}} = \dfrac{\mu SNI}{l}$

• 인덕턴스 $L = N\dfrac{\phi}{I} = \dfrac{\mu SN^2}{l} = \dfrac{\mu SN^2}{2\pi r}$ [H]

∴ 인덕턴스는 단면적에 비례하고 권선수의 제곱에 비례, 반지름에 반비례한다.

11 그림과 같이 일정한 권선이 감겨진 권회수 N회, 단면적 $S[\text{m}^2]$, 평균 자로의 길이 $l[\text{m}]$인 환상 솔레노이드에 전류 $I[\text{A}]$를 흘렸을 때 이 환상 솔레노이드의 자기인덕턴스[H]는?(단, 환상 철심의 투자율은 μ이다)

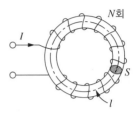

① $\dfrac{\mu^2 N}{l}$　　　　　② $\dfrac{\mu SN}{l}$

③ $\dfrac{\mu^2 SN}{l}$　　　　　④ $\dfrac{\mu SN^2}{l}$

해설

인덕턴스 $L = \dfrac{N\phi}{I} = \dfrac{\mu SN^2}{l}$ [H]

10 코일에 있어서 자기인덕턴스는 다음 중 어떤 매질의 상수에 비례하는가?

① 저항률　　　　　② 유전율
③ 투자율　　　　　④ 도전율

해설

매질에 따른 전기적 특성
• 유전체 : 정전용량(유전율).
• 자성체 : 인덕턴스(투자율)
• 도체 : 저항(고유저항)

12 두 코일 A, B의 자기인덕턴스가 각각 3[mH], 5[mH]라 한다. 두 코일을 직렬연결 시, 자속이 서로 상쇄되도록 했을 때의 합성 인덕턴스는 서로 증가하도록 연결했을 때의 60[%]이었다. 두 코일의 상호인덕턴스는 몇 [mH]인가?

① 0.5　　　　　② 1
③ 5　　　　　④ 10

해설

가동접속 시 $L = L_a + L_b + 2M$ ·················· ㉠
차동접속 시 $L = L_a + L_b - 2M = 0.6L$ ·················· ㉡
㉠을 ㉡에 대입하면 $L_a + L_b - 2M = 0.6(L_a + L_b + 2M)$
$\Rightarrow 3 + 5 - 2M = 0.6(3 + 5 + 2M)$
∴ $M = \dfrac{8 - 4.8}{2 + 1.2} = 1[\text{mH}]$

13 그림과 같이 단면적이 균일한 환상 철심에 권수 N_1인 A코일과 권수 N_2인 B코일이 있을 때 A코일의 자기인덕턴스가 L_1[H]라면 두 코일의 상호인덕턴스 M은 몇 [H]인가?(단, 누설자속은 0이다)

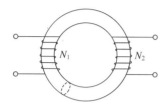

① $\dfrac{L_1 N_1}{N_2}$

② $\dfrac{N_2}{L_1 N_1}$

③ $\dfrac{N_1}{L_1 N_2}$

④ $\dfrac{L_1 N_2}{N_1}$

해설

코일 1 인덕턴스 $L_1 = \dfrac{N_1^2}{R_m}$ 대입

$M = \sqrt{L_1 L_2} = \sqrt{\dfrac{N_1^2}{R_m} \dfrac{N_2^2}{R_m}} = \dfrac{N_1 N_2}{R_m}$[H]에서 $R_m = \dfrac{N_1^2}{L_1}$ 대입

$\therefore M = \dfrac{N_1 N_2}{\dfrac{N_1^2}{L_1}} = \dfrac{N_2 L_1}{N_1}$[H]

14 그림과 같이 단면적 $S = 10$[cm^2], 자로의 길이 $l = 20\pi$[cm], 비유전률 $\mu_s = 1,000$인 철심에 $N_1 = N_2 = 100$인 두 코일을 감았다. 두 코일 사이의 상호인덕턴스는 몇 [mH]인가?

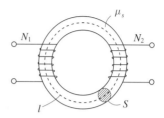

① 0.1

② 1

③ 2

④ 20

해설

상호인덕턴스 $M = \dfrac{\mu S N_1 N_2}{l} = \dfrac{\mu_0 \mu_s S N_1 N_2}{l}$

$= \dfrac{4\pi \times 10^{-7} \times 1,000 \times 10 \times 10^{-4} \times 100 \times 100}{20\pi \times 10^{-2}} \times 10^3$

$= 20$[mH]

15 자기인덕턴스와 상호인덕턴스와의 관계에서 결합계수 k에 영향을 주지 않는 것은?

① 코일의 형상

② 코일의 크기

③ 코일의 재질

④ 코일의 상대위치

해설

- 자기인덕턴스 $L = \dfrac{\mu S N^2}{l}$

- 상호인덕턴스 $M = \dfrac{\mu S N_1 N_2}{l}$

- 결합계수 $k = \dfrac{M}{\sqrt{L_1 L_2}}$

$\therefore$ 코일의 모양(직선, 원형, 환상, 솔레노이드 등), 권수, 배치위치 및 길이 등과 매질의 투자율에 영향을 받는다.

16 그림과 같이 직렬로 접속된 두 개의 코일이 있을 때 $L_1 =$ 20[mH], $L_2 = 80$[mH], 결합계수 $k = 0.8$이다. 여기에 0.5[A]의 전류를 흘릴 때 이 합성 코일에 저축되는 에너지는 약 몇 [J]인가?

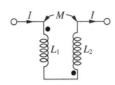

① 1.13×10^{-3} ② 2.05×10^{-2}

③ 6.63×10^{-2} ④ 8.25×10^{-2}

해설

$I_1 = I_2 = I$라 놓으면(자속의 방향이 같으므로)

$W = \dfrac{1}{2}(L_1 + L_2 + 2M)I^2 = \dfrac{1}{2}(L_1 + L_2 + 2k\sqrt{L_1 L_2})I^2[\mathrm{J}]$

$M = k\sqrt{L_1 L_2} = 0.8\sqrt{20 \times 80 \times 10^{-6}} = 32[\mathrm{mH}]$

$\therefore\ W = \dfrac{1}{2}(20 + 80 + 64) \times 10^{-3} \times 0.5^2 = 2.05 \times 10^{-2}[\mathrm{J}]$

17 자기인덕턴스가 L_1, L_2이고 상호인덕턴스가 M인 두 코일을 직렬로 연결하여 합성 인덕턴스 L을 얻었을 때, 다음 중 항상 양의 값을 갖는 것만 골라 묶는 것은?

① L_1, L_2, M

② L_1, L_2, L

③ M, L

④ 항상 양의 값을 갖는 것은 없다.

해설

• 합성 인덕턴스 $L = L_1 + L_2 \pm 2M[\mathrm{H}]$

• 자기인덕턴스는 자신의 회로에 단위 전류가 흐를 때의 자속 쇄교수이고 항상 정(+)의 값을 갖는다.

• 상호인덕턴스는 유도되는 기전력에 따라 정(+)도 되고 부(−)도 된다.

18 그림에서 $l = 100$[cm], $S = 10$[cm^2], $\mu_s = 100$, $N = 1,000$회인 회로에 전류 $I = 10$[A]를 흘렸을 때 저축되는 에너지는 몇 [J]인가?

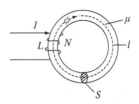

① $2\pi \times 10^{-1}$ ② $2\pi \times 10^{-2}$

③ $2\pi \times 10^{-3}$ ④ 2π

해설

저축(축적)에너지

$W = \dfrac{1}{2}LI^2 = \dfrac{1}{2}\dfrac{\mu_0 \mu_s S N^2}{l}I^2$

$= \dfrac{1}{2} \times \dfrac{4\pi \times 10^{-7} \times 100 \times 10 \times 10^{-4} \times 1,000^2}{1} \times 10^2 = 2\pi[\mathrm{J}]$

19 그림과 같이 접속된 회로의 단자 a, b에서 본 등가 임피던스는 어떻게 표현되는가?(단, M[H]은 두 코일 L_1, L_2 사이의 상호인덕턴스이다)

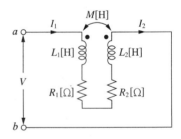

① $R_1 + R_2 + j\omega(L_1 + L_2)$

② $R_1 + R_2 + j\omega(L_1 - L_2)$

③ $R_1 + R_2 + j\omega(L_1 + L_2 + 2M)$

④ $R_1 + R_2 + j\omega(L_1 + L_2 - 2M)$

해설

• 차동결합(표시점 : 시작 − 끝)

$Z_0 = R_1 + R_2 + j\omega L_1 + j\omega L_2 - 2j\omega M$

$= R_1 + R_2 + j\omega(L_1 + L_2 - 2M)$

• 가동결합(표시점 : 시작 − 시작)

20 그림과 같은 회로의 합성 인덕턴스는?

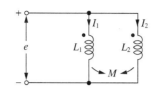

① $\dfrac{L_1 L_2 - M^2}{L_1 + L_2 - 2M}$

② $\dfrac{L_1 L_2 + M^2}{L_1 + L_2 - 2M}$

③ $\dfrac{L_1 L_2 - M^2}{L_1 + L_2 + 2M}$

④ $\dfrac{L_1 L_2 + M^2}{L_1 + L_2 + 2M}$

해설

인덕턴스의 병렬연결, 감극성($-M$)이므로

합성 인덕턴스 $L = M + \dfrac{(L_1 - M)(L_2 - M)}{(L_1 - M) + (L_2 - M)} = \dfrac{L_1 L_2 - M^2}{L_1 + L_2 - 2M}$

22 변압비 $\dfrac{n_1}{n_2} = 30$인 단상 변압기 3개를 1차 △ 결선, 2차 Y결선하고 1차 선간에 3,000[V]를 가했을 때 무부하 2차 선간전압[V]는?

① $\dfrac{100}{\sqrt{3}}$ [V]

② $\dfrac{190}{\sqrt{3}}$ [V]

③ 100 [V]

④ $100\sqrt{3}$ [V]

해설

• 권수비 $a = \dfrac{n_1}{n_2} = \dfrac{V_1}{V_2}$

• 변압기 2차 전압 $V_2 = \dfrac{n_2}{n_1} \times 3,000 = \dfrac{1}{30} \times 3,000 = 100$ [V]

• 무부하 2차 선간전압 $V_{l0} = \sqrt{3}\, V_2 = 100\sqrt{3}$ [V]

21 전원측 저항 1[kΩ], 부하저항 10[Ω]일 때, 이것에 변압비 $n : 1$의 이상변압기를 사용하여 정합을 취하려 한다. n의 값으로 옳은 것은?

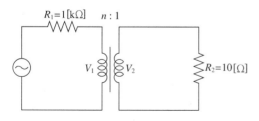

① 1

② 10

③ 100

④ 1,000

해설

변압기 권수비 $a = \dfrac{n}{1} = n = \sqrt{\dfrac{R_1}{R_2}} = \sqrt{\dfrac{1,000}{10}} = 10$

CHAPTER

19 전기 일반 수학

필수 **확인 문제**

$3:2=6:x$일 때 x의 값은?

① 1   ② 2
③ 3   ④ 4

해설

$3:2=6:x$에서 $3x=12$ $\therefore\ x=\dfrac{12}{3}=4$

답 ④

1 분수 계산

(1) **분모가 같은 경우의 덧셈, 뺄셈** : 분모는 그대로, 분자는 더하거나 뺀다.

[덧셈] $\dfrac{b}{a}+\dfrac{c}{a}=\dfrac{b+c}{a}$

[뺄셈] $\dfrac{b}{a}-\dfrac{c}{a}=\dfrac{b-c}{a}$

(2) **분모가 다른 경우의 덧셈, 뺄셈** : 분모는 곱하고, 분자는 대각으로 곱한다.

[덧셈] $\dfrac{b}{a}+\dfrac{d}{c}=\dfrac{bc+ad}{ac}$

[뺄셈] $\dfrac{b}{a}-\dfrac{d}{c}=\dfrac{bc-ad}{ac}$

(3) **대분수의 덧셈, 뺄셈** : 분모 그대로 두고, 분자에는 상수와 분모 곱한 값 + 분자값을 적용한다.

[덧셈] $a+\dfrac{c}{b}=\dfrac{ab+c}{b}$

[뺄셈] $a-\dfrac{c}{b}=\dfrac{ab-c}{b}$, $\dfrac{c}{b}-a=\dfrac{c-ab}{b}$

(4) **비례식을 이용한 분수 계산법**

$a:b=c:d\,(ad=bc)$

$\dfrac{a}{b}=\dfrac{c}{d}\,(ad=bc)$

(5) **번분수 계산법** : 내항은 내항끼리, 외항은 외항끼리 곱한다.

$\dfrac{\dfrac{d}{c}}{\dfrac{b}{a}}=\dfrac{ad}{bc}$

2 식(式) 이항

좌변이 우변으로, 우변이 좌변으로 넘어가면 부호가 바뀐다.

$a+b+c=0$ ∴ $a=-b-c=-(b+c)$

$a+b=c$ ∴ $a=c-b$

3 행렬(Matrix) 계산

(1) 2×2 행렬의 덧셈, 뺄셈 : 같은 자리 행렬끼리 더하거나 뺀다.

[덧셈] $\begin{bmatrix} a & b \\ c & d \end{bmatrix} + \begin{bmatrix} e & f \\ g & h \end{bmatrix} = \begin{bmatrix} a+e, & b+f \\ c+g, & d+h \end{bmatrix}$

[뺄셈] $\begin{bmatrix} a & b \\ c & d \end{bmatrix} - \begin{bmatrix} e & f \\ g & h \end{bmatrix} = \begin{bmatrix} a-e, & b-f \\ c-g, & d-h \end{bmatrix}$

(2) 2×2 행렬 곱셈 : 각 행과 열끼리 곱한 후 더한다.

[곱셈] $\begin{bmatrix} a & b \\ c & d \end{bmatrix} \begin{bmatrix} e & f \\ g & h \end{bmatrix} = \begin{bmatrix} ae+bg & af+bh \\ ce+dg & cf+dh \end{bmatrix}$

(3) 2×2 행렬 계산 : 마주보는 대각으로 곱한 후 뺀다.

$\begin{bmatrix} a & b \\ c & d \end{bmatrix} = (ad)-(bc)$

※ 회로망에서 키르히호프 법칙 계산 시 활용한다.

(4) 3×3 행렬 계산법 Ⅰ

좌측 상단에서 우측 하단으로 대각선으로 3개씩 곱한 후 더한 후
우측 상단에서 좌측 하단으로 대각선으로 3개씩 곱한 후 빼 준다.

$\begin{pmatrix} a & b & c \\ d & e & f \\ x & y & z \end{pmatrix} = (aez+xbf+ydc)-(cex+afy+dbz)$

(5) 3×3 행렬 계산법 Ⅱ

각 행과 열에 해당되는 원소를 제외한 나머지를 2개씩 대각선으로 곱한 후 뺀다.

$\begin{pmatrix} a & b & c \\ d & e & f \\ x & y & z \end{pmatrix} = a(ez-fy)-b(dz-fx)+c(dy-ex)$

※ 가운데 b 앞에 부호가 (−)임에 주의한다.

4 연립방정식

(1) 대입법 : 하나의 미지수에 대한 식을 다른 방정식에 대입하여 풀이하는 방법이다.

(2) 소거법 : 미지수 2개 중에 1개를 없애는 방법이다.

(3) 행렬식 이용

  ① 분모 : 미지수 앞의 계수(상수)를 순서대로 적는다.

  ② 분자 : x를 구할 때는 x자리에 결과값 숫자를, y를 구할 때는 y자리에 결과값 숫자를 적는다.

    → 마주보는 대각으로 곱한 후 **뺀다**.

    ※ 전기회로 계산 시 가장 많이 사용한다.

5 인수분해

이차 방정식의 인수분해

$$x^2 + (a+b)x + ab = 0$$

$$\begin{pmatrix} x & a \\ x & b \end{pmatrix} = (x+a)(x+b)$$

$a^5 \div a^3$의 **값은?**

① a ② a^2

③ a^3 ④ a^4

해설

$a^5 \div a^3 = a^{5-3} = a^2$

답 ②

---

6 지수 법칙

(1) 지수의 곱셈

$$a^m \times a^n = a^{m+n}$$

$$(a^m)^n = a^{m \times n}$$

(2) 지수의 나눗셈

$$a^m \div a^n = a^{m-n}$$

$$a^{-n} = \frac{1}{a^n}$$

(3) 지수의 성질

$$a^0 = 1 \,(\text{모든 수의 0승은 항상 1이다})$$

(4) 지수함수의 성질

$e^0 = 1$	$e^{-0} = 1$ $\left(e^{-0} = \dfrac{1}{e^0} = \dfrac{1}{1} = 1\right)$
$e^1 = 2.718$	$e^{-1} = 0.367$
$e^\infty = \infty$	$e^{-\infty} = 0$

7 무리수($\sqrt{\quad}$)

(1) 많이 사용하는 무리수

$\sqrt{2} = 1.414$	$\sqrt{16} = 4$
$\sqrt{3} = 1.732$	$\sqrt{25} = 5$
$\sqrt{4} = 2$	$\sqrt{36} = 6$
$\sqrt{8} = 2\sqrt{2}$	$\sqrt{64} = 8$
$\sqrt{9} = 3$	$\sqrt{100} = 10$

(2) 무리수의 곱셈

$$\sqrt{a} \times \sqrt{b} = \sqrt{a \times b}$$

(3) 무리수의 나눗셈

$$\frac{\sqrt{a}}{\sqrt{b}} = \sqrt{\frac{a}{b}}$$

(4) 무리수의 제곱근 성질

$$(\sqrt{a})^2 = a$$
$$(-\sqrt{a})^2 = a$$

(5) 무리수의 분모 유리화 : 분모값을 분모, 분자에 곱해서 유리화

$$\frac{1}{\sqrt{a}} = \frac{1 \times \sqrt{a}}{\sqrt{a} \times \sqrt{a}} = \frac{\sqrt{a}}{(\sqrt{a})^2} = \frac{\sqrt{a}}{a}$$

$\dfrac{30}{\sqrt{3}}$ 의 분모를 유리화한 값은?

① $5\sqrt{3}$

② $10\sqrt{3}$

③ $15\sqrt{3}$

④ $20\sqrt{3}$

해설

$$\frac{30}{\sqrt{3}} = \frac{30 \times \sqrt{3}}{\sqrt{3} \times \sqrt{3}} = \frac{30 \times \sqrt{3}}{(\sqrt{3})^2} = \frac{30\sqrt{3}}{3} = 10\sqrt{3}$$

답 ②

8 삼각함수

(1) 삼각함수의 정의

$$\sin\theta = \frac{b}{c}, \ \cos\theta = \frac{a}{c}, \ \tan\theta = \frac{b}{a}$$

(2) 피타고라스의 정리

직각삼각형 ABC에서 직각을 낀 변의 길이 a, b, 빗변을 c라 하면

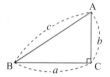

$$a^2 + b^2 = c^2$$
$$\therefore \ c = \sqrt{a^2 + b^2}$$

(3) 특수각의 삼각비

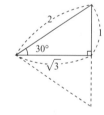 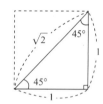 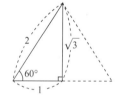

함 수 ＼ 각 도 [rad]	30° $\dfrac{\pi}{6}$	45° $\dfrac{\pi}{4}$	60° $\dfrac{\pi}{3}$
sin	$\dfrac{1}{2}$	$\dfrac{1}{\sqrt{2}}$	$\dfrac{\sqrt{3}}{2}$
cos	$\dfrac{\sqrt{3}}{2}$	$\dfrac{1}{\sqrt{2}}$	$\dfrac{1}{2}$
tan	$\dfrac{1}{\sqrt{3}}$	1	$\sqrt{3}$

(4) 많이 사용되는 삼각함수표

각도 [rad] 함 수	0° 0	30° $\frac{\pi}{6}$	45° $\frac{\pi}{4}$	60° $\frac{\pi}{3}$	90° $\frac{\pi}{2}$	120° $\frac{2\pi}{3}$	180° π	210° $\frac{7\pi}{6}$	240° $\frac{4\pi}{3}$	360° 2π
sin	0	$\frac{1}{2}$	$\frac{1}{\sqrt{2}}$	$\frac{\sqrt{3}}{2}$	1	$\frac{\sqrt{3}}{2}$	0	$-\frac{1}{2}$	$-\frac{\sqrt{3}}{2}$	0
cos	1	$\frac{\sqrt{3}}{2}$	$\frac{1}{\sqrt{2}}$	$\frac{1}{2}$	0	$-\frac{1}{2}$	-1	$-\frac{\sqrt{3}}{2}$	$-\frac{1}{2}$	1
tan	0	$\frac{1}{\sqrt{3}}$	1	$\sqrt{3}$	$-$	$-\sqrt{3}$	0	$\frac{1}{\sqrt{3}}$	$\sqrt{3}$	0

	−15°	−30°	−45°	−60°	−90°	−120°
sin	$\frac{-\sqrt{6}+\sqrt{2}}{4}$	$-\frac{1}{2}$	$-\frac{1}{\sqrt{2}}$	$-\frac{\sqrt{3}}{2}$	-1	$-\frac{\sqrt{3}}{2}$
cos	$\frac{\sqrt{6}+\sqrt{2}}{4}$	$\frac{\sqrt{3}}{2}$	$\frac{1}{\sqrt{2}}$	$\frac{1}{2}$	0	$-\frac{1}{2}$
tan	$-2+\sqrt{3}$	$-\frac{1}{\sqrt{3}}$	-1	$-\sqrt{3}$	$-$	$\sqrt{3}$

	−120°	−180°	−210°	−240°	−360°
sin	$-\frac{\sqrt{3}}{2}$	0	$\frac{1}{2}$	$\frac{\sqrt{3}}{2}$	0
cos	$-\frac{1}{2}$	-1	$-\frac{\sqrt{3}}{2}$	$-\frac{1}{2}$	1
tan	$\sqrt{3}$	0	$-\frac{1}{\sqrt{3}}$	$-\sqrt{3}$	0

※ 각도를 라디안으로 표시하는 법 : $\frac{도수(°) \times \pi}{180}$

(5) sin함수와 cos함수 그래프

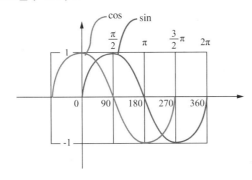

$\sin 0° = 0$	$\cos 0° = 1$
$\sin 90° = 1$	$\cos 90° = 0$
$\sin 120° = \dfrac{\sqrt{3}}{2}$	$\cos 120° = -\dfrac{1}{2}$
$\sin 240° = -\dfrac{\sqrt{3}}{2}$	$\cos 240° = -\dfrac{1}{2}$
$\sin 180° = 0$	$\cos 180° = -1$
$\sin(-30°) = -\dfrac{1}{2}$	$\cos(-30°) = \dfrac{\sqrt{3}}{2}$
$\sin(-90°) = -1$	$\cos(-90°) = 0$

(6) 각 사분면 삼각함수 부호 표시

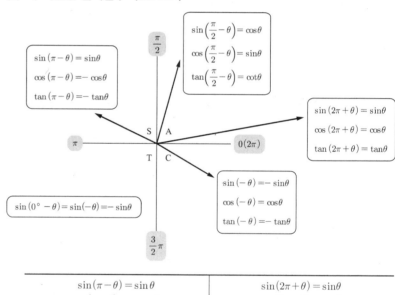

$\sin(\pi-\theta) = \sin\theta$ $\cos(\pi-\theta) = -\cos\theta$ $\tan(\pi-\theta) = -\tan\theta$	$\sin(2\pi+\theta) = \sin\theta$ $\cos(2\pi+\theta) = \cos\theta$ $\tan(2\pi+\theta) = \tan\theta$
$\sin\left(\dfrac{\pi}{2}-\theta\right) = \cos\theta$ $\cos\left(\dfrac{\pi}{2}-\theta\right) = \sin\theta$ $\tan\left(\dfrac{\pi}{2}-\theta\right) = \cot\theta$	$\sin(-\theta) = -\sin\theta$ $\cos(-\theta) = \cos\theta$ $\tan(-\theta) = -\tan\theta$
$\sin(0°-\theta) = \sin(-\theta) = -\sin\theta$	

(7) 유용한 삼각함수 공식

$\cos^2\theta + \sin^2\theta = 1$ $\sin^2\theta = 1 - \cos^2\theta$ $\sin\theta = \sqrt{1 - \cos^2\theta}$	$\tan\theta = \dfrac{\sin\theta}{\cos\theta}$ $\sin^2\theta + \cos^2\theta = 1$
$\tan^{-1}\dfrac{4}{5} = 38.65°$	$\tan^{-1}\dfrac{5}{4} = 51.34°$
$\tan^{-1}\dfrac{3}{4} = 36.8°$	$\tan^{-1}\dfrac{4}{3} = 53.1°$

⑨ 미분(微分, 작을 미, 나눌 분)

(1) 미분 공식

① $(\text{상수})' = 0$

　예 $(2)' = 0$, $(5)' = 0$

② $(x^n)' = nx^{n-1}$

　예 $(x^1)' = 1x^{1-1} = 1x^0 = 1 \times 1 = 1$

　　$(x^2)' = 2x^{2-1} = 2x^1 = 2 \times x = 2x$

　　$(2x^2)' = 2 \times 2x^{2-1} = 4x^1 = 4 \times x = 4x$

　　$(3x^2)' = 3 \times 2x^{2-1} = 6x^1 = 6 \times x = 6x$

③ $(e^{ax})' = ae^{ax}$

　예 $(e^{at})' = ae^{at}$

　　$(e^{-at})' = -ae^{-at}$

④ $(\sin\theta)' = \cos\theta$

⑤ $(\cos\theta)' = -\sin\theta$

⑥ $(\sin\omega t)' = \omega \cdot \cos\omega t$

⑦ $(\cos\omega t)' = -\omega \cdot \sin\omega t$

⑧ $(f(x) \pm g(x))' = f'(x) \pm g'(x)$

⑨ $(f(x)g(x))' = f'(x)g(x) + f(x)g'(x)$

⑩ $\left(\dfrac{f(x)}{g(x)}\right)' = \dfrac{f'(x)g(x) - f(x)g'(x)}{g(x)^2}$

※ (적분) $\xrightarrow{\text{반대}}$ (미분)
　　　$\xleftarrow{\text{반대}}$

(2) 편미분

$$\nabla = \left(\frac{\partial}{\partial x}i + \frac{\partial}{\partial y}j + \frac{\partial}{\partial z}k \right)$$

$\dfrac{\partial}{\partial x}i$: x에 대한 미분

$\dfrac{\partial}{\partial y}j$: y에 대한 미분

$\dfrac{\partial}{\partial z}k$: z에 대한 미분

10　적분(積分, 쌓을 적, 나눌 분)

(1) 적분 공식

① $\displaystyle\int k dx = kx\,(k=\text{상수})$

예 $\displaystyle\int dx = \int 1 dx = 1x = x$

$\displaystyle\int 2 dx = 2x$

② $\displaystyle\int x^n dx = \frac{1}{n+1}x^{n+1}$

예 $\displaystyle\int x^1 dx = \frac{1}{1+1}x^{1+1} = \frac{1}{2}x^2$

$\displaystyle\int x^2 dx = \frac{1}{2+1}x^{2+1} = \frac{1}{3}x^3$

$\displaystyle\int x^3 dx = \frac{1}{3+1}x^{3+1} = \frac{1}{4}x^4$

$\displaystyle\int 3x^2 dx = 3 \cdot \frac{1}{2+1}x^{2+1} = 3 \cdot \frac{1}{3}x^3 = x^3$

$\displaystyle\int 5x^4 dx = 5 \cdot \frac{1}{4+1}x^{4+1} = 5 \cdot \frac{1}{5}x^5 = x^5$

③ $\displaystyle\int \frac{1}{x^2} dx = -\frac{1}{x} \left(\because \int \frac{1}{x^2} dx = \int x^{-2} dx \right)$

예 $\displaystyle\int x^{-2} dx = \frac{1}{-2+1}x^{-2+1} = -x^{-1} = -\frac{1}{x} \left(\because x^{-1} = \frac{1}{x} \right)$

④ 정적분 $\displaystyle\int_a^b kf(x)dx = k\int_a^b f(x)dx$

예 $\displaystyle\int_1^3 3x^2 dx = 3\int_1^3 x^2 dx = 3 \cdot \left[\frac{1}{3}x^3 \right]_1^3 = (27-1) = 26$

⑤ $\int e^{ax}dx = \dfrac{1}{a}e^{ax}$

예 $\int e^{2x}dx = \dfrac{1}{2}e^{2x}$

11 팩토리얼(Factorial, !)

자신의 수에 1이 나올 때 까지 곱한 것

12 지수함수의 성질

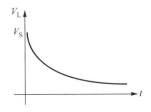

지수감쇠함수

$e^0 = 1$	$e^{-0} = 1$
$e^1 = 2.718$	$e^{-1} = 0.367$
$e^\infty = \infty$	$e^{-\infty} = 0$

9급 국가직·지방직·고졸 채용을 위한 합격 완벽 대비서

TECH BIBLE

제 **2** 편 기출문제

합격의 공식
온라인 강의

잠깐!

혼자 공부하기 힘드시다면 방법이 있습니다.
SD에듀의 동영상강의를 이용하시면 됩니다.
www.sdedu.co.kr ➜ 회원가입(로그인) ➜ 강의 살펴보기

TECH BIBLE

제 **1** 장

국가직
기출문제

2007~2022년　　**국가직 전기이론**

2007년 국가직 전기이론

01 다음 회로의 a, b 단자에서의 테브난 등가저항[Ω]은?

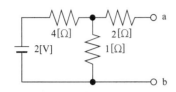

① 2.8
② 3.0
③ 4.7
④ 6.0

해설

• 전압원 : 단락

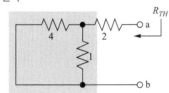

$$R_{TH} = \left(\frac{4 \times 1}{4+1}\right) + 2 = \left(\frac{4}{5}\right) + 2 = 2.8[\Omega]$$

02 20[V/m]의 전기장에 어떤 전하를 놓으면 4[N]의 힘이 작용한다. 전하의 양[C]은?

① 80
② 10
③ 5
④ 0.2

해설

$$F = QE[\text{N}] \text{에서} \quad Q = \frac{F}{E} [\text{C}] = \frac{4}{20} = 0.2[\text{C}]$$

03 주파수 f[Hz], 단상 교류전압 V[V]의 전원에 저항 R [Ω], 인덕턴스 L[H]의 코일을 접속한 회로가 있다. L 을 가감하여 R에서 소모되는 전력을 L이 0일 때의 $\frac{1}{2}$ 로 하려면 L[H]의 크기는?

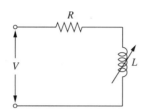

① $\dfrac{R^2}{2\pi f}$ ② $\dfrac{R}{2\pi f}$

③ $\dfrac{R}{\pi f}$ ④ $\dfrac{2R}{\pi f}$

해설

임피던스 $Z = R + jX_L[\Omega] = R + j\omega L[\Omega]$

• L이 0일 때 : R만의 회로

소비전력 $P_1 = \dfrac{V^2}{R}[\text{W}]$

• L이 값을 가질 때 : RL 직렬회로

소비전력

$P_2 = VI\cos\theta[\text{W}]$

$\quad = V\left(\dfrac{V}{Z}\right)\left(\dfrac{실수}{Z}\right)$

$\quad = V\left(\dfrac{V}{Z}\right)\left(\dfrac{R}{Z}\right) = \dfrac{V^2}{Z^2}R[\text{W}]$

• $P_2 = \dfrac{1}{2}P_1$ 이므로 $\left(\dfrac{V^2}{Z^2}R\right) = \left(\dfrac{1}{2}\dfrac{V^2}{R}\right)$

$\left(\dfrac{V^2R}{Z^2}\right) = \left(\dfrac{V^2}{2R}\right)$

$2R^2 = Z^2$, $Z = R + jX_L$에서 $|Z| = \sqrt{(R^2)+(X_L)^2}$ 대입

$2R^2 = (\sqrt{(R^2)+(X_L)^2})^2$

$2R^2 = R^2 + X_L^2$

$R^2 = X_L^2$, $X_L = \omega L = 2\pi fL$ 대입

$R^2 = (2\pi fL)^2$

$R = 2\pi fL$

∴ $L = \dfrac{R}{2\pi f}[\text{H}]$

[참 고]

유도리액턴스

$X_L = \omega L = 2\pi fL$

∴ $L = \dfrac{X_L}{2\pi f}[\text{H}]$

04 평형 삼상회로에 대한 설명으로 옳지 않은 것은?

① 성형결선(Y결선)에서 선전류의 크기는 상전류의 크 기와 같다.

② 성형결선(Y결선)에서 선간전압의 크기는 상전압의 크기와 같다.

③ 부하에 공급되는 유효전력 P는 $P = \sqrt{3} \times$ 선간전압 $\times$ 선전류 $\times$ 역률이다.

④ 부하에 공급되는 유효전력 P는 $P = 3 \times$ 상전압 $\times$ 상전류 $\times$ 역률이다.

해설

	Y결선	△결선
	I_l / I_P / V_P / V_l	I_l / I_P / V_P / V_l
	• $I_l = I_p$ • $V_l = \sqrt{3}\,V_p \angle 30°$	• $V_l = V_p$ • $I_l = \sqrt{3}\,I_p \angle -30°$

유효전력 $P = V_l I_l \cos\theta[\text{W}] = V_p I_p \cos\theta[\text{W}]$

05 100[mH]의 자기인덕턴스가 있다. 여기에 10[A]의 전류가 흐를 때 자기인덕턴스에 축적되는 에너지의 크기 [J]는?

① 0.5 ② 1

③ 5 ④ 10

해설

에너지 $W = \dfrac{1}{2}LI^2[\text{J}] = \dfrac{1}{2}\times 100 \times 10^{-3} \times 10^2 = 5[\text{J}]$

06 그림과 같이 3개의 저항을 Y결선하여 3상 대칭전원에 연결하여 운전하다가 한 선이 ×표시한 곳에서 단선되었다. 이때 회로의 선전류 I_b는 단선 전에 비해 몇 [%]가 되는가?(단, 부하의 상전압은 100[V]이다)

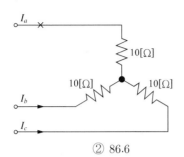

① 100   ② 86.6

③ 57.7   ④ 50

해설

• I_a 단선 전(前)

  Y결선이므로 선전류 I_b = 상전류 I_b

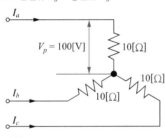

$$I_b = \frac{V_p}{Z_p} = \frac{100}{10} = 10[\text{A}]$$

• I_a 단선 후(後)

  I_b : V결선

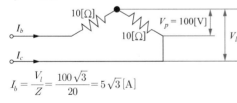

$$I_b = \frac{V_l}{Z} = \frac{100\sqrt{3}}{20} = 5\sqrt{3}[\text{A}]$$

$$\therefore \frac{I_a \text{ 단선 후 전류}}{I_a \text{ 단선 전 } I_b \text{ 정상전류}} = \frac{5\sqrt{3}}{10} = \frac{\sqrt{3}}{2} = 86.6[\%]$$

변압기 V결선

• 이용률 : $\frac{\sqrt{3}}{2}(86.6[\%])$

• 출력 : $\frac{1}{\sqrt{3}}(57.7[\%])$

07 RLC 직렬회로에서 $L = 50[\text{mH}]$, $C = 5[\mu\text{F}]$일 때 진동적 과도현상을 보이는 $R[\Omega]$의 값은?

① 100   ② 200

③ 300   ④ 400

해설

$$R^2 = 4\frac{L}{C}$$

$$R = \sqrt{4\frac{L}{C}} = \sqrt{4 \times \frac{50 \times 10^{-3}}{5 \times 10^{-6}}} = 200[\Omega]$$

그러나 조건에서 $R^2 - 4\frac{L}{C} < 0$ 즉, 200보다 작은 값인 100이 되어야 진동하게 된다.

RLC 직렬회로 진동 조건

$R^2 - 4\dfrac{L}{C} > 0$	$R^2 - 4\dfrac{L}{C} = 0$	$R^2 - 4\dfrac{L}{C} < 0$
과제동(비진동)	임계진동	부족진동(진동)
![graph]	![graph]	![graph]

08 환상 연철심 주위에 전선을 250회 균일하게 감고 2[A]의 전류를 흘려 철심 중의 자계가 $\frac{100}{\pi}$[AT/m]가 되도록 하였다. 이때 철심 중의 자속밀도가 0.1[Wb/m²]이면 이 연철심의 비투자율은?

① 250   ② 500

③ 2,500   ④ 5,000

해설

• 자속밀도 $B = \mu H = \mu_0 \mu_s H$

• 비투자율

$$\mu_s = \frac{B}{\mu_0 H} \quad \mu_0 = 4\pi \times 10^{-7}, \; H = \frac{100}{\pi} \text{ 대입}$$

$$= \frac{0.1}{4\pi \times 10^{-7} \times \frac{100}{\pi}} = 0.025 \times 10^5 = 2,500$$

※ N, I가 주어져 있으나 문제 풀이와는 필요 없는 조건

환상 솔레노이드 자기장의 세기 : $H = \frac{NI}{2\pi r}[\text{AT/m}]$

09 다음 그림과 같이 반경 1[cm]인 무한히 긴 직선도체에 20[A]의 전류가 흐를 때, 이 직선도체의 중심으로부터 20[cm] 떨어진 위치에서의 자계의 세기 H[AT/m]는?

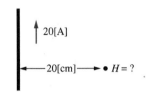

① $\dfrac{0.50}{\pi}$

② $\dfrac{0.53}{\pi}$

③ $\dfrac{5.0}{\pi}$

④ $\dfrac{50.0}{\pi}$

해설

$H = \dfrac{I}{2\pi r}[\text{AT/m}] = \dfrac{20}{2\pi \times 0.2} = \dfrac{20}{0.4\pi} = \dfrac{50}{\pi}[\text{AT/m}]$

10 RL 직렬 부하회로에 $v(t) = \sqrt{2}\, V\sin(n\omega t)$[V]의 교류전압이 인가되었다. 교류전압의 차수가 $n = 1$에서 $n = 10$으로 변경되는 경우, 임피던스와 전류의 크기는 어떻게 달라지는가?(단, 과도현상은 무시한다)

	임피던스	전류 크기
①	증가	감소
②	감소	증가
③	증가	증가
④	감소	감소

해설

RL 직렬회로

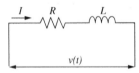

$v(t) = V_m \sin(\omega t + \theta)$[V] 형식이므로

$v(t) = \sqrt{2}\, V\sin n\omega t$ [V]($\because$ 최댓값 $V_m = \sqrt{2}\, V$)

• $n = 1$일 때 $Z = R + jX_L$

$\quad\quad\quad\quad\quad = R + jn\omega L,\ n = 1$ 대입

$\quad\quad\quad\quad\quad = R + j\omega L$[$\Omega$]

• $n = 10$일 때 $Z = R + jX_L$

$\quad\quad\quad\quad\quad\quad = R + jn\omega L,\ n = 10$ 대입

$\quad\quad\quad\quad\quad\quad = R + 10j\omega L$[$\Omega$]

즉, n이 커질수록 Z의 허수부도 같이 커진다. 그러므로 임피던스 Z가 커지므로 전류 I는 작아지게 된다.

11 각 상의 임피던스가 $Z = 4 + j3$[Ω]인 평형 3상 Y부하에 정현파 상전류 10[A]가 흐를 때, 이 부하의 선간전압의 크기[V]는?

① 70

② 87

③ 96

④ 160

해설

평형 3상 Y결선 회로

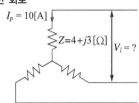

• 1상당 임피던스

$Z_p = 4 + j3$

$|Z| = \sqrt{(4)^2 + (3)^2} = \sqrt{25} = 5$[$\Omega$]

• 상전압

$V_p = I_p Z_p$[V] $= 10 \times 5 = 50$[V]

• 선전압

$V_l = \sqrt{3}\, V_p$[V] $= 50\sqrt{3} = 50 \times 1.732 = 86.6 \fallingdotseq 87$[V]

12 V_s의 크기를 갖는 스텝 전압을 $t=0$ 시점에서 RL 직렬 회로에 인가했을 때 L 양단에 나타나는 순시전압 파형을 옳게 나타낸 것은?

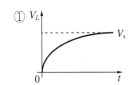

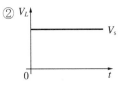

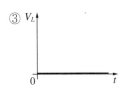

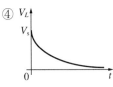

해설

RL 직렬회로

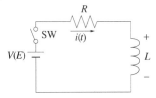

- SW On 시

$$i(t) = \frac{E}{R}(1 - e^{-\frac{R}{L}t})[\text{A}]$$

$$V_R(t) = Ri(t) = E(1 - e^{-\frac{R}{L}t})[\text{V}]$$

$$V_L(t) = E - V_R(t) = E - E(1 - e^{-\frac{R}{L}t}) = E(e^{-\frac{R}{L}t})[\text{V}]$$

시정수 $\tau = \frac{L}{R}$, 특성근 $P = -\frac{R}{L}$

- L 양단의 순시전압 파형

$$V_L(t) = E - V_R(t) = E - E(1 - e^{-\frac{R}{L}t}) = E(e^{-\frac{R}{L}t})[\text{V}]$$ 에서

$t = 0 \, (e^{-0} = 1) \Rightarrow V_L(0) = E$

∴ $t = 0$ 시 L에 저장되어 있던 전압은 서서히 방전되는 지수감쇠함수이다.

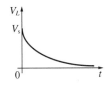

[참고] 지수함수의 성질

$e^0 = 1$	$e^1 = 2.718$	$e^\infty = 0$
$e^{-0} = 1$ $\left(e^{-0} = \frac{1}{e^0} = \frac{1}{1} = 1\right)$	$e^{-1} = 0.367$	$e^{-\infty} = 0$

13 $10\sqrt{2}\sin 3\pi t[\text{V}]$를 기본파로 하는 비정현주기파의 제5 고조파 주파수[Hz]를 구하면?

① 5.5

② 6.5

③ 7.5

④ 8.5

해설

$\omega = 3\pi$, $\omega = 2\pi f$ 대입

$2\pi f = 3\pi$

∴ $f = \dfrac{3\pi \times n \text{고조파}}{2\pi}$, $n = 5$ 대입

$= \dfrac{3\pi \times 5}{2\pi} = \dfrac{15}{2} = 7.5[\text{Hz}]$

14 정전용량 10[μF]인 콘덴서 양단에 200[V]의 전압을 가했을 때 콘덴서에 축적되는 에너지[J]는?

① 0.2

② 2

③ 4

④ 20

해설

$$W = \frac{1}{2}CV^2[J] = \frac{1}{2} \times 10 \times 10^{-6} \times (200)^2 = 0.2[J]$$

15 다음 그림의 휘트스톤 브리지 회로에서 $R_1 = 50[\Omega]$, $R_3 = 5[\Omega]$, $R_4 = 30[\Omega]$이라고 하면 R_2의 값[Ω]은? (단, 검류계(G)의 지시값은 0이다)

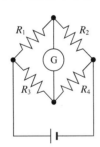

① 150　　　　② 200

③ 250　　　　④ 300

해설

• 브리지 평형 조건 : $R_1 R_4 = R_2 R_3$

• 브리지 평형 시에는 검류계(G)에 전류가 흐르지 않는다.

$(50 \times 30) = (5 \times R_2)$

$\therefore R_2 = \frac{50 \times 30}{5} = \frac{1,500}{5} = 300[\Omega]$

16 다음 그림의 회로에서 $R = 2[\Omega]$이고 $X_L = 3R[\Omega]$인 경우에 각 부의 전압과 전류의 실효치가 다음과 같이 측정되었다. 저항 R_L의 값[Ω]은?($V_{ab} = 100[V]$, $I = 10[A]$)

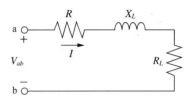

① 2

② 4

③ 6

④ 8

해설

임피던스 $Z = \frac{V}{I} = \frac{100}{10} = 10[\Omega]$

$Z = (2 + j3R + R_L) = 10$, $R = 2$ 대입

$\quad = 2 + j(3 \times 2) + R_L = 2 + j6 + R_L = 10$

$|Z| = \sqrt{(2 + R_L)^2 + (6)^2} = 10$

$(2 + R_L)$을 x라 두면

$|Z| = \sqrt{(x)^2 + (6)^2}$

$Z^2 = (x)^2 + (6)^2$

$x^2 = Z^2 - 36$, $Z = 10$ 대입

$x = \sqrt{Z^2 - 36} = \sqrt{10^2 - 36} = \sqrt{64} = 8[\Omega]$

$2 + R_L = 8$이므로 $\therefore R_L = 6$

[참고]

식 전개 후 인수분해로 풀이

$|Z| = \sqrt{(2 + R_L)^2 + (6)^2} = 10$

$\sqrt{4 + 4R_L + R_L^2 + 36} = 10$

$R_L^2 + 4R_L + 40 = 100$

$R_L^2 + 4R_L - 60 = 0$

인수분해하면

$(R_L + 10)(R_L - 6) = 0$

$\therefore R_L = 6[\Omega]$

17 어떤 부하의 리액턴스를 계산하기 위하여 전압 $V[\mathrm{V}]$를 인가하고 전력을 측정하니 $P[\mathrm{W}]$이고, 역률은 $\cos\theta$였다. 이 회로의 리액턴스$[\Omega]$는 어떻게 표현되는가?

① $\dfrac{V^2\cos\theta}{P}\sqrt{1-\cos^2\theta}$

② $\dfrac{V^2\sin\theta}{P}\sqrt{1-\cos^2\theta}$

③ $\dfrac{V^2}{P}\sqrt{1-\cos^2\theta}$

④ $\dfrac{V^2}{P}\sqrt{1-\sin^2\theta}$

해설

전력 $P=VI\cos\theta[\mathrm{W}]$, $I=\dfrac{V}{Z}$ 대입

$\qquad = V\cdot\left(\dfrac{V}{Z}\right)\cos\theta=\dfrac{V^2}{Z}\cos\theta$

임피던스 $Z=\dfrac{V^2}{P}\cos\theta$

역 률

$\cos\theta=\dfrac{실수}{|Z|}=\dfrac{R}{Z}$

$\sin\theta=\dfrac{허수}{|Z|}=\dfrac{X}{Z}$

$(\therefore\ X=|Z|\sin\theta)$

$\therefore$ 리액턴스 $X=Z\sin\theta$, $Z=\dfrac{V^2}{P}\cos\theta$ 대입

$\qquad = \dfrac{V^2}{P}\cos\theta\sin\theta=\dfrac{V^2}{P}\cos\theta\sqrt{1-\cos^2\theta}$

[참 고]
삼각함수

$\cos^2\theta+\sin^2\theta=1$

$\sin^2\theta=1-\cos^2\theta$

$\sin\theta=\sqrt{1-\cos^2\theta}$

18 200[V], 50[W]의 정격을 갖는 전구 4개와 200[V], 800[W]의 정격을 갖는 전열기 1대를 모두 병렬연결하여 동시에 사용할 경우 각 전구 및 전열기에 흐르는 전류의 총합[A]은?(단, 공급되는 전압은 200[V]이다)

① 1

② 2

③ 3

④ 5

해설

• 전구 4개

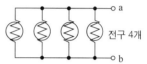

$P=\dfrac{V^2}{R}$ 에서 $R=\dfrac{V^2}{P}=\dfrac{200^2}{50}=800[\Omega]$

저항 $800[\Omega]\times4$개 병렬회로이므로

$\therefore$ 합성 저항 $R_0=\dfrac{R}{n}=\dfrac{800}{4}=200[\Omega]$

• 전열기 1대

$P=\dfrac{V^2}{R}$ 에서 $R=\dfrac{V^2}{P}=\dfrac{200^2}{800}=50[\Omega]$

• 합성 저항 회로

$R=\dfrac{200\times50}{200+50}=\dfrac{10{,}000}{250}=40[\Omega]$

$\therefore\ I=\dfrac{V}{R}=\dfrac{200}{40}=5[\mathrm{A}]$

19 그림의 회로에서 전류 I_3[A]를 구하면?

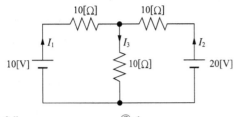

① 0.5

② 1

③ 1.5

④ 2

해설

밀만의 정리

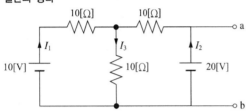

$$V_{ab} = \frac{각\ 저항분의\ 전압}{각\ 저항분의\ 1}$$

$$= \frac{\frac{10}{10} + \frac{20}{10}}{\frac{1}{10} + \frac{1}{10} + \frac{1}{10}} = \frac{\frac{30}{10}}{\frac{3}{10}} = \frac{30}{3} = 10[V]$$

V_{ab}는 $10[\Omega]$ 양단 전압과 같으므로

$$I_3 = \frac{V}{R} = \frac{10}{10} = 1[A]$$

[별해 1-1]

키르히호프의 법칙(순환전류법)

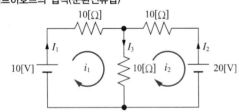

$$\sum IR = \sum E$$

$$10 = 20i_1 - 10i_2$$

$$-20 = 20i_2 - 10i_1$$

행렬식 이용

$$i_1 = \frac{\begin{bmatrix} 10 & -10 \\ -20 & 20 \end{bmatrix}}{\begin{bmatrix} 20 & -10 \\ -10 & 20 \end{bmatrix}} = \frac{200 - 200}{400 - 100} = \frac{0}{300} = 0[A]$$

$$i_2 = \frac{\begin{bmatrix} 20 & 10 \\ -10 & -20 \end{bmatrix}}{\begin{bmatrix} 20 & -10 \\ -10 & 20 \end{bmatrix}} = \frac{-400 + 100}{400 - 100} = \frac{-300}{300} = -1[A]$$

$$I_3 = i_1 - i_2 = 0 - (-1) = 1[A]$$

[별해 1-2]

키르히호프의 법칙(지로전류법)

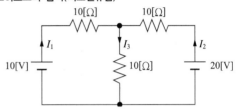

$$\sum I = 0 (I_1 + I_2 - I_3 = 0)$$

$$\sum IR = \sum E$$

$$10 = 10I_1 + 10I_3$$

$$20 = 10I_2 + 10I_3$$

$$I_3 = \frac{\begin{bmatrix} 1 & 1 & 0 \\ 10 & 0 & 10 \\ 0 & 10 & 20 \end{bmatrix}}{\begin{bmatrix} 1 & 1 & -1 \\ 10 & 0 & 10 \\ 0 & 10 & 10 \end{bmatrix}} = \frac{(0) - (100 + 200)}{(-100) - (100 + 100)} = \frac{-300}{-300} = 1[A]$$

[별해 2]

중첩의 원리

• $20[V]$ 전압원 단락

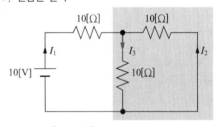

합성 저항 $R = \left(\frac{10 \times 10}{10 + 10}\right) + 10 = 5 + 10 = 15[\Omega]$

전류 $I = \frac{V}{R} = \frac{10}{15} = \frac{2}{3}[A]$

$I_3 = \left(\frac{10}{10 + 10}\right) \times \frac{2}{3} = \frac{1}{2} \times \frac{2}{3} = \frac{2}{6} = \frac{1}{3}[A]$

• 10[V] 전압원 단락

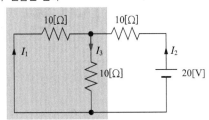

합성 저항 $R = \left(\dfrac{10 \times 10}{10 + 10}\right) + 10 = 5 + 10 = 15[\Omega]$

전류 $I = \dfrac{V}{R} = \dfrac{20}{15} = \dfrac{4}{3}[A]$

$I_3 = \left(\dfrac{10}{10 + 10}\right) \times \dfrac{4}{3} = \dfrac{1}{2} \times \dfrac{4}{3} = \dfrac{4}{6} = \dfrac{2}{3}[A]$

$\therefore$ I_3에 흐르는 전류 = 20[V]전압원 I_3 + 10[V]전압원 I_3

$$= \dfrac{1}{3} + \dfrac{2}{3} = \dfrac{3}{3} = 1[A]$$

[참고]

• 2×2 행렬 계산법

$$\begin{bmatrix} a & b \\ c & d \end{bmatrix} = (ad) - (bc)$$

• 3×3 행렬 계산법 Ⅰ

$$\begin{bmatrix} a & b & c \\ d & e & f \\ x & y & z \end{bmatrix} = (aez + xbf + ydc) - (cex + afy + dbz)$$

• 3×3 행렬 계산법 Ⅱ

$$\begin{bmatrix} a & b & c \\ d & e & f \\ x & y & z \end{bmatrix} = a(ez - fy) - b(dz - fx) + c(dy - ex)$$

20 최대 눈금이 10[mA], 내부저항 10[Ω]의 전류계로 100[A]까지 측정하려면 몇 [Ω]의 분류기가 필요한가?

① 0.01

② 0.05

③ 0.001

④ 0.005

해설

배율 $m = 10,000$배

분류기 저항 $R_s = \dfrac{R_a}{m-1}[\Omega] = \dfrac{10}{10,000-1} = \dfrac{10}{9,999}$

$\qquad\qquad = 0.001[\Omega]$

[참고] 분류기(Shunt)

전류계에 병렬저항을 연결하여 전류계의 측정범위를 확대하는 것

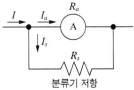

분류기 저항

$10[mA] = 10 \times 10^{-3}[A] = 1 \times 10^{-2}[A] = \dfrac{1}{100}[A] = 0.01[A]$

0.01[A]로 100[A] 측정

$\therefore$ $m = 10,000$배

2008년 국가직 전기이론

01 전류원과 전압원이 각각 존재하는 다음 회로에서 R_3에 흐르는 전류[A]는?

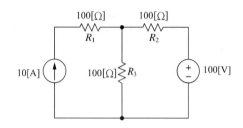

① 1
② 2.5
③ 4
④ 5.5

해설
• 중첩의 원리

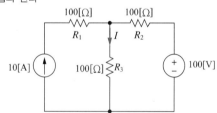

• 전류원 해석 : 전압원 단락

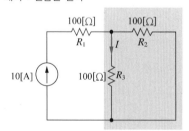

$$전류원 \ 전류 \ I_A = \left(\frac{100}{100+100}\right) \times 10 = \frac{1,000}{200} = 5[A]$$

• 전압원 해석 : 전류원 개방

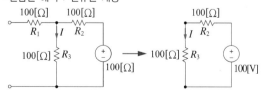

$$전압원 \ 전류 \ I_V = \frac{V}{R} = \frac{100}{100+100} = \frac{100}{200} = 0.5[A]$$

$$\therefore \ 전체 \ 전류 \ I = I_A + I_V = 5 + 0.5 = 5.5[A]$$

02 다음 회로에서 출력전압 V_o[V]는?

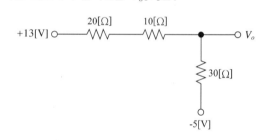

① 4
② 8
③ 9
④ 18

해설

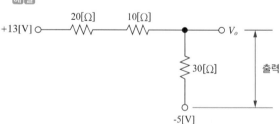

• 전위차 $V = 13[V] - 5[V] = 8[V]$
• 등가회로

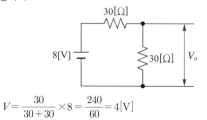

$$V = \frac{30}{30+30} \times 8 = \frac{240}{60} = 4[V]$$

1 ④ 2 ① 정답

03 다음 브리지(Bridge)회로에서 저항 R에 최대 전력이 전달되기 위한 저항 $R[\Omega]$은?

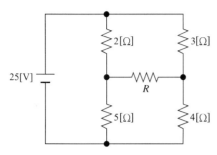

25[V]

① $\dfrac{22}{7}$

② $\dfrac{154}{45}$

③ $\dfrac{45}{14}$

④ $\dfrac{79}{24}$

해설

• 브리지 평형상태 아님

 등가회로 : 전압원 단락, 가운데 저항 R 개방

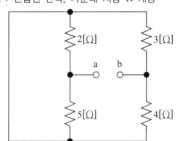

• 단자 a에서 바라본 합성 저항 R_{TH}

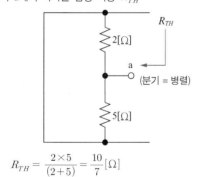

(분기 = 병렬)

$$R_{TH} = \frac{2 \times 5}{(2+5)} = \frac{10}{7}[\Omega]$$

• 단자 b에서 바라본 합성 저항 $R_{TH}{'}$

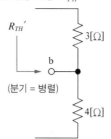

(분기 = 병렬)

$$R_{TH}{'} = \frac{3 \times 4}{(3+4)} = \frac{12}{7}[\Omega]$$

$$R_{TH} + R_{TH}{'} = \frac{10}{7} + \frac{12}{7} = \frac{22}{7}[\Omega]$$

$$\therefore \text{최대 전력 전달 조건 } R = R_{TH} + R_{TH}{'} = \frac{22}{7}[\Omega]$$

04 직류 10[V]의 전압을 1[kΩ]의 저항 부하에 10분간 인가하였을 경우 소비된 에너지[J]는?

① 10

② 60

③ 100

④ 600

해설

$$W = Pt[\text{J}], \ P = VI \text{ 대입}$$

$$= VIt, \ I = \frac{V}{R} \text{ 대입}$$

$$= V\frac{V}{R}t = 10 \times \left(\frac{10}{1 \times 10^3}\right) \times 10 \times 60\text{초} = 60[\text{J}]$$

05 자속밀도 10[Wb/m²]인 평등자계 내에 길이 10[cm]의 직선도체가 자계와 수직 방향으로 속도 10[m/s]로 운동할 때 도체에 유기되는 기전력[V]은?

① 1
② 10
③ 100
④ 1,000

해설

유기기전력 $e = Blv\sin\theta[\mathrm{V}] = 10 \times 0.1 \times 10 \times 1 = 10[\mathrm{V}]$

06 비투자율 μ_s, 자속밀도 B인 자계 중에 있는 자극 m[Wb]이 받는 힘[N]은?(단, μ_0는 진공 중의 투자율이다)

① $\dfrac{\mu_0\mu_s}{Bm}$ 　② $\dfrac{Bm}{\mu_0\mu_s}$

③ $\dfrac{Bm}{\mu_0}$ 　④ $\dfrac{Bm}{\mu_s}$

해설

$F = mH$, $B = \mu H\left(H = \dfrac{B}{\mu}\right)$ 대입

$= m\dfrac{B}{\mu}$, $\mu = \mu_0\mu_s$ 대입

$= m\dfrac{B}{\mu_0\mu_s} = \dfrac{Bm}{\mu_0\mu_s}[\mathrm{N}]$

[참 고]
비투자율
비투자율의 '비'는 아닐 비(非)가 아니라 견줄 비(比), 즉 비율을 나타낸다.

07 직각좌표계 $(x,\ y,\ z)$의 원점에 점전하 0.3[μC]이 놓여져 있다. 이 점전하로부터 좌표점 (1, 2, −2)[m]에 미치는 전계 중 x축 성분의 전계의 세기[V/m]는?(단, 매질은 진공이다)

① 100
② 200
③ 300
④ 400

해설

• 거 리

$r = 1i + 2j - 2k$

$|r| = \sqrt{(1)^2 + (2)^2 + (-2)^2} = \sqrt{9} = 3[\mathrm{m}]$

• r방향의 단위 벡터

$r_0 = \dfrac{r}{|r|} = \dfrac{1i + 2j - 2k}{3} = \dfrac{1}{3}(i + 2j - 2k)$

• x축 성분 전계의 세기

$E = \dfrac{1}{4\pi\varepsilon_0} \cdot \dfrac{Q}{r^2}[\mathrm{V/m}] = 9 \times 10^9 \times \dfrac{Q}{r^2} \times A_{xi}$

$= 9 \times 10^9 \times \dfrac{0.3 \times 10^{-6}}{(3)^2} \times \dfrac{1}{3} = 100[\mathrm{V/m}]$

[참 고]
직각좌표계

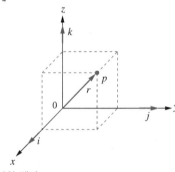

$i = x$축 단위 벡터
$j = y$축 단위 벡터
$k = z$축 단위 벡터

• 벡터의 크기

$r = A_{xi} + A_{yj} + A_{zk}$

• r방향의 단위 벡터를 r_0라 두면

$r_0 = \dfrac{r}{|r_0|} = \dfrac{A_{xi} + A_{yj} + A_{zk}}{\sqrt{(A_x)^2 + (A_y)^2 + (A_z)^2}}$

08 한 변의 길이가 30[cm]인 정방형 전극판이 2[cm] 간극으로 놓여 있는 평행판 콘덴서가 있다. 이 콘덴서의 평행판 사이에 유전율이 10^{-5}[F/m]인 유전체를 채우고 양극판에 200[V]의 전위차를 주면 축적되는 전하량[C]은?

① 3×10^{-3}

② 5×10^{-3}

③ 9×10^{-3}

④ 15×10^{-3}

해설

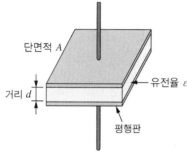

단면적 A

유전율 ε

거리 d

평행판

• 평행판 콘덴서 정전용량

$C = \dfrac{\varepsilon A}{d}[\text{F}] = \dfrac{10^{-5} \times (0.3 \times 0.3)}{0.02} = 4.5 \times 10^{-5}[\text{F}]$

• 전하량

$Q = CV = (4.5 \times 10^{-5}) \times 200 = 900 \times 10^{-5} = 9 \times 10^{-3}[\text{C}]$

09 평행판 콘덴서에 전하량 Q[C]가 충전되어 있다. 이 콘덴서의 내부 유전체의 유전율이 두 배로 변한다면 콘덴서 내부의 전속밀도는?

① 변화 없다.

② 2배가 된다.

③ 4배가 된다.

④ 절반으로 감소한다.

해설

$D = \dfrac{Q}{A}[\text{C/m}^2]$

즉, 유전율 ε과 전속밀도 D는 아무 관계없다(변화 없다).

10 다음 회로에서 $V_s = 100\sin(\omega t + 30°)$[V]일 때 전류 i의 최댓값[A]은?

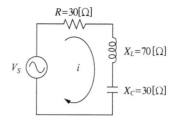

① 1

② 2

③ 3

④ 5

해설

• 임피던스

$Z = 30 + j70 - j30 = 30 + j40$

$|Z| = \sqrt{(30)^2 + (40)^2} = 50[\Omega]$

• 실효전류

$I = \dfrac{V}{|Z|} = \dfrac{\dfrac{100}{\sqrt{2}}}{50} = \dfrac{100}{50\sqrt{2}} = \dfrac{2}{\sqrt{2}}$

• 최대 전류

$I_m = \sqrt{2}\,I = \sqrt{2} \times \left(\dfrac{2}{\sqrt{2}}\right) = 2[\text{A}]$

11 다음 회로에 대한 4단자 파라미터 행렬이 다음 식으로 주어질 때, 파라미터 A와 D를 구하면?

$$\begin{bmatrix} V_1 \\ I_1 \end{bmatrix} = \begin{bmatrix} A & B \\ C & D \end{bmatrix} \begin{bmatrix} V_2 \\ I_2 \end{bmatrix}$$

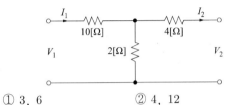

① 3, 6

② 4, 12

③ 6, 3

④ 12, 4

해설

$$\begin{pmatrix} A & B \\ C & D \end{pmatrix} = \begin{pmatrix} 1+\dfrac{10}{2} & \dfrac{(10\times 2)+(2\times 4)+(4\times 10)}{2} \\ \dfrac{1}{2} & 1+\dfrac{4}{2} \end{pmatrix} = \begin{pmatrix} 6 & 34 \\ \dfrac{1}{2} & 3 \end{pmatrix}$$

4단자망

• 임피던스 Z형

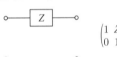

$$\begin{pmatrix} 1 & Z \\ 0 & 1 \end{pmatrix}$$

• 어드미턴스 Y형

$$\begin{pmatrix} 1 & 0 \\ Y & 1 \end{pmatrix}$$

$$\begin{pmatrix} 1 & 0 \\ \dfrac{1}{Z} & 1 \end{pmatrix}$$

• L형

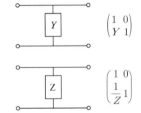

$$\begin{pmatrix} 1+\dfrac{Z_1}{Z_2} & Z_1 \\ \dfrac{1}{Z_2} & 1 \end{pmatrix}$$

• 역 L형

$$\begin{pmatrix} 1 & Z_2 \\ \dfrac{1}{Z_1} & 1+\dfrac{Z_2}{Z_1} \end{pmatrix}$$

• T형

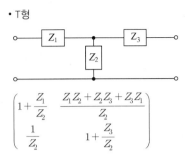

$$\begin{pmatrix} 1+\dfrac{Z_1}{Z_2} & \dfrac{Z_1 Z_2 + Z_2 Z_3 + Z_3 Z_1}{Z_2} \\ \dfrac{1}{Z_2} & 1+\dfrac{Z_3}{Z_2} \end{pmatrix}$$

• π형

$$\begin{pmatrix} 1+\dfrac{Z_2}{Z_3} & Z_2 \\ \dfrac{Z_1 + Z_2 + Z_3}{Z_1 Z_3} & 1+\dfrac{Z_2}{Z_1} \end{pmatrix}$$

12 다음 그림과 같은 RC 직렬회로에 정현파 교류전원을 인가하였을 때, 저항 양단 전압과 콘덴서 양단 전압의 실효치가 같았다. 인가된 전압과 전류의 위상차(°)는?

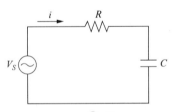

① 30

② 45

③ 60

④ 90

해설

역률 $\cos\theta = \dfrac{V_R}{|V|} = \dfrac{V_R}{\sqrt{(V_R)^2 + (V_C)^2}}$

V_R과 V_C를 1이라 두면

$$\cos\theta = \dfrac{V_R}{\sqrt{(V_R)^2 + (V_C)^2}} = \dfrac{1}{\sqrt{(1)^2 + (1)^2}} = \dfrac{1}{\sqrt{2}}$$

$\cos\theta = \dfrac{1}{\sqrt{2}}$ 이므로 $\theta = \cos^{-1}\dfrac{1}{\sqrt{2}} = 45°$

즉, $45°$의 위상차가 발생한다.

13 다음 회로에서 종속전류원 양단에 걸리는 전압 V[V]
는?

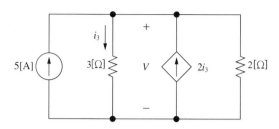

① 10   ② 15

③ 30   ④ 45

해설

중첩의 원리 이용

• 전류원 해석 : 종속전류원 개방

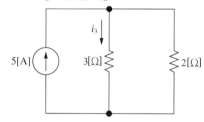

$$i_3 = \frac{2}{3+2} \times 5 = \frac{10}{5} = 2[\text{A}]$$

• 종속전류원 해석 : 전류원 개방

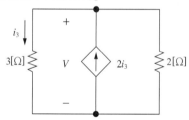

$$i_3 = \frac{2}{3+2} \times 2i_3 = \frac{4}{5}i_3[\text{A}]$$

$i_3 =$ 전류원 $i_3 +$ 종속전류원 $i_3 = 2 + \dfrac{4}{5}i_3$ 이므로

$$i_{3-2} = \frac{4i_3}{5}$$

$$\therefore \ 4i_3 = 5i_3 - 10$$

$$i_3 = 10[\text{A}]$$

종속전류원 양단 전압은 $3[\Omega]$ 양단의 전압과 같다.

$\therefore$ 전압 $V = 3[\Omega] \times 10[\text{A}] = 30[\text{V}]$

[별 해]

절점방정식 이용

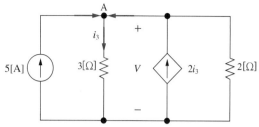

• A점에서 KCL$(\sum I = 0)$ 적용

$$5 - i_3 + 2i_3 = 0$$

$$i_3 = 5 + 2i_3$$

• A점에 대하여 전류원과 종속전류원이 같은 방향이므로 등가회로
로 변환

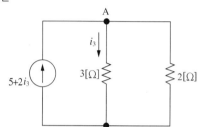

$$i_3 = \frac{2}{3+2} \times (5 + 2i_3)$$

$$i_3 = 10[\text{A}]$$

• 종속전류원 양단 전압은 $3[\Omega]$ 양단의 전압과 같다.

$\therefore$ 전압 $V = 3[\Omega] \times 10[\text{A}] = 30[\text{V}]$

14 다음 회로에 교류전압(V_s)을 인가하였다. 전압(V_s)과 전류(i)가 동상이 되었을 때 X의 값[Ω]은?

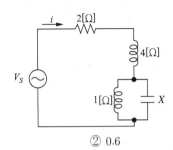

① 0.8　　　　　　② 0.6

③ 1.2　　　　　　④ 1.0

해설

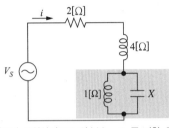

• 전압과 전류가 동위상이므로 허수부 = 0, 즉 저항 R만의 회로가 된다.

• 임피던스

$$Z = \left(\frac{(j1) \cdot (-jX)}{(j1) + (-jX)} + j4 \right) + 2$$

여기서 허수부는 0이므로

$$Z = \left(\frac{X}{(j1) + (-jX)} + j4 \right) = 0$$

$$\frac{X}{j - jX} = -j4$$

$$X = (-j4) \cdot (j - jX)$$

$$X = 4 - 4X$$

$$5X = 4$$

$$X = \frac{4}{5} = 0.8[\Omega]$$

15 어떤 회로의 유효전력이 40[W]이고 무효전력이 30[Var] 일 때 역률은?

① 0.5　　　　　　② 0.6

③ 0.7　　　　　　④ 0.8

해설

$$\text{역률 } \cos\theta = \frac{\text{유효전력 } P}{\text{피상전력 } P_a} = \frac{P}{\sqrt{(P)^2 + (P_r)^2}}$$

$$= \frac{40}{\sqrt{(40)^2 + (30)^2}} = \frac{40}{50} = 0.8$$

16 1상의 임피던스가 $Z = 80[\Omega] + j60[\Omega]$인 Y결선 부하에 선간전압이 $200\sqrt{3}$[V]인 평형 3상 전원이 인가될 때, 이 3상 평형회로의 유효전력[W]은?

① 320　　　　　　② 400

③ 960　　　　　　④ 1,200

해설

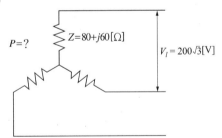

• 임피던스

$$Z = 80 + j60[\Omega]$$

$$|Z| = \sqrt{(80)^2 + (60)^2} = 100[\Omega]$$

• Y결선(선전류 = 상전류)

$$\text{상전류 } I_p = \frac{V_p}{Z_p} = \frac{\dfrac{200\sqrt{3}}{\sqrt{3}}}{100} = 2[A]$$

• 유효전력(3상 회로)

$$P = 3I^2R[\text{W}] = 3 \times (2)^2 \times 80 = 960[\text{W}]$$

17
다음 직류회로에서 $t = 0$인 순간에 스위치를 닫을 경우 이때 스위치로 흐르는 전류 $i_s(0_+)$[A]는?

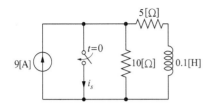

① 0
② 3
③ 6
④ 9

해설

- SW Off 시 정상전류(L : 단락)

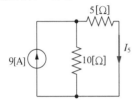

$$I_5 = \frac{10}{10+5} \times 9 = \frac{90}{15} = 6[A] \ (L에\ 흐르는\ 전류)$$

- SW On 시 전류 $i_s(0^+)$

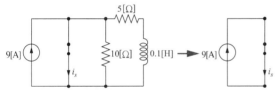

스위치 단락상태이므로 오른쪽과 같이 폐회로 구성되어 코일쪽으로는 전류가 흐르지 않는다($I_5 = 0$).

$i_s(0_+) =$ 전류원 전류 $-$ 정상상태 I_5 전류 $= 9[A] - 6[A] = 3[A]$

18
다음 회로에서 스위치 S를 충분히 오랜 시간 ①에 접속하였다가 $t = 0$일 때 ②로 전환하였다. $t \geq 0$에 대한 전류 $i(t)$[A]를 나타낸 식은?

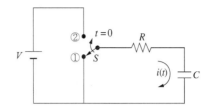

① $\dfrac{V}{RC}e^{-t/RC}$

② $\dfrac{V}{RC}e^{-t/R}$

③ $\dfrac{CV}{R}e^{-t/RC}$

④ $\dfrac{V}{R}e^{-t/RC}$

해설

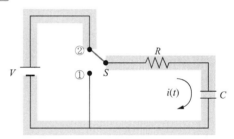

SW를 ①에서 ②로 전환 시 $t \geq 0$일 때 $i(t)$: RC 직렬회로

$$i(t) = \frac{V}{R}(e^{-\frac{1}{RC}t})[A]$$

[참 고]

RC 직렬회로 과도현상

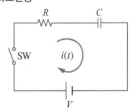

$$i(t) = \frac{V}{R}(e^{-\frac{1}{RC}t})[A]$$

시정수 $\tau = RC$

특성근 $P = -\dfrac{1}{RC}$

19 선간전압이 200[V]인 평형 3상 전원에 1상의 저항이 100[Ω]인 3상 델타(△)부하를 연결할 경우 선전류[A]는?

① $\dfrac{2}{\sqrt{3}}$ ② 2

③ $\dfrac{\sqrt{3}}{2}$ ④ $2\sqrt{3}$

해설

△결선(상전압 = 선전압)

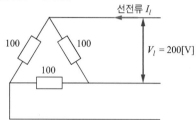

- 상전류 $I_p = \dfrac{V_p}{Z_p} = \dfrac{200}{100} = 2[\text{A}]$

- 선전류 $I_l = \sqrt{3}\, I_p[\text{A}] = 2\sqrt{3}[\text{A}]$

20 〈그림 1〉의 회로를 노턴(Norton)의 등가회로로 변환한 회로가 〈그림 2〉이다. 변환된 등가회로의 전류원 I[A]는?

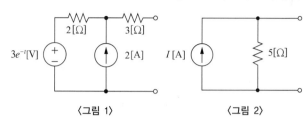

〈그림 1〉   〈그림 2〉

① $\dfrac{4}{5} + \dfrac{3}{5}e^{-t}$ ② $4 + 3e^{-t}$

③ $\dfrac{3}{5}e^{-t}$ ④ $4 - 3e^{-t}$

해설

- 노턴 등가저항

R_N : 전압원 단락, 전류원 개방

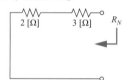

∴ $R_N = 2 + 3 = 5[\Omega]$

- 노턴 등가회로 전류

I_N : 개방단 단자 단락 후에 흐르는 전류

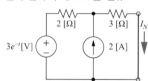

– 전압원 적용 시(전류원 개방)

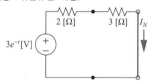

$$I_N = \frac{3e^{-t}}{2+3} = \frac{3e^{-t}}{5}[\text{A}]$$

– 전류원 적용 시(전압원 단락)

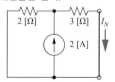

$$I_N = \frac{2}{2+3} \times 2 = \frac{4}{5}[\text{A}]$$

– 노턴 전류

$$I_N = \text{전류원}\,I_N + \text{전압원}\,I_N = \frac{4}{5} + \frac{3e^{-t}}{5}[\text{A}]$$

2009년 국가직 전기이론

01 굵기가 일정한 원통형의 도체를 체적은 고정시킨 채 길게 늘여 지름이 절반이 되도록 하였다. 이 경우 길게 늘인 도체의 저항값은?

① 원래 도체의 저항값의 2배가 된다.
② 원래 도체의 저항값의 4배가 된다.
③ 원래 도체의 저항값의 8배가 된다.
④ 원래 도체의 저항값의 16배가 된다.

해설

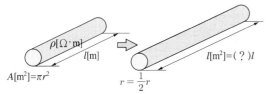

• 도체의 저항

$R = \rho \dfrac{l}{A}[\Omega]$, $A = \pi r^2$에서 $r = \dfrac{1}{2}$로 한다.

$\therefore R = \rho \dfrac{l}{\pi r^2}$, $r = \dfrac{1}{2}r$ 대입

$= \rho \dfrac{l}{\pi\left(\dfrac{1}{2}r\right)^2} = \rho \dfrac{l}{\pi\left(\dfrac{1}{4}r^2\right)}$

• 체적이 고정되어 있는 상태에서 단면적 $A = \dfrac{1}{4}$이 되면, 길이 l은

비례해서 4배가 된다.

$R = \rho \dfrac{4l}{\dfrac{\pi r^2}{4}} = \rho \dfrac{16l}{\pi r^2}$

∴ 도체의 저항은 16배 커진다.

02 철심을 갖는 코일에 전류가 흐르면 전력손실이 발생한다. 이러한 자기회로에서 전력손실이 발생하는 원인이 아닌 것은?

① 코일의 저항
② 코일의 인덕턴스
③ 철심 내부의 맴돌이전류
④ 철심의 히스테리시스 현상

해설

② 인덕턴스 L과 손실은 무관하다.
• 철손 : 히스테리시스손, 맴돌이전류손
• 동손 : 코일 저항에 의한 손실

03 공기 중에서 무한히 긴 두 도선 A, B가 평행하게 $d = 1$ [m]의 간격을 두고 있다. 이 두 도선 모두 1[A]의 전류가 같은 방향으로 흐를 때, 도선 B에 작용하는 단위 길이당 힘의 크기[N/m] 및 형태를 옳게 구한 것은?

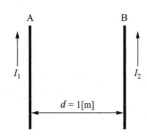

	힘의 크기	힘의 형태
①	4×10^{-7}	흡인력
②	2×10^{-7}	반발력
③	2×10^{-7}	흡인력
④	4×10^{-7}	반발력

해설
• 나란한 두 도체(단위 길이)에 작용하는 힘

$$F = \frac{2I_1 I_2}{r} \times 10^{-7} [\text{N/m}] = \frac{2 \times 1 \times 1}{1} \times 10^{-7}$$
$$= 2 \times 10^{-7} [\text{N/m}]$$

• 같은 방향 전류이므로 흡인력
• 다른 방향의 전류는 반발력

04 정전용량이 10[μF]과 40[μF]인 2개의 커패시터를 직렬연결한 회로가 있다. 이 직렬회로에 10[V]의 직류전압을 인가할 때, 10[μF]의 커패시터에 축적되는 전하의 양[C]은?

① 8×10^{-5} ② 4×10^{-5}
③ 2×10^{-5} ④ 1×10^{-5}

해설

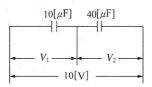

콘덴서 직렬연결

$$C = \frac{C_1 \times C_2}{C_1 + C_2} = \frac{10 \times 40}{10 + 40} = \frac{400}{50} = 8[\mu\text{F}]$$

$$Q = CV[\text{C}] = 8 \times 10^{-6} \times 10 = 8 \times 10^{-5}$$

C_1과 C_2에 충전되는 전하량은 같다.

[참 고]
콘덴서 직렬연결
• 저항 병렬연결 계산과 같다.
• 전하량 Q가 동일하다.

05 저항값이 10[Ω]인 $\dfrac{100}{\pi}$[mH]의 코일이 있다. 50[Hz]의 교류전원을 인가할 때, 이 코일의 임피던스 각($^\circ$)은?

① 30   ② 45
③ 60   ④ 90

해설
유도리액턴스

$$X_L = \omega L = 2\pi f L[\Omega] = 2\pi \times 50 \times \frac{100 \times 10^{-3}}{\pi} = 10[\Omega]$$

각도(위상차)

$$\theta = \tan^{-1}\frac{\text{허수}}{\text{실수}} = \tan^{-1}\frac{10}{10} = \tan^{-1}1 = 45^\circ$$

∴ 위상차 $\theta = 45^\circ$가 된다.

06 다음의 교류회로에 $i(t) = 4\sin(\omega t - 30°)$[A]의 전류원을 주었을 때, 유효전력[W]과 무효전력[Var]을 옳게 나타낸 것은?

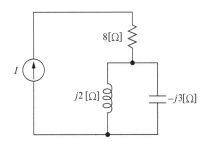

	유효전력	무효전력
①	8	6
②	16	12
③	32	24
④	64	48

해설

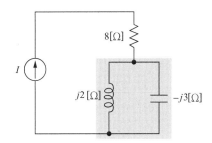

임피던스

$Z = \left(\dfrac{(j2) \times (-j3)}{(j2) + (-j3)}\right) + 8 = \left(\dfrac{6}{-j}\right) + 8$, $-\dfrac{1}{j} = j$이므로

$\quad = 8 + j6$[Ω]

$|Z| = \sqrt{(8)^2 + (6)^2} = 10$[Ω]

유효전력

$P = I^2 R$[W], $I = $실횻값

$\quad = \left(\dfrac{4}{\sqrt{2}}\right)^2 \times 8 = \left(\dfrac{16}{2}\right) \times 8 = 64$[W]

무효전력

$P_r = I^2 X$[Var] $= \left(\dfrac{4}{\sqrt{2}}\right)^2 \times 6 = \left(\dfrac{16}{2}\right) \times 6 = 48$[Var]

07 다음의 각 상에 $Z = 3 + j6$[Ω]인 부하가 △로 접속되어 있다. 입력단자 a, b, c에 300[V]의 3상 대칭전압을 인가할 때, 각 선로의 저항이 $r = 1$[Ω]이면 부하의 상전류[A]는?

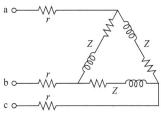

① $20\sqrt{2} \angle -15°$ ② $20\sqrt{3} \angle 15°$

③ $25\sqrt{2} \angle -45°$ ④ $25\sqrt{3} \angle 45°$

해설

• △ − Y 변환 : $\dfrac{\triangle}{3}$

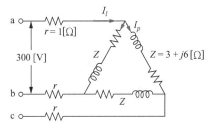

임피던스 $Z = \dfrac{3 + j6}{3} = 1 + j2$[Ω]

• 등가회로

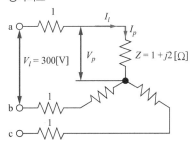

$Z = 1 + (1 + j2) = 2 + j2$[Ω]

∴ $|Z| = \sqrt{(2)^2 + (2)^2} = \sqrt{8} = 2\sqrt{2}$[Ω]

• 상전류

$I_{Yp} = \dfrac{V_p}{Z_p} = \dfrac{\dfrac{300}{\sqrt{3}}}{2\sqrt{2}} = \dfrac{\dfrac{300\sqrt{3}}{3}}{2\sqrt{2}} = \dfrac{100\sqrt{3}}{2\sqrt{2}} = \dfrac{50\sqrt{3}}{\sqrt{2}}$[A]

△결선에서 상전류 $I_{\triangle p} = $Y결선 선전류 I_l의 $\dfrac{1}{\sqrt{3}}$ 이므로

$I_{\triangle p} = \dfrac{50\sqrt{3}}{\sqrt{2}} \times \dfrac{1}{\sqrt{3}} = \dfrac{50}{\sqrt{2}} = \dfrac{50\sqrt{2}}{2} = 25\sqrt{2}$[A]

- 각도(위상차) $\theta = \tan^{-1}\dfrac{\text{허수}}{\text{실수}} = \tan^{-1}\dfrac{2}{2} = \tan^{-1}1 = 45°$

∴ RL 직렬회로에서는 전압에 대해 지상전류가 흐르므로 $\theta = -45°$가 된다.

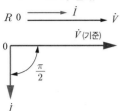

08 반지름 a인 무한히 긴 원통형 도체에 직류전류가 흐르고 있다. 이때 전류에 의해 발생되는 자계 H가 원통축으로부터의 수직거리 r에 따라 변하는 모양을 옳게 나타낸 것은?

①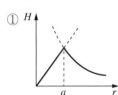

②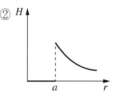

③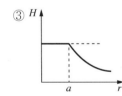

④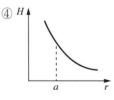

해설

- 외부 $H = \dfrac{I}{2\pi r}[\text{AT/m}]\left(H \propto \dfrac{I}{r}\right)$: r에 반비례

- 내부 $H = \dfrac{rI}{2\pi a^2}[\text{AT/m}](H \propto r)$: r에 비례

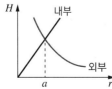

09 $v(t) = \sqrt{2}\,V_1\sin(\omega t + \alpha) + \sqrt{2}\,V_3\sin(3\omega t + \beta)[\text{V}]$인 순시전압을 정전용량이 $C[\text{F}]$인 커패시터에 인가하였다. 이때 커패시터에 흐르는 전류의 실횻값[A]은?

① $\omega C\sqrt{V_1^2 + V_3^2}$

② $\omega C(V_1 + 3V_3)$

③ $\omega C\sqrt{V_1^2 + 9V_3^2}$

④ $\omega C(V_1 + V_3)$

해설

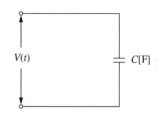

- 기본파 전류

$$I_{c1} = \frac{V}{X_c} = \frac{\left(\dfrac{\sqrt{2}\,V_1}{\sqrt{2}}\right)}{\dfrac{1}{\omega C}} = \omega C V_1[\text{A}]$$

- 3고조파 전류

$$I_{c3} = \frac{V}{X_c} = \frac{\left(\dfrac{\sqrt{2}\,V_3}{\sqrt{2}}\right)}{\dfrac{1}{3\omega C}} = 3\omega C V_3[\text{A}]$$

(※ 3고조파이므로 ω 앞에 3을 곱한다)

- 실효전류

$I = I_{c1} + I_{c3}$

$|I| = \sqrt{(I_{c1})^2 + (I_{c3})^2} = \sqrt{(\omega C V_1)^2 + (3\omega C V_3)^2}$

$= \omega C\sqrt{V_1^2 + 9V_3^2}[\text{A}]$

[별 해]

- 실효전압

$$V = \sqrt{\left(\dfrac{\sqrt{2}\,V_1}{\sqrt{2}}\right)^2 + \left(\dfrac{\sqrt{2}\,V_3 \cdot 3\text{고조파}}{\sqrt{2}}\right)^2}$$

$= \sqrt{(V_1)^2 + (3V_3)^2}$

- 실효전류

$$I = \frac{V}{X_c} = \frac{\sqrt{(V_1)^2 + (3V_3)^2}}{\dfrac{1}{\omega C}} = \omega C\sqrt{(V_1)^2 + (3V_3)^2}$$

$= \omega C\sqrt{V_1^2 + 9V_3^2}[\text{A}]$

10 다음 회로에서 오랫동안 ㉠의 위치에 있던 스위치 SW를 $t = 0_+$인 순간에 ㉡의 위치로 전환하였다. 충분한 시간이 흐른 후에 인덕터 L에 저장되는 에너지[J]는?(단, $V_1 = 100$[V], $R = 20$[Ω], $L = 0.2$[H]이다)

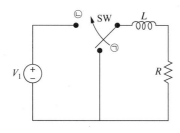

① 0.25
② 2.5
③ 25
④ 250

해설

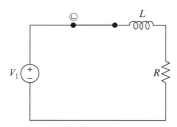

L[H]에 저장되는 에너지

$W = \dfrac{1}{2}LI^2$[J], $I = \dfrac{V}{R}$ 대입

$\quad = \dfrac{1}{2} \times 0.2 \times \left(\dfrac{100}{20}\right)^2 = \dfrac{1}{2} \times 0.2 \times (5)^2 = 2.5$[J]

11 내부저항 3[Ω], 기전력 12[V]인 직류전원에 어떤 부하저항 R[Ω]을 접속하였더니 부하저항이 소비하는 전력이 9[W]였다. 이때 부하저항에 흐르는 전류와, 최대 전력이 전달되도록 회로를 구성한 경우에 흐르는 전류와의 차[A]는?

① 3.0
② 2.5
③ 2.0
④ 1.0

해설

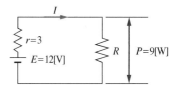

• 부하저항 R에 흐르는 전류

$I = \dfrac{E}{r+R}$[A]

전력 $P = I^2 R = \left(\dfrac{E}{r+R}\right)^2 \cdot R(r = 3,\ E = 12$ 대입)

$\quad = \left(\dfrac{12}{3+R}\right)^2 \cdot R$

$\quad = \dfrac{144}{(3+R)^2} \cdot R$

$\quad = \dfrac{144R}{R^2+6R+9} = 9$

$144R = 9R^2 + 54R + 81$

$9R^2 - 90R + 81 = 0$, 인수분해

$(R-9)(9R-9) = 0$

$R = 1 \text{ or } 9$

최솟값인 1을 R에 대입하면

$I = \dfrac{E}{r+R} = \dfrac{12}{3+1} = \dfrac{12}{4} = 3$[A]

• 최대 전력 전달 조건 : 내부저항 r=부하저항 R

$I' = \dfrac{E}{r+R}$, $r = R$

$\quad = \dfrac{12}{3+3} = \dfrac{12}{6} = 2$[A]

∴ 전류차 $I_0 = I - I' = 3 - 2 = 1$[A]

[참 고]

최대 전력 전달 조건($r = R$)

• 전류 $I = \dfrac{E}{r+R} = \dfrac{E}{2R}$[A]

• 전력 $P = I^2 R = \left(\dfrac{E}{2R}\right)^2 \cdot R = \dfrac{E^2}{4R}$[W]

12 다음 회로의 a-b단에 커패시터를 연결하여 역률을 1.0으로 만들고자 한다. 필요한 커패시터의 정전용량[μF]은?(단, 입력전압은 100[V]의 최댓값과 50[Hz]의 주파수를 갖는다)

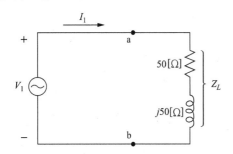

① $\dfrac{100}{\pi}$

② 100

③ 100π

④ $100\sqrt{2}$

해설

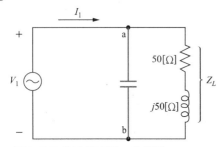

• 어드미턴스 Y로 해석(RL 직렬 + C 병렬)

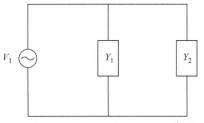

$$Y_1 = \frac{1}{Z_1} = \frac{1}{-jX_c} = \frac{1}{-j\frac{1}{\omega C}} = j\omega C\,[\text{℧}]\left(-\frac{1}{j}=j\right)$$

$$Y_2 = \frac{1}{Z_2} = \frac{1}{R+jX_L} = \frac{1}{R+j\omega L}\,[\text{℧}]\,(X_L = \omega L)$$

$$Y = Y_1 + Y_2 = (j\omega C) + \left(\frac{1}{R+j\omega L}\right) = \frac{j\omega CR - \omega^2 LC + 1}{R + j\omega L}$$

분모공액

$$= \frac{(j\omega CR - \omega^2 LC + 1)(R - j\omega L)}{(R + j\omega L)(R - j\omega L)}$$

$$= \frac{j\omega CR^2 + \omega^2 LCR - \omega^2 LCR + j\omega^3 L^2 C + R - j\omega L}{R^2 + \omega^2 L^2}$$

실수부 → 실수끼리
허수부 → 허수끼리

$$= \frac{R + j(\omega^3 L^2 C + \omega CR^2 - \omega L)}{R^2 + \omega^2 L^2}$$

$$= \frac{R}{R^2 + \omega^2 L^2} + j\frac{(\omega^3 L^2 C + \omega CR^2 - \omega L)}{R^2 + \omega^2 L^2}$$

허수부에서 ωC를 공통으로 묶어서 변형하면

$$\text{허수부} = +j\left(\omega C - \frac{\omega L}{R^2 + \omega^2 L^2}\right)$$

$$\therefore\ Y = \frac{R}{R^2 + \omega^2 L^2} + j\left(\omega C - \frac{\omega L}{R^2 + \omega^2 L^2}\right)$$

허수부에서 $\left(\omega C - \dfrac{\omega L}{R^2 + \omega^2 L^2}\right) = 0$라 두면

$$\omega C = \frac{\omega L}{R^2 + \omega^2 L^2}$$

$$\omega L = \omega C \cdot (R^2 + \omega^2 L^2)$$

$$C = \frac{L}{(R^2 + \omega^2 L^2)} = \frac{L}{R^2 + (\omega L)^2}\,[\text{F}]$$

• 인덕턴스 L 구하기

$$X_L = \omega L = 2\pi f L$$

$$L = \frac{X_L}{\omega}\ (\omega = 2\pi f)$$

$$C = \frac{L}{R^2 + (\omega L)^2}\,[\text{F}] = \frac{\frac{X_L}{\omega}}{R^2 + (X_L)^2} = \frac{\frac{50}{2\pi \times 50}}{(50)^2 + (50)^2}$$

$$= \frac{1}{10,000\pi} = \frac{1}{10^4 \pi} = \frac{1}{\pi} \times 10^{-4} = \frac{100}{\pi} \times 10^{-6}\,[\text{F}]$$

$$= \frac{100}{\pi}\,[\mu\text{F}]$$

13 다음의 3상 부하에서 소비되는 전력을 2전력계법으로 측정하였더니 전력계의 눈금이 $P_1 = 150[\text{W}]$, $P_2 = 50$[W]를 각각 지시하였다. 이때 3상 부하의 소비전력[W]은?(단, 부하역률은 0.9이다)

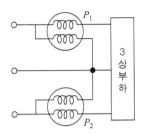

① 90

② 100

③ 180

④ 200

해설
유효전력 $P = P_1 + P_2 [\text{W}] = 150 + 50 = 200 [\text{W}]$

[참 고]
단상전력계로 3상 전력 측정
• 1전력계법 유효전력 $= 3P$
• 2전력계법 유효전력 $= (P_1 + P_2)$

　　　무효전력 $= \sqrt{3}\,(P_1 - P_2)$
• 3전력계법 유효전력 $= (P_1 + P_2 + P_3)$

14 다음 회로에서 $t = 0_+$인 순간에 스위치 SW를 ㉠에서 ㉡으로 전환하였다. 이 순간 인덕터에 흐르는 전류의 크기 [A]는?

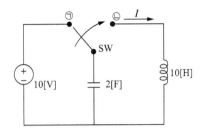

① 5

② ∞

③ 10

④ 0

해설

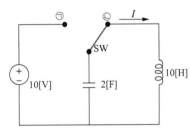

스위치 ㉡ 전환 시 인덕턴스 L(단락상태)
∴ 회로 단락상태(전류 $I = 0$)
즉, L 단락상태이므로 초기 전류는 항상 0이다.

15 다음 평판 커패시터의 극판 사이에 서로 다른 유전체를 평판과 평행하게 각각 d_1, d_2의 두께로 채웠다. 각각의 정전용량을 C_1과 C_2라 할 때, C_1/C_2의 값은?(단, $V_1 = V_2$이고, $d_1 = 2d_2$이다)

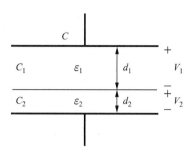

① 0.5 ② 1

③ 2 ④ 4

해설

콘덴서 직렬연결 상태

정전용량 $Q = CV$에서

$C_1 = \dfrac{Q}{V_1}$, $C_2 = \dfrac{Q}{V_2}$

$\therefore \dfrac{C_1}{C_2} = \dfrac{\frac{Q}{V_1}}{\frac{Q}{V_2}}$, $V_1 = V_2$이므로 $\dfrac{C_1}{C_2} = \dfrac{V_2}{V_1} = 1$

※ 거리 d와는 무관한 문제

16 다음의 4단자 회로망에서 부하 Z_L에 최대 전력을 공급하기 위해서 변압기를 결합하여 임피던스 정합을 시키고자 한다. 변압기의 권선비와 $X_S[\Omega]$를 옳게 나타낸 것은?

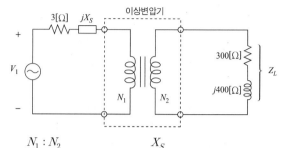

$N_1 : N_2$ X_S

① 1 : 10 -4

② 10 : 1 -40

③ 1 : 100 40

④ 100 : 1 4

해설

변압기 권수비

$a = \sqrt{\dfrac{R_1}{R_2}} = \sqrt{\dfrac{3}{300}} = \sqrt{\dfrac{1}{100}} = \dfrac{1}{10}$

권선비 $a = \dfrac{N_1}{N_2}$, $\dfrac{1}{10} = \dfrac{N_1}{N_2}$

즉 $N_1 = 1$, $N_2 = 10$이 된다.

$a = \sqrt{\dfrac{X_s}{X_L}}$

$\dfrac{1}{10} = \sqrt{\dfrac{X_s}{400}}$, 양변 제곱

$\dfrac{1}{100} = \dfrac{X_s}{400}$

$X_s = \dfrac{400}{100} = 4[\Omega]$

$\therefore$ 최대 전력 전달 조건에서 내부 임피던스와 외부(부하) 임피던스는 켤레 복소수이므로 $X_s = -4[\Omega]$

$\therefore z = R + jX$일 때 실수, 허수끼리만 계산 가능

17 다음의 회로에서 R_{ab}에 흐르는 전류가 0이 되기 위한 조건은?(단, $R_1 \neq R_2$이다)

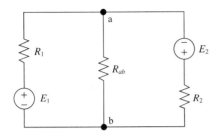

① $R_1 E_1 = R_2 E_2$
② $R_1 R_2 = E_1 E_2$
③ $R_2 E_1 = R_1 E_2$
④ $E_1 = E_2$

해설

지로전류법 해석

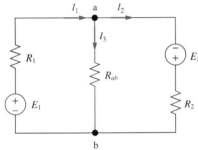

• $\sum I = 0(I_1 - I_2 - I_3 = 0)$
  조건에서 R_{ab}에 흐르는 전류는 0이므로 $I_3 = 0(I_1 = I_2)$

• $\sum IR = \sum E$
  $E_1 = R_1 I_1 + R_{ab} I_3$, $E_2 = R_2 I_2 - R_{ab} I_3$
  $I_3 = 0$이므로

  $E_1 = R_1 I_1 \left(I_1 = \dfrac{E_1}{R_1} \right)$, $E_2 = R_2 I_2 \left(I_2 = \dfrac{E_2}{R_2} \right)$

  $I_1 = I_2$이므로 $\dfrac{E_1}{R_1} = \dfrac{E_2}{R_2}$

  $R_2 E_1 = R_1 E_2$

[별 해]
순환전류법 해석

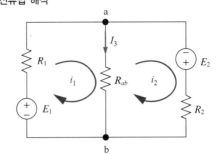

$E_1 = (R_1 + R_{ab})i_1 - R_{ab}i_2$
$E_2 = (R_2 + R_{ab})i_2 - R_{ab}i_1$
조건에서 R_{ab}에 흐르는 전류는 0이므로

$E_1 = R_1 i_1 \left(i_1 = \dfrac{E_1}{R_1} \right)$, $E_2 = R_2 i_2 \left(i_2 = \dfrac{E_2}{R_2} \right)$

$i_1 = i_2$일 때 $\dfrac{E_1}{R_1} = \dfrac{E_2}{R_2}$

$R_2 E_1 = R_1 E_2$

18 기전력 1.5[V], 내부저항 0.2[Ω]인 전지가 15개 있다. 이것들을 모두 직렬로 접속하여 3[Ω]의 부하저항을 연결할 경우의 부하전류값[A]과, 모두 병렬로 접속하여 3[Ω]의 부하저항을 연결할 경우의 부하전류값[A]을 가장 가깝게 나타낸 것은?

	직 렬	병 렬
①	3.25	0.75
②	3.75	0.75
③	3.25	0.5
④	3.75	0.5

해설

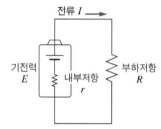

• 직렬접속 시
 – 내부저항 $r_0 = n \times R = 15개 \times 0.2 = 3[\Omega]$
 – 기전력 $E_0 = n \times E = 15개 \times 1.5 = 22.5[\text{V}]$
 – 전류 $I_{직렬} = \dfrac{E}{r+R} = \dfrac{22.5}{3+3} = 3.75[\text{A}]$
• 병렬접속 시
 – 내부저항 $r_0 = \dfrac{R}{n} = \dfrac{0.2}{15개} \fallingdotseq 0.013[\Omega]$
 – 기전력 $E_0 = E = 1.5[\text{V}]$
 – 전류 $I_{병렬} = \dfrac{E}{r+R} = \dfrac{1.5}{0.013+3} = 0.4978 \fallingdotseq 0.5[\text{A}]$

19 다음 4단자 회로망에서 부하 Z_L을 개방할 때, 입력 어드미턴스는?(단, s는 복소주파수이다)

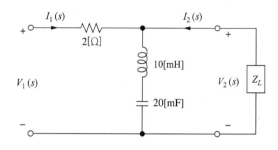

① $\dfrac{100s}{s^2+200s+5,000}$ ② $\dfrac{100s}{s^2+200s-5,000}$

③ $\dfrac{s}{s^2+200s+5,000}$ ④ $\dfrac{s}{s^2+200s-5,000}$

해설

입력 어드미턴스이므로 1차측 전압에 의한 전류로 해석
등가회로 : RLC 직렬회로

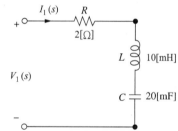

• 임피던스
$$Z = R + \left(j\omega L + \dfrac{1}{j\omega C}\right), \ s = j\omega \ 대입$$
$$= R + \left(sL + \dfrac{1}{sC}\right) = R + \left(\dfrac{s^2 LC + 1}{sC}\right)$$
$$= \dfrac{sCR + s^2 LC + 1}{sC}$$
• 어드미턴스
$$Y = \dfrac{1}{Z} = \dfrac{sC}{s^2 LC + sCR + 1}$$
$$= \dfrac{s(20 \times 10^{-3})}{s^2(10 \times 10^{-3} \times 20 \times 10^{-3}) + s(20 \times 10^{-3} \times 2) + 1}$$
$$= \dfrac{s(2 \times 10^{-2})}{s^2(2 \times 10^{-4}) + s(4 \times 10^{-2}) + 1}$$
$$= \dfrac{200s}{2s^2 + 400s + 10,000}, \ 2로 \ 약분$$
$$= \dfrac{100s}{s^2 + 200s + 5,000}$$

20 한 상의 임피던스가 $30 + j40[\Omega]$인 Y결선 평형부하에 선간전압 200[V]를 인가할 때, 발생되는 무효전력[Var]은?

① 580

② 640

③ 968

④ 1,024

해설

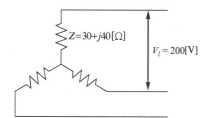

$Z = 30 + j40[\Omega]$

$V_l = 200[\text{V}]$

• 상전류

$$I_p = \frac{V_p}{Z_p} = \frac{\frac{200}{\sqrt{3}}}{50} = \frac{200}{50\sqrt{3}} = \frac{4}{\sqrt{3}}[\text{A}]$$

• 무효전력

$$P_r = 3I^2 X[\text{Var}]$$
$$= 3 \times \left(\frac{4}{\sqrt{3}}\right)^2 \times 40$$
$$= 3 \times \left(\frac{16}{3}\right) \times 40$$
$$= 640[\text{Var}]$$

SECTION

04 2010년 국가직 전기이론

01 저항과 코일이 직렬로 연결된 회로에 100[V]의 직류전압을 인가하니 250[W]가 소비되고, 100[V]의 교류전압을 인가하면 160[W]가 소비된다. 이 회로의 저항[Ω]과 임피던스[Ω]는?

① 40, 50

② 40, 62.5

③ 50, 50

④ 50, 62.5

[해][설]

• 직류 소비전력

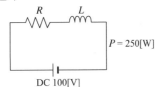

$P = \dfrac{V^2}{R}[\text{W}]$ 에서

$R = \dfrac{V^2}{P} = \dfrac{(100)^2}{250} = 40[\Omega]$

• 교류 소비전력(유효전력)

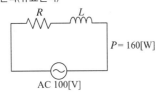

$P = I^2 R[\text{W}]$ 에서

$I^2 = \dfrac{P}{R}$

$I = \sqrt{\dfrac{P}{R}} = \sqrt{\dfrac{160}{40}} = \sqrt{4} = 2[\text{A}]$

∴ 임피던스 $Z = \dfrac{V}{I} = \dfrac{100}{2} = 50[\Omega]$

02 다음의 회로에서 전류 I[A]는?(단, $\overrightarrow{V_1} = 100 + j200$[V], $\overrightarrow{V_2} = 200 + j100$[V]이고, $\overrightarrow{V_1}$ 및 $\overrightarrow{V_2}$는 페이저(Phasor)이다)

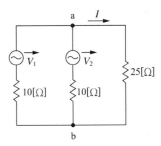

① $3\sqrt{2}$

② $5\sqrt{2}$

③ $15\sqrt{2}$

④ $30\sqrt{2}$

[해][설]

밀만의 정리

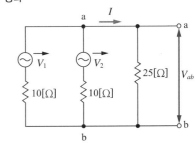

$V_{ab} = \dfrac{\text{각 저항분의 전압}}{\text{각 저항분의 1}} = \dfrac{\dfrac{V_1}{10} + \dfrac{V_2}{10}}{\dfrac{1}{10} + \dfrac{1}{10} + \dfrac{1}{25}}$

$= \dfrac{\dfrac{V_1 + V_2}{10}}{\dfrac{2.5}{25} + \dfrac{2.5}{25} + \dfrac{1}{25}} = \dfrac{\dfrac{V_1 + V_2}{10}}{\dfrac{6}{25}}$

$= \dfrac{25(V_1 + V_2)}{60}$, $V_1 + V_2 = 300 + j300$[V] 이므로

$V_{ab} = 125 + j125$[V]

전류 $I = \dfrac{V_{ab}}{R} = \dfrac{125 + j125}{25} = 5 + j5$[A]

∴ $|I| = \sqrt{(5)^2 + (5)^2} = \sqrt{50} = 5\sqrt{2}$

[별 해]

키르히호프의 법칙(순환전류법)

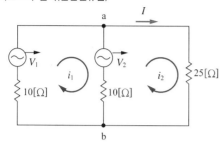

$\sum IR = \sum E$

$\overrightarrow{V_1} - \overrightarrow{V_2} = 20i_1 - 10i_2$ ······ ㉠

$\overrightarrow{V_2} = 35i_2 - 10i_1$ ······ ㉡

㉠에서

$(100 + j200) - (200 + j100) = 20i_1 - 10i_2$

$(-100 + j100) = 20i_1 - 10i_2$

㉡에서

$200 + j100 = -10i_1 + 35i_2$

$I = i_2$ 이므로 행렬식을 이용하여 i_2를 구한다.

$$i_2 = \frac{\begin{bmatrix} 20 & (-100 + j100) \\ -10 & (200 + j100) \end{bmatrix}}{\begin{bmatrix} 20 & -10 \\ -10 & 35 \end{bmatrix}}$$

$$= \frac{(4,000 + j2,000) - (1,000 - j1,000)}{(20 \times 35) - (100)}$$

$$= \frac{3,000 + j3,000}{700 - 100} = \frac{3,000 + j3,000}{600} = 5 + j5 [\text{A}]$$

$$\therefore |i_2| = \sqrt{(5)^2 + (5)^2} = \sqrt{50} = 5\sqrt{2}$$

---

03 다음의 회로처럼 △결선된 평형 3상 전원에 Y결선된 평형 3상 부하를 연결하였다. 상전압 v_a, v_b, v_c의 실효치는 210[V]이며, 부하 $Z_L = 1 + j\sqrt{2}$ [Ω]이다. 평형 3상 부하에 흐르는 선전류 I_L[A]은?

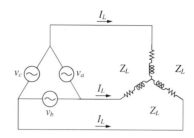

① $42\sqrt{3}$

② $70\sqrt{3}$

③ 42

④ 70

해설

Y 결선 ⇒ △결선으로 변환(3Y)

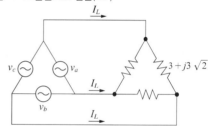

• 임피던스

$Z_L = 3(1 + j\sqrt{2}) = 3 + j3\sqrt{2}$

$|Z_L| = \sqrt{(3)^3 + (3\sqrt{2})^2} = \sqrt{9 + 18} = \sqrt{27} = 3\sqrt{3} [\Omega]$

• 상전류

$I_p = \dfrac{V_p}{|Z_L|} = \dfrac{210}{3\sqrt{3}} = \dfrac{70}{\sqrt{3}} [\text{A}]$

∴ 선전류 $I_l = \sqrt{3}\, I_p = \sqrt{3}\left(\dfrac{70}{\sqrt{3}}\right) = 70 [\text{A}]$

04 다음의 회로에 평형 3상 전원을 인가했을 때 각 선에 흐르는 전류 I_L[A]가 같으면 R[Ω]은?

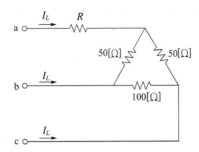

① 12.5

② 25

③ 25.5

④ 12

해설

△결선 ⇒ Y결선으로 변환(등가회로)

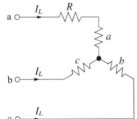 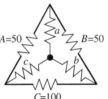

$$a = \frac{AB}{A+B+C} = \frac{50 \times 50}{50+50+100} = \frac{2,500}{200} = 12.5[\Omega]$$

$$b = \frac{BC}{A+B+C} = \frac{50 \times 100}{50+50+100} = \frac{5,000}{200} = 25[\Omega]$$

$$c = \frac{CA}{A+B+C} = \frac{50 \times 100}{50+50+100} = \frac{5,000}{200} = 25[\Omega]$$

각 선에 흐르는 전류가 같으므로 1상당 임피던스도 같다.

∴ a상에서 $R+12.5 = 25$, $R = 25 - 12.5 = 12.5[\Omega]$

05 다음의 회로에서 스위치(SW)가 충분한 시간 동안 열려 있다가 $t = 0$인 순간에 스위치를 닫았다. 시간에 따른 전류 i_A의 값으로 옳은 것은?(단, $i_A(0_-)$는 초기 전류, $i_A(0_+)$는 스위치를 닫은 직후의 전류, $i_A(\infty)$는 정상상태의 전류이며, 단위는 [mA]이다)

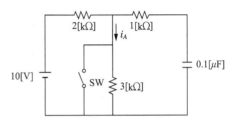

① $i_A(0_-) = 2.0$, $i_A(0_+) = 5.0$, $i_A(\infty) = 5.0$

② $i_A(0_-) = 2.0$, $i_A(0_+) = 5.0$, $i_A(\infty) = 7.5$

③ $i_A(0_-) = 2.0$, $i_A(0_+) = 11.0$, $i_A(\infty) = 5.0$

④ $i_A(0_-) = 5.0$, $i_A(0_+) = 10.0$, $i_A(\infty) = 5.0$

해설

• SW Off 시 ⇒ 초기 전류(C 개방)

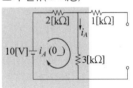

$$i_A(0_-) = \frac{10}{2 \times 10^3 + 3 \times 10^3} = \frac{10}{5 \times 10^3} = 2[\text{mA}]$$

• SW On 시 ⇒ 스위치 닫은 직후의 전류(콘덴서 충전전하에 의한 방전전류 개시)

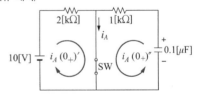

– 스위치를 닫은 직후 전류

$$i_A(0_+)' = \frac{10}{2 \times 10^3} = 5[\text{mA}]$$

– 콘덴서 C 양단 전압(등가회로)

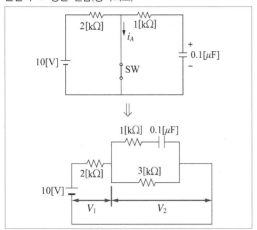

콘덴서 C 양단 전압 = 3[kΩ] 양단 전압이므로

$$V_2 = \frac{3}{2+3} \times 10 = 6[\text{V}]$$

$$i_A(0_+)'' = \frac{V}{1 \times 10^3} = \frac{6}{1 \times 10^3} = 6[\text{mA}]$$

(V = 콘덴서 양단 전압)

$$i_A(0_+) = 5[\text{mA}] + 6[\text{mA}] = 11[\text{mA}]$$

• SW On 시 ⇒ 정상상태 전류(콘덴서 C의 전압 6[V]에서 방전 중)

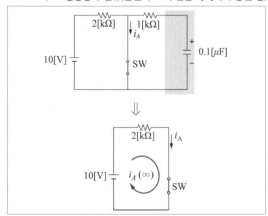

$$i_A(\infty) = \frac{10}{2} = 5[\text{mA}]$$

06 다음의 그림과 같은 주기함수의 전류가 3[Ω]의 부하저항에 공급될 때 평균 전력[W]은?

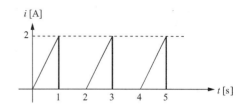

① 1   ② 2
③ 4   ④ 6

해설

삼각파 실효전류

$$I = \sqrt{\frac{1}{T}\int_0^T i^2 dt}\,[\text{A}] = \sqrt{\frac{1}{2}\int_0^1 (2t)^2 dt}\,[\text{A}]$$

$$= \sqrt{\frac{1}{2}\int_0^1 4t^2 dt}\,[\text{A}] = \sqrt{\frac{1}{2}\cdot 4\int_0^1 t^2 dt}\,[\text{A}] = \sqrt{\frac{1}{2}\left[4t^2\right]_0^1}$$

$$= \sqrt{2\cdot\left[\frac{1}{3}t^3\right]_0^1} = \sqrt{\frac{2}{3}(1-0)} = \sqrt{\frac{2}{3}}$$

전력

$$P = I^2 R[\text{W}] = \left(\sqrt{\frac{2}{3}}\right)^2 \cdot 3 = \frac{2}{3} \times 3 = 2[\text{W}]$$

2010년 국가직 전기이론 273

07 다음의 〈회로 A〉 및 〈회로 B〉에서 전압 및 전류의 응답 파형으로 서로 유사한 경향을 보이는 것들끼리 묶은 것은?(단, 회로는 모두 $t = 0$에서 스위치(SW)를 닫으며 초기 조건은 0이다)

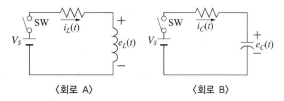

〈회로 A〉 　　　　　 〈회로 B〉

① $i_L(t)$, $e_C(t)$ 　　② $i_L(t)$, $i_C(t)$

③ $e_L(t)$, $e_C(t)$ 　　④ $i_L(t)$, $e_L(t)$

해설

• RL 직렬회로($t = 0$ 시)

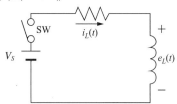

$$i_L(t) = \frac{E}{R}(1 - e^{-\frac{R}{L}t})[\text{A}] = \frac{E}{R}(1 - e^{-0}) = \frac{E}{R}(1 - 1) = 0$$

$$e_R(t) = Ri(t) = E(1 - e^{-\frac{R}{L}t})[\text{V}]$$
$$= E(1 - e^{-0}) = E(1 - 1) = 0$$

$$e_L(t) = E - e_R(t) = E - E(1 - e^{-\frac{R}{L}t}) = E(e^{-\frac{R}{L}t})[\text{V}]$$
$$= E(e^{-0}) = E(1) = E[\text{V}]$$

• RC 직렬회로($t = 0$ 시)

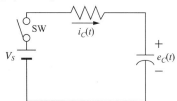

$$i_C(t) = \frac{E}{R}(e^{-\frac{1}{RC}t})[\text{A}] = \frac{E}{R}(e^{-0}) = \frac{E}{R}(1) = \frac{E}{R}$$

$$e_R(t) = Ri(t) = E(e^{-\frac{1}{RC}t})[\text{V}] = E(e^{-0}) = E(1) = E[\text{V}]$$

$$e_C(t) = E - e_R(t) = E - E(e^{-\frac{1}{RC}t}) = E(1 - e^{-\frac{1}{RC}t})[\text{V}]$$
$$= E(1 - e^{-0}) = E(1 - 1) = 0$$

∴ $t = 0$일 때 과도현상의 결과를 상호 비교하면 $i_L(t) = e_C(t)$

※ 2007년 국가직 12번 참조

08 다음의 회로에서 실횻값 100[V]의 전원 v_s를 인가한 경우에 회로주파수와 무관하게 전류 i_s가 전원과 동상이 되도록 하는 $C[\mu\text{F}]$는?(단, $R = 10[\Omega]$, $L = 1[\text{mH}]$이다)

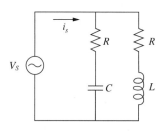

① 5 　　　　　② 10

③ 15 　　　　　④ 20

해설

정저항회로

$$R^2 = \frac{L}{C}, \quad C = \frac{L}{R^2}$$

$$\therefore \quad C = \frac{L}{R^2} = \frac{1 \times 10^{-3}}{(10)^2} = 1 \times 10^{-5}[\text{F}] = 10 \times 10^{-6}[\text{F}]$$
$$= 10[\mu\text{F}]$$

[참고]

정저항회로 유형

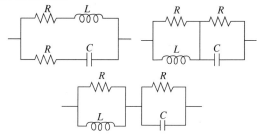

09 권수가 600회인 코일에 3[A]의 전류를 흘렸을 때 10^{-3} [Wb]의 자속이 코일과 쇄교하였다면 인덕턴스[mH] 는?

① 200   ② 300

③ 400   ④ 500

해설

인덕턴스 $LI = N\phi$

$$L = \frac{N\phi}{I} = \frac{600 \times 10^{-3}}{3} = 200 \times 10^{-3}[\text{H}] = 200[\text{mH}]$$

11 전기력선의 성질에 대한 설명으로 옳은 것은?

① 전하가 없는 곳에서 전기력선은 발생, 소멸이 가능하다.

② 전기력선은 그 자신만으로 폐곡선을 이룬다.

③ 전기력선은 도체 내부에 존재한다.

④ 전기력선은 등전위면과 수직이다.

해설

④ 전기력선은 등전위면과 수직이다.

전기력선의 성질

• 도체 표면에 존재(도체 내부에는 없다)

• (+)→(−) 이동

• 등전위면과 수직으로 발산

• 전하가 없는 곳에는 전기력선이 없음(발생, 소멸이 없다)

• 전기력선 자신만으로 폐곡선 이루지 않음

• 전위가 높은 곳에서 낮은 곳으로 이동

• 전기력선은 서로 교차하지 않음

• 전기력선 접선 방향 = 그 점의 전계의 방향

• $Q[\text{C}]$에서 $\dfrac{Q}{\varepsilon_0}$ 개의 전기력선이 나옴

10 다음의 회로에서 역률각(위상각) 표시로 옳은 것은?

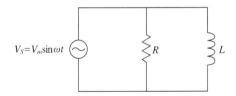

① $\tan^{-1}\left(\dfrac{R^2}{\omega^2 L^2}\right)$

② $\tan^{-1}\left(\dfrac{\omega^2 L^2}{R^2}\right)$

③ $\tan^{-1}\left(\dfrac{\omega L}{R}\right)$

④ $\tan^{-1}\left(\dfrac{R}{\omega L}\right)$

해설

RL 병렬회로 위상차

$$\theta = \tan^{-1}\frac{실수}{허수} = \tan^{-1}\frac{R}{X_L} = \tan^{-1}\frac{R}{\omega L}$$

[참 고]

RL 직렬회로 위상차

$$\theta = \tan^{-1}\frac{허수}{실수}$$

12 2[Ω]과 4[Ω]의 병렬회로 양단에 40[V]를 가했을 때 2[Ω]에서 발생하는 열은 4[Ω]에서 발생하는 열의 몇 배인가?

① 2

② 4

③ $\frac{1}{2}$

④ $\frac{1}{4}$

해설

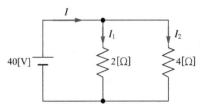

- 합성 저항

$$R = \frac{R_1 \times R_2}{R_1 + R_2} = \frac{2 \times 4}{2 + 4} = \frac{8}{6} = \frac{4}{3}[\Omega]$$

- 전체 전류

$$I = \frac{V}{R} = \frac{40}{\frac{4}{3}} = \frac{120}{4} = 30[A]$$

- 분배 전류

$$I_1 = \frac{R_2}{R_1 + R_2} \times I = \frac{4}{2+4} \times 30 = \frac{120}{6} = 20[A]$$

$$I_2 = \frac{R_1}{R_1 + R_2} \times I = \frac{2}{2+4} \times 30 = \frac{60}{6} = 10[A]$$

- 열량

$$H_1 = I^2 R = (20)^2 \times 2 = 400 \times 2 = 800[cal]$$

$$H_2 = I^2 R = (10)^2 \times 4 = 100 \times 4 = 400[cal]$$

∴ 2[Ω]에서 발생하는 열량은 4[Ω]의 2배가 된다.

13 '폐회로에 시간적으로 변화하는 자속이 쇄교할 때 발생하는 기전력', '도선에 전류가 흐를 때 발생하는 자계의 방향', '자계 중에 전류가 흐르는 도체가 놓여 있을 때 도체에 작용하는 힘의 방향'을 설명하는 법칙들은 각각 무엇인가?

① 암페어의 오른손 법칙, 가우스 법칙, 패러데이의 전자유도 법칙

② 패러데이의 전자유도 법칙, 가우스 법칙, 플레밍의 왼손 법칙

③ 패러데이의 전자유도 법칙, 암페어의 오른손 법칙, 플레밍의 왼손 법칙

④ 패러데이의 전자유도 법칙, 암페어 왼손 법칙, 플레밍의 오른손 법칙

해설

- 패러데이 전자유도 법칙 $v = -N\frac{d\phi}{dt}[V]$

  폐회로에 시간적으로 변화하는 자속이 쇄교할 때 발생하는 기전력

- 암페어의 오른나사 법칙
  도선에 전류가 흐를 때 발생하는 자계의 방향

- 플레밍의 왼손 법칙
  ·자계(B) 중에 전류(I)가 흐르는 도체가 놓여 있을 때 도체에 작용하는 힘(F)의 방향

14 병렬 RLC 공진회로에 대한 설명으로 옳은 것은?

① 공진주파수에서 임피던스가 최솟값을 가지며, 커패시터에 의한 리액턴스와 인덕터에 의한 리액턴스의 값이 다르다.

② 공진주파수에서 임피던스가 최댓값을 가지며, 커패시터에 의한 리액턴스와 인덕터에 의한 리액턴스의 값이 다르다.

③ 공진주파수에서 임피던스가 최솟값을 가지며, 커패시터에 의한 리액턴스와 인덕터에 의한 리액턴스의 값이 같다.

④ 공진주파수에서 임피던스가 최댓값을 가지며, 커패시터에 의한 리액턴스와 인덕터에 의한 리액턴스의 값이 같다.

해설

RLC 병렬 공진회로

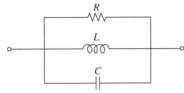

• 어드미턴스

$$Y = \frac{1}{R} + j\left(\omega C - \frac{1}{\omega L}\right)[\mho]$$

허수부 $\left(\omega C - \frac{1}{\omega L}\right) = 0$이므로 $Y = \frac{1}{R}$ 만의 회로(Y는 최소)

• 전 류

$I = YV[\mathrm{A}]$ (Y = 최소이므로 I = 최소)

• Y가 최소이므로 역수인 Z는 최대가 된다.

[참 고]

RLC 직렬 공진회로

• 임피던스

$$Z = R + j\left(\omega L - \frac{1}{\omega C}\right)[\Omega]$$

허수부 $\left(\omega L - \frac{1}{\omega C}\right) = 0$이므로 $Z = R$만의 회로(Z는 최소)

• 전 류

$I = \frac{V}{Z}[\mathrm{A}]$ (Z = 최소이므로 I = 최대)

• Z가 최소이므로 역수인 Y는 최대가 된다.

RLC 직렬 공진회로	RLC 병렬 공진회로
$Z = R + j\left(\omega L - \frac{1}{\omega C}\right)[\Omega]$	$Y = \frac{1}{R} + j\left(\omega C - \frac{1}{\omega L}\right)[\mho]$
• 임피던스 $Z \Downarrow$ • 전류 $I \Uparrow$ • 어드미턴스 $Y \Uparrow$	• 임피던스 $Z \Uparrow$ • 전류 $I \Downarrow$ • 어드미턴스 $Y \Downarrow$
공진주파수 $f = \dfrac{1}{2\pi\sqrt{LC}}[\mathrm{Hz}]$	

15 다음의 회로에 대한 테브난 등가회로를 구하려 한다. a, b단자에서의 테브난 등가전압[V]은?

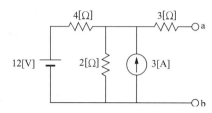

① 4

② 8

③ 12

④ 16

해설

• 테브난 등가저항 R_{TH}(전압원 단락, 전류원 개방)

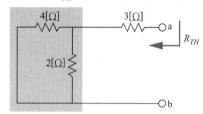

$$R_{TH} = \left(\frac{4 \times 2}{4+2}\right) + 3 = \left(\frac{8}{6}\right) + 3 = \left(\frac{4}{3}\right) + 3 = \frac{13}{3}[\Omega]$$

• 전압원 전류(전류원 개방)

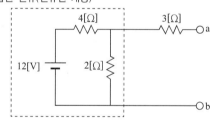

$$I_V = \frac{12}{4+2} = \frac{12}{6} = 2[\text{A}]$$

• 전류원 전류(전압원 단락)

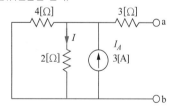

$$I_{2\Omega} = \frac{4}{2+4} \times 3 = \frac{12}{6} = 2[\text{A}]$$

• 전체 전류

I = 전압원 전류 I_V + 전류원 전류 $I_{2[\Omega]} = 2 + 2 = 4[\text{A}]$

• 테브난 등가전압 $V_{ab} = 2[\Omega]$ 양단 전압과 같으므로

∴ $V_{ab} = 4[\text{A}] \times 2[\Omega] = 8[\text{V}]$

[별 해]

전압원과 전류원 전압으로 해석

• 전압원 해석 등가회로(전류원 개방)

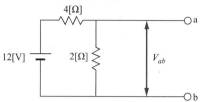

$$V_{ab} = \frac{2}{4+2} \times 12 = \frac{24}{6} = 4[\text{V}]$$

• 전류원 해석 등가회로(전압원 단락)

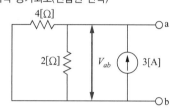

$$V_{ab} = IR = 3 \times \left(\frac{4 \times 2}{4+2}\right) = 3 \times \frac{8}{6} = \frac{24}{6} = 4[\text{V}]$$

∴ 단자 a, b 사이의 전압

$V_{ab} = 4[\text{V}] + 4[\text{V}] = 8[\text{V}]$

[참 고]

3[Ω]에 흐르는 전류

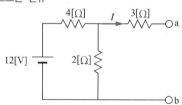

3[Ω]에는 전류 흐르지 않는다(개방단으로 폐회로 구성 안 됨).

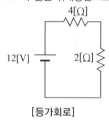

[등가회로]

16 다음의 회로에서 전압 V_o[V]와 전류 I_o[A]는?

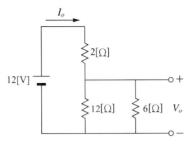

① 8, 1   ② 8, 2

③ 4, 1   ④ 4, 2

해설

• 등가회로 변환 1

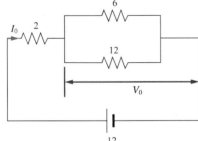

합성 저항 $R = 2 + \left(\dfrac{6 \times 12}{6 + 12} \right) = 2 + \dfrac{72}{18} = 6[\Omega]$

전류 $I_0 = \dfrac{V}{R} = \dfrac{12}{6} = 2[\mathrm{A}]$

• 등가회로 변환 2

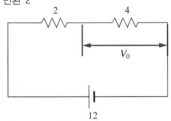

$\therefore \ V_o = \dfrac{4}{2+4} \times 12 = \dfrac{48}{6} = 8[\mathrm{V}]$

17 다음의 회로에서 전류 I[A]는?

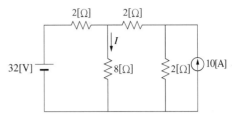

① -1

② 1

③ -3

④ 3

해설

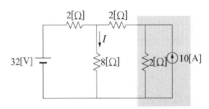

밀만의 정리 : 10[A]와 2[Ω]을 직렬 등가회로로 변경

$r = 2[\Omega]$, $V = IR = 10[\mathrm{A}] \times 2[\Omega] = 20[\mathrm{V}]$

등가회로

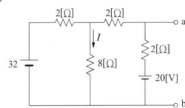

$V_{ab} = \dfrac{\text{각 저항분의 전압}}{\text{각 저항분의 1}} = \dfrac{\dfrac{32}{2} + \dfrac{20}{4}}{\dfrac{1}{2} + \dfrac{1}{8} + \dfrac{1}{4}}$

$= \dfrac{\dfrac{64}{4} + \dfrac{20}{4}}{\dfrac{4}{8} + \dfrac{1}{8} + \dfrac{2}{8}} = \dfrac{\dfrac{84}{4}}{\dfrac{7}{8}} = \dfrac{21 \times 8}{7} = 24[\mathrm{V}]$

등가회로에서 $V_{ab} = 8[\Omega]$ 양단 전압과 같으므로

전류 $I = \dfrac{V_{ab}}{R} = \dfrac{24}{8} = 3[\mathrm{A}]$

[별 해]
키르히호프의 법칙(순환전류법)

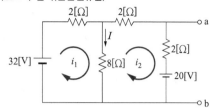

$$\sum IR = \sum E$$
$$32 = 10i_1 - 8i_2$$
$$-20 = 12i_2 - 8i_1$$

행렬식을 이용해 i_1, i_2를 구한다.

$$i_1 = \frac{\begin{bmatrix} 32 & -8 \\ -20 & 12 \end{bmatrix}}{\begin{bmatrix} 10 & -8 \\ -8 & 12 \end{bmatrix}} = \frac{384 - 160}{120 - 64} = \frac{224}{56} = 4[\text{A}]$$

$$i_2 = \frac{\begin{bmatrix} 10 & 32 \\ -8 & -20 \end{bmatrix}}{\begin{bmatrix} 10 & -8 \\ -8 & 12 \end{bmatrix}} = \frac{(-200) - (-256)}{120 - 64} = \frac{56}{56} = 1[\text{A}]$$

$$\therefore \ I = i_1 - i_2 = 4 - 1 = 3[\text{A}]$$

18 다음의 회로에서 $R_1 = 3[\Omega]$, $R_2 = 6[\Omega]$, $R_3 = 5[\Omega]$, $R_4 = 10[\Omega]$일 때 최대 전력을 소모하는 저항은?(단, G 는 검류계이다)

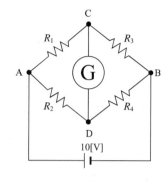

① R_1 ② R_2

③ R_3 ④ R_4

해설
브리지 평형 $R_1 R_4 = R_2 R_3$
$(3 \times 10) = (5 \times 6)$
브리지 평형이므로 검류계(G)에 전류가 흐르지 않는다.

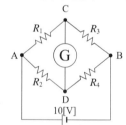

• 등가회로

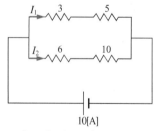

• 합성 저항 $R = \dfrac{(3+5) \times (6+10)}{(3+5) + (6+10)} = \dfrac{8 \times 16}{8 + 16} = \dfrac{128}{24} = \dfrac{16}{3}[\Omega]$

• 전체 전류 $I = \dfrac{V}{R} = \dfrac{10}{\dfrac{16}{3}} = \dfrac{30}{16} = \dfrac{15}{8}[\text{A}]$

• 분배 전류

$$I_1 = \frac{16}{8 + 16} \times I = \frac{16}{24} \times \frac{15}{8} = \frac{30}{24} = \frac{5}{4} = 1.25[\text{A}]$$

$$I_2 = \frac{8}{8 + 16} \times I = \frac{8}{24} \times \frac{15}{8} = \frac{15}{24} = \frac{5}{8} = 0.625[\text{A}]$$

• 각 저항에서의 소비전력

$P = I^2 R[\text{W}]$

$P_{R_1} = I_1^2 R = (1.25)^2 \times 3 = 4.6875[\text{W}]$

$P_{R_2} = I_2^2 R = (0.625)^2 \times 6 = 2.34375[\text{W}]$

$P_{R_3} = I_1^2 R = (1.25)^2 \times 5 = 7.8125[\text{W}]$

$P_{R_4} = I_2^2 R = (0.625)^2 \times 10 = 3.90625[\text{W}]$

∴ $R_3 = 5[\Omega]$ 저항에서 최대 전력을 소모한다.

19 다음의 그림에서 도체는 10[C]의 전하량으로 대전되어 있다. 이때 유전체(유전율 ε[F/m]) 내에서의 전계의 세기[V/m]는?(단, 가장자리에서의 전속의 Fringing Effect는 무시한다)

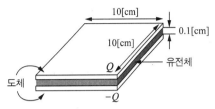

① $0.1/\varepsilon$

② $100/\varepsilon$

③ $1,000/\varepsilon$

④ $2,000/\varepsilon$

해설

• 정전용량

$$C = \frac{\varepsilon S}{d} = \frac{\varepsilon \cdot (0.1 \times 0.1)}{0.1 \times 10^{-2}} = \frac{\varepsilon \cdot (0.01)}{0.1 \times 10^{-2}}$$

$$= \frac{\varepsilon \times 10^{-2}}{1 \times 10^{-3}} = 10\varepsilon[\text{F}]$$

• 전압

$Q = CV$ 에서 $V = \dfrac{Q}{C} = \dfrac{10}{10\varepsilon} = \dfrac{1}{\varepsilon}[\text{V}]$

• 전계의 세기

$$E = \frac{V}{d} = \frac{\dfrac{1}{\varepsilon}}{0.1 \times 10^{-2}} = \frac{\dfrac{1}{\varepsilon}}{1 \times 10^{-3}} = \frac{10^3}{\varepsilon} = \frac{1,000}{\varepsilon}[\text{V/m}]$$

[별 해]

전속밀도 D로 해석

전속밀도 $D = \dfrac{Q}{A} = \varepsilon E[\text{C/m}^2]$

면적 $A = S$라 두면 $\dfrac{Q}{S} = \varepsilon E$ 에서

$$E = \frac{Q}{\varepsilon S} = \frac{10}{\varepsilon \times 0.1 \times 0.1} = \frac{10 \times 10^2}{\varepsilon} = \frac{1,000}{\varepsilon}[\text{V/m}]$$

[참 고]

프린징 효과(Fringing Effect)

전자석 내부 자속이 공기 중으로 나오면서 휘어지거나 퍼지는 현상

20 내구의 반지름이 a[m], 외구의 반지름이 b[m]인 동심 구형 콘덴서에서 내구의 반지름과 외구의 반지름을 각각 $2a$[m], $2b$[m]로 증가시키면 구형 콘덴서의 정전용량은 몇 배로 되는가?

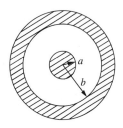

① 1

② 2

③ 4

④ 8

해설

동심구체 정전용량 $C = \dfrac{4\pi\varepsilon_0 \cdot ab}{b-a}$[F]

$a = 2a$, $b = 2b$를 대입하면

$C' = \dfrac{4\pi\varepsilon_0 \cdot 2a2b}{2b-2a} = \dfrac{4\pi\varepsilon_0 \cdot 4ab}{2(b-a)} = \dfrac{4\pi\varepsilon_0 \cdot 2ab}{(b-a)} = 2C$

∴ 2배가 된다.

2011년 국가직 전기이론

01 다음 설명 중 옳은 것은?

① 평형 3상 회로는 3개의 단상회로로 대표할 수 있으므로 3상 유효전력은 단상회로 유효전력의 $\sqrt{3}$ 배이다.

② 3상 유효전력 $P = \sqrt{3}\,VI\cos\theta$ 에서 전압 V 와 전류 I 는 선간전압 및 선전류를 의미한다.

③ 복소전력은 $S = P + jQ = \dot{V}\dot{I}$ (P, Q는 유효전력 및 무효전력이고 $\dot{V}$, $\dot{I}$ 는 전압, 전류의 페이저)로 계산된다.

④ 평형 Y부하에 대해 상전압 V_P 와 선간전압 V_L 의 관계는 $V_L = \sqrt{3}\,V_P \angle -30°$ 이다.

해설

② 3상 전력 $P = \sqrt{3}\,V_l I_l \cos\theta\,[\text{kW}]$

① 3상 유효전력은 단상 유효전력의 3배

③ 복소전력 $S = P + jQ = V\bar{I}$

④ $V_l = \sqrt{3}\,V_p \angle 30°$

02 어떤 전지에 접속된 외부회로의 부하저항은 5[Ω]이고 이때 전류는 8[A]가 흐른다. 외부회로에 5[Ω] 대신 15[Ω]의 부하저항을 접속하면 전류는 4[A]로 변할 때, 전지의 기전력[V] 및 내부저항[Ω]은?

① 80, 5

② 40, 10

③ 80, 10

④ 40, 5

해설

등가회로 1

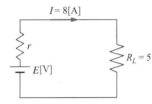

전류 $I = \dfrac{E}{r + R_L}\,[\text{A}]$

$\therefore E = I(r + R_L) = 8 \times (r + 5) = 8r + 40\,[\text{V}]$

등가회로 2

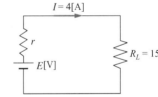

전류 $I = \dfrac{E}{r + R_L}\,[\text{A}]$

$\therefore E' = I(r + R_L) = 4 \times (r + 15) = 4r + 60\,[\text{V}]$

$E = E'$ 라 두면

$8r + 40 = 4r + 60$

$4r = 20$

$r = \dfrac{20}{4} = 5\,[\Omega]$

기전력 $E = I(r + R_L) = 8 \times (5 + 5) = 8 \times 10 = 80\,[\text{V}]$

03 다음 그림과 같이 평행한 무한장 직선 도선에 각각 I [A], $8I$[A]의 전류가 흐른다. 두 도선 사이의 점 P에서 측정한 자계의 세기가 0[V/m]이라면 $\dfrac{b}{a}$는?

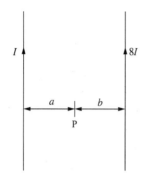

① $\dfrac{1}{8\pi}$

② $\dfrac{1}{8}$

③ 8π

④ 8

해설

• a점에서의 자계의 세기

$H = \dfrac{I}{2\pi r}$, $I=1$, $r=a$ 대입

$= \dfrac{1}{2\pi a}$

• b점에서의 자계의 세기

$H' = \dfrac{I}{2\pi r}$, $I=8$, $r=b$ 대입

$= \dfrac{8}{2\pi b}$

$H = H'$라 두면 $\dfrac{1}{2\pi a} = \dfrac{8}{2\pi b}$, $\dfrac{1}{a} = \dfrac{8}{b}$

$\therefore \dfrac{b}{a} = 8$

04 다음 그림에서 자속밀도 $B = 10[\text{Wb/m}^2]$에 수직으로 길이 20[cm]인 도체가 속도 $v = 10[\text{m/s}]$로 화살표 방향(도체와 직각 방향)으로 레일과 같은 도체 위를 움직이고 있다. 이때 단자 a, b에 연결된 저항 2[Ω]에서 소비되는 전력 P[W]는?

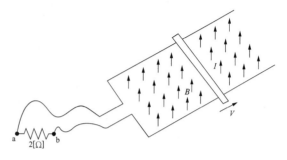

① 50

② 100

③ 200

④ 400

해설

유기기전력

$e = Blv\sin\theta[\text{V}]$

$= 10 \times 0.2 \times 10 \times \sin 90°(\sin 90° = 1)$

$= 10 \times 0.2 \times 10 \times 1 = 20[\text{V}]$

전력

$P = \dfrac{V^2}{R} = \dfrac{(20)^2}{2} = \dfrac{400}{2} = 200[\text{W}]$

05 2[μF]의 평행판 공기 콘덴서가 있다. 다음 그림과 같이 전극 사이에 그 간격의 절반 두께의 유리판을 넣을 때 콘덴서의 정전용량[μF]은?(단, 유리판의 유전율은 공기의 유전율의 9배라 가정한다)

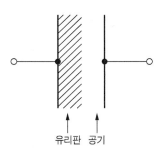

유리판 공기

① 1.0
② 3.6
③ 4.0
④ 5.4

해설

평행판 콘덴서 전극 사이에 유리판 삽입 : 콘덴서 직렬구조

- 공기 $C = \dfrac{\varepsilon S}{d}$에서 $d = \dfrac{1}{2}$

$$= \dfrac{\varepsilon S}{\frac{1}{2}d} = \dfrac{\varepsilon S}{d} \cdot 2$$

C는 2배의 용량이 된다.

$$\therefore C_0 = 2 \times C = 2 \times 2[\mu F] = 4[\mu F]$$

- 유리판 $C = \dfrac{\varepsilon S}{d}$에서 $d = \dfrac{1}{2}$, $\varepsilon = 9\varepsilon$

$$= \dfrac{9\varepsilon S}{\frac{1}{2}d} = \dfrac{\varepsilon S}{d} \cdot 18$$

C는 18배의 용량이 된다.

$$\therefore C_0 = 18 \times C = 18 \times 2[\mu F] = 36[\mu F]$$

등가회로

4[μF]   36[μF]

$$\therefore C_0 = \dfrac{4 \times 36}{4 + 36} = \dfrac{144}{40} = 3.6[\mu F]$$

06 다음 그림의 회로에서 전류 I_1, I_2, I_3의 크기 관계로 옳은 것은?

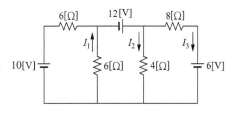

① $I_1 > I_2 > I_3$
② $I_2 > I_1 > I_3$
③ $I_2 > I_3 > I_1$
④ $I_1 > I_3 > I_2$

해설

절점방정식 해석

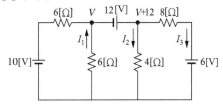

각 점에 대한 전류

$$I = \dfrac{10-V}{6} + \boxed{\dfrac{0-V}{6}}_{I_1} - \boxed{\dfrac{V+12}{4}}_{I_2} - \boxed{\dfrac{(V+12)-6}{8}}_{I_3} = 0$$

$$\dfrac{10-2V}{6} = \dfrac{2V+24+V+6}{8}$$

$$\dfrac{10-2V}{6} = \dfrac{3V+30}{8}$$

$$80 - 16V = 18V + 180$$

$$34V = 80 - 180$$

$$V = -\dfrac{100}{34} = -2.941 ≒ -2.94[V]$$

$$I_1 = \dfrac{0-V}{6} = \dfrac{0-(-2.94)}{6} = \dfrac{2.94}{6} = 0.49[A]$$

$$I_2 = \dfrac{V+12}{4} = \dfrac{-2.94+12}{4} = \dfrac{9.06}{4} = 2.265[A]$$

$$I_3 = \dfrac{V+6}{8} = \dfrac{-2.94+6}{8} = \dfrac{3.06}{8} = 0.3825[A]$$

$$\therefore I_2 > I_1 > I_3$$

[별 해]
키르히호프의 법칙(순환전류법)

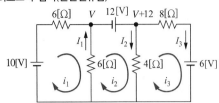

- $\sum I = 0$

$$I_1 = -i_1 + i_2 = (i_2 - i_1)$$
$$I_2 = i_2 - i_3$$
$$I_3 = i_3$$

- $\sum IR = \sum E$

$$10[\text{V}] = 12i_1 - 6i_2$$
$$12[\text{V}] = 10i_2 - 6i_1 - 4i_3$$
$$-6[\text{V}] = 12i_3 - 4i_2$$

$$i_1 = \frac{\begin{bmatrix} 10 & -6 & 0 \\ 12 & 10 & -4 \\ -6 & -4 & 12 \end{bmatrix}}{\begin{bmatrix} 12 & -6 & 0 \\ -6 & 10 & -4 \\ 0 & -4 & 12 \end{bmatrix}} = \frac{(1,200-144)-(160-864)}{(1,440)-(192+432)}$$

$$= \frac{1,760}{816} = 2.156[\text{A}]$$

$$i_2 = \frac{\begin{bmatrix} 12 & 10 & 0 \\ -6 & 12 & -4 \\ 0 & -6 & 12 \end{bmatrix}}{\begin{bmatrix} 12 & -6 & 0 \\ -6 & 10 & -4 \\ 0 & -4 & 12 \end{bmatrix}} = \frac{(1,728)-(288-720)}{(1,440)-(192+432)}$$

$$= \frac{2,160}{816} = 2.647[\text{A}]$$

$$i_3 = \frac{\begin{bmatrix} 12 & -6 & 10 \\ -6 & 10 & 12 \\ 0 & -4 & -6 \end{bmatrix}}{\begin{bmatrix} 12 & -6 & 0 \\ -6 & 10 & -4 \\ 0 & -4 & 12 \end{bmatrix}} = \frac{(-720+240)-(-576-216)}{(1,440)-(192+432)}$$

$$= \frac{312}{816} = 0.382[\text{A}]$$

$$I_1 = i_2 - i_1 = (2.647 - 2.156) \fallingdotseq 0.49[\text{A}]$$
$$I_2 = i_2 - i_3 = (2.647 - 0.382) \fallingdotseq 2.26[\text{A}]$$
$$I_3 = i_3 \fallingdotseq 0.38[\text{A}]$$

※ 키르히호프의 법칙으로 계산하면 수식 계산이 다소 복잡하다.

07 다음 그림과 같은 회로에 교류전압을 인가하여 전류 I 가 최소로 될 때, 리액턴스 $X_c[\Omega]$는?

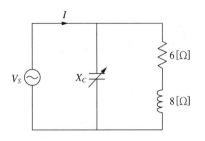

① 8.5   ② 10.5
③ 12.5   ④ 14.5

해설

어드미턴스

$$Y = \frac{R}{R^2 + (\omega L)^2} + j\left(\omega C - \frac{\omega L}{R^2 + (\omega L)^2}\right)[\text{℧}]$$

X_c를 구하기 위해 허수부를 0으로 두면

$$\omega C - \frac{\omega L}{R^2 + (\omega L)^2} = 0$$

$$\omega C = \frac{\omega L}{R^2 + (\omega L)^2}$$

$$\frac{1}{X_c} = \frac{\omega L}{R^2 + (\omega L)^2} = \frac{8}{(6)^2 + (8)^2}$$

$$X_c = \frac{(6)^2 + (8)^2}{8} = \frac{100}{8} = 12.5[\Omega]$$

[참 고]
공진회로

RLC 직렬 공진회로	RLC 병렬 공진회로
![직렬회로] R L C	![병렬회로] R L C
$Z = R + j\left(\omega L - \dfrac{1}{\omega C}\right)[\Omega]$	$Y = \dfrac{1}{R} + j\left(\omega C - \dfrac{1}{\omega L}\right)[\text{℧}]$
• 임피던스 $Z \Downarrow$	• 임피던스 $Z \Uparrow$
• 전류 $I \Uparrow$	• 전류 $I \Downarrow$
• 어드미턴스 $Y \Uparrow$	• 어드미턴스 $Y \Downarrow$
공진주파수 $f = \dfrac{1}{2\pi\sqrt{LC}}[\text{Hz}]$	

08 다음 그림과 같은 RLC 직렬회로에서 회로의 역률 및 기전력 V_s[V]는?

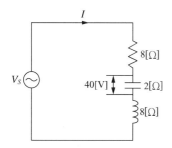

① 0.6, 360
② 0.8, 200
③ 0.6, 200
④ 0.8, 360

해설

• 임피던스
$Z = 8 - j2 + j8 = 8 + j6$
$|Z| = \sqrt{(8)^2 + (6)^2} = \sqrt{100} = 10[\Omega]$

• 역률
$\cos\theta = \dfrac{실수}{|Z|} = \dfrac{8}{10} = 0.8$

• C에서의 전류
$I_c = \dfrac{V}{X_c} = \dfrac{40}{2} = 20[A]$

∴ 직렬회로에서 전류는 같으므로
$V_s = I_c Z[V] = 20 \times 10 = 200[V]$

09 다음 그림의 회로에서 a, b 단자에서의 테브난(Thevenin) 등가저항 R_{th}[kΩ]과 개방전압 V_{oc}[V]는?

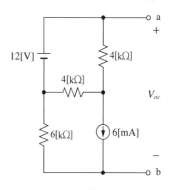

① 6, −24
② 8, −24
③ 6, 48
④ 8, −48

해설

• 테브난 등가저항 R_{TH}[kΩ] : 전압원 단락, 전류원 개방
  등가회로

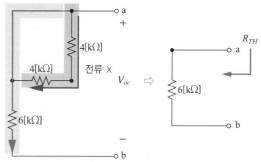

단자 ab에서 바라보았을 때 좌측 상단 부분 단락이므로 $4[k\Omega]$과 $4[k\Omega]$ 사이는 전류가 흐르지 않는다.
∴ $R_{TH} = 6[k\Omega]$

• 개방 전압 V_{oc}
  − 전압원 작용 시 : 전류원 개방
  등가회로

4[kΩ]과 4[kΩ] 사이는 폐회로 구성이 안 되므로 전류가 흐르
지 않는다(소거상태).

$V_{oc} = 12[V]$

– 전류원 작용 시 : 전압원 단락
  등가회로
  단락상태

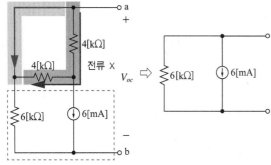

$V = IR$(전압원과 전류흐름 반대)

$= -(6 \times 10^{-3} \times 6 \times 10^3) = -36[V]$

$\therefore V_{oc} =$ 전압원 전압 + 전류원 전압 $= 12 + (-36) = -24[V]$

10 다음 그림과 같이 평형 △결선된 3상 전원회로에 평형
Y결선으로 각 상의 임피던스 $Z_Y = \sqrt{3} + j1[\Omega]$인 부하
가 연결되어 있다. 이때 선전류 $i_c[A]$는?

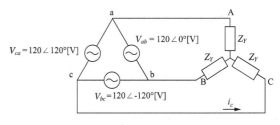

① $30 \angle 60°$ ② $30 \angle 90°$

③ $\dfrac{60}{\sqrt{3}} \angle 60°$ ④ $\dfrac{60}{\sqrt{3}} \angle 90°$

해설

Y → △ 변환(3Y)

• 임피던스

$Z = (\sqrt{3} + j1) \cdot 3 = 3\sqrt{3} + j3$

$|Z| = \sqrt{(3\sqrt{3})^2 + (3)^2} = \sqrt{27 + 9} = \sqrt{36} = 6[\Omega]$

• 위상차

$\theta = \tan^{-1}\dfrac{허수}{실수} = \tan^{-1}\dfrac{3}{3\sqrt{3}} = \tan^{-1}\dfrac{1}{\sqrt{3}} = 30°$

$\therefore Z = 6 \angle 30°$

• 등가회로 및 상전류

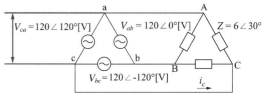

상전류 $I_p = \dfrac{V_{ca}}{Z} = \dfrac{120 \angle 120°}{6 \angle 30°} = 20 \angle 90°$

$\therefore$ △결선의 I_c는 선전류이므로($I_l = I_c$)

선전류 $I_l = \sqrt{3}\, I_p \angle -30° = \sqrt{3}\; 20 \angle 90° \angle -30°$

$= 20\sqrt{3} \angle 90° - 30° = 20\sqrt{3} \angle 60°$

주어진 보기에서 $I_l = 20\sqrt{3} \angle 60°$와 같은 답이 없으므로 다음과
같이 답을 찾는다.

$\sqrt{3} = \dfrac{3}{\sqrt{3}}$ 과 같으므로

$I_l = 20\sqrt{3} \angle 60° = 20\dfrac{3}{\sqrt{3}} \angle 60° = \dfrac{60}{\sqrt{3}} \angle 60°$

11 다음 그림의 회로에서 4[Ω]에 소비되는 전력이 100[W] 이다. R_1, R_2에 흐르는 전류의 크기가 1 : 2의 비율이라면 저항 $R_1[\Omega]$, $R_2[\Omega]$는?

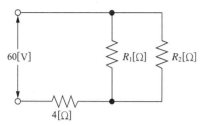

① 6, 3
② 8, 4
③ 16, 8
④ 24, 12

해설

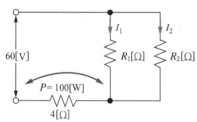

$P=I^2R[\text{W}]$에서 전류 $I^2=\dfrac{P}{R}$

$\therefore\ I=\sqrt{\dfrac{P}{R}}=\sqrt{\dfrac{100}{4}}=\sqrt{25}=5[\text{A}]$

합성 저항

$R=\dfrac{V}{I}=\dfrac{60}{5}=12[\Omega]$

$R=4+\left(\dfrac{R_1\times R_2}{R_1+R_2}\right)$, $x=\left(\dfrac{R_1\times R_2}{R_1+R_2}\right)$라 두면

$12=4+x$

$\therefore\ x=8[\Omega]$

$8=\left(\dfrac{R_1\times R_2}{R_1+R_2}\right)$

만족하는 해는 다음과 같다.

$R_1=12[\Omega]$, $R_2=24[\Omega]$

$R_1=24[\Omega]$, $R_2=12[\Omega]$

전류비가 1 : 2이므로 저항비는 2 : 1이다$\left(I\propto\dfrac{1}{R}\right)$. 즉, $I_2>I_1$이므로 $R_2<R_1$이어야 조건을 충족한다.

$\therefore\ R_1=24[\Omega]$, $R_2=12[\Omega]$

12 RL 직렬부하에 전원이 연결되어 있다. 저항 R과 인덕턴스 L이 일정한 상태에서 전원의 주파수가 높아지면 역률과 소비전력은 어떻게 되는가?

① 역률과 소비전력 모두 감소한다.
② 역률과 소비전력 모두 증가한다.
③ 역률은 증가하고 소비전력은 감소한다.
④ 역률과 소비전력은 변하지 않는다.

해설

RL 직렬회로

• 임피던스 $Z=R+j\omega L[\Omega]$
• 유도리액턴스 X_L과 주파수 f 관계 : $X_L=\omega L=2\pi fL[\Omega]$

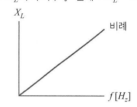

• 역률 $\cos\theta=\dfrac{\text{실수}}{|Z|}$
• 주파수 f 증가 $\Rightarrow$ 유도리액턴스 X_L 증가$(X_L\propto f)$
　　　　　　　　 $\Rightarrow$ 임피던스 Z 증가$(Z\propto\omega L)$
　　　　　　　　 $\Rightarrow$ 역률 $\cos\theta$ 감소$\left(\cos\theta\propto\dfrac{1}{Z}\right)$
• 전력 $P=VI\cos\theta[\text{W}]$
• 주파수 f 증가 $\Rightarrow$ 역률 $\cos\theta$ 감소$\left(\cos\theta\propto\dfrac{1}{Z}\right)$
　　　　　　　　 $\Rightarrow$ 전력 P 감소

13 다음 그림의 파형에 대한 설명 중 옳지 않은 것은?

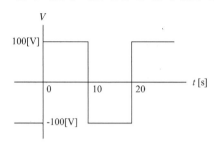

① 파형의 각속도 $\omega = 0.1\pi[\text{rad/s}]$이다.

② 파고율이 파형률보다 크다.

③ 평균치 전압은 $100[\text{V}]$이다.

④ 실효치 전압은 최대치 전압과 같다.

해설
구형파

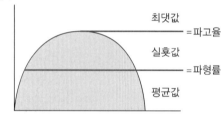

파고율 $= \dfrac{\text{최댓값}}{\text{실횻값}} = \dfrac{V_m}{V} = 1$

파형률 $= \dfrac{\text{실횻값}}{\text{평균값}} = \dfrac{V}{V_{av}} = 1$

② 파고율 = 파형률

① 주기 $T = 20[\text{s}]$, $\omega = 2\pi f = 2\pi \dfrac{1}{T} = \dfrac{2\pi}{20} = \dfrac{\pi}{10} = 0.1\pi[\text{rad/s}]$

③ 평균값 = 최댓값 $= 100[\text{V}]$

④ 실횻값 = 최댓값

[참 고]
구형파 ≠ 구형 반파

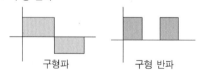

14 전위함수가 $V = 3x + 2y^2[\text{V}]$로 주어질 때 점(2, −1, 3)에서 전계의 세기[V/m]는?

① 5

② 6

③ 8

④ 12

해설

$E = -\nabla V$

$\quad = -\left(\dfrac{\partial}{\partial x}i + \dfrac{\partial}{\partial y}j + \dfrac{\partial}{\partial z}k\right)(3x + 2y^2)$

$\quad = -\left(\dfrac{\partial(3x + 2y^2)}{\partial x}i + \dfrac{\partial(3x + 2y^2)}{\partial y}j + \dfrac{\partial(3x + 2y^2)}{\partial z}k\right)$

$\quad = -(3i + 4yj + 0)$, $(x = 2, \ y = -1, \ z = 3)$ 대입

$\quad = -(3i + (4 \times -1)j)$

$\quad = -3i + 4j$

$\therefore \ |E| = \sqrt{(3)^2 + (4)^2} = 5[\text{V/m}]$

15 다음 그림의 회로에서 최대 전력이 공급되는 부하 임피던스 $Z_L[\Omega]$은?

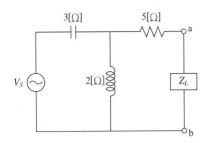

① $5+j6$

② $5-j6$

③ $5+j\dfrac{6}{5}$

④ $5-j\dfrac{6}{5}$

해설

테브난 등가저항 Z_{TH} : 전압원 단락, 부하저항 Z_L 개방

등가회로

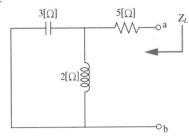

$$Z_{TH} = \frac{(-j3)\cdot(j2)}{(-j3)+(j2)}+5 = \frac{6}{-j}+5 = 5+j6$$

$\therefore \; Z_{TH} = \overline{Z_L}$ 이므로 부하 임피던스 $Z_L = 5-j6[\Omega]$

16 저항 $R=3[\Omega]$, 유도리액턴스 $X_L=4[\Omega]$가 직렬연결된 부하를 Y결선하고 여기에 선간전압 200[V]의 3상 평형전압을 인가했을 때 3상 전력[kW]은?

① 4.8

② 6.4

③ 8.0

④ 8.4

해설

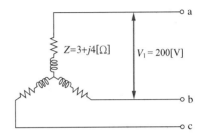

임피던스

$$Z = R+jX_L[\Omega] = \sqrt{(3)^2+(4)^2} = \sqrt{25} = 5[\Omega]$$

3상 전력

$$P = 3I^2 R[\text{kW}] = 3\times\left(\frac{\dfrac{V_l}{\sqrt{3}}}{|Z|}\right)^2 \times 3$$

$$= 3\times\left(\frac{\dfrac{200}{\sqrt{3}}}{5}\right)^2\times 3 = 9\times\left(\frac{200}{5\sqrt{3}}\right)^2$$

$$= 9\times\frac{40,000}{25\times3} = \frac{120,000}{25} = 4,800[\text{W}] = 4.8[\text{kW}]$$

17 다음 그림의 회로에서 스위치(SW_2)가 충분한 시간 동안 열려 있다. $t=0$인 순간 동시에 스위치(SW_1)를 열고, 스위치(SW_2)를 닫을 경우 전류 $i_o(0_+)$[mA]는?(단, $i_o(0_+)$는 스위치(SW_2)가 닫힌 직후의 전류이다)

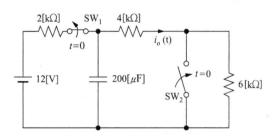

① 2

② 1

③ 1.2

④ 2.5

해설

• $SW_1 = On$, $SW_2 = Off$ 시 : L 단락, 콘덴서 C 개방

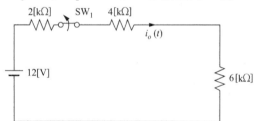

$R = 2 + 4 + 6 = 12[k\Omega]$

$I = \dfrac{V}{R} = \dfrac{12}{12 \times 10^3} = 1[mA]$

• 콘덴서 양단에 걸리는 전압 : $4[k\Omega]$와 $6[k\Omega]$ 양단 전압과 같다. 등가회로

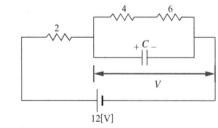

$V = \dfrac{(4+6)}{(4+6)+2} \times 12 = \dfrac{10}{12} \times 12 = 10[V]$

즉, 콘덴서 양단에는 $10[V]$가 걸린다.

• $SW_1 = Off$, $SW_2 = On$ 시 : L 단락, 콘덴서 C 개방

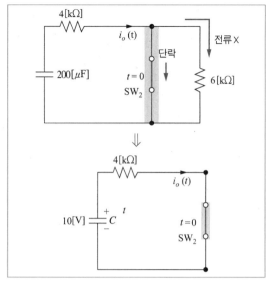

$\therefore \ i_o(0_+) = \dfrac{V}{R} = \dfrac{10}{4 \times 10^3} = 2.5[mA]$

18 다음 그림의 회로에서 $t = 0$의 시점에 스위치(SW)를 닫았다. 커패시터 전압이 최종값의 63.2[%]에 도달하는 데 걸리는 시간[μs] 및 이 때의 전류 I[A]는?(단, R = 2[Ω], C = 100[μF], E = 100[V], e^{-1} = 0.368이다)

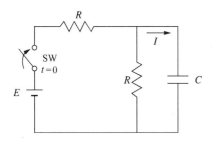

① 50, 63.2

② 100, 36.8

③ 50, 36.8

④ 100, 18.4

해설

테브난 등가저항 R_{TH}[kΩ] : 전압원 단락, 전류원 개방

• 등가회로

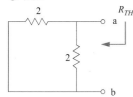

$$\therefore\ R_{TH} = \frac{2 \times 2}{2+2} = \frac{4}{4} = 1[\Omega]$$

V_{TH} 구하기

• 등가회로

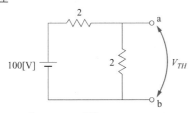

$$\therefore\ V_{TH} = \frac{2}{2+2} \times 100 = \frac{200}{4} = 50[V]$$

• RC 직렬 등가회로

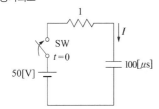

• 과도전류

$$i_c(t) = \frac{E}{R}(e^{-\frac{1}{RC}t})[A]$$

$$= \frac{50}{1}(e^{-\frac{1}{RC}t}),\ t\text{에 } RC\text{를 대입}$$

$$= 50(e^{-1}),\ e^{-1} = 0.368 \ \text{대입}$$

$$= 50 \times 0.368 = 18.4[A]$$

• 시정수

$$\tau = RC[\mu s] = 1 \times 100 \times 10^{-6} = 100[\mu s]$$

19 다음 그림의 회로에서 열려 있던 스위치(SW)를 닫을 때 저항 2[Ω],에서 일어나는 변화 중 옳은 것은?

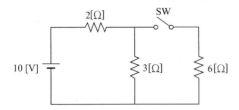

① 2[Ω]의 저항은 1[Ω] 증가한다.
② 2[Ω]을 흐르는 전류는 1.5[A] 증가한다.
③ 2[Ω]에서 소비되는 전력은 4.5[W] 증가한다.
④ 2[Ω] 양단의 전압은 4[V] 증가한다.

해설

SW 닫기 전 등가회로 해석

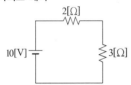

- $R = 2 + 3 = 5[\Omega]$
- $I = \dfrac{V}{R} = \dfrac{10}{5} = 2[A]$
- $V_{2[\Omega]} = \dfrac{2}{2+3} \times 10 = \dfrac{20}{5} = 4[V]$
- $P = I^2 R = (2)^2 \times 2 = 8[W]$

SW 닫은 후 등가회로 해석

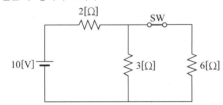

- $R = 2 + \left(\dfrac{3 \times 6}{3+6} \right) = 2 + 2 = 4[\Omega]$
- $I = \dfrac{V}{R} = \dfrac{10}{4} = 2.5[A]$
- $V_{2[\Omega]} = \dfrac{2}{2+2} \times 10 = \dfrac{20}{4} = 5[V]$
- $P = I^2 R = (2.5)^2 \times 2 = 6.25 \times 2 = 12.5[W]$

∴ 스위치 닫은 후와 닫기 전을 비교하면
전류 0.5[A] 증가(2.5[A] vs 2[A])
전압 1[V] 증가(5[V] vs 4[V])
전력 4.5[W] 증가(12.5[W] vs 8[W])

20 다음 그림과 같이 부하 $Z = 3 + j6$가 △접속되어 있는 회로에서 a-b간 전압이 180[V]이다. 선전류 $i_a = 20\sqrt{3}$[A]가 흐른다면 선로저항 $r[\Omega]$은?

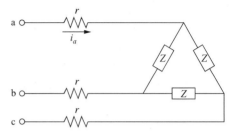

① $\sqrt{2} - 1$　　　　② $\sqrt{3} + 1$
③ $\sqrt{5} - 1$　　　　④ $\sqrt{7} + 1$

해설

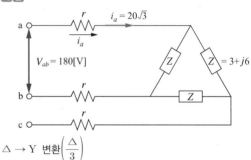

△ → Y 변환 $\left(\dfrac{\triangle}{3} \right)$

- 임피던스 $Z = \dfrac{3 + j6}{3} = 1 + j2[\Omega]$

- 등가회로

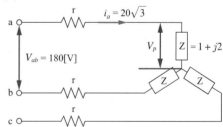

- 1상당 임피던스 $Z = \dfrac{V_p}{i_a} = \dfrac{\left(\dfrac{180}{\sqrt{3}} \right)}{20\sqrt{3}} = \dfrac{180}{20 \times 3} = 3[\Omega]$

$Z = r + (1 + j2)[\Omega]$

$|Z| = \sqrt{(r+1)^2 + (2)^2}$, $Z = 3$ 대입

$3 = \sqrt{(r+1)^2 + (2)^2}$, 양변제곱

$9 = (r+1)^2 + (2)^2$

$5 = (r+1)^2$

$r + 1 = \sqrt{5}$

∴ $r = \sqrt{5} - 1$

2012년 국가직 전기이론

01 다음 회로는 저항과 축전기로 구성되어 있다. 직류전압을 인가하고 충분한 시간이 지난 후 $R = 100[\Omega]$에 흐르는 전류 $I[A]$는?

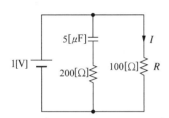

① 0.0001

② 0.001

③ 0.01

④ 0.1

해설

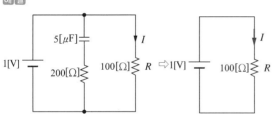

직류전원 인가 시 충분한 시간 흐른 후 C : 개방상태

∴ $100[\Omega]$에 흐르는 전류 $I = \dfrac{V}{R} = \dfrac{1}{100} = 0.01[A]$

02 다음 회로에 표시된 테브난 등가저항$[\Omega]$은?

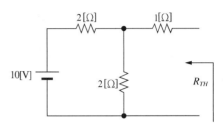

① 1

② 1.5

③ 2

④ 3

해설

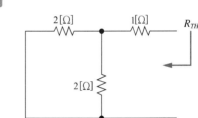

테브난 등가저항 : 전압원 단락, 전류원 개방

$R_{TH} = \left(\dfrac{2 \times 2}{2+2} \right) + 1 = 1 + 1 = 2[\Omega]$

03 다음 회로에서 충분한 시간이 지난 후 2개의 인덕터에 저장된 에너지의 합[mJ]은?

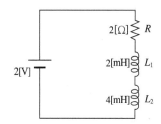

① 0
② 3
③ 6
④ 8

해설

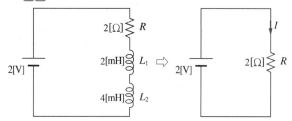

- 직류전원 인가 시 충분한 시간 흐른 후 L : 단락상태
- 전류 $I = \dfrac{V}{R} = \dfrac{2}{2} = 1[\mathrm{A}]$
- 인덕터에 저장되는 에너지

$$W = \frac{1}{2}LI^2 = \frac{1}{2} \times ((2+4) \times 10^{-3}) \times (1)^2 = 3 \times 10^{-3}[\mathrm{J}]$$
$$= 3[\mathrm{mJ}]$$

04 다음 회로에서 9[A]의 전류원이 회로에서 추출해 가는 전력[W]은?

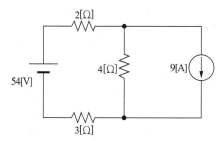

① 24
② 36
③ 48
④ 60

해설

- 중첩의 원리
- 전압원 적용 시 : 전류원 개방

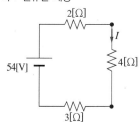

$$I_V = \frac{54}{2+4+3} = \frac{54}{9} = 6[\mathrm{A}]$$
∴ $4[\Omega]$에 흐르는 전류 $= 6[\mathrm{A}]$

- 전류원 적용 시 : 전압원 단락

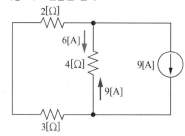

$I_A = 9 - 6 = 3[\mathrm{A}]$
∴ $4[\Omega]$에 최종 흐르는 전류 $= 3[\mathrm{A}]$
- 9[A] 전류원에서의 전력($4[\Omega]$ 양단의 소비전력)
$$P = I^2 R[\mathrm{W}] = (3)^2 \times 4 = 9 \times 4 = 36[\mathrm{W}]$$

[별 해]

분배되는 전류로 해석($\Sigma I = 0$)

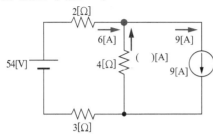

전류($\Sigma I = 0$)

$6 + x = 9$

$\therefore \ x = 3$

그림에서 9[A] 전원이 되려면 3[A]가 더 필요하다.

그러므로 전력 $P = I^2 R[\text{W}] = (3)^2 \times 4 = 9 \times 4 = 36[\text{W}]$

---

05 다음 그림과 같은 자기부상열차의 전자석이 발생시키는 부상력 F[N]는?(단, 공극에 저장된 자기에너지는 자속밀도 B, 공기투자율 μ_0, 전자석의 단면적 S, 공극길이 g 등의 관계식으로 결정된다)

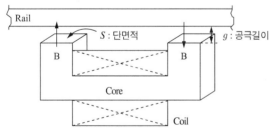

① $F = \dfrac{B^2}{\mu_0} S$

② $F = \dfrac{B^2}{\mu_0 g} S$

③ $F = \dfrac{\mu_0 B^2}{g} S$

④ $F = \dfrac{gB^2}{S\mu_0}$

해설

자기 흡인력(부상력) 힘

$F = \dfrac{1}{2} \cdot \dfrac{B^2}{\mu_0} \cdot S[\text{N}]$, $S = 2$곳이므로

$= \dfrac{1}{2} \times \dfrac{B^2}{\mu_0} \times 2S = \dfrac{B^2 S}{\mu_0}[\text{N}]$

---

06 다음과 같은 토러스형 자성체를 갖는 자기회로에 코일을 110회 감고 1[A]의 전류를 흘릴 때, 공극에서 발생하는 기자력[AT/m] 강하는?(단, 이때 자성체의 비투자율 μ_{r1}은 990이고, 공극 내의 비투자율 μ_{r2}는 1이다. 자성체와 공극의 단면적은 1[cm²]이고, 공극을 포함한 자로 전체 길이 L_c는 1[m], 공극의 길이 L_g는 1[cm]이다. 누설자속 및 공극 주위의 플린징 효과는 무시한다)

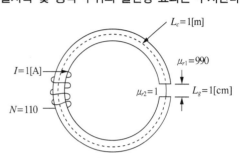

① 0

② 10

③ 100

④ 110

해설

• 기자력 $F = NI[\text{A}] = 110 \times 1 = 110[\text{AT/m}]$

• 공극의 기자력

$F_g = NI = \phi_m R_m, \ F = \phi_m R_m$

$\therefore \ F_g \propto R_m$

$F_g = R_m F, \ R_m = \dfrac{R_g}{R + R_g}$

$\dfrac{R_g}{R} = 1 + \left(\dfrac{L_g}{L_c} \times \mu_{r1} \right) = 1 + \left(\dfrac{0.01}{1} \times 990 \right) = 10.9[\Omega]$

$\therefore \ R_g = 10.9R[\Omega]$

$F_g = R_m \times F = \dfrac{R_g}{R + R_g} \times F[\text{AT/m}] = \dfrac{10.9R}{R + 10.9R} \times 110$

$= \dfrac{10.9R}{(1 + 10.9)R} \times 110 = \dfrac{10.9}{11.9} \times 110 = 100.75$

$\fallingdotseq 100[\text{AT/m}]$

[별 해]

자성체의 자기저항 $R_{mc} = \dfrac{L_c - L_g}{\mu_{r1} \cdot \mu_0 \cdot S} = \dfrac{1 - 0.01}{990 \cdot \mu_0 \cdot 10^{-4}} = \dfrac{10}{\mu_0}$

공극의 자기저항 $R_{mg} = \dfrac{L_g}{\mu_{r2} \cdot \mu_0 \cdot S} = \dfrac{0.01}{\mu_0 \cdot 10^{-4}} = \dfrac{100}{\mu_0}$

$R_{mc} : R_{mg} = 1 : 10$이므로

공극에서의 기자력 $F = \dfrac{10}{1 + 10} \times 110 = 100[\text{AT/m}]$

07 인덕턴스가 100[mH]인 코일에 전류가 0.5초 사이에 10[A]에서 20[A]로 변할 때, 이 코일에 유도되는 평균 기전력[V]과 자속의 변화량[Wb]은?

	[V]	[Wb]
①	1	0.5
②	1	1
③	2	0.5
④	2	1

해설

유도기전력

$$e = -L\frac{di}{dt}[\text{V}] = 100 \times 10^{-3} \times \frac{10}{0.5} = 2[\text{V}]$$

자속

$$e = -N\frac{d\phi}{dt}[\text{V}]$$

$$2 = 1 \times \frac{\phi}{0.5}$$

$$2 = \frac{\phi}{0.5}$$

$$\therefore \phi = 2 \times 0.5 = 1[\text{Wb}]$$

[별해]

인덕터와 전류, 권수비와 자속 관계

$$LI = N\phi$$

$$\therefore \phi = \frac{LI}{N} = \frac{100 \times 10^{-3} \times 10}{1} = 1[\text{Wb}]$$

08 전기력선의 성질에 대한 설명으로 옳지 않은 것은?

① 전기력선은 도체 내부에 존재한다.
② 전속밀도는 전하와의 거리 제곱에 반비례한다.
③ 전기력선은 등전위면과 수직이다.
④ 전하가 없는 곳에서 전기력선 발생은 없다.

해설

도체 내부는 0이다.

09 다음 회로에서 콘덴서 C_1 양단의 전압[V]은?

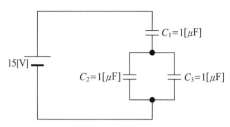

① 4
② 5
③ 10
④ 12

해설

• 합성 정전용량

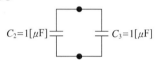

$$C = 1 + 1 = 2[\mu\text{F}]$$

• 콘덴서 C_1 양단의 분배전압

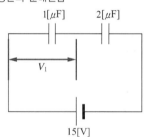

$Q = CV$, $V = \frac{Q}{C}$ 이므로

$$\therefore V_1 = \frac{C_2}{C_1 + C_2} \times V[\text{V}] = \frac{2}{1+2} \times 15 = \frac{2 \times 15}{3} = \frac{30}{3}$$

$$= 10[\text{V}]$$

10 다음 회로에 대한 전송 파라미터 행렬이 다음 식으로 주어질 때, 파라미터 A와 D는?

$$\begin{bmatrix} V_1 \\ I_1 \end{bmatrix} = \begin{bmatrix} A & B \\ C & D \end{bmatrix} \begin{bmatrix} V_2 \\ -I_2 \end{bmatrix}$$

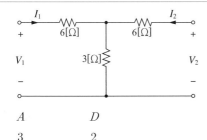

	A	D
①	3	2
②	3	3
③	4	3
④	4	4

해설

$$\begin{pmatrix} A & B \\ C & D \end{pmatrix} = \begin{pmatrix} 1+\dfrac{6}{3} & \dfrac{(6\times3)+(3\times6)+(6\times6)}{3} \\ \dfrac{1}{3} & 1+\dfrac{6}{3} \end{pmatrix} = \begin{pmatrix} 3 & 24 \\ \dfrac{1}{3} & 3 \end{pmatrix}$$

[참 고]

대칭 T형 회로

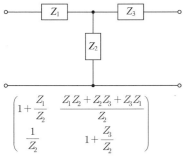

$$\begin{pmatrix} 1+\dfrac{Z_1}{Z_2} & \dfrac{Z_1 Z_2 + Z_2 Z_3 + Z_3 Z_1}{Z_2} \\ \dfrac{1}{Z_2} & 1+\dfrac{Z_3}{Z_2} \end{pmatrix}$$

대칭 T형 회로에서는 $A = D$이다.

[별 해]

$$A = \frac{V_1}{V_2}\bigg|_{I_2=0} = \frac{3V_2}{V_2} = 3$$

$$D = \frac{I_1}{-I_2}\bigg|_{V_2=0} = \frac{-3I_2}{-I_2} = 3$$

11 교류회로에 대한 설명으로 옳지 않은 것은?

① 저항부하만의 회로는 역률이 1이 된다.

② R, L, C 직렬 교류회로에서 유효전력은 전류의 제곱과 전체 임피던스에 비례한다.

③ R, L, C 직렬 교류회로에서 L을 제거하면 전류가 진상이 된다.

④ R과 L의 직렬 교류회로의 역률을 보상하기 위해서는 C를 추가하면 된다.

해설

② 유효전력 $P = I^2 R[\text{W}]$

① 저항 R만의 회로 : 허수부 0(역률 1)

③ RLC 회로에서 L 제거 시 : C 전류(진상)

④ 역률 개선 : C 추가(진상용 콘덴서)

12 부하에 인가된 전압이 $v(t) = 100\cos(\omega t + 30°)[\text{V}]$이고, 전류 $i(t) = 10\cos(\omega t - 30°)[\text{A}]$가 흐를 때, 복소전력[VA]은?

① $250 + j250\sqrt{3}$

② $250\sqrt{3} + j250$

③ $500 + j500\sqrt{3}$

④ $500\sqrt{3} + j500$

해설

• 전압, 전류 극좌표 표시(실횻값)

$$V = \frac{100}{\sqrt{2}} \angle 30°$$

$$I = \frac{10}{\sqrt{2}} \angle -30°$$

• 복소전력

$$S = V\bar{I}[\text{VA}] = \left(\frac{100}{\sqrt{2}} \times \frac{10}{\sqrt{2}}\right) \times \angle 60°$$

$$= \left(\frac{1{,}000}{2}\right) \times \angle 60° = 500 \angle 60°$$

$$= 500(\cos 60° + j\sin 60°) = 500\left(\frac{1}{2} + j\frac{\sqrt{3}}{2}\right)$$

$$= 250 + j\,250\sqrt{3}\,[\text{VA}]$$

13 다음 RLC 직렬회로에서 회로에 흐르는 전류 I는 전원의 주파수에 따라 크기가 변한다. 임의의 주파수에서 회로에 흐르는 전류가 최대가 되었다고 하면, 그 때의 전류 I[A]는?

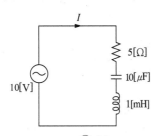

① 0   ② 0.5

③ 1   ④ 2

해설

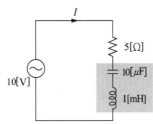

RLC 직렬회로에서 전류 I가 최대일 때 임피던스 Z 최소(허수부 $= 0$)

• 공진상태

  $Z = R + j(X_L - X_c)$ $X_L - X_c = 0$이므로 $\therefore$ $Z = R$

• 전류 $I = \dfrac{V}{Z} = \dfrac{10}{5} = 2$[A]

14 다음 회로에서 $\vec{V} = 100 \angle 0° \, V_{rms}$, $\vec{Z_1} = 4 + j3[\Omega]$, $\vec{Z_2} = 3 - j4[\Omega]$이라 하였을 때, Z_1과 Z_2에서 각각 소비되는 전력[kW]은?(단, $\vec{V}$, $\vec{Z_1}$, $\vec{Z_2}$는 페이저이다)

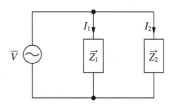

	Z_1	Z_2
①	1.2	0.9
②	1.2	2.0
③	1.6	1.2
④	2.0	1.6

해설

$Z_1 = 4 + j3$

$|Z_1| = \sqrt{(4)^2 + (3)^2} = 5[\Omega]$에서

• 전류 $I_1 = \dfrac{V}{|Z_1|} = \dfrac{100}{5} = 20$[A]

  $Z_2 = 3 - j4$

  $|Z_2| = \sqrt{(3)^2 + (4)^2} = 5[\Omega]$에서

• 전류 $I_2 = \dfrac{V}{|Z_2|} = \dfrac{100}{5} = 20$[A]

• 전 력

  $P_1 = (I_1)^2 R$[kW]

    $= (20)^2 \times 4 = 400 \times 4$

    $= 1,600$[W] $= 1.6$[kW]

  $P_2 = (I_2)^2 R$[kW]

    $= (20)^2 \times 3 = 400 \times 3$

    $= 1,200$[W] $= 1.2$[kW]

15 평형 3상 교류회로의 △와 Y결선에서 전압과 전류의 관계에 대한 설명으로 옳지 않은 것은?

① △결선의 상전압의 위상은 Y결선의 상전압의 위상보다 30° 앞선다.

② 선전류의 크기는 Y결선에서 상전류의 크기와 같으나, △결선에서는 상전류 크기의 $\sqrt{3}$ 배이다.

③ △결선의 부하 임피던스의 위상은 Y결선의 부하 임피던스의 위상보다 30° 앞선다.

④ △결선의 선전류의 위상은 Y결선의 선전류의 위상과 같다.

해설

③ △결선과 Y결선의 임피던스 위상은 같다.

• △결선 : $V_l = V_p$(전압 같다), $I_l = \sqrt{3} I_p \angle -30°$

• Y결선 : $I_l = I_p$(전류 같다), $V_l = \sqrt{3} V_p \angle 30°$

16 부하 한 상의 임피던스가 $6 + j8[\Omega]$인 3상 △결선회로에 100[V]의 전압을 인가할 때, 선전류[A]는?

① 5

② $5\sqrt{3}$

③ 10

④ $10\sqrt{3}$

해설

1상당 임피던스

$Z_p = 6 + j8$

$|Z_p| = \sqrt{(6)^2 + (8)^2} = 10[\Omega]$

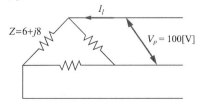

• 상전류 $I_p = \dfrac{V_p}{|Z_p|}[A] = \dfrac{100}{10} = 10[A]$

• 선전류 $I_l = \sqrt{3} I_p [A] = \sqrt{3} \times 10 = 10\sqrt{3}[A]$

17 다음과 같은 불평형 3상 4선식 회로에 대칭 3상 상전압 200[V]를 가할 때, 중성선에 흐르는 전류 I_n[A]은?(단, $R_a = 10[\Omega]$, $R_b = 5[\Omega]$, $R_c = 20[\Omega]$이다)

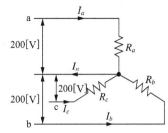

① $-5 - j15\sqrt{3}$

② $-5 + j15\sqrt{3}$

③ $-5 - j20\sqrt{3}$

④ $-5 + j20\sqrt{3}$

해설

불평형 3상 4선식 회로(Y결선) 전압

$V_{an} = 200\angle 0°$

$V_{bn} = 200\angle -120°\left(-\dfrac{2}{3}\pi\right)$

$V_{cn} = 200\angle -240°\left(-\dfrac{4}{3}\pi\right)$

• 각 상별 전류

$I_a = I\angle 0° = \dfrac{V_{an}}{R}\angle 0° = \dfrac{200}{10}\angle 0° = 20[A]$

$I_b = I\angle -120° = \dfrac{V_{bn}}{R}\angle -120° = \dfrac{200}{5}\angle -120°$

$\quad = 40\angle -120° = 40(\cos(-120°) + j\sin(-120°))$

$\quad = 40\left(-\dfrac{1}{2} - j\dfrac{\sqrt{3}}{2}\right) = -20 - j20\sqrt{3}[A]$

$I_c = I\angle -240° = \dfrac{V_{cn}}{R}\angle -240° = \dfrac{200}{20}\angle -240°$

$\quad = 10\angle -240° = 10(\cos(-240°) + j\sin(-240°))$

$\quad = 10\left(-\dfrac{1}{2} + j\dfrac{\sqrt{3}}{2}\right) = -5 + j5\sqrt{3}[A]$

• 중성선 전류

$I_n = I_a + I_b + I_c[A]$

$\quad = 20 + (-20 - j20\sqrt{3}) + (-5 + j5\sqrt{3})$

$\quad = -5 - j15\sqrt{3}[A]$

18 다음 회로에서 전원전류 $i_s(t)$로 크기가 3[A]인 스텝전류를 $t = 0$인 시점에 회로에 인가하였을 때, 저항 5[Ω]에 흐르는 전류 $i_R(t)$[A]는?(단, 모든 소자의 초기 전류는 0이다)

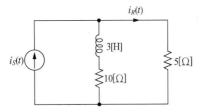

① $1 + 2e^{-3t}$

② $1 + 2e^{-5t}$

③ $2 + e^{-3t}$

④ $2 + e^{-5t}$

해설
• L의 초기 전류 $= 0$[A]

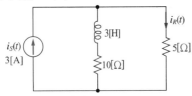

∴ 5[Ω]에는 전전류 3[A]가 흐른다.
• 일정시간 흐른 후(L 단락상태)

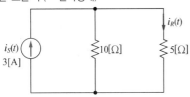

$$i_R(t) = \frac{10}{10 + 5} \times 3 = \frac{30}{15} = 2[\text{A}]$$

• RL 직렬회로

$$i_R(t) = \frac{E}{R}(1 - e^{-\frac{R}{L}t})[\text{A}]$$

∴ 특성근 $P = -\frac{R}{L} = -\frac{(10 + 5)}{3} = -\frac{15}{3} = -5$

$i_R(t)$에 흐르는 전류 유형 $i_R(t) = 2 + e^{-5t}[\text{A}]$

19 다음 RL 회로에서 $t = 0$인 시점에 스위치(SW)를 닫았을 때에 대한 설명으로 옳은 것은?

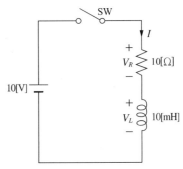

① 회로에 흐르는 초기 전류($t = 0_+$)는 1[A]이다.

② 회로의 시정수는 10[ms]이다.

③ 최종적($t = \infty$)으로 V_R 양단의 전압은 10[V]이다.

④ 최초($t = 0_+$)의 V_L 양단의 전압은 0[V]이다.

해설
③ $V_R(t) = E(1 - e^{-\frac{R}{L}t})[\text{V}]$
$t = \infty$일 때 $e^{-\infty} = 0$
∴ $V_R(\infty) = E(1 - 0) = E = 10[\text{V}]$

① $t = 0$일 때 인덕턴스 초기 전류 $= 0$[A]
→ 시간이 지나면 단락된다.

② 시정수 $\tau = \frac{L}{R} = \frac{10 \times 10^{-3}}{10} = 1[\text{ms}]$

④ $V_L(t) = E(e^{-\frac{R}{L}t})[\text{V}]$
$t = 0$일 때 $e^{-0} = 1$
∴ $V_L(0) = E(1) = E = 10[\text{V}]$

20 다음과 같은 주기함수의 실효치 전압[V]은?

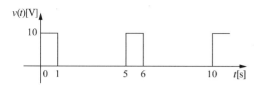

① 1

② $\sqrt{2}$

③ 2

④ $\sqrt{20}$

해설

반구형파 실효전압

$$V = \sqrt{\frac{1}{T}\int_0^T v^2 dt}\ [\text{V}]$$

$$= \sqrt{\frac{1}{5}\int_0^1 (10)^2 dt} = \sqrt{\frac{1}{5}\int_0^1 100 dt}$$

$$= \sqrt{\frac{1}{5}[100t]_0^1} = \sqrt{\frac{1}{5}(100-0)}$$

$$= \sqrt{\frac{100}{5}} = \sqrt{20}\ [\text{V}]$$

2013년 국가직 전기이론

01 전압계의 측정 범위를 넓히기 위해 내부저항 R_V인 전압계에 직렬로 저항 R_m을 접속하여 그림의 ab 양단 전압을 측정하였다. 전압계의 지시전압이 V_0일 때 ab 양단 전압은?

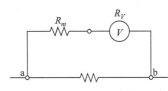

① V_0

② $V_0\left(\dfrac{R_m}{R_V}-1\right)$

③ $V_0\left(\dfrac{R_m}{R_V}\right)$

④ $V_0\left(\dfrac{R_m}{R_V}+1\right)$

해설

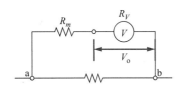

$$V_0 = \frac{R_V}{R_m+R_V}\times V_{ab}\,[\text{V}]$$

$$\therefore\ V_{ab} = \frac{(R_m+R_V)}{R_V}\times V_0 = \left(1+\frac{R_m}{R_V}\right)\times V_0 = V_0\left(\frac{R_m}{R_V}+1\right)$$

배율기(Multiflier)

전압계에 직렬저항을 연결하여 전압계 측정범위를 확대하는 것

$$R_m = (m-1)\cdot R_V\,[\Omega]$$

02 (A), (B), (C)가 각각 설명하고 있는 법칙들을 바르게 연결한 것은?

> (A) 전자유도에 의한 기전력은 자속변화를 방해하는 전류가 흐르도록 그 방향이 결정된다.
>
> (B) 전류가 흐르고 있는 도선에 대해 자기장이 미치는 힘의 방향을 정하는 법칙으로, 전동기의 회전 방향을 결정하는데 유용하다.
>
> (C) 코일에 발생하는 유도기전력의 크기는 쇄교자속의 시간적 변화율과 같다.

	(A)	(B)	(C)
①	렌츠의 법칙	플레밍의 왼손 법칙	페러데이의 유도 법칙
②	쿨롱의 법칙	플레밍의 왼손 법칙	암페어의 주회법칙
③	렌츠의 법칙	플레밍의 오른손 법칙	암페어의 주회법칙
④	쿨롱의 법칙	플레밍의 오른손 법칙	페러데이의 유도 법칙

해설

- 렌츠의 법칙 : 자속의 변화를 방해
- 플레밍의 왼손 법칙 : 전동기 회전 방향 결정
- 패러데이 법칙 : $e = -L\dfrac{di}{dt} = -N\dfrac{d\phi}{dt}$

03 다음 콘덴서 직·병렬회로에 직류전압 180[V]를 연결하였다. 이 회로의 합성 정전용량과 C_2 콘덴서에 걸리는 전압은?

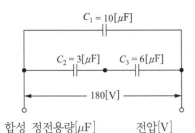

	합성 정전용량[μF]	전압[V]
①	12	60
②	12	120
③	16	60
④	16	120

해설

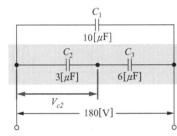

합성 정전용량

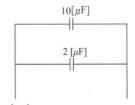

$$C_0 = \frac{C_2 \times C_3}{C_2 + C_3} = \frac{3 \times 6}{3+6} = \frac{18}{9} = 2[\mu\text{F}]$$

10[μF]

2[μF]

$$C_0 = 10 + 2 = 12[\mu\text{F}]$$

C_2 **양단 전압**

$$V_{c2} = \frac{C_3}{C_2 + C_3} \times V[\text{V}] = \frac{6}{3+6} \times 180 = 120[\text{V}]$$

04 어떤 4단자망의 전송 파라미터 행렬 $\begin{bmatrix} A & B \\ C & D \end{bmatrix}$ 가

$\begin{bmatrix} \sqrt{5} & j400 \\ -\dfrac{j}{100} & \sqrt{5} \end{bmatrix}$ 로 주어질 때 영상 임피던스[Ω]는?

① $j100$

② 100

③ $j200$

④ 200

해설

영상 임피던스

$$Z = \sqrt{\frac{AB}{CD}} = \sqrt{\frac{(\sqrt{5}) \cdot (j400)}{\left(-\dfrac{j}{100}\right) \cdot (\sqrt{5})}}$$

$$= \sqrt{\frac{j400}{\left(-\dfrac{j}{100}\right)}} = \sqrt{\frac{j40,000}{-j}}$$

$$= \sqrt{j^2 40,000} = j200[\Omega]$$

※ 영상 임피던스 계산 시 $A = D$이면 $Z = \sqrt{\dfrac{B}{C}}$

05 평형 3상 전원을 그림과 같이 평형 3상 △결선 부하에 접속하였다. 3상 전원과 각 상의 부하 임피던스는 그대로 두고 부하의 결선방식만 Y결선으로 바꾸었을 때의 설명으로 옳지 않은 것은?

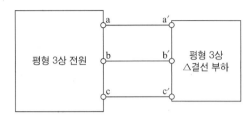

① 총 피상전력은 변경 전과 같다.

② 선전류는 변경 전에 비해 $\frac{1}{3}$ 배가 된다.

③ 부하의 상전압은 변경 전에 비해 $\frac{1}{\sqrt{3}}$ 배가 된다.

④ 부하의 상전류는 변경 전에 비해 $\frac{1}{\sqrt{3}}$ 배가 된다.

해설

△결선을 Y결선 변환 시

① 피상전력 : $P_{(Y)} = \frac{1}{3} P_{(\triangle)}$

② 선전류 : $I_{l_{(Y)}} = \frac{1}{3} I_{l_{(\triangle)}}$

③ 상전압 : $V_{p_{(Y)}} = \frac{1}{\sqrt{3}} V_{l_{(\triangle)}}$

④ 상전류 : $I_{p_{(Y)}} = \frac{1}{\sqrt{3}} I_{l_{(\triangle)}}$

06 어떤 직류회로 양단에 10[Ω]의 부하저항을 연결하니 100[mA]의 전류가 흘렀고, 10[Ω]의 부하저항 대신 25[Ω]의 부하저항을 연결하니 50[mA]로 전류가 감소하였다. 이 회로의 테브난 등가전압과 등가저항은?

	등가전압[V]	등가저항[Ω]
①	1	2
②	1	5
③	1.5	2
④	1.5	5

해설

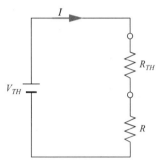

- [조건 1] $R = 10[\Omega] \Rightarrow I = 100[\text{mA}]$

  전류 $I = \dfrac{V_{TH}}{R_{TH} + R}[\text{A}]$

  $\dfrac{1}{10} = \dfrac{V_{TH}}{R_{TH} + 10}$

  $R_{TH} + 10 = 10 V_{TH}$ ······㉠

- [조건 2] $R = 25[\Omega] \Rightarrow I = 50[\text{mA}]$

  전류 $I = \dfrac{V_{TH}}{R_{TH} + R}[\text{A}]$

  $\dfrac{1}{20} = \dfrac{V_{TH}}{R_{TH} + 25}$

  $R_{TH} + 25 = 20 V_{TH}$ ······㉡

  ㉡에 ㉠을 대입

  $\therefore 10 V_{TH} - 10 + 25 = 20 V_{TH}$

  $10 V_{TH} = 15$

  $V_{TH} = \dfrac{15}{10} = \dfrac{3}{2} = 1.5[\text{V}]$

  ㉠에 $V_{TH} = 1.5$를 대입하면

  $R_{TH} + 10 = 10 \times 1.5$

  $R_{TH} = 15 - 10 = 5[\Omega]$

07 간격 d인 평행판 콘덴서의 단위 면적당 정전용량을 C 라 할 때, 그림과 같이 극판 사이에 두께 $\frac{d}{3}$의 도체평판을 넣는다면 단위 면적당 정전용량은?

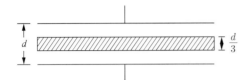

① $\dfrac{2C}{3}$

② $\dfrac{3C}{2}$

③ $2C$

④ $3C$

해설

등가회로(직렬연결 상태)

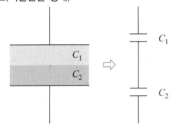

평행판 콘덴서 정전용량

$C = \dfrac{\varepsilon S}{d}$, $d = \dfrac{d}{3}$ 대입

$C' = \dfrac{\varepsilon S}{\frac{1}{3}d} = \dfrac{\varepsilon S}{d} \cdot 3$

$\therefore$ $C' = 3C$ 가 된다.

등가회로에서 콘덴서는 직렬연결 상태이므로

$C_{tot} = \dfrac{3C \times 3C}{3C + 3C} = \dfrac{9C^2}{6C} = \dfrac{3}{2}C$

08 다음은 $v(t) = 10 + 30\sqrt{2}\sin\omega t[\text{V}]$의 그래프이다. 이 전압의 실횻값[V]은?

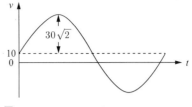

① $10\sqrt{5}$　　　　② 30

③ $10\sqrt{10}$　　　④ $30\sqrt{2}$

해설

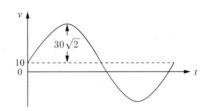

실효전압

$V = \sqrt{(\text{직류분})^2 + \left(\dfrac{\text{기본파}}{\sqrt{2}}\right)^2 + \cdots}$

$= \sqrt{(10)^2 + \left(\dfrac{30\sqrt{2}}{\sqrt{2}}\right)^2}$

$= \sqrt{100 + 900} = \sqrt{1,000} = 10\sqrt{10}\,[\text{V}]$

09 다음 회로에 상전압 100[V]의 평형 3상 △결선 전원을 가했을 때, 흐르는 선전류(I_b)의 크기[A]는?(단, 상순은 a, b, c로 한다)

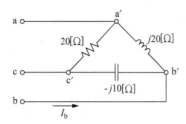

① 5
② $5\sqrt{3}$
③ 10
④ $10\sqrt{3}$

해설

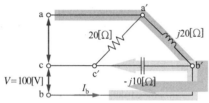

• 각 상별 전압의 크기

$V_{ab} = 100\angle 0° = 100(\cos 0° + j\sin 0°) = 100[\text{V}]$

$V_{bc} = 100\angle -120° \left(\dfrac{2}{3}\pi\right)$

$V_{ca} = 100\angle -240° \left(\dfrac{4}{3}\pi\right)$

• 각 상별 전류

$I_{ab} = \dfrac{V_{ab}}{Z_{ab}}$, $Z_{ab} = j20[\Omega]\,(L$소자$)$ 대입

$\quad = \dfrac{100\angle 0°}{j20}$, $j = 1\angle 90°$ 대입

$\quad = \dfrac{100\angle 0°}{20\angle 90°} = 5\angle -90°$

$\quad = 5(\cos(-90°) + j\sin(-90°))$

$\quad = 5(0 - j1) = -j5[\text{A}]$

$I_{bc} = \dfrac{V_{bc}}{Z_{bc}}$, $Z_{bc} = -j10[\Omega]\,(C$소자$)$ 대입

$\quad = \dfrac{100\angle -120°}{-j10}$, $j = 1\angle 90°$ 대입

$\quad = \dfrac{100\angle -120°}{10\angle -90°} = 10\angle -30°$

$\quad = 10(\cos(-30°) + j\sin(-30°))$

$\quad = 10\left(\dfrac{\sqrt{3}}{2} - j\dfrac{1}{2}\right) = 5\sqrt{3} - j5[\text{A}]$

• 선전류

$I_b = I_{bc} - I_{ab}[\text{A}] = (5\sqrt{3} - j5) - (-j5) = 5\sqrt{3}[\text{A}]$

10 다음 회로에서 스위치가 충분히 오랜 시간 동안 닫혀 있다가 $t = 0$인 순간에 열렸다. 스위치가 열린 직후의 전류 $i(0_+)$와 시간이 무한히 흘렀을 때의 전류 $i(\infty)$는?

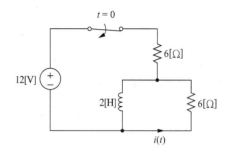

	$i(0_+)[\text{A}]$	$i(\infty)[\text{A}]$
①	0	1
②	0	2
③	1	0
④	2	0

해설

• 스위치가 열린 직후의 전류 : 초기 상태(L 단락)

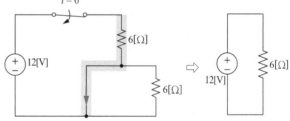

$i(0_+) = \dfrac{V}{R}[\text{A}] = \dfrac{12}{6} = 2[\text{A}]$

• 시간이 무한히 흘렀을 때의 전류 : 정상상태(L 개방)
시간이 무한히 흘렀을 때 L에 흐르는 전류 $i(\infty) = 0[\text{A}]$

11 30[cm]의 간격으로 평행하게 가설된 무한히 긴 두 전선에 1.5π[A]의 직류전류가 서로 반대 방향으로 각각 흐를 때, 두 전선 사이 중간 지점에서의 자기장의 세기 [A/m]는?

① 0 　　　　　　② 5

③ 7.5 　　　　　④ 10

[해][설]

등가회로

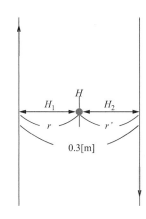

자계의 세기

$H = H_1 + H_2 = 2H[\text{AT/m}] (\because\ H_1 = H_2 = H)$

무한장 직선도체 자계의 세기

$H = \dfrac{I}{2\pi r}$, $r = 0.15[\text{m}]$, $I = 1.5\pi[\text{A}]$ 대입

$= \left(\dfrac{1.5\pi}{2\pi \times 0.15}\right) \times 2배 = 10[\text{AT/m}]$

※ 전류가 서로 반대 방향이므로 작용하는 힘은 반발력

12 RLC 직렬 교류회로의 공진현상에 대한 설명으로 옳지 않은 것은?

① 회로의 전류는 유도리액턴스의 값에 의해 결정된다.

② 유도리액턴스와 용량리액턴스의 크기가 서로 같다.

③ 공진일 때 전류의 크기는 최대이다.

④ 전류의 위상은 전압의 위상과 같다.

[해][설]

① $I = \dfrac{V}{Z}[\text{A}]$, 전류는 임피던스값과 관련 있다.

② $\omega L = \dfrac{1}{\omega C}$, 공진 시 유도리액턴스와 용량리액턴스는 같다.

③ $I = \dfrac{V}{Z}[\text{A}]$, 공진 시 임피던스가 작아지므로 전류는 커진다.

④ $Z = R + j\left(\omega L - \dfrac{1}{\omega C}\right)[\Omega]$, 공진 시 허수부는 0이므로,

　$Z = R[\Omega]$ 만의 회로가 된다. 즉, 저항 R은 전압과 전류의 위상이 같다(동위상).

13 기전력이 1.5[V], 내부저항이 3[Ω]인 전지 3개를 같은 극끼리 병렬로 연결하고, 어떤 부하저항을 연결하였더니 부하에 0.5[A]의 전류가 흘렀다. 부하저항의 값을 두 배로 높였을 때, 부하에 흐르는 전류[A]는?

① 0.30

② 0.35

③ 0.40

④ 0.45

해설

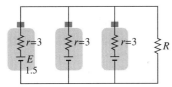

• 전지의 내부저항

$$r_0 = \frac{r}{n} = \frac{3}{3} = 1[\Omega]$$

• 전 류

$$I = \frac{E}{r+R}[A]$$

$$0.5 = \frac{1.5}{1+R}$$

$$1.5 = 0.5(1+R) = 0.5 + 0.5R$$

$$0.5R = 1$$

$$R = \frac{1}{0.5} = 2[\Omega]$$

$R = 2R$일 때 $R = 2 \times 2 = 4[\Omega]$

$$I' = \frac{E}{r+R}, \ R = 4[\Omega] \ 대입$$

$$= \frac{1.5}{1+4} = \frac{1.5}{5} = 0.3[A]$$

14 다음 회로에서 저항 R의 양단 전압이 15[V]일 때, 저항 $R[\Omega]$은?

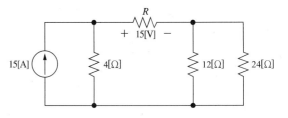

① 1

② 2

③ 3

④ 4

해설

• 저항값 계산

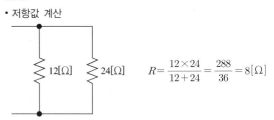

$$R = \frac{12 \times 24}{12+24} = \frac{288}{36} = 8[\Omega]$$

• 전 류

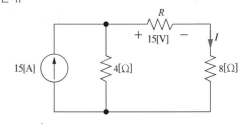

$$I = \frac{4}{(R+8)+4} \times I_0, \ I_0 = 15 \ 대입$$

$$= \frac{4}{R+12} \times 15 = \frac{60}{R+12}[A]$$

• 저항 양단 전압

$$V_R = IR[V] = \left(\frac{60}{R+12}\right) \times R$$

$$V_R = 15[V] \ 대입$$

$$15 = \frac{60R}{R+12}$$

$$60R = 15(R+12) = 15R + 180$$

$$45R = 180$$

$$R = \frac{180}{45} = 4[\Omega]$$

15 RC 직렬회로에 200[V]의 교류전압을 인가하였더니 10[A]의 전류가 흘렀다. 전류가 전압보다 위상이 60° 앞설 때, 저항[Ω]은?

① 5
② $5\sqrt{3}$
③ 10
④ $10\sqrt{3}$

해설

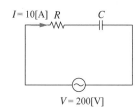

$$I = 10[A] \quad R \quad C$$
$$V = 200[V]$$

• 임피던스

$$Z = \frac{V}{I}[\Omega] = \frac{200}{10} = 20[\Omega]$$

• 역 률

$$\cos\theta = \frac{\text{실수}}{|Z|} = \frac{R}{|Z|}$$

$$R = \cos\theta \cdot |Z|$$
$$= \cos 60° \times 20, \quad \cos 60° = \frac{1}{2} \text{ 대입}$$
$$= \frac{1}{2} \times 20 = 10[\Omega]$$

16 균일 자기장(z축 방향) 내에 길이가 0.5[m]인 도선을 y축 방향으로 놓고 2[A]의 전류를 흘렸더니 6[N]의 힘이 작용하였다. 이 도선을 그림과 같이 z축에 대해 수직이며 x축에 대해 30° 방향으로 $v = 10$[m/s]의 속도로 움직일 때, 발생되는 유도기전력의 크기[V]는?

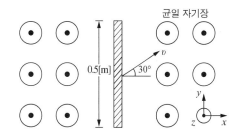

균일 자기장

0.5[m]   30° v

① 15
② $15\sqrt{3}$
③ 30
④ $30\sqrt{3}$

해설

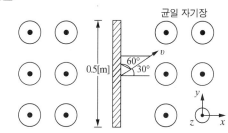

균일 자기장

0.5[m]   60° 30° v

• 힘
$$F = BlI\sin\theta[N]$$
$$6 = B \times 0.5 \times 2 \times \sin 90°, \quad \sin 90° = 1 \text{ 대입}$$
$$6 = B \times 0.5 \times 2 \times 1$$
$$\therefore B = \frac{6}{0.5 \times 2 \times 1} = \frac{6}{1} = 6[\text{Wb/m}^2]$$

• 유기기전력
$$e = Blv\sin\theta[V]$$
$$= 6 \times 0.5 \times 10 \times \sin 60°, \quad \sin 60° = \frac{\sqrt{3}}{2} \text{ 대입}$$
$$= 6 \times 0.5 \times 10 \times \frac{\sqrt{3}}{2} = 15\sqrt{3}[V]$$

정답 15 ③ 16 ②

17 다음 회로의 역률과 유효전력은?

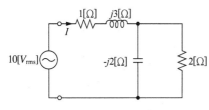

	역률	유효전력[W]
①	0.5	25
②	0.5	50
③	$\dfrac{\sqrt{2}}{2}$	25
④	$\dfrac{\sqrt{2}}{2}$	50

해설

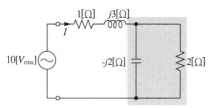

임피던스

$$Z = \left(\frac{(-j2)\times(2)}{(-j2)+(2)}\right) + (1+j3)$$

$$= \left(\frac{-j4}{2-j2}\right) + (1+j3)$$

$$= \frac{2+j6-j2+6-j4}{2-j2} = \frac{8}{2-j2} \text{(분모, 분자공액)}$$

$$= \frac{8\cdot(2+j2)}{(2-j2)\cdot(2+j2)} = \frac{16+j16}{4+4}$$

$$= \frac{16+j16}{8} = 2+j2[\Omega]$$

$$\therefore |Z| = \sqrt{(2)^2+(2)^2} = \sqrt{8} = 2\sqrt{2}\,[\Omega]$$

역률

$$\cos\theta = \frac{\text{실수}}{|Z|} = \frac{2}{2\sqrt{2}} = \frac{1}{\sqrt{2}} = \frac{\sqrt{2}}{2}$$

유효전력

$$P = I^2 R[\text{W}] = \left(\frac{V}{Z}\right)^2 \times R$$

$$= \left(\frac{10}{2\sqrt{2}}\right)^2 \times 2 = \left(\frac{100}{4\times2}\right)\times 2 = 25[\text{W}]$$

18 다음 회로에서 스위치가 충분히 오랜 시간 동안 열려 있다가 $t=0$인 순간에 닫혔다. $t>0$일 때의 출력전압 $v(t)[\text{V}]$는?

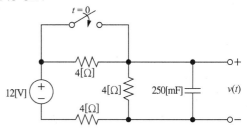

① $4+2e^{-2t}$ ② $6-2e^{-2t}$

③ $4+2e^{-\frac{4}{3}t}$ ④ $6-2e^{-\frac{4}{3}t}$

해설

• 스위치 Off 시 정상전류(C 개방)

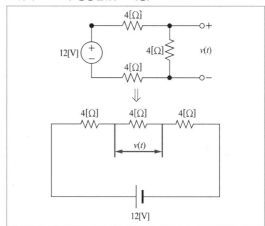

전류 $I = \dfrac{V}{R} = \dfrac{12}{4+4+4} = \dfrac{12}{12} = 1[\text{A}]$

$v(t) = IR = 1\times4 = 4[\text{V}]$

• 스위치 On 시 전류($t>0$)

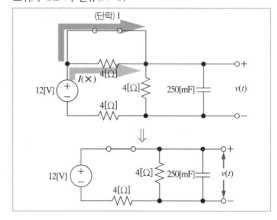

테브난 등가저항 R_{TH} : 전압원 단락, C 개방

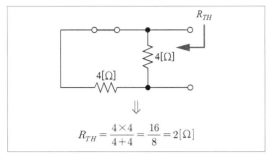

$$R_{TH} = \frac{4 \times 4}{4+4} = \frac{16}{8} = 2[\Omega]$$

• $v(t)$ 구하기

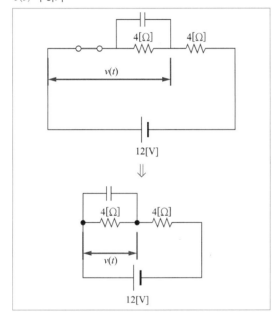

전류 $I = \dfrac{V}{R} = \dfrac{12}{4+4} = \dfrac{12}{8} = \dfrac{3}{2}[\mathrm{A}]$

$v(t) = IR = \dfrac{3}{2} \times 4 = 6[\mathrm{V}]$

• 특성근

$P = -\dfrac{1}{RC},\ R = R_{TH} = 2[\Omega],\ C = 250[\mathrm{mF}]$ 대입

$= -\dfrac{1}{2 \times 250 \times 10^{-3}} = -2$

• $v(t)$ 형식

$v(t) = A \pm Be^{-\frac{1}{RC}t}[\mathrm{V}]$

스위치 Off 시 $v(t) = 4[\mathrm{V}]$

스위치 On 시 $v(t) = 6[\mathrm{V}]$

∴ 전위차 $v = v(t)_{off} - v(t)_{on}$

$\qquad = 4 - 6 = -2[\mathrm{V}]$

$v(t) = A \pm Be^{-\frac{1}{RC}t}[\mathrm{V}] = 6 - 2e^{-2t}[\mathrm{V}]$

---

19 다음 회로에서 최대 평균 전력을 전달하기 위한 부하 임피던스 $Z_L[\Omega]$은?

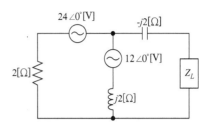

① $0.6 - j2.6$

② $0.6 + j2.6$

③ $1 - j$

④ $1 + j$

해설

테브난 등가저항 Z_{TH} : 전압원 단락, 부하저항 Z_L 개방

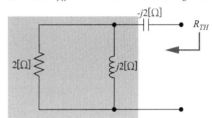

$Z_{TH} = \left(\dfrac{(2) \cdot (j2)}{(2) + (j2)} \right) - j2$

$\quad = \dfrac{j4}{2+j2} - j2 = \dfrac{-j4 + 4 + j4}{2+j2}$

$\quad = \dfrac{4}{2+j2} = \dfrac{4 \cdot (2-j2)}{(2+j2) \cdot (2-j2)}$

$\quad = \dfrac{8-j8}{4+4} = \dfrac{8-j8}{8} = 1 - j1[\Omega]$

∴ $Z_{TH} = \overline{Z_L}$ 이므로 부하 임피던스 $Z_L = 1 + j1[\Omega]$

20 다음은 Y−△로 결선한 평형 3상 회로이다. 부하의 상전류와 선전류의 크기는?(단, 각 상의 부하 임피던스 $Z_p = 24 + j18[\Omega]$이다)

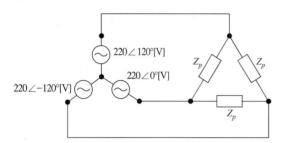

	상전류[A]	선전류[A]
①	$\dfrac{11}{\sqrt{3}}$	11
②	11	11
③	$\dfrac{22}{\sqrt{3}}$	22
④	22	22

해설

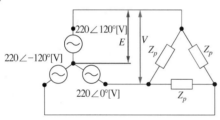

부하측 $\triangle \rightarrow$ Y **변환**$\left(\dfrac{\triangle}{3}\right)$

• 1상당 임피던스

$Z_p = \dfrac{24 + j18}{3} = 8 + j6[\Omega]$

$|Z_p| = \sqrt{(8)^2 + (6)^2} = \sqrt{100} = 10[\Omega]$

• 등가회로

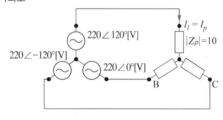

• 부하측 선전류(Y 결선 : 선전류 = 상전류)

$I_l = I_p = \dfrac{V_p}{|Z_p|}[A] = \dfrac{220}{10} = 22[A]$

• 부하측 상전류(△ 결선 : 상전류 $= \dfrac{\text{선전류}}{\sqrt{3}}$)

$I_l = \sqrt{3}\, I_p[A]$

$\therefore\ I_p = \dfrac{I_l}{\sqrt{3}}[A] = \dfrac{22}{\sqrt{3}}[A]$

2014년 국가직 전기이론

01 어떤 코일에 흐르는 전류가 0.1초 사이에 20[A]에서 4[A]까지 일정한 비율로 변하였다. 이때 20[V]의 기전력이 발생한다면 코일의 자기인덕턴스[H]는?

① 0.125   ② 0.25

③ 0.375   ④ 0.5

해설

유도기전력 $e = L\dfrac{di}{dt}[\text{V}]$

$L = \dfrac{e \times dt}{di}[\text{H}] = \dfrac{20 \times 0.1}{16} = 0.125[\text{H}]$

02 저항이 5[Ω]인 RL 직렬회로에 실횻값 200[V]인 정현파 전원을 연결하였다. 이때 실횻값 10[A]의 전류가 흐른다면 회로의 역률은?

① 0.25   ② 0.4

③ 0.5   ④ 0.8

해설

$\circ\!\!-\!\!\!\overset{R}{\wedge\!\!\wedge\!\!\wedge}\!\!-\!\!\!\overset{L}{\frown\!\!\frown\!\!\frown}\!\!-\!\!\circ$

• 임피던스

$Z = \dfrac{V}{I}[\Omega] = \dfrac{200}{10} = 20[\Omega]$

• 역률 $\cos\theta = \dfrac{\text{실수}}{|Z|}$, $R = 5$ 대입

$\qquad = \dfrac{5}{20} = \dfrac{1}{4} = 0.25[\Omega]$

03 어떤 회로에 전압 100[V]를 인가하였다. 이때 유효전력이 300[W]이고 무효전력이 400[Var]라면 회로에 흐르는 전류[A]는?

① 2

② 3

③ 4

④ 5

해설

• 피상전력

$\qquad P_a = \sqrt{(P)^2 + (P_r)^2}\,[\text{VA}]$

$\qquad\quad = \sqrt{(300)^2 + (400)^2}$

$\qquad\quad = 500[\text{VA}]$

• 전류

$\qquad P_a = VI[\text{VA}]$ 에서

$\qquad I = \dfrac{P_a}{V} = \dfrac{500}{100} = 5[\text{A}]$

04 RC 직렬회로에 직류전압 100[V]를 연결하였다. 이때 커패시터의 정전용량이 1[μF]이라면 시정수를 1초로 하기 위한 저항[MΩ]은?

① 0.1
② 1
③ 10
④ 100

해설

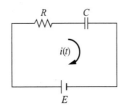

• 전 류

$$i(t) = \frac{E}{R}\left(e^{-\frac{1}{RC}t}\right)[\text{A}]$$

• 시정수 $\tau = RC$ 에서

$R = \dfrac{\tau}{C}$, $\tau = 1$, $C = 1 \times 10^{-6}[\text{F}]$ 대입

$= \dfrac{1}{1 \times 10^{-6}} = 1 \times 10^{6}[\Omega] = 1[\text{M}\Omega]$

05 도체의 전기저항 $R[\Omega]$과 고유저항 $\rho[\Omega \cdot \text{m}]$, 단면적 $A[\text{m}^2]$, 길이 $l[\text{m}]$의 관계에 대한 설명으로 옳은 것만을 모두 고르면?

ㄱ. 전기저항 R은 고유저항 ρ에 비례한다.
ㄴ. 전기저항 R은 단면적 A에 비례한다.
ㄷ. 전기저항 R은 길이 l에 비례한다.
ㄹ. 도체의 길이를 n배 늘리고 단면적을 $1/n$배만큼 감소시키는 경우, 전기저항 R은 n^2배로 증가한다.

① ㄱ, ㄴ   ② ㄱ, ㄷ
③ ㄷ, ㄹ   ④ ㄱ, ㄷ, ㄹ

해설

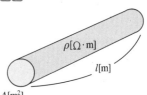

전선의 고유저항 $R = \rho \dfrac{l}{A}[\Omega]$에서

ㄱ. 전기저항 $R[\Omega] \propto$ 고유저항 $\rho[\Omega \cdot \text{m}]$

ㄴ. 전기저항 $R[\Omega] \propto$ 단면적 $\dfrac{1}{A[\text{m}^2]}$

ㄷ. 전기저항 $R[\Omega] \propto$ 길이 $l[\text{m}]$

ㄹ. 길이를 n배 늘리고, 단면적을 $\dfrac{1}{n}$ 감소 시 전기저항 $R[\Omega]$은 n^2배 증가한다.

[참 고]
체적은 일정하다.
예 엿을 늘이면 길이는 늘어나고, 굵기(단면적)는 줄어드는 것과 같다.

06 저항 R, 인덕터 L, 커패시터 C 등의 회로 소자들을 직렬회로로 연결했을 경우에 나타나는 특성에 대한 설명으로 옳은 것만을 모두 고르면?

> ㄱ. 인덕터 L만으로 연결된 회로에서 유도리액턴스 $X_L = \omega L [\Omega]$이고, 전류는 전압보다 위상이 90° 앞선다.
> ㄴ. 저항 R과 인덕터 L이 직렬로 연결되었을 때의 합성 임피던스의 크기 $|Z| = \sqrt{R^2 + (\omega L)^2} [\Omega]$ 이다.
> ㄷ. 저항 R과 커패시터 C가 직렬로 연결되었을 때의 합성 임피던스의 크기 $|Z| \overset{*}{=} \sqrt{R^2 + (\omega C)^2} [\Omega]$이다.
> ㄹ. 저항 R, 인덕터 L, 커패시터 C가 직렬로 연결되었을 때의 일반적인 양호도(Quality Factor) $Q = \dfrac{1}{R}\sqrt{\dfrac{L}{C}}$ 로 정의한다.

① ㄱ, ㄴ
② ㄴ, ㄹ
③ ㄱ, ㄷ, ㄹ
④ ㄴ, ㄷ, ㄹ

해설

ㄱ. 유도리액턴스 $X_L = \omega L [\Omega]$

　L소자는 전압이 전류보다 위상이 90° 앞선다.

ㄴ. RL 직렬회로 임피던스

　$Z = R + j\omega L$, $|Z| = \sqrt{(R)^2 + (\omega L)^2} [\Omega]$

ㄷ. RC 직렬회로 임피던스

　$Z = R - j\dfrac{1}{\omega C}$, $|Z| = \sqrt{(R)^2 + \left(\dfrac{1}{\omega C}\right)^2} [\Omega]$

ㄹ. 선택도(Quality Factor) $Q = \dfrac{1}{R}\sqrt{\dfrac{L}{C}}$

[참 고] 선택도(첨예도, 확대도)
RLC 직렬 공진회로 : 저항 R만의 회로

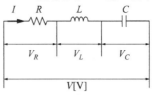

$$Q_1 = \frac{V_L}{V_R} = \frac{X_L \cdot I}{R \cdot I} = \frac{X_L}{R} = \frac{\omega L}{R}$$

$$Q_2 = \frac{V_C}{V_R} = \frac{X_C \cdot I}{R \cdot I} = \frac{X_C}{R} = \frac{\frac{1}{\omega C}}{R} = \frac{1}{\omega CR}$$

$$Q = \sqrt{Q_1 \times Q_2} = \sqrt{\left(\frac{\omega L}{R}\right) \times \left(\frac{1}{\omega CR}\right)} = \sqrt{\frac{1}{R^2} \cdot \frac{L}{C}} = \frac{1}{R}\sqrt{\frac{L}{C}}$$

RLC 직렬 공진회로(선택도)	RLC 병렬 공진회로(선택도)
$Q = \dfrac{1}{R}\sqrt{\dfrac{L}{C}}$	$Q = R\sqrt{\dfrac{C}{L}}$

07 다음 회로에서 단자 a와 b 사이의 테브난(Thevenin) 등가저항 R_{TH}[kΩ]와 개방회로전압 V_{oc}[V]는?

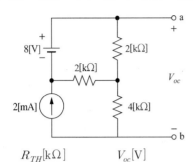

	R_{TH}[kΩ]	V_{oc}[V]
①	$\dfrac{10}{3}$	10
②	$\dfrac{10}{3}$	14
③	5	10
④	5	14

해설

테브난 등가저항 R_{TH}[kΩ] : 전압원 단락, 전류원 개방

등가회로

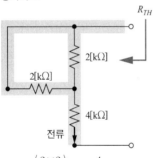

$$R_{TH} = \left(\frac{2 \times 2}{2+2}\right) + 4 = \frac{4}{4} + 4 = 5[\Omega]$$

개방 전압 V_{oc}

• 전압원 작용 시 V_{oc} : 전류원 개방

  등가회로

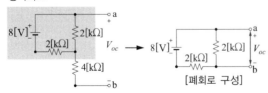

[폐회로 구성]

$$\therefore \ V_{oc} = \frac{2}{2+2} \times 8 = \frac{16}{4} = 4[V]$$

• 전류원 작용 시 V_{oc} : 전압원 단락

  등가회로

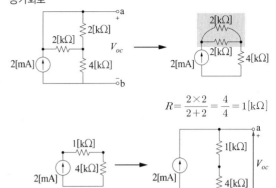

$$R = \frac{2 \times 2}{2+2} = \frac{4}{4} = 1[k\Omega]$$

$$V_{oc} = IR = 2 \times (1+4) = 10[V]$$

∴ 전체 V_{oc} = 전압원 V_{oc} + 전류원 V_{oc} = 4 + 10 = 14[V]

08 다음 회로에서 단자 a와 b 사이에 흐르는 전류[A]는?

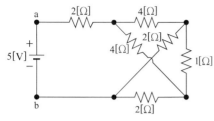

① 0.625   ② 1

③ 1.3   ④ 2

해설

등가회로 (좌측 4[Ω]과 1[Ω]을 우측으로 이동)

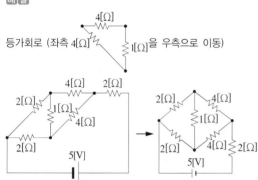

브리지 평형으로 1[Ω]에 전류가 흐르지 않는다.

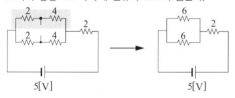

$R=2+4=6[\Omega]$ $R=\dfrac{6\times6}{6+6}=\dfrac{36}{12}=3[\Omega]$

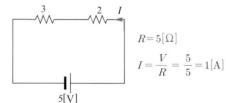

$R=5[\Omega]$

$I=\dfrac{V}{R}=\dfrac{5}{5}=1[A]$

09 권선비가 10 : 1인 이상적인 변압기가 있다. 1차 측은 실 횻값 200 ∠ 0°[V]인 전원에 연결되었고 2차 측은 10 ∠ 30°[Ω]인 부하에 연결되었을 때, 변압기의 1차 측에 흐르는 전류[A]는?

① $0.2\angle -30°$

② $0.2\angle 30°$

③ $2\angle -30°$

④ $2\angle 30°$

해설

• 권수비 $a=\dfrac{N_1}{N_2}=\dfrac{10}{1}$

• 1차측 임피던스 Z_1

$a=\sqrt{\dfrac{Z_1}{Z_2}}$, $a^2=\dfrac{Z_1}{Z_2}$

$\therefore\ Z_1=a^2\cdot Z_2=(10)^2\times10\angle30°=1{,}000\angle30°$

• 1차측 전류 I_1

$I_1=\dfrac{V_1}{Z_1}=\dfrac{200\angle0°}{1{,}000\angle30°}=0.2\angle-30°$

10 다음 회로에 대한 설명으로 옳은 것만을 보기에서 모두 고르면?(단, 총 전하량 $Q_T = 400[\mu C]$이고, 정전용량 $C_1 = 3[\mu F]$, $C_2 = 2[\mu F]$, $C_3 = 2[\mu F]$이다)

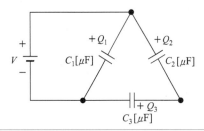

〈보 기〉
ㄱ. $Q_2[\mu C] = Q_3[\mu C]$
ㄴ. 커패시터의 총 합성 정전용량 $C_T = 4[\mu F]$
ㄷ. 전압 $V = 100[V]$
ㄹ. C_1에 축적되는 전하 $Q_1 = 300[\mu C]$

① ㄱ, ㄴ
② ㄱ, ㄷ, ㄹ
③ ㄴ, ㄷ, ㄹ
④ ㄱ, ㄴ, ㄷ, ㄹ

해설

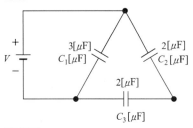

등가회로

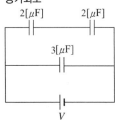

ㄱ. $2[\mu F]$과 $2[\mu F]$ 사이 Q는 같다(직렬).
ㄴ. 합성 정전용량 $C_T = \left(\dfrac{2 \times 2}{2+2}\right) + 3 = 1 + 3 = 4[\mu F]$
ㄷ. 전하량 $Q = CV[\mu C]$

$V = \dfrac{Q}{C} = \dfrac{400}{4} = 100[V]$

ㄹ. C_1에 축적되는 전하
$Q = C_1 V = 3 \times 100 = 300[\mu C]$

11 솔레노이드 코일의 단위 길이당 권선수를 4배로 증가시켰을 때, 인덕턴스의 변화는?

① $\dfrac{1}{16}$로 감소

② $\dfrac{1}{4}$로 감소

③ 4배 증가

④ 16배 증가

해설
$LI = N\phi$
$L = \dfrac{N\phi}{I}$, $\phi = BA$ 대입

$\quad = \dfrac{NBA}{I}$, $B = \mu H$ 대입

$\quad = \dfrac{N\mu HA}{I}$, $H = \dfrac{NI}{l}$ 대입

$\quad = \dfrac{N\mu \dfrac{NI}{l} A}{I} = \dfrac{\mu A N^2}{l}[H]$

$\therefore L \propto N^2$에서 $L \propto (4)^2 = 16$배 증가

12 전기장 내의 한 점 a에서 다른 점 b로 −4[C]의 전하를 옮기는데 32[J]의 일이 필요하다. 이 경우에 두 점 사이의 전위차 크기[V]는?

① 1
② 4
③ 8
④ 32

해설
$V = \dfrac{W}{Q} = \dfrac{32}{4} = 8[V]$

[참고] 전하량이 −4[C]인 것은 (−)값을 나타내는 것이 아니라 전하의 방향이 반대인 것을 말한다.

13 다음 RC 병렬회로에서 커패시터에 흐르는 전류 $i(t)$ [A]는?(단, $i(t) = 10\sqrt{2}\cos(\omega t = 45°)$[A]이다)

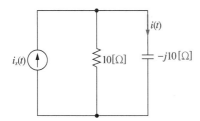

① $-10\cos\omega t$

② $10\cos\omega t$

③ $-10\sin\omega t$

④ $10\sin\omega t$

해설

• 전류 분배 법칙 적용

$$i(t) = \frac{10}{10+(-j10)} \times i_s(t)$$

$$= \frac{10}{10-j10} \times \left(\frac{10\sqrt{2}}{\sqrt{2}}\cos(\omega t + 45°)\right)$$

$$= \frac{100}{10-j10}\cos(\omega t + 45°)$$

$i(t)$ 분모 절댓값 $= \sqrt{(10)^2+(10)^2} = \sqrt{200} = 10\sqrt{2}$

• 위상차

$$\theta = \tan^{-1}\frac{허수}{실수} = \tan^{-1}\left(-\frac{10}{10}\right) = \tan^{-1}(-1)$$

$$\therefore \theta = -45°$$

• 전 류

$$i(t) = \frac{분자}{분모}, \; 분모 = 10\sqrt{2}\angle-45°, \; 분자 = 100$$

$$= \frac{100}{10\sqrt{2}\angle-45°}\cos(\omega t + 45°)$$

$$= \frac{100}{10\sqrt{2}\angle-45°}\sin(\omega t + 45° + 90°)$$

$$= \frac{100\angle135°}{10\sqrt{2}\angle-45°} = \frac{10}{\sqrt{2}}\angle135° - (-45°)$$

$$= \frac{10}{\sqrt{2}}\angle180°$$

$$\therefore i(t) = \frac{10}{\sqrt{2}}\angle180° = \frac{10}{\sqrt{2}}(\cos180° + j\sin180°)$$

$$= \frac{10}{\sqrt{2}}(-1+j0) = -\frac{10}{\sqrt{2}}$$

주어진 보기에서 $i(t) = -\dfrac{10}{\sqrt{2}}$ 와 같은 답이 없으므로 다음과 같이 답을 찾는다.

극좌표값 ⇒ 실훗값

최댓값 $=$ 실훗값$\times\sqrt{2} = \left(-\dfrac{10}{\sqrt{2}}\right)\times\sqrt{2} = -10$

그러므로 $i(t) = I_m\sin(\omega t + \theta)$와 비교하면

$i(t) = -10\sin\omega t$[A]

[별 해]

$$\dot{I} = \frac{10}{10-j10}\dot{I}_S$$

$$= \frac{10 \cdot 10\angle135°}{10\sqrt{2}\angle-45°}, \; \cos45° = \sin(90°+45°)$$

$$= \frac{10}{\sqrt{2}}\angle180°$$

$$i(t) = 10\sin(\omega t + 180°)$$

$$= -10\sin\omega t\,[A]$$

14 RLC 병렬회로에서 저항 10[Ω], 인덕턴스 100[H], 정전용량 $10^4[\mu F]$일 때 공진현상이 발생하였다. 이때 공진주파수[Hz]는?

① $\dfrac{1}{2\pi}\times10^{-3}$

② $\dfrac{1}{2\pi}$

③ $\dfrac{1}{\pi}$

④ $\dfrac{10}{\pi}$

해설

병렬회로 공진주파수는 직렬과 같다.

$$\therefore f = \frac{1}{2\pi\sqrt{LC}}[Hz] = \frac{1}{2\pi\sqrt{100\times1\times10^4\times10^{-6}}} = \frac{1}{2\pi}[Hz]$$

15 다음 회로에서 저항 2[Ω]에 소비되는 전력[W]은?

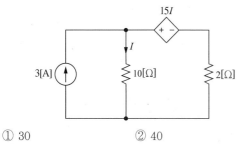

① 30

② 40

③ 50

④ 60

해설

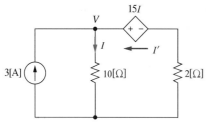

절점방정식 해석

절점을 V라 두면

$I_0 = \left(3 - \dfrac{V}{10} + \dfrac{15I - V}{2}\right) = 0$, $I = \dfrac{V}{10}$ 대입

$3 - \dfrac{V}{10} + \dfrac{15\left(\dfrac{V}{10}\right) - V}{2} = 0$

$3 = \dfrac{V}{10} - \dfrac{15\left(\dfrac{V}{10}\right) - V}{2}$

$3 = \dfrac{V}{10} - \dfrac{15\,V - 10\,V}{20}$

$3 = \dfrac{V}{10} - \dfrac{5\,V}{20}$

$3 = \dfrac{2\,V - 5\,V}{20}$

$3 = \dfrac{-3\,V}{20}$

$\therefore\ -3\,V = 3 \times 20$

$V = -\dfrac{60}{3} = -20[\text{V}]$

• 전 류

$I = \dfrac{V}{R} = \dfrac{-20}{10} = -2[\text{A}]$

회로에서 절점 V를 기준으로 전류를 구하면

$3 - (-2) + I' = 0$

$\therefore\ I' = -5[\text{A}]$

• 저항 2[Ω]에서 소비되는 전력

$P = I^2 R = (-5)^2 \times 2 = 25 \times 2 = 50[\text{W}]$

16 다음 회로에서 저항 4[Ω]에 흐르는 전류 I[A]는?

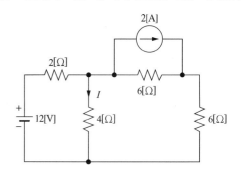

① 1.5

② 2.0

③ 2.5

④ 3.0

해설

밀만의 정리

쌍대성 이용(전류원 → 전압원, 병렬저항 → 직렬저항으로 변경)

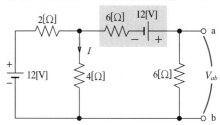

$V_{ab} = \dfrac{\text{각 저항분의 전압}}{\text{각 저항분의 1}}$

$= \dfrac{\dfrac{12}{2} - \dfrac{12}{12}}{\dfrac{1}{2} + \dfrac{1}{4} + \dfrac{1}{12}} = \dfrac{\dfrac{72 - 12}{12}}{\dfrac{6 + 3 + 1}{12}} = \dfrac{60}{10} = 6[\text{V}]$

$\therefore\ I_{4[\Omega]} = \dfrac{V}{R} = \dfrac{6}{4} = 1.5[\text{A}]$

17 v[m/s]의 속도를 가진 전자가 B[Wb/m²]의 평등 자계에 직각으로 들어가면 등속원운동을 한다. 이때 원운동의 주기 T[s]와 원의 반지름 r[m]은?(단, 전자의 전하는 q[C], 질량은 m[kg]이다)

	T[s]	r[m]
①	$\dfrac{\pi m}{\lvert q \rvert B}$	$\dfrac{mv}{\lvert q \rvert B}$
②	$\dfrac{\pi m}{\lvert q \rvert B}$	$\dfrac{2mv}{\lvert q \rvert B}$
③	$\dfrac{2\pi m}{\lvert q \rvert B}$	$\dfrac{mv}{\lvert q \rvert B}$
④	$\dfrac{2\pi m}{\lvert q \rvert B}$	$\dfrac{2mv}{\lvert q \rvert B}$

[해]설

힘 $F = BIl\sin\theta$[N], $I = \dfrac{dq}{dt}$ 대입

$= Bl\dfrac{dq}{dt}\sin\theta$, $\sin 90° = 1$ 대입

$= Bq\dfrac{dl}{dt} \times 1$, $v = \dfrac{dl}{dt}$[m/s] 대입

$= Bqv$[N]

등속 원운동에 따른 구심력

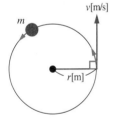

• 구심력(원심력) $F' = \dfrac{mv^2}{r}$[N]

$F = F'$ 라 두면 $Bqv = \dfrac{mv^2}{r}$

• 반지름 $r = \dfrac{mv^2}{Bqv} = \dfrac{mv}{qB}$[m]

• 주기 $T = \dfrac{1}{f}$[s], $\omega = 2\pi f$에서 $f = \dfrac{\omega}{2\pi}$ 대입

$= \dfrac{1}{\dfrac{\omega}{2\pi}} = \dfrac{2\pi}{\omega}$, $v = r\omega$에서 $\omega = \dfrac{v}{r}$ 대입

$= \dfrac{2\pi}{\dfrac{v}{r}} = \dfrac{2\pi r}{v}$, $r = \dfrac{mv}{qB}$[m] 대입

$= \dfrac{2\pi \cdot \dfrac{mv}{qB}}{v} = \dfrac{2\pi m}{qB}$[s]

18 다음 회로에서 단자 a, b, c에 대칭 3상 전압을 인가하여 각 선전류가 같은 크기로 흐르게 하기 위한 저항 R[Ω]은?

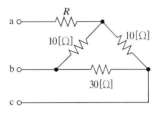

① 2
② 4
③ 6
④ 8

[해]설

△결선 ⇒ **Y**결선으로 변환(등가회로)

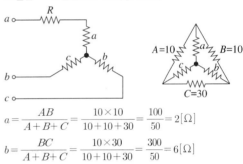

$a = \dfrac{AB}{A+B+C} = \dfrac{10 \times 10}{10+10+30} = \dfrac{100}{50} = 2$[Ω]

$b = \dfrac{BC}{A+B+C} = \dfrac{10 \times 30}{10+10+30} = \dfrac{300}{50} = 6$[Ω]

$c = \dfrac{CA}{A+B+C} = \dfrac{30 \times 10}{10+10+30} = \dfrac{300}{50} = 6$[Ω]

각 상당 임피던스는 같으므로, a상에서 $R+2 = 6$

∴ $R = 6-2 = 4$[Ω]

19 다음 RLC 직렬회로에서 스위치 S를 닫은 후에 흐르는 과도 전류의 파형 특성은?

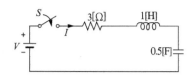

① 과제동(Overdamped)
② 부족제동(Underdamped)
③ 임계제동(Critically Damped)
④ 비제동(Undamped)

해설

$$R^2 - 4\frac{L}{C} = (3)^2 - \left(4 \times \frac{1}{0.5}\right) = 9 - 8 = 1$$

$\therefore\ R^2 - 4\dfrac{L}{C} > 0$이므로 비진동 또는 과제동

[참고]
RLC 직렬회로 진동 조건

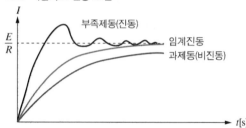

- $R^2 - 4\dfrac{L}{C} > 0$: 비진동, 과제동
- $R^2 - 4\dfrac{L}{C} = 0$: 임계진동
- $R^2 - 4\dfrac{L}{C} < 0$: 진동, 부족제동

20 다음은 교류 정현파의 최댓값과 다른 값들과의 상관관계를 나타낸 것이다. 실횻값(A)와 파고율(B)는?

파 형	최댓값	실횻값	파형률	파고율
교류 정현파	V_m	(A)	$\dfrac{\pi}{2\sqrt{2}}$	(B)

	(A)	(B)
①	$\dfrac{V_m}{\sqrt{2}}$	$\dfrac{1}{\sqrt{2}}$
②	$\dfrac{V_m}{\sqrt{2}}$	$\sqrt{2}$
③	$\sqrt{2}\,V_m$	$\dfrac{1}{\sqrt{2}}$
④	$\sqrt{2}\,V_m$	$\sqrt{2}$

해설

구 분	파 형	실횻값	평균값	파고율	파형률
정현파 (사인파)	V_m	$\dfrac{V_m}{\sqrt{2}}$	$\dfrac{2}{\pi}V_m$	$\sqrt{2}$	$\dfrac{\pi}{2\sqrt{2}}$
전파 (정류)		$\dfrac{V_m}{\sqrt{2}}$	$\dfrac{2}{\pi}V_m$	$\sqrt{2}$	$\dfrac{\pi}{2\sqrt{2}}$
반파 (정류)		$\dfrac{V_m}{2}$	$\dfrac{V_m}{\pi}$	2	$\dfrac{\pi}{2}$
구형파 (사각파)		V_m	V_m	1	1
반구형파		$\dfrac{V_m}{\sqrt{2}}$	$\dfrac{V_m}{2}$	$\sqrt{2}$	$\sqrt{2}$
삼각파 (톱니파)		$\dfrac{V_m}{\sqrt{3}}$	$\dfrac{V_m}{2}$	$\sqrt{3}$	$\dfrac{2}{\sqrt{3}}$
제형파 (사다리꼴)		$\dfrac{\sqrt{5}}{3}V_m$	$\dfrac{2}{3}V_m$	$\dfrac{3}{\sqrt{5}}$	$\dfrac{\sqrt{3}}{2}$

[참고]
파고율, 파형률

2015년 국가직 전기이론

01 다음 회로에서 소모되는 전력이 12[W]일 때, 직류전원의 전압[V]은?

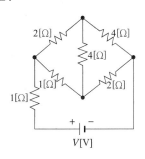

① 3
② 6
③ 10
④ 12

해설

등가회로(브리지 평형)

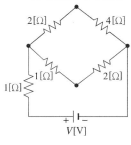
⇒
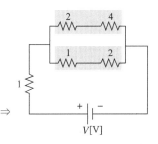

합성 저항 $R = \dfrac{6 \times 3}{6+3} = \dfrac{18}{9} = 2[\Omega]$

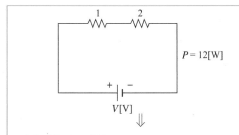

• 전체 저항 $R = 3[\Omega]$

• 전력 $P = \dfrac{V^2}{R}[\text{W}]$, $V^2 = PR$

∴ $V = \sqrt{PR} = \sqrt{12 \times 3} = \sqrt{36} = 6[\text{V}]$

02 교류전압 $v(t) = 100\sqrt{2} \sin 377t[\text{V}]$에 대한 설명으로 옳지 않은 것은?

① 실효전압은 100[V]이다.

② 전압의 각주파수는 377[rad/s]이다.

③ 전압에 1[Ω]의 저항을 직렬연결하면 흐르는 전류의 실횻값은 $100\sqrt{2}[\text{A}]$이다.

④ 인덕턴스와 저항이 직렬연결된 회로에 전압이 인가되면 전류가 전압보다 뒤진다.

해설

③ 실효전류 $I = \dfrac{V}{R} = \dfrac{100}{1} = 100[\text{A}]$

① 실효전압

$V = \dfrac{V_m}{\sqrt{2}} = \dfrac{100\sqrt{2}}{\sqrt{2}} = 100[\text{V}]$

② 각주파수 $\omega = 377[\text{rad/s}]$

④ RL 직렬에서 L의 위상차

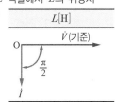

03 다음은 플레밍의 오른손 법칙을 설명한 것이다. 괄호 안에 들어갈 말을 바르게 나열한 것은?

> 자기장 내에 놓여 있는 도체가 운동을 하면 유도기 전력이 발생하는데, 이때 오른손의 엄지, 검지, 중지를 서로 직각이 되도록 벌려서 엄지를 (㉠)의 방향에, 검지를 (㉡)의 방향에 일치시키면 중지는 (㉢)의 방향을 가리키게 된다.

	㉠	㉡	㉢
①	도체 운동	유도기전력	자기장
②	도체 운동	자기장	유도기전력
③	자기장	유도기전력	도체 운동
④	자기장	도체 운동	유도기전력

해설
플레밍의 오른손 법칙

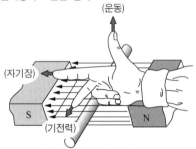

엄지(도체 운동), 검지(자기장), 중지(유도기전력)

04 평형 3상 Y결선의 전원에서 상전압의 크기가 220[V]일 때, 선간전압의 크기[V]는?

① $\dfrac{220}{\sqrt{3}}$　　②　$\dfrac{220}{\sqrt{2}}$

③ $220\sqrt{2}$　　④ $220\sqrt{3}$

해설

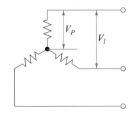

Y결선 선전압
$V_l = \sqrt{3}\,V_p[\text{V}] = \sqrt{3} \times 220 = 220\sqrt{3}\,[\text{V}]$

05 기전력이 1.5[V]인 동일한 건전지 4개를 직렬로 연결하고, 여기에 10[Ω]의 부하저항을 연결하면 0.5[A]의 전류가 흐른다. 건전지 1개의 내부저항[Ω]은?

① 0.5　　② 2

③ 6　　④ 12

해설
등가회로

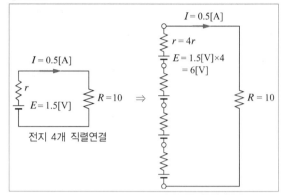

전류 $I = \dfrac{E}{r+R}[\text{A}]$ 에서

$I = 0.5[\text{A}]$, $E = 6[\text{V}]$, $R = 10[\Omega]$, $r = 4r[\Omega]$ 을 대입하면

$0.5 = \dfrac{6}{4r+10}$

$6 = 0.5\,(4r+10) = 2r + 5$

$2r = 1$

$r = \dfrac{1}{2} = 0.5[\Omega]$

06 다음은 직렬 RL 회로이다. $v(t) = 10\cos(\omega t + 40°)$[V]이고, $i(t) = 2\cos(\omega t + 10°)$[mA]일 때, 저항 R과 인덕턴스 L은?(단, $\omega = 2 \times 10^6$[rad/s]이다)

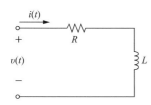

	$R[\Omega]$	$L[\mathrm{mH}]$
①	$2,500\sqrt{3}$	1.25
②	$2,500$	1.25
③	$2,500\sqrt{3}$	12.5
④	$2,500$	12.5

해설

• 임피던스

$$Z = \frac{V}{I} = \frac{\left(\dfrac{10}{\sqrt{2}} \angle 40°\right)}{\left(\dfrac{2}{\sqrt{2}} \angle 10°\right) \times 10^{-3}} = 5 \times 10^3 \angle 30°$$

• 역 률

$$\cos\theta = \frac{R}{|Z|}$$

$\therefore$ 저항 $R = |Z| \cdot \cos\theta[\Omega]$

$$= 5 \times 10^3 \times \cos 30°, \ \cos 30° = \frac{\sqrt{3}}{2} \ \text{대입}$$

$$= 5 \times 10^3 \times \frac{\sqrt{3}}{2} = 2,500\sqrt{3}\,[\Omega]$$

$$\sin\theta = \frac{X_L}{|Z|}$$

리액턴스 $X_L = |Z| \cdot \sin\theta[\Omega]$

$$= 5 \times 10^3 \times \sin 30°, \ \sin 30° = \frac{1}{2} \ \text{대입}$$

$$= 5 \times 10^3 \times \frac{1}{2} = 2,500[\Omega]$$

리액턴스 $X_L = \omega L[\Omega]$에서

인덕턴스 $L = \dfrac{X_L}{\omega}$, $\omega = 2 \times 10^6$ 대입

$$= \frac{2,500}{2 \times 10^6} = 1,250 \times 10^{-6} = 1.25 \times 10^{-3}$$

$$= 1.25[\mathrm{mH}]$$

07 다음 RC 회로에서 $R = 50$[kΩ], $C = 1[\mu\mathrm{F}]$일 때, 시상수 τ[s]는?

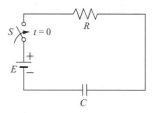

① 2×10^2 ② 2×10^{-2}

③ 5×10^2 ④ 5×10^{-2}

해설

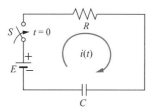

• 전류 $i(t) = \dfrac{E}{R}(e^{-\frac{1}{RC}t})$[A]

• 시정수 $\tau = RC[\mathrm{s}] = 50 \times 10^3 \times 1 \times 10^{-6} = 50 \times 10^{-3}$
$$= 5 \times 10^{-2}$$

08 다음 회로에서 전압 V_3[V]는?

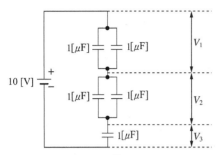

① 5   ② 7

③ 9   ④ 11

해설

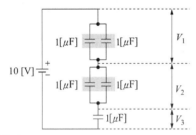

• 등가회로 1

$C = 1 + 1 = 2[\mu F]$

• 등가회로 2

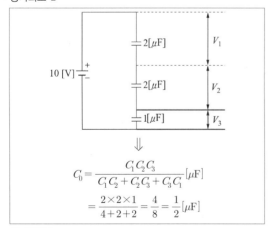

$$C_0 = \frac{C_1 C_2 C_3}{C_1 C_2 + C_2 C_3 + C_3 C_1}[\mu F]$$
$$= \frac{2 \times 2 \times 1}{4 + 2 + 2} = \frac{4}{8} = \frac{1}{2}[\mu F]$$

• 총 전하량

$$Q = C_0 V = \frac{1}{2} \times 10^{-6} \times 10 = 5 \times 10^{-6}[C]$$

• 전 압

$$V_3 = \frac{Q}{C_3} = \frac{5 \times 10^{-6}}{1 \times 10^{-6}} = 5[V]$$

09 그림과 같은 주기적 성질을 갖는 전류 $i(t)$의 실횻값[A]은?

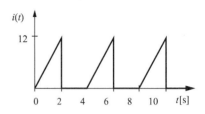

① $2\sqrt{3}$ ② $2\sqrt{6}$

③ $3\sqrt{3}$ ④ $3\sqrt{6}$

해설

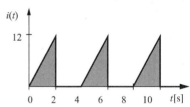

삼각파 실효전류

$$I = \sqrt{\frac{1}{T} \int_0^T i^2 dt}\,[A]$$
$$= \sqrt{\frac{1}{4} \int_0^2 (6t)^2 dt} = \sqrt{\frac{1}{4} \int_0^2 (36t^2) dt}$$
$$= \sqrt{\frac{1}{4} \left[36 \cdot \frac{1}{3} t^3\right]_0^2} = \sqrt{\frac{1}{4} \left[12 t^3\right]_0^2}$$
$$= \sqrt{\frac{1}{4} \left[12 \cdot (2^3 - 0^3)\right]} = \sqrt{\frac{1}{4} \left[12 \times 8\right]}$$
$$= \sqrt{\frac{96}{4}} = \sqrt{24} = 2\sqrt{6}\,[A]$$

10 이상적인 코일에 220[V], 60[Hz]의 교류전압을 인가하면 10[A]의 전류가 흐른다. 이 코일의 리액턴스는?

① 58.38[mH]   ② 58.38[Ω]

③ 22[mH]   ④ 22[Ω]

해설

리액턴스

$$X_L = \frac{V}{I}[\Omega] = \frac{220}{10} = 22[\Omega]$$

11 자체 인덕턴스가 L_1, L_2인 2개의 코일을 〈그림 1〉 및 〈그림 2〉와 같이 직렬로 접속하여 두 코일 간의 상호인덕턴스 M을 측정하고자 한다. 두 코일이 정방향일 때의 합성 인덕턴스가 24[mH], 역방향일 때의 합성 인덕턴스가 12[mH]라면 상호인덕턴스 M[mH]은?

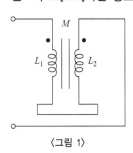 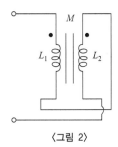

〈그림 1〉 〈그림 2〉

① 3 ② 6
③ 12 ④ 24

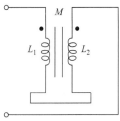 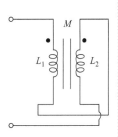

감극성　　　　　　가극성

〈그림 2〉 가극성 $L_A = L_1 + L_2 + 2M$[mH], $L_A = 24$[mH]

〈그림 1〉 감극성 $L_B = L_1 + L_2 - 2M$[mH], $L_B = 12$[mH]

$L_A - L_B = 4M$

$24 - 12 = 4M$

$\therefore M = \dfrac{12}{4} = 3$[mH]

12 평형 3상 회로에서 〈그림 1〉의 △결선된 부하가 소비하는 전력이 $P_\triangle$[W]이다. 부하를 〈그림 2〉의 Y결선으로 변환하면 소비전력[W]은?(단, 선간전압은 일정하다)

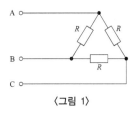 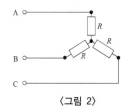

〈그림 1〉 〈그림 2〉

① $9P_\triangle$

② $\dfrac{1}{9}P_\triangle$

③ $3P_\triangle$

④ $\dfrac{1}{3}P_\triangle$

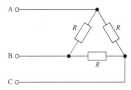 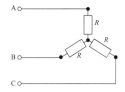

△ → Y 변환 시 소비전력

$P_\triangle = 3\dfrac{V_e^2}{R}$, $(V_e = V_P)$

$P_Y = 3\dfrac{\left(\dfrac{V_e}{\sqrt{3}}\right)^2}{R}$, $(V_e = \sqrt{3}\,V_P\angle 30°)$

$= \dfrac{V_e^2}{R}$

$\therefore P_Y = \dfrac{1}{3}P_\triangle$

13 다음 회로에서 스위치 S가 충분히 오랜 시간 동안 열려 있다가 $t=0$인 순간에 닫혔다. $t>0$일 때의 전류 $i(t)$[A]는?

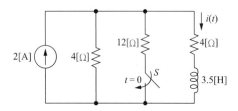

① $\dfrac{1}{7}(6+e^{-\frac{3}{2}t})$　　　② $\dfrac{1}{7}(8-e^{-\frac{3}{2}t})$

③ $\dfrac{1}{7}(6+e^{-2t})$　　　④ $\dfrac{1}{7}(8-e^{-2t})$

해설

• 스위치 Off일 때(L 단락)

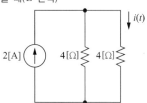

$$i(0)=\frac{4}{4+4}\times 2=\frac{8}{8}=1[\text{A}]$$

• 스위치 On일 때

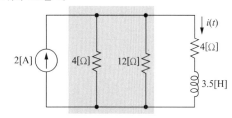

$$R=\frac{4\times 12}{4+12}=\frac{48}{16}=3[\Omega]$$

• 등가회로

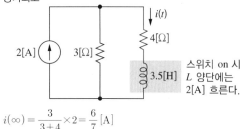

스위치 on 시 L 양단에는 2[A] 흐른다.

$$i(\infty)=\frac{3}{3+4}\times 2=\frac{6}{7}[\text{A}]$$

• 전류원 제거 시(등가회로)

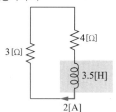

• 폐회로에서 저항
$$R=3+4=7[\Omega]$$

• 특성근
$$P=-\frac{R}{L}=-\frac{7}{3.5}=-2$$

$$\therefore\ i(t)=\frac{6}{7}+\left(1-\frac{6}{7}\right)e^{-2t}=\frac{6}{7}+\frac{1}{7}e^{-2t}$$

$$=\frac{1}{7}(6+e^{-2t})[\text{A}]$$

14 1[Ω]의 저항과 1[mH]의 인덕터가 직렬로 연결되어 있는 회로에 실횟값이 10[V]인 정현파 전압을 인가할 때, 흐르는 전류의 최댓값[A]은?(단, 정현파의 각주파수는 1,000[rad/s]이다)

① 5　　　　　　② $5\sqrt{2}$

③ 10　　　　　④ $10\sqrt{2}$

해설

• 임피던스
$$Z=R+j\omega L[\Omega]$$
$$=1+j(1,000\times 1\times 10^{-3})=1+j1$$
$$|Z|=\sqrt{(1)^2+(1)^2}=\sqrt{2}$$

• 전 류
$$I=\frac{V}{|Z|}[\text{A}]=\frac{10}{\sqrt{2}}$$

• 최댓값 전류
$$I_m=\text{실횟값}\times\sqrt{2}=\frac{10}{\sqrt{2}}\times\sqrt{2}=10[\text{A}]$$

15 직각좌표계 $(x,\ y,\ z)$의 원점에 점전하 0.6[μC]이 놓여 있다. 이 점전하로부터 좌표점 (2, −1, 2)[m]에 미치는 전계의 세기 중 x축 성분의 크기[V/m]는?(단, 매질은 공기이고, $\dfrac{1}{4\pi\varepsilon_0}=9\times10^9$[m/F]이다)

① 200   ② 300

③ 400   ④ 500

해설

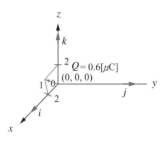

• 거 리

$r=(2-0)i+(-1-0)j+(2-0)k=2i-j+2k$

$\therefore |r|=\sqrt{(2)^2+(-1)^2+(2)^2}=\sqrt{9}=3$[m]

• r방향의 단위 벡터

$r_0=\dfrac{r}{|r|}=\dfrac{2i-j+2k}{3}$

• x축 성분 전계의 세기

$E=\dfrac{1}{4\pi\varepsilon_0}\cdot\dfrac{Q}{r^2}$[V/m]

$=9\times10^9\times\dfrac{Q}{r^2}\times A_{xi}$[V/m], $A_{xi}=x$축 성분

$=9\times10^9\times\dfrac{0.6\times10^{-6}}{(3)^2}\times\dfrac{2}{3}$

$=9\times10^9\times\dfrac{0.6\times10^{-6}}{9}\times\dfrac{2}{3}$

$=\dfrac{6\times10^2\times2}{3}=4\times10^2=400$[V/m]

16 그림과 같은 색띠 저항에 10[V]의 직류전원을 연결하면 이 저항에서 10분간 소모되는 열량[cal]은?(단, 색상에 따른 숫자는 다음 표와 같으며, 금색이 의미하는 저항값의 오차는 무시한다)

색상	검정	갈색	빨강	주황	노랑	녹색	파랑	보라	회색	흰색
숫자	0	1	2	3	4	5	6	7	8	9

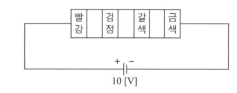

① 12   ② 36

③ 72   ④ 144

해설

• 저항값(빨강/검정/갈색/금색) ⇒ $R=200[\Omega]\pm5[\%]$

• 열 량

$H=0.24I^2Rt$[cal]$=0.24\times\left(\dfrac{V}{R}\right)^2\times R\times t$

$=0.24\times\left(\dfrac{10}{200}\right)^2\times200\times10분\times60초$

$=\dfrac{2,880,000}{40,000}=72$[cal]

17 같은 평면 위에 무한히 긴 직선도선 ㉠과 직사각 폐회로 모양의 도선 ㉡이 놓여 있다. 각 I[A]의 전류가 그림과 같이 흐른다고 할 때, 도선 ㉠과 ㉡ 사이에 작용하는 힘은?

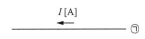

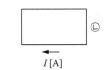

① 반발력　　　　　② 흡인력
③ 회전력　　　　　④ 없다.

해설

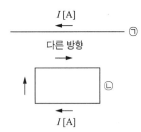

㉡에서 돌아오는 전류는 ㉠과 반대 방향, 즉 반발력이 작용한다.

18 그림의 평형 3상 Y결선 전원에서 V_{ac}[V]는?

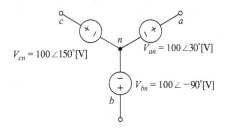

① $100\sqrt{2} \angle 0°$
② $100\sqrt{3} \angle 0°$
③ $100\sqrt{2} \angle 60°$
④ $100\sqrt{3} \angle 60°$

해설

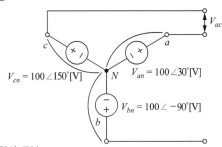

• 전압의 구분
　V_{ac} = 선전압
　V_{an}, V_{bn}, V_{cn} = 상전압
• 전위차를 이용 해석
　$V_{ab} = V_a - V_b$
　$V_{ba} = V_b - V_a$
　$\therefore\ V_{ab} = -V_{ba} = -(V_b - V_a) = V_a - V_b$
Y결선에서
$V_l = \sqrt{3}\,V_p \angle 30°$[V] 이므로
$V_{ca} = \sqrt{3}\,V_{cn} \angle \theta + 30°$[V]
　　$= \sqrt{3} \cdot 100 \angle 150° + 30° = 100\sqrt{3} \angle 180°$
　　$= 100\sqrt{3}(\cos 180° + j\sin 180°)$
　　$= 100\sqrt{3}(-1 + j0) = -100\sqrt{3} \angle 0°$
$\therefore\ V_{ac} = -V_{ca}$ 이므로
　　$= -(-100\sqrt{3} \angle 0°) = 100\sqrt{3} \angle 0°$

19 어떤 회로에 $v(t) = 40\sin(\omega t + \theta)$[V]의 전압을 인가하면 $i(t) = 20\sin(\omega t + \theta - 30°)$[A]의 전류가 흐른다. 이 회로에서 무효전력[Var]은?

① 200

② $200\sqrt{3}$

③ 400

④ $400\sqrt{3}$

해설

무효전력

$P_r = VI\sin\theta$[Var], $\theta = 30°$

$= \left(\dfrac{40}{\sqrt{2}}\right) \times \left(\dfrac{20}{\sqrt{2}}\right) \times \sin 30° = \dfrac{40 \times 20}{2} \times \dfrac{1}{2} = 200$[Var]

20 다음 회로에서 스위치 S의 개폐 여부에 관계없이 전류 I는 15[A]로 일정하다. 저항 $R_1[\Omega]$은?(단, $R_3 = 3[\Omega]$, $R_4 = 4[\Omega]$이고, 인가전압 $E = 75$[V]이다)

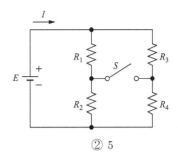

① 2.5　　　　　　② 5

③ 7.5　　　　　　④ 10

해설

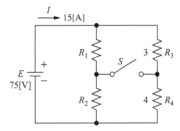

스위치 Off 시 저항

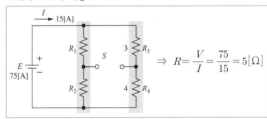

- 저항 $R = \dfrac{(R_1 + R_2) \times 7}{(R_1 + R_2) + 7}$, $R = 5$ 대입

  $(R_1 + R_2) = x$라 두면

  $5 = \dfrac{7x}{x+7}$

  $7x = 5 \cdot (x+7) = 5x + 35$

  $x = \dfrac{35}{2} = 17.5$

  $(R_1 + R_2) = 17.5$

- 브리지 평형 조건으로 식 변형

  $(R_1 \cdot R_4) = (R_2 \cdot R_3)$, 양변에 $(R_1 \cdot R_3)$를 더하면

  $(R_1 \cdot R_3) + (R_1 \cdot R_4) = (R_1 \cdot R_3) + (R_2 \cdot R_3)$

  $R_1 = \dfrac{R_1 R_3 + R_2 R_3}{R_3 + R_4} = \dfrac{(R_1 + R_2) R_3}{R_3 + R_4}$

  $(R_1 + R_2) = 17.5$, $R_3 = 3[\Omega]$, $R_4 = 4[\Omega]$ 대입

  $\therefore R_1 = \dfrac{17.5 \times 3}{3 + 4} = \dfrac{52.5}{7} = 7.5[\Omega]$

2016년 국가직 전기이론

01 다음 회로에서 3[Ω]에 흐르는 전류 i_o[A]는?

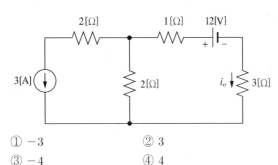

① −3

② 3

③ −4

④ 4

해설

중첩의 원리

전류원 적용 시(전압원 : 단락)

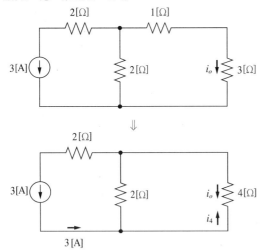

$4[\Omega]$에 흐르는 전류 $i_4 = \dfrac{2}{2+4} \times 3 = \dfrac{6}{6} = 1[A]$

$\therefore$ i_0와 i_4는 반대 방향이므로 $i_0 = -i_4 = -1[A]$

전압원 적용 시(전류원 : 개방)

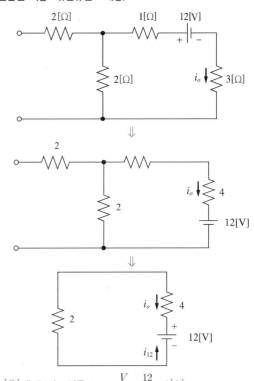

$4[\Omega]$에 흐르는 전류 $i_{12} = \dfrac{V}{R} = \dfrac{12}{6} = 2[A]$

$\therefore$ i_0와 i_{12}는 반대 방향이므로 $i_0 = -i_{12} = -2[A]$

그러므로 전체 전류 $i_0 = -1-2 = -3[A]$

02 다음 회로에서 정상상태에 도달하였을 때, 인덕터와 커패시터에 저장된 에너지[J]의 합은?

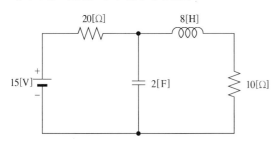

① 2.6

② 26

③ 260

④ 2,600

해설

등가회로

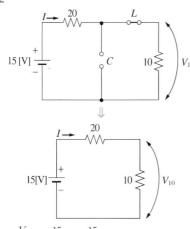

⇓

- 전류 $I = \dfrac{V}{R} = \dfrac{15}{20+10} = \dfrac{15}{30} = 0.5[\text{A}]$

- 전압 $V_{10} = \dfrac{10}{20+10} \times 15 = \dfrac{150}{30} = 5[\text{V}]$

인덕턴스(코일)에 축적되는 에너지

$$W_L = \frac{1}{2}LI^2[\text{J}] = \frac{1}{2} \times 8 \times (0.5)^2 = 1[\text{J}]$$

커패시터(콘덴서)에 축적되는 에너지

$$W_c = \frac{1}{2}CV^2[\text{J}] = \frac{1}{2} \times 2 \times 5^2 = 25[\text{J}]$$

∴ 전체 에너지 $W = W_L + W_c = 1 + 25 = 26[\text{J}]$

[참고]

직류에서 인덕턴스 L : 단락, 커패시터 C : 개방

03 다음 회로에서 전압 $V_o[\text{V}]$는?

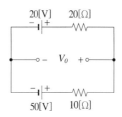

① -60

② -40

③ 40

④ 60

해설

밀만의 정리

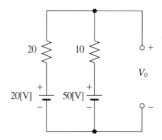

$$V_o = \frac{각\ 저항분의\ 전압}{각\ 저항분의\ 1}$$

$$= \frac{\dfrac{20}{20} + \dfrac{50}{10}}{\dfrac{1}{20} + \dfrac{1}{10}} = \frac{\dfrac{20+100}{20}}{\dfrac{1+2}{20}}$$

$$= \frac{120}{3} = 40[\text{V}]$$

04 히스테리시스 특성 곡선에 대한 설명으로 옳지 않은 것은?

① 히스테리시스 손실은 주파수에 비례한다.
② 곡선이 수직축과 만나는 점은 잔류자기를 나타낸다.
③ 자속밀도, 자기장의 세기에 대한 비선형 특성을 나타낸다.
④ 곡선으로 둘러싸인 면적이 클수록 히스테리시스 손실이 적다.

해설
④ 면적이 클수록 히스테리시스 손실도 크다.
① 주파수에 비례한다.
② 수직축(세로, 종축)과 만나는 점은 잔류자기를 나타낸다.
③ 자속밀도(B), 자기장의 세기(H)에 대한 특성을 나타낸다.

05 이상적인 변압기에서 1차측 코일과 2차측 코일의 권선비가 $\dfrac{N_1}{N_2}$ = 10일 때, 옳은 것은?

① 2차측 소비전력은 1차측 소비전력의 10배이다.
② 2차측 소비전력은 1차측 소비전력의 100배이다.
③ 1차측 소비전력은 2차측 소비전력의 100배이다.
④ 1차측 소비전력은 2차측 소비전력과 동일하다.

해설
이상적인 변압기에서 $P_1 = V_1 I_1 \text{[W]}$, $P_2 = V_2 I_2 \text{[W]}$ 이므로 소비전력은 같다.

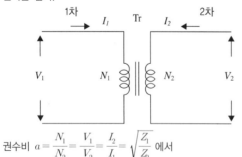

권수비 $a = \dfrac{N_1}{N_2} = \dfrac{V_1}{V_2} = \dfrac{I_2}{I_1} = \sqrt{\dfrac{Z_1}{Z_2}}$ 에서

$N_1 : N_2 = 1 : 10$일 때

	1차	2차
권선비(N)	1	10
전압(V)	1	10
전류(I)	10	1
임피던스(Z)	1	100
전력(P)	1	1

06 비투자율 100인 철심을 코어로 하고 단위 길이당 권선수가 100회인 이상적인 솔레노이드의 자속밀도가 0.2 [Wb/m²]일 때, 솔레노이드에 흐르는 전류[A]는?

① $\dfrac{20}{\pi}$ ② $\dfrac{30}{\pi}$

③ $\dfrac{40}{\pi}$ ④ $\dfrac{50}{\pi}$

해설

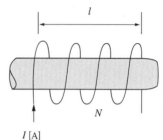

- 자기장의 세기 $H = n_0 I \text{[AT/m]}$
- 자속밀도 $B = \mu H = \mu_0 \mu_s H \text{[Wb/m}^2\text{]}$

  $H = \dfrac{B}{\mu_0 \mu_s}$ 이므로 $n_0 I = \dfrac{B}{\mu_0 \mu_s}$

- 전류 $I = \dfrac{B}{n_0 \mu_0 \mu_s} = \dfrac{0.2}{100 \times 4\pi \times 10^{-7} \times 100}$

  $= \dfrac{0.2}{4\pi \times 10^{-3}} = \dfrac{0.2 \times 10^3}{4\pi} = \dfrac{200}{4\pi} = \dfrac{50}{\pi}$

07 50[V], 250[W] 니크롬선의 길이를 반으로 잘라서 20[V] 전압에 연결하였을 때, 니크롬선의 소비전력[W]은?

① 80
② 100
③ 120
④ 140

해설

250[W]

50[V]

- 니크롬선 전력 $P = \dfrac{V^2}{R}$[W]에서

- 저항 $R = \dfrac{V^2}{P}$[Ω] $= \dfrac{(50)^2}{250} = \dfrac{2,500}{250} = 10$[$\Omega$]

- 전선의 고유저항 $R = \rho \dfrac{l}{A}$[Ω]에서 $R \propto l$

즉, 길이가 $\dfrac{1}{2}$이 되면 저항값도 $\dfrac{1}{2}$로 줄어든다.

저항 $R' = \dfrac{1}{2}R = \dfrac{1}{2} \times 10 = 5$[$\Omega$]

$P = \dfrac{V^2}{R'}$[W] $= \dfrac{(20)^2}{5} = \dfrac{400}{5} = 80$[W]

08 정전계 내의 도체에 대한 설명으로 옳지 않은 것은?

① 도체표면은 등전위면이다.
② 도체내부의 정전계 세기는 영이다.
③ 등전위면의 간격이 좁을수록 정전계 세기가 크게 된다.
④ 도체표면상에서 정전계 세기는 모든 점에서 표면의 접선 방향으로 향한다.

해설

④ 등전위면과 전기력선은 항상 수직이다.
① 도체표면은 등전위면이다.
② 도체표면에 존재하고 도체 내부에는 없다.
③ 등전위면 간격이 좁을수록 전기력선 세기가 크다.

09 단상 교류회로에서 80[kW]의 유효전력이 역률 80[%] (지상)로 부하에 공급되고 있을 때, 옳은 것은?

① 무효전력은 50[kVar]이다.
② 역률은 무효율보다 크다.
③ 피상전력은 $100\sqrt{2}$[kVA]이다.
④ 코일을 부하에 직렬로 추가하면 역률을 개선시킬 수 있다.

해설

② 역률 $\cos\theta = 0.8$이므로, 무효율 $\sin\theta = 0.6$이다.
① 무효전력 $P_r = P_a \sin\theta$[kVar] $= 100 \times 0.6 = 60$[kVar]
③ 역률 $\cos\theta = \dfrac{P}{P_a}$에서

피상전력 $P_a = \dfrac{P}{\cos\theta} = \dfrac{80}{0.8} = 100$[kVA]

④ 역률개선 : 콘덴서 C 연결

10 다음 회로에서 $v_s(t) = 20\cos(t)$[V]의 전압을 인가했을 때, 전류 $i_s(t)$[A]는?

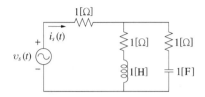

① $10\cos(t)$

② $20\cos(t)$

③ $10\cos(t-45°)$

④ $20\cos(t-45°)$

해설

- 전압 $v_s(t) = 20\cos(t)$[V]에서 각속도 $\omega = 1$
- 유도리액턴스 $X_L = j\omega L[\Omega] = j \times 1 \times 1 = j1[\Omega]$
- 용량리액턴스 $X_c = \dfrac{1}{j\omega C}[\Omega] = \dfrac{1}{j \times 1 \times 1} = \dfrac{1}{j} = -j1[\Omega]$

등가회로 1

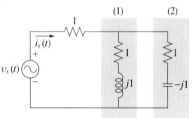

(1)에서 $Z_1 = 1 + j1$, (2)에서 $Z_2 = 1 - j1$

$\therefore Z = \dfrac{Z_1 \times Z_2}{Z_1 + Z_2} = \dfrac{(1+j1) \times (1-j1)}{(1+j1)+(1-j1)} = \dfrac{1+1}{1+1} = 1[\Omega]$

등가회로 2

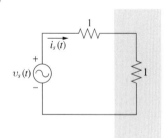

- 전체 $Z = 1 + 1 = 2[\Omega]$
- 전류 $i_s(t) = \dfrac{v_s(t)}{Z} = \dfrac{20\cos(t)}{2} = 10\cos(t)$[A]

11 커패시터만의 교류회로에 대한 설명으로 옳지 않은 것은?

① 전압과 전류는 동일 주파수이다.

② 전류는 전압보다 위상이 $\dfrac{\pi}{2}$ 앞선다.

③ 전압과 전류의 실횻값의 비는 1이다.

④ 정전기에서 커패시터에 축적된 전하는 전압에 비례한다.

해설

③ 전압과 전류의 비는 용량리액턴스 X_c값에 의해 결정된다.

$$X_c = \dfrac{V}{I}[\Omega]$$

① 전압과 전류에 대한 주파수는 같다.

② 전류는 전압보다 $\dfrac{\pi}{2}$ 만큼 위상이 앞선다.

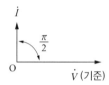

④ 커패시터에 충전된 전하는 전압에 비례한다.

$$Q = CV[\text{C}]$$

12 RLC 직렬회로에서 $R : X_L : X_C = 1 : 2 : 1$일 때, 역률은?

① $\dfrac{1}{\sqrt{2}}$

② $\dfrac{1}{2}$

③ $\sqrt{2}$

④ 1

해설

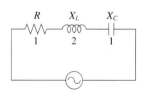

- 임피던스 $Z = R + jX_L - jX_c[\Omega] = 1 + j2 - j1 = 1 + j1[\Omega]$

$\therefore |Z| = \sqrt{(\text{실수})^2 + (\text{허수})^2} = \sqrt{(1)^2 + (1)^2} = \sqrt{2}$

- 역률 $\cos\theta = \dfrac{R}{|Z|} = \dfrac{1}{\sqrt{2}}$

13 그림 (b)는 그림 (a)의 회로에 흐르는 전류들에 대한 벡터도를 나타낸 것이다. 이러한 조건이 되기 위한 각주파수[rad/s]는?

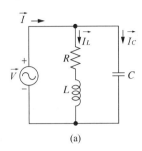

(a)

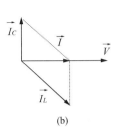

(b)

① $\sqrt{\dfrac{1}{LC} - \dfrac{R^2}{C^2}}$ ② $\sqrt{\dfrac{1}{LC} - \dfrac{R^2}{L^2}}$

③ $\sqrt{\dfrac{1}{LC} - \dfrac{L^2}{R^2}}$ ④ $\sqrt{\dfrac{1}{LC} - \dfrac{C^2}{R^2}}$

해설

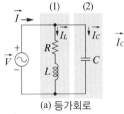

(a) 등가회로

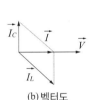

(b) 벡터도

(a) 등가회로의

(1)에서 어드미턴스 $Y_1 = \dfrac{1}{R + j\omega L}[\mho]$,

(2)에서 어드미턴스 $Y_2 = j\omega C[\mho]$

$Y = Y_1 + Y_2 = \dfrac{1}{R + j\omega L} + j\omega C$

$= \dfrac{1 \cdot (R - j\omega L)}{(R + j\omega L) \cdot (R - j\omega L)} + j\omega C$

$= \dfrac{R - j\omega L}{R^2 + (\omega L)^2} + j\omega C$

$= \dfrac{R}{R^2 + (\omega L)^2} - j\dfrac{\omega L}{R^2 + (\omega L)^2} + j\omega C$

$= \dfrac{R}{R^2 + (\omega L)^2} - j\left(\dfrac{\omega L}{R^2 + (\omega L)^2} - \omega C\right)$

공진회로이므로 허수부 = 0

$\dfrac{\omega L}{R^2 + (\omega L)^2} = \omega C$

$\omega L = \omega C \cdot (R^2 + (\omega L)^2)$

$R^2 + (\omega L)^2 = \dfrac{L}{C}$

$(\omega L)^2 = \dfrac{L}{C} - R^2$

$\omega L = \sqrt{\dfrac{L}{C} - R^2}$

$\omega = \dfrac{1}{L}\sqrt{\dfrac{L}{C} - R^2} = \sqrt{\dfrac{1}{L^2}\left(\dfrac{L}{C} - R^2\right)}$

$= \sqrt{\left(\dfrac{1}{L^2} \cdot \dfrac{L}{C}\right) - \left(\dfrac{1}{L^2} \cdot R^2\right)} = \sqrt{\dfrac{1}{LC} - \dfrac{R^2}{L^2}}$

14 한 상의 임피던스가 $3 + j4[\Omega]$인 평형 3상 △부하에 선간전압 200[V]인 3상 대칭전압을 인가할 때, 3상 무효전력[Var]은?

① 600

② 14,400

③ 19,200

④ 30,000

해설

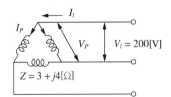

• 1상당 임피던스 $Z = 3 + j4[\Omega]$

  $|Z| = \sqrt{(3)^2 + (4)^2} = 5[\Omega]$

△결선(상전압 = 선전압)이므로 $V_p = V_l = 200[\mathrm{V}]$

1상당 임피던스이므로

• 상전류 $I_p = \dfrac{V_l}{|Z|} = \dfrac{200}{5} = 40[\mathrm{A}]$

• 3상 무효전력 $P_r = 3I_p^2 X[\mathrm{Var}] = 3 \times (40)^2 \times 4 = 19,200[\mathrm{Var}]$

정답   13 ②   14 ③

15 다음 회로에서 전압 V_o[V]는?

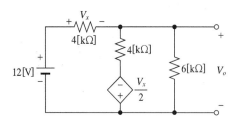

① $\dfrac{6}{13}$

② $\dfrac{24}{13}$

③ $\dfrac{30}{13}$

④ $\dfrac{36}{13}$

해설

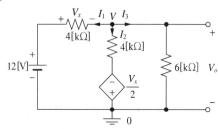

V 점에서 $\sum I = 0(I_1 + I_2 + I_3 = 0)$

$I_1 = \dfrac{V-12}{4}$, $I_2 = \dfrac{V-\left(-\dfrac{V_x}{2}\right)}{4}$, $I_3 = \dfrac{V}{6}$

$I_1 + I_2 + I_3 = 0$에 각각의 식을 대입하면

$\dfrac{V-12}{4} + \dfrac{V-\left(-\dfrac{V_x}{2}\right)}{4} + \dfrac{V}{6} = 0$

$6(V-12) + 6\left(V + \dfrac{V_x}{2}\right) + 4V = 0$

$6V - 72 + 6V + 3V_x + 4V = 0$, $V_x = 12 - V$ 대입

$6V - 72 + 6V + 3(12-V) + 4V = 0$

$13V = 36$

$\therefore V = \dfrac{36}{13}$[V]

16 평형 3상 Y결선 회로에서 a상 전압의 순싯값이 $v_a = 100\sqrt{2}\sin\left(\omega t + \dfrac{\pi}{3}\right)$[V]일 때, c상 전압의 순싯값 v_c[V]은?(단, 상순은 a, b, c이다)

① $100\sqrt{2}\sin\left(\omega t + \dfrac{5}{3}\pi\right)$

② $100\sqrt{2}\sin\left(\omega t + \dfrac{1}{3}\pi\right)$

③ $100\sqrt{2}\sin(\omega t - \pi)$

④ $100\sqrt{2}\sin\left(\omega t - \dfrac{2}{3}\pi\right)$

해설

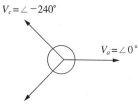

a상 $v_a = 100\sqrt{2}\sin\left(\omega t + \dfrac{\pi}{3}\right)$[V]에서 위상 $\theta = \dfrac{\pi}{3}$ 이므로

c상 $v_c = 100\sqrt{2}\sin\left(\omega t - \dfrac{4\pi}{3} + \dfrac{\pi}{3}\right)$[V]

$= 100\sqrt{2}\sin\left(\omega t - \dfrac{3\pi}{3}\right)$[V]

$= 100\sqrt{2}\sin(\omega t - \pi)$[V]

17 다음 RC 회로에 대한 설명으로 옳은 것은?(단, 입력 전압 v_s의 주파수는 10[Hz]이다)

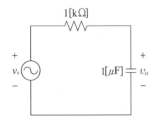

① 차단주파수는 $\dfrac{1,000}{\pi}$[Hz]이다.

② 이 회로는 고역 통과 필터이다.

③ 커패시터의 리액턴스는 $\dfrac{50}{\pi}$[kΩ]이다.

④ 출력 전압 v_o에 대한 입력 전압 v_s의 비는 0.6이다.

해설

③ 용량리액턴스

$$X_c = \frac{1}{\omega C} = \frac{1}{2\pi f C}[\Omega]$$

$$= \frac{1}{2\pi \times 10 \times 1 \times 10^{-6}} = \frac{1}{2\pi \times 10^{-5}} = \frac{10^5}{2\pi}$$

$$= \frac{5 \times 10^4}{\pi}[\Omega] = \frac{50}{\pi}[k\Omega]$$

① 차단주파수

$$\omega_c = \frac{1}{RC} = \frac{1}{10^3 \cdot 10^{-6}} = 10^3$$

$$f_c = \frac{\omega_c}{2\pi} = \frac{500}{\pi}[Hz]$$

② 전달함수

$$\frac{V_o}{V_s} = \frac{\frac{1}{SC}}{R + \frac{1}{SC}} = \frac{1}{SRC+1}$$ 이므로 저역 통과 필터(LPF)이다.

④ 출력전압 v_o에 대한 입력전압 v_s의 비는

$$\sqrt{(\omega RC)^2 + 1} = \sqrt{(2\pi \cdot 10 \cdot 10^3 \cdot 10^{-6})^2 + 1}$$
$$= \sqrt{(2\pi \times 10^{-2})^2 + 1} ≒ 1 \text{이다.}$$

18 어떤 인덕터에 전류 $i = 3 + 10\sqrt{2}\sin50t + 4\sqrt{2}\sin100t$[A]가 흐르고 있을 때, 인덕터에 축적되는 자기 에너지가 125[J]이다. 이 인덕터의 인덕턴스[H]는?

① 1

② 2

③ 3

④ 4

해설

실효전류

$$I = \sqrt{(\text{직류분})^2 + \left(\frac{\text{기본파 전류}}{\sqrt{2}}\right)^2 + \left(\frac{\text{고조파 전류}}{\sqrt{2}}\right)^2}$$

$$= \sqrt{3^2 + \left(\frac{10\sqrt{2}}{\sqrt{2}}\right)^2 + \left(\frac{4\sqrt{2}}{\sqrt{2}}\right)^2} = \sqrt{9 + 100 + 16}$$

$$= \sqrt{125}[A]$$

코일에 축적되는 에너지

$$W_L = \frac{1}{2}LI^2[J]$$

$$125 = \frac{1}{2} \times L \times (\sqrt{125})^2$$

$$L = \frac{125}{125} \times 2 = 2[H]$$

19 다음 회로와 같이 평형 3상 RL 부하에 커패시터 C를 설치하여 역률을 100[%]로 개선할 때, 커패시터의 리액턴스[Ω]는?(단, 선간전압은 200[V], 한 상의 부하는 $12 + j9[\Omega]$이다)

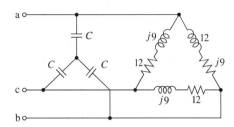

① $\dfrac{20}{4}$ 　　　　② $\dfrac{20}{3}$

③ $\dfrac{25}{4}$ 　　　　④ $\dfrac{25}{3}$

해설

△ → Y 변환 등가회로$\left(\dfrac{\triangle}{3}\right)$

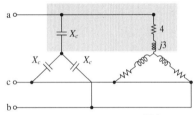

△→Y 변환 시 1상당 임피던스 $Z = 4 + j3[\Omega]$
병렬 등가회로

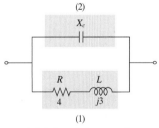

RL 직렬에 C 병렬연결인 등가회로로 구성

(1)에서 어드미턴스 $Y_1 = \dfrac{1}{4+j3}[\text{℧}]$

(2)에서 어드미턴스 $Y_2 = j\dfrac{1}{X_c}[\text{℧}]$

$\therefore\ Y = Y_1 + Y_2$

$\quad = \dfrac{1}{4+j3} + j\dfrac{1}{X_c}$

$\quad = \left(\dfrac{1 \cdot (4-j3)}{(4+j3) \cdot (4-j3)}\right) + j\dfrac{1}{X_c}$

$\quad = \dfrac{4-j3}{16+9} + j\dfrac{1}{X_c} = \dfrac{4}{25} - j\dfrac{3}{25} + j\dfrac{1}{X_c}$

X_c를 구하므로 허수부 $= 0$

$-j\left(\dfrac{3}{25} - \dfrac{1}{X_c}\right) = 0$

$\dfrac{3}{25} = \dfrac{1}{X_c}$

$\therefore\ X_c = \dfrac{25}{3}[\Omega]$

20 다음 RL 직렬회로에서 $t = 0$일 때, 스위치를 닫은 후 $\dfrac{di(t)}{dt}$에 대한 설명으로 옳은 것은?

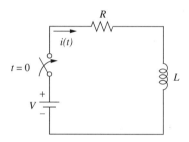

① 인덕턴스에 비례한다.
② 인덕턴스에 반비례한다.
③ 저항과 인덕턴스의 곱에 비례한다.
④ 저항과 인덕턴스의 곱에 반비례한다.

해설

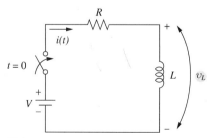

$v_L = L\dfrac{di(t)}{dt}[\text{V}]$

$\therefore\ \dfrac{di(t)}{dt} = \dfrac{1}{L} \cdot v_L$

즉, $\dfrac{di(t)}{dt} = \dfrac{1}{L}$ 이므로 $t = 0$일 때, 인덕턴스 L에 반비례한다.

2017년 국가직 전기이론

01 그림과 같은 회로에서 단자전압 V_a[V]는?

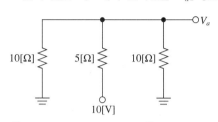

① −5
② −4
③ 4
④ 5

해설

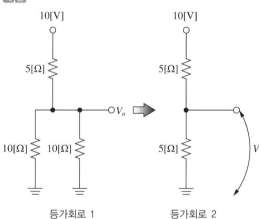

등가회로 1　　　등가회로 2

∴ 전체 전압 10[V]가 분배되므로 $V_a = 5$[V]

02 진공상태에 놓여있는 정전용량이 6[μF]인 평행 평판 콘덴서에 두께가 극판간격(d)과 동일하고 길이가 극판길이(L)의 $\frac{2}{3}$에 해당하는 비유전율이 3인 운모를 그림과 같이 삽입하였을 때 콘덴서의 정전용량[μF]은?

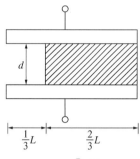

① 12
② 14
③ 16
④ 18

해설

등가회로 – 콘덴서 병렬연결 상태

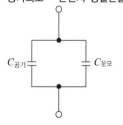

평행판 콘덴서 정전용량

$C = \dfrac{\varepsilon_0 S}{d} = 6$[$\mu$F], 면적 $S = L$

- $C_{공기} = \dfrac{\varepsilon_0 \varepsilon_s S}{d}$ 에서 $S = \dfrac{1}{3}L$, $\varepsilon_s = 1$ 대입

$= \dfrac{1}{3}\dfrac{\varepsilon_0 L}{d} = \dfrac{1}{3}C = \dfrac{1}{3} \times 6 = 2$[$\mu$F]

- $C_{운모} = \dfrac{\varepsilon_0 \varepsilon_s S}{d}$ 에서 $S = \dfrac{2}{3}L$, $\varepsilon_s = 3$ 대입

$= \dfrac{\varepsilon_0 \times 3 \times \dfrac{2}{3}L}{d} = 2\dfrac{\varepsilon_0 L}{d} = 2C$

$= 2 \times 6 = 12$[μF]

∴ $C_0 = C_{공기} + C_{운모} = 14$[$\mu$F]

03 220[V], 55[W] 백열등 2개를 매일 30분씩 10일간 점등했을 때 사용한 전력량과 110[V], 55[W]인 백열등 1개를 매일 1시간씩 10일간 점등했을 때 사용한 전력량의 비는?

① 1 : 1　　　　　　② 1 : 2

③ 1 : 3　　　　　　④ 1 : 4

해설

- $W_{220[V]} = Pt = 55 \times \left(\dfrac{1}{2} \times 2 \times 10 \right) = 550[\text{Wh}]$

- $W_{110[V]} = Pt = 55 \times (1 \times 1 \times 10) = 550[\text{Wh}]$

∴ 전력량의 비는 1 : 1로 같다.

04 그림과 같은 회로에서 저항(R_1) 양단의 전압 $V_{R1}[\text{V}]$은?

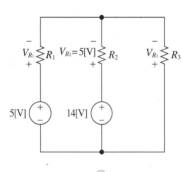

① 4　　　　　　　② −4

③ 5　　　　　　　④ −5

해설

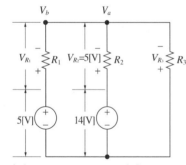

- $V_{R2} = 5[\text{V}]$ 이므로 $V_a = 14 - 5 = 9[\text{V}]$

- $V_a = V_b$ 이므로 $5 - V_{R1} = V_b$에서 $V_b = V_a = 9[\text{V}]$ 대입
  $5 - V_{R1} = 9$

∴ $V_{R1} = -4[\text{V}]$

05 상호인덕턴스가 10[mH]이고, 두 코일의 자기인덕턴스가 각각 20[mH], 80[mH]일 경우 상호유도회로에서의 결합계수 k는?

① 0.125　　　　　② 0.25

③ 0.375　　　　　④ 0.5

해설

결합계수 $k = \dfrac{M}{\sqrt{L_1 L_2}} = \dfrac{10}{\sqrt{20 \times 80}} = \dfrac{10}{\sqrt{1,600}} = 0.25$

06 그림과 같은 평형 3상 Y−△ 결선회로에서 상전압이 200[V]이고, 부하단의 각 상에 $R = 90[\Omega]$, $X_L = 120$[Ω]이 직렬로 연결되어 있을 때 3상 부하의 소비전력[W]은?

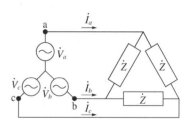

① 480　　　　　　② $480\sqrt{3}$

③ 1,440　　　　　④ $1,440\sqrt{3}$

해설

- △결선 임피던스 $Z = R + jX_L = 90 + j120[\Omega]$

- △ → Y 변환 : $\dfrac{\triangle}{3}$

  $Z = 30 + j40[\Omega]$

  $|Z| = \sqrt{(30)^2 + (40)^2} = 50[\Omega]$

  소비전력 $P = \sqrt{3}\, V_l I_l \cos\theta$

  $\qquad\quad = \sqrt{3} \times 200\sqrt{3} \times \left(\dfrac{V}{|Z|} \right) \times \cos\theta$

  Y결선에서 상전류 = 선전류이므로

  $P = \sqrt{3} \times 200\sqrt{3} \times \left(\dfrac{200}{50} \right) \times 0.6$

  $\quad = 3 \times 200 \times 4 \times 0.6 = 1,440[\text{W}]$

07 그림과 같은 회로의 이상적인 단권변압기에서 Z_{in}과 Z_L 사이의 관계식으로 옳은 것은?(단, V_1은 1차측 전압, V_2는 2차측 전압, I_1은 1차측 전류, I_2는 2차측 전류, $N_1 + N_2$는 1차측 권선수, N_2는 2차측 권선수이다)

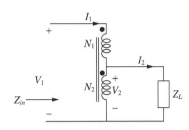

① $Z_{in} = Z_L \left(\dfrac{N_1 + N_2}{N_2} \right)^2$

② $Z_{in} = Z_L \left(\dfrac{N_1 + N_2}{N_1} \right)^2$

③ $Z_{in} = Z_L \left(\dfrac{N_1 + N_2}{N_2} \right)$

④ $Z_{in} = Z_L \left(\dfrac{N_1 + N_2}{N_1} \right)$

해설

단권변압기 $a = \dfrac{N_{1차}}{N_{2차}} = \sqrt{\dfrac{Z_{1차}}{Z_{2차}}}$에서 $Z_{1차} = Z_{in}$, $Z_{2차} = Z_L$

이므로 $\dfrac{N_{1차}}{N_{2차}} = \sqrt{\dfrac{Z_{in}}{Z_L}}$, 양변을 제곱하면

$\left(\dfrac{N_{1차}}{N_{2차}} \right)^2 = \dfrac{Z_{in}}{Z_L}$, $N_{1차} = N_1 + N_2$, $N_{2차} = N_2$ 대입

$\left(\dfrac{N_1 + N_2}{N_2} \right)^2 = \dfrac{Z_{in}}{Z_L}$

$\therefore Z_{in} = Z_L \left(\dfrac{N_1 + N_2}{N_2} \right)^2$

08 직각좌표계의 진공 중에 균일하게 대전되어 있는 무한 $y - z$ 평면전하가 있다. x축상의 점에서 r만큼 떨어진 점에서의 전계 크기는?

① r^2에 반비례한다.

② r에 반비례한다.

③ r에 비례한다.

④ r과 관계없다.

해설

• 점전하 전계의 세기 $E = \dfrac{Q}{4\pi\varepsilon_0 r^2}$[V/m]

• 선전하 전계의 세기 $E = \dfrac{\lambda}{2\pi\varepsilon_0 r}$[V/m]

• 면전하 전계의 세기 $E = \dfrac{\sigma}{2\varepsilon_0}$[V/m]

$\therefore$ 면전하에서 전계의 세기와 거리는 아무 관계가 없다.

09 $R = 90$[Ω], $L = 32$[mH], $C = 5$[μF]의 직렬회로에 전원전압 $v(t) = 750\cos(5,000t + 30°)$[V]를 인가했을 때 회로의 리액턴스[Ω]는?

① 40 ② 90

③ 120 ④ 160

해설

RLC 직렬회로

임피던스 $Z = R + j(X_L - X_C)$[Ω]

$X_L = j\omega L = j(5,000 \times 32 \times 10^{-3}) = j160$

$X_C = \dfrac{1}{j\omega C} = \dfrac{1}{j(5,000 \times 5 \times 10^{-6})} = \dfrac{40}{j} = -j40$

$Z = 90 + j(160 - 40) = 90 + j120$[Ω]

$\therefore$ 리액턴스 $= 120$[Ω]

10 그림과 같은 회로에서 4단자 임피던스 파라미터 행렬이 보기와 같이 주어질 때 파라미터 Z_{11}과 Z_{22}, 각각의 값 [Ω]은?

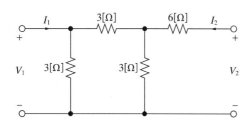

〈보 기〉

$$\begin{bmatrix} V_1 \\ V_2 \end{bmatrix} = \begin{bmatrix} Z_{11} & Z_{12} \\ Z_{21} & Z_{22} \end{bmatrix} \begin{bmatrix} I_1 \\ I_2 \end{bmatrix}$$

① 1, 9   ② 2, 8

③ 3, 9   ④ 6, 12

해설

• $Z_{11} = \dfrac{V_1}{I_1} (I_2 = 0)$

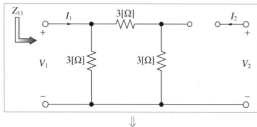

$\Downarrow$

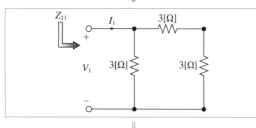

$\Downarrow$

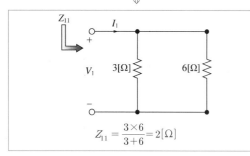

$$Z_{11} = \frac{3 \times 6}{3 + 6} = 2[\Omega]$$

• $Z_{22} = \dfrac{V_2}{I_2} (I_1 = 0)$

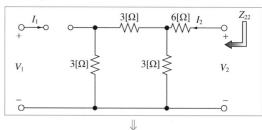

$\Downarrow$

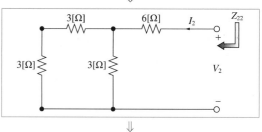

$\Downarrow$

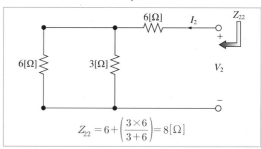

$$Z_{22} = 6 + \left(\frac{3 \times 6}{3 + 6} \right) = 8[\Omega]$$

11

20[V]를 인가했을 때 400[W]를 소비하는 굵기가 일정한 원통형 도체가 있다. 체적을 변하지 않게 하고 지름이 $\frac{1}{2}$로 되게 일정한 굵기로 잡아 늘였을 때 변형된 도체의 저항값[Ω]은?

① 10   ② 12
③ 14   ④ 16

해설

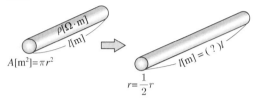

도체의 저항 $R = \rho\frac{l}{A}$에서 $A = \pi r^2$이므로

$R = \rho\frac{l}{\pi r^2}$, $r = \frac{1}{2}r$ 대입

$= \rho\frac{l}{\pi\left(\frac{1}{2}r\right)^2} = \rho\frac{l}{\frac{\pi r^2}{4}}$

체적이 고정되어 있는 상태에서 단면적 A가 $\frac{1}{4}$이 되면, 길이 l은 비례해서 4배가 된다.

$R = \rho\frac{l}{\frac{\pi r^2}{4}}$에서 l이 4배이므로

$= \rho\frac{4l}{\frac{\pi r^2}{4}}$, $A = \pi r^2$ 대입하면

$= 16\rho\frac{l}{A}$

∴ 도체의 저항은 16배 커진다.

12

인덕터(L)와 커패시터(C)가 병렬로 연결되어 있는 회로에서 공진현상이 발생하였다. 이때 임피던스(Z)의 크기 변화로 옳은 것은?

① $Z = 0[\Omega]$이 된다.
② $Z = 1[\Omega]$이 된다.
③ $Z = \infty[\Omega]$가 된다.
④ 변화가 없다.

해설

LC 병렬회로

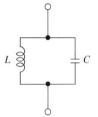

임피던스

$Z = \frac{(jX_L) \times (-jX_C)}{(jX_L) + (-jX_C)} = \frac{X_L X_C}{j(X_L - X_C)}$

병렬 공진 시 $(X_L - X_C) = 0$이므로

$Z = \frac{X_L X_C}{0}$ 즉, Z가 최댓값을 가지며 ∞가 된다.

13

직류전원[V], $R = 20[k\Omega]$, $C = 2[\mu F]$의 값을 갖고 스위치가 열린 상태의 RC 직렬회로에서 $t = 0$일 때 스위치가 닫힌다. 이때 시정수 τ[s]는?

① 1×10^{-2}
② 1×10^4
③ 4×10^{-2}
④ 4×10^4

해설

RC 직렬회로

시정수 $\tau = RC[s] = 20 \times 10^3 \times 2 \times 10^{-6}$
$= 40 \times 10^{-3} = 4 \times 10^{-2}[s]$

14 전압과 전류의 순싯값이 다음과 같이 주어질 때 교류회로의 특성에 대한 설명으로 옳은 것은?

$$v(t) = 200\sqrt{2}\sin\left(\omega t + \frac{\pi}{6}\right)[V]$$

$$i(t) = 10\sin\left(\omega t + \frac{\pi}{3}\right)[A]$$

① 전압의 실횻값은 $200\sqrt{2}$ [V]이다.

② 전압의 파형률은 1보다 작다.

③ 전류의 파고율은 10이다.

④ 위상이 30° 앞선 진상전류가 흐른다.

해설

④ 위상차 : 전류가 전압보다 30° 앞선 진상이다.

① 전압의 실횻값 $V = 200[V]$

② 전압의 파형률 $= \dfrac{\text{실횻값}}{\text{평균값}} = \dfrac{\dfrac{V_m}{\sqrt{2}}}{\dfrac{2}{\pi}V_m} = \dfrac{\pi}{2\sqrt{2}}$

③ 전류의 파고율 $= \dfrac{\text{최댓값}}{\text{실횻값}} = \dfrac{I_m}{\dfrac{I_m}{\sqrt{2}}} = \sqrt{2}$

15 두 종류의 수동 소자가 직렬로 연결된 회로에 교류 전원 전압 $v(t) = 200\sin\left(200t + \dfrac{\pi}{3}\right)$[V]를 인가하였을 때 흐르는 전류는 $i(t) = 10\sin\left(200t + \dfrac{\pi}{6}\right)$[A]이다. 이때 두 소자값은?

① $R = 10\sqrt{3}\,[\Omega]$, $L = 0.05[H]$

② $R = 20[\Omega]$, $L = 0.5[H]$

③ $R = 10\sqrt{3}\,[\Omega]$, $C = 0.05[F]$

④ $R = 20[\Omega]$, $C = 0.5[F]$

해설

$V = \dfrac{200}{\sqrt{2}}\angle 60°$, $I = \dfrac{10}{\sqrt{2}}\angle 30°$

$Z = \dfrac{V}{I} = \dfrac{\dfrac{200}{\sqrt{2}}\angle 60°}{\dfrac{10}{\sqrt{2}}\angle 30°} = 20\angle 30°$

(전압의 위상이 30° 앞선 진상이므로 L 소자)

$= 20(\cos 30° + j\sin 30°) = 20\left(\dfrac{\sqrt{3}}{2} + j\dfrac{1}{2}\right) = 10\sqrt{3} + j10$

$R = 10\sqrt{3}\,[\Omega]$, $X_L = 10[\Omega]$

$\therefore$ $X_L = \omega L$에서 $L = \dfrac{X_L}{\omega} = \dfrac{10}{200} = 0.05[H]$

16 진공 중에 두 개의 긴 직선도체가 6[cm]의 거리를 두고 평행하게 놓여있다. 각 도체에 10[A], 15[A]의 전류가 같은 방향으로 흐르고 있을 때 단위 길이당 두 도선 사이에 작용하는 힘[N/m]은?(단, 진공 중의 투자율 $\mu_0 = 4\pi \times 10^{-7}$이다)

① 5.0×10^{-5}

② 5.0×10^{-4}

③ 3.3×10^{-3}

④ 4.1×10^{2}

해설

$F = 2 \times 10^{-7} \times \dfrac{I_1 I_2}{r}[N/m]$

$= 2 \times 10^{-7} \times \dfrac{10 \times 15}{0.06}$

$= 5 \times 10^{-4}[N/m]$

17 300[Ω]과 100[Ω]의 저항성 임피던스를 그림과 같이 회로에 연결하고 대칭 3상 전압 $V_L = 200\sqrt{3}$[V]를 인가하였다. 이때 회로에 흐르는 전류 I[A]는?

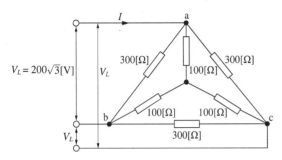

① 1

② 2

③ 3

④ 4

해설

△결선

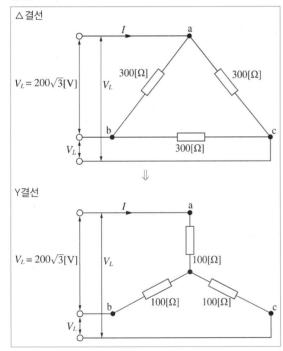

⇓

Y결선

Y결선 임피던스 병렬연결 상태(등가회로)

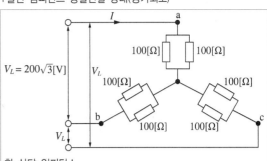

한 상당 임피던스

$$Z = \frac{100 \times 100}{100 + 100} = \frac{10,000}{200} = 50[\Omega]$$

Y결선(상전류 = 선전류)이므로

$$I_p = \frac{V_p}{Z} = \frac{\dfrac{200\sqrt{3}}{\sqrt{3}}}{50} = \frac{200}{50} = 4[A]$$

18 부하 양단 전압이 $v(t) = 60\cos(\omega t - 10°)$[V]이고 부하에 흐르는 전류가 $i(t) = 1.5\cos(\omega t + 50°)$[V]일 때 복소전력 S[VA]와 부하 임피던스 Z[Ω]는?

	S [VA]	Z [Ω]
①	$45\angle 40°$	$40\angle 60°$
②	$45\angle 40°$	$40\angle -60°$
③	$45\angle -60°$	$40\angle 60°$
④	$45\angle -60°$	$40\angle -60°$

해설

$$V = \frac{60}{\sqrt{2}} \angle -10°, \quad I = \frac{1.5}{\sqrt{2}} \angle 50°$$

• 임피던스 $Z = \dfrac{V}{I} = \dfrac{\dfrac{60}{\sqrt{2}} \angle -10°}{\dfrac{1.5}{\sqrt{2}} \angle 50°}$

$$= \frac{60}{1.5} \angle -60° = 40 \angle -60°$$

• 복소전력 $S = V\bar{I}$[VA] $= \left(\dfrac{60}{\sqrt{2}} \angle -10° \right) \times \left(\dfrac{1.5}{\sqrt{2}} \angle -50° \right)$

$$= (30 \times 1.5) \angle -60° = 45 \angle -60°$$

19 그림과 같은 회로에서 스위치는 긴 시간 동안 개방되어 있다가 $t = 0$에서 닫힌다. $t \geq 0$에서 인덕터에 흐르는 전류 $i(t)$[A]는?

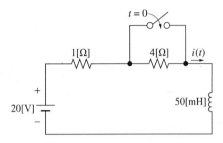

① $20 - 16e^{-10t}$

② $20 - 16e^{-20t}$

③ $20 - 24e^{-10t}$

④ $20 - 24e^{-20t}$

해설

등가회로 1

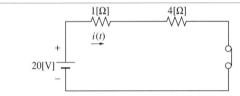

스위치가 긴 시간 동안 개방 시 $t < 0$일 때 코일 L 단락

$$i(t) = \frac{V}{R} = \frac{20}{5} = 4[\text{A}]$$

등가회로 2

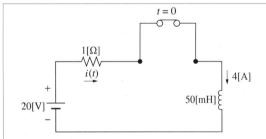

정상상태 $t = 0^+$일 때 코일에 흐르는 전류는 연속이므로 L에도 $4[\text{A}]$가 흐른다.

등가회로 3

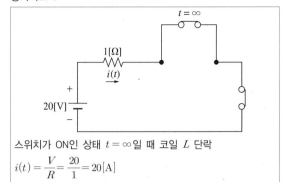

스위치가 ON인 상태 $t = \infty$일 때 코일 L 단락

$$i(t) = \frac{V}{R} = \frac{20}{1} = 20[\text{A}]$$

등가회로 4

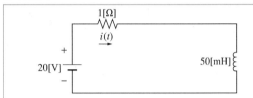

- $t = 0$일 때 $e^{-0} = 1$이므로 $4[\text{A}]$가 흐른다.
- $t = \infty$일 때 $e^{-\infty} = 0$이므로 $20[\text{A}]$가 흐른다.
- 최종 등가회로는 RL 직렬이므로

  시정수 $\tau = \dfrac{L}{R} = \dfrac{50 \times 10^{-3}}{1} = \dfrac{1}{20}[\text{s}]$

$$\therefore i(t) = A - Be^{-\frac{R}{L}t} = 20 - 16e^{-20t}[\text{A}]$$

20 그림과 같은 회로에 $R = 3[\Omega]$, $\omega L = 1[\Omega]$을 직렬연결한 후 $v(t) = 100\sqrt{2}\sin\omega t + 30\sqrt{2}\sin3\omega t[V]$의 전압을 인가했을 때 흐르는 전류 $i(t)$의 실횻값[A]은?

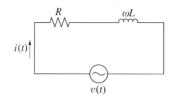

① $4\sqrt{3}$

② $5\sqrt{5}$

③ $5\sqrt{42}$

④ $6\sqrt{17}$

해설

기본파	3고조파
• $Z = R + j\omega L = 3 + j1$ $\quad \lvert Z \rvert = \sqrt{(3)^2 + (1)^2} = \sqrt{10}[\Omega]$ • $i(t) = \dfrac{v(t)}{\lvert Z \rvert} = \dfrac{100\sqrt{2}}{\sqrt{10}}\sin\omega t$ $\quad = \dfrac{100\sqrt{20}}{10}\sin\omega t$ $\quad = 10\sqrt{20}\sin\omega t$ • 실효전류 $\quad I = \dfrac{10\sqrt{20}}{\sqrt{2}} = \dfrac{10 \times \sqrt{2} \times \sqrt{10}}{\sqrt{2}}$ $\quad = 10\sqrt{10}[A]$	• $Z = R + j3\omega L$ $\quad = 3 + j(3 \times 1)$ $\quad \lvert Z \rvert = \sqrt{(3)^2 + (3)^2}$ $\quad = \sqrt{18} = 3\sqrt{2}[\Omega]$ • $i(t) = \dfrac{v(t)}{\lvert Z \rvert}$ $\quad = \dfrac{30\sqrt{2}}{3\sqrt{2}}\sin3\omega t$ $\quad = 10\sin3\omega t$ • 실효전류 $\quad I' = \dfrac{10}{\sqrt{2}}[A]$

$$\therefore \text{실효전류 } I = \sqrt{(I)^2 + (I')^2} = \sqrt{(10\sqrt{10})^2 + \left(\dfrac{10}{\sqrt{2}}\right)^2}$$

$$= \sqrt{(100 \times 10) + \left(\dfrac{100}{2}\right)} = \sqrt{1,050} = 5\sqrt{42}[A]$$

2018년 국가직 전기이론

01 다음 그림은 내부가 빈 동심구 형태의 콘덴서이다. 내구와 외구의 반지름 a, b를 각각 2배 증가시키고 내부를 비유전율 $\varepsilon_r = 2$인 유전체로 채웠을 때, 정전용량은 몇 배로 증가하는가?

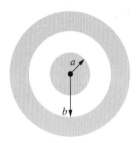

① 1   ② 2
③ 3   ④ 4

해설

• a점에서의 전위 $V_a = \dfrac{Q}{4\pi\varepsilon a}$

• b점에서의 전위 $V_b = \dfrac{Q}{4\pi\varepsilon b}$

$\therefore V_{ab} = V_a - V_b$

$\quad = \dfrac{Q}{4\pi\varepsilon}\left(\dfrac{1}{a} - \dfrac{1}{b}\right)$

$Q = CV$에서

$C = \dfrac{Q}{V_{ab}} = \dfrac{Q}{\dfrac{Q}{4\pi\varepsilon}\left(\dfrac{1}{a} - \dfrac{1}{b}\right)}$

$\quad = 4\pi\varepsilon\left(\dfrac{ab}{b-a}\right) \quad a=b=2$배, $\varepsilon_r=2$

$\quad = 4\pi 2\varepsilon\left(\dfrac{4ab}{2b-2a}\right)$

$\quad = 4\pi 2\varepsilon\left(\dfrac{4ab}{2(b-a)}\right)$

$\quad = 4 \times 4\pi\varepsilon\left(\dfrac{ab}{(b-a)}\right)$

$\quad = 4C$

02 선간전압 300[V]의 3상 대칭전원에 △결선 평형부하가 연결되어 역률이 0.8인 상태로 720[W]가 공급될 때, 선전류[A]는?

① 1
② $\sqrt{2}$
③ $\sqrt{3}$
④ 2

해설

$P = \sqrt{3}\, V_l I_l \cos\theta$

$\therefore I_l = \dfrac{P}{\sqrt{3}\, V_l \cos\theta} = \dfrac{720}{\sqrt{3} \times 300 \times 0.8} = \dfrac{3\sqrt{3}}{3} = \sqrt{3}$

03 다음 회로에서 12[Ω] 저항의 전압 V[V]는?

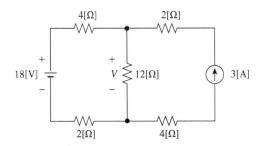

① 12   ② 24
③ 36   ④ 48

해설
- 중첩의 원리(전압원) 적용

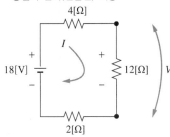

$$I_V = \frac{18}{4+12+2} = 1[\text{A}]$$
$$V_V = I_V R$$
$$= 1 \times 12 = 12[\text{V}]$$

- 중첩의 원리(전류원) 적용

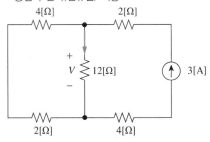

$$I_{12[\Omega]} = \frac{6}{6+12} \times 3 = 1[\text{A}]$$
$$V_I = I_{12[\Omega]} R = 1 \times 12 = 12[\text{V}]$$
$$\therefore \text{전체 } V = V_V + V_I = 12+12 = 24$$

04 다음 회로에서 부하 임피던스 Z_L에 최대 전력이 전달되기 위한 Z_L[Ω]은?

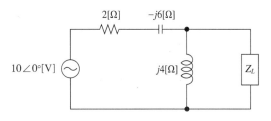

① $4\sqrt{5}$ ② $4\sqrt{6}$
③ $5\sqrt{3}$ ④ $6\sqrt{3}$

해설

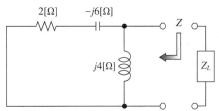

$$Z = \frac{(2-j6)\times(j4)}{(2-j6)+(j4)} = \frac{24+j8}{2-j2}$$
$$= \frac{(24+j8)\times(2+j2)}{(2-j2)\times(2+j2)} = \frac{48+j48+j16-16}{4+j4-j4+4}$$
$$= \frac{32+j64}{8} = 4+j8$$
$$\therefore |Z| = \sqrt{(4)^2+(8)^2} = \sqrt{80} = 4\sqrt{5}$$

05 부하에 인가되는 비정현파 전압 및 전류가 다음과 같을 때, 부하에서 소비되는 평균 전력[W]은?

$$v(t) = 100 + 80\sin\omega t + 60\sin(3\omega t - 30°)$$
$$\qquad + 40\sin(7\omega t + 60°)[\text{V}]$$
$$i(t) = 40 + 30\cos(\omega t - 30°) + 20\cos(5\omega t + 60°)$$
$$\qquad + 10\cos(7\omega t - 30°)[\text{A}]$$

① 4,700

② 4,800

③ 4,900

④ 5,000

해설

• 직류전력 $P_{DC} = VI$
$$= 100 \times 40$$
$$= 4,000[\text{W}]$$

• 교류 기본파 전력 $P_1 = VI\cos\theta$
$$= \left(\frac{80}{\sqrt{2}}\angle 0° \times \frac{30}{\sqrt{2}}\angle 60°\right)$$
$$= \frac{2,400}{2}\angle 60°, \text{(위상차 60°)}$$
$$= 1,200 \times \cos 60°, \left(\cos 60° = \frac{1}{2}\right)$$
$$= 600[\text{W}]$$

• 교류 7고조파 전력 $P_7 = VI\cos\theta$
$$= \left(\frac{40}{\sqrt{2}}\angle 60° \times \frac{10}{\sqrt{2}}\angle 60°\right)$$
$$= \frac{400}{2}\angle 0°, \text{(위상차 0°)}$$
$$= 200 \times \cos 0°, (\cos 0° = 1)$$
$$= 200[\text{W}]$$

∴ 전력 $P = P_{DC} + P_1 + P_7$
$$= 4,000 + 600 + 200$$
$$= 4,800[\text{W}]$$

06 다음 회로에서 오랜 시간 닫혀 있던 스위치 S가 $t = 0$에서 개방된 직후에 인덕터의 초기 전류 $i_L(0^+)$[A]는?

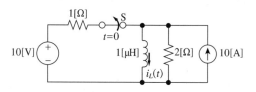

① 5

② 10

③ 20

④ 30

해설

• 정상상태 $L =$ 단락

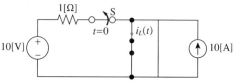

$$I_V = \frac{V}{R} = \frac{10}{1} = 10[\text{A}]$$
$$I_A = 10[\text{A}]$$
$$\therefore i_L(t) = I_V + I_A$$
$$\qquad = 10 + 10 = 20[\text{A}]$$

07 다음 직류회로에서 전류 I_A[A]는?

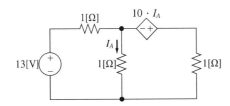

① 13

② $\dfrac{13}{2}$

③ $\dfrac{13}{7}$

④ 1

해설

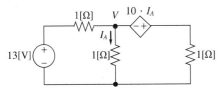

• $\dfrac{V-13}{1}+\dfrac{V}{1}+\dfrac{V+10I_A}{1}=0$

• $V=I_A\times 1=I_A$

$V-13+V+V+10I_A=0,\ (I_A=V)$

∴ $V-13+V+V+10V=0$

$13V=13$

∴ $V=1[\text{V}]$

전류 $I_A=\dfrac{V}{R}=\dfrac{1}{1}=1[\text{A}]$

08 단면적이 1[cm²]인 링(Ring) 모양의 철심에 코일을 균일하게 500회 감고 600[mA]의 전류를 흘렸을 때 전체 자속이 0.2[μWb]이다. 같은 코일에 전류를 2.4[A]로 높일 경우 철심에서의 자속밀도[T]는?(단, 기자력(MMF)과 자속은 비례관계로 가정한다)

① 0.005

② 0.006

③ 0.007

④ 0.008

해설

• 자속 $\phi=BS$

∴ $B=\dfrac{\phi}{S}$

$=\dfrac{0.2\times 10^{-6}}{10^{-4}}=0.2\times 10^{-2}$

$=0.002[\text{Wb/m}^2]$

• 조건에서 전류가 600[mA]에서 2.4[A]로 4배가 된다.

• 자기장의 세기 $H=\dfrac{NI}{l}$

∴ $B=\mu H$

$=\mu\dfrac{NI}{l}$

$B\propto I$ 비례하므로 B'는 4배가 된다.

∴ $0.002\times 4=0.008[\text{T}]$

09 다음 평형(전원 및 부하 모두) 3상 회로에서 상전류 I_{AB}[A]는?(단, $Z_P = 6 + j9[\Omega]$, $V_{an} = 900 \angle 0°$[V]이다)

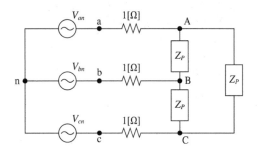

① $50\sqrt{2} \angle (-45°)$
② $50\sqrt{2} \angle (-15°)$
③ $50\sqrt{3} \angle (-45°)$
④ $50\sqrt{6} \angle (-15°)$

해설

• 부하측 △결선 회로

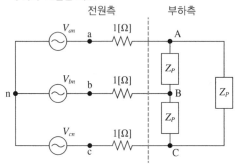

• 부하측 △결선 ⇒ Y결선 변형

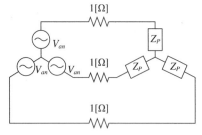

$$Z = \frac{\triangle}{3} = \frac{6 + j9}{3} = 2 + j3[\Omega]$$

- 각 상당 임피던스
$$Z = (1) + (2 + j3) = 3 + j3$$
$$|Z| = \sqrt{(3)^2 + (3)^2} = \sqrt{18} = 3\sqrt{2}$$
$$Z = 3\sqrt{2} \angle 45°$$

- Y결선 상전류
$$I_p = \frac{V_p}{Z} = \frac{900 \angle 0°}{3\sqrt{2} \angle 45°} = \frac{300}{\sqrt{2}} \angle -45°$$

- △결선 선전류
$$I_l = \sqrt{3} I_p \angle -30°$$

- △결선 상전류
$$I_p = \frac{I_l}{\sqrt{3}} \angle 30°$$
$$= \frac{\frac{300}{\sqrt{2}} \angle -45° \angle 30°}{\sqrt{3}}$$
$$= \frac{300 \angle -15°}{\sqrt{6}}$$
$$= 50\sqrt{6} \angle -15°$$

10 다음 그림과 같이 $\mu_r = 50$인 선형모드로 작용하는 페라이트 자성체의 전체 자기저항은?(단, 단면적 $A = 1[m^2]$, 단면적 $B = 0.5[m^2]$, 길이 $a = 10[m]$, 길이 $b = 2[m]$이다)

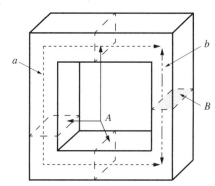

① $\dfrac{7}{25\mu_0}$ ② $\dfrac{7}{1,000\mu_0}$

③ $\dfrac{7\mu_0}{25}$ ④ $\dfrac{7\mu_0}{1,000}$

해설

• $R_A = \dfrac{l_a}{\mu A_A} = \dfrac{10}{50\mu_0 \times 1} = \dfrac{10}{50\mu_0}$

• $R_B = \dfrac{l_b}{\mu A_B} = \dfrac{2}{50\mu_0 \times 0.5} = \dfrac{4}{50\mu_0}$

자기저항 $R_m = R_A + R_B$
$$= \frac{10}{50\mu_0} + \frac{4}{50\mu_0} = \frac{14}{50\mu_0} = \frac{7}{25\mu_0}$$

11 선간전압 20[kV], 상전류 6[A]의 3상 Y결선되어 발전하는 교류발전기를 △결선으로 변경하였을 때, 상전압 V_P[kV]와 선전류 I_L[A]은?(단, 3상 전원은 평형이며, 3상 부하는 동일하다)

	V_P[kV]	I_L[A]
①	$\dfrac{20}{\sqrt{3}}$	$6\sqrt{3}$
②	20	$6\sqrt{3}$
③	$\dfrac{20}{\sqrt{3}}$	6
④	20	6

해설

Y결선 ⇒ △결선으로 변형

• 상전압 $V_p = \dfrac{V_l}{\sqrt{3}} = \dfrac{20}{\sqrt{3}}$ [kV]

• 선전류 $I_l = \sqrt{3}\, I_p = \sqrt{3} \times 6 = 6\sqrt{3}$ [A]

12 전압이 10[V], 내부저항이 1[Ω]인 전지(E)를 두 단자에 n개 직렬접속하여 R과 $2R$이 병렬접속된 부하에 연결하였을 때, 전지에 흐르는 전류 I가 2[A]라면 저항 R [Ω]은?

① $3n$ ② $4n$

③ $5n$ ④ $6n$

해설

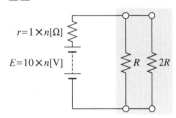

전지를 n개라고 하면

• 병렬 합성 저항

$$R_0 = \frac{R \times 2R}{R + 2R} = \frac{2}{3}R$$

• 전 류

$$I = \frac{E}{r + R_0}$$

$$2 = \frac{10 \times n}{1 \times n + \dfrac{2}{3}R}$$

$$2 = \frac{10n}{\dfrac{3n + 2R}{3}}$$

$$30n = 6n + 4R$$

$$\therefore R = \frac{24n}{4} = 6n$$

13
다음 회로는 뒤진 역률이 0.8인 300[kW]의 부하가 걸려있는 송전선로이다. 수전단 전압 $E_r = 5,000$[V]일 때, 전류 I[A]와 송전단 전압 E_S[V]는?

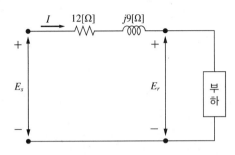

	I[A]	E_S[V]
①	50	6,125
②	50	6,250
③	75	6,125
④	75	6,250

해설

전력 $P = VI\cos\theta$

• 수전단 전류 $I = \dfrac{P}{V\cos\theta}$

$$= \dfrac{300,000}{5,000 \times 0.8}$$

$$= 75[A]$$

• 송전단 전압 $E_S = I(R\cos\theta + X\sin\theta) + E_r$

$$= 75 \times (12 \times 0.8 + 9 \times 0.6) + 5,000$$

$$= 1,125 + 5,000$$

$$= 6,125[V]$$

14
다음 그림과 같은 이상적인 변압기 회로에서 200[Ω] 저항의 소비전력[W]은?

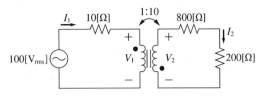

① 5
② 10
③ 50
④ 100

해설

권수비

$$a = \frac{N_1}{N_2} = \sqrt{\frac{Z_1}{Z_2}}$$

$$\therefore a = \frac{N_1}{N_2} = \frac{1}{10}$$

$$Z_1 = a^2 Z_2 = \left(\frac{1}{10}\right)^2 Z_2 = \frac{1}{100} Z_2$$

2차측 등가회로

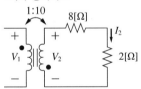

전체 등가회로

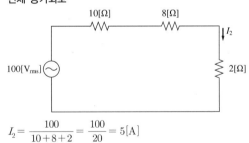

$$I_2 = \frac{100}{10+8+2} = \frac{100}{20} = 5[A]$$

$$\therefore P = I^2 R = (5)^2 \times 2 = 50[W]$$

15 다음 회로에서 스위치 S가 충분히 오래 단자 a에 머물러 있다가 $t = 0$에서 스위치 S가 단자 a에서 단자 b로 이동하였다. $t > 0$일 때의 전류 $i_L(t)$[A]는?

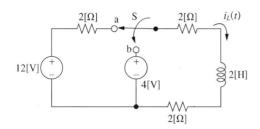

① $2 + e^{-3t}$

② $2 + e^{-2t}$

③ $1 + e^{-2t}$

④ $1 + e^{-3t}$

해설

- 정상상태 초기 전류 $I_L = \dfrac{12}{2+2+2} = \dfrac{12}{6} = 2$[A]

- 과도상태 최종전류 $I_L = \dfrac{4}{2+2} = 1$[A]

- 시정수 $\tau = \dfrac{L}{R} = \dfrac{2}{4} = \dfrac{1}{2}$

  $t = \dfrac{1}{\tau} = 2$

  $\therefore i_L(t) = 1 + e^{-2t}$

16 RL 직렬회로에서 10[V]의 직류전압을 가했더니 250[mA]의 전류가 측정되었고, 주파수 $\omega = 1,000$[rad/s], 10[V]의 교류전압을 가했더니 200[mA]의 전류가 측정되었다. 이 코일의 인덕턴스[mH]는?(단, 전류는 정상상태에서 측정한다)

① 18

② 20

③ 25

④ 30

해설

RL 직렬회로

- 직류전압 인가 시

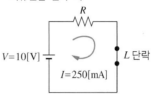

$R = \dfrac{V}{I}$

$= \dfrac{10}{250 \times 10^{-3}} = \dfrac{10,000}{250}$

$= 40[\Omega]$

- 교류전압 인가 시

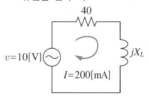

$Z = \dfrac{V}{I}$

$= \dfrac{10}{200 \times 10^{-3}} = \dfrac{10 \times 1,000}{200}$

$= 50[\Omega]$

$\therefore Z = R + jX_L$

$50 = 40 + jX_L$

$X_L = \sqrt{(50)^2 - (40)^2} = \sqrt{900} = 30[\Omega]$

$X_L = \omega L (\omega = 1,000)$

$\therefore L = \dfrac{X_L}{\omega}$

$= \dfrac{30}{1,000} = 3 \times 10^{-2}$

$= 30[\text{mH}]$

17 다음 직류회로에서 전류 I[A]는?

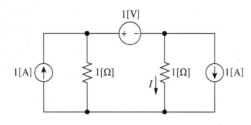

① −0.5   ② 0.5

③ 1   ④ −1

해설

• 전류원 I_{A1} 적용 시

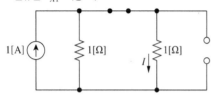

전류원 전류는 저항에 분배되므로
$I = 0.5$[A]

• 전류원 I_{A2} 적용 시

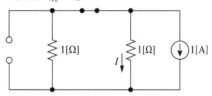

전류원과 전류의 흐름 방향이 반대
$I = -0.5$[A]

• 전압원 V 적용 시

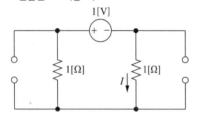

전압원과 전류의 흐름 방향이 반대

$I = \dfrac{V}{R}$

$\quad = -\dfrac{1}{2} = -0.5$[A]

∴ 전체 전류

$\quad I = I_{A1} + I_{A2} + I_V$
$\quad\quad = 0.5 - 0.5 - 0.5$
$\quad\quad = -0.5$[A]

18 서로 다른 유전체의 경계면에서 발생되는 전기적 현상에 대한 설명으로 옳은 것은?

① 경계면에서 전계 세기의 접선 성분은 유전율의 차이로 달라진다.
② 경계면에서 전속밀도의 법선 성분은 유전율의 차이에 관계없이 같다.
③ 전속밀도는 유전율이 큰 영역에서 크기가 줄어든다.
④ 전계의 세기는 유전율이 작은 영역에서 크기가 줄어든다.

해설

• 경계면에서 전계 세기의 접선 성분은 유전율에 의해 일정하다.
• 전속밀도는 유전율이 큰 영역에서 크기가 커진다.
• 전계의 세기는 유전율이 작은 영역에서 크기가 커진다.

19 다음 회로에서 단자 a, b 간의 전압 V_{ab}[V]는?

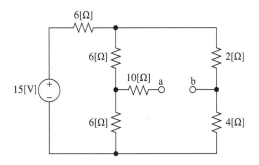

① 1

② −1

③ 2

④ −2

해설

• 등가회로 1

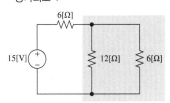

$$R_0 = \frac{12 \times 6}{12 + 6} = \frac{72}{18} = 4[\Omega]$$

• 등가회로 2

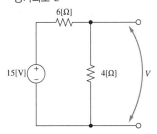

$$V = \frac{4}{6+4} \times 15 = \frac{60}{10} = 6[\text{V}]$$

• 등가회로 3

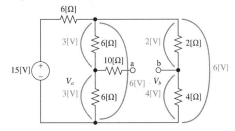

전압 분배에 의해

$V_a = 3[\text{V}], \quad V_b = 4[\text{V}]$

$\therefore V_{ab} = V_a - V_b$

$\qquad = 3 - 4 = -1[\text{V}]$

20 다음 교류회로가 정상상태일 때, 전류 $i(t)$[A]는?

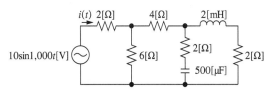

① $2\sin 1{,}000t$

② $2\cos 1{,}000t$

③ $10\cos(1{,}000t - 60°)$

④ $10\sin(1{,}000t - 60°)$

해설

$\omega = 1{,}000$이므로,

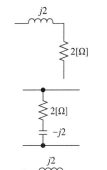

• $X_L = j\omega L = 1{,}000 \times 2 \times 10^{-3}$

$\qquad = j2[\Omega]$

• $X_c = \dfrac{1}{j\omega C}$

$\qquad = \dfrac{1}{1{,}000 \times 500 \times 10^{-6}}$

$\qquad = -j2[\Omega]$

$Z = 2 + j2$

$Z = 2 - j2$

$Z = \dfrac{(2+j2) \times (2-j2)}{(2+j2) + (2-j2)}$

$\quad = \dfrac{8}{4} = 2$

$R = 4 + 2 = 6$

$R = \dfrac{6 \times 6}{6 + 6} = 3$

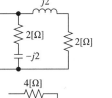

$R = 2 + 3 = 5$

(저항 R만의 회로이므로 위상차는 없다)

$\therefore i(t) = \dfrac{v}{R} = \dfrac{10\sin 1{,}000t}{5}$

$\qquad = 2\sin 1{,}000t$

2019년 국가직 전기이론

01 전압이 E[V], 내부저항이 r[Ω]인 전지의 단자전압을 내부저항 25[Ω]의 전압계로 측정하니 50[V]이고, 75[Ω]의 전압계로 측정하니 75[V]이다. 전지의 전압 E[V]와 내부저항 r[Ω]은?

	E[V]	r[Ω]
①	100	25
②	100	50
③	200	25
④	200	50

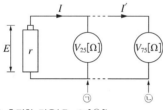

㉠ 전압계로 측정할 경우($R = 25$[Ω])

$I = \dfrac{V}{R} = \dfrac{50[\text{V}]}{25[\Omega]} = 2$[A]이고

$E = I(r + R)$이므로, $E = 2(r + 25)$

(r = 내부저항, R = 외부저항(계측기저항))

㉡ 전압계로 측정할 경우($R' = 75$[Ω])

$I' = \dfrac{V'}{R'} = \dfrac{75[\text{V}]}{75[\Omega]} = 1$[A]이고

$E = I'(r + R')$이므로, $E = 1(r + 75)$

따라서 ㉠ = ㉡이므로

$2r + 50 = r + 75$

$r = 25$[Ω]

$E = 100$[V]

02 등전위면(Equipotential Surface)의 특징에 대한 설명으로 옳은 것만을 모두 고르면?

> ㄱ. 등전위면과 전기력선은 수평으로 접한다.
> ㄴ. 전위의 기울기가 없는 부분으로 평면을 이룬다.
> ㄷ. 다른 전위의 등전위면은 서로 교차하지 않는다.
> ㄹ. 전하의 밀도가 높은 등전위면은 전기장의 세기가 약하다.

① ㄱ, ㄹ   ② ㄴ, ㄷ
③ ㄱ, ㄴ, ㄷ   ④ ㄴ, ㄷ, ㄹ

해설
ㄱ. 등전위면과 전기력선은 수직으로 접한다.
ㄹ. 전하의 밀도가 높은 등전위면은 전기장의 세기가 강하다.
등전위면(Equipotential Surface)
전기장에서 전위가 같은 점을 연결하여 이루어진 곡면, 정전기장은 전위의 기울기가 있으므로 등전위면은 전기장과 수직이다(즉, 등전위면은 전위의 기울기가 없는 부분으로 평면을 이룬다).

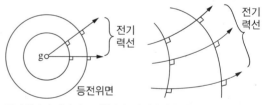

등전위면의 간격이 조밀할수록 전기력선이 밀하고 전기장이 세다.

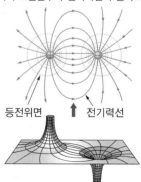

03 코일에 직류전압 200[V]를 인가했더니 평균 전력 1,000[W]가 소비되었고, 교류전압 300[V]를 인가했더니 평균 전력 1,440[W]가 소비되었다. 코일의 저항[Ω]과 리액턴스[Ω]는?

	저항[Ω]	리액턴스[Ω]
①	30	30
②	30	40
③	40	30
④	40	40

해설

㉠ 직류전압을 인가했을 경우($P_{DC} = 1,000$[W])

$$P_{DC} = \frac{V_{DC}^2}{R}[W]에서$$

$$R = \frac{V_{DC}^2}{P_{DC}} = \frac{200^2[V]}{1,000[W]} = \frac{40,000}{1,000} = 40[\Omega]$$

㉡ 교류전압을 인가했을 경우($P_{AC} = 1,440$[W])

$$P_{AC} = I^2 \cdot R[W]에서 \quad I^2 = \frac{P_{AC}}{R} = \frac{1,440}{40} = 36[A]$$

$$I = 6[A]$$

여기서, 코일의 저항(R)과 리액턴스(X)에 흐르는 전류

$$I = \frac{V_{AC}}{|Z|} = \frac{V_{AC}}{\sqrt{R^2 + X^2}} = \frac{300[V]}{\sqrt{40^2 + X^2}[\Omega]} = 6[A]$$

$$\therefore \quad \sqrt{40^2 + X^2} = \frac{300[V]}{6[A]} = 50[\Omega]$$

$$40^2 + X^2 = 50^2, \quad X = \sqrt{50^2 - 40^2} = 30[\Omega]$$

04 다음 회로에서 스위치 S가 단자 a에서 충분히 오랫동안 머물러 있다가 $t = 0$에서 단자 a에서 단자 b로 이동하였다. $t > 0$일 때의 전압 $V_c(t)$ [V]는?

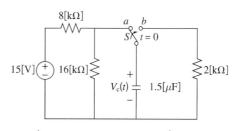

① $5e^{-\frac{t}{3 \times 10^{-2}}}$ ② $5e^{-\frac{t}{3 \times 10^{-3}}}$

③ $10e^{-\frac{t}{3 \times 10^{-2}}}$ ④ $10e^{-\frac{t}{3 \times 10^{-3}}}$

해설

㉠ 스위치 S가 단자 a에서 충분히 오래 머물렀을 경우

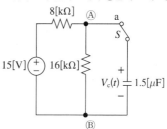

(V_c)콘덴서에 걸린 전압 = Ⓐ-Ⓑ 사이의 전압(V_{AB})

→ 병렬관계

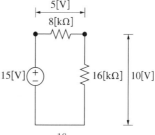

$$V_{16[k\Omega]} = \frac{16}{8 + 16} \times 15 = 10[V]$$

㉡ 스위치 S를 a에서 b로 옮겼을 경우

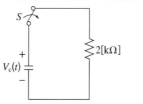

$t > 0$일 때

RC 직렬회로의 과도상태식은

$$V_c(t) = V \cdot e^{-\frac{1}{RC}t} \quad 이다.$$

$R = 2,000[\Omega]$, $V_c = 10[\text{V}]$, $C = 1.5[\mu\text{F}]$이므로

$$\therefore V_c(t) = 10 \cdot e^{-\frac{1}{2,000 \times 1.5 \times 10^{-6}}t} \, [\text{V}]$$
$$= 10 \cdot e^{-\frac{1}{3 \times 10^{-3}}t}$$

05 독립전원과 종속전압원이 포함된 다음의 회로에서 저항 20[Ω]의 전압 V_a[V]는?

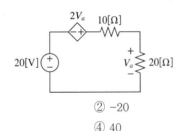

① −40 ② −20
③ 20 ④ 40

해설

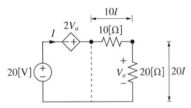

전압원 20[V]에 대한 회로의 전류를 I라고 할 때, 저항 20[Ω]에 걸리는 전압 $V_a = 20 \cdot I$[V]이고, 종속전원 $2V_a = 2 \cdot 20 \cdot I = 40I$[V]이다.

직렬회로에 대한 키르히호프 법칙(KVL)에 따라

$\sum$전압원 $= \sum$전압강하이므로

$20 + 40I = 10I + 20I$

따라서 회로 전체에 흐르는 전류 $I = -2$[A]

종속전원 $2V_a = 40I = 40(-2) = -80$

$\therefore V_a = -40$[V]

06 다음 자기회로에 대한 설명으로 옳지 않은 것은?(단, 손실이 없는 이상적인 회로이다)

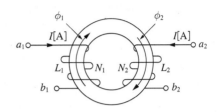

① b_1과 a_2를 연결한 합성 인덕턴스는 b_1과 b_2를 연결한 합성 인덕턴스보다 크다.

② 한 코일의 유도기전력은 상호인덕턴스와 다른 코일의 전류 변화량에 비례한다.

③ 권선비가 $N_1 : N_2 = 2 : 1$일 때, 자기인덕턴스 L_1은 자기 인덕턴스 L_2의 2배이다.

④ 교류전압을 변성할 수 있고, 변압기 등에 응용될 수 있다.

해설

①

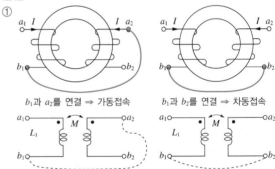

b_1과 a_2를 연결 ⇒ 가동접속 b_1과 b_2를 연결 ⇒ 차동접속

$\therefore$ 합성 인덕턴스 크기 : 가동접속(가극성) > 차동접속(감극성)

② 유도기전력 $e = L \cdot \dfrac{di}{dt}$

• 가극성 : $e_1 = L_1 \cdot \dfrac{di_1}{dt} + M \cdot \dfrac{di_2}{dt}$, $e_2 = L_2 \cdot \dfrac{di_2}{dt} + M \cdot \dfrac{di_1}{dt}$

• 감극성 : $e_1 = L_1 \cdot \dfrac{di_1}{dt} - M \cdot \dfrac{di_2}{dt}$, $e_2 = L_2 \cdot \dfrac{di_2}{dt} - M \cdot \dfrac{di_1}{dt}$

따라서, 한 코일의 유도기전력은 상호인덕턴스(M)와 다른 코일의 전류변화량에 비례한다.

③ 환상 솔레노이드의 권선수와 인덕턴스는

$L = \dfrac{\mu \cdot S \cdot N^2}{l}$[H]의 관계를 가지므로

권선비 $N_1 : N_2 = 2 : 1$일 경우,

자기인덕턴스 $L_1 : L_2 = 4 : 1$이다($L \propto N^2$)

07 전류 $i(t) = t^2 + 2t$[A]가 1[H] 인덕터에 흐르고 있다. $t = 1$일 때, 인덕터의 순시전력[W]은?

① 12

② 16

③ 20

④ 24

해설

전류 $i(t) = t^2 + 2t$[A]이고,

순시전력 $P(t) = v(t) \cdot i(t)$에서 $v(t) = L \cdot \dfrac{d}{dt} \cdot i(t)$이므로

$v(t) = L \cdot \dfrac{d}{dt}(t^2 + 2t)$이다.

$\therefore\ P(t) = v(t) \cdot i(t) = L \cdot F \dfrac{d}{dt}(t^2 + 2t) \cdot (t^2 + 2t)$

$\qquad = L \cdot (2t + 2) \cdot (t^2 + 2t)$

$L = 1$[H]이고, $t = 1$일 때

순시전력 $P_{(t=1)} = 1 \cdot (2 \cdot 1 + 2) \cdot (1^2 + 2 \cdot 1)$

$\qquad\qquad\quad = 1 \cdot 4 \cdot 3 = 12$[W]

08 다음 회로에서 40[μF] 커패시터 양단의 전압 V_a[V]는?

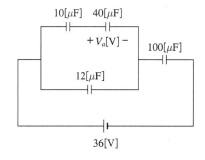

① 2 　　　　　　　② 4

③ 6 　　　　　　　④ 8

해설

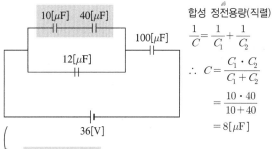

합성 정전용량(직렬)

$\dfrac{1}{C} = \dfrac{1}{C_1} + \dfrac{1}{C_2}$

$\therefore\ C = \dfrac{C_1 \cdot C_2}{C_1 + C_2}$

$\qquad = \dfrac{10 \cdot 40}{10 + 40}$

$\qquad = 8[\mu\text{F}]$

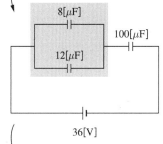

합성 정전용량(병렬)

$C = C_1 + C_2$

$\therefore\ C = 8 + 12$

$\qquad = 20[\mu\text{F}]$

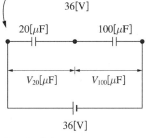

$Q = CV$에서

- $V_{100[\mu\text{F}]} = \dfrac{20}{20 + 100} \times 36 = \dfrac{20}{120} \times 36 = 6$[V]

- $V_{20[\mu\text{F}]} = \dfrac{100}{20 + 100} \times 36 = \dfrac{100}{120} \times 36 = 30$[V]

따라서

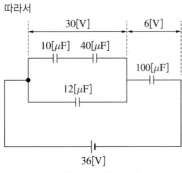

$$V_{10[\mu F]} = \frac{40}{10+40} \times 30 = 24[V]$$

$$V_{40[\mu F]} = \frac{10}{10+40} \times 30 = 6[V]$$

09 그림과 같은 주기적인 전압 파형에 포함되지 않은 고조파의 주파수 [Hz]는?

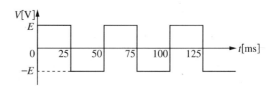

① 60　　　　　② 100

③ 120　　　　④ 140

해설

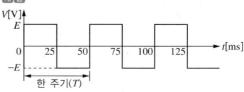

주파수 $= \dfrac{1}{주기}$

$$f = \frac{1}{T} = \frac{1}{50 \times 10^{-3}} = \frac{1}{0.05} = 20[Hz]$$

비정현파 교류에서

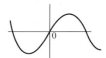

• 원점대칭인 경우
$$\sin\theta = -\sin(-\theta)$$
$$f(t) = -f(t)$$

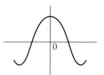

• 여현대칭(Y축대칭)
$$\cos\theta = \cos(-\theta)$$
$$f(t) = f(-t)$$

• 반파대칭 → 홀수 고조파만 존재
$$\sin\omega t + \sin 3\omega t + \sin 5\omega t + \cdots$$
$$f(t) = f\left(t + \frac{T}{2}\right)$$

따라서 기본주파수가 20[Hz]이므로 홀수배인

고조파 주파수 $\dfrac{20[Hz]}{1배}, \dfrac{60[Hz]}{3배}, \dfrac{100[Hz]}{5배}, \dfrac{140[Hz]}{7배} \cdots$가 존재

한다.

10 다음 Y−Y 결선 평형 3상 회로에서 부하 한 상에 공급되는 평균 전력 [W]은?(단, 극좌표의 크기는 실횻값이다)

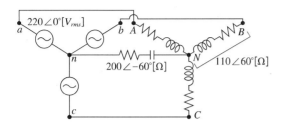

① 110
② 220
③ 330
④ 440

해설

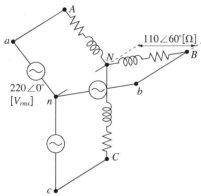

Y−Y 결선이 평형을 이루었으므로 중성선 $n-N$에는 전류가 흐르지 않는다($I_{n-N}=0$[A]).

$Z=110\angle60°$[Ω]이고, $V_{rms}=220\angle0°$[V]이므로

$I_{rms}=\dfrac{V_{rms}}{Z}=\dfrac{220\angle0°}{110\angle60°}=2\angle-60°$[A]이다.

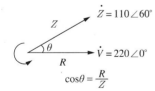

$$\cos\theta=\frac{R}{Z}$$

$R=Z\cos\theta$이므로

$\quad=110\times\cos60°$

$\quad=110\times\dfrac{1}{2}=55$[Ω]

따라서 한상에 공급되는 평균 전력

$P=I^2R=2^2\cdot55=220$[W]이다.

11 RLC 직렬회로에 100[V]의 교류전원을 인가할 경우, 이 회로에 가장 큰 전류가 흐를 때의 교류전원 주파수 f[Hz]와 전류 I[A]는?(단, $R=50$[Ω], $L=100$[mH], $C=1,000$[μF]이다)

	f [Hz]	I [A]
①	$\dfrac{50}{\pi}$	2
②	$\dfrac{50}{\pi}$	4
③	$\dfrac{100}{\pi}$	2
④	$\dfrac{100}{\pi}$	4

해설

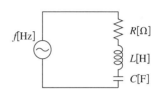

RLC 직렬회로에서

$\dot{Z}=R+j\omega L+\dfrac{1}{j\omega C}$

$\quad=R+j\left(\omega L-\dfrac{1}{\omega c}\right)$

회로 내에서 가장 큰 전류가 흐른다는 것은

$\dot{Z}=R+j\underbrace{\left(\omega L-\dfrac{1}{\omega C}\right)}$

　　'허수부'가 '0'이 된다는 것이므로

코일의 리액턴스와 콘덴서의 리액턴스가 같아지는 $\omega L-\dfrac{1}{\omega C}=0$,

$\omega L=\dfrac{1}{\omega C}$일 때 가장 큰 전류가 흐르며, 이 상태를 '공진'한다고 한다.

각속도 $\omega=2\pi f$이므로, $2\pi f\cdot L=\dfrac{1}{2\pi f\cdot C}$에서 $f_0=\dfrac{1}{2\pi\sqrt{LC}}$

이고, 이때의 주파수 f_0를 공진주파수라고 한다.

따라서,

공진주파수 $f_0=\dfrac{1}{2\pi\sqrt{LC}}=\dfrac{1}{2\pi\sqrt{100\times10^{-3}\times1,000\times10^{-6}}}$

$\quad=\dfrac{1}{2\pi\sqrt{1\times10^{-4}}}=\dfrac{1}{2\pi\cdot10^{-2}}=\dfrac{10^2}{2\pi}$

$\quad=\dfrac{100}{2\pi}$

공진 시 $Z=R$이므로

$I=\dfrac{V}{R}=\dfrac{100}{50}=2$[A]

12 1대의 용량이 100[kVA]인 단상 변압기 3대를 평형 3상 △결선으로 운전 중 변압기 1대에 장애가 발생하여 2대의 변압기를 V결선으로 이용할 때, 전체 출력용량[kVA]은?

① $\dfrac{100}{\sqrt{3}}$ 　　　② $\dfrac{173}{\sqrt{3}}$

③ $\dfrac{220}{\sqrt{3}}$ 　　　④ $\dfrac{300}{\sqrt{3}}$

해설

• V결선 : 단상 2대 변압기로 3상 전력출력(단상 1대의 $\sqrt{3}$ 배)

– 출력비 : $\dfrac{\text{V 결선출력}}{\text{3상 출력}} = \dfrac{\sqrt{3}\,VI}{3\,VI} = \dfrac{1}{\sqrt{3}} = 0.577(=57.7[\%])$

– 이용률 : $\dfrac{\text{V 결선출력}}{\text{설비용량}} = \dfrac{\sqrt{3}\,VI}{2\,VI} = \dfrac{\sqrt{3}}{2} = 0.866(=86.6[\%])$

따라서, $P_V = \sqrt{3}\,P_1 = \sqrt{3} \cdot 100 = 100\sqrt{3}\left(= \dfrac{300}{\sqrt{3}}\right)[\text{kVA}]$

13 자속밀도 4[Wb/m²]의 평등자장 안에서 자속과 30° 기울어진 길이 0.5[m]의 도체에 전류 2[A]를 흘릴 때, 도체에 작용하는 힘 F[N]는?

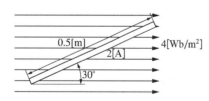

① 1 　　　② 2
③ 3 　　　④ 4

해설

플레밍의 왼손 법칙

$F = B \cdot I \cdot l \cdot \sin\theta$

$\therefore F = 4 \cdot 2 \cdot 0.5 \cdot \sin 30° = 4 \cdot \dfrac{1}{2} = 2[\text{N}]$

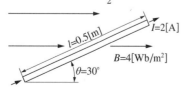

14 다음 RL 직렬회로에서 $t = 0$에서 스위치 S를 닫았다. $t = 3$에서 전류의 크기가 $i(3) = 4(1 - e^{-1})$[A]일 때, 전압 E[V]와 인덕턴스 L[H]은?

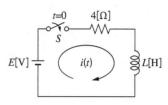

	E[V]	L[H]
①	8	6
②	8	12
③	16	6
④	16	12

해설

스위치 S를 닫고, $t = 3$일 때의 전류가 $i(3) = 4(1 - e^{-1})$이고, RL 직렬회로에서 $t = 0$일 때,

전류식 $i(t) = \dfrac{E}{R} \cdot \left(1 - e^{-\frac{R}{L}t}\right)$ 이므로

• $\dfrac{E}{R} = 4$에서, $R = 4[\Omega]$이므로, $E = 16[\text{V}]$

• $e^{-1} = e^{-\frac{R}{L}t}$에서, $\dfrac{R}{L}t = 1$이고,

　$R = 4[\Omega]$, $t = 3$이므로 $\dfrac{4}{L} \cdot 3 = 1$

　$\therefore L = 12[\text{H}]$

15 다음 회로의 역률이 0.8일 때, 전압 V_s [V]와 임피던스 X [Ω]는?(단, 전체 부하는 유도성 부하이다)

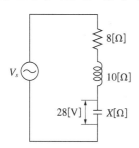

	V_s [V]	X [Ω]
①	70	2
②	70	4
③	80	2
④	80	4

해설

주어진 RLC 회로에서 $R = 8[\Omega]$, $L = 10[\Omega]$, $C = X[\Omega]$이므로

$|Z| = \sqrt{R^2 + (X_L - X_C)^2} = \sqrt{8^2 + (10-X)^2}$ 이다.

$\cos\theta = \dfrac{R}{|Z|}$ 이므로, (역률 0.8)

$|Z| = \dfrac{R}{\cos\theta} = \dfrac{8}{0.8} = 10$

$|Z| = \sqrt{8^2 + (10-X)^2} = 10 = 8^2 + (10-X)^2 = 10^2$

$\therefore\ X = 4[\Omega]$

콘덴서에 흐르는 전류 $I_C = \dfrac{V_C}{X} = \dfrac{28[V]}{4[\Omega]} = 7[A]$

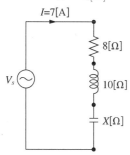

$Z = R + j(X_L - X_C) = 8 + j(10-4)$

$\quad = 8 + j6$

$|Z| = \sqrt{8^2 + 6^2} = 10$

따라서, $V_s = I \cdot |Z| = 7 \cdot 10 = 70[V]$

16 RL 직렬회로에 직류전압 100[V]를 인가하면 정상상태 전류는 10[A]이고, RC 직렬회로에 직류전압 100[V]를 인가하면 초기 전류는 10[A]이다. 이 두 회로의 설명으로 옳지 않은 것은?(단, $C = 100[\mu F]$, $L = 1[mH]$이고, 각 회로에 직류전압을 인가하기 전 초깃값은 0이다)

① RL 직렬회로의 시정수는 L이 10배 증가하면 10배 증가한다.

② RL 직렬회로의 시정수가 RC 직렬회로의 시정수보다 10배 크다.

③ RC 직렬회로의 시정수는 C가 10배 증가하면 10배 증가한다.

④ RL 직렬회로의 시정수는 0.1[ms]다.

해설

㉠ RL 회로에 직류전압을 가할 때

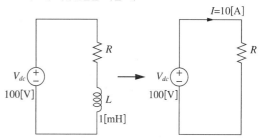

$R = \dfrac{V}{I} = \dfrac{100}{10} = 10[\Omega]$

RL 회로의 시정수

$\tau = \dfrac{L}{R} = \dfrac{1 \times 10^{-3}[H]}{10[\Omega]} = 1 \times 10^{-4}[s] = 0.1[ms]$

⇒ RL 회로 시정수 $\tau = \dfrac{L}{R}$ 이므로, L이 10배 증가하면 τ도 10배 증가한다.

㉡ RC 회로에 직류전압을 가할 때$(t = 0)$

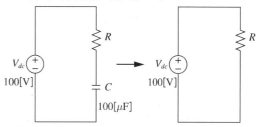

RC 회로의 시정수

$\tau = RC = 10 \cdot 100 \times 10^{-6} = 1 \times 10^{-3}[s] = 1[ms]$

⇒ RC 회로의 시정수 $\tau = RC$이므로, C가 10배 증가하면 τ도 10배 증가한다.

$\therefore$ ㉠, ㉡에서 RC 회로의 시정수가 RL 회로의 시정수보다 10배 크다.

17 다음 회로에서 전원 V_s [V]가 RLC로 구성된 부하에 인가되었을 때, 전체 부하의 합성 임피던스 $Z[\Omega]$ 및 전압 V_s와 전류 I의 위상차 θ [°]는?

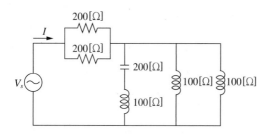

	$Z[\Omega]$	$\theta[°]$
①	100	45
②	100	60
③	$100\sqrt{2}$	45
④	$100\sqrt{2}$	60

해설

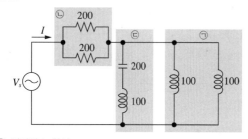

㉠ 인덕턴스 합성

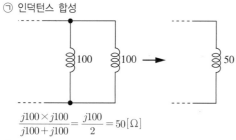

$$\frac{j100 \times j100}{j100 + j100} = \frac{j100}{2} = 50[\Omega]$$

㉡ 저항 합성

$$\frac{200 \times 200}{200 + 200} = 100[\Omega]$$

㉢ 합성 리액턴스

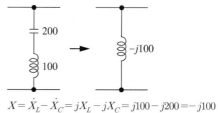

$$X = \dot{X}_L - \dot{X}_C = jX_L - jX_C = j100 - j200 = -j100$$

㉠, ㉡, ㉢에서

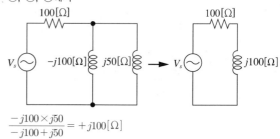

$$\frac{-j100 \times j50}{-j100 + j50} = +j100[\Omega]$$

∴ 합성 임피던스 $\dot{Z} = 100 + j100$

$$|Z| = \sqrt{100^2 + 100^2} = 100\sqrt{2}[\Omega]$$

$$\cos\theta = \frac{100}{100\sqrt{2}} = \frac{1}{\sqrt{2}} = \frac{\sqrt{2}}{2}$$

위상각 $\theta = 45°$

18 다음 직류회로에서 4[Ω] 저항의 소비전력[W]은?

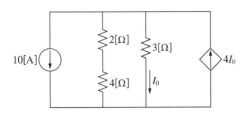

① 4

② 8

③ 12

④ 16

해설

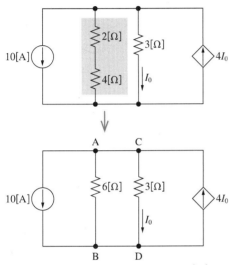

C–D의 3[Ω]에 흐르는 전류가 I_0이므로 A–B의 6[Ω]에 흐르는

전류는 $\frac{1}{2}I_0$이다.

C점에 대하여 키르히호프 법칙을 적용하면

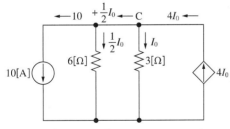

$4I_0 = I_0 + 10 + \frac{1}{2}I_0$이므로 $\frac{5}{2}I_0 = 10$

∴ $I_0 = 4$[A]이다.

따라서 A–B에 흐르는 전류

$I_{AB} = \frac{1}{2}I_0 = \frac{1}{2} \cdot 4 = 2$[A]이고

4[Ω]에서 소비하는 전력

$P = I^2 R = 2^2 \cdot 4 = 16$[W]

19 다음 직·병렬회로에서 전류 I[A]의 위상이 전압 V_s [V]의 위상과 같을 때, 저항 R[Ω]은?

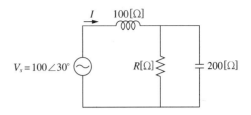

① 100

② 200

③ 300

④ 400

해설

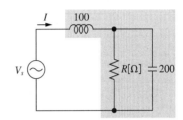

합성 임피던스

$\dot{Z} = j100 + (R \parallel -j200)$

$= j100 + \frac{R \cdot (-j200)}{R + (-j200)} = j100 + \frac{-R \cdot j200}{R - j200} \cdot \frac{R + j200}{R + j200}$

$= j100 + \frac{-R^2 \cdot j200 + R \cdot 200^2}{R^2 + 200^2}$

(실수부와 허수부를 구분하면)

$= \frac{R \cdot 200^2}{R^2 + 200^2} + j\left(100 - \frac{R^2 \cdot 200}{R^2 + 200^2}\right)$

주어진 회로에서 전류 I[A]의 위상이 전압 V_s[V]의 위상과 같다고

했으므로, 위상차가 없다는 것은 허수부 = 0을 뜻하기 때문에

허수부 $100 - \frac{R^2 \cdot 200}{R^2 + 200^2} = 0$과 같다.

따라서 $R^2 \cdot 200 = 100(R^2 + 200^2)$

$2R^2 = R^2 + 200^2$

$R^2 = 200^2$

∴ $R = 200$[Ω]

20 그림과 같이 저항 $R_1 = R_2 = 10[\Omega]$, 자기인덕턴스 $L_1 = 10[H]$, $L_2 = 100[H]$, 상호인덕턴스 $M = 10[H]$로 구성된 회로의 임피던스 $Z_{ab}[\Omega]$는?(단, 전원 V_s의 각 속도는 $\omega = 1[rad/s]$이고 $Z_L = 10 - j100[\Omega]$이다)

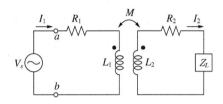

① $10 - j15$

② $10 + j15$

③ $15 - j10$

④ $15 + j10$

해설

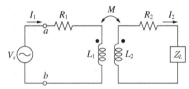

등가변환하면

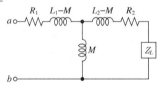

대입하면

$$\therefore Z_{ab} = 10 + \frac{(20 - j10) \cdot (j10)}{20 - j10 + j10} = 10 + \left(\frac{100 + j200}{20} \right)$$
$$= 10 + (5 + j10) = 15 + j10[\Omega]$$

2020년 국가직 전기이론

01 다음의 교류전압 $v_1(t)$과 $v_2(t)$에 대한 설명으로 옳은 것은?

> - $v_1(t) = 100\sin\left(120\pi t + \dfrac{\pi}{6}\right)[\text{V}]$
>
> - $v_2(t) = 100\sqrt{2}\sin\left(120\pi t + \dfrac{\pi}{3}\right)[\text{V}]$

① $v_1(t)$과 $v_2(t)$의 주기는 모두 $\dfrac{1}{60}[\text{s}]$이다.

② $v_1(t)$과 $v_2(t)$의 주파수는 모두 $120\pi[\text{Hz}]$이다.

③ $v_1(t)$과 $v_2(t)$는 동상이다.

④ $v_1(t)$과 $v_2(t)$의 실횻값은 각각 $100[\text{V}]$, $100\sqrt{2}[\text{V}]$ 이다.

해설

순시식	$v_1(t) = 100\sin\left(120\pi t + \dfrac{\pi}{6}\right)[\text{V}]$	
	$v_2(t) = 100\sqrt{2}\sin\left(120\pi t + \dfrac{\pi}{3}\right)[\text{V}]$	
각속도	$\omega_1 = 120\pi[\text{rad/s}]$	$\omega_2 = 120\pi[\text{rad/s}]$
주파수	$f_1 = \dfrac{\omega_1}{2\pi} = \dfrac{120\pi}{2\pi}$ $= 60[\text{Hz}]$	$f_2 = 60[\text{Hz}]$
주기	$T_1 = \dfrac{1}{f_1} = \dfrac{1}{60}[\text{s}]$	$T_2 = \dfrac{1}{f_2} = \dfrac{1}{60}[\text{s}]$
위상	$\theta_1 = \dfrac{\pi}{6} = 30°$	$\theta_2 = \dfrac{\pi}{3} = 60°$
실횻값	$V_1 = \dfrac{V_{m1}}{\sqrt{2}} = \dfrac{100}{\sqrt{2}}[\text{V}]$	
	$V_2 = \dfrac{V_{m2}}{\sqrt{2}} = \dfrac{100\sqrt{2}}{\sqrt{2}} = 100[\text{V}]$	

02 그림의 회로에서 1[Ω]에 흐르는 전류 $I[\text{A}]$는?

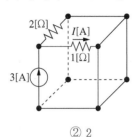

① 1 ② 2
③ 3 ④ 4

해설

등가회로

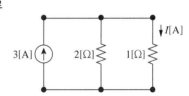

전류 배분에 의해
$$I = \frac{2}{1+2} \times 3 = 2[\text{A}]$$

03 그림과 같이 공극의 단면적 $S = 100 \times 10^{-4}[\text{m}^2]$인 전자석에 자속밀도 $B = 2[\text{Wb/m}^2]$인 자속이 발생할 때, 철편에 작용하는 힘[N]은?(단, $\mu_0 = 4\pi \times 10^{-7}$이다)

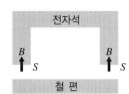

① $\dfrac{1}{\pi} \times 10^5$ ② $\dfrac{1}{\pi} \times 10^{-5}$

③ $\dfrac{1}{2\pi} \times 10^5$ ④ $\dfrac{1}{2\pi} \times 10^{-5}$

해설

자속밀도 $B = 2[\text{Wb/m}^2]$,
공극 1개의 면적 $S = 100 \times 10^{-4}[\text{m}^2]$(철편과 전자석 사이의 공극은 2개이므로 $S \times 2$)

$$F = \frac{1}{2} \cdot \frac{B^2}{\mu_0} \cdot S$$

$$= \frac{2^2}{2 \times 4\pi \times 10^{-7}} \times 100 \times 10^{-4} \times 2(\text{개})$$

$$= \frac{100}{\pi \times 10^{-3}} = \frac{1}{\pi} \times 10^5 [\text{N}]$$

04 3상 평형 △결선 및 Y결선에서, 선간전압, 상전압, 선전류, 상전류에 대한 설명으로 옳은 것은?

① △결선에서 선간전압의 크기는 상전압 크기의 $\sqrt{3}$ 배이다.

② Y결선에서 선전류의 크기는 상전류 크기의 $\sqrt{3}$ 배이다.

③ △결선에서 선간전압의 위상은 상전압의 위상보다 $\dfrac{\pi}{6}[\text{rad}]$앞선다.

④ Y결선에서 선간전압의 위상은 상전압의 위상보다 $\dfrac{\pi}{6}[\text{rad}]$앞선다.

해설

④ Y결선에서 선간전압의 위상은 상전압의 위상보다 $\dfrac{\pi}{6}[\text{rad}]$ 앞선다.

① △결선에서 선간전압의 크기는 상전압의 크기와 같다.
② Y결선에서 선간전류의 크기는 상전류의 크기와 같다.
③ △결선에서 선간전압의 위상은 상전압의 위상과 같다.

05 그림의 회로에서 전류 $I[\text{A}]$는?

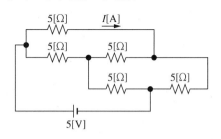

① 0.25   ② 0.5

③ 0.75   ④ 1

해설

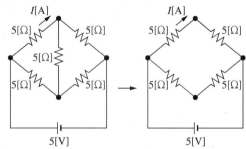

$R_1 R_4 = R_2 R_3$, $5 \times 5 = 5 \times 5$로
브릿지 평형을 이루고 있어서 가운데 5[Ω]의 저항에는 전류가 흐르지 않는다.

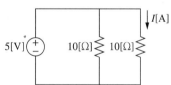

$$\therefore \ I = \frac{5[\text{V}]}{10[\Omega]} = 0.5[\text{A}]$$

06 그림의 회로에서 점 a와 점 b 사이의 정상상태 전압 V_{ab} [V]는?

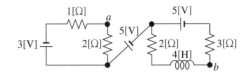

① −2

② 2

③ 5

④ 6

해설

전원이 직류이므로 정상상태에서 인덕터 4[H]는 단락으로 동작한다. 임의의 한 점의 전위를 0[V]로 정하고 각 점에서의 전위를 구한다.

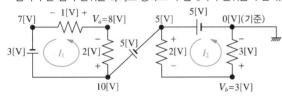

$$V_{ab} = V_a - V_b = 8 - 3 = 5[\text{V}]$$

07 그림의 회로에서 저항 R_L에 4[W]의 최대 전력이 전달될 때, 전압 E[V]는?

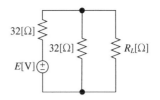

① 32

② 48

③ 64

④ 128

해설

테브난 등가저항, 등가전압을 구하면

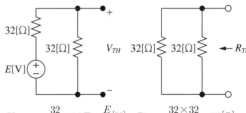

$$V_{TH} = \frac{32}{32+32} \times E = \frac{E}{2}[\text{V}], \quad R_{TH} = \frac{32 \times 32}{32+32} = 16[\Omega]$$

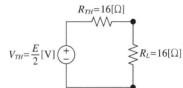

$$P_{\max} = \frac{V_{TH}^2}{4R_L} = 4$$

$$\frac{\left(\frac{E}{2}\right)^2}{4 \times 16} = 4, \quad \frac{\frac{E^2}{4}}{4 \times 16} = 4$$

$$E^2 = 16 \times 16 \times 4 = 32 \times 32$$

$$\therefore E = 32$$

08 그림 (a)의 T형 회로를 그림 (b)의 π형 등가회로로 변환할 때, $Z_3[\Omega]$은?(단, $\omega = 10^3$[rad/s]이다)

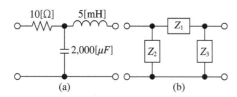

(a)   (b)

① $-90 + j5$ ② $9 - j0.5$

③ $0.25 + j4.5$ ④ $9 + j4.5$

해설

T형 회로를 임피던스 Z로 표현하면

$\omega = 10^3$[rad/s]이므로

$Z_2 = jX_L = j\omega L = j5 \times 10^{-3} \times 10^3 = j5[\Omega]$

$Z_3 = \dfrac{1}{jX_C} = \dfrac{1}{j2{,}000 \times 10^{-6} \times 10^3} = \dfrac{1}{j2}[\Omega]$

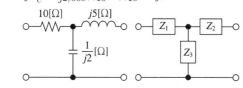

T형 회로의 4단자 정수 $\begin{pmatrix} A & B \\ C & D \end{pmatrix} = \begin{pmatrix} 1 + \dfrac{Z_1}{Z_3} & \dfrac{Z_1 Z_2 + Z_2 Z_3 + Z_3 Z_1}{Z_3} \\ \dfrac{1}{Z_3} & 1 + \dfrac{Z_2}{Z_3} \end{pmatrix}$

π형 회로의 4단자 정수 $\begin{pmatrix} A & B \\ C & D \end{pmatrix} = \begin{pmatrix} 1 + \dfrac{Z_1}{Z_3} & Z_1 \\ \dfrac{Z_1 + Z_2 + Z_3}{Z_2 Z_3} & 1 + \dfrac{Z_1}{Z_2} \end{pmatrix}$

π형 등가회로의 Z_3을 구하기 위해서는 T형 회로의 A, B 파라미터를 구하여 π형 회로에 적용하면 된다($\because$ C 파라미터는 식이 복잡하고, D 파라미터는 Z_3가 없다).

T형 회로에서

$A = 1 + \dfrac{Z_1}{Z_3} = 1 + \dfrac{10}{\dfrac{1}{j2}} = 1 + j20$

$B = \dfrac{Z_1 Z_2 + Z_2 Z_3 + Z_3 Z_1}{Z_3} = \dfrac{j50 + j5 \cdot \dfrac{1}{j2} + \dfrac{10}{j2}}{\dfrac{1}{j2}}$

$\quad = j \cdot j100 + j5 + 10$

$\quad = -100 + j5 + 10$

$\quad = -90 + j5$

π형 회로에 적용하면

$B = Z_1$이므로 $Z_1 = -90 + j5$

$A = 1 + \dfrac{Z_1}{Z_3}$이므로 $1 + \dfrac{Z_1}{Z_3} = 1 + j20$

$1 + \dfrac{-90 + j5}{Z_3} = 1 + j20$

$\dfrac{-90 + j5}{Z_3} = j20$

$\dfrac{-90 + j5}{j20} = Z_3$

$Z_3 = \dfrac{-j90 + j \cdot j5}{j \cdot j20} = \dfrac{-j90 - 5}{-20} = \dfrac{5}{20} + j\dfrac{90}{20} = 0.25 + j4.5[\Omega]$

[별 해]

$Y \Rightarrow \triangle$ 변환

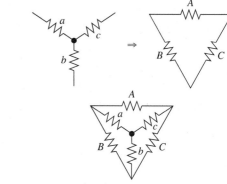

$A = \dfrac{ab + bc + ca}{b}$, $B = \dfrac{ab + bc + ca}{c}$, $C = \dfrac{ab + bc + ca}{a}$

T형 회로(Y결선)를 π형 회로($\triangle$결선)으로 변환하면

$Z_3 = \dfrac{ab + bc + ca}{a} = \dfrac{10 \cdot j5 + j5 \cdot \dfrac{1}{j2} + \dfrac{1}{j2} \cdot 10}{10}$

$\quad = \dfrac{j50 + \dfrac{5}{2} + \dfrac{5}{j}}{10} = j5 + \dfrac{1}{4} + \dfrac{1}{j2}$

$\quad = j5 + 0.25 - j0.5$

$\quad = 0.25 + j4.5[\Omega]$

09 그림의 회로에서 전원전압의 위상과 전류 I[A]의 위상에 대한 설명으로 옳은 것은?

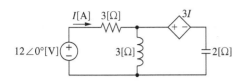

① 동위상이다.
② 전류의 위상이 앞선다.
③ 전류의 위상이 뒤진다.
④ 위상차는 180도이다.

해설

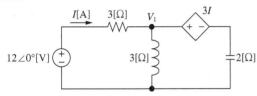

가운데 노드에 KCL을 적용하면

$$I = \frac{V_1}{j3} + \frac{V_1 - 3I}{-j2}$$

$$j6 \cdot I = 2 \cdot V_1 - 3(V_1 - 3I)$$

$$V_1 = 9I - j6I \quad \cdots\cdots\cdots\cdots ⊙$$

또한 $V_1 = 12 - 3I \quad \cdots\cdots\cdots\cdots ⓒ$

ⓒ에 ⊙을 넣어서 식을 풀면

$$9I - j6I = 12 - 3I$$

$$I(12 - j6) = 12$$

$$I = \frac{12}{12 - j6} = \frac{2}{2 - j} = \frac{2(2 + j)}{4 + 1} = \frac{4}{5} + j\frac{2}{5} = 0.8 + j0.4[A]$$

전압과 전류를 복소평면에 나타내면

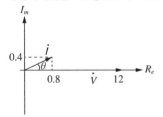

전류가 전압보다 θ만큼 앞선다.

10 그림과 같이 3상 평형전원에 연결된 600[VA]의 3상 부하(유도성)의 역률을 1로 개선하기 위한 개별 커패시터 용량 C[μF]는?(단, 3상 부하의 역률각은 30°이고, 전원전압은 $V_{ab}(t) = 100\sqrt{2}\sin100t$[V]이다)

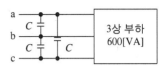

① 30
② 60
③ 90
④ 100

해설

$V_{ab}(t) = 100\sqrt{2}\sin100t$를 통해 $\omega = 100$[rad/s], 전압의 실횻값 $V = 100$[V]이고, 역률각 $= 30°$, 피상전력 $P_a = 600$[VA]이므로

3상 무효전력은 $P_r = P_a\sin\theta = 600\sin30° = 600 \times \frac{1}{2} = 300$[Var]

역률 개선을 위한 커패시터에 의한 무효전력은 3상 평형 △결선 ($V_l = V_p$)이므로

$$Q_C = 3\omega CV^2 = 3 \times 100 \times C \times 100^2 = 3 \cdot C \times 10^6$$

3상 무효전력과 커패시터에 의한 무효전력이 같을 때 역률이 1이 되므로

$$P_r = Q_C$$

$$300 = 3 \cdot C \times 10^6$$

$$\therefore C = \frac{300}{3} \times 10^{-6} = 100[\mu F]$$

11 2개의 도체로 구성되어 있는 평행판 커패시터의 정전용량을 100[F]에서 200[F]으로 증대하기 위한 방법은?

① 극판 면적을 4배 크게 한다.
② 극판 사이의 간격을 반으로 줄인다.
③ 극판의 도체 두께를 2배로 증가시킨다.
④ 극판 사이에 있는 유전체의 비유전율이 4배 큰 것을 사용한다.

해설

$C = \dfrac{\varepsilon S}{d} = 100[\text{F}]$

② 극판 사이의 간격을 반으로 줄인다. → 정전용량은 100[F]에서 200[F]으로 2배 증가 $C' = \dfrac{\varepsilon S}{\dfrac{d}{2}} = 2\dfrac{\varepsilon S}{d} = 200[\text{F}]$

① 극판 면적을 4배 크게 한다. → 정전용량은 100[F]에서 400[F]으로 4배 증가 $C' = \dfrac{\varepsilon \cdot 4 \cdot S}{d} = 4\dfrac{\varepsilon S}{d} = 400[\text{F}]$

③ 극판의 도체 두께를 2배로 증가시킨다. → 정전용량은 변하지 않는다. $C' = \dfrac{\varepsilon S}{d} = 100[\text{F}]$

④ 극판 사이에 있는 유전체의 비유전율이 4배 큰 것을 사용한다. → 정전용량은 100[F]에서 400[F]으로 4배 증가 $C' = \dfrac{4 \cdot \varepsilon S}{d} = 4\dfrac{\varepsilon S}{d} = 400[\text{F}]$

12 어떤 회로에 전압 $v(t) = 25\sin(\omega t + \theta)[\text{V}]$을 인가하면 전류 $i(t) = 4\sin(\omega t + \theta - 60°)[\text{A}]$가 흐른다. 이 회로에서 평균 전력[W]은?

① 15　　　　　② 20
③ 25　　　　　④ 30

해설

$v(t) = 25\sin(\omega t + \theta)[\text{V}]$, $i(t) = 4\sin(\omega t + \theta - 60°)[\text{A}]$

실횻값 $V = \dfrac{25}{\sqrt{2}}[\text{V}]$, $I = \dfrac{4}{\sqrt{2}}[\text{A}]$

위상차 $\theta = \theta - (\theta - 60°) = 60°$

평균 전력 = 유효전력 : $P = VI\cos\theta = \dfrac{25}{\sqrt{2}}\dfrac{4}{\sqrt{2}}\cos 60°$

$= \dfrac{25 \times 4}{2} \times \dfrac{1}{2} = 25[\text{W}]$

13 그림과 같이 자로 $l = 0.3[\text{m}]$, 단면적 $S = 3 \times 10^{-4}[\text{m}^2]$, 권선수 $N = 1,000$회, 비투자율 $\mu_r = 10^4$인 링(Ring)모양철심의 자기인덕턴스 $L[\text{H}]$은?(단, $\mu_0 = 4\pi \times 10^{-7}$이다)

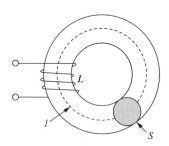

① 0.04π　　　　② 0.4π
③ 4π　　　　　④ 5π

해설

$L = \dfrac{\mu S N^2}{l} = \dfrac{\mu_0 \mu_r S N^2}{l}$

$= \dfrac{4\pi \times 10^{-7} \times 10^4 \times 3 \times 10^{-4} \times 1,000^2}{0.3}$

$= \dfrac{4\pi \times 3 \times 10^{-1}}{3 \times 10^{-1}} = 4\pi[\text{H}]$

14 그림의 자기결합 회로에서 V_2[V]가 나머지 셋과 다른 하나는?(단, M은 상호인덕턴스이며, L_2 코일로 흐르는 전류는 없다)

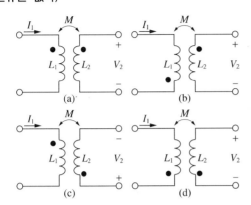

① (a)　　　　② (b)
③ (c)　　　　④ (d)

해설

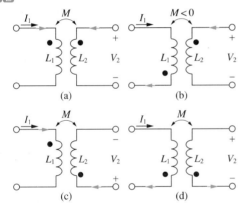

(a) $V_2 = M\dfrac{dI_1}{dt}$

(b) $V_2 = -M\dfrac{dI_1}{dt}$

(c) $V_2 = M\dfrac{dI_1}{dt}$

(d) $V_2 = M\dfrac{dI_1}{dt}$

15 그림의 회로에서 교류전압을 인가하여 전류 I[A]가 최소가 될 때, 리액턴스 X_C[Ω]는?

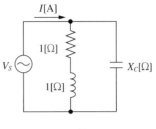

① 2　　　　② 4
③ 6　　　　④ 8

해설

전류 I[A]가 최소이므로 RLC 병렬 공진이다.
어드미턴스를 구하면

$$Y = \frac{1}{1+j} + \frac{1}{-jX_C} = \frac{1-j}{1+1} + \frac{j}{X_C} = \frac{1}{2} - j\frac{1}{2} + j\frac{1}{X_C}$$

$$= \frac{1}{2} + j\left(\frac{1}{X_C} - \frac{1}{2}\right)$$

허수부 $= 0$이므로 $\dfrac{1}{X_C} = \dfrac{1}{2}$

$\therefore X_C = 2[\Omega]$

16 2개의 단상전력계를 이용하여 어떤 불평형 3상 부하의 전력을 측정한 결과 $P_1 = 3[\text{W}]$, $P_2 = 6[\text{W}]$일 때, 이 3상 부하의 역률은?

① $\dfrac{3}{5}$ ② $\dfrac{4}{5}$

③ $\dfrac{1}{\sqrt{3}}$ ④ $\dfrac{\sqrt{3}}{2}$

해설

$P_1 = 3[\text{W}]$, $P_2 = 6[\text{W}]$

유효전력 : $P = P_1 + P_2 = 3 + 6 = 9[\text{W}]$

피상전력 : $P_a = 2\sqrt{P_1^2 + P_2^2 - P_1 P_2} = 2\sqrt{3^2 + 6^2 - 3 \times 6}$
$= 2\sqrt{9 + 36 - 18} = 2\sqrt{27} = 6\sqrt{3}[\text{VA}]$

역률 : $\cos\theta = \dfrac{P}{P_a} = \dfrac{9}{6\sqrt{3}} = \dfrac{3}{2\sqrt{3}} = \dfrac{\sqrt{3}}{2}$

17 $2Q[\text{C}]$의 전하량을 갖는 전하 A에서 $q[\text{C}]$의 전하량을 떼어 내어 전하 A로부터 1[m] 거리에 $q[\text{C}]$를 위치시킨 경우, 두 전하 사이에 작용하는 전자기력이 최대가 되는 $q[\text{C}]$는?(단, $0 < q < 2Q$이다)

① Q ② $\dfrac{Q}{2}$

③ $\dfrac{Q}{3}$ ④ $\dfrac{Q}{4}$

해설

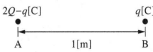

두 전하 사이의 전자기력은

$F = 9 \times 10^9 \times \dfrac{Q_1 Q_2}{r^2} = 9 \times 10^9 \times \dfrac{(2Q - q) \times q}{1^2}$
$= 9 \times 10^9 \times 2Qq - q^2[\text{N}]$

$\dfrac{1}{4\pi\varepsilon_0} = 9 \times 10^9 = k$(상수)로 표시하고 q에 관한 2차 함수의 해를 구하면

$F = k(2Qq - q^2)$
$= k(-q^2 + 2Qq - Q^2 + Q^2)$
$= k(-(q - Q)^2 + Q^2)$

∴ q가 Q일 때 전자기력(F)는 최대가 되며, 최댓값은 kQ^2이다.

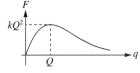

[별 해]

전자기력이 최대가 되는 점은 q에 관한 2차 함수의 미분계수(기울기)가 0일 때이다.

F를 q에 관하여 미분하면

$\dfrac{dF}{dq} = k\dfrac{d}{dq}(-q^2 + 2Qq) = 0$

$k(-2q + 2Q) = 0$

∴ $q = Q$

18 그림의 회로에서 $t = 0[\text{s}]$일 때, 스위치 S를 닫았다. $t = 3[\text{s}]$일 때, 커패시터 양단 전압 $v_c(t)[\text{V}]$은? (단, $v_c(t = 0_-) = 0[\text{V}]$이다)

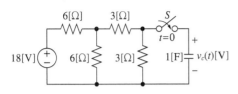

① $3e^{-4.5}$

② $3 - 3e^{-4.5}$

③ $3 - 3e^{-1.5}$

④ $-3e^{-1.5}$

해설

테브난 등가회로의 V_{TH}를 구하면

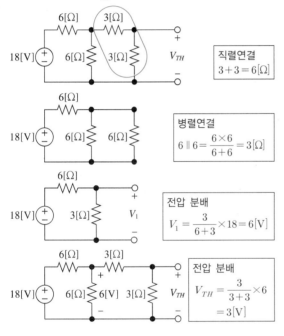

직렬연결

$3 + 3 = 6[\Omega]$

병렬연결

$6 \| 6 = \dfrac{6 \times 6}{6 + 6} = 3[\Omega]$

전압 분배

$V_1 = \dfrac{3}{6 + 3} \times 18 = 6[\text{V}]$

전압 분배

$V_{TH} = \dfrac{3}{3 + 3} \times 6$

$= 3[\text{V}]$

테브난 등가회로의 R_{TH}를 구하면

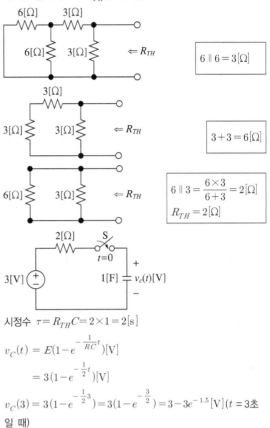

$6 \| 6 = 3[\Omega]$

$3 + 3 = 6[\Omega]$

$6 \| 3 = \dfrac{6 \times 3}{6 + 3} = 2[\Omega]$

$R_{TH} = 2[\Omega]$

시정수 $\tau = R_{TH}C = 2 \times 1 = 2[\text{s}]$

$v_C(t) = E(1 - e^{-\frac{1}{RC}t})[\text{V}]$

$\qquad = 3(1 - e^{-\frac{1}{2}t})[\text{V}]$

$v_C(3) = 3(1 - e^{-\frac{1}{2}3}) = 3(1 - e^{-\frac{3}{2}}) = 3 - 3e^{-1.5}[\text{V}]\,(t = 3$초 일 때)

19 그림의 회로에서 $t = 0[s]$일 때, 스위치 S_1과 S_2를 동시에 닫을 때, $t > 0$에서 커패시터 양단 전압 $v_C(t)[V]$은?

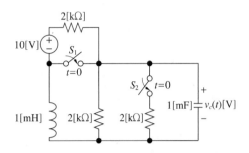

① 무손실 진동   ② 과도감쇠

③ 임계감쇠   ④ 과소감쇠

해설

• $t < 0$일 때 직류전원이 인가되어 있었으므로

인덕턴스 L : 단락, 콘덴서 C : 개방

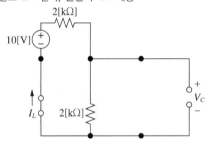

인덕턴스 1[mH]에 흐르는 전류는

$$I_L = \frac{10[V]}{2[k\Omega] + 2[k\Omega]} = \frac{10}{4,000} = 2.5[mA]$$

커패시터 1[mF]에 걸리는 전압은

$$V_C = 2[k\Omega] \times 2.5[mA] = 5[V]$$

• $t = 0$에서 $SW_1 = On$, $SW_2 = On$

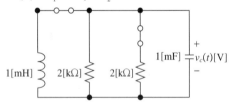

합성 저항은 $2 \| 2 = \frac{2 \times 2}{2+2} = 1[k\Omega]$ 이므로 회로는

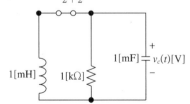

• $t > 0$일 때 위의 회로에서 KCL에 의해 커패시터(C)에 걸리는 전압 v_C를 구하면

$$\frac{v_C}{R} + \frac{1}{L}\int_0^T v_C dt + C\frac{dv_C}{dt} = 0$$이므로 양변에 RL를 곱하고 미분하면

$$RLC\frac{d^2 v_C}{dt^2} + L\frac{dv_C}{dt} + R = 0 \text{(특성방정식)}$$

$$1k \cdot 10^{-3} \cdot 10^{-3} \cdot \frac{d^2 v_C}{dt^2} + 10^{-3} \cdot \frac{dv_C}{dt} + 1k = 0$$

$$10^{-3} \cdot \frac{d^2 v_C}{dt^2} + 10^{-3} \cdot \frac{dv_C}{dt} + 1k = 0$$

$$\frac{d^2 v_C}{dt^2} + \frac{dv_C}{dt} + 10^6 = 0$$

위의 특성방정식에서 판별식($b^2 - 4ac$)은

$1^2 - 4 \times 10^6 < 0$이므로 부족진동(과소감쇠)이 된다.

[참 고]

특성방정식으로부터 근의 공식을 통하여 특성근을 구하면

$$S = \frac{-L \pm \sqrt{L^2 - 4R^2 LC}}{2RLC}$$

$$= -\frac{1}{2RC} \pm \sqrt{\frac{1}{(2RC)^2} - \frac{1}{LC}}$$

$$= -\frac{1}{2} \pm \sqrt{\frac{1}{4} - 10^6} \text{ 이다.}$$

$$\therefore \frac{1}{4} - 10^6 < 0$$

※ $aS^2 + bS + c = 0$일 때 근의 공식

$$S = \frac{-b \pm \sqrt{b^2 - 4ac}}{2a} \text{ (단, } a \neq 0)$$

※ 과도응답

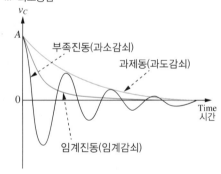

20 그림과 같은 구형파의 제 $(2n-1)$ 고조파의 진폭(A_1)과 기본파의 진폭(A_2)의 비$\left(\dfrac{A_1}{A_2}\right)$는?

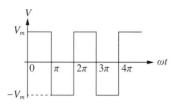

① $\dfrac{1}{2n-1}$

② $2n-1$

③ $\dfrac{\pi}{2n-1}$

④ $\dfrac{2n-1}{\pi}$

해설

구형파의 푸리에 급수식

$$f(t) = \frac{4V_m}{\pi}\left(\sin\omega t + \frac{1}{3}\sin3\omega t + \frac{1}{5}\sin5\omega t + \cdots\right)$$

구형파는 기함수 및 반파대칭이므로

$a_0 = 0,\ a_n = 0,$

$b_n = \dfrac{4V_m}{\pi n}\,(n : 홀수\ 1,\ 3,\ 5,\ \cdots)$

$\quad = \dfrac{4V_m}{\pi(2n-1)}\,(n : 정수\ 1,\ 2,\ 3,\ \cdots)$

제 $(2n-1)$고조파의 진폭 $A_1 = \dfrac{4V_m}{\pi(2n-1)}$

기본파의 진폭 $A_2 = \dfrac{4V_m}{\pi}$

고조파와 기본파의 진폭비 $\dfrac{A_1}{A_2} = \dfrac{\dfrac{4V_m}{\pi(2n-1)}}{\dfrac{4V_m}{\pi}} = \dfrac{1}{2n-1}$

15 2021년 국가직 전기이론

01 전류원과 전압원의 특징에 대한 설명으로 옳은 것만을 모두 고르면?

> ㄱ. 이상적인 전류원의 내부저항 $r = 1[\Omega]$이다.
> ㄴ. 이상적인 전압원의 내부저항 $r = 0[\Omega]$이다.
> ㄷ. 실제적인 전류원의 내부저항은 전원과 직렬접속으로 변환할 수 있다.
> ㄹ. 실제적인 전압원의 내부저항은 전원과 직렬접속으로 변환할 수 있다.

① ㄱ, ㄴ
② ㄱ, ㄷ
③ ㄴ, ㄹ
④ ㄷ, ㄹ

해설

ㄱ. 이상적인 전류원의 내부저항 $r = \infty[\Omega]$이다.
ㄷ. 실제적인 전류원의 내부저항은 전원과 병렬접속으로 변환할 수 있다.

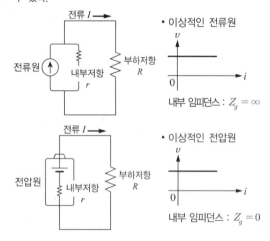

02 그림의 회로에 대한 설명으로 옳지 않은 것은?

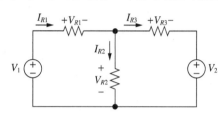

① 회로의 마디(Node)는 4개다.
② 회로의 루프(Loop)는 3개다.
③ 키르히호프의 전압법칙(KVL)에 의해
   $V_1 - V_{R1} - V_{R3} - V_2 = 0$이다.
④ 키르히호프의 전류법칙(KCL)에 의해
   $I_{R1} + I_{R2} + I_{R3} = 0$이다.

해설

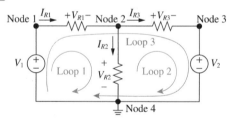

③ Loop 3을 따라 키르히호프의 전압법칙(KVL)을 적용하면
   $V_1 - V_{R1} - V_{R3} - V_2 = 0$이다.
④ Node 2에 키르히호프의 전류법칙(KCL)을 적용하면
   $I_{R1} - I_{R2} - I_{R3} = 0$이다.

03 그림의 RC 직렬회로에서 t = 0[s]일 때 스위치 S를 닫아 전압 E[V]를 회로의 양단에 인가하였다. t = 0.05[s]일 때 저항 R의 양단 전압이 $10\,e^{-10}$[V]이면, 전압 E[V]와 커패시턴스 $C[\mu\text{F}]$는?(단, R = 5,000 [Ω], 커패시터 C의 초기 전압은 0[V]이다)

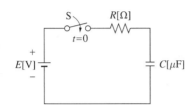

	E[V]	$C[\mu\text{F}]$
①	10	1
②	10	2
③	20	1
④	20	2

해설

- 전류 $i(t) = \dfrac{E}{R}\left(e^{-\frac{1}{RC}t}\right)$[A]

- 전압 $V_R(t) = Ri(t) = E\left(e^{-\frac{1}{RC}t}\right)$[V]
- 시정수 $\tau = RC = 5{,}000 \times C$[s]
- 초깃값 $V_R(0) = E$[V]
- 최종값 $V_R(\infty) = 0$[V]

$$V_R(t) = 0 + (E+0)\left(e^{-\frac{1}{5{,}000C}t}\right) = E\left(e^{-\frac{1}{5{,}000C}t}\right)[\text{V}]$$

$$V_R(0.05) = E\left(e^{-\frac{1}{5{,}000C}\cdot 0.05}\right) = E\left(e^{-\frac{1}{10^5 C}}\right)[\text{V}]$$
$$= 10\left(e^{-10}\right)[\text{V}]$$

$\therefore\ E = 10$[V], $C = 10^{-6}$[F] $= 1[\mu\text{F}]$

04 전압 V = 100 + j10[V]이 인가된 회로의 전류가 I = 10 − j5[A]일 때, 이 회로의 유효전력[W]은?

① 650
② 950
③ 1,000
④ 1,050

해설

복소전력 $S = VI^* = (100+j10)(10+j5)$
$\qquad = 1{,}000 + 100j + 500j - 50 = 950 + j600[\text{VA}]$
∴ 유효전력 $= 950$[W], 무효전력 $= 600$[Var]

05 그림의 회로에서 평형 3상 △ 결선의 ×표시된 지점이 단선되었다. 단자 a와 단자 b 사이에 인가되는 전압이 120[V]일 때, 저항 r_a에 흐르는 전류 I[A]는?(단, R_a = R_b = R_c = 3[Ω], r_a = r_b = r_c = 1[Ω]이다)

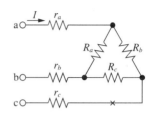

① 10
② 20
③ 30
④ 40

해설

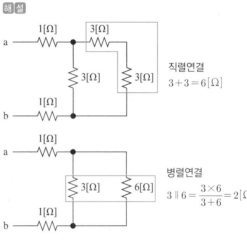

직렬연결
$3+3 = 6[\Omega]$

병렬연결
$3 \parallel 6 = \dfrac{3 \times 6}{3+6} = 2[\Omega]$

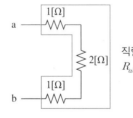

직렬연결
$R_{ab} = 1 + 2 + 1 = 4[\Omega]$

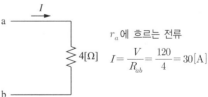

r_a에 흐르는 전류
$I = \dfrac{V}{R_{ab}} = \dfrac{120}{4} = 30[\text{A}]$

06 그림의 회로에서 부하에 최대 전력이 전달되기 위한 부하 임피던스[Ω]는?(단, $R_1 = R_2 = 5[\Omega]$, $R_3 = 2[\Omega]$, $X_C = 5[\Omega]$, $X_L = 6[\Omega]$이다)

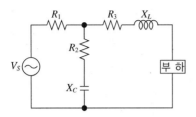

① $5 - j5$

② $5 + j5$

③ $5 - j10$

④ $5 + j10$

해설

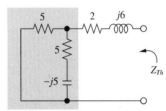

$$5 \parallel (5 - j5) = \frac{5(5-j5)}{5+5-j5} = \frac{5-j5}{2-j1}$$
$$= \frac{(5-j5)(2+j)}{(2-j)(2+j)} = \frac{10-j10+j5+5}{4+1}$$
$$= \frac{15-j5}{5} = 3-j$$

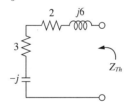

$Z_{Th} = 3 - j + 2 + j6 = 5 + j5[\Omega]$

∴ 부하에 최대 전력이 전달되기 위한 부하 임피던스

$Z = Z_{Th}^* = 5 - j5[\Omega]$

07 그림 (가)와 그림 (나)는 두 개의 물질에 대한 히스테리시스 곡선이다. 두 물질에 대한 설명으로 옳은 것은?

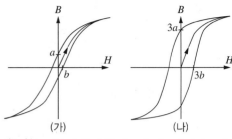

① (가)의 물질은 (나)의 물질보다 히스테리시스 손실이 크다.

② (가)의 물질은 (나)의 물질보다 보자력이 크다.

③ (나)의 물질은 (가)의 물질에 비해 고주파 회로에 더 적합하다.

④ (나)의 물질은 (가)의 물질에 비해 영구자석으로 사용하기에 더 적합하다.

해설

④ 영구자석은 보자력과 잔류자기가 크고 히스테리시스 곡선의 면적이 크므로, (나)의 물질은 (가)의 물질에 비해 영구자석으로 사용하기에 더 적합하다.

① 히스테리시스 곡선의 내부 면적이 클수록 손실이 크므로, (가)의 물질은 (나)의 물질보다 히스테리시스 손실이 작다.

② 보자력(H_c)은 자화된 자성체의 자화도를 0으로 만들기 위해 걸어주는 역자기장의 세기로, (가)의 물질은 (나)의 물질보다 보자력이 작다($b < 3b$).

③ 히스테리시스 손실은 주파수와 비례($P_e = \eta f B_m^{1.6}$)하므로, (가)의 물질은 (나)의 물질에 비해 고주파 회로에 더 적합하다.

08 그림의 회로가 역률이 1이 되기 위한 $X_C[\Omega]$는?

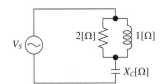

① $\dfrac{2}{5}$

② $\dfrac{3}{5}$

③ $\dfrac{4}{5}$

④ 1

해설

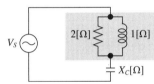

$$2 \parallel j = \frac{j2}{2+j} = \frac{j2(2-j)}{(2+j)(2-j)}$$

$$= \frac{j4+2}{4+1} = \frac{2+4j}{5}$$

$$= \frac{2}{5} + j\frac{4}{5}$$

전체 임피던스 $Z = \dfrac{2}{5} + j\dfrac{4}{5} - jX_C = \dfrac{2}{5} + j\left(\dfrac{4}{5} - X_C\right)$이며,

역률이 1이 되기 위해서는 임피던스의 허수부가 0이어야 한다.

$$\therefore \ X_C = \frac{4}{5}[\Omega]$$

09 그림의 Y–Y 결선 평형 3상 회로에서 전원으로부터 공급되는 3상 평균 전력[W]은?(단, 극좌표의 크기는 실횻값이다)

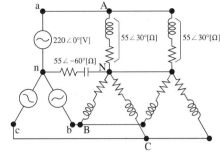

① $440\sqrt{3}$

② $660\sqrt{3}$

③ $1,320\sqrt{3}$

④ $2,640\sqrt{3}$

해설

Y–Y 결선이 평형 회로이므로 중성점 n–N에는 전류가 흐르지 않는다. 따라서 $55\angle-60°[\Omega]$는 무시한다.

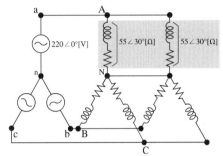

합성 임피던스는 같은 임피던스가 병렬연결되어 있으므로

$Z = 55\angle30° \parallel 55\angle30° = \dfrac{55}{2}\angle30°[\Omega]$이다.

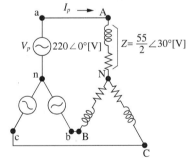

- $V_p = 220\angle0°$

- $I_p = \dfrac{V_p}{Z} = \dfrac{220\angle0°}{\dfrac{55}{2}\angle30°} = 8\angle-30°$

$\therefore$ 3상 평균 전력 $P = 3V_pI_p\cos\theta = 3\times220\times8\times\cos30°$

$$= 5,280 \times \frac{\sqrt{3}}{2} = 2,640\sqrt{3}\,[\text{W}]$$

10 그림의 회로에서 스위치 S가 충분히 오랜 시간 동안 개방되었다가 $t = 0$[s]인 순간에 닫혔다. $t > 0$일 때의 전류 $i(t)$[A]는?

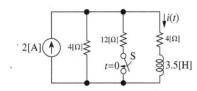

① $\dfrac{1}{7}\left(6 + e^{-2t}\right)$

② $\dfrac{1}{7}\left(6 + e^{-\frac{3}{2}t}\right)$

③ $\dfrac{1}{7}\left(8 - e^{-2t}\right)$

④ $\dfrac{1}{7}\left(8 - e^{-\frac{3}{2}t}\right)$

해설

• 스위치 Off일 때(L 단락)

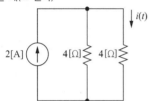

$i(0) = \dfrac{4}{4+4} \times 2 = \dfrac{8}{8} = 1$[A](전류 분배)

• 스위치 On일 때

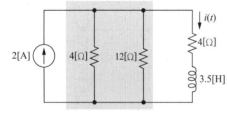

$R = \dfrac{4 \times 12}{4 + 12} = \dfrac{48}{16} = 3$[Ω]

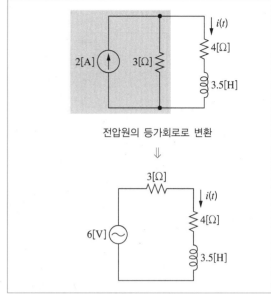

전압원의 등가회로로 변환

⇓

• 등가회로(RL 직렬회로)
  – 합성 저항 $R_T = 3 + 4 = 7$[Ω]

  – $\tau = \dfrac{L}{R_T} = \dfrac{3.5}{7} = 0.5$[s]

  – $i(\infty) = \dfrac{V}{R_T} = \dfrac{6}{7}$[A] ($L$ 단락)

∴ 정상상태의 전류 $i(t) = $ 최종값 $+$ (초깃값 $-$ 최종값)$e^{-\frac{t}{\tau}}$

$\qquad = i(\infty) + (i(0) - i(\infty))e^{-\frac{t}{\tau}}$

$\qquad = \dfrac{6}{7} + \left(1 - \dfrac{6}{7}\right)e^{-\frac{t}{0.5}} = \dfrac{6}{7} + \dfrac{1}{7}e^{-2t}$

$\qquad = \dfrac{1}{7}\left(6 + e^{-2t}\right)$[A]

※ 2015년 국가직 13번 문항 참조

11 인덕턴스 L의 정의에 대한 설명으로 옳은 것은?

① 전압과 전류의 비례상수이다.
② 자속과 전류의 비례상수이다.
③ 자속과 전압의 비례상수이다.
④ 전력과 자속의 비례상수이다.

해설
인덕턴스(L)

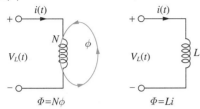

권선수 N인 코일에 전류 i를 흘릴 때 발생되는 쇄교 자속수(ϕ)는 전류 i에 비례한다.

$Li = N\phi$(L : 인덕턴스, i : 전류, N : 코일의 권선비, ϕ : 자속)

$\therefore$ 인덕턴스(L)는 자속(ϕ)과 전류(i)의 비례상수이다.

12 RL 직렬회로에 200[V], 60[Hz]의 교류전압을 인가하였을 때, 전류가 10[A]이고 역률이 0.8이었다. R을 일정하게 유지하고 L만 조정하여 역률이 0.4가 되었을 때, 회로의 전류[A]는?

① 5
② 7.5
③ 10
④ 12

해설
• 임피던스 $|Z| = \dfrac{V}{I} = \dfrac{200}{10} = 20[\Omega]$

• 역률 $\cos\theta = \dfrac{R}{|Z|}$, $R = |Z|\cos\theta = 20 \times 0.8 = 16[\Omega]$

R을 일정하게 유지하고 L만 조정하여 역률이 0.4일 때

임피던스 $|Z| = \dfrac{R}{\cos\theta} = \dfrac{16}{0.4} = 40[\Omega]$

$\therefore$ 회로의 전류 $I = \dfrac{V}{|Z|} = \dfrac{200}{40} = 5[A]$

13 그림의 회로에서 저항 R에 인가되는 전압이 6[V]일 때, 저항 $R[\Omega]$은?

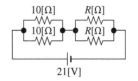

① 2
② 4
③ 10
④ 25

해설

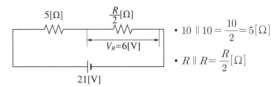

$\bullet\ 10 \parallel 10 = \dfrac{10}{2} = 5[\Omega]$

$\bullet\ R \parallel R = \dfrac{R}{2}[\Omega]$

전압 분배 법칙에 의하여

$V_R = \dfrac{\dfrac{R}{2}}{5 + \dfrac{R}{2}} \times 21 = 6[V]$

$\dfrac{\dfrac{R}{2}}{\dfrac{10 + R}{2}} = \dfrac{6}{21}$

$\dfrac{R}{10 + R} = \dfrac{2}{7}$

$7R = 2R + 20$

$5R = 20$

$\therefore\ R = 4[\Omega]$

14 그림 (가)와 같이 면적이 S, 극간거리가 d인 평행 평판 커패시터가 있고, 이 커패시터의 극판 내부는 유전율 ε인 물질로 채워져 있다. 그림 (나)와 같이 면적이 S인 평행 평판 커패시터의 극판 사이에 극간거리 d의 $\frac{1}{3}$ 부분은 유전율 3ε인 물질로, 극간거리 d의 $\frac{1}{3}$ 부분은 유전율 2ε인 물질로, 그리고 극간거리 d의 $\frac{1}{3}$ 부분은 유전율 ε인 물질로 채웠다면, 그림 (나)의 커패시터 전체 정전용량은 그림 (가)의 커패시터 정전용량의 몇 배인가?(단, 가장자리 효과는 무시한다)

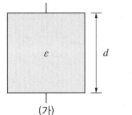
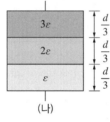

① $\dfrac{11}{18}$ 　　　　② $\dfrac{9}{11}$

③ $\dfrac{11}{9}$ 　　　　④ $\dfrac{18}{11}$

해설

- (가)의 커패시터 정전용량 : $C = \varepsilon \dfrac{S}{d}$
- (나)의 커패시터 각각의 정전용량
  - 유전율 ε인 부분 : $C_1 = \varepsilon \dfrac{S}{\frac{d}{3}} = 3\varepsilon \dfrac{S}{d} = 3C$
  - 유전율 2ε인 부분 : $C_2 = 2\varepsilon \dfrac{S}{\frac{d}{3}} = 6\varepsilon \dfrac{S}{d} = 6C$
  - 유전율 3ε인 부분 : $C_3 = 3\varepsilon \dfrac{S}{\frac{d}{3}} = 9\varepsilon \dfrac{S}{d} = 9C$

∴ (나)의 커패시터 전체 합성 정전용량(C_t)

$$\frac{1}{C_t} = \frac{1}{C_1} + \frac{1}{C_2} + \frac{1}{C_3} = \frac{1}{3C} + \frac{1}{6C} + \frac{1}{9C} = \frac{6+3+2}{18C} = \frac{11}{18C}$$

$$C_t = \frac{18}{11}C$$

15 그림의 평형 3상 Y−Y 결선에 대한 설명으로 옳지 않은 것은?

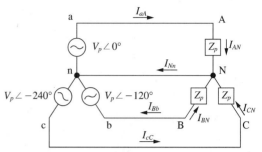

① 선간전압 $V_{ca} = \sqrt{3}\, V_p \angle -210°$로 상전압 V_{cn}보다 크기는 $\sqrt{3}$ 배 크고 위상은 $30°$ 앞선다.

② 선전류 I_{aA}는 부하 상전류 I_{AN}과 크기는 동일하고, Z_p가 유도성인 경우 부하 상전류 I_{AN}의 위상이 선전류 I_{aA}보다 뒤진다.

③ 중성선 전류 $I_{Nn} = I_{aA} - I_{Bb} + I_{cC} = 0$을 만족한다.

④ 부하가 $\triangle$ 결선으로 변경되는 경우 동일한 부하 전력을 위한 부하 임피던스는 기존 임피던스의 3배이다.

해설

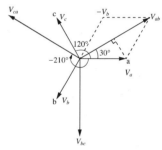

- 평형 3상 Y−Y 결선에서 $V_l = \sqrt{3}\, V_p \angle 30°$, $I_l = I_p$이다.
  - $V_{ab} = \sqrt{3}\, V_a \angle 30°$
  - $V_{bc} = \sqrt{3}\, V_b \angle 30°$
  - $V_{ca} = \sqrt{3}\, V_c \angle 30° = \sqrt{3}\, V_a \angle -210°$
- 키르히호프의 전류법칙에 의해 중성선 전류 $I_{Nn} = I_{AN} + I_{BN} + I_{CN} = 0$(평형 회로이므로 중성점 n−N에는 전류가 흐르지 않는다)이며 제시된 그림에서 $I_{AN} = I_{aA}$, $I_{BN} = -I_{Bb}$, $I_{CN} = I_{cC}$이므로 $I_{Nn} = I_{aA} - I_{Bb} + I_{cC} = 0$이다.
- Y결선으로 연결된 부하가 $\triangle$결선으로 변경되는 경우 임피던스가 $\dfrac{1}{3}$ 배가 되므로 동일한 부하 전력을 위한 부하 임피던스는 기존 임피던스의 3배이다.

$$Z_Y = \frac{1}{3}Z_\triangle, \quad Z_\triangle = 3Z_Y$$

16 그림의 회로는 동일한 정전용량을 가진 6개의 커패시터로 구성되어 있다. 그림의 회로에 대한 설명으로 옳은 것은?

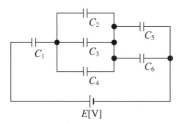

① C_5에 충전되는 전하량은 C_1에 충전되는 전하량과 같다.

② C_6의 양단 전압은 C_1의 양단 전압의 2배이다.

③ C_3에 충전되는 전하량은 C_5에 충전되는 전하량의 2배이다.

④ C_2의 양단 전압은 C_6의 양단 전압의 $\frac{2}{3}$배이다.

해설

커패시터 회로에서 커패시터의 직렬연결 시 Q가 동일하고, 병렬연결 시 V가 동일하며 합성 정전용량 $C_t = C_1 + C_2 + C_3$이다.

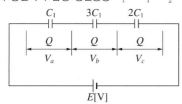

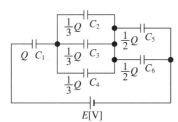

$Q = CV$

$V_a = \dfrac{Q}{C_1}$, $V_b = \dfrac{Q}{3C_1} = \dfrac{1}{3}V_a$, $V_c = \dfrac{Q}{2C_1} = \dfrac{1}{2}V_a$

④ C_2에 걸리는 전압 $V_2 = V_b = \dfrac{1}{3}V_a = \dfrac{1}{3} \times 2V_c = \dfrac{2}{3}V_c = \dfrac{2}{3}V_6$

① C_5에 충전되는 전하량 $Q_5 = \dfrac{1}{2}Q$

② C_6에 걸리는 전압 $V_6 = V_c = \dfrac{1}{2}V_a = \dfrac{1}{2}V_1$

③ C_3에 충전되는 전하량 $Q_3 = \dfrac{1}{3}Q = \dfrac{1}{3} \times 2Q_5 = \dfrac{2}{3}Q_5$

17 그림의 RL 직렬회로에 대한 설명으로 옳지 않은 것은?(단, 회로의 동작상태는 정상상태이다)

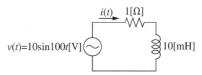

① $v(t)$와 $i(t)$의 위상차는 45°이다.

② $i(t)$의 최댓값은 10[A]이다.

③ $i(t)$의 실횻값은 5[A]이다.

④ RL의 합성 임피던스는 $\sqrt{2}$ [Ω]이다.

해설

$v(t) = 10\sin100t$

• 각속도 $\omega = 100[\text{rad}]$

• 최댓값 $V_m = 10[\text{V}]$

• 실횻값 $V = \dfrac{10}{\sqrt{2}}[\text{V}]$

① · ④ 임피던스 $Z = R + j\omega L = 1 + j \times 100 \times 10 \times 10^{-3}$
$$= 1 + j[\Omega] = \sqrt{2} \angle 45°$$
$$\left(|Z| = \sqrt{1^2 + 1^2} = \sqrt{2}, \ \theta = \tan^{-1}\frac{1}{1} = 45° \right)$$

∴ 전압과 전류의 위상차는 45°이다.

② $i(t)$의 최댓값 $I_m = \dfrac{V_m}{|Z|} = \dfrac{10}{\sqrt{2}} = 5\sqrt{2}[\text{A}]$

③ $i(t)$의 실횻값 $I = \dfrac{I_m}{\sqrt{2}} = \dfrac{5\sqrt{2}}{\sqrt{2}} = 5[\text{A}]$

18 그림의 회로에서 전류 I_x[A]는?

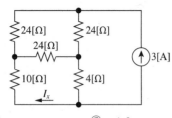

① -0.6

② -1.2

③ 0.6

④ 1.2

해설

저항의 △ ⇒ Y 변환

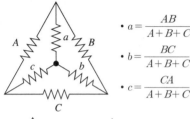

- $a = \dfrac{AB}{A+B+C}$

- $b = \dfrac{BC}{A+B+C}$

- $c = \dfrac{CA}{A+B+C}$

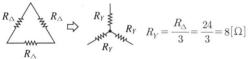

$R_Y = \dfrac{R_\triangle}{3} = \dfrac{24}{3} = 8\,[\Omega]$

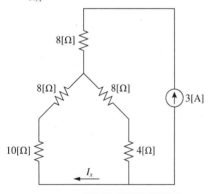

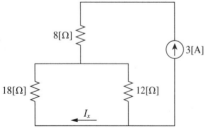

∴ 전류 분배 법칙에 의하여

$$I_x = \frac{12}{18+12} \times (-3) = \frac{12}{30}(-3) = -1.2\,[\text{A}]$$

19 시변 전자계 시스템에서 맥스웰 방정식의 미분형과 관련 법칙이 서로 옳게 짝을 이룬 것을 모두 고른 것은? (단, E는 전계, H는 자계, D는 전속밀도, J는 전도전류밀도, B는 자속밀도, ρ_v는 체적전하밀도이다)

구 분	맥스웰 방정식 미분형	관련 법칙
가	$\nabla \times E = -\dfrac{\partial B}{\partial t}$	패러데이의 법칙
나	$\nabla \cdot B = \rho_v$	가우스 법칙
다	$\nabla \times H = J + \dfrac{\partial E}{\partial t}$	암페어의 주회적분 법칙
라	$\nabla \cdot D = \rho_v$	가우스 법칙

① 가, 나

② 가, 라

③ 나, 다

④ 다, 라

해설

맥스웰(Maxwell) 방정식

구 분	미분형	적분형
가우스 법칙 (전기장)	$\nabla \cdot E = \dfrac{\rho}{\varepsilon_0}$	$\oint E \cdot dA = \dfrac{Q}{\varepsilon_0}$
가우스 법칙 (자기장)	$\nabla \cdot B = 0$	$\oint B \cdot dA = 0$
패러데이 법칙	$\nabla \times E = -\dfrac{\partial B}{\partial t}$	$\oint E \cdot dl = -\dfrac{d\phi}{dt}$
앙페르- 맥스웰 법칙	$\nabla \times \vec{H} = \vec{J} + \dfrac{\partial \vec{D}}{\partial t}$	$\oint B \cdot dl = \mu_0\left(J + \varepsilon_0 \dfrac{d\phi}{dt}\right)$

20 그림과 같은 전류 $i(t)$가 4[kΩ]의 저항에 흐를 때 옳지
   않은 것은?

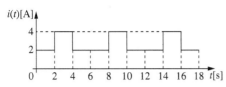

① 전류의 주기는 6[s]이다.
② 전류의 실횻값은 $2\sqrt{2}$ [A]이다.
③ 4[kΩ]의 저항에 공급되는 평균 전력은 32[kW]이다.
④ 4[kΩ]의 저항에 걸리는 전압의 실횻값은 $4\sqrt{2}$ [kV]
   이다.

해설
①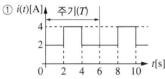
   전류의 주기(T) = 6[s]
② 전류의 실횻값
$$i_{rms} = \sqrt{\text{1주기 동안 } i^2\text{의 평균}}$$
$$= \sqrt{\frac{1}{T}\int_0^T i^2(t)dt}$$
$$= \sqrt{\frac{1}{6}\left(\int_0^2 2^2 dt + \int_2^4 4^2 dt + \int_4^6 2^2\right)}$$
$$= \sqrt{\frac{1}{6}\left(2^2 \cdot 2 + 4^4 \cdot 2 + 2^2 \cdot 2\right)}$$
$$= \sqrt{\frac{48}{6}} = \sqrt{8} = 2\sqrt{2}\,[\text{A}]$$
④ 4[kΩ]의 저항에 걸리는 전압의 실횻값
$$V = RI = 4[\text{k}\Omega] \times 2\sqrt{2}[\text{A}] = 8\sqrt{2}\,[\text{kV}]$$
③ 4[kΩ]의 저항에 공급되는 평균 전력
$$P = VI = 8\sqrt{2}[\text{kV}] \times 2\sqrt{2}[\text{A}] = 32[\text{kW}]$$

2022년 국가직 전기이론

01 중첩의 원리를 이용한 회로해석 방법에 대한 설명으로 옳은 것만을 모두 고르면?

> ㄱ. 중첩의 원리는 선형 소자에서는 적용이 불가능하다.
> ㄴ. 중첩의 원리는 키르히호프의 법칙을 기본으로 적용한다.
> ㄷ. 전압원은 단락, 전류원은 개방상태에서 해석해야 한다.
> ㄹ. 다수의 전원에 의한 전류는 각각 단독으로 존재했을 때 흐르는 전류의 합과 같다.

① ㄱ, ㄴ, ㄷ   ② ㄱ, ㄴ, ㄹ
③ ㄱ, ㄷ, ㄹ   ④ ㄴ, ㄷ, ㄹ

해설
ㄱ. 중첩의 원리는 선형 소자만 적용이 가능하다.
ㄴ. 중첩의 원리는 키르히호프의 전압법칙(KVL)과 전류법칙(KCL)을 기본으로 적용한다.
ㄷ. 전압원은 단락(Short), 전류원은 개방(Open)하여 해석한다. 이상적인 전압원의 내부저항은 0[V]이고, 이상적인 전류원의 내부저항은 ∞[A]이다.
ㄹ. 중첩의 원리에 대한 정의에 해당하는 내용이다.

02 정전용량이 1[μF]과 2[μF]인 두 개의 커패시터를 직렬로 연결한 회로 양단에 150[V]의 전압을 인가했을 때, 1[μF] 커패시터의 전압[V]은?

① 30   ② 50
③ 100   ④ 150

해설

$Q = CV$, $V = \dfrac{Q}{C}$ (여기서, Q는 일정)

정전용량(C)의 비가 1 : 2이므로 커패시터에 걸리는 전압(V)의 비는 2 : 1이다(반비례).

∴ 1[μF] 커패시터에 걸리는 전압 $= \dfrac{2}{2+1} \times 150 = 100[V]$

03 저항 30[Ω]과 유도성 리액턴스 40[Ω]을 병렬로 연결한 회로 양단에 120[V]의 교류전압을 인가했을 때, 회로의 역률은?

① 0.2

② 0.4

③ 0.6

④ 0.8

해설

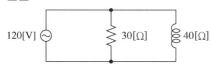

RL 병렬회로에서의 역률 $\cos\theta = \dfrac{\text{컨덕턴스}}{\text{어드미턴스}} = \dfrac{G}{|Y|} = \dfrac{\frac{1}{R}}{Y}$

$\therefore \cos\theta = \dfrac{\frac{1}{R}}{Y} = \dfrac{\frac{1}{R}}{\sqrt{\left(\frac{1}{R}\right)^2 + \left(\frac{1}{X_L}\right)^2}} = \dfrac{\frac{1}{R}}{\sqrt{\frac{R^2 + X_L^2}{R^2 \times X_L^2}}}$

$= \dfrac{\frac{1}{R}}{\frac{1}{R \times X_L}\sqrt{R^2 + X_L^2}} = \dfrac{R \times X_L}{R\sqrt{R^2 + X_L^2}}$

$= \dfrac{X_L}{\sqrt{R^2 + X_L^2}} = \dfrac{40}{\sqrt{30^2 + 40^2}} = \dfrac{40}{50} = 0.8$

04 3상 모터가 선전압이 220[V]이고 선전류가 10[A]일 때, 3.3[kW]를 소모하기 위한 모터의 역률은?(단, 3상 모터는 평형 Y−결선 부하이다)

① $\dfrac{\sqrt{2}}{3}$

② $\dfrac{\sqrt{2}}{2}$

③ $\dfrac{\sqrt{3}}{3}$

④ $\dfrac{\sqrt{3}}{2}$

해설

피상전력 $P_a = 3V_pI_p = \sqrt{3}\,V_lI_l[\text{VA}]$

$\therefore$ 역률 $\cos\theta = \dfrac{P}{P_a} = \dfrac{3.3 \times 10^3}{\sqrt{3} \times 220 \times 10} = \dfrac{3,300}{2,200\sqrt{3}} = \dfrac{3}{2\sqrt{3}}$

$= \dfrac{\sqrt{3}}{2}$

05 그림의 LC 직렬회로에서 전류 I_{rms}의 크기[A]는?

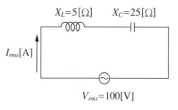

① 5

② 10

③ 15

④ 20

해설

$Z = j(X_L - X_C) = j(5 - 25) = -j20[\Omega]$

$I_{rms} = \dfrac{V_{rms}}{Z} = \dfrac{100}{-j20} = j5[\text{A}]$

$\therefore I_{rms}$의 크기 $|I_{rms}| = 5[\text{A}]$

06 그림의 회로에서 전압 E[V]를 a-b 양단에 인가하고, 스위치 S를 닫았을 때의 전류 I[A]가 닫기 전 전류의 2배가 되었다면 저항 R[Ω]은?

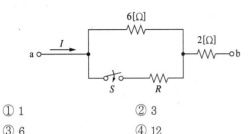

① 1
② 3
③ 6
④ 12

해설

스위치를 닫기 전 합성 저항은 8[Ω]이며,

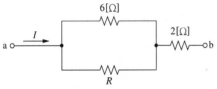

스위치를 닫은 후 전류가 2배가 되었으므로,

합성 저항은 $\frac{1}{2}$배가 되어 4[Ω]이다.

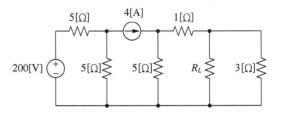

$6 \parallel R + 2 = 4$
$6 \parallel R = 2$
$\frac{6R}{6+R} = 2$
$6R = 2(6+R)$
$4R = 12$
∴ $R = 3[\Omega]$

07 그림의 회로에서 저항 R_L이 변화함에 따라 저항 3[Ω]에 전달되는 전력에 대한 설명으로 옳은 것은?

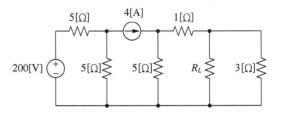

① 저항 $R_L = 3[\Omega]$일 때 저항 3[Ω]에 최대 전력이 전달된다.
② 저항 $R_L = 6[\Omega]$일 때 저항 3[Ω]에 최대 전력이 전달된다.
③ 저항 R_L의 값이 클수록 저항 3[Ω]에 전달되는 전력이 커진다.
④ 저항 R_L의 값이 작을수록 저항 3[Ω]에 전달되는 전력이 커진다.

해설

중첩의 원리에 의해

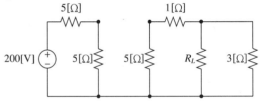

200[V] 전압원에 의한 전류가 3[Ω] 저항에 영향을 주지 못하고 아래 회로와 같이 4[A] 전류원만 3[Ω] 저항에 영향을 준다.

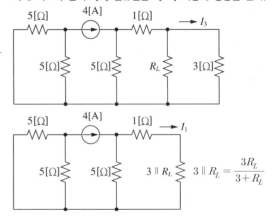

위 회로에서 1[Ω] 저항에 흐르는 전류는 다음과 같고,

$$I_1 = 4 \times \cfrac{5}{5 + 1 + \cfrac{3R_L}{3 + R_L}} = \cfrac{20}{6 + \cfrac{3R_L}{3 + R_L}}$$

$$= \cfrac{20}{\cfrac{6(3 + R_L) + 3R_L}{3 + R_L}} = \cfrac{20}{\cfrac{18 + 9R_L}{3 + R_L}} = \frac{20(3 + R_L)}{18 + 9R_L}[\text{A}]$$

3[Ω] 저항에 흐르는 전류는 다음과 같다.

$$I_3 = \frac{20(3 + R_L)}{18 + 9R_L} \times \frac{R_L}{3 + R_L} = \frac{20R_L}{18 + 9R_L} = \cfrac{20}{\cfrac{18}{R_L} + 9}[\text{A}]$$

∴ R_L의 값이 클수록 3[Ω] 저항에 흐르는 전류의 값은 커지므로 ($I_3 \propto R_L$) 3[Ω] 저항에 전달되는 전력($P = I^2 R$)도 커진다.

예 • $R_L = 0[\Omega]$일 때 $I_3 = \cfrac{20}{\cfrac{18}{0} + 9} = \frac{20}{\infty + 9} = 0[\text{A}]$

• $R_L = 3[\Omega]$일 때 $I_3 = \cfrac{20}{\cfrac{18}{3} + 9} = \frac{20}{15}[\text{A}]$

• $R_L = 6[\Omega]$일 때 $I_3 = \cfrac{20}{\cfrac{18}{6} + 9} = \frac{20}{12}[\text{A}]$

• $R_L = \infty[\Omega]$일 때 $I_3 = \cfrac{20}{\cfrac{18}{\infty} + 9} = \frac{20}{0 + 9} = \frac{20}{9}[\text{A}]$

---

08 그림의 회로에서 병렬로 연결된 부하의 수전단 전압 V_r이 2,000[V]일 때, 부하의 합성역률과 송전단 전압 V_s[V]는?

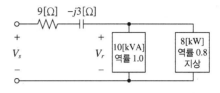

	부하합성역률	V_s[V]
①	0.9	2,060
②	0.9	2,090
③	$\dfrac{3\sqrt{10}}{10}$	2,060
④	$\dfrac{3\sqrt{10}}{10}$	2,090

해설

• 부하의 합성역률
  – 10[kVA] 역률 1.0에 흐르는 전류

  $$\cos\theta = \frac{P}{P_a}, \ 1 = \frac{P}{10[\text{kVA}]}$$

  $$P = 10[\text{kVA}] = VI = 2[\text{kV}] \cdot I$$

  $$I = \frac{10[\text{kVA}]}{2[\text{kV}]} = 5[\text{A}]$$

  – 8[kW] 역률 0.8에 흐르는 유효전류

  $$\cos\theta = \frac{P}{P_a}, \ 0.8 = \frac{8[\text{kW}]}{P_a}, \ P_a = 10[\text{kVA}]$$

  $$P = VI = 8[\text{kW}] = 2[\text{kV}] \cdot I$$

  $$I = \frac{8[\text{kW}]}{2[\text{kV}]} = 4[\text{A}]$$

  – 8[kW] 역률 0.8에 흐르는 무효전류

  피상전류 = $\sqrt{\text{유효전류}^2 + \text{무효전류}^2}$

  $5 = \sqrt{4^2 + I_r^2}$, $|I_r| = \sqrt{5^2 - 4^2} = 3[\text{A}]$

  지상전류가 흐르므로, $I_r = -j3[\text{A}]$

  – 부하의 합성전류 $I = 5 + 4 - 3j = 9 - j3[\text{A}]$

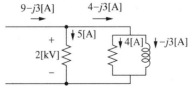

  ∴ 부하의 합성역률

  $$\cos\theta = \frac{R}{Z} = \frac{I_R}{I} = \frac{9}{\sqrt{9^2 + 3^2}} = \frac{9}{\sqrt{90}} = \frac{9}{3\sqrt{10}}$$

  $$= \frac{3\sqrt{10}}{10}$$

• 송전단 전압 V_s[V]

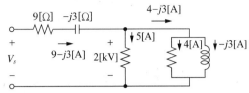

– 임피던스 $9-j3[\Omega]$에 흐르는 전류 $= 9-j3[A]$

– 전압강하 $e = I(R\cos\theta + X\sin\theta) = R \cdot I\cos\theta + X \cdot I\sin\theta$
$$= 9 \times 9 + (-j3) \times (-j3) = 81 - 9 = 72[V]$$

$\therefore\ V_s = e + V_r = 72 + 2,000 = 2,072[V]$

09 그림의 회로에서 스위치 S가 충분히 긴 시간 동안 닫혀 있다가 $t = 0$에서 개방된 직후의 커패시터 전압 $V_C(0^+)$[V]는?

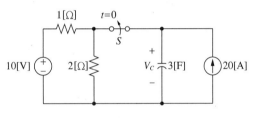

① 10   ② 15

③ 20   ④ 25

해설

스위치 S가 충분히 긴 시간 동안 닫혀 있으므로 3[F] 커패시터는 전류가 흐르지 않는 개방(Open)상태이다.

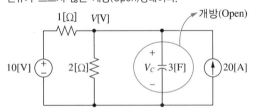

위쪽 노드의 전압을 V[V]라고 하고 KCL을 적용하면
$$\frac{V-10}{1} + \frac{V}{2} + 0 - 20 = 0$$
$$2V - 20 + V - 40 = 0$$
$$3V = 60,\ V = 20[V]$$

$t = 0$에서 개방된 직후의 커패시터 전압 $V_C(0^+)$는

3[F] 커패시터가 충전된 전압 V[V]와 같으므로

$\therefore\ V_C(0^+) = V = 20[V]$

10 그림과 같이 4개의 전하가 정사각형의 형태로 배치되어 있다. 꼭짓점 C에서의 전계강도가 0[V/m]일 때, 전하량 Q[C]는?

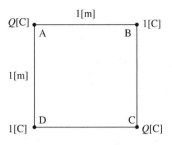

① $-2\sqrt{2}$ ② -2

③ 2 ④ $2\sqrt{2}$

해설

전계의 세기
$$E = \frac{F}{Q} = \frac{1}{4\pi\varepsilon_0} \times \frac{Q}{r^2}[V/m] = 9 \times 10^9 \times \frac{Q}{r^2} = k\frac{Q}{r^2}$$

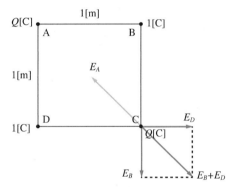

• $E_B = k\dfrac{Q}{r^2} = k\dfrac{1}{1^2} = k[V/m]$

• $E_D = k\dfrac{Q}{r^2} = k\dfrac{1}{1^2} = k[V/m]$

• $E_B + E_D = \sqrt{2}\,k[V/m]$

• $E_A = k\dfrac{Q}{r^2} = k\dfrac{Q}{(\sqrt{2})^2} = k\dfrac{Q}{2}[V/m]$

꼭짓점 C에서의 전계강도가 0[V/m]이므로
$$E_A = -(E_B + E_D)$$
$$k\frac{Q}{2} = -\sqrt{2}\,k$$
$$\therefore\ Q = -2\sqrt{2}\,[C]$$

11 이상적인 조건에서 철심이 들어 있는 동일한 크기의 환상 솔레노이드의 인덕턴스 크기를 4배로 만들기 위한 솔레노이드 권선수의 배수는?

① 0.5

② 2

③ 4

④ 8

해설

환상 솔레노이드

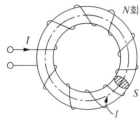

- 자계의 세기 $H = \dfrac{NI}{l} = \dfrac{NI}{2\pi r}[\text{AT/m}]$(원주 길이 $l = 2\pi r$)

- 자속밀도 $B = \mu H = \dfrac{\mu NI}{l}[\text{Wb/m}^2]$

- 자속 $\phi = BS = \dfrac{\mu NI}{l}S[\text{Wb}]$

- 자기인덕턴스 $L = \dfrac{N\phi}{I} = \dfrac{\mu SN^2}{l}[\text{H}]$

$\therefore L \propto N^2$ 이므로, N이 2배일 때 L이 4배가 된다.

12 각 변의 저항이 15[Ω]인 3상 Y-결선회로와 등가인 3상 △-결선 회로에 900[V] 크기의 상전압이 걸릴 때, 상전류의 크기[A]는?(단, 3상 회로는 평형이다)

① 20

② $20\sqrt{3}$

③ 180

④ $180\sqrt{3}$

해설

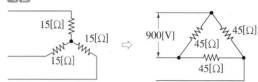

$Z_\triangle = 3Z_Y = 3 \times 15 = 45[\Omega]$

$\therefore$ 상전류 $I_p = \dfrac{V_p}{Z} = \dfrac{900}{45} = 20[\text{A}]$

※ 선전류 $I_l = \sqrt{3}\,I_p = 20\sqrt{3}\,[\text{A}]$

13 그림의 회로에서 $t = 0$인 순간에 스위치 S를 접점 a에서 접점 b로 이동하였다. 충분한 시간이 흐른 후에 전류 i_L[A]은?

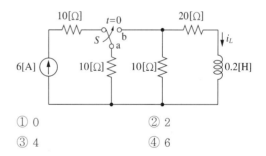

① 0

② 2

③ 4

④ 6

해설

$t = 0$인 순간 스위치 S를 접점 a에서 접점 b로 이동하고, 충분한 시간이 흐른 후의 등가회로는 다음과 같다.

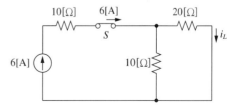

$\therefore$ 전류 분배 법칙에 따라 $i_L = \dfrac{10}{10+20} \times 6 = 2[\text{A}]$

14 자극의 세기 5×10^{-5}[Wb], 길이 50[cm]의 막대자석이 200[A/m]의 평등자계와 30° 각도로 놓여있을 때, 막대자석이 받는 회전력[N·m]은?

① 2.5×10^{-3}

② 5×10^{-3}

③ 25×10^{-3}

④ 50×10^{-3}

해설

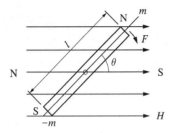

여기서, F : 회전력($= MH\sin\theta$[N·m])

　　　　m : 자극의 세기[Wb]

　　　　H : 자계의 세기[A/m]

　　　　l : 자석의 길이[m]

　　　　M : 자기모멘트($= ml$[Wb·m])

∴ 회전력 $F = \vec{M} \times \vec{H} = MH\sin\theta = mlH\sin\theta$[N·m]

$\qquad = 5 \times 10^{-5} \times 0.5 \times 200 \times \sin 30°$

$\qquad = 5 \times 10^{-3} \times \dfrac{1}{2} = 2.5 \times 10^{-3}$[N·m]

15 그림의 회로에서 인덕터에 흐르는 평균 전류[A]는?(단, 교류의 평균값은 전주기에 대한 순싯값의 평균이다)

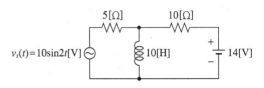

① 0

② 1.4

③ $\dfrac{1}{\pi} + 1.4$

④ $\dfrac{2}{\pi} + 1.4$

해설

• 중첩의 원리를 이용한 교류전원에 의한 회로

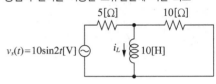

$i_L(t)$의 평균 전류 $i_L = \dfrac{1}{T}\displaystyle\int_0^T i_L \, dt = 0$[A]

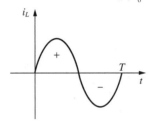

• 중첩의 원리를 이용한 직류전원에 의한 회로

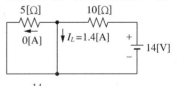

$I_L = \dfrac{14}{10} = 1.4$[A]

∴ 인덕터에 흐르는 평균 전류 $i_L + I_L = 0 + 1.4 = 1.4$[A]

16 이상적인 변압기를 포함한 그림의 회로에서 정현파 전압원이 공급하는 평균 전력[W]은?

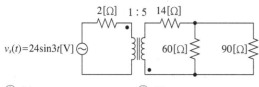

① 24

② 48

③ 72

④ 96

해설

• 2차측 합성 저항

$$14 + 60 \parallel 90 = 14 + \frac{60 \times 90}{60 + 90} = 14 + \frac{5,400}{150} = 14 + 36 = 50[\Omega]$$

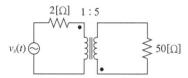

• 권수비 $a = \frac{1}{5}$

• 임피던스비 $a = \sqrt{\frac{Z_1}{Z_2}}$, $a^2 = \frac{Z_1}{Z_2}$ 이므로

  1차측 임피던스 $Z_1 = a^2 Z_2 = \frac{1}{5^2} \times 50 = 2[\Omega]$

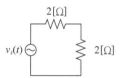

• 1차측 합성 임피던스 = $2 + 2 = 4[\Omega]$

• $v_s(t)$의 실횻값 $V_s = \frac{V_m}{\sqrt{2}} = \frac{24}{\sqrt{2}} = 12\sqrt{2}[V]$

∴ 평균 전력 $P = \frac{V^2}{R} = \frac{(12\sqrt{2})^2}{4} = \frac{144 \times 2}{4} = 72[W]$

17 그림의 회로에서 정현파 전원에 흐르는 전류의 실횻값 $I[A]$는?

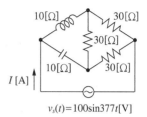

① $\frac{5\sqrt{2}}{2}$

② 5

③ $5\sqrt{2}$

④ $\frac{20}{3}\sqrt{2}$

해설

저항을 △에서 Y로 변환하면 다음과 같다.

$$R_Y = \frac{1}{3}R_\triangle = \frac{30}{3} = 10[\Omega]$$

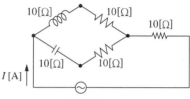

• 회로의 전체 임피던스

$$Z = (j10 + 10) \parallel (-j10 + 10) + 10$$

$$= \frac{(j10 + 10)(-j10 + 10)}{(j10 + 10) + (-j10 + 10)} + 10$$

$$= \frac{-j^2 100 + 100}{20} + 10 = \frac{200}{20} + 10$$

$$= 10 + 10 = 20[\Omega]$$

• 전압 $v_s(t)$의 실횻값 $V = \frac{V_m}{\sqrt{2}} = \frac{100}{\sqrt{2}}[V]$

∴ 전류 I의 실횻값 $I = \frac{V}{Z} = \frac{\frac{100}{\sqrt{2}}}{20} = \frac{5}{\sqrt{2}} = \frac{5\sqrt{2}}{2}[A]$

18
그림 (a)의 회로에서 50[μF]인 커패시터의 양단 전압 $v(t)$가 그림 (b)와 같을 때, 전류 $i(t)$의 파형으로 옳은 것은?

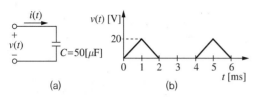

(a)　　　　　　　(b)

①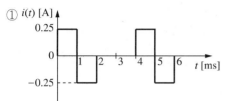

②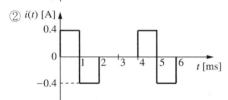

③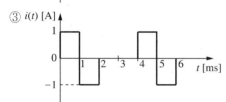

④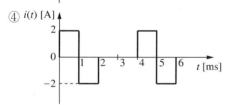

해설

커패시터 회로의 전류

$i(t) = C \dfrac{d}{dt} v(t)\,[\text{A}]$

• $0 \le t \le 1[\text{ms}]$ 구간 : $i(t) = 50 \times 10^{-6} \times \dfrac{20}{1 \times 10^{-3}} = 1[\text{A}]$

• $1 \le t \le 2[\text{ms}]$ 구간 : $i(t) = 50 \times 10^{-6} \times \dfrac{-20}{1 \times 10^{-3}} = -1[\text{A}]$

• $2 \le t \le 4[\text{ms}]$ 구간 : 전압의 변화가 없으므로 $i(t) = 0[\text{A}]$

19
이상적인 연산증폭기를 포함한 그림의 회로에서 $v_s(t)$ = $\cos t$[V]일 때, 커패시터 양단 전압 $v_c(t)$[V]는?(단, 커패시터의 초기 전압은 0[V]이다)

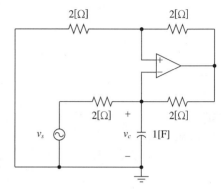

① $-\dfrac{\sin t}{2}$

② $-2\sin t$

③ $\dfrac{\sin t}{2}$

④ $2\sin t$

해설

이상적인 연산증폭기(OP AMP)의 특성

• 두 입력 단자의 전압은 같으므로, $v_A = v_c$이다.

• 두 입력 단자로 흘러 들어가는 전류는 0이므로, $i_+ = i_- = 0$이다.

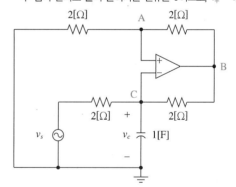

A지점에 KCL을 적용하면 다음과 같고

$\dfrac{0 - v_c}{2} - \dfrac{v_B - v_c}{2} = 0, \;\; v_B = 2v_c$

C지점에 KCL을 적용하면 다음과 같다.

$\dfrac{v_c - v_s}{2} + C\dfrac{dv_c}{dt} + \dfrac{v_c - 2v_c}{2} = 0$

$\dfrac{v_c}{2} - \dfrac{v_s}{2} + 1 \times \dfrac{dv_c}{dt} + \dfrac{-v_c}{2} = 0$

$-\dfrac{v_s}{2} + \dfrac{dv_c}{dt} = 0, \;\; \dfrac{dv_c}{dt} = \dfrac{v_s}{2}$

∴ 양변을 적분하면

$v_c = \dfrac{1}{2}\int v_s\, dt = \dfrac{1}{2}\int \cos t\, dt = \dfrac{1}{2}\sin t\,[\text{V}]$

20 그림과 같이 일정한 주기를 갖는 펄스 파형에서 듀티비 [%]와 평균 전압[V]은?

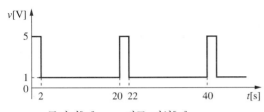

	듀티비[%]	평균 전압[V]
①	10	1.4
②	10	1.8
③	20	1.4
④	20	1.8

해설

• 듀티비 : 신호의 한 주기(Period)에서 신호가 켜져 있는 시간의 비율이다.

$$D = \frac{t_{on}}{T} = \frac{2}{20} = 0.1 = 10[\%]$$

• 평균 전압 $V_{av} = \frac{1}{T} \int_0^T v(t)\,dt$

$$= \frac{1}{20}\left(\int_0^2 5dt + \int_2^{20} 1dt \right)$$

$$= \frac{1}{20}(2 \times 5 + 18 \times 1)$$

$$= \frac{1}{20} \times 28$$

$$= 1.4[\text{V}]$$

9급 국가직 · 지방직 · 고졸 채용을 위한 합격 완벽 대비서

제 **2** 장

지방직
기출문제

2009년 지방직 전기이론

01 다음 회로에서 3[Ω]의 저항에 흐르는 전류[A]와 소모되는 전력[W]은?

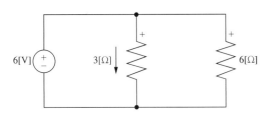

① 1, 3
② 2, 12
③ 4, 12
④ 4, 48

해설

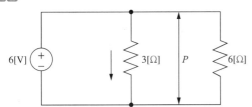

합성 저항

$$R = \frac{3 \times 6}{3+6} = \frac{18}{9} = 2[\Omega]$$

분배 전류

$$I_{3[\Omega]} = \frac{6}{3+6} \times I, \ I = \frac{V}{R} = \frac{6}{2} = 3[A] \ 대입$$

$$= \frac{6}{3+6} \times 3 = \frac{18}{9} = 2[A]$$

전 력

$$P = I^2 R[W] = (2)^2 \times 3 = 12[W]$$

02 다음 회로에서 $v_2 = 3i_2$이고, $i_2 = 9[A]$일 때, v_s[V]는?

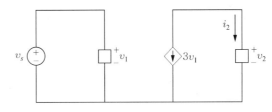

① 3
② −3
③ 1
④ −2

해설

전체 전압 $v_s = v_1$

종속전류원 $3v_1 = -i_2$, $i_2 = 9$ 대입

$3v_1 = -9$

$$v_1 = \frac{-9}{3} = -3[V]$$

$v_s = v_1$ 이므로 $v_s = -3[V]$

03 다음 회로에서 $V_{Th} = 12 \angle 0°$이고 $Z_{Th} = 600 + j150$ [Ω]이다. 부하 임피던스 Z_L에 전달 가능한 최대 전력 [W]은?

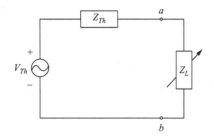

① 0.06

② 0.08

③ 1.00

④ 1.02

해설

최대 전력 전달 조건

$$P = \frac{V'^2}{4R} \, [\text{W}]$$

$$= \frac{(12)^2}{4 \times 600} = \frac{144}{2,400} = 0.06[\text{W}]$$

[별 해]

부하 임피던스 $Z_L =$ 내부 임피던스 $\overline{Z_{TH}}$ (켤레 복소수)

• 부하 임피던스

$$Z_L = \overline{Z_{TH}} = 600 - j150[\Omega]$$

• 전체 임피던스

$$Z = (600 + j150) + (600 - j150) = 1,200[\Omega]$$

• 전 력

$$P = I^2 R[\text{W}], \quad I = \frac{V}{Z} \text{ 대입}$$

$$= \left(\frac{12}{1,200}\right)^2 \times 600 = 0.06[\text{W}]$$

04 다음 회로에서 전류 I_1[A]과 I_2[A]는?

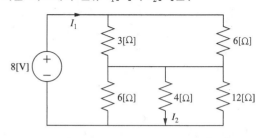

	I_1[A]	I_2[A]
①	4	3
②	4	2
③	3	1
④	2	1

해설

• 등가회로 1

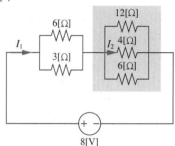

합성 저항

$$R = \frac{R_1 \times R_2 \times R_3}{R_1 R_2 + R_2 R_3 + R_3 R_1} [\Omega]$$

$$= \frac{12 \times 4 \times 6}{(12 \times 4) + (4 \times 6) + (6 \times 12)}$$

$$= \frac{12 \times 4 \times 6}{48 + 24 + 72} = \frac{288}{144} = 2[\Omega]$$

$$R' = \frac{R_1 \times R_2}{R_1 + R_2}[\Omega] = \frac{3 \times 6}{3 + 6} = \frac{18}{9} = 2[\Omega]$$

$\therefore$ 합성 저항 $R_0 = R + R' = 2 + 2 = 4[\Omega]$

• 등가회로 2

– 전 류

$$I_1 = \frac{V}{R} = \frac{8}{4} = 2[\text{A}]$$

– 전 압

$$V = \frac{2}{2+2} \times 8 = \frac{16}{4}$$

$$= 4[\text{V}]$$

– 전류(등가회로 1에서)

$$I_2 = \frac{V}{R} = \frac{4}{4} = 1[\text{A}]$$

05 다음 그림과 같은 환상 솔레노이드에 있어서 r은 20 [cm], 권선수는 50, 전류는 4[A]일 때, 솔레노이드 내부 자계의 세기[AT/m]는?

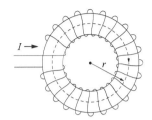

① 0.8

② 1.59

③ 80

④ 159

해설

솔레노이드 내부 자계의 세기

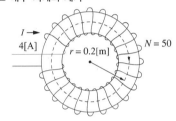

$$H = \frac{NI}{2\pi r}[\text{AT/m}]$$

$$= \frac{50 \times 4}{2\pi \times 0.2} = \frac{200}{0.4\pi} = 159.2$$

$$\fallingdotseq 159[\text{AT/m}]$$

06 다음 그림과 같이 균등자속밀도 1[Wb/m²] 상태에 놓여 있는 길이 0.1[m]인 슬라이딩바(Sliding Bar)의 이동거리가 $X = 10\sqrt{2}\sin(10t)$[m]일 때, 폐회로 양단에 유기되는 전압 E의 최댓값[V]은?

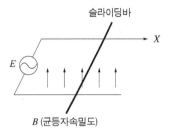

① $\sqrt{2}$

② $5\sqrt{2}$

③ $10\sqrt{2}$

④ $100\sqrt{2}$

해설

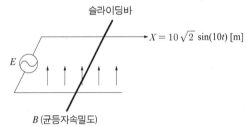

속 도

$$v = \frac{s}{t}[\text{m/s}] = \frac{dX}{dt} = \frac{d}{dt}(10\sqrt{2}\sin 10t)$$

$$= 10\sqrt{2} \cdot 10\cos 10t = 100\sqrt{2}\cos 10t$$

유기기전력

$$e = Blv[\text{V}]$$

$$= 1 \times 0.1 \times 100\sqrt{2}\cos 10t = 10\sqrt{2}\cos 10t$$

$$\therefore 최댓값 \ e = 10\sqrt{2}$$

07 자속밀도가 0.01[Wb/cm²]인 자장 속에서 전하량 10[C]을 갖는 전하가 자속의 방향과 수직으로 10[cm/s]의 속도로 움직일 때 이 전하가 받는 힘[N]은?

① 0.1　　　　　② 1

③ 10　　　　　④ 100

해설

힘 $F = BIl\sin\theta[\text{N}]$, $I = \dfrac{Q}{t}$

$\quad = Bl\dfrac{Q}{t}\sin\theta = BQ\dfrac{l}{t}\sin\theta$, $v = \dfrac{s(l)}{t}$ 대입

$\quad = BQv\sin\theta$

자속밀도

$B[\text{Wb/cm}^2] \Rightarrow B = 0.01 \times 10^4[\text{Wb/m}^2]$

속 도

$v[\text{cm/s}] \Rightarrow v = 10 \times 10^{-2}[\text{m/s}]$

$\therefore$ 힘 $F = BQv\sin\theta$

$\quad\quad = 0.01 \times 10^4 \times 10 \times 10 \times 10^{-2} \times 1 = 1 \times 10^2$

$\quad\quad = 100[\text{N}]$

08 내전압이 모두 같고 정전용량의 크기가 각각 0.01[F], 0.02[F], 0.04[F]인 3개의 콘덴서를 직렬연결하였다. 이 직렬회로 양단에 인가되는 전압을 서서히 증가시켰을 때 제일 먼저 파괴되는 콘덴서는?

① 0.01[F] 콘덴서

② 0.02[F] 콘덴서

③ 0.04[F] 콘덴서

④ 세 콘덴서 모두 동시에 파괴됨

해설

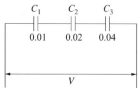

콘덴서 직렬 연결 시 : 전하량 Q 일정

$\therefore$ $Q = CV[\text{C}]$에서 $Q \propto C$

C의 값이 가장 작은 것에 높은 전압이 인가되므로 $0.01[\mu\text{F}]$이 제일 먼저 파괴된다.

09 정전계 문제를 수리물리적으로 계산하고 분석할 때, 전계 $E[\text{V/m}]$, 전압 $V[\text{V}]$, 전속밀도 $D[\text{C/m}^2]$, 분극의 세기 P, 유전율 ε_0 등으로 정의한다. 다음 중 옳지 않은 것은?

① $P = D - \varepsilon_0 E$

② $\nabla^2 V = -\dfrac{\rho}{\varepsilon_0}$

③ $E = -\nabla V$

④ $\nabla E = 0$

해설

① 분극의 세기 $P = D - \varepsilon_0 E$

② 푸아송 방정식 $\nabla^2 V = -\dfrac{\rho}{\varepsilon_0}$

③ 전계의 세기 $E = -\nabla V$

10 다음 그림과 같은 T형 4단자망 회로에서 4단자 정수 A와 C를 나타낸 것으로 옳은 것은?

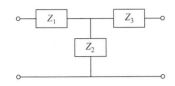

① $A = 1 + \dfrac{Z_1}{Z_2}$, $C = \dfrac{1}{Z_2}$

② $A = 1 + \dfrac{Z_1}{Z_3}$, $C = \dfrac{1}{Z_3}$

③ $A = 1 + \dfrac{Z_2}{Z_1}$, $C = \dfrac{1}{Z_2}$

④ $A = 1 + \dfrac{Z_1}{Z_2}$, $C = \dfrac{1}{Z_3}$

해설

4단자망 T형 회로

$$\begin{pmatrix} A & B \\ C & D \end{pmatrix} = \begin{pmatrix} 1 + \dfrac{Z_1}{Z_2} & \dfrac{Z_1 Z_2 + Z_2 Z_3 + Z_3 Z_1}{Z_1 Z_3} \\ \dfrac{1}{Z_2} & 1 + \dfrac{Z_3}{Z_2} \end{pmatrix}$$

$A = 1 + \dfrac{Z_1}{Z_2}$, $C = \dfrac{1}{Z_2}$

4단자망

• 임피던스 Z형

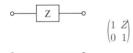

$$\begin{pmatrix} 1 & Z \\ 0 & 1 \end{pmatrix}$$

• 어드미턴스 Y형

$$\begin{pmatrix} 1 & 0 \\ Y & 1 \end{pmatrix}$$

$$\begin{pmatrix} 1 & 0 \\ \dfrac{1}{Z} & 1 \end{pmatrix}$$

• L형

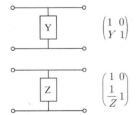

$$\begin{pmatrix} 1 + \dfrac{Z_1}{Z_2} & Z_1 \\ \dfrac{1}{Z_2} & 1 \end{pmatrix}$$

• 역 L형

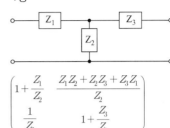

$$\begin{pmatrix} 1 & Z_2 \\ \dfrac{1}{Z_1} & 1 + \dfrac{Z_2}{Z_1} \end{pmatrix}$$

• T형

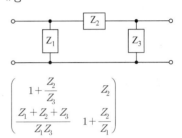

$$\begin{pmatrix} 1 + \dfrac{Z_1}{Z_2} & \dfrac{Z_1 Z_2 + Z_2 Z_3 + Z_3 Z_1}{Z_2} \\ \dfrac{1}{Z_2} & 1 + \dfrac{Z_3}{Z_2} \end{pmatrix}$$

• π형

$$\begin{pmatrix} 1 + \dfrac{Z_2}{Z_3} & Z_2 \\ \dfrac{Z_1 + Z_2 + Z_3}{Z_1 Z_3} & 1 + \dfrac{Z_2}{Z_1} \end{pmatrix}$$

11 다음과 같이 a, b 사이에 연결된 부하의 역률(Power Factor)의 크기 및 위상상태를 나타낸 것으로 옳은 것은?

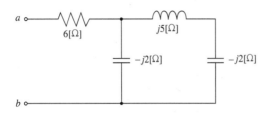

① 0.707, 지상
② 0.866, 진상
③ 0.707, 진상
④ 0.866, 지상

해설

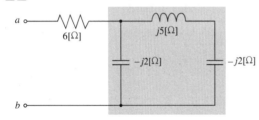

임피던스

$$Z = \frac{(j5 - j2) \cdot (-j2)}{(j5 - j2) + (-j2)} + 6$$

$$= \frac{10 - 4}{j5 - j4} + 6 = \frac{6}{j} + 6, \ \frac{1}{j} = -j 이므로$$

$$= -j6 + 6 = 6 - j6[\Omega]$$

역 률

$$\cos\theta = \frac{실수}{|Z|} = \frac{6}{\sqrt{(6)^2 + (6)^2}} = \frac{6}{\sqrt{72}} = \frac{6}{6\sqrt{2}}$$

$$= \frac{1}{\sqrt{2}} = 0.707$$

위상차

$$\theta = \tan^{-1}\frac{허수}{실수} = \tan^{-1}\left(\frac{-6}{6}\right) = \tan^{-1}(-1)$$

$\therefore \ \theta = -45°$이므로 진상

12 RL 직렬회로의 양단에 $t = 0$인 순간에 직류전압 $E[\mathrm{V}]$를 인가하였다. t초 후 상태에 대한 설명으로 옳지 않은 것은?(단, L의 초기 전류는 0이다)

① 회로의 시정수는 전원 인가시간 t와는 무관하게 일정하다.

② t가 무한한 경우에 저항 R의 단자전압 $v_R(t)$은 E로 수렴한다.

③ 회로의 전류 $i(t) = \frac{E}{R}(1 - e^{-\frac{L}{R}t})$이다.

④ 인덕턴스 L의 단자전압 $v_L(t) = Ee^{-\frac{R}{L}t}$이다.

해설

$$i(t) = \frac{E}{R}(1 - e^{-\frac{R}{L}t})[\mathrm{A}]$$

$$V_R = Ri(t) = E(1 - e^{-\frac{R}{L}t})[\mathrm{V}]$$

$$V_L = L\frac{di(t)}{dt} = E(e^{-\frac{R}{L}t})[\mathrm{V}]$$

시정수 $\tau = \frac{L}{R}$, 특성근 $P = -\frac{R}{L}$

[참 고]

$$V_L = E(e^{-\frac{R}{L}t})[\mathrm{V}]$$

$$t = 0(e^{-0} = 1) \ \rightarrow \ V_L = E$$

$$t = \infty(e^{-\infty} = 0) \ \rightarrow \ V_L = 0$$

13 코일과 콘덴서에서 급격히 변화할 수 없는 물리량으로 짝지어진 것으로 옳은 것은?

① 코일 : 전압, 콘덴서 : 전류
② 코일 : 전류, 콘덴서 : 전압
③ 코일 : 전압, 콘덴서 : 전압
④ 코일 : 전류, 콘덴서 : 전류

해설

• 코일 $v = L\frac{di}{dt}[\mathrm{V}] \Rightarrow$ 전류 i 급격한 변화 안됨

• 콘덴서 $i = C\frac{dv}{dt}[\mathrm{A}] \Rightarrow$ 전압 v 급격한 변화 안됨

14 다음 회로에서 내부저항 0.5[Ω]인 전류계를 단자 a, b 사이에 직렬로 접속하였을 때, 그 지시값이 7.477[A] 였다고 하면 전류계를 접속하기 전에 단자 a, b 사이에 흐른 전류 [A]는?(단, 전류값[A]은 소수 둘째자리에서 반올림하시오)

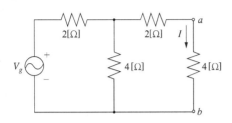

① 7.5
② 8.0
③ 8.5
④ 9.0

해설

전류계 접속 시 등가회로

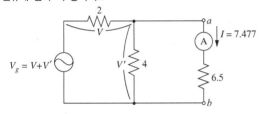

• 전류 $I = \dfrac{4}{4+6.5} \times I_0$

$\therefore I_0 = \dfrac{10.5}{4} \times I$, $I = 7.477$ 대입

$= \dfrac{10.5 \times 7.477}{4} = 19.62 \fallingdotseq 19.6$

• 전압 $V_g = V + V' = (2 \times I_0) + (6.5 \times 7.477)$
$= (2 \times 19.6) + (6.5 \times 7.477)$
$= (39.2) + (48.6) = 87.8[\text{V}]$

전류계 접속 전 등가회로

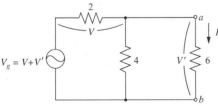

• 전류

$I = \dfrac{4}{4+6} \times I_0$

$\therefore I_0 = \dfrac{10}{4} \times I = 2.5 I$

• 전 압
$V_g = V + V' = (2 \times I_0) + (6I)$, $I_0 = 2.5I$ 대입
$= (2 \times 2.5I) + (6I) = (5I) + (6I) = 11I[\text{V}]$
$V_g = 11I$

• 단자 a, b 사이의 전류
$I = \dfrac{V_g}{11}$, $V_g = 87.8$ 대입
$= \dfrac{87.8}{11} = 7.98 \fallingdotseq 8[\text{A}]$

15 단상 변압기 3대를 △결선으로 운전하던 중 변압기 1대의 고장으로 V결선으로 운전하게 되었다. 이때 V결선의 출력은 고장 전 △결선 출력의 (㉠)[%]로 감소되며, 동시에 출력에 대한 용량 즉, 변압기 이용률은 (㉡)[%]가 된다. ㉠과 ㉡의 값으로 옳은 것은?

	㉠	㉡
①	86.6	57.7
②	57.7	86.6
③	173.2	57.7
④	50	66.7

해설

• V결선 출력 $= 57.7[\%]\left(\dfrac{1}{\sqrt{3}}\right)$

• 이용률 $= 86.6[\%]\left(\dfrac{\sqrt{3}}{2}\right)$

16 다음 그림과 같이 평형 3상 RC 부하에 교류전압을 인가할 때, 부하의 역률은?

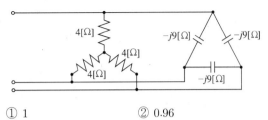

① 1   ② 0.96

③ 0.8   ④ 0.6

해설

C부하 $\triangle \to$ Y 변환 $\left(\dfrac{\triangle}{3}\right)$

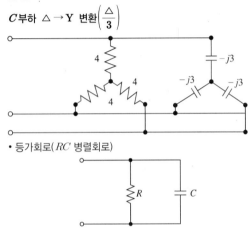

• 등가회로(RC 병렬회로)

• 역 률

$$\cos\theta = \frac{X_c}{\sqrt{(R)^2+(X_c)^2}} = \frac{3}{\sqrt{(4)^2+(3)^2}} = \frac{3}{5} = 0.6$$

17 대칭좌표법에 관한 설명으로 옳지 않은 것은?

① 대칭 3상 전압에서 영상분은 0이 된다.

② 대칭 3상 전압은 정상분만 존재한다.

③ 불평형 3상 회로의 접지식 회로에서는 영상분이 존재한다.

④ 불평형 3상 회로의 비접지식 회로에서는 영상분이 존재한다.

해설

• 대칭 3상 회로 : 영상분이 0(Zero)이다.

• 비접지 회로 : 영상분이 존재하지 않는다.

18 다음의 회로는 스위치 K가 열린 위치에서 정상상태에 있었다. $t=0$에서 스위치를 닫은 직후에 전류 $i(0_+)$[A]는?

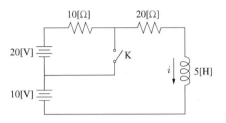

① 0.5

② 1

③ 0.2

④ 0

해설

SW Off 시 정상전류

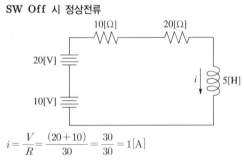

$$i = \frac{V}{R} = \frac{(20+10)}{30} = \frac{30}{30} = 1[\text{A}]$$

SW On 시 전류 $i(0_+)$

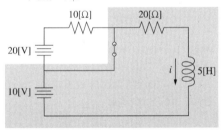

SW On 시 그림과 같이 등가회로 구성되나, 코일 L에는 SW Off 시 흐르던 정상전류 1[A]가 연속적으로 흐른다.

19 다음과 같이 정상상태로 있던 회로에 $t = 0$에서 스위치 (sw)를 닫았다. 이때, 이 회로의 전류 i_{sw}와 i_L의 응답 상태로 옳은 것은?

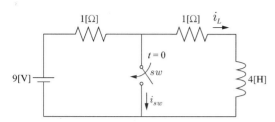

① $i_{sw}[A]$ $i_L[A]$

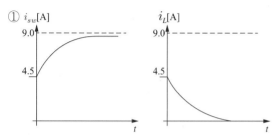

② $i_{sw}[A]$ $i_L[A]$

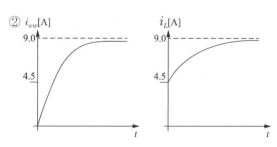

③ $i_{sw}[A]$ $i_L[A]$

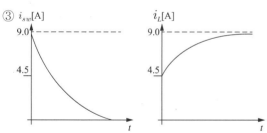

④ $i_{sw}[A]$ $i_L[A]$

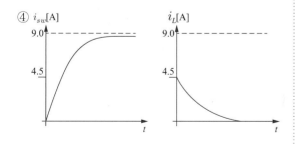

해설

• SW Off 시 전류

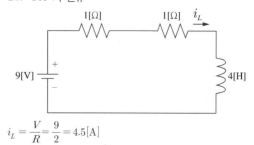

$$i_L = \frac{V}{R} = \frac{9}{2} = 4.5[A]$$

• SW On 시 전류

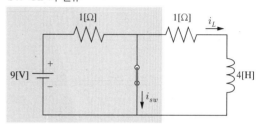

$$i_{sw} = \frac{V}{R} = \frac{9}{1} = 9[A]$$

결론적으로

SW Off 시 전류 i_L : $4.5[A]$에서 $0[A]$로 감소

SW On 시 전류 i_{sw} : $4.5[A]$에서 $9[A]$로 증가

20 다음과 같이 왜형파 전압 $v(t) = 100\sin(\omega t) + 30\sin(3\omega t - 60°) + 20\sin(5\omega t - 150°)$를 저항 R에 인가할 때, 이 저항에서 소모되는 전력[W]은?

① 2,250

② 1,130

③ 1,000

④ 565

해설

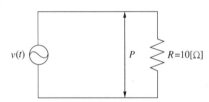

실효전압

$$V = \sqrt{\left(\frac{기본파\ 전압}{\sqrt{2}}\right)^2 + \left(\frac{3고조파\ 전압}{\sqrt{2}}\right)^2 + \left(\frac{5고조파\ 전압}{\sqrt{2}}\right)^2}$$

$$= \sqrt{\left(\frac{100}{\sqrt{2}}\right)^2 + \left(\frac{30}{\sqrt{2}}\right)^2 + \left(\frac{20}{\sqrt{2}}\right)^2}$$

$$= \sqrt{5,000 + 450 + 200} = \sqrt{5,650}$$

전력

$$P = \frac{V^2}{R}[\text{W}] = \frac{(\sqrt{5,650})^2}{10} = 565[\text{W}]$$

2010년 지방직 전기이론

01 10[V]의 직류전원에 10[Ω]의 저항이 연결된 회로에 대한 설명으로 옳지 않은 것은?

① 10[Ω] 저항에 흐르는 전류를 측정하면 1[A]이다.

② 10[Ω] 저항 양단의 전압을 측정하면 10[V]이다.

③ 회로를 개방한 후 10[Ω] 저항 양단의 전압을 측정하면 0[V]이다.

④ 회로를 개방한 후 전원 양단의 전압을 측정하면 0[V]이다.

해설

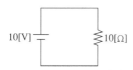

④ 저항 개방 후 전원 양단 전압 $V = 10[V]$

① 전류 $I = \dfrac{V}{R} = \dfrac{10}{10} = 1[A]$

② 저항 양단 전압 $V = 10[V]$

③ 전원 개방 후 저항 양단 전압 $V = 0[V]$

02 다음 그림의 회로에서 단자 a−b의 좌측을 테브난 등가 회로로 표현할 때 등가전압[V]과 등가저항[Ω]은?

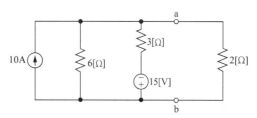

	등가전압[V]	등가저항[Ω]
①	12	1
②	12	2
③	10	1
④	10	2

해설

테브난 등가저항 R_{TH}

개방단 단자 ab에서 전원측으로 바라본 합성 저항
ab 우측 2[Ω] : 개방, 전류원 : 개방, 전압원 : 단락

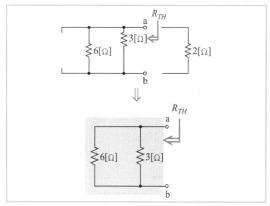

$\therefore R_{TH} = \dfrac{6 \times 3}{6+3} = \dfrac{18}{9} = 2[\Omega]$

테브난 등가전압 V_{ab}

개방단 단자 ab에서 전원측으로 바라본 합성 저항
ab 우측 2[Ω] : 개방, 전류원 : 개방, 전압원 : 단락

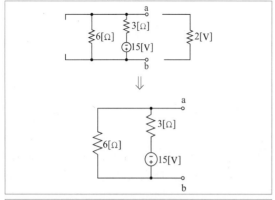

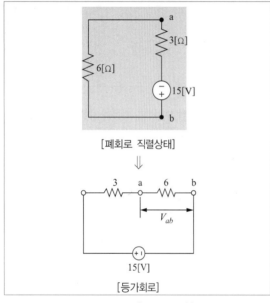

[폐회로 직렬상태]

[등가회로]

$\therefore V_{ab} = 6[\Omega]$ 양단 전압 $= \dfrac{6}{3+6} \times 15 = \dfrac{90}{9} = 10[\text{V}]$

[별 해]
밀만의 정리 이용

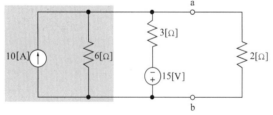

$10[\text{A}]$와 $6[\Omega]$ 병렬을 직렬 등가회로로 변경
$R = 6[\Omega]$, $V = IR = 10[\text{A}] \times 6[\Omega] = 60[\text{V}]$

등가회로

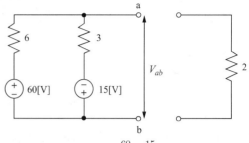

$V_{ab} = \dfrac{각 \ 저항분의 \ 전압}{각 \ 저항분의 \ 1} = \dfrac{\dfrac{60}{6} - \dfrac{15}{3}}{\dfrac{1}{6} + \dfrac{1}{3}}$

(분자, 분모 6으로 통분)

$= \dfrac{\dfrac{60}{6} - \dfrac{30}{6}}{\dfrac{1}{6} + \dfrac{2}{6}} = \dfrac{\dfrac{30}{6}}{\dfrac{3}{6}} = \dfrac{30}{3} = 10[\text{V}]$

03 어느 가정에서 전열기, 세탁기 그리고 냉장고를 정상적으로 동시에 사용하고 있다. 이 세 가전기기들은 전원과 어떻게 연결되어 있는가?

① 직렬연결
② 병렬연결
③ 직·병렬연결
④ 서로 관련 없다

해설

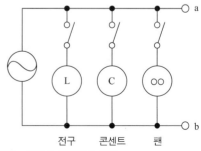

모든 부하는 전원과 병렬연결 사용

04 기전력이 13[V]인 축전지에 자동차 전구를 연결하여 전구 양단의 전압과 전구에서의 소비전력을 측정하니 각각 12[V]와 24[W]이었다. 이 축전지의 내부저항[Ω]은?

① 0.5   ② 0.6

③ 0.7   ④ 0.8

해설

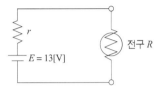

전구 $V = 12[V]$, $P = 24[W]$

$P = \dfrac{V^2}{R}[W]$ 에서

$R = \dfrac{V^2}{P} = \dfrac{(12)^2}{24} = 6[\Omega]$

$P = VI$ 에서

저항(전구)에 흐르는 전류 $I = \dfrac{P}{V} = \dfrac{24}{12} = 2[A]$

$I = \dfrac{E}{r+R}$, $I = 2[A]$ 대입

$2 = \dfrac{13}{r+6}$

$13 = 2(r+6) = 2r + 12$

$2r = 1$, $r = \dfrac{1}{2} = 0.5[\Omega]$

05 다음 그림은 선형 직류기기의 원리를 모의한 것이다. 레일 위에 도체막대가 놓여 있고, 레일과 도체막대 사이의 마찰은 없으며, 축전지 전압은 $V_B[V]$이고 도선저항은 $R[\Omega]$이다. 자속밀도 $B[T]$는 균일하고 지면에 수직으로 들어가는 방향이다. 도체막대의 유효길이는 L[m]이다. 스위치를 닫는 순간 도체가 받는 힘의 크기와 힘의 방향은?

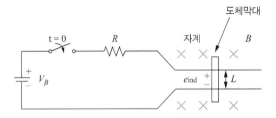

	힘의 크기	힘의 방향
①	$\dfrac{V_B BL}{R}$	오른쪽
②	$\dfrac{V_B B^2 L}{R}$	오른쪽
③	$\dfrac{V_B BR}{L}$	왼 쪽
④	$\dfrac{V_B B^2 R}{L}$	왼 쪽

해설

힘의 크기

$F = BlI\sin\theta[N]$, $I = \dfrac{V_B}{R}$ 대입

$\quad = B \times L \times \left(\dfrac{V_B}{R}\right) \times \sin 90°$

$\quad = B \times L \times \left(\dfrac{V_B}{R}\right) \times 1 = \dfrac{V_B BL}{R}[N]$

힘의 방향
플레밍의 왼손 법칙에 의하여 힘의 방향은 오른쪽 즉, 도체는 오른쪽으로 이동한다.

06 다음 그림과 같은 자기회로에서 공극 내에서의 자계의 세기 H[AT/m]는?(단, 자성체의 비투자율 μ_r은 무한대이고 공극 내의 비투자율 μ_r은 1이며 공극 주위에서의 프린징 효과는 무시한다)

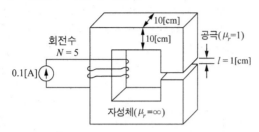

① 30

② 40

③ 50

④ 60

해설

$$H = \frac{NI}{l} = \frac{5 \times 0.1}{0.01} = 50[\text{AT/m}]$$

※ 비투자율은 문제와 아무 관계가 없다.

07 자계의 세기가 400[AT/m]이고 자속밀도가 0.8[Wb/m²]인 재질의 투자율[H/m]은?

① 10^{-4}

② 2×10^{-3}

③ 320

④ 800

해설

자속밀도 $B = \mu H [\text{Wb/m}^2]$ 에서

$$\mu = \frac{B}{H} = \frac{0.8}{400} = 0.002 = 2 \times 10^{-3}[\text{H/m}]$$

08 다음 그림과 같이 연결된 콘덴서의 합성 정전용량[μF]은?(단, 각 콘덴서의 정전용량은 3[μF]이다)

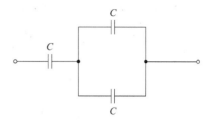

① 1

② 2

③ 3

④ 9

해설

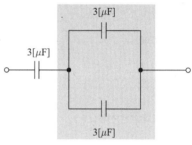

• 병렬 합성 정전용량

$$C = C_1 + C_2 [\mu\text{F}] = 3 + 3 = 6[\mu\text{F}]$$

• 등가회로(직렬 합성 정전용량)

$$C = \frac{C_1 \times C_2}{C_1 + C_2}[\mu\text{F}] = \frac{3 \times 6}{3 + 6} = \frac{18}{9} = 2[\mu\text{F}]$$

09 다음 그림과 같이 전극 간격이 d인 평행 평판 전극 사이에 유전율이 각각 ε_1, ε_2인 유전체가 병렬로 삽입되어 있다. 각각의 유전체가 점유한 극판의 면적이 S_1, S_2일 때, 전체 정전용량[F]은?(단, 단위는 MKS 단위이고, 프린징 효과는 무시한다)

① $\dfrac{\varepsilon_1 S_1}{d} + \dfrac{\varepsilon_2 S_2}{d}$

② $\dfrac{1}{\dfrac{d}{\varepsilon_1 S_1} + \dfrac{d}{\varepsilon_2 S_2}}$

③ $\dfrac{1}{\dfrac{\varepsilon_1 S_1}{d} + \dfrac{\varepsilon_2 S_2}{d}}$

④ $\dfrac{d}{\varepsilon_1 S_1} + \dfrac{d}{\varepsilon_2 S_2}$

해설

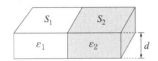

• 정전용량

$$C = \frac{\varepsilon S}{d} [\text{F}]$$

$$\therefore \ C_1 = \frac{\varepsilon_1 S_1}{d} [\text{F}], \ C_2 = \frac{\varepsilon_2 S_2}{d} [\text{F}]$$

• 유전율 병렬 삽입(콘덴서 병렬연결 상태)

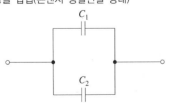

$$C = C_1 + C_2 = \frac{\varepsilon_1 S_1}{d} + \frac{\varepsilon_2 S_2}{d} [\text{F}]$$

10 다음 그림의 회로에서 공진이 발생할 때의 임피던스 [Ω]는?(단, $Q = \dfrac{\omega L}{R}$ 이다)

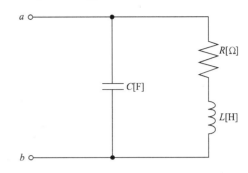

① $R + Q^2$ ② Q^2

③ $R(1 + Q^2)$ ④ ∞

해설

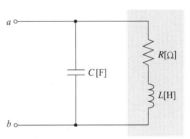

임피던스 Z로 해석

$$Z = R + j\omega L [\Omega], \ Z' = \frac{1}{j\omega C} [\Omega]$$

병렬이므로

$$Z_0 = \frac{Z \times Z'}{Z + Z'} = \frac{(R + j\omega L) \cdot \left(\dfrac{1}{j\omega C}\right)}{(R + j\omega L) + \left(\dfrac{1}{j\omega C}\right)}$$

$$= \frac{\dfrac{R + j\omega L}{j\omega C}}{\dfrac{j\omega CR - \omega^2 LC + 1}{j\omega C}} = \frac{R + j\omega L}{j\omega CR - \omega^2 LC + 1}$$

어드미턴스

$$Y = \frac{1}{Z_0} = \frac{j\omega CR - \omega^2 LC + 1}{R + j\omega L} \ (\text{분모공액})$$

$$= \frac{(j\omega CR - \omega^2 LC + 1) \cdot (R - j\omega L)}{(R + j\omega L) \cdot (R - j\omega L)}$$

$$= \frac{j\omega CR^2 + \omega^2 LCR - \omega^2 LCR + j\omega^3 L^2 C + R - j\omega L}{R^2 + (\omega L)^2}$$

(실수부 → 실수끼리, 허수부 → 허수끼리)

$$= \frac{R + j(\omega^3 L^2 C + \omega CR^2 - \omega L)}{R^2 + (\omega L)^2}$$

$$= \frac{R}{R^2 + (\omega L)^2} + j\frac{(\omega^3 L^2 C + \omega CR^2 - \omega L)}{R^2 + (\omega L)^2}$$

허수부에서 ωC를 공통으로 변형하면

$$Y = \boxed{\frac{R}{R^2 + (\omega L)^2}} + j\boxed{\left(\omega C - \frac{\omega L}{R^2 + (\omega L)^2}\right)}$$

$\qquad$ 컨덕턴스 G $\qquad\qquad$ 서셉턴스 B

$Y = G + jB[\mho]$ 에서

공진 시 허수부 $= 0$, 실수부 $=$ 컨덕턴스 G이므로

$$G = \frac{R}{R^2 + (\omega L)^2}$$

임피던스

$$Z = \frac{1}{G} = \frac{R^2 + (\omega L)^2}{R}$$

$$= R + \frac{(\omega L)^2}{R}, \; \frac{(\omega L)^2}{R} \text{의 분자와 분모에 } R \text{을 곱하여 식 변경}$$

$$= R + \left(R\frac{(\omega L)^2}{R^2}\right), \; Q = \frac{\omega L}{R} \text{ 대입}$$

$$= R + RQ^2 = R(1 + Q^2)$$

11 다음 회로에서 $V_s(t) = 100\sqrt{2}\,\cos 10t[\text{V}]$이다. 정상 상태에서 부하저항 R_L에 흐른 전류 $i_R(t)[\text{A}]$는?

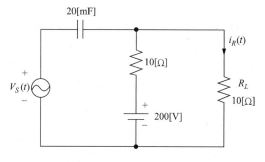

① 10

② $20\cos\left(10t + \dfrac{\pi}{2}\right)$

③ $10 + 10\cos\left(10t + \dfrac{\pi}{4}\right)$

④ $20 + 20\cos\left(10t + \dfrac{\pi}{8}\right)$

해설

직류전원에 의한 전류 I_{DC} : 교류전원 $v_s(t)$ 제거, 콘덴서 C 개방

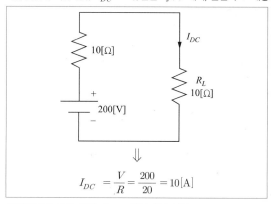

$$I_{DC} = \frac{V}{R} = \frac{200}{20} = 10[\text{A}]$$

교류전원에 의한 전류 I_{AC} : 직류전원 단락

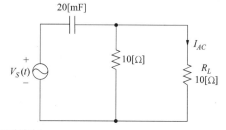

• 유도리액턴스

$$X_c = \frac{1}{j\omega C}, \; v_s(t) \text{에서 } \omega = 10$$

$$= \frac{1}{j10 \times 20 \times 10^{-3}} = -j\frac{1}{2 \times 10^{-1}} = -j5[\Omega]$$

- 임피던스

$$Z = X_c + \left(\frac{10 \times 10}{10 + 10}\right), \quad X_c = -j5[\Omega]$$

$$= -j5 + \left(\frac{10 \times 10}{10 + 10}\right) = -j5 + \left(\frac{100}{20}\right) = 5 - j5[\Omega]$$

- 전류

$$I_{AC} = \frac{v_s(t)}{Z} = \frac{\left(\dfrac{100\sqrt{2}}{\sqrt{2}}\right)}{5 - j5} = \frac{(100)}{5 - j5} \text{ (분모공액)}$$

$$= \frac{(100) \cdot (5 + j5)}{(5 - j5) \cdot (5 + j5)} = \frac{500 + j500}{25 + 25} = \frac{500 + j500}{50}$$

$$= 10 + j10$$

$$|I_{AC}| = \sqrt{(10)^2 + (10)^2} = \sqrt{200} = 10\sqrt{2}\,[\text{A}]$$

$$\theta = \tan^{-1}\frac{10}{10} = 45°$$

$$\therefore\ I_{AC} = 10\sqrt{2} \angle 45°$$

R_L에 흐르는 전류

등가회로

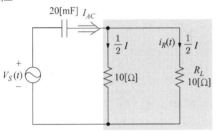

R_L에 흐르는 전류는 저항값이 각각 $10[\Omega]$으로 같으므로 전체

전류 I_{AC}의 $\dfrac{1}{2}I$ 만큼 흐른다.

$$i_R(t) = \frac{|I_{AC}|}{2} = \frac{10\sqrt{2} \angle 45°}{2} = 5\sqrt{2} \angle 45°$$

전체 전류

$$i_R(t) = I_{DC} + I_{AC} = 10 + 5\sqrt{2} \angle 45°$$

주어진 보기에서 $i_R(t) = 10 + 5\sqrt{2} \angle 45°$와 같은 답이 없으므로

다음과 같이 답을 찾는다.

- 위상차 $\theta = 45° = \dfrac{\pi}{4}$

- 직류회로 전류 10[A] 포함

- 교류회로 전류 $i = I_m \cos(\omega t + \theta)$와 비교하면

$$i = 10\cos\left(10t + \frac{\pi}{4}\right)$$

$$\therefore\ i_R(t) = 10 + 10\cos\left(10t + \frac{\pi}{4}\right)$$

---

12 다음 회로에서 부하 Z_L에 최대 전력을 전달하게 되는 부하 임피던스$[\Omega]$는?

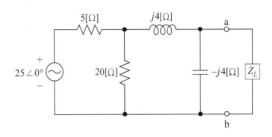

① $2 + j2$ 　　　② $2 - j2$

③ $4 + j4$ 　　　④ $4 - j4$

해설

내부 임피던스 Z_{TH} : 전압원 단락, Z_L 개방

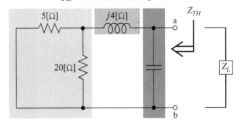

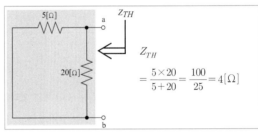

$$Z_{TH} = \frac{5 \times 20}{5 + 20} = \frac{100}{25} = 4[\Omega]$$

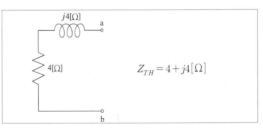

$$Z_{TH} = 4 + j4[\Omega]$$

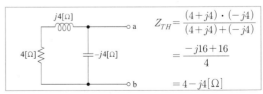

$$Z_{TH} = \frac{(4 + j4) \cdot (-j4)}{(4 + j4) + (-j4)}$$

$$= \frac{-j16 + 16}{4}$$

$$= 4 - j4[\Omega]$$

내부 임피던스 Z_{TH} = 부하 임피던스 $\overline{Z_L}$

$Z_{TH} = \overline{Z_L}$, 켤레 복소수가 되어야 하므로

$$\therefore\ \overline{Z_L} = 4 + j4[\Omega]$$

13 $8[\Omega]$의 저항과 $6[\Omega]$의 유도성 리액턴스로 구성되는 병렬회로에 $E = 48[V]$인 전압을 인가했을 때 흐르는 전류[A]는?

① $8 - j6$

② $6 - j8$

③ $4 + j3$

④ $-3 + j4$

해설

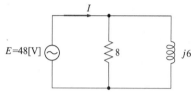

임피던스 Z로 해석

$Z = \dfrac{8 \cdot (j6)}{(8+j6)} = \dfrac{j48}{(8+j6)}$

$\therefore I = \dfrac{V}{Z} = \dfrac{48}{\frac{j48}{8+j6}} = \dfrac{8+j6}{j} \left(\dfrac{1}{j} = -j \text{이므로} \right)$

$\qquad = -j(8+j6) = -j8 + 6 = 6 - j8[A]$

[별 해]

어드미턴스 Y로 해석

$Y = \dfrac{1}{R} - j\dfrac{1}{X_L}[\mho] = \dfrac{1}{8} - j\dfrac{1}{6}$

$\therefore I = YV = \left(\dfrac{1}{8} - j\dfrac{1}{6} \right) \cdot 48 = 6 - j8[A]$

※ 병렬회로는 어드미턴스로 해석하는 것이 훨씬 쉽다.

14 다음 그림에서 전류계 Ⓐ의 지시가 실횻값 20[A]일 때 전원전압 V의 실횻값[V]은?

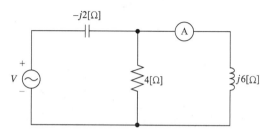

① 100

② 120

③ 140

④ 200

해설

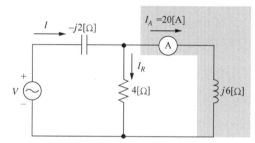

유도리액턴스 X_L 양단 전압

$V = IX_L = 20 \times 6 = 120[V]$

R과 L이 병렬이므로 $4[\Omega]$ 양단 전압도 $120[V]$가 된다.

$\therefore I_R = \dfrac{V}{R} = \dfrac{120}{4} = 30[A]$

전체 전류

$I = I_A + I_R = 20 + 30 = 50[A]$

전원 실효전압

$V = IX_c = 50 \times 2 = 100[V]$

15 평형 3상 회로에서 선간전압이 200[V]이고 선전류는 $\dfrac{25}{\sqrt{3}}$[A]이며 3상 전체 전력은 4[kW]이다. 이때 역률 [%]은?

① 60

② 70

③ 80

④ 90

해설

역 률

$\cos\theta = \dfrac{P}{\sqrt{3}\,V_l I_l} = \dfrac{4 \times 10^3}{\sqrt{3} \times 200 \times \frac{25}{\sqrt{3}}} = \dfrac{20}{25} = \dfrac{4}{5} = 0.8$

역률은 $80[\%]$가 된다.

16 다음 그림과 같이 평형 △결선으로 각 상에 임피던스 값이 $Z_\triangle = 5 + j5\sqrt{3}\,[\Omega]$인 부하가 연결되어 있다. 평형 Y결선된 abc 상순의 삼상 전원에서 $V_{on} = 100\angle 30°[V]$일 때, 부하 상전류 $I_{AB}[A]$는?

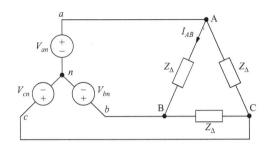

① 10
② $10\sqrt{3}$
③ $10\angle 30°$
④ $10\sqrt{3}\angle 30°$

해설

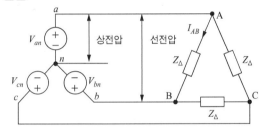

• △결선 임피던스

$Z_\triangle = 5 + j5\sqrt{3}$

$|Z_\triangle| = \sqrt{(5)^2 + (5\sqrt{3})^2} = \sqrt{25 + 75} = \sqrt{100} = 10[\Omega]$

• 위상차

$\theta = \tan^{-1}\dfrac{허수}{실수} = \tan^{-1}\dfrac{5\sqrt{3}}{5} = \tan^{-1}\sqrt{3} = 60°$

$\therefore Z = 10\angle 60°$

• △결선 상전류

$I_{AB} = \dfrac{V_l}{Z_\triangle} = \dfrac{100\angle 30°}{10\angle 60°}$

△결선의 임피던스 Z는 Y결선의 선간전압(V_l)에 연결되어 있는 상태

$V_l = \sqrt{3}\,V_p\angle 30° = 100\angle 30° \cdot \sqrt{3}\angle 30°$

$I_{AB} = \dfrac{V_l}{Z_\triangle} = \dfrac{100\angle 30°}{10\angle 60°} \cdot \sqrt{3}\angle 30°$

$= \dfrac{100\sqrt{3}\angle 60°}{10\angle 60°} = \dfrac{100\sqrt{3}}{10}\angle(60° - 60°) = 10\sqrt{3}\,[A]$

17 평형 3상 교류회로의 Y 및 △결선에 관한 설명으로 옳지 않은 것은?

① △ 결선의 경우 선간전압과 상전압은 서로 같다.
② Y 결선의 경우 상전류는 선전류와 크기 및 위상이 같다.
③ Y 결선의 경우 선간전압이 상전압보다 $\sqrt{3}$ 배 크고, 위상은 30° 앞선다.
④ △ 결선의 경우 상전류는 선전류보다 $\sqrt{3}$ 배 크고, 위상은 30° 앞선다.

해설

④ △결선의 경우 상전류는 선전류보다 $\sqrt{3}$ 배 크고, 위상은 30° 뒤진다.

Y결선	△결선
• $I_l = I_p$ • $V_l = \sqrt{3}\,V_p\angle 30°$	• $V_l = V_p$ • $I_l = \sqrt{3}\,I_p\angle -30°$

18 다음 그림의 회로에서 충분히 긴 시간이 지난 후에 $t = 0$인 순간에 스위치가 그림과 같이 a에서 b로 이동할 때, $i_L(0)[\text{A}]$과 $v_C(0)[\text{V}]$은?

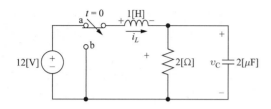

	$i_L(0)[\text{A}]$	$v_C(0)[\text{V}]$
①	6	12
②	12	12
③	12	6
④	6	6

해설

등가회로

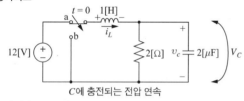

C에 충전되는 전압 연속

스위치가 a에 있을 때

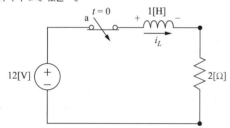

L에 흐르는 전류 연속

$$i_L(0) = \frac{V}{R} = \frac{12}{2} = 6[\text{A}]$$

이때 L에는 전류가 연속적으로 $6[\text{A}]$가 흐른다.

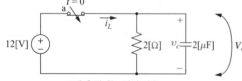

C에 충전되는 전압 연속

$v_c(0) = 2[\Omega]$ 양단에 $12[\text{V}]$ 걸리듯이 $2[\mu\text{F}]$에는 전압이 연속적으로 $12[\text{V}]$ 충전된다.

과도현상

RL 직렬	RC 직렬
![RL]	![RC]
• SW On 시	• SW On 시
$i(t) = \dfrac{E}{R}(1 - e^{-\frac{R}{L}t})[\text{A}]$	$i_c(t) = \dfrac{E}{R}(e^{-\frac{1}{RC}t})[\text{A}]$
$V_R = Ri(t)$	
$\quad = E(1 - e^{-\frac{R}{L}t})[\text{V}]$	$E_R = Ri(t) = E(e^{-\frac{1}{RC}t})[\text{V}]$
	$E_C = \dfrac{1}{C}\displaystyle\int i(t)dt$
$V_L = L\dfrac{di(t)}{dt} = E(e^{-\frac{R}{L}t})[\text{V}]$	$\quad = E(1 - e^{-\frac{1}{RC}t})[\text{V}]$
• SW Off 시	• SW Off 시
$i(t) = \dfrac{E}{R}(e^{-\frac{R}{L}t})[\text{A}]$	$i_c(t) = \dfrac{E}{R}(1 - e^{-\frac{1}{RC}t})[\text{A}]$
	$E_R = Ri(t)$
$V_R = Ri(t) = E(e^{-\frac{R}{L}t})[\text{V}]$	$\quad = E(1 - e^{-\frac{1}{RC}t})[\text{V}]$
$V_L = L\dfrac{di(t)}{dt}$	$E_C = \dfrac{1}{C}\displaystyle\int i(t)dt$
$\quad = E(1 - e^{-\frac{R}{L}t})[\text{V}]$	$\quad = E(e^{-\frac{1}{RC}t})[\text{V}]$

19 다음 회로에서 $t = 0$에 스위치를 닫는다. $t > 0$일 때 시정수(Time Constant)의 값[μs]은?

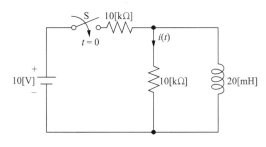

① 1   ② 2

③ 3   ④ 4

해설

저항이 2개 병렬이므로 테브난 등가회로로 변환하여 합성 저항을 구한다.

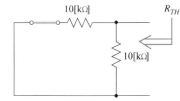

$$R_{TH} = \frac{10 \times 10}{10 + 10} = \frac{100}{20} = 5[\text{k}\Omega]$$

RL 직렬회로로 변환

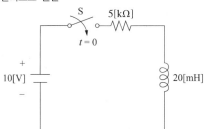

시정수 $\tau = \dfrac{L}{R}[\mu s] = \dfrac{20 \times 10^{-3}}{5 \times 10^3} = 4 \times 10^{-6}[s] = 4[\mu s]$

20 다음 전류 파형의 실횻값[A]은?

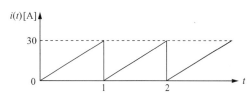

① 15

② $\sqrt{30}$

③ $10\sqrt{3}$

④ $\sqrt{150}$

해설

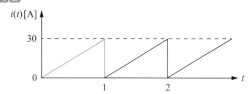

삼각파 실효전류

$$I = \frac{I_m}{\sqrt{3}} = \frac{30}{\sqrt{3}} = \frac{30\sqrt{3}}{3} = 10\sqrt{3}$$

[별해] 적분으로 해석

삼각파 실효전류

$$I = \sqrt{\frac{1}{T}\int_0^T i^2 dt}\,[\text{A}] = \sqrt{\frac{1}{1}\int_0^1 (30t)^2 dt}$$

$$= \sqrt{\frac{1}{1}\int_0^1 900t^2 dt} = \sqrt{\frac{1}{1} \cdot 900 \int_0^1 t^2 dt}$$

$$= \sqrt{900 \cdot \left[\frac{1}{3}t^3\right]_0^1} = \sqrt{300 \cdot [t^3]_0^1} = \sqrt{300(1^3 - 0^3)} = 10\sqrt{3}$$

2011년 지방직 전기이론

01 500[W]의 전열기를 사용하여 20[C°]의 물 1.0[kg]을 10분간 가열하면 물의 온도[C°]는?(단, 전열기의 에너지 변환 효율은 100[%]로 가정한다)

① 62

② 72

③ 82

④ 92

해설

```
          ┌─→ 전력 P[kW]
          │┌─→ 시간 H[h]
          ││┌─→ 효율
※ 열량 Q = mcθ = 860PTη
          │└─→ 온도차
          └─→ 비열
          └─→ 질량[L], [kg]
```

열량 $Q = mc\theta = 860PT\eta$ 에서

온도차 $\theta = \dfrac{860PT\eta}{mc} = \dfrac{860 \times 0.5 \times \frac{10}{60} \times 1}{1 \times 1} = 71.6[\text{℃}]$

조건에서

물의 처음 온도 $= 20[\text{℃}]$

10분간 가열하여 상승한 물의 온도 $= 71.6[\text{℃}]$

∴ 나중 온도 = 처음 온도 + 가열한 온도

$= 20[\text{℃}] + 71.6[\text{℃}] = 91.6[\text{℃}] ≒ 92[\text{℃}]$

02 $i(t) = 2.0t + 2.0[\text{A}]$의 전류가 시간 $0 \leq t \leq 60[\text{s}]$ 동안 도선에 흘렀다면, 이때 도선의 한 단면을 통과한 총전하량[C]은?

① 4

② 122

③ 3,600

④ 3,720

해설

전하량

$$Q = \int_0^t i(t)dt[\text{C}] = \int_0^{60} (2.0t + 2.0)dt$$

$$= \int_0^{60} (2.0t)dt + \int_0^{60} (2.0)\,dt = \int_0^{60} 2t^1 dt + \int_0^{60} 2dt$$

$$= \left[2 \cdot \frac{1}{1+1}t^{1+1} \right]_0^{60} + [2t]_0^{60}$$

$$= \left[2 \cdot \frac{1}{2}t^2 \right]_0^{60} + [2t]_0^{60} = [t^2]_0^{60} + [2t]_0^{60}$$

$$= (60^2 - 0^2) + 2 \cdot (60 - 0) = (3,600 - 0) + 2 \cdot (60 - 0)$$

$$= 3,600 + 120 = 3,720[\text{C}]$$

03 폐로전류 I_1, I_2를 다음 그림과 같이 설정하고 연립방정식을 다음과 같이 세웠을 때, a_{21}과 a_{22}의 값은?

$$20[\text{V}] = 15I_1 - 5I_2$$
$$5[\text{V}] = a_{21}I_1 + a_{22}I_2$$

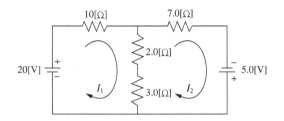

	a_{21}	a_{22}
①	5	12
②	5	-12
③	-5	12
④	-5	-12

해설

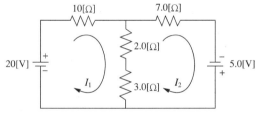

키르히호프의 법칙(순환전류법)

$20 = 15I_1 - 5I_2$

$5 = -5I_1 + 12I_2$

$\therefore\ a_{21} = -5,\ a_{22} = 12$

키르히호프의 법칙

- 키르히호프의 제1법칙 $\sum I = 0$
  임의의 폐회로에 흐르는 전류의 대수합(들어오고 나가는 것)은 0이다.
- 키르히호프의 제2법칙 $\sum IR = \sum E$
  임의의 폐회로에 흐르는 전류와 저항의 곱의 합은 기전력의 합과 같다.

04 공기 중 2개의 점전하 간에 5.00[N]의 힘이 작용하고 있다. 두 점전하 사이의 거리를 2배로 하였을 때 작용하는 힘[N]은?

① 1.25

② 2.50

③ 10.00

④ 20.00

해설

쿨롱의 법칙

$$F = \frac{1}{4\pi\varepsilon_0} \cdot \frac{Q_1 Q_2}{r^2}[\text{N}] = 9 \times 10^9 \times \frac{Q_1 Q_2}{r^2}[\text{N}]$$

$r = 1[\text{m}]$라 할 때 $F = 5[\text{N}]$

$r = 2[\text{m}]$라 할 때

$$F' = \frac{1}{r^2} \times F[\text{N}] = \frac{1}{2^2} \times 5 = \frac{5}{4} = 1.25[\text{N}]$$

05 다음 전기회로도에서 V_o의 전압[V]은?

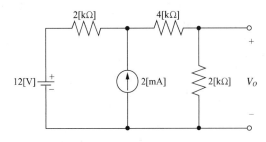

① $V_o = 1$

② $V_o = 2$

③ $V_o = 4$

④ $V_o = 8$

해설

• 전압원만 있을 때(전류원 개방)

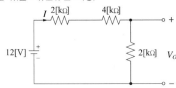

$R = 2 + 4 + 2 = 8[\text{k}\Omega]$

$I = \dfrac{V}{R} = \dfrac{12}{8 \times 10^3} = \dfrac{3}{2}[\text{mA}]$

• 등가회로

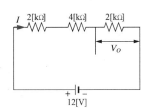

$V_o = IR = \dfrac{3}{2}[\text{mA}] \times 2[\text{k}\Omega] = 3[\text{V}]$

• 전류원만 있을 때(전압원 단락)

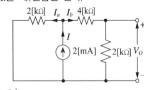

$I_a = \dfrac{6[\text{k}\Omega]}{(2+6)[\text{k}\Omega]} \times 2[\text{mA}] = \dfrac{12}{8} = \dfrac{3}{2}[\text{mA}]$

$I_b = \dfrac{2[\text{k}\Omega]}{(2+6)[\text{k}\Omega]} \times 2[\text{mA}] = \dfrac{4}{8} = \dfrac{1}{2}[\text{mA}]$

$V_o = I_b R_{2[\text{k}\Omega]} = \dfrac{1}{2}[\text{mA}] \times 2[\text{k}\Omega] = 1[\text{V}]$

전체 전압 $V = V_{전압원} + V_{전류원} = 3 + 1 = 4[\text{V}]$

06 다음 전기회로도에서 저항 R에 흐르는 실효치 전류[A]는?(단, $v(t)$의 실효치는 100[V]이다)

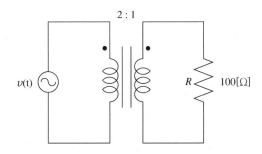

① 0.2

② 0.5

③ 1

④ 2

해설

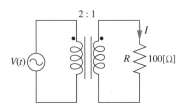

• 권수비 $a = \dfrac{N_1}{N_2} = \dfrac{2}{1} = 2$

• 전압비

$a = \dfrac{V_1}{V_2}$ 에서 $2 = \dfrac{100}{V_2}$

$\therefore V_2 = \dfrac{100}{2} = 50[\text{V}]$

• 전류 $I = \dfrac{V}{R} = \dfrac{50}{100} = \dfrac{1}{2} = 0.5[\text{A}]$

07 자극 자하량 2.0[Wb], 길이 30[cm]인 막대자석이 300[AT/m]의 평등 자장 안에 자장의 방향과 30°의 각도로 놓여 있을 때 자석이 받는 토크[N·m]는?

① 90

② 120

③ 150

④ 180

해설

토크 $T = mlH\sin\theta[\text{N}\cdot\text{m}]$

$= 2 \times 0.3 \times 300 \times \dfrac{1}{2} = 90[\text{N}\cdot\text{m}]$

08 전계의 세기가 50.0[kV/m]이고 비유전율이 8.00인 유전체 내의 전속밀도[C/m²]는?

① 8.85×10^{-6} ② 7.08×10^{-6}

③ 4.42×10^{-6} ④ 3.54×10^{-6}

해설

전속밀도

$D = \varepsilon E = \varepsilon_0 \cdot \varepsilon_s \cdot E [\mathrm{C/m^2}]$

$\quad = 8.855 \times 10^{-12} \times 8 \times 50 \times 10^3$

$\quad = 3,542 \times 10^{-12} \times 10^3 \fallingdotseq 3.54 \times 10^{-6} [\mathrm{C/m^2}]$

09 변전소 내의 보조전동기에 다음과 같은 전압 $v(t)$와 전류 $i(t)$가 인가되었을 때 소비되고 있는 유효전력[W]과 역률은?

$$v(t) = 220\sqrt{2}\cos\left(377t - \frac{\pi}{6}\right)$$

$$i(t) = 5\sqrt{2}\cos\left(377t + \frac{\pi}{6}\right)$$

	유효전력	역률
①	1,100	$\dfrac{1}{2}$
②	550	$\dfrac{1}{2}$
③	550	$\dfrac{\sqrt{3}}{2}$
④	1,100	$\dfrac{\sqrt{3}}{2}$

해설

역률 $\cos\theta$를 구하기 위해 v와 i를 극형식으로 변경

$v(t) = 220 \angle -30°$

$i(t) = 5 \angle 30°$

위상차 $\theta = v(t) - i(t) = -30° - (30°) = -60°$

즉, $60°$의 위상차가 발생한다.

$\cos\theta = \cos 60° = \dfrac{1}{2}$

유효전력

$P = VI\cos\theta[\mathrm{W}] = 220 \times 5 \times \dfrac{1}{2} = 550[\mathrm{W}]$

10 최대치가 100[V], 주파수 60[Hz], 초기 위상이 30°인 전압이 RLC 회로에 입력되고 있다. 이 회로의 임피던스가 $10 + j10[\Omega]$일 때 순시치 전류[A]는?

① $10\cos(377t + 15°)$

② $10\cos(377t - 15°)$

③ $\dfrac{10}{\sqrt{2}}\cos(377t + 15°)$

④ $\dfrac{10}{\sqrt{2}}\cos(377t - 15°)$

해설

• 임피던스

$Z = 10 + j10[\Omega]$

$|Z| = \sqrt{(10)^2 + (10)^2} = \sqrt{200} = 10\sqrt{2}$

• 위상차

$\theta = \tan^{-1}\dfrac{허수}{실수} = \tan^{-1}\dfrac{10}{10}$

$\theta = \tan^{-1}(1)$이므로 $\theta = 45°$

• 순시전류

$\dot{I} = \dfrac{V}{|Z|} = \dfrac{\dfrac{100}{\sqrt{2}}\angle 30°}{10\sqrt{2}\angle 45°} = \dfrac{100}{10 \times 2}\angle 30° - 45° = 5\angle -15°$

주어진 보기에서 $\dot{I} = 5\angle -15°$와 같은 답이 없으므로 다음과 같이 답을 찾는다.

위상차 $\theta = -15°$

각속도 $\omega = 2\pi f = 2 \times 3.14 \times 60 = 376.8 \fallingdotseq 377$

$i = 5\angle -15°$에서 극형식은 실횻값이므로

최댓값 = 실횻값 $\times \sqrt{2} = 5\sqrt{2}$

$\dfrac{10}{\sqrt{2}} = \dfrac{10\sqrt{2}}{\sqrt{2} \cdot \sqrt{2}} = \dfrac{10\sqrt{2}}{2} = 5\sqrt{2}$

그러므로 $i(t) = I_m\cos(\omega t + \theta)$와 비교하면

$i(t) = \dfrac{10}{\sqrt{2}}\cos(377t - 15°)$

11 전원과 부하가 모두 델타 결선된 3상 평형회로에서 각 상의 전원전압이 200[V], 부하 임피던스가 8.0 + j6.0 [Ω]인 경우 선전류[A]는?

① $22\sqrt{2}$

② 22

③ $22\sqrt{3}$

④ 66

해설

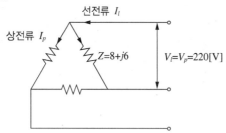

- 임피던스
  $Z = 8 + j6[\Omega]$
  $|Z| = \sqrt{(8)^2 + (6)^2} = \sqrt{100} = 10[\Omega]$
- 상전류
  $I_p = \dfrac{V_p}{|Z|} = \dfrac{220}{10} = 22[\text{A}]$
- 선전류
  $I_l = \sqrt{3}\,I_p = \sqrt{3} \times 22 = 22\sqrt{3}[\text{A}]$

12 정격전압 100[V], 정격전력 500[W]인 다리미에 $t = 0$ 인 순간에 $v(t) = 100\sqrt{2}\sin(2\pi ft + 30°)$[V]의 전압을 인가하였다. $t = \dfrac{1}{60}$ 초에서 순시전류[A]의 크기는?(단, 주파수 $f = 60$[Hz]이고, 다리미는 순저항 부하로 가정한다)

① $\dfrac{5}{2}$

② $\dfrac{5\sqrt{2}}{2}$

③ 5

④ $5\sqrt{2}$

해설

다리미 저항 계산

전력 $P = \dfrac{V^2}{R}$ 에서

$R = \dfrac{V^2}{P} = \dfrac{(100)^2}{500} = 20[\Omega]$

$v(t) = 100\sqrt{2}\sin(2\pi ft + 30°)$[V], $t = \dfrac{1}{60}$ 대입

$v\left(\dfrac{1}{60}\right) = 100\sqrt{2}\sin\left(2\pi \times 60 \times \dfrac{1}{60} + 30°\right)$

$= 100\sqrt{2}\sin(2\pi + 30°)$

$= 100\sqrt{2}\sin2\pi + 100\sqrt{2}\sin30°$

$\quad (\sin2\pi t = 0,\ \sin30° = \dfrac{1}{2}\ \text{이므로})$

$= 0 + \left(100\sqrt{2} \times \dfrac{1}{2}\right)$

$= 100\sqrt{2} \times \dfrac{1}{2} = 50\sqrt{2}$[V]

순시전류

$i\left(\dfrac{1}{60}\right) = \dfrac{v\left(\dfrac{1}{60}\right)}{R} = \dfrac{50\sqrt{2}}{20} = \dfrac{5\sqrt{2}}{2}$[A]

13 정격 100[kVA] 단상 변압기 3대를 △–△ 결선으로 운전하던 중 1대의 고장으로 V–V 결선하여 계속 3상 전력을 공급하려 한다. 공급 가능한 최대의 전력[kVA]은?

① 200

② 173

③ 141

④ 100

해설

V결선 3상 전력

$P_V = \sqrt{3}\,P_a[\text{kVA}] = \sqrt{3} \times 100 = 100\sqrt{3} = 173.2 ≒ 173[\text{kVA}]$

14 다음 그림과 같이 평형 Y결선된 3상 전원회로에 각 상의 임피던스값이 $9.0 - j6.0[\Omega]$인 부하가 평형 △결선으로 연결되어 있다. 선로의 임피던스가 $1.0 + j2.0$ $[\Omega]$일 때 선전류 i_{aA}[A]의 값은?

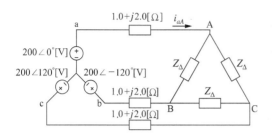

① $50 \angle 0°$

② $200 \angle 0°$

③ $50 \angle 30°$

④ $200 \angle 30°$

해설

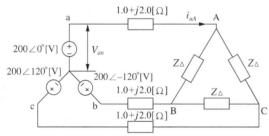

△→Y 변환 : $\dfrac{\triangle}{3}$

$Z_Y = \dfrac{9 - j6}{3} = 3 - j2 [\Omega]$

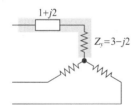

1상당 임피던스는 직렬이므로

$Z = (1 + j2) + (3 - j2) = 4 [\Omega]$

선전류

$i_{aA} = \dfrac{V_{an}}{Z} [A] = \dfrac{200 \angle 0°}{4} = 50 \angle 0°$

15 다음 회로에서 절점 C와 D 사이의 전압 V_{CD}[V]는?

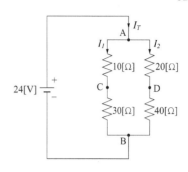

① 1

② 2

③ 3

④ 4

해설

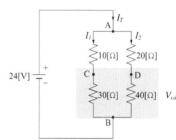

• 합성 저항

$R = \dfrac{(20 + 40) \times (10 + 30)}{(20 + 40) + (10 + 30)} = \dfrac{60 \times 40}{60 + 40} = \dfrac{2,400}{100} = 24 [\Omega]$

• 전 류

$I_T = \dfrac{V}{R} = \dfrac{24}{24} = 1 [A]$

• 전위차 구하기

$V_C = \dfrac{30}{10 + 30} \times 24 = \dfrac{720}{40} = 18 [V]$

$V_D = \dfrac{40}{20 + 40} \times 24 = \dfrac{960}{60} = 16 [V]$

$\therefore V_{CD} = V_C - V_D [V] = 18 - 16 = 2 [V]$

[별 해]

분배되는 전류로 해석

• 전 류

$I_T = \dfrac{V}{R} = \dfrac{24}{24} = 1 [A]$

• 분배 전류

$I_1 = \dfrac{60}{40 + 60} \times 1 = \dfrac{60}{100} = 0.6 [A]$

$I_2 = \dfrac{40}{40 + 60} \times 1 = \dfrac{40}{100} = 0.4 [A]$

• 전위차 구하기

– C점 전위 $V_C = I_1 R_C = 0.6 \times 30 = 18 [V]$

– D점 전위 $V_D = I_2 R_D = 0.4 \times 40 = 16 [V]$

$\therefore V_{CD} = V_C - V_D [V] = 18 - 16 = 2 [V]$

16 다음 회로에서 충분한 시간 동안 개방되어 있었던 스위치를 $t = 0$인 시점에서 On시켰다. $t = 0$에서부터 스위치에 흐르는 전류 $i_s(t)$[A]는?

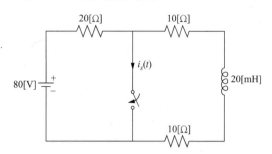

① $i_s(t) = 4 - 2e^{-1,000t}$

② $i_s(t) = 4 + 2e^{-1,000t}$

③ $i_s(t) = 4 - 4e^{-2,000t}$

④ $i_s(t) = 4 + 4e^{-2,000t}$

해설

• SW Off 시 : 정상전류 $i(L = 단락)$

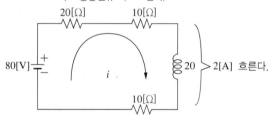

2[A] 흐른다.

$$i = \frac{V}{R} = \frac{80}{40} = 2[A]$$

∴ L 양단에는 정상전류 2[A] 흐른다.

• SW On 시 : 과도전류 $i_s(t = 0)$

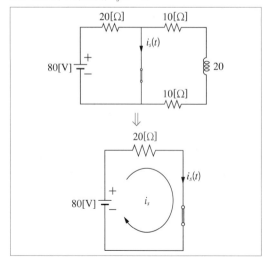

$$i_s = \frac{V}{R} = \frac{80}{20} = 4[A]$$

• 등가회로 순환전류

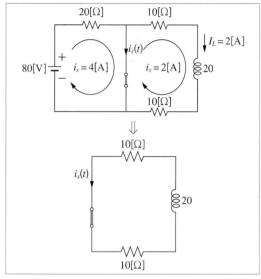

SW에 흐르는 전류 $i_s(t)$: 기전력 제거상태 회로

$$i_s(t) = \frac{E}{R}(e^{-\frac{R}{L}t})[A] = I(e^{-\frac{R}{L}t})[A]$$

$$i_s(t) = i_s - i = 4 - 2(e^{-\frac{R}{L}t})$$

특성근 $P = -\frac{R}{L} = -\left(\frac{20}{20 \times 10^{-3}}\right) = -(10^3) = -1,000$

∴ $i_s(t) = 4 - 2(e^{-1,000t})$

17 그림 (a)와 같이 RC 회로에 V_s의 크기를 갖는 직류전압을 인가하고 스위치를 On 시켰더니 콘덴서 양단의 전압 V_C가 그림 (b)와 같은 그래프를 나타내었다. 이 회로의 저항이 1,000[Ω]이라고 하면 콘덴서 C의 값은?

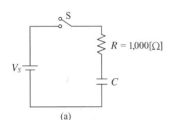

(a)

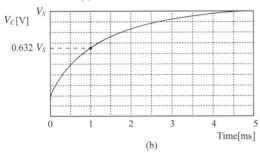

(b)

① $0.1[\mathrm{mF}]$ ② $1[\mathrm{mF}]$

③ $1[\mu\mathrm{F}]$ ④ $10[\mu\mathrm{F}]$

해설

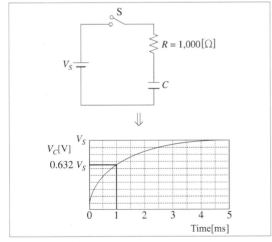

콘덴서 C 구하기
시정수 $\tau = RC[\mathrm{s}]$

$$\therefore C = \frac{\tau}{R} = \frac{1 \times 10^{-3}}{1,000} = 1 \times 10^{-6}[\mathrm{F}] = 1[\mu\mathrm{F}]$$

18 $v(t) = 100\sqrt{2}\sin\omega t + 75\sqrt{2}\sin3\omega t + 20\sqrt{2}\sin5\omega t$[V]인 전압을 RL 직렬회로에 인가할 때 제3고조파 전류의 실횻값[A]은?(단, $R = 4.0[\Omega]$, $\omega L = 1.0[\Omega]$이다)

① 15

② 17

③ 20

④ $\dfrac{75}{\sqrt{17}}$

해설

• 임피던스
  $Z = R + jn\omega L[\Omega] = 4 + j(3 \times 1) = 4 + j3$
  $|Z| = \sqrt{(4)^2 + (3)^2} = 5[\Omega]$

• 3고조파 전류

$$I_3 = \frac{V}{|Z|} = \frac{\left(\dfrac{75\sqrt{2}}{\sqrt{2}}\right)}{5} = 15[\mathrm{A}]$$

19 다음 회로에서 단자 a, b 사이에 교류전압 $v(t)$를 인가할 때, 전류 $i(t)$가 전압 $v(t)$와 동상이 되었다면, 그 때의 X_c값[Ω]은?

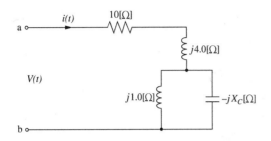

① 0.4

② 0.6

③ 0.8

④ 1.0

해설

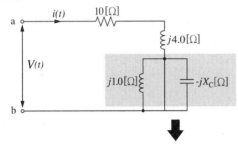

이 값이 $-j4$가 되면 순저항 R만의 회로가 된다.

X_c 구하기

$$\frac{(j1) \times (-jX_c)}{(j1) + (-jX_c)} + j4 = 0$$

$$\frac{(j1) \times (-jX_c)}{(j1) + (-jX_c)} = -j4, \quad j로 \ 묶기$$

$$\frac{X_c}{j(1-X_c)} = -j4, \quad \frac{1}{j} = -j이므로$$

$$-j\frac{X_c}{(1-X_c)} = -j4, \quad -j \ 약분$$

$$\frac{X_c}{(1-X_c)} = 4$$

$$X_c = 4(1-X_c) = 4 - 4X_c$$

$$5X_c = 4$$

$$X_c = \frac{4}{5} = 0.8[\Omega]$$

20 다음 회로에서 전원전압의 실효치는 160[V]이며 변압기는 이상적이라 가정할 때 부하저항 R_L에서 소모되는 전력[W]은?

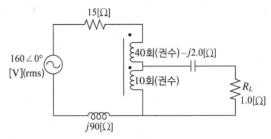

① 100   ② 200

③ 300   ④ 400

해설

• 권선비

$N_1 = (40+10) = 50회$

$N_2 = 10회$

$\therefore$ 권수비 $a = \frac{N_1}{N_2} = \frac{50}{10} = 5$

• 임피던스

$a = \sqrt{\frac{Z_1}{Z_2}}$, 양변 제곱

$a^2 = \frac{Z_1}{Z_2}$

1차측 임피던스 $Z_1 = a^2 \times Z_2$

2차측 임피던스 $Z_2 = \frac{Z_1}{a^2}$

• 등가회로

1차측 임피던스 $Z_1 = a^2 \times Z_2$에서 Z_2를 a^2배 하면 다음과 같은 등가회로가 된다.

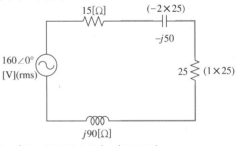

$Z_1 = (15 - j50 + 25 + j90) = (40 + j40)$

$|Z_1| = \sqrt{(40)^2 + (40)^2} = \sqrt{3,200} = 40\sqrt{2}[\Omega]$

• 전류 $I = \frac{V}{|Z_1|} = \frac{160}{40\sqrt{2}} = \frac{4}{\sqrt{2}}$, 분모 유리화

$= \frac{4\sqrt{2}}{\sqrt{2} \cdot \sqrt{2}} = \frac{4\sqrt{2}}{2} = 2\sqrt{2}[A]$

• 전력 $P = I^2 R = (2\sqrt{2})^2 \times 25 = (4 \times 2) \times 25 = 200[W]$

2012년 지방직 전기이론

01 3[V]의 건전지로 동작하는 손전등을 5분간 켰을 때 흐르는 전류가 0.5[A]로 일정하였다고 할 때, 손전등에서 소비한 에너지[J]는?

① 1.5
② 1.5×10^2
③ 4.5
④ 4.5×10^2

해설
$W = Pt[\text{J}]$, $P = VI$ 대입
$= VIt[\text{J}] = 3 \times 0.5 \times 5\text{분} \times 60\text{초} = 450 = 4.5 \times 10^2[\text{J}]$

02 전류가 흐르는 무한히 긴 직선도체가 있다. 이 도체로부터 수직으로 10[cm] 떨어진 점의 자계의 세기를 측정한 결과가 100[AT/m]였다면, 이 도체로부터 수직으로 40[cm] 떨어진 점의 자계의 세기[AT/m]는?

① 0
② 25
③ 50
④ 100

해설
무한장 직선도체 자계의 세기
$H = \dfrac{I}{2\pi r}[\text{AT/m}]$
$100 = \dfrac{I}{2\pi \times 0.1}$
$\therefore I = 100 \times 2\pi \times 0.1 = 20\pi[\text{A}]$
$H' = \dfrac{I}{2\pi r'}[\text{AT/m}]$, $r' = 0.4[\text{m}]$, $I = 20\pi[\text{A}]$ 대입
$= \dfrac{20\pi}{2\pi \times 0.4} = 25[\text{AT/m}]$

03 다음 회로에서 3[Ω]에 흐르는 전류 I[A]는?

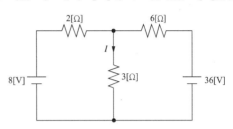

① 1
② $\dfrac{10}{3}$
③ 4
④ $\dfrac{13}{3}$

해설
밀만의 정리

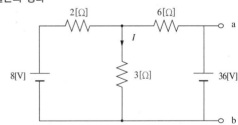

$V_{ab} = \dfrac{\text{각 저항분의 전압}}{\text{각 저항분의 1}} = \dfrac{\dfrac{8}{2} + \dfrac{36}{6}}{\dfrac{1}{2} + \dfrac{1}{3} + \dfrac{1}{6}}$

(분모, 분자 6으로 등분)

$= \dfrac{\dfrac{24}{6} + \dfrac{36}{6}}{\dfrac{3}{6} + \dfrac{2}{6} + \dfrac{1}{6}} = \dfrac{\dfrac{60}{6}}{\dfrac{6}{6}} = \dfrac{60}{6} = 10[\text{V}]$

$\therefore I_{3\Omega} = \dfrac{V}{R} = \dfrac{10}{3}[\text{A}]$

04 다음 회로에서 전압계의 지시가 6[V]였다면 AB 사이
의 전압[V]은?

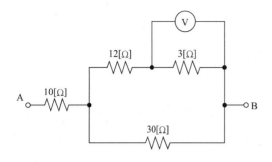

① 15   ② 20

③ 30   ④ 60

해설

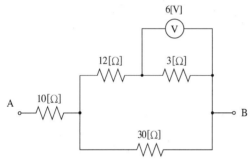

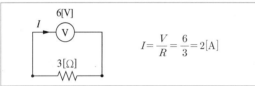

$$I = \frac{V}{R} = \frac{6}{3} = 2[\text{A}]$$

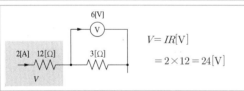

$$V = IR[\text{V}]$$
$$= 2 \times 12 = 24[\text{V}]$$

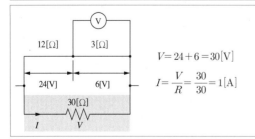

$$V = 24 + 6 = 30[\text{V}]$$
$$I = \frac{V}{R} = \frac{30}{30} = 1[\text{A}]$$

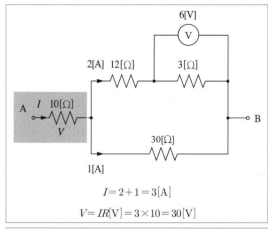

$$I = 2 + 1 = 3[\text{A}]$$

$$V = IR[\text{V}] = 3 \times 10 = 30[\text{V}]$$

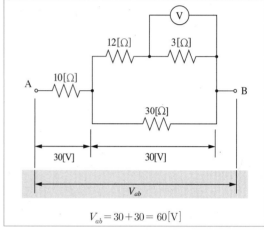

$$V_{ab} = 30 + 30 = 60[\text{V}]$$

기술직 **전기이론**

05 다음 회로에서 a, b 단자 사이의 스위치 S가 개방 (Open)상태일 때, c, d 단자 사이의 합성 커패시턴스 $C_T[\mu F]$는?(단, C_1, $C_3 = 6[\mu F]$, C_2, $C_4 = 12[\mu F]$ 이다)

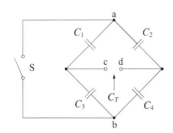

① $\dfrac{1}{8}$ ② $\dfrac{1}{2}$

③ 2 ④ 8

해설

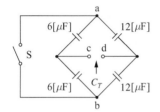

• 등가회로

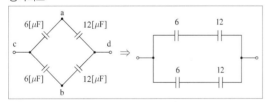

• 정전용량 계산

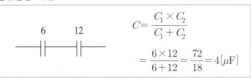

$$C = \dfrac{C_1 \times C_2}{C_1 + C_2}$$
$$= \dfrac{6 \times 12}{6 + 12} = \dfrac{72}{18} = 4[\mu F]$$

• 합성 정전용량 C

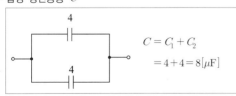

$$C = C_1 + C_2$$
$$= 4 + 4 = 8[\mu F]$$

06 다음 그림과 같이 어떤 자유공간(Free Space) 내의 A점 (3, 0, 0)[m]에 $4 \times 10^{-9}[C]$의 전하가 놓여 있다. 이때 P점 (6, 4, 0)[m]의 전계의 세기 $E[V/m]$는?

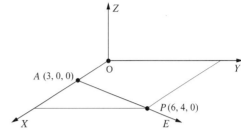

① $E = \dfrac{36}{25}$

② $E = \dfrac{25}{36}$

③ $E = \dfrac{36}{5}$

④ $E = \dfrac{5}{36}$

해설

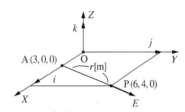

P점까지의 거리를 $r[m]$라 두면
$$r = (6-3)i + (4-0)j + (0-0)k = 3i + 4j$$
$$\therefore |r| = \sqrt{(3)^2 + (4)^2} = \sqrt{25} = 5[m]$$

전계의 세기

$$E = \dfrac{1}{4\pi\varepsilon_0} \cdot \dfrac{Q}{r^2}[V/m] = 9 \times 10^9 \times \dfrac{4 \times 10^{-9}}{(5)^2} = \dfrac{36}{25}[V/m]$$

정답 5 ④ 6 ①   2012년 지방직 전기이론 **439**

07 다음 RC 직·병렬회로에서 전원측으로부터 공급되는 유효전력[W]과 무효전력[Var]은?

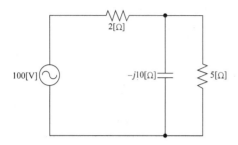

	유효전력[W]	무효전력[Var]
①	1,500	500
②	-500	1,500
③	$-1,500$	500
④	1,500	-500

해설

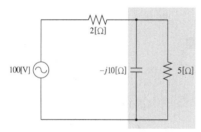

• 임피던스

$$Z = \left(\frac{(-j10)\times(5)}{(-j10)+(5)}\right) + 2 = \left(\frac{-j50}{5-j10}\right) + 2$$
$$= \frac{10-j20-j50}{5-j10} = \frac{10-j70}{5-j10}$$

• 분모, 분자 공액

$$\frac{(10-j70)\cdot(5+j10)}{(5-j10)\cdot(5+j10)} = \frac{50+j100-j350+700}{25+100}$$

$$= \frac{750-j250}{125},\ 25로\ 분모,\ 분자\ 약분$$

$$= \frac{30-j10}{5} = \frac{30}{5} - j\frac{10}{5} = 6-j2[\Omega]$$

$$\therefore Z = 6-j2[\Omega]$$

$$|Z| = \sqrt{(6)^2+(2)^2} = \sqrt{36+4} = \sqrt{40} = 2\sqrt{10}[\Omega]$$

• 전 류

$$I = \frac{V}{|Z|} = \frac{100}{2\sqrt{10}} = \frac{50}{\sqrt{10}} = \frac{50\sqrt{10}}{10} = 5\sqrt{10}[A]$$

• 유효전력

$$P = I^2 R[W] = (5\sqrt{10})^2 \times 6 = (25\times10)\times6 = 1,500[W]$$

• 무효전력

$$P_r = I^2 X[Var] = (5\sqrt{10})^2 \times (-2) = (25\times10)\times(-2)$$
$$= -500[Var]$$

08 다음 RLC 병렬회로의 동작에 대한 보기의 설명으로 옳은 것을 모두 고르면?

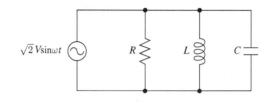

〈보 기〉

ㄱ. 각 소자 R, L, C 양단에 걸리는 전압은 전원 전압과 같다.

ㄴ. 회로의 어드미턴스 $\dot{Y} = \frac{1}{R} + j\left(\omega L - \frac{1}{\omega C}\right)$ 이다.

ㄷ. ω를 변화시켜 공진일 때 전원에서 흘러나오는 모든 전류는 R에만 흐른다.

ㄹ. L에 흐르는 전류와 C에 흐르는 전류는 동상 (In Phase)이다.

ㅁ. 모든 에너지는 저항 R에서만 소비된다.

① ㄱ, ㅁ   ② ㄱ, ㄴ, ㄹ

③ ㄱ, ㄷ, ㅁ   ④ ㄴ, ㄷ, ㄹ

해설

ㄱ. RLC 병렬이므로 전압은 모두 같다.

ㄴ. 어드미턴스

$$Y = \frac{1}{R} + j\frac{1}{X_c} - j\frac{1}{X_L}[\mho]$$

$$= \frac{1}{R} + j\left(\frac{1}{X_c} - \frac{1}{X_L}\right),\ X_c = \frac{1}{\omega C},\ X_L = \omega L\ 대입$$

$$= \frac{1}{R} + j\left(\frac{1}{\frac{1}{\omega C}} - \frac{1}{\omega L}\right) = \frac{1}{R} + j\left(\omega C - \frac{1}{\omega L}\right)[\mho]$$

ㄷ. 공진 시 전류는 저항 R에만 흐른다.

ㄹ. L과 C의 전류 위상차 : $-90°$와 $+90°$, 즉 $180°$ 위상차 발생

$L[H]$	$C[F]$
○——→ $\dot{V}$(기준) $\frac{\pi}{2}$ $\dot{I}$	$\dot{I}$ $\frac{\pi}{2}$ ○——→ $\dot{V}$(기준)
$v > I\left(\frac{\pi}{2}\right)$	$v < I\left(\frac{\pi}{2}\right)$

ㅁ. 공진 시 에너지는 저항 R에서만 소비

09 다음 평형 3상 회로에 대한 설명으로 옳은 것은?(단, 상전압 V는 100[V], 한 상의 부하는 $8 + j6[\Omega]$이다)

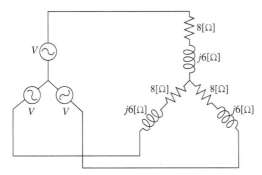

① 상전류는 10[A], 선전류는 $10\sqrt{3}$[A]이다.

② 피상전력은 $3\sqrt{3}$[kVA]이다.

③ 각 상에서 상전압은 선전류보다 $\theta = \tan^{-1}\dfrac{6}{8}$ 만큼 위상이 앞선다.

④ 무효전력은 2.4[kVar]이다.

[해][설]

임피던스 $|Z_p| = \sqrt{(8)^2 + (6)^2} = \sqrt{100} = 10[\Omega]$

상전류 $I_p = \dfrac{V_p}{|Z_p|} = \dfrac{100}{10} = 10[A]$

상전류 I_p = 선전류 I_l

③ 상전압은 선전류보다 위상이 앞선다.

$\quad \theta = \tan^{-1}\dfrac{허수}{실수} = \tan^{-1}\dfrac{6}{8}$

① Y결선 : 상전류, 선전류 같다(10[A]).

② 피상전력 $P = 3I_p^2 Z_p[\text{VA}] = 3 \times (10)^2 \times 10 = 3[\text{kVA}]$

④ 무효전력 $P_r = 3I_p^2 X_p[\text{Var}] = 3 \times (10)^2 \times 6 = 1.8[\text{kVar}]$

10 다음 회로에서 $t = 0$인 순간에 스위치 S를 닫은 후 정상상태에 도달했을 때, 커패시터 C에 충전된 전하량 Q[C]는?

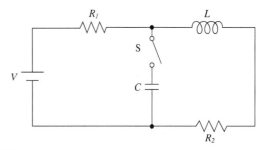

① $Q = VC$

② $Q = VC\left(\dfrac{R_2}{R_1}\right)$

③ $Q = VC\left(\dfrac{R_1}{R_1 + R_2}\right)$

④ $Q = VC\left(\dfrac{R_2}{R_1 + R_2}\right)$

[해][설]

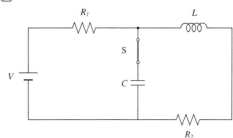

등가회로

SW On 시 : L 단락

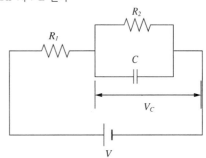

V_c는 R_2 양단 전압과 같다.

$\therefore \ V_c = \dfrac{R_2}{R_1 + R_2} \times V[\text{V}]$

전하량

$Q = CV_c[\text{C}] = C \cdot \dfrac{R_2}{R_1 + R_2} \times V = VC\left(\dfrac{R_2}{R_1 + R_2}\right)[\text{C}]$

11 어떤 회로에 $v(t) = 200 + 141\sin 377t$[V]의 전압을 인가했을 때, $i(t) = 15 + 7.1\sin(377t - 60°)$[A]의 전류가 흘렀다고 한다. 이 회로의 소비전력[W]은?(단, 소수점 이하는 무시한다)

① 3,000   ② 3,250

③ 3,500   ④ 4,000

해설

소비전력

P = 직류분 + 교류분

$\quad = (200 \times 15) + \left(\dfrac{141}{\sqrt{2}} \times \dfrac{7.1}{\sqrt{2}} \times \cos 60°\right)$, $\cos 60° = \dfrac{1}{2}$ 대입

$\quad = (200 \times 15) + \left(\dfrac{141}{\sqrt{2}} \times \dfrac{7.1}{\sqrt{2}} \times \dfrac{1}{2}\right)$

$\quad = 3,000 + \left(\dfrac{141 \times 7.1}{4}\right) = 3,000 + 250.275$

$\quad \fallingdotseq 3,000 + 250 = 3,250[\text{W}]$

12 어떤 자계 내에서 이와 직각으로 놓인 도체에 2[A]의 전류를 흘릴 때 5[N]의 힘이 작용한다고 한다. 이 도체를 동일한 자계 내에서 50[m/s]의 속도로 자계와 직각으로 운동시킬 때, 발생되는 기전력[V]은?

① 62.5   ② 125

③ 150   ④ 250

해설

• 힘

$F = BlI\sin\theta$[N], $l = 1$이라 하면

$5 = B \times 1 \times 2 \times \sin 90°$, $\sin 90° = 1$

$5 = B \times 1 \times 2 \times 1$

$\therefore\ B = \dfrac{5}{2}[\text{Wb}/\text{m}^2]$

• 기전력

$e = Blv\sin\theta$[V], $l = 1$, $\sin 90° = 1$ 대입

$\quad = \dfrac{5}{2} \times 1 \times 50 \times 1 = 125[\text{V}]$

13 다음 RLC 회로에서 $t = 0$인 순간에 스위치 S를 닫을 때, 과도성분을 포함하지 않기 위한 저항 $R[\Omega]$은?(단, 인덕턴스 $L = 16$[mH], 커패시턴스 $C = 10[\mu\text{F}]$이다)

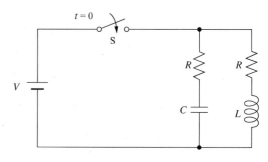

① 10

② 20

③ 30

④ 40

해설

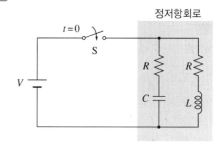

정저항회로

$R^2 = \dfrac{L}{C}$

$\therefore\ R = \sqrt{\dfrac{L}{C}} = \sqrt{\dfrac{16 \times 10^{-3}}{10 \times 10^{-6}}} = \sqrt{16 \times 10^2} = \sqrt{1,600} = 40[\Omega]$

14 다음 브리지 회로가 평형 조건을 만족할 때, $R_x[\Omega]$ 및 $L_x[\text{mH}]$는?(단, $R_1 = 2[\Omega]$, $C_1 = 1,000[\mu\text{F}]$, $R_2 = 3$ $[\Omega]$, $R_3 = 4[\Omega]$이다)

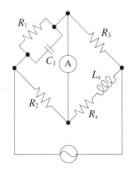

	$R_x[\Omega]$	$L_x[\text{mH}]$
①	3	9
②	6	12
③	9	15
④	12	18

해설

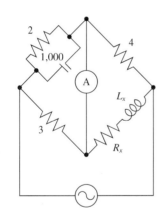

$C \Rightarrow X_c = \dfrac{1}{j\omega C} = -j\dfrac{1}{\omega C}[\Omega]$

$L \Rightarrow X_L = j\omega L[\Omega]$

브리지 평형 조건

$(R_x + j\omega L_x) \cdot \left(\dfrac{R_1 \cdot \left(-j\dfrac{1}{\omega C_1} \right)}{R_1 + \left(-j\dfrac{1}{\omega C_1} \right)} \right) = 12$

$(R_x + j\omega L_x) \cdot \left(\dfrac{\dfrac{-jR_1}{\omega C_1}}{R_1 - j\dfrac{1}{\omega C_1}} \right) = 12$

$(R_x + j\omega L_x) \cdot \left(\dfrac{\dfrac{-jR_1}{\omega C_1}}{\dfrac{\omega C_1 R_1 - j}{\omega C_1}} \right) = 12$

$(R_x + j\omega L_x) \cdot \left(\dfrac{-jR_1}{\omega C_1 R_1 - j} \right) = 12$

$\dfrac{-jR_1 R_x + \omega L_x R_1}{\omega C_1 R_1 - j} = 12$

- 실수부 비교

$\dfrac{\omega L_x R_1}{\omega C_1 R_1} = 12$

$\dfrac{L_x}{C_1} = 12$

$L_x = 12 \times C_1 = 12 \times 1,000 \times 10^{-6} = 12 \times 10^{-3} = 12[\text{mH}]$

- 허수부 비교

$\dfrac{-jR_1 R_x}{-j} = 12$

$R_1 R_x = 12$

$R_x = \dfrac{12}{R_1} = \dfrac{12}{2} = 6[\Omega]$

15 다음 회로에서 단자 a, b 사이에 교류전압 V를 가할 때, 전압 V의 위상이 전류 I의 위상보다 45도 앞선다면, 이 때의 $X_L[\Omega]$은?

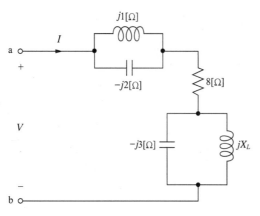

① 1

② 2

③ 3

④ 4

해설

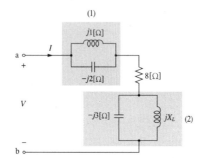

• Vector도

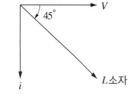

• $\cos 45° = \dfrac{1}{\sqrt{2}}$

• 실수부 = 허수부

• 저항 R = 유도리액턴스 L

• 임피던스

$Z = \left(\dfrac{(j1) \cdot (-j2)}{(j1) + (-j2)} \right) + 8 + \left(\dfrac{(-j3) \cdot (jX_L)}{(-j3) + (jX_L)} \right)$

$= \left(\dfrac{2}{-j} \right) + 8 + \left(\dfrac{3X_L}{-j3 + jX_L} \right)$, 허수분 분모 통분, $j^2 = -1$이므로

$= 8 + \left(\dfrac{2}{-j} \right) + \left(\dfrac{3X_L}{-j3 + jX_L} \right)$

$= 8 + \left(\dfrac{-j6 + j2X_L - j3X_L}{-3 + X_L} \right)$

$= 8 + \left(\dfrac{-jX_L - j6}{X_L - 3} \right) = 8 - j\left(\dfrac{X_L + 6}{X_L - 3} \right)$

실수부 = 허수부라 두면

$8 = -\left(\dfrac{X_L + 6}{X_L - 3} \right)$

$-X_L - 6 = 8(X_L - 3) = 8X_L - 24$

$-9X_L = -18$

$X_L = \dfrac{-18}{-9} = 2[\Omega]$

16 다음 회로에서 상전류[A]와 선전류[A]는?(단, $R = 4$ $[\Omega]$, $X_L = 3[\Omega]$이다)

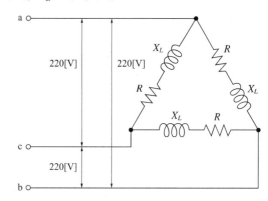

	상전류[A]	선전류[A]
①	$44\sqrt{3}$	132
②	44	$44\sqrt{2}$
③	$44\sqrt{2}$	88
④	44	$44\sqrt{3}$

해설

• 임피던스

$|Z_p| = \sqrt{(4)^2 + (3)^2} = \sqrt{25} = 5[\Omega]$

• 상전류

$I_p = \dfrac{V_p}{|Z_p|}[A] = \dfrac{220}{5} = 44[A]$

• 선전류

$I_l = \sqrt{3}\, I_p[A] = 44\sqrt{3}[A]$

17 다음 회로와 같이 $R = 1[\Omega]$인 저항 6개를 연결하고 선간전압 100[V]인 평형 3상 전압을 인가할 때, 전류 I [A]는?

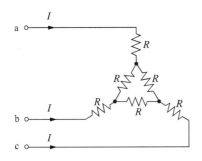

① 25

② $25\sqrt{3}$

③ 75

④ $75\sqrt{3}$

해설

내부 △→Y 변환

∴ △→Y 변환 : $\dfrac{\triangle}{3}$

• 등가회로

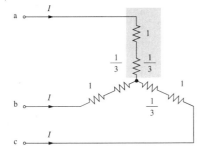

• 1상당 임피던스

$Z = \left(1 + \dfrac{1}{3}\right) = \dfrac{4}{3}[\Omega]$

• Y결선(선전류 = 상전류)

$I_p = \dfrac{V_p}{Z_p}[A] = \dfrac{\dfrac{100}{\sqrt{3}}}{\dfrac{4}{3}} = \dfrac{300}{4\sqrt{3}}$, 분모 유리화

$= \dfrac{300\sqrt{3}}{12} = \dfrac{50\sqrt{3}}{2} = 25\sqrt{3}[A]$

18 다음 회로에서 $R_1 = 1[\Omega]$, $R_2 = 2[\Omega]$, $R_3 = 1[\Omega]$, $X_L = 1[\Omega]$, $X_C = -1[\Omega]$이다. 부하 전체에 대한 등가 임피던스 $\dot{Z}_{ac}[\Omega]$는?

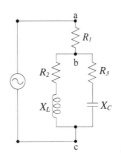

① $\dot{Z}_{ac} = 2 - j\dfrac{1}{3}$

② $\dot{Z}_{ac} = 2 + j\dfrac{1}{3}$

③ $\dot{Z}_{ac} = 2 - j\dfrac{1}{4}$

④ $\dot{Z}_{ac} = 2 + j\dfrac{1}{4}$

해설

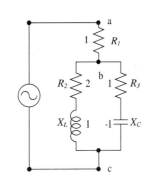

등가회로

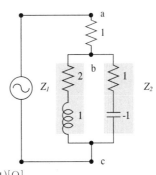

$Z_1 = (2 + j1)[\Omega]$

$Z_2 = (1 - j1)[\Omega]$

$Z_{ac} = 1 + \left(\dfrac{(2+j1) \times (1-j1)}{(2+j1) + (1-j1)}\right) = 1 + \left(\dfrac{2 - j2 + j + 1}{3}\right)$

$= 1 + \left(\dfrac{3 - j1}{3}\right) = \dfrac{3 + 3 - j1}{3} = \dfrac{6 - j1}{3}$

$= \dfrac{6}{3} - j\dfrac{1}{3} = 2 - j\dfrac{1}{3}[\Omega]$

19 $R = 6[\Omega]$과 $X_L = 12[\Omega]$ 그리고 $X_C = -4[\Omega]$가 직렬로 연결된 회로에 220[V]의 교류전압을 인가할 때, 흐르는 전류[A] 및 역률은?

	전류[A]	역 률
①	10	0.6
②	$10\sqrt{2}$	0.8
③	22	0.6
④	$22\sqrt{2}$	0.8

해설

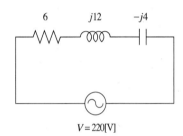

- 임피던스

$Z = R + j(X_L - X_c) = 6 + j(12 - 4) = 6 + j8$

$\therefore \ |Z| = \sqrt{(6)^2 + (8)^2} = 10[\Omega]$

- 전 류

$I = \dfrac{V}{|Z|}[A] = \dfrac{220}{10} = 22[A]$

- 역 률

$\cos\theta = \dfrac{실수}{|Z|} = \dfrac{6}{10} = 0.6$

20 다음 회로에서 전압원의 전압 $V[V]$ 및 전류 $I[A]$는?

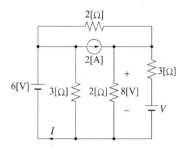

	$V[V]$	$I[A]$
①	1	3
②	1	-3
③	17	3
④	17	-3

해설

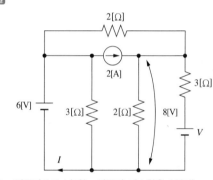

$\sum I = 0$(들어오고 나가는 전류의 대수합은 0이다)

$\therefore \ I_1 + I_2 - I_3 = 0$

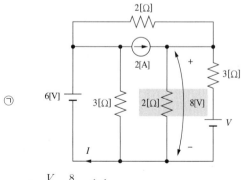

$I = \dfrac{V}{R} = \dfrac{8}{2} = 4[A]$

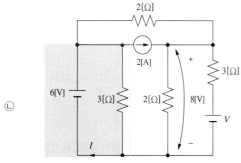

ⓛ

폐회로 전류

$$I = \frac{V}{R} = \frac{6}{3} = 2[A]$$

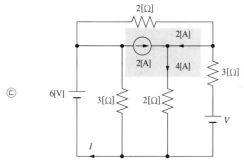

ⓒ

$I = 2[A]$

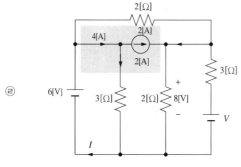

ⓔ

$I = 4[A]$

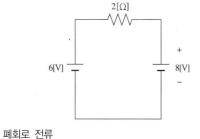

ⓜ

폐회로 전류

$$I = \frac{V}{R} = \frac{8-6}{2} = \frac{2}{2} = 1[A]$$

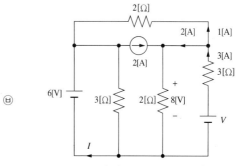

ⓗ

그림 ⓒ에서 저항 $2[\Omega]$에 대하여 전류가 $4[A]$가 나가고 있음을 참조

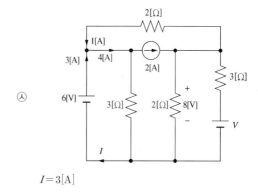

ⓢ

$I = 3[A]$

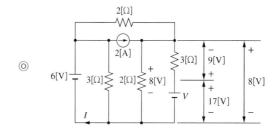

ⓞ

그림 ⓗ에서 $3[\Omega]$에 걸리는 전압

$V = IR = 3[A] \times 3[\Omega] = 9[V]$

그림 ⓐ에서 $2[\Omega]$ 양단 전압 $= 8[V]$

∴ 전체 전압 $= 3[\Omega]$ 양단 전압 $+ 2[\Omega]$ 양단 전압

$\qquad = 9[V] + 8[V] = 17[V]$

05 2016년 지방직 전기이론

01 전압원의 기전력은 20[V]이고 내부저항은 2[Ω]이다. 이 전압원에 부하가 연결될 때 얻을 수 있는 최대 부하 전력[W]은?

① 200
② 100
③ 75
④ 50

해설

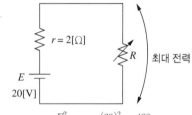

최대 전력 $P_{\max} = \dfrac{E^2}{4R}[\mathrm{W}] = \dfrac{(20)^2}{4 \times 2} = \dfrac{400}{8} = 50[\mathrm{W}]$

02 다음 회로에서 조정된 가변저항값이 100[Ω]일 때 A와 B 사이의 저항 100[Ω] 양단 전압을 측정하니 0[V]일 경우, R_x[Ω]은?

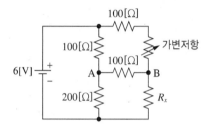

① 400
② 300
③ 200
④ 100

해설

브리지 등가회로 변경

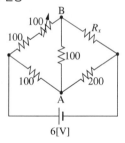

등가회로

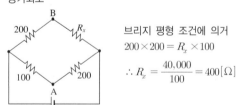

브리지 평형 조건에 의거
$200 \times 200 = R_x \times 100$

$\therefore R_x = \dfrac{40,000}{100} = 400[\Omega]$

[참 고]
브리지 평형회로
브리지 평형 시 AB 양단 저항 100[Ω]에는 전류가 흐르지 않는다.

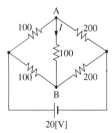

03 다음 회로와 같이 직렬로 접속된 두 개의 코일이 있을 때, L_1 = 20[mH], L_2 = 80[mH], 결합계수 k = 0.8이다. 이때 상호인덕턴스 M의 극성과 크기[mH]는?

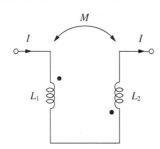

	극 성	크 기
①	가극성	32
②	가극성	40
③	감극성	32
④	감극성	40

해설

등가회로

전류 I → ── L_1 ── L_2 ──

점(●)에 대하여 전류가 들어가고, 들어가므로 가극성
상호인덕턴스

$M = k\sqrt{L_1 L_2} = 0.8 \times \sqrt{20 \times 80} = 0.8 \times 40 = 32[\text{mH}]$

[참 고]

코일에 전류를 흘릴 때

• 가극성(+)
  – 점(●)에 대하여 들어가고, 들어갈 때

  i ● L_1 M ● L_2

  – 점(●)에 대하여 나가고, 나갈 때

  i L_1 ● M L_2 ●

• 감극성(−)
  – 점(●)에 대하여 들어가고, 나갈 때

  i ● L_1 M L_2 ●

  – 점(●)에 대하여 나가고, 들어갈 때

  i L_1 ● M ● L_2

04 단상 교류전압 v = 300$\sqrt{2}\cos\omega t$[V]를 전파 정류하였을 때, 정류회로 출력 평균 전압[V]은?(단, 이상적인 정류 소자를 사용하여 정류회로 내부의 전압강하는 없다)

① 150

② $\dfrac{300}{2\pi}$

③ $\dfrac{300}{\pi}$

④ $\dfrac{600\sqrt{2}}{\pi}$

해설

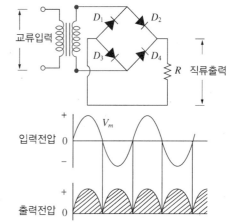

$v = 300\sqrt{2}\cos\omega t$[V] 에서 최댓값 = $300\sqrt{2}$[V]

출력 평균 전압 $V_{\text{avg}} = \dfrac{2V_m}{\pi}$[V] = $\dfrac{2}{\pi} \times 300\sqrt{2} = \dfrac{600\sqrt{2}}{\pi}$[V]

05 다음 회로에서 $V = 96[\text{V}]$, $R = 8[\Omega]$, $X_L = 6[\Omega]$일 때, 전체 전류 $I[\text{A}]$는?

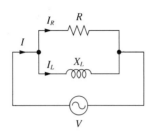

① 38
② 28
③ 9.6
④ 20

해설

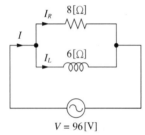

RL 병렬회로 임피던스

$$Z = \frac{R \times X_L}{\sqrt{(R)^2 + (X_L)^2}} = \frac{8 \times 6}{\sqrt{(8)^2 + (6)^2}}$$

$$= \frac{48}{\sqrt{64 + 36}} = \frac{48}{\sqrt{100}} = \frac{48}{10} = 4.8[\Omega]$$

전체 전류

$$I = \frac{V}{Z} = \frac{96}{4.8} = 20[\text{A}]$$

06 다음 (a)는 반지름 $2r$을 갖는 두 원형 극판 사이에 한 가지 종류의 유전체가 채워져 있는 콘덴서이다. (b)는 (a)와 동일한 크기의 원형 극판 사이에 중심으로부터 반지름 r인 영역 부분을 (a)의 경우보다 유전율이 2배인 유전체로 채우고 나머지 부분에는 (a)와 동일한 유전체로 채워놓은 콘덴서이다. (b)의 정전용량은 (a)와 비교하여 어떠한가?(단, (a)와 (b)의 극판 간격 d는 동일하다)

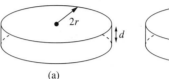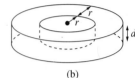

(a)　　　　　(b)

① 15.7[%] 증가한다.
② 25[%] 증가한다.
③ 31.4[%] 증가한다.
④ 50[%] 증가한다.

해설

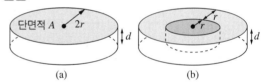

(a)　　　　　(b)

그림 (a)에서

정전용량 $C = \dfrac{\varepsilon_1 A}{d}$, $A = \pi r^2$ 대입

$$= \frac{\varepsilon_1 \cdot \pi r^2}{d},\ r = 2r$$

$$= \frac{\varepsilon_1 \cdot \pi(2r)^2}{d} = \frac{\varepsilon_1 \cdot 4\pi r^2}{d} = \frac{4\varepsilon_1 \pi r^2}{d}$$

그림 (b)에서 $\varepsilon_2 = 2\varepsilon_1$ 이므로
• 내부 정전용량

$C_1 = \dfrac{\varepsilon_2 A}{d}$ 에 $\varepsilon_2 = 2\varepsilon_1$, $A = \pi r^2$ 대입

$$= \frac{2\varepsilon_1 \pi r^2}{d}$$

- 나머지 부분 정전용량

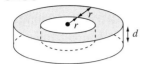

$C_2 = \dfrac{\varepsilon_1 A}{d}$ 에 $A = 4\pi r^2 - \pi r^2 = 3\pi r^2$ 대입

$$= \dfrac{\varepsilon_1 3\pi r^2}{d} = \dfrac{3\varepsilon_1 \pi r^2}{d}$$

그림 (b)에서 정전용량은 병렬연결이므로 등가회로는 다음과 같다.

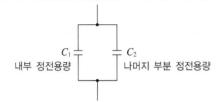

C_1 C_2
내부 정전용량   나머지 부분 정전용량

$\therefore \; C_0 = C_1 + C_2 = \dfrac{2\varepsilon_1 \pi r^2}{d} + \dfrac{3\varepsilon_1 \pi r^2}{d} = \dfrac{5\varepsilon_1 \pi r^2}{d}$

$\dfrac{C_0}{C} = \dfrac{\dfrac{5\varepsilon_1 \pi r^2}{d}}{\dfrac{4\varepsilon_1 \pi r^2}{d}} = \dfrac{5}{4}$

즉, $\dfrac{5}{4} = \dfrac{4}{4} + \dfrac{1}{4}$ 이므로 나머지 $\dfrac{1}{4}$ 만큼인 25% 증가

---

08 다음 식으로 표현되는 비정현파 전압의 실횻값[V]은?

$$v = 2 + 5\sqrt{2}\sin\omega t + 4\sqrt{2}\sin(3\omega t) + 2\sqrt{2}\sin(5\omega t)\,[\mathrm{V}]$$

① $13\sqrt{2}$

② 11

③ 7

④ 2

해설

실효전압

$$V = \sqrt{(직류분)^2 + \left(\dfrac{기본파\ 전압}{\sqrt{2}}\right)^2 + \left(\dfrac{고조파\ 전압}{\sqrt{2}}\right)^2}$$

$$= \sqrt{2^2 + \left(\dfrac{5\sqrt{2}}{\sqrt{2}}\right)^2 + \left(\dfrac{4\sqrt{2}}{\sqrt{2}}\right)^2 + \left(\dfrac{2\sqrt{2}}{\sqrt{2}}\right)^2}$$

$$= \sqrt{4 + 25 + 16 + 4} = \sqrt{49} = 7\,[\mathrm{V}]$$

---

07 부하 임피던스 $\dot{Z} = j\omega L\,[\Omega]$에 전압 $V[\mathrm{V}]$가 인가되고 전류 $2I[\mathrm{A}]$가 흐를 때의 무효전력[Var]을 ω, L, I로 표현한 것은?

① $2\omega L I^2$

② $4\omega L I^2$

③ $4\omega L I$

④ $2\omega L I$

해설

$\dot{Z} = j\omega L\,[\Omega]$이므로 인덕턴스 L만의 소자

무효전력 $P_r = I^2 X_L\,[\mathrm{Var}]$

$\qquad\qquad = (2I)^2 \cdot j\omega L = 4I^2 \cdot j\omega L = 4\omega L I^2\,[\mathrm{Var}]$

09 다음 회로 (a), (b)에서 스위치 S1, S2를 동시에 닫았다. 이후 50초 경과 시 $(I_1 - I_2)$[A]로 가장 적절한 것은?(단, L과 C의 초기 전류와 초기 전압은 0이다)

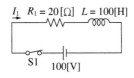 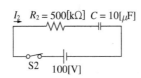

① 0.02   ② 3

③ 5   ④ 10

해설

• RL 직렬회로

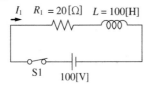

시정수 $\tau = \dfrac{L}{R} = \dfrac{100}{20} = 5[s]$

• RC 직렬회로

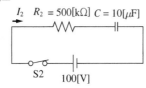

시정수 $\tau = RC = 500 \times 10^3 \times 10 \times 10^{-6} = 5[s]$

∴ 시정수 τ가 같다.

50초 경과 시 정상상태이므로 인덕턴스 L 단락, 커패시터 C 개방

• RL 직렬회로 등가회로

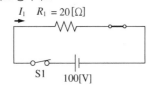

$I_1 = \dfrac{V}{R} = \dfrac{100}{20} = 5[A]$

• RC 직렬회로 등가회로

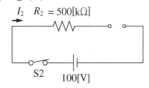

회로 개방상태이므로 $I_2 = 0$

∴ $I_1 - I_2 = 5 - 0 = 5[A]$

10 다음 회로와 같이 평형 3상 전원을 평형 3상 △결선 부하에 접속하였을 때 △결선 부하 1상의 유효전력이 P[W]였다. 각 상의 임피던스 Z를 그대로 두고 Y결선으로 바꾸었을 때 Y결선 부하의 총전력[W]은?

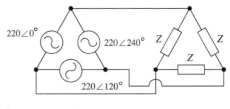

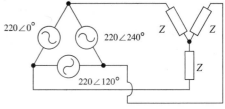

① $\dfrac{P}{3}$ ② P

③ $\sqrt{3}\,P$ ④ $3P$

해설

$$P = \dfrac{V^2}{R}, \quad P_Y = 3 \times \dfrac{\left(\dfrac{V}{\sqrt{3}}\right)^2}{R} = \dfrac{V^2}{R} = P$$

3상 전력은 Y결선과 △결선에 관계없이 모두 같다.

∴ △결선 유효전력 P = Y 결선 유효전력 P

11 다음 회로에서 직류전압 $V_S = 10$[V]일 때, 정상상태에서의 전압 V_C[V]와 전류 I_R[mA]은?

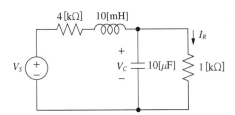

	V_C	I_R
①	8	20
②	2	20
③	8	2
④	2	2

해설

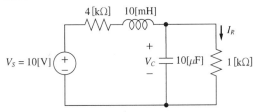

정상상태에서 L 단락, C 개방
등가회로

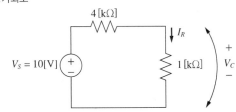

$$V_C = \frac{1k}{(4+1)k} \times 10 = \frac{10}{5} = 2[\text{V}]$$

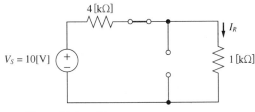

$$I_R = \frac{V}{R} = \frac{10}{(4+1)k} = \frac{10}{5k} = 2[\text{mA}]$$

12 진공 중의 한점에 음전하 5[nC]가 존재하고 있다. 이 점에서 5[m] 떨어진 곳의 전기장의 세기[V/m]는?(단, $\frac{1}{4\pi\varepsilon_0} = 9 \times 10^9$이고, ε_0는 진공의 유전율이다)

① 1.8 ② -1.8
③ 3.8 ④ -3.8

해설
전기장의 세기

$$E = \frac{1}{4\pi\varepsilon_0} \cdot \frac{Q}{r^2}[\text{V/m}]$$

$$= 9 \times 10^9 \times \frac{Q}{r^2}[\text{V/m}] = 9 \times 10^9 \times \frac{-5 \times 10^{-9}}{(5)^2}$$

$$= -\frac{45}{25} = -\frac{9}{5} = -1.8[\text{V/m}]$$

※ 전기장의 세기에서 크기는 쉽게 구할 수 있으나, 방향은 벡터를 사용한다. 하지만, 여기에서는 주어진 조건에서 음전하이므로 $Q = -5$[nC]으로 해석한다.

13 철심 코어에 권선수 10인 코일이 있다. 이 코일에 전류 10[A]를 흘릴 때, 철심을 통과하는 자속이 0.001[Wb]이라면 이 코일의 인덕턴스[mH]는?

① 100 ② 10
③ 1 ④ 0.1

해설
$LI = N\phi$이므로

$$L = \frac{N\phi}{I} = \frac{10 \times 0.001}{10} = 0.001[\text{H}] = 1[\text{mH}]$$

14 다음 그림과 같이 자극(N, S) 사이에 있는 도체에 전류 I[A]가 흐를 때, 도체가 받는 힘은 어느 방향인가?

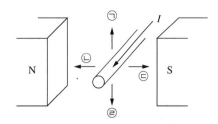

① ㉠

② ㉡

③ ㉢

④ ㉣

해설

플레밍의 왼손 법칙

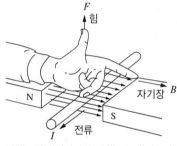

엄지(힘의 방향), 검지(자기장의 방향), 중지(전류의 방향)

15 이상적인 단상 변압기의 2차측에 부하를 연결하여 2.2[kW]를 공급할 때의 2차측 전압이 220[V], 1차측 전류가 50[A]라면 이 변압기의 권선비 $N_1 : N_2$는?(단, N_1은 1차측 권선이고 N_2는 2차측 권선수이다)

① 1 : 5

② 5 : 1

③ 1 : 10

④ 10 : 1

해설

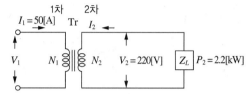

• 2차측 전력 $P_2 = V_2 I_2$[W]

$$\therefore I_2 = \frac{P_2}{V_2} = \frac{2,200}{220} = 10[\text{A}]$$

• 전압과 전류비 $\frac{V_1}{V_2} = \frac{I_2}{I_1}$

$$\frac{V_1}{220} = \frac{10}{50}$$

$$\therefore V_1 = \frac{220 \times 10}{50} = \frac{2,200}{50} = 44[\text{V}]$$

$V_1 = 44[\text{V}]$, $V_2 = 220[\text{V}]$ 이므로 $V_1 : V_2 = 1 : 5$, $\frac{N_1}{N_2} = \frac{1}{5}$

$\therefore N_1 : N_2 = 1 : 5$가 된다.

16 교류회로의 전압 $\dot{V}$와 전류 $\dot{I}$가 다음 벡터도와 같이 주어졌을 때, 임피던스 $\dot{Z}[\Omega]$는?

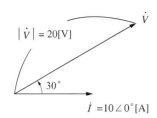

$|\dot{V}| = 20[V]$
$30°$
$\dot{I} = 10\angle 0°[A]$

① $\sqrt{3} - j$
② $\sqrt{3} + j$
③ $1 + j\sqrt{3}$
④ $1 - j\sqrt{3}$

해설

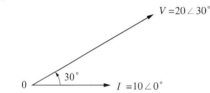

$V = 20\angle 30°$
0 $30°$ $I = 10\angle 0°$

• 임피던스

$Z = \dfrac{V}{I}[\Omega] = \dfrac{20\angle 30°}{10\angle 0°} = 2\angle 30°$

• 극좌표 표시

$2\angle 30° = 2(\cos 30° + j\sin 30°) = 2\left(\dfrac{\sqrt{3}}{2} + j\dfrac{1}{2}\right) = \sqrt{3} + j1$

17 다음과 같은 정현파 전압 v와 전류 i로 주어진 회로에 대한 설명으로 옳은 것은?

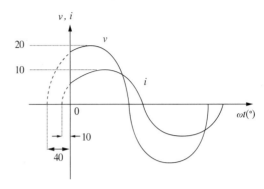

① 전압과 전류의 위상차는 $40°$이다.
② 교류전압 $v = 20\sin(\omega t - 40°)$이다.
③ 교류전류 $i = 10\sqrt{2}\sin(\omega t + 10°)$이다.
④ 임피던스 $\dot{Z} = 2\angle 30°$이다.

해설

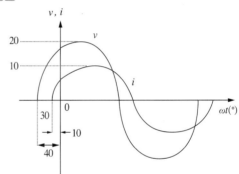

④ 임피던스 $Z = \dfrac{V}{I}[\Omega] = \dfrac{20\angle 40°}{10\angle 10°} = 2\angle 30°$
① 위상차 $\theta = 40° - 10° = 30°$
② 교류전압 $v = 20\sin(\omega t + 40°)[V]$
③ 교류전류 $i = 10\sin(\omega t + 10°)[A]$

18 다음 회로에서 $\dot{V}_{Th} = 12 \angle 0°$[V]이고 $\dot{Z}_{Th} = 600 + j$ 150[Ω]일 때, 최대 전력을 전달하기 위한 부하 임피던스 $\dot{Z}_L$[Ω]과 부하 임피던스에서 소비되는 전력 P_L[W]은?

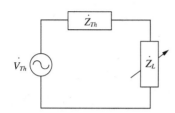

	$\dot{Z}_L$	P_L
①	$600 - j150$	0.06
②	$600 + j150$	0.6
③	$600 - j150$	0.6
④	$600 + j150$	0.06

해설

- 부하 임피던스 $Z_L = $ 내부 임피던스 $\overline{Z_{Th}}$

  ∴ $Z_L = 600 - j150$[Ω]

- 최대 전력 전달 조건

  $P_{max} = \dfrac{V_{Th}^2}{4R}$[W] $= \dfrac{(12)^2}{4 \times 600} = \dfrac{144}{2,400} = 0.06$[W]

19 다음 평형 3상 교류회로에서 선간전압의 크기 $V_L = 300$ [V], 부하 $\dot{Z}_p = 12 + j9$[Ω]일 때, 선전류의 크기 I_L[A] 는?

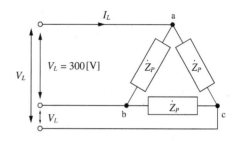

① 10

② $10\sqrt{3}$

③ 20

④ $20\sqrt{3}$

해설

- 임피던스 $Z = \sqrt{(12)^2 + (9)^2} = \sqrt{144 + 81} = \sqrt{225} = 15$[Ω]

- 상전류 $I_p = \dfrac{V_p}{Z_p} = \dfrac{300}{15} = 20$[A]

- 선전류 $I_l = \sqrt{3}\,I_p = \sqrt{3} \times 20 = 20\sqrt{3}$[A]

20 다음 회로가 정상상태를 유지하는 중, $t = 0$에서 스위치 S를 닫았다. 이때 전류 i의 초기 전류 $i(0_+)$[mA]는?

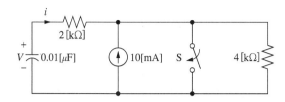

① 0

② 2

③ 10

④ 20

해설

• 콘덴서 C 개방, 스위치 S Open 상태

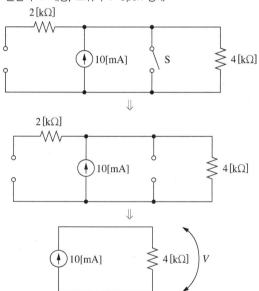

4[kΩ] 양단의 전압강하

$V = IR[\text{V}] = 10 \times 10^{-3} \times 4 \times 10^3 = 40[\text{V}]$

• 스위치 S Close 상태

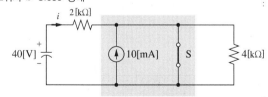

스위치 S를 닫는 순간 4[kΩ] 양단의 전압강하 40[V]가 콘덴서에도 같이 걸린다.

– 전류원 등가회로 전류

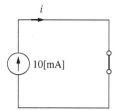

전류 i = 전류원 전류 10[mA]

– 등가회로 전류

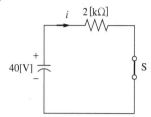

전류 $i = \dfrac{V}{R} = \dfrac{40}{2 \times 10^3} = 20[\text{mA}]$

즉, 초기 전류 $i_{(0+)} = 20[\text{mA}]$ 가 흐른다.

2017년 지방직 전기이론

01 그림과 같은 회로에서 a, b 단자에서의 테브난(Thevenin) 등가전압[V]과 등가저항[Ω]은?

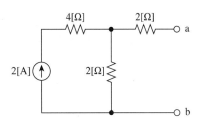

	등가전압[V]	등가저항[Ω]
①	4	4
②	4	3.33
③	12	4
④	12	3.33

해설

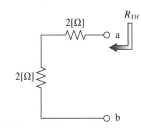

- 테브난 등가회로 : 전류원 ⇒ 개방
- 테브난 등가저항 $R_{TH} = 2 + 2 = 4[\Omega]$

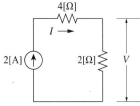

전체 전류 $I = 2[A]$가 흐르므로
∴ $2[\Omega]$ 양단 등가전압
$$V_{2[\Omega]} = IR = 2 \times 2 = 4[V]$$

02 그림과 같이 커패시터 $C_1 = 100[\mu F]$, $C_2 = 120[\mu F]$, $C_3 = 150[\mu F]$가 직렬로 연결된 회로에 14[V]의 전압을 인가할 때, 커패시터 C_1에 충전되는 전하량[C]은?

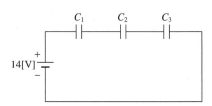

① 2.86×10^{-6}　　② 2.64×10^{-5}
③ 5.60×10^{-4}　　④ 5.18×10^{-3}

해설

등가회로 1

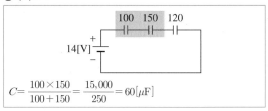

$$C = \frac{100 \times 150}{100 + 150} = \frac{15,000}{250} = 60[\mu F]$$

등가회로 2

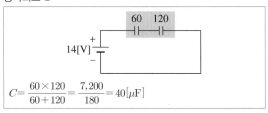

$$C = \frac{60 \times 120}{60 + 120} = \frac{7,200}{180} = 40[\mu F]$$

등가회로 3

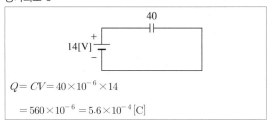

$$Q = CV = 40 \times 10^{-6} \times 14$$
$$= 560 \times 10^{-6} = 5.6 \times 10^{-4}[C]$$

03 220[V]의 교류전원에 소비전력 60[W]인 전구와 500 [W]인 전열기를 직렬로 연결하여 사용하고 있다. 60[W] 전구를 30[W] 전구로 교체할 때 옳은 것은?

① 전열기의 소비전력이 증가한다.
② 전열기의 소비전력이 감소한다.
③ 전열기에 흐르는 전류가 증가한다.
④ 전열기의 소비전력은 변하지 않는다.

해설
등가회로 1

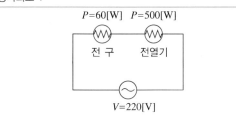

근사값으로 해석

$P = \dfrac{V^2}{R}$[W]에서

$R_{전구} = \dfrac{V^2}{P} = \dfrac{(220)^2}{60} \fallingdotseq 800[\Omega]$

$R_{전열기} = \dfrac{V^2}{P'} = \dfrac{(220)^2}{500} \fallingdotseq 100[\Omega]$

$\therefore I = \dfrac{V}{R} = \dfrac{220}{800+100} \fallingdotseq 0.25[A]$

등가회로 2

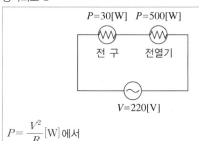

$P = \dfrac{V^2}{R}$[W]에서

$R_{전구} = \dfrac{V^2}{P} = \dfrac{(220)^2}{30} \fallingdotseq 1,600[\Omega]$

$R_{전열기} = \dfrac{V^2}{P'} = \dfrac{(220)^2}{500} \fallingdotseq 100[\Omega]$

$\therefore I = \dfrac{V}{R} = \dfrac{220}{1,600+100} \fallingdotseq 0.13[A]$

$P = I^2 R$[W], 등가회로 2에서 전류가 감소하므로 소비전력도 감소한다.

04 어떤 부하에 100 + j50[V]의 전압을 인가하였더니 6 + j8[A]의 부하전류가 흘렀다. 이때 유효전력[W]과 무효전력[Var]은?

	유효전력[W]	무효전력[Var]
①	200	1,100
②	200	−1,100
③	1,000	500
④	1,000	−500

해설
복소전력 $S = V\overline{I}[VA] = (100+j50) \cdot (6-j8)$
$= 600 - j800 + j300 + 400 = 1,000 - j500$
∴ 유효전력 $P = 1,000[W]$, 무효전력 $P_r = -500[Var]$

05 그림과 같은 회로에서 부하저항 R_L에 최대 전력이 전달되기 위한 $R_L[\Omega]$과 이때 R_L에 전달되는 최대 전력 $P_{\max}[\text{W}]$는?

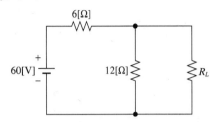

	$R_L[\Omega]$	$P_{\max}[\text{W}]$
①	4	100
②	4	225
③	6	100
④	6	225

해설

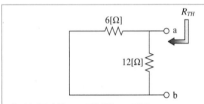

테브난 등가회로 : 전압원 ⇒ 단락

부하저항 R_L ⇒ 개방

$$R_{TH} = \frac{6 \times 12}{6 + 12} = \frac{72}{18} = 4[\Omega]$$

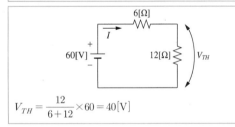

$$V_{TH} = \frac{12}{6 + 12} \times 60 = 40[\text{V}]$$

테브난 등가회로

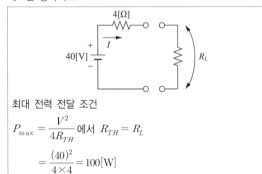

최대 전력 전달 조건

$$P_{\max} = \frac{V^2}{4R_{TH}} \text{에서 } R_{TH} = R_L$$

$$= \frac{(40)^2}{4 \times 4} = 100[\text{W}]$$

06 자유공간에서 자기장의 세기가 $yz^2 a_x[\text{A/m}]$의 분포로 나타날 때, 점 P(5, 2, 2)에서의 전류밀도 크기$[\text{A/m}^2]$는?

① 4

② 12

③ $4\sqrt{5}$

④ $12\sqrt{5}$

해설

전류밀도

$J = \nabla \times H$

$$= \begin{vmatrix} i & j & k \\ \frac{\partial}{\partial x} & \frac{\partial}{\partial y} & \frac{\partial}{\partial z} \\ H_{ax} & H_{ay} & H_{az} \end{vmatrix} = \begin{vmatrix} i & j & k \\ \frac{\partial}{\partial x} & \frac{\partial}{\partial y} & \frac{\partial}{\partial z} \\ yz^2 & 0 & 0 \end{vmatrix}$$

$$= i\left\{\left(\frac{\partial}{\partial y} \cdot 0\right) - \left(\frac{\partial}{\partial z} \cdot 0\right)\right\} - j\left\{\left(\frac{\partial}{\partial x} \cdot 0\right) - \left(\frac{\partial}{\partial z} \cdot yz^2\right)\right\}$$

$$+ k\left\{\left(\frac{\partial}{\partial x} \cdot 0\right) - \left(\frac{\partial}{\partial y} \cdot yz^2\right)\right\} (\text{편미분})$$

$$= j2yz - kz^2, \ P = (5, 2, 2) \text{ 대입}$$

$$= j(2 \times 2 \times 2) - k(2)^2$$

$$= 8j - 4k$$

$$\therefore \ |J| = \sqrt{(8)^2 + (4)^2} = \sqrt{80} = 4\sqrt{5}[\text{A/m}^2]$$

07 그림과 같이 비유전율이 각각 5와 8인 유전체 A와 B를 동일한 면적, 동일한 두께로 접합하여 평판전극을 만들었다. 전극 양단에 전압을 인가하여 완전히 충전한 후, 유전체 A의 양단 전압을 측정하였더니 80[V]였다. 이 때 유전체 B의 양단 전압[V]은?

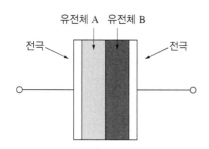

① 50

② 80

③ 96

④ 128

해설

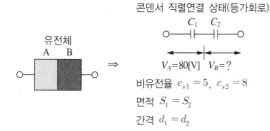

콘덴서 직렬연결 상태(등가회로)

C_1 C_2

$V_A = 80[V]$ $V_B = ?$

비유전율 $\varepsilon_{s1} = 5$, $\varepsilon_{s2} = 8$

면적 $S_1 = S_2$

간격 $d_1 = d_2$

$C_1 = \dfrac{\varepsilon S}{d} = 5 \dfrac{S}{d}$, $C_2 = \dfrac{\varepsilon S}{d} = 8 \dfrac{S}{d}$

$C_1 : C_2 = 5 : 8$이므로

$Q = CV$, $V = \dfrac{Q}{C}$에서 $V_A : V_B = 8 : 5$

$\therefore V_A = 80[V]$, $V_B = 50[V]$

08 그림과 같이 자기인덕턴스가 $L_1 = 8[H]$, $L_2 = 4[H]$, 상호인덕턴스가 $M = 4[H]$인 코일에 5[A]의 전류를 흘릴 때, 전체 코일에 축적되는 자기에너지[J]는?

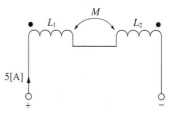

① 10 ② 25

③ 50 ④ 100

해설

감극성 $L_{eq} = L_1 + L_2 - 2M = 8 + 4 - (2 \times 4) = 4[H]$

코일에 축적되는 에너지

$W = \dfrac{1}{2} L I^2 = \dfrac{1}{2} \times 4 \times (5)^2 = 50[J]$

09 그림과 같이 어떤 부하에 교류전압 $v(t) = \sqrt{2}\, V \sin \omega t$ 를 인가하였더니 순시전력이 $p(t)$와 같은 형태를 보였다. 부하의 역률은?

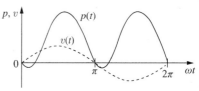

① 동 상 ② 진 상

③ 지 상 ④ 알 수 없다.

해설

주어진 그림에서 p, v축을 좌측으로 조금 이동시켜서 나타내면 다음과 같다.

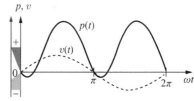

즉, 전력 $p = vi$의 형태로 나타나는데 전압 $v(t)$가 (−)값을 가지므로 전류 $i(t)$도 (−)값을 가진다((−) × (−) = (+)).

그러므로 부하의 역률은 지상이며 L 소자이다.

10 정현파 교류전압의 실횻값에 대한 물리적 의미로 옳은 것은?

① 실횻값은 교류전압의 최댓값을 나타낸다.
② 실횻값은 교류전압 반주기에 대한 평균값이다.
③ 실횻값은 교류전압의 최댓값과 평균값의 비율이다.
④ 실횻값은 교류전압이 생성하는 전력 또는 에너지의 효능을 내포한 값이다.

해설

$$실횻값 = \frac{최댓값}{\sqrt{2}}$$

즉, 실횻값은 실제 효력을 나타내는 값(rms)으로서 교류전압이 생성하는 전력 또는 에너지의 효능을 가지는 값이다.

11 평형 3상 Y-결선의 전원에서 선간전압의 크기가 100[V]일 때, 상전압의 크기[V]는?

① $100\sqrt{3}$
② $100\sqrt{2}$
③ $\dfrac{100}{\sqrt{2}}$
④ $\dfrac{100}{\sqrt{3}}$

해설

$$E = \frac{V}{\sqrt{3}} = \frac{100}{\sqrt{3}}[\text{V}]$$

12 그림과 같은 RC 직렬회로에서 크기가 $1 \angle 0°$[V]이고 각주파수가 ω[rad/s]인 정현파 전압을 인가할 때, 전류(I)의 크기가 $2 \angle 60°$[A]라면 커패시터(C)의 용량[F]은?

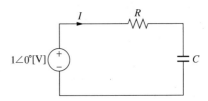

① $\dfrac{4}{\sqrt{2}\,\omega}$

② $\dfrac{4}{\sqrt{3}\,\omega}$

③ $\dfrac{2}{\sqrt{2}\,\omega}$

④ $\dfrac{2}{\sqrt{3}\,\omega}$

해설

$$Z = \frac{V}{I} = \frac{1\angle 0°}{2\angle 60°} = \frac{1}{2}\angle -60° = \frac{1}{2}(\cos 60° - j\sin 60°)$$

$$= \frac{1}{2}\left(\frac{1}{2} - j\frac{\sqrt{3}}{2}\right) = \frac{1}{4} - j\frac{\sqrt{3}}{4}$$

$$R = \frac{1}{4}, \; X_C = \frac{\sqrt{3}}{4} \text{이다.}$$

$$\therefore \; X_C = \frac{1}{\omega C} \text{에서} \; C = \frac{1}{\omega X_C} = \frac{1}{\omega \dfrac{\sqrt{3}}{4}} = \frac{4}{\sqrt{3}\,\omega}[\text{F}]$$

13 그림과 같은 10[V]의 전압이 인가된 RC 직렬회로에서 시간 $t = 0$에서 스위치를 닫을 때의 설명으로 옳지 않은 것은?(단, 커패시터의 초기($t = 0_-$) 전압은 0[V]이다)

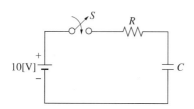

① 시정수(τ)는 RC[s]이다.

② 충분한 시간이 경과하면 전류는 거의 흐르지 않는다.

③ 충분한 시간이 경과하면 커패시터의 전압은 10[V]를 초과한다.

④ 초기 3τ 동안 커패시터에 충전되는 전압은 정상상태 충전전압의 90[%] 이상이다.

해설

RC **직렬회로**

① 시정수 $\tau = RC$[s]

② 과도전류 $i_c(t) = \dfrac{E}{R}\left(e^{-\frac{1}{RC}t}\right)$[A]

$t = 0$에서 SW를 닫으면 충분한 시간이 흐른 후 전류는 거의 흐르지 않는다.

③ $t = 0$에서 SW를 닫으면 충분한 시간이 흐른 후 커패시터의 전압은 10[V]를 유지한다.

④ $t = 3\tau \rightarrow 1 - e^{-3} = 0.95$ 즉, 커패시터에 충전되는 전압은 90[%] 이상이다.

14 정격전압에서 50[W]의 전력을 소비하는 저항에 정격전압의 60[%]인 전압을 인가할 때 소비전력[W]은?

① 16   ② 18

③ 20   ④ 30

해설

$P = \dfrac{V^2}{R}$ 에서 $V = 100$[V]라 가정하면

$R = \dfrac{V^2}{P} = \dfrac{(100)^2}{50} = 200$[Ω]

V가 60[%] $\rightarrow$ $V = 60$[V]

∴ 소비전력 $P = \dfrac{V^2}{R} = \dfrac{(60)^2}{200} = 18$[W]

15 그림과 같은 회로에서 60[Hz], 100[V]의 정현파 전압을 인가하였더니 위상이 60° 뒤진 2[A]의 전류가 흘렀다. 임피던스 Z[Ω]는?

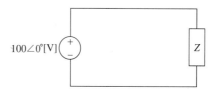

① $25\sqrt{3} - j25$

② $25\sqrt{3} + j25$

③ $25 - j25\sqrt{3}$

④ $25 + j25\sqrt{3}$

해설

$Z = \dfrac{V}{I} = \dfrac{100\angle 0°}{2\angle -60°} = 50\angle 60°$

$= 50(\cos 60° + j\sin 60°)$

$= 50\left(\dfrac{1}{2} + j\dfrac{\sqrt{3}}{2}\right) = 25 + j25\sqrt{3}$

16 내부저항이 5[Ω]인 코일에 실횻값 220[V]의 정현파 전압을 인가할 때, 실횻값 11[A]의 전류가 흐른다면 이 코일의 역률은?

① 0.25

② 0.4

③ 0.45

④ 0.6

해설

Z는 RL 직렬부하이므로

$Z = \dfrac{V}{I} = \dfrac{220}{11} = 20$

역률 $\cos\theta = \dfrac{R}{Z} = \dfrac{5}{20} = 0.25$

17 그림과 같이 동일한 크기의 전류가 흐르고 있는 간격
(d)이 20[cm]인 평행 도선에 1[m]당 3×10^{-6}[N]의 힘
이 작용한다면 도선에 흐르는 전류(I)의 크기[A]는?

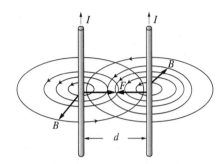

① 1
② $\sqrt{2}$
③ · $\sqrt{3}$
④ 2

해설
평행한 두 도체에 작용하는 힘

$F = 2 \times 10^{-7} \times \dfrac{I_1 I_2}{r}$ [N]

$3 \times 10^{-6} = 2 \times 10^{-7} \times \dfrac{I_1 I_2}{0.2}$ [N]

$I_1 I_2 = \dfrac{3 \times 10^{-6} \times 0.2}{2 \times 10^{-7}}$, $I_1 I_2 = I^2$ 이므로

$I^2 = 3$

$\therefore I = \sqrt{3}$ [A]

18 그림과 같은 파형에서 실횻값과 평균값의 비(실횻값/
평균값)는?

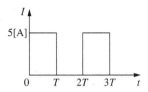

① 1
② $\sqrt{2}$
③ 2
④ $5\sqrt{2}$

해설
반구형파

실횻값 $= \dfrac{I_m}{\sqrt{2}}$, 평균값 $= \dfrac{I_m}{2}$

$\therefore$ 실횻값과 평균값의 비(파형률) $= \dfrac{\text{실횻값}}{\text{평균값}}$

$= \dfrac{\dfrac{I_m}{\sqrt{2}}}{\dfrac{I_m}{2}} = \dfrac{2}{\sqrt{2}} = \sqrt{2}$

19 그림과 같은 회로에서 1[V]의 전압을 인가한 후, 오랜 시간이 경과했을 때 전류(I)의 크기[A]는?

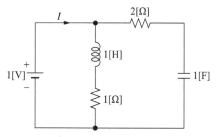

① 0.33

② 0.5

③ 0.66

④ 1

해설

직류에서 오랜 시간이 경과되면 코일 L → 단락, 콘덴서 C → 개방

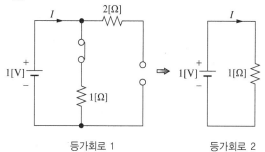

등가회로 1   등가회로 2

$$I = \frac{V}{R} = \frac{1}{1} = 1[\text{A}]$$

20 권선수 1,000인 코일과 20[Ω]의 저항이 직렬로 연결된 회로에 10[A]의 전류가 흐를 때, 자속이 3×10^{-2} [Wb]라면 시정수[s]는?

① 0.1

② 0.15

③ 0.3

④ 0.4

해설

RL **직렬회로**

$LI = N\phi$

$$L = \frac{N\phi}{I} = \frac{1,000 \times 3 \times 10^{-2}}{10} = 3[\text{H}]$$

$$\therefore \text{시정수 } \tau = \frac{L}{R} = \frac{3}{20} = 0.15[\text{s}]$$

2017년 서울시 전기이론

01 일정한 기전력이 가해지고 있는 회로의 저항값을 2배로 하면 소비전력은 몇 배가 되는가?

① $\frac{1}{8}$

② $\frac{1}{4}$

③ $\frac{1}{2}$

④ 2

해설

$$P = \frac{V^2}{R}[\text{W}]$$

$P = \dfrac{V^2}{R}$ 에서 R을 2배로 하면

$$P' = \frac{V^2}{2R} = \frac{1}{2}\frac{V^2}{R}[\text{W}]$$

∴ 즉, 저항값을 2배로 하면 소비전력은 $\dfrac{1}{2}$ 로 작아진다.

02 다음 회로에서 저항에 흐르는 전류 I_1[mA]은?

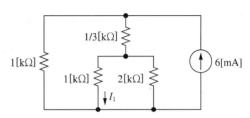

① 0.5

② 1

③ 2

④ 4

해설

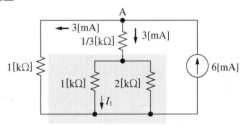

$$1[\text{k}\Omega] \parallel 2[\text{k}\Omega] = \frac{1}{1+\frac{1}{2}} = \frac{2}{3}[\text{k}\Omega]$$

전류원은 전류 분배 법칙에 의해 A점을 기준으로 각각 3[mA]씩 흐른다.

$$I_1 = \frac{2}{1+2} \times 3 = 2[\text{mA}]$$

03 다음 회로를 테브난 등가회로로 변환하면 등가저항 R_{th}[kΩ]은?

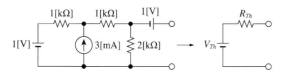

① 0.5

② 1

③ 2

④ 3

해설

테브난 등가회로 : 전압원 단락, 전류원 개방

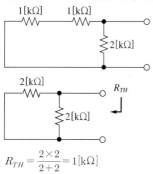

$$R_{TH} = \frac{2 \times 2}{2+2} = 1[\text{k}\Omega]$$

04 다음 회로에서 부하저항 $R_L = 10$[Ω]에 흐르는 전류 I[A]는?

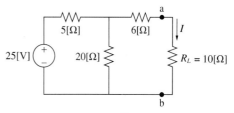

① 1

② 1.25

③ 1.75

④ 2

해설

등가회로 1

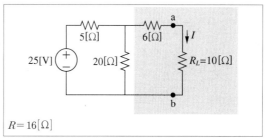

$R = 16[\Omega]$

등가회로 2

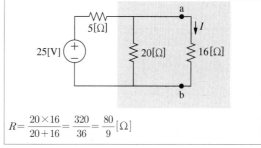

$$R = \frac{20 \times 16}{20+16} = \frac{320}{36} = \frac{80}{9}[\Omega]$$

등가회로 3

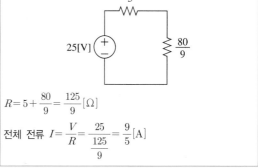

$$R = 5 + \frac{80}{9} = \frac{125}{9}[\Omega]$$

전체 전류 $I = \dfrac{V}{R} = \dfrac{25}{\dfrac{125}{9}} = \dfrac{9}{5}[\text{A}]$

∴ 등가회로 2에서 전류 $I = \dfrac{20}{16+20} \times \dfrac{9}{5} = 1[\text{A}]$

05 다음 회로에서 저항 R_1의 저항값[kΩ]은?

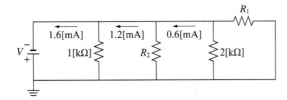

① 0.2   ② 0.6

③ 1   ④ 1.2

해설

전류 분배 법칙($\Sigma I = 0$)에 의해 A, B, C점의 전류는 다음과 같이 구한다.

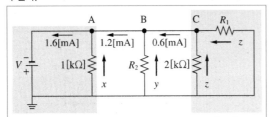

- A점 전류 : $-1.6 + 1.2 + x = 0$ ∴ $x = 0.4[\text{mA}]$
- B점 전류 : $-1.2 + 0.6 + y = 0$ ∴ $y = 0.6[\text{mA}]$
- C점 전류 : $-0.6 + z + z = 0$ ∴ $z = 0.3[\text{mA}]$

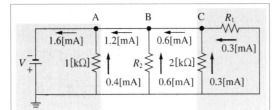

1[kΩ] 양단 전압

$V = IR = 0.4 \times 1 = 0.4[\text{V}]$

즉, 1[kΩ] 양단 전압이 R_2와 2[kΩ], R_1에 같이 걸린다.

등가회로

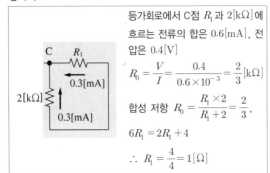

등가회로에서 C점 R_1과 2[kΩ]에 흐르는 전류의 합은 0.6[mA], 전압은 0.4[V]

$R_0 = \dfrac{V}{I} = \dfrac{0.4}{0.6 \times 10^{-3}} = \dfrac{2}{3}[\text{kΩ}]$

합성 저항 $R_0 = \dfrac{R_1 \times 2}{R_1 + 2} = \dfrac{2}{3}$,

$6R_1 = 2R_1 + 4$

∴ $R_1 = \dfrac{4}{4} = 1[\text{Ω}]$

06 RLC 직렬회로에서 $R = 20[\Omega]$, $L = 32[\text{mH}]$, $C = 0.8[\mu\text{F}]$일 때, 선택도 Q는?

① 0.00025

② 1.44

③ 5

④ 10

해설

선택도 $Q = \dfrac{1}{R}\sqrt{\dfrac{L}{C}} = \dfrac{1}{20} \times \sqrt{\dfrac{32 \times 10^{-3}}{0.8 \times 10^{-6}}} = \dfrac{1}{20} \times 200 = 10$

07 내부저항 0.1[Ω], 전원전압 10[V]인 전원이 있다. 부하 R_L에서 소비되는 최대 전력[W]은?

① 100

② 250

③ 500

④ 1,000

해설

최대 전력 $P = \dfrac{V^2}{4R}[\text{W}]$에서 $R = R_L$

$= \dfrac{(10)^2}{4 \times 0.1} = \dfrac{100}{0.4} = 250[\text{W}]$

08 $100\sin\left(3\omega t + \dfrac{2\pi}{3}\right)$[V]인 교류전압의 실횻값은 약 몇 [V]인가?

① 70.7

② 100

③ 141

④ 212

해설

실효전압 $V = \dfrac{100}{\sqrt{2}} = \dfrac{100}{1.414} ≒ 70.7[\text{V}]$

09 다음 그림의 인덕턴스 브리지에서 L_4[mH]값은?(단, 전류계 Ⓐ에 흐르는 전류는 0[A]이다)

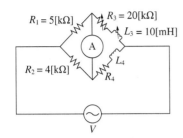

① 2
② 4
③ 8
④ 16

[해설]
브리지 평형 조건에 따라
$5 \times (R_4 + j\omega L_4) = (20 + j\omega 10) \times 4$
$5R_4 + 5j\omega L_4 = 80 + j\omega 40$
실수부–실수부, 허수부–허수부 비교
$5R_4 = 80, \quad 5j\omega L_4 = j\omega 40$
$\therefore R_4 = \dfrac{80}{5} = 16[\Omega], \quad L_4 = \dfrac{40}{5} = 8[\text{mH}]$

10 다음 회로에서 전류 I[A]값은?

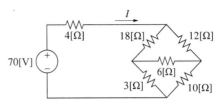

① 2.5
② 5
③ 7.5
④ 10

[해설]
△ → Y로 변환
등가회로 1

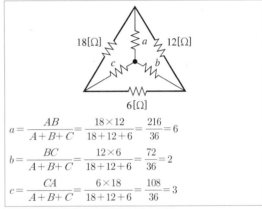

$a = \dfrac{AB}{A+B+C} = \dfrac{18 \times 12}{18+12+6} = \dfrac{216}{36} = 6$
$b = \dfrac{BC}{A+B+C} = \dfrac{12 \times 6}{18+12+6} = \dfrac{72}{36} = 2$
$c = \dfrac{CA}{A+B+C} = \dfrac{6 \times 18}{18+12+6} = \dfrac{108}{36} = 3$

등가회로 2

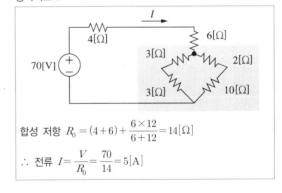

합성 저항 $R_0 = (4+6) + \dfrac{6 \times 12}{6+12} = 14[\Omega]$
$\therefore$ 전류 $I = \dfrac{V}{R_0} = \dfrac{70}{14} = 5[\text{A}]$

11 다음 반전 연산 증폭기회로에서 입력저항 2[kΩ], 피드백 저항 5[kΩ]에 흐르는 전류 i_s, i_F[mA]는?(단, $V_s = 2$[V])

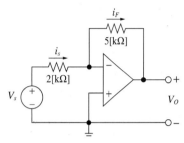

① $i_s = 1$[mA], $i_F = 1$[mA]

② $i_s = 1$[mA], $i_F = 2$[mA]

③ $i_s = 2$[mA], $i_F = 1$[mA]

④ $i_s = 2$[mA], $i_F = 2$[mA]

해설

비반전 전압(+) = 0

반전 전압(−) = 0

∴ 즉, (−)와 (+)에 흘러들어가는 전류는 0이다.

$$i_s = i_F = \frac{V}{R_s} = \frac{2}{2} = 1[\text{mA}]$$

12 다음 4단자 회로망(Two Port Network)의 Y 파라미터 중 $Y_{11}[\Omega^{-1}]$은?

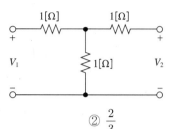

① $\dfrac{1}{2}$ ② $\dfrac{2}{3}$

③ 1   ④ 2

해설

Y 파라미터

$$I_1 = Y_{11} V_1 + Y_{12} V_2$$

$$I_2 = Y_{21} V_1 + Y_{22} V_2$$

이 식에서 $Y_{11} = \dfrac{I_1}{V_1}$ ($V_2 = 0$(출력측 단락))

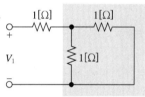

$$R = 1 + \left(\frac{1 \times 1}{1 + 1} \right) = 1.5[\Omega]$$

$$Y_{11} = \frac{I_1}{V_1}, \ V_1 = R I_1 \ \text{대입}$$

$$= \frac{I_1}{1.5 I_1} = \frac{1}{1.5} = \frac{2}{3}[\text{℧}] = \frac{2}{3}[\Omega^{-1}]$$

13 다음과 같은 T형 회로에서 4단자 정수 중 C값은?

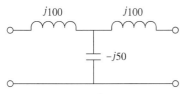

① -2

② -1

③ 0

④ $j\dfrac{1}{50}$

해설

$$\begin{pmatrix} V_1 \\ I_1 \end{pmatrix} = \begin{bmatrix} A & B \\ C & D \end{bmatrix} \begin{pmatrix} V_2 \\ I_2 \end{pmatrix}$$

$V_1 = AV_2 + BI_2$

$I_1 = CV_2 + DI_2$

이 식에서 $C = \dfrac{I_1}{V_2}$ ($I_2 = 0$(출력측 개방))

$C = \dfrac{I_1}{V_2}$ 에 $V_2 = X_C I_1$ 대입

$= \dfrac{I_1}{-j50 I_1} = j\dfrac{1}{50}$

14 $F(s) = \dfrac{2(s+2)}{s(s^2+3s+4)}$ 일 때, $F(s)$의 역라플라스 변환(Inverse Laplace Transform)된 함수 $f(s)$의 최종값은?

① $\dfrac{1}{4}$

② $\dfrac{1}{2}$

③ $\dfrac{3}{4}$

④ 1

해설

최종값 정리

$$\mathcal{L}\left[\lim_{t \to \infty} f(t)\right] = \lim_{s \to 0} sF(s)$$

$$= \lim_{s \to 0} s \times \frac{2(s+2)}{s(s^2+3s+4)}$$

$$= \frac{2s+4}{s^2+3s+4}\bigg|_{s \to 0} = \frac{4}{4} = 1$$

15 $F(s) = \dfrac{2}{s(s+2)}$ 의 역라플라스 변환(Inverse Laplace Transform)을 바르게 표현한 식은?(단, $u(t)$는 단위 계단함수(Unit Step Function)이다)

① $f(t) = (2 + e^{-2t})u(t)$

② $f(t) = (2 - e^{-2t})u(t)$

③ $f(t) = (1 + e^{-2t})u(t)$

④ $f(t) = (1 - e^{-2t})u(t)$

해설

$F(s) = \dfrac{2}{s(s+2)}$ 를 부분분수 전개

$F(s) = \dfrac{A}{s} + \dfrac{B}{s+2}$

- $A = \lim\limits_{s \to 0} sF(s) = \lim\limits_{s \to 0} s \times \dfrac{2}{s(s+2)} = \dfrac{2}{s+2}\bigg|_{s \to 0} = \dfrac{2}{2} = 1$

- $B = \lim\limits_{s \to -2}(s+2)F(s)$

  $= \lim\limits_{s \to -2}(s+2) \times \dfrac{2}{s(s+2)}$, $(s+2)$ 약분하면

  $= \dfrac{2}{s}\bigg|_{s \to -2} = -\dfrac{2}{2} = -1$

$F(s) = \dfrac{A}{s} + \dfrac{B}{s+2}$ 에 $A = 1$, $B = -1$ 대입

  $= \dfrac{1}{s} - \dfrac{1}{s+2}$

∴ 라플라스 역변환 $\mathcal{L}^{-1}[F(s)] = u(t) - e^{-2t}u(t)$

$= (1 - e^{-2t})u(t)$

16 다음과 같이 연결된 커패시터를 1[kV]로 충전하였더니 2[J]의 에너지가 충전되었다면, 커패시터 C_x의 정전용량[μF]은?

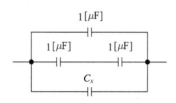

① 1 ② 1.5
③ 2 ④ 2.5

해설

등가회로 1

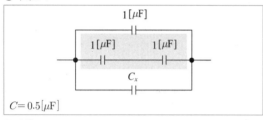

$C = 0.5[\mu F]$

등가회로 2

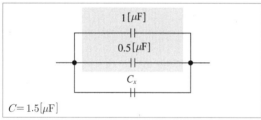

$C = 1.5[\mu F]$

등가회로 3

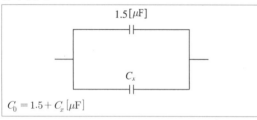

$C_0 = 1.5 + C_x[\mu F]$

$W = \dfrac{1}{2}C_0V^2[\text{J}]$ 에서 $C_0 = \dfrac{2W}{V^2} = \dfrac{2 \times 2}{(1)^2} = 4[\mu F]$

$C_0 = 1.5 + C_x[\mu F]$ 에서 $C_0 = 4[\mu F]$ 이므로

$\therefore\ C_x = 4 - 1.5 = 2.5[\mu F]$

17 자속이 반대 방향이 되도록 직렬접속한 두 코일의 인덕턴스가 5[mH], 20[mH]이다. 이 두 코일에 10[A]의 전류를 흘려주었을 때, 코일에 저장되는 에너지는 몇 [J]인가?(단, 결합계수 $k = 0.25$)

① 1
② 1.5
③ 2
④ 3

해설

자속이 반대 방향이므로 차동결합 상태(감극성)

• $L_{eq} = L_1 + L_2 - 2M[\text{mH}]$, $M = k\sqrt{L_1 L_2}$ 대입

$= 5 + 20 - (2 \times 0.25 \times \sqrt{5 \times 20})$

$= 25 - 5 = 20[\text{mH}]$

• $W = \dfrac{1}{2}LI^2[\text{J}] = \dfrac{1}{2} \times 20 \times 10^{-3} \times (10)^2 = 1[\text{J}]$

18 그림처럼 두 개의 평행하고 무한히 긴 도선에 반대 방향의 전류가 흐르고 있다. 자계의 세기가 0[V/m]인 지점은?

① A도선으로부터 왼쪽 10[cm] 지점
② A도선으로부터 오른쪽 5[cm] 지점
③ A도선으로부터 오른쪽 10[cm] 지점
④ B도선으로부터 오른쪽 10[cm] 지점

해설

반대 방향의 전류가 흐를 때

- 자계의 세기 $H = \dfrac{I}{2\pi r}$[AT/m]

  A도선 자계의 세기 $H_A = \dfrac{I}{2\pi r}$[AT/m]

  B도선 자계의 세기 $H_B = \dfrac{3I}{2\pi r}$[AT/m]

  ∴ B도선 자계의 세기가 A도선보다 3배 크다.

- 자계의 세기와 거리와의 관계 $H \propto \dfrac{I}{r}$[AT/m]

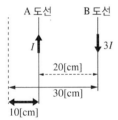

따라서 자계의 세기와 거리는 반비례하므로 자계의 세기가 0이 되기 위해서는 H_B에서의 거리가 H_A보다 3배 멀어야 한다. 즉, A도선 좌측(왼쪽)으로 10[cm] 지점이다.

[별 해]

전류의 방향이 서로 반대 방향이고 B도선의 전류의 세기가 더 크므로 자계가 0인 지점은 A도선의 왼쪽에 존재한다.

$$H = \frac{I}{2\pi r} = \frac{3I}{2\pi(20+r)}$$

$20 + r = 3r$, $2r = 20$, $r = 10$[cm]

∴ A도선으로부터 왼쪽 10[cm] 지점

19 내·외 도체의 반경이 각각 a, b이고 길이가 L인 동축케이블의 정전용량[F]은?

① $C = \dfrac{2\pi\varepsilon L}{\ln\dfrac{b}{a}}$

② $C = \dfrac{4\pi\varepsilon L}{\ln\dfrac{b}{a}}$

③ $C = \dfrac{2\pi\varepsilon L}{\ln\dfrac{a}{b}}$

④ $C = \dfrac{4\pi\varepsilon L}{\ln\dfrac{a}{b}}$

해설

- 선전하 λ가 주어졌을 때 전계의 세기

  $E = \dfrac{\lambda}{2\pi\varepsilon r}$[V/m]

- 내원통과 외원통의 전위차

  $$V_{ab} = -\int_b^a E \, dr[\text{V}] = \int_a^b E \, dr = \int_a^b \frac{\lambda}{2\pi\varepsilon r} \, dr$$

  $$= \frac{\lambda}{2\pi\varepsilon} \int_a^b \frac{1}{r} \, dr, \quad \int_a^b \frac{1}{r} \, dr = \ln r \text{ 대입}$$

  $$= \frac{\lambda}{2\pi\varepsilon}[\ln r]_a^b = \frac{\lambda}{2\pi\varepsilon}(\ln b - \ln a) = \frac{\lambda}{2\pi\varepsilon}\ln\frac{b}{a}[\text{V}]$$

- 동축 케이블의 정전용량

  $$C = \frac{\lambda}{V_{ab}} = \frac{\lambda}{\dfrac{\lambda}{2\pi\varepsilon}\ln\dfrac{b}{a}} = \frac{2\pi\varepsilon}{\ln\dfrac{b}{a}}[\text{F}]$$

  ∴ 단위 길이 L[m]가 주어진 경우

  $$C = \frac{2\pi\varepsilon}{\ln\dfrac{b}{a}} \cdot L[\text{F}]$$

20 다음 그림과 같이 자속밀도 1.5[T]인 자계 속에서 자계의 방향과 직각으로 놓여진 도체(길이 50[cm])가 자계와 30° 방향으로 10[m/s]의 속도로 운동한다면 도체에 유도되는 기전력[V]은?

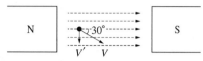

① 3.5

② 3.75

③ 4

④ 4.25

해설

도체의 유기기전력

$$E = Blv\sin\theta\,[\text{V}] = 1.5 \times 0.5 \times 10 \times \frac{1}{2} = 3.75\,[\text{V}]$$

2017년 지방직 고졸경채 전기이론

01 그림과 같은 회로에서 교류전압은 $v(t)$이고 전류는 $i(t)$이다. 임피던스 $Z[\Omega]$는?

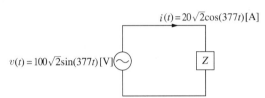

① 5
② $j5$
③ $-j5$
④ $5 - j5$

해설

$i(t) = 20\sqrt{2}\cos(377t) = 20\sqrt{2}\sin(377t + 90°)$

$\therefore I = 20\angle 90°, \ V = 100\angle 0°$

$Z = \dfrac{V}{I} = \dfrac{100\angle 0°}{20\angle 90°} = 5\angle -90°$

$\quad = 5(\cos(-90°) + j\sin(-90°))$,

$\quad\quad \cos(-90°) = 0, \ \sin(-90°) = -1$ 대입

$\quad = -j5$

02 10[Ω]의 저항 10개를 병렬로 연결한 합성 저항을 X[Ω], 동일한 저항 10개를 직렬로 연결한 합성 저항을 Y[Ω]라고 할 때 $(X + Y)$[Ω]는?

① 100
② 101
③ 200
④ 201

해설

병렬 합성 저항 $R_X = \dfrac{R}{n} = \dfrac{10}{10} = 1[\Omega]$

직렬 합성 저항 $R_Y = nR = 10 \times 10 = 100[\Omega]$

$\therefore (X + Y) = 1 + 100 = 101[\Omega]$

03 그림과 같은 회로에서 저항 R의 양단 전압이 $V_R =$ 8[V]가 되는 저항 $R[\Omega]$은?

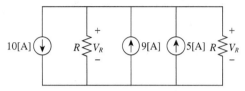

① 1   ② 2

③ 4   ④ 8

해설

• $I = 10[A]$일 때, 전류는 분배되므로 $-5[A]$가 흐른다.

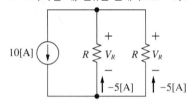

• $I = 9[A]$일 때, 전류는 분배되므로 $4.5[A]$가 흐른다.

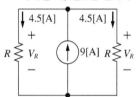

• $I = 5[A]$일 때, 전류는 분배되므로 $2.5[A]$가 흐른다.

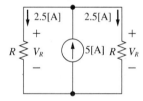

저항 R에 흐르는 전류 $I_0 = I_{10A} + I_{9A} + I_{5A}$
$$= (-5) + (4.5) + (2.5) = 2[A]$$

저항 $R = \dfrac{V_R}{I_0} = \dfrac{8}{2} = 4[\Omega]$

[별 해]

전류원의 합(전체 전류) : $I = 9 + 5 - 10 = 4[A]$

$V_R = R \times \dfrac{I}{2} = 8[V]$, ($R$이 같으므로 전류는 $\dfrac{I}{2}$로 분배)

$R \times \dfrac{4}{2} = 8$

$\therefore R = 4[\Omega]$

04 $R_1 = 5[\Omega]$, $R_2 = 10[\Omega]$, $R_3 = 20[\Omega]$인 직렬회로에서 전류가 5[A]이다. R_3에서 소비되는 전력[W]은?

① 500

② 875

③ 1,000

④ 1,500

해설

$P = I^2 R[W] = (5)^2 \times 20 = 500[W]$

05 같은 크기의 전하량을 가진 점전하가 진공 중에서 1[m] 간격으로 있을 때 두 전하 사이에 $9 \times 10^9[N]$의 힘이 작용한다면, 점전하의 전하량[C]은?(단, 매질이 진공인 경우의 유전율은 $8.854 \times 10^{-12}[F/m]$이고 비유전율은 1이다)

① 9×10^{-4}

② 9×10^9

③ 3×10^3

④ 1

해설

$F = 9 \times 10^9 \times \dfrac{Q_1 Q_2}{r^2}[N]$

$9 \times 10^9 = 9 \times 10^9 \times \dfrac{Q^2}{1^2}$

$Q^2 = 1, \ Q = 1[C]$

06 공기 중 자속밀도가 4[Wb/m²]인 균일한 자기장 내에서 길이 50[cm]의 도체를 자기장의 방향과 30° 각도로 놓고 이 도체에 5[A]의 전류를 흘리면 도체가 받는 힘 F[N]는?

① 2.5 ② 5
③ 10 ④ 20

해설

$$F = BlI\sin\theta[\text{N}] = 4 \times 0.5 \times 5 \times \frac{1}{2} = 5[\text{N}]$$

07 간격이 d이고 도체판의 면적이 A인 두 평행판으로 만들어진 커패시터에 대한 설명으로 옳은 것은?

① 두 평행판의 면적 A를 크게 하면 커패시턴스가 감소한다.
② 두 평행판 사이의 거리 d를 짧게 하면 커패시턴스가 증가한다.
③ 두 개의 커패시터를 직렬보다 병렬로 연결하면 커패시턴스가 감소한다.
④ 두 평행판 사이에 유전율이 작은 물질을 사용하면 커패시턴스가 증가한다.

해설

평행판 콘덴서의 정전용량 $C = \dfrac{\varepsilon A}{d}$[F]

• 면적을 크게 하면 커패시턴스 증가
• 거리를 짧게 하면 커패시턴스 증가
• 병렬로 연결하면 커패시턴스 증가
• 유전율이 작으면 커패시턴스 감소

08 그림과 같은 회로에서 교류전압 $v(t) = 200\sqrt{2}\cos(377t)$[V], 유도성 부하 Z의 유효전력이 2[kW], 역률이 0.5이다. 저항 R[Ω]과 전류 $i(t)$[A]는?

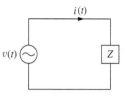

	R[Ω]	$i(t)$[A]
①	5	$20\sqrt{2}\cos(377t - 60°)$
②	5	$20\sqrt{2}\sin(377t - 60°)$
③	10	$20\sqrt{2}\cos(377t - 60°)$
④	10	$20\sqrt{2}\sin(377t - 30°)$

해설

$$P = VI\cos\theta = I^2 R[\text{W}]$$

• $I = \dfrac{P}{V\cos\theta} = \dfrac{2,000}{200 \times 0.5} = \dfrac{2,000}{100} = 20[\text{A}]$

• $P = I^2 R$에서 $R = \dfrac{P}{I^2} = \dfrac{2,000}{(20)^2} = \dfrac{2,000}{400} = 5[\Omega]$

• $\cos\theta = \dfrac{R}{|Z|}$, $0.5 = \dfrac{5}{|Z|}$

  $\therefore |Z| = \dfrac{5}{0.5} = 10[\Omega]$

• $Z = R + jX_L[\Omega]$

  $|Z| = \sqrt{(R)^2 + (X_L)^2}[\Omega]$

  $10 = \sqrt{(5)^2 + (X_L)^2}$, 양변을 제곱하면

  $100 = 25 + X_L^2$

  $\therefore X_L = \sqrt{75} = 5\sqrt{3}[\Omega]$

$\theta = \tan^{-1}\dfrac{X_L}{R} = \tan^{-1}\dfrac{5\sqrt{3}}{5} = 60°$

유도성 부하 X_L이므로$(V > I)$ $\theta = -60°$

$i(t) = \dfrac{v(t)}{|Z|} = \dfrac{200\sqrt{2}\cos(377t + \theta)}{10}$

$= 20\sqrt{2}\cos(377t - 60°)[\text{A}]$

09 다음은 교류전압 $v_1(t)$, $v_2(t)$와 교류전류 $i(t)$에 대한 그래프이다. 이에 대한 설명으로 옳은 것은?

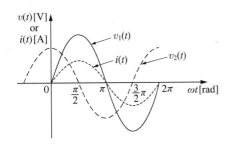

① $v_1(t)$과 $i(t)$는 위상차가 있다.

② $v_2(t)$는 $i(t)$보다 90°만큼 위상이 앞선다.

③ $v_1(t)$과 $i(t)$의 그래프는 $R-L$ 회로에서 나타난다.

④ $v_2(t)$와 $i(t)$의 그래프는 순수 저항회로에서 나타난다.

해설

① $v_1(t)$와 $i(t)$는 동위상이다.

② $v_2(t)$는 $i(t)$보다 90° 진상이다.

③ $v_1(t)$와 $i(t)$는 동위상이므로 R소자이다.

④ $v_2(t)$와 $i(t)$는 $V > I$ 이므로 L소자이다.

10 그림과 같은 RL 직렬회로에서 $t = 0$의 시점에 스위치가 닫히면 회로에 흐르는 전류 $I(t)$[A]는?(단, 초기 전류는 없다)

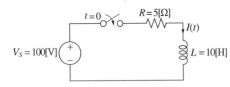

① $20\left(1 - e^{-\frac{1}{2}t}\right)$

② $20(1 - e^{-2t})$

③ $10\left(1 - e^{-\frac{1}{2}t}\right)$

④ $10(1 - e^{-2t})$

해설

$$i(t) = \frac{E}{R}(1 - e^{-\frac{R}{L}t})[\text{A}]$$

$t = \infty$일 때 $i(t) = \dfrac{E}{R} = \dfrac{100}{5} = 20[\text{A}]$

$\therefore\ i(t) = \dfrac{E}{R}(1 - e^{-\frac{R}{L}t}) = 20(1 - e^{-\frac{5}{10}t}) = 20(1 - e^{-\frac{1}{2}t})[\text{A}]$

11 3상 전원의 △결선에서 한 상에 고장이 발생하였을 때, 3상 부하에 3상 전력을 공급할 수 있는 결선 방법은?

① V결선

② Y결선

③ △결선

④ 중성선

해설

3상 전원에서 △결선 운전 중 1상 고장 발생 시에는 V결선으로 운전이 가능하다.

12 전압 1.5[V], 내부저항 0.5[Ω]인 2개의 건전지를 직렬로 연결하고, 여기에 2[Ω]의 저항을 연결할 때 부하의 단자전압[V]은?

① 1

② 2

③ 3

④ 4

해설

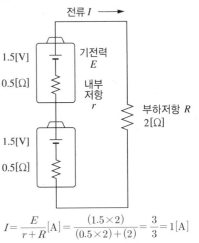

$I = \dfrac{E}{r + R}[\text{A}] = \dfrac{(1.5 \times 2)}{(0.5 \times 2) + (2)} = \dfrac{3}{3} = 1[\text{A}]$

단자전압 $V = IR = 1 \times 2 = 2[\text{V}]$

13 비사인파 전압 $v(t) = 1 + 8\sqrt{2}\sin(\omega t) + 4\sqrt{2}\sin$ $(3\omega t)$[V]의 실횻값[V]은?

① 1

② $\sqrt{80}$

③ 9

④ $\sqrt{161}$

해설

$$실횻값 = \sqrt{(V_{DC})^2 + \left(\frac{V_{m1}}{\sqrt{2}}\right)^2 + \left(\frac{V_{m3}}{\sqrt{2}}\right)^2}\,[V]$$

$$= \sqrt{(1)^2 + \left(\frac{8\sqrt{2}}{\sqrt{2}}\right)^2 + \left(\frac{4\sqrt{2}}{\sqrt{2}}\right)^2}$$

$$= \sqrt{1 + 64 + 16} = \sqrt{81} = 9\,[V]$$

14 그림과 같은 회로의 동작에 대한 설명으로 옳은 것은? (단, 커패시터의 초기 충전전압은 없다)

① R–C 회로의 시정수는 100[ms]이다.

② 스위치를 닫는 순간 흐르는 초기 전류는 1[mA]이다.

③ 스위치를 닫으면 시간이 지날수록 전류의 크기가 증가한다.

④ 스위치를 닫고 충분한 시간이 지난 후 저항에 걸리는 전압 $V_R(t)$은 10[V]이다.

해설

$$i_c(t) = \frac{E}{R}\left(e^{-\frac{1}{RC}t}\right)[A]$$

② $t = 0$일 때 $i_c(t) = \dfrac{E}{R} = \dfrac{10}{10 \times 10^3} = 1\,[mA]$

① 시정수 $\tau = RC[s] = 10 \times 10^3 \times 1 \times 10^{-6} = 10\,[ms]$

③ 시간이 지날수록 전류의 크기는 감소한다.

④ $t = \infty$일 때 $v_R(t) = Ri_c(t) = E\left(e^{-\frac{1}{RC}t}\right) = 0\,[V]$

15 진공 중에 거리가 1[m] 떨어진 평행한 두 직선 도체에 2[A]의 전류가 같은 방향으로 흐르고 있을 때, 두 도체에 작용하는 단위 길이당 힘의 크기[N/m]와 힘의 종류는?(단, 진공 중의 투자율 $\mu_0 = 4\pi \times 10^{-7}$이다)

	힘의 크기[N/m]	힘의 종류
①	4×10^{-7}	반발력
②	4×10^{-7}	흡인력
③	8×10^{-7}	반발력
④	8×10^{-7}	흡인력

해설

• 같은 방향으로 전류가 흐르므로 작용하는 힘은 흡인력

• $F = 2 \times 10^{-7} \times \dfrac{I_1 I_2}{r}\,[N/m]$

$$= 2 \times 10^{-7} \times \frac{2 \times 2}{1} = 8 \times 10^{-7}\,[N/m]$$

16 RL 직렬회로에서 직류전압이 12[V]일 때 전류가 2[A]이고, 교류전압이 최댓값 $12\sqrt{2}$[V]일 때 전류가 실횻값 1.2[A]이다. 저항 $R[\Omega]$과 코일의 리액턴스 X_L[Ω]은?

	$R[\Omega]$	$X_L[\Omega]$
①	$10\sqrt{2}$	$6\sqrt{2}$
②	$6\sqrt{2}$	8
③	6	$10\sqrt{2}$
④	6	8

해설

• $I_{직류} = \dfrac{V}{R}[A]$에서, $R = \dfrac{V}{I_{직류}} = \dfrac{12}{2} = 6\,[\Omega]$

• $Z = \dfrac{V}{I} = \dfrac{12}{1.2} = 10\,[\Omega]$

$Z = R + jX_L\,[\Omega]$

$|Z| = \sqrt{(R)^2 + (X_L)^2}\,[\Omega]$

$10 = \sqrt{(6)^2 + (X_L)^2}$, 양변을 제곱하면

$X_L = 8\,[\Omega]$

17 평형 3상 회로에서 a상의 상전압 $v_{an}(t) = V_m\cos$ $(\omega t - 150°)$[V]일 때, $v_{bn}(t)$[V]와 $v_{cn}(t)$[V]는?

$v_{bn}(t)$ [V]	$v_{cn}(t)$ [V]
① $V_m\sin(\omega t - 180°)$	$V_m\cos\left(\omega t - \dfrac{\pi}{6}\right)$
② $V_m\cos(\omega t - 120°)$	$V_m\cos(\omega t + 120°)$
③ $V_m\sin\left(\omega t - \dfrac{\pi}{3}\right)$	$V_m\sin\left(\omega t + \dfrac{\pi}{3}\right)$
④ $V_m\cos(\omega t - \pi)$	$V_m\sin(\omega t - 30°)$

해설

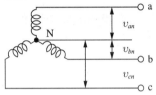

$v_{an}(t) = V\angle 0°$

$v_{bn}(t) = V\angle -120°$

$v_{cn}(t) = V\angle -240° = V\angle 120°$

문제에서 $v_{an}(t) = V_m\cos(\omega t - 150°)$

$\cos$을 $\sin$으로 고치면

$v_{an}(t) = V_m\sin(\omega t - 150° + 90°) = V_m\sin(\omega t - 60°)$[V]

$v_{bn}(t) = V_m\sin(\omega t - 60° - 120°) = V_m\sin(\omega t - 180°)$[V]

$v_{cn}(t) = V_m\sin(\omega t - 60° + 120°) = V_m\sin(\omega t + 60°)$[V]

$\sin$을 $\cos$으로 고치면

$v_{cn}(t) = V_m\cos(\omega t + 60° - 90°) = V_m\cos\left(\omega t - \dfrac{\pi}{6}\right)$

18 그림과 같은 회로에서 저항 R_3에 흐르는 전류 I[A]는?

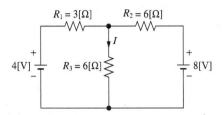

① $\dfrac{1}{3}$

② $\dfrac{2}{3}$

③ 1

④ $\dfrac{4}{3}$

해설

키르히호프의 법칙(순환전류법)

• $\sum E = \sum IR$

$$\begin{cases} 4 = 9i_1 - 6i_2 \\ -8 = -6i_1 + 12i_2 \end{cases}$$

• 행렬식 이용

$$i_1 = \frac{\begin{bmatrix} 4 & -6 \\ -8 & 12 \end{bmatrix}}{\begin{bmatrix} 9 & -6 \\ -6 & 12 \end{bmatrix}} = \frac{48 - 48}{108 - 36} = 0[\text{A}]$$

$$i_2 = \frac{\begin{bmatrix} 9 & 4 \\ -6 & -8 \end{bmatrix}}{\begin{bmatrix} 9 & -6 \\ -6 & 12 \end{bmatrix}} = \frac{-72 + 24}{108 - 36} = \frac{-48}{72} = -\frac{2}{3}[\text{A}]$$

$\therefore\ I = i_1 - i_2 = 0 - \left(-\dfrac{2}{3}\right) = \dfrac{2}{3}[\text{A}]$

[별 해]

• 마디방정식

$\dfrac{4 - 6I}{3} - I + \dfrac{8 - 6I}{6} = 0$

$2(4 - 6I) - 6I + 8 - 6I = 0$

$16 = 24I$

$\therefore\ I = \dfrac{2}{3}[\text{A}]$

19 그림과 같은 평형 3상 회로에 대한 내용으로 옳은 것은? (단, 전원의 a상 상전압 $v_{an}(t) = 100\sqrt{2}\sin(\omega t)$[V]이고, 부하 임피던스 $Z = 8 + j6$[Ω]이다)

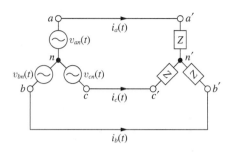

① 부하의 역률은 0.6이다.
② 선전압의 실횻값은 $100\sqrt{6}$ [V]이다.
③ 부하에 공급한 3상 유효전력은 2.4[kW]이다.
④ 선전류의 실횻값은 $10\sqrt{3}$ [A]이고, 상전류의 실횻값은 10[A]이다.

해설

임피던스 $Z = 8 + j6$[Ω]
$|Z| = \sqrt{(8)^2 + (6)^2} = 10$[Ω]

① 역률 $\cos\theta = \dfrac{R}{|Z|} = \dfrac{8}{10} = 0.8$

② 선전압 실횻값 100[V]

③ 전류 $I = \dfrac{V}{|Z|} = \dfrac{100}{10} = 10$[A]

　3상 유효전력 $P = 3I^2 R$[W] $= 3 \times (10)^2 \times 8 = 2.4$[kW]

④ 선전류와 상전류는 같으므로 실횻값 10[A]

20 어떤 단상회로에서 전압 $v(t) = V_m\sin(\omega t + \theta_v)$[V]를 기준으로 한 전류 $i(t) = I_m\sin(\omega t + \theta_i)$[A]의 위상차가 $\theta_v - \theta_i$일 때, 역률(pf)에 대한 설명으로 옳지 않은 것은?(단, $-90° \le (\theta_v - \theta_i) \le 90°$이다)

① 역률은 $\cos(\theta_v - \theta_i)$이다.
② 역률의 범위는 $0 \le pf \le 1$이다.
③ 유효전력은 $\dfrac{V_m I_m}{2}\cos(\theta_v - \theta_i)$이다.
④ $0° < (\theta_v - \theta_i) < 90°$일 때의 부하는 용량성 부하이다.

해설

위상차가 $0° < (\theta_v - \theta_i) < 90°$일 때는 유도성 부하이다.

2018년 지방직 전기이론

01 커패시터와 인덕터에서 순간적($\Delta t \rightarrow 0$)으로 변하지 않는 것은?

	커패시터	인덕터
①	전 류	전 류
②	전 압	전 압
③	전 압	전 류
④	전 류	전 압

해설

$i = C\dfrac{dv}{dt}$ [A](콘덴서 C에서는 전압이 연속)

$v = L\dfrac{di}{dt}$ [V](코일 L에서는 전류가 연속)

02 그림과 같이 테브난의 정리를 이용하여 그림 (a)의 회로를 그림 (b)와 같은 등가회로로 만들었을 때, 저항 $R[\Omega]$은?

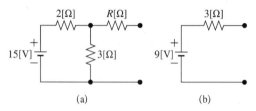

(a)   (b)

① 1.2
② 1.5
③ 1.8
④ 3.0

해설

테브난 등가회로

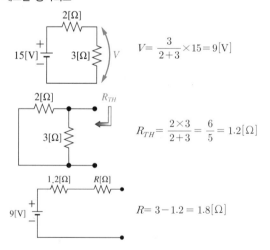

$V = \dfrac{3}{2+3} \times 15 = 9[V]$

$R_{TH} = \dfrac{2 \times 3}{2+3} = \dfrac{6}{5} = 1.2[\Omega]$

$R = 3 - 1.2 = 1.8[\Omega]$

03 그림과 같이 평행한 두 개의 무한장 직선도선에 1[A], 9[A]인 전류가 각각 흐른다. 두 도선 사이의 자계 세기가 0이 되는 지점 P의 위치를 나타낸 거리의 비 $\dfrac{a}{b}$는?

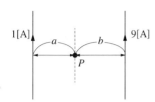

① $\dfrac{1}{9}$

② $\dfrac{1}{3}$

③ 3

④ 9

해설

무한장 직선도체 자기장의 세기

$H_{1[A]} = \dfrac{I}{2\pi r}$, $I = 1[A]$

$\quad = \dfrac{1}{2\pi r}$, $r = a$

$\quad = \dfrac{1}{2\pi a}$

$H_{9[A]} = \dfrac{I}{2\pi r}$, $I = 9[A]$

$\quad = \dfrac{9}{2\pi r}$, $r = b$

$\quad = \dfrac{9}{2\pi b}$

$H_{1[A]} = H_{9[A]}$라 두면

$\dfrac{1}{2\pi a} = \dfrac{9}{2\pi b}$

$\therefore \dfrac{a}{b} = \dfrac{1}{9}$

04 다음 회로에서 $v(t) = 100\sin(2 \times 10^4 t)[\text{V}]$일 때, 공진되기 위한 $C[\mu \text{F}]$는?

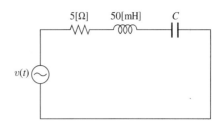

① 0.05　　　② 0.15

③ 0.20　　　④ 0.25

해설

RLC 직렬 공진회로

$v(t) = 100\sin(2 \times 10^4 t)$, $\omega = 2 \times 10^4$

$\omega L = \dfrac{1}{\omega C}$

$\omega^2 L C = 1$

$\therefore C = \dfrac{1}{\omega^2 L}$

$\quad = \dfrac{1}{(2 \times 10^4)^2 \times 50 \times 10^{-3}}$

$\quad = \dfrac{1}{4 \times 10^8 \times 50 \times 10^{-3}}$

$\quad = \dfrac{1}{200 \times 10^5}$

$\quad = 0.05[\mu \text{F}]$

05 60[Hz] 단상 교류발전기가 부하에 공급하는 전압, 전류의 최댓값이 각각 100[V], 10[A]일 때 부하의 유효전력이 500[W]이다. 이 발전기의 피상전력[VA]은?(단, 손실은 무시한다)

① 500　　　② $500\sqrt{2}$

③ 1,000　　④ $1,000\sqrt{2}$

해설

피상전력

$P_a = VI = \dfrac{100}{\sqrt{2}} \times \dfrac{10}{\sqrt{2}} = \dfrac{1,000}{2} = 500[\text{VA}]$

06 다음 회로의 r_1, r_2에 흐르는 전류비 $I_1 : I_2 = 1 : 2$가 되기 위한 $r_1[\Omega]$과 $r_2[\Omega]$는?(단, 입력전류 $I = 5[A]$이다)

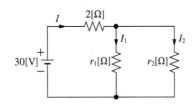

	r_1	r_2
①	3	6
②	6	3
③	6	12
④	12	6

해설

$I = \dfrac{V}{R}$ 에서

$I_1 : I_2 = 1 : 2$ 이므로, $r_1 : r_2 = 2 : 1$

전체 저항 $R_0 = \dfrac{V}{I} = \dfrac{30}{5} = 6[\Omega]$

• 등가회로

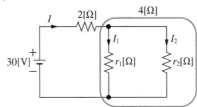

병렬 등가회로 합성 저항이 $4[\Omega]$이므로,

$\therefore r_1 : r_2 = 12 : 6$

07 다음 회로에서 (a) B부하에 공급되는 평균 전력[W], (b) 전원이 공급하는 피상전력[VA], (c) 합성(A부하 + B부하) 부하역률은?

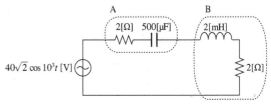

	(a)	(b)	(c)
①	200	200	0.5
②	400	200	0.5
③	200	400	1.0
④	400	400	1.0

해설

$v = 40\sqrt{2}\cos 10^3 t$, $\omega = 10^3 = 1,000$

$X_C = \dfrac{1}{\omega C} = \dfrac{1}{1,000 \times 500 \times 10^{-6}} = \dfrac{10}{5} = 2$

$X_L = \omega L = 1,000 \times 2 \times 10^{-3} = 2$

RLC 직렬회로 임피던스

$Z = R + j(X_L - X_C) + R'$
$\quad = 2 + j(2-2) + 2$
$\quad = 4[\Omega]$

$i = \dfrac{v}{Z} = \dfrac{40\sqrt{2}}{4} \cos 10^3 t$
$\quad = 10\sqrt{2}\cos 10^3 t$

피상전력

$P_a = v\,i$
$\quad = \dfrac{40\sqrt{2}}{\sqrt{2}} \times \dfrac{10\sqrt{2}}{\sqrt{2}}$
$\quad = 400[\mathrm{VA}]$

영역 A에서 소비되는 평균 전력

$P = i^2 R = \left(\dfrac{10\sqrt{2}}{\sqrt{2}}\right)^2 \times 2 = 200[\mathrm{W}]$

영역 B에서 소비되는 평균 전력

$P = i^2 R = \left(\dfrac{10\sqrt{2}}{\sqrt{2}}\right)^2 \times 2 = 200[\mathrm{W}]$

$\therefore$ 저항 R만의 등가회로이므로 역률 $\cos\theta = 1$

• 평균 전력 $P = 200[\mathrm{W}]$
• 피상전력 $P_a = 400[\mathrm{VA}]$
• 역률 $\cos\theta = 1$

08 전자기장에 대한 맥스웰 방정식으로 옳은 것은?

① $\oint_l E \cdot dl = \dfrac{Q}{\varepsilon_0}$

② $\oint_l B \cdot dl = I$

③ $\oint_s E \cdot ds = -\dfrac{d\phi}{dt}$

④ $\oint_s B \cdot ds = 0$

해설

Maxwell 방정식

$\nabla \times E = -\dfrac{\partial B}{\partial t}$

$e = -\dfrac{d\phi}{dt}$, $\phi = BS = \int B\, ds$

$\quad = -\dfrac{d}{dt} BS$

$\quad = -\dfrac{d}{dt} \int B\, ds$, $\dfrac{d}{dt} = \dfrac{\partial}{\partial t}$

$\quad = \int \left(-\dfrac{\partial}{\partial t}\right) B\, ds$

$\therefore \oint_s B\, ds = 0$

09 다음 회로에서 저항 $R[\Omega]$은?(단, $V = 3.5[V]$이다)

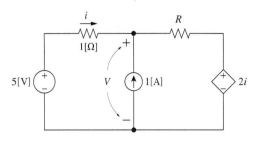

① 0.1   ② 0.2

③ 1.0   ④ 1.5

해설

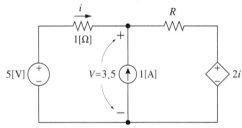

- $I_{1[A]} = \dfrac{3.5-5}{1} - 1 + \dfrac{3.5-2i}{R} = 0$

- $i = \dfrac{5-3.5}{1} = 1.5$

위에서 $I_{1[A]} = \dfrac{3.5-5}{1} - 1 + \dfrac{3.5-2i}{R} = 0$, $i = 1.5$

$\quad -2.5 + \dfrac{3.5-3}{R} = 0$

$\therefore R = \dfrac{0.5}{2.5} = \dfrac{1}{5} = 0.2[\Omega]$

10 그림과 같은 폐회로 abcd를 통과하는 쇄교자속 $\lambda = \lambda_m \sin 10t$[Wb]일 때, 저항 10[Ω]에 걸리는 전압 V_1의 실횻값[V]은?(단, 회로의 자기인덕턴스는 무시한다)

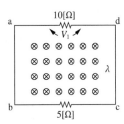

① $\dfrac{10\lambda_m}{3}$

② $\dfrac{20\lambda_m}{3}$

③ $\dfrac{10\lambda_m}{3\sqrt{2}}$

④ $\dfrac{20\lambda_m}{3\sqrt{2}}$

해설

등가회로

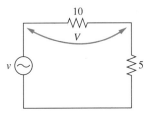

$V_{10} = \dfrac{10}{10+5} \times v$

$= \dfrac{2}{3} v$

• $v = -N\dfrac{d\phi}{dt}$, $\phi = \lambda = \lambda_m \sin 10t$

$= -\dfrac{d}{dt}\lambda_m \sin 10t$

$= 10\lambda_m \cos 10t$

• $V_{10} = \dfrac{2}{3}v$, $v = 10\lambda_m \cos 10t$

$= \dfrac{2}{3} \times 10\lambda_m \cos 10t$

$= \dfrac{20}{3}\lambda_m \cos 10t$.

∴ V_{10}의 실횻값 $= \dfrac{20}{3\sqrt{2}}\lambda_m$

11 교류전압 $v = 400\sqrt{2}\sin\omega t + 30\sqrt{2}\sin 3\omega t + 40\sqrt{2}\sin 5\omega t$[V]의 왜형률[%]은?(단, ω는 기본 각주파수이다)

① 8

② 12.5

③ 25.5

④ 50

해설

왜형률 $= \dfrac{\text{전 고조파의 실횻값}}{\text{기본파의 실횻값}}$

$= \dfrac{\sqrt{(30)^2 + (40)^2}}{400}$

$= \dfrac{50}{400} = 0.125$

$= 12.5[\%]$

12 그림과 같은 이상적인 변압기 회로에서 최대 전력 전송을 위한 변압기 권선비는?

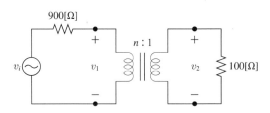

① 1 : 1

② 3 : 1

③ 6 : 1

④ 9 : 1

해설

최대 전력 전송 조건 : 내부 임피던스 = 부하 임피던스

권수비 $a = \dfrac{N_1}{N_2} = \sqrt{\dfrac{Z_1}{Z_2}}$, $Z_1 = 900$, $Z_2 = 100$

$\left(\dfrac{N_1}{N_2}\right)^2 = \dfrac{900}{100}$, $N_1 = n$, $N_2 = 1$

$\left(\dfrac{n}{1}\right)^2 = 9$

∴ $n = 3$이므로 권선비는 3 : 1

13 그림과 같이 간격 $d = 4$[cm]인 평판 커패시터의 두 극판 사이에 두께와 면적이 같은 비유전율 $\varepsilon_{s1} = 6$, ε_{s2} = 9인 두 유전체를 삽입하고 단자 ab에 200[V]의 전압을 인가할 때, 비유전율 ε_{s2}인 유전체에 걸리는 전압[V]과 전계의 세기[kV/m]는?

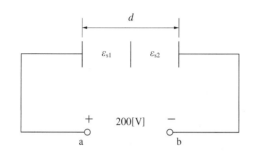

	전 압	전계의 세기
①	80	2
②	120	2
③	80	4
④	120	4

해설

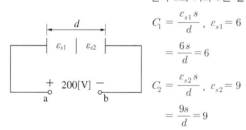

[조 건]
간격 d와 거리 s는 같다.

$C_1 = \dfrac{\varepsilon_{s1} s}{d}$, $\varepsilon_{s1} = 6$

$\quad = \dfrac{6s}{d} = 6$

$C_2 = \dfrac{\varepsilon_{s2} s}{d}$, $\varepsilon_{s2} = 9$

$\quad = \dfrac{9s}{d} = 9$

$\therefore\ C_1 = 6,\ C_2 = 9$

$V_2 = \dfrac{C_1}{C_1 + C_2} \times V$

$\quad = \dfrac{6}{6+9} \times 200$

$\quad = 80[V]$

$\therefore\ E = \dfrac{V}{d}$

$\quad = \dfrac{80}{0.02}$

$\quad = 4 \times 10^3 [V/m]$

$\quad = 4[kV/m]$

〈등가회로〉

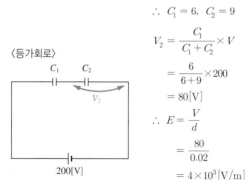

14 다음 회로에서 정상상태 전류 I[A]는?

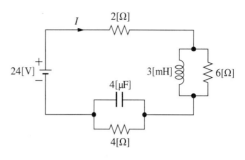

① 2

② 4

③ 6

④ 8

해설

직류(정상상태)일 때 : L 단락, C 개방

• 등가회로

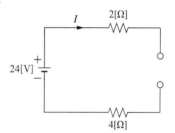

$I = \dfrac{V}{R} = \dfrac{24}{2+4} = 4[A]$

15 저항 10[Ω]과 인덕터 5[H]가 직렬로 연결된 교류회로에서 다음과 같이 교류전압 $v(t)$를 인가했을 때, 흐르는 전류가 $i(t)$이다. 교류전압의 각주파수 ω[rad/s]는?

- $v(t) = 200\sin\left(\omega t + \dfrac{\pi}{6}\right)$[V]
- $i(t) = 10\sin\left(\omega t - \dfrac{\pi}{6}\right)$[A]

① 2   ② $2\sqrt{2}$

③ $2\sqrt{3}$ ④ 3

해설

$v(t) = 200\sin\left(\omega t + \dfrac{\pi}{6}\right)$

$\therefore V = 200\angle 30°$

$i(t) = 10\sin\left(\omega t - \dfrac{\pi}{6}\right)$

$\therefore I = 10\angle -30°$

- 임피던스 $Z = \dfrac{V}{I}$

$\quad = \dfrac{200\angle 30°}{10\angle -30°}$

$\quad = 20\angle 60°$

$\quad = 20(\cos 60° + j\sin 60°)$

$\quad = 20\left(\dfrac{1}{2} + j\dfrac{\sqrt{3}}{2}\right)$

$\quad = 10 + j10\sqrt{3}$

$\therefore R = 10[\Omega],\ X_L = 10\sqrt{3}[\Omega]$

조건에서 $L = 5$[mH]이므로

$X_L = \omega L,\ L = 5,\ X_L = 10\sqrt{3}$

$10\sqrt{3} = \omega 5$

$\therefore \omega = \dfrac{10\sqrt{3}}{5} = 2\sqrt{3}$[rad/s]

16 그림과 같은 평형 3상 회로에서 전체 무효전력[Var]은?(단, 전원의 상전압 실횻값은 100[V]이고, 각 상의 부하 임피던스 $\dot{Z} = 4 + j3[\Omega]$이다)

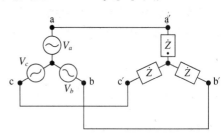

① 2,400   ② 3,600

③ 4,800   ④ 6,000

해설

- 임피던스 $Z = \sqrt{(4)^2 + (3)^2}$

$\quad\quad\quad\quad\quad = 5$

- 무효전력 $P_r = 3V_p I_p \sin\theta$

$\quad = 3\times 100\times\left(\dfrac{V_p}{|Z|}\right)\times\sin\theta,\ \sin\theta = \dfrac{X}{|Z|} = \dfrac{3}{5}$

$\quad = 3\times 100\times\left(\dfrac{100}{5}\right)\times\dfrac{3}{5}$

$\quad = 3,600$[Var]

17 평형 3상 회로에서 부하는 Y결선이고 a상 선전류는 $20\angle -90°$[A]이며 한 상의 임피던스 $\dot{Z} = 10\angle 60°$[Ω]일 때, 선간전압 $\dot{V}_{ab}$[V]는?(단, 상순은 a, b, c 시계 방향이다)

① $200\angle 0°$

② $200\angle -30°$

③ $200\sqrt{3}\angle 0°$

④ $200\sqrt{3}\angle -30°$

해설

- Y결선 상전압 $V_{ab} = ZI$

$\quad = (10\angle 60°)\times(20\angle -90°)$

$\quad = 200\angle -30°$

$\therefore$ 선전압 $V = \sqrt{3}\,V_{ab}\angle 30°$

$\quad = \sqrt{3}\times 200\angle -30°\angle 30°$

$\quad = 200\sqrt{3}\angle 0°$

18 그림과 같은 직류회로에서 오랜 시간 개방되어 있던 스위치가 닫힌 직후의 스위치 전류 $i_{sw}(0^+)$[A]는?

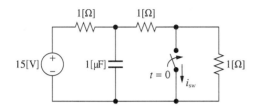

① $\dfrac{15}{2}$

② $\dfrac{15}{3}$

③ 10

④ 15

해설

• 정상상태

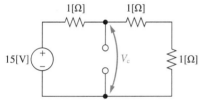

$$V_c = \frac{2}{1+2} \times 15 = 10[\text{V}]$$

• 스위치가 닫힌 직후

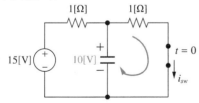

$$I_{sw} = \frac{V}{R}$$
$$= \frac{10}{1} = 10[\text{A}]$$

19 그림과 같이 커패시터를 설치하여 역률을 개선하였다. 개선 후 전류 $\dot{I}$[A]와 역률 $\cos\theta$는?

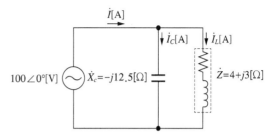

$\dot{I}$ \qquad $\cos\theta$

① $16-j4$ \qquad $\dfrac{16}{\sqrt{272}}$

② $16-j4$ \qquad $-\dfrac{4}{\sqrt{272}}$

③ $16+j4$ \qquad $\dfrac{16}{\sqrt{272}}$

④ $16+j4$ \qquad $\dfrac{4}{\sqrt{272}}$

해설

• 전류 $\dot{I}_L = \dfrac{V}{Z}$
$$= \frac{100 \cdot (4-j3)}{(4+j3) \cdot (4-j3)}$$
$$= \frac{400-j300}{16+9} = \frac{400-j300}{25} = 16-j12$$

• 전류 $\dot{I}_C = \dfrac{V}{X_C}$
$$= \frac{100}{-j12.5} = j8$$

∴ $\dot{I} = \dot{I}_L + \dot{I}_C$
$$= (16-j12)+(j8)$$
$$= 16-j4$$

• 역률 $\cos\theta = \dfrac{\dot{I}_R}{|\dot{I}|}$
$$= \frac{16}{\sqrt{(16)^2+(4)^2}}$$
$$= \frac{16}{\sqrt{256+16}} = \frac{16}{\sqrt{272}}$$

20 RL 직렬회로에 전류 $i = 3\sqrt{2}\sin(5{,}000t + 45°)$[A] 가 흐를 때, 180[W]의 전력이 소비되고 역률은 0.8이 었다. R[Ω]과 L[mH]은?

	R	L
①	$\dfrac{20}{\sqrt{2}}$	$\dfrac{3}{\sqrt{2}}$
②	$\dfrac{20}{\sqrt{2}}$	3
③	20	$\dfrac{3}{\sqrt{2}}$
④	20	3

해설

$i = 3\sqrt{2}\sin(5{,}000t + 45°)$

• 실효전류 $I = 3$[A]

$P = I^2 R$

$180 = (3)^2 \cdot R$

$\therefore R = \dfrac{180}{9} = 20$[Ω]

• $Z = \dfrac{R}{\cos\theta} = \dfrac{20}{0.8} = 25$[Ω]

$X_L = Z\sin\theta = 25 \times 0.6 = 15$[Ω]

$X_L = \omega L, \ X_L = 15$

$\therefore L = \dfrac{X_L}{\omega}$

$\quad = \dfrac{15}{5{,}000} = 3 \times 10^{-3}$[H]

$\quad = 3$[mH]

2018년 서울시 제1회 전기이론

01 자장의 세기가 $\dfrac{10^4}{\pi}$[A/m]인 공기 중에서 50[cm]의 도체를 자장과 30°가 되도록 하고 60[m/s]의 속도로 이동시켰을 때의 유기기전력은?

① 20[mV] ② 30[mV]
③ 60[mV] ④ 80[mV]

해설

$e = Blv\sin\theta$, $B = \mu_0 H$

$= \mu_0 Hlv\sin\theta$

$= 4\pi \times 10^{-7} \times \dfrac{10^4}{\pi} \times 0.5 \times 60 \times \dfrac{1}{2}$

$= 60 \times 10^{-3}$

$= 60[\text{mV}]$

02 어떤 전하가 100[V]의 전위차를 갖는 두 점 사이를 이동하면서 10[J]의 일을 할 수 있다면, 이 전하의 전하량은?

① 0.1[C] ② 1[C]
③ 10[C] ④ 100[C]

해설

$W = VQ$

$\therefore Q = \dfrac{W}{V}$

$= \dfrac{10}{100} = 0.1[\text{C}]$

03 무한히 긴 직선 도선에 628[A]의 전류가 흐르고 있을 때 자장의 세기가 50[A/m]인 점이 도선으로부터 떨어진 거리는?

① 1[m] ② 2[m]
③ 4[m] ④ 5[m]

해설

무한 직선도체 자기장의 세기

$H = \dfrac{I}{2\pi d}$

$50 = \dfrac{628}{2\pi d}$, $628 = 200\pi$

$50 = \dfrac{200\pi}{2\pi d}$

$\therefore d = \dfrac{100}{50} = 2[\text{m}]$

04 N회 감긴 환상 코일의 단면적은 $S[\text{m}^2]$이고 평균 길이가 $l[\text{m}]$이다. 이 코일의 권수와 단면적을 각각 두 배로 하였을 때 인덕턴스를 일정하게 하려면 길이를 몇 배로 하여야 하는가?

① 8배 ② 4배
③ 2배 ④ 16배

해설

환상 코일 인덕턴스

$L = \dfrac{\mu S}{l} \times N^2$, 면적 $S = 2$배, 권수비 $N = 2$배

$= \dfrac{\mu 2S}{l} \times (2N)^2$

$= 8\dfrac{\mu S}{l} \times N^2$

$\therefore$ 인덕턴스 L을 일정하게 하려면 길이 l은 8배가 되어야 한다.

05 보기와 같은 RLC 병렬회로에서 $v = 80\sqrt{2}\sin(\omega t)$ [V]인 교류를 a, b 단자에 가할 때, 전류 I의 실횻값이 10[A]라면, X_c의 값은?

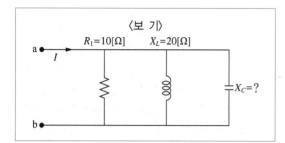

〈보 기〉

① $8[\Omega]$

② $10[\Omega]$

③ $10\sqrt{2}[\Omega]$

④ $20[\Omega]$

해설

$I_R = \dfrac{v}{R} = \dfrac{80}{10} = 8[\text{A}]$

$I_L = \dfrac{v}{X_L} = \dfrac{80}{j20} = -j4[\text{A}]$

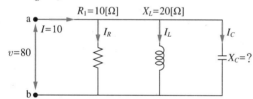

RLC 병렬회로이므로

$I = I_R + j(I_C - I_L),\ I_X = (I_C - I_L)$라 두면

$|\dot{I}| = \sqrt{(I_R)^2 + (I_X)^2}$

$10 = \sqrt{(8)^2 + (I_X)^2}$, 양변 제곱

$100 = 64 + (I_X)^2$

$(I_X)^2 = 36$

$\therefore\ I_X = 6,\ I_X = (I_C - I_L)$

$I_L = -j4$이므로, $I_C = j10$

$\therefore\ X_C = \dfrac{v}{I_C} = \dfrac{80}{10} = 8[\Omega]$

06 보기와 같은 회로의 합성 저항은?

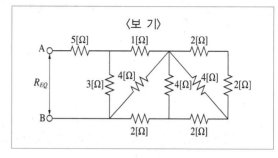

〈보 기〉

① $8[\Omega]$

② $6.5[\Omega]$

③ $5[\Omega]$

④ $3.5[\Omega]$

해설

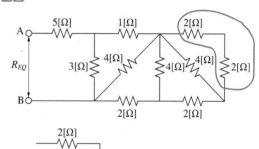

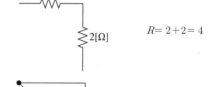

$R = 2 + 2 = 4$

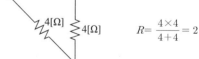

$R = \dfrac{4 \times 4}{4 + 4} = 2$

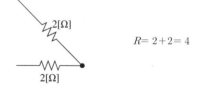

$R = 2 + 2 = 4$

$R = \dfrac{4 \times 4}{4 + 4} = 2$

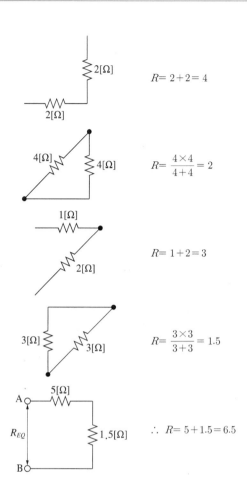

$R = 2 + 2 = 4$

$R = \dfrac{4 \times 4}{4 + 4} = 2$

$R = 1 + 2 = 3$

$R = \dfrac{3 \times 3}{3 + 3} = 1.5$

$\therefore \ R = 5 + 1.5 = 6.5$

07 보기와 같이 전류원과 2개의 병렬저항으로 구성된 회로를 전압원과 1개의 직렬저항으로 변환할 때, 변환된 전압원의 전압과 직렬저항값은?

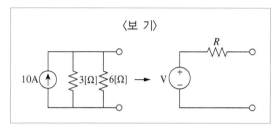

〈보 기〉

① 10[V], 9[Ω]
② 10[V], 2[Ω]
③ 20[V], 2[Ω]
④ 90[V], 9[Ω]

해설

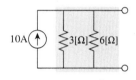

$R = \dfrac{3 \times 6}{3 + 6} = 2$

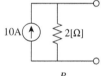

$\therefore \ V = IR$
$\qquad = 10 \times 2 = 20[\text{V}]$

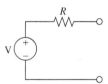

$\therefore \ R = 2[\Omega]$

08 저항 $R_1 = 1[\Omega]$과 $R_2 = 2[\Omega]$이 병렬로 연결된 회로에 100[V]의 전압을 가했을 때, R_1에서 소비되는 전력은 R_2에서 소비되는 전력의 몇 배인가?

① 0.5배
② 1배
③ 2배
④ 같다.

해설

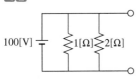

$P = \dfrac{V^2}{R}$, 전력은 저항 R에 반비례

저항비가 1 : 2이므로 소비전력은 2 : 1

∴ R_1에서 2배의 전력을 소비된다.

09 보기와 같이 저항 $R = 24[\Omega]$, 유도성 리액턴스 $X_L = 20[\Omega]$, 용량성 리액턴스 $X_c = 10[\Omega]$인 직렬회로에 실효치 260[V]의 교류전압을 인가했을 경우 흐르는 전류의 실효치는?

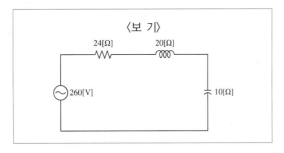

〈보 기〉

① 5[A]
② 10[A]
③ 15[A]
④ 20[A]

해설

임피던스 $Z = R + j(X_L - X_C)$
$\qquad = 24 + j(20 - 10)$
$\qquad = 24 + j10$

$|Z| = \sqrt{(24)^2 + (10)^2}$
$\qquad = \sqrt{576 + 100} = 26$

∴ $I = \dfrac{V}{|Z|} = \dfrac{260}{26} = 10[A]$

10 보기와 같은 회로에서 a, b 단자 사이에 60[V]의 전압을 가하여 4[A]의 전류를 흘리고 R_1, R_2에 흐르는 전류를 1 : 3으로 하고자 할 때 R_1의 저항값은?

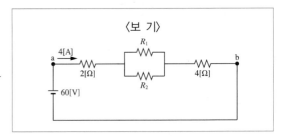

〈보 기〉

① 6[Ω]
② 12[Ω]
③ 18[Ω]
④ 36[Ω]

해설

$I = \dfrac{V}{R}$, 전류는 저항 R에 반비례

전류비가 1 : 3이므로 저항비는 3 : 1

합성 저항 $R_0 = \dfrac{V}{I} = \dfrac{60}{4} = 15$

∴ $R_0 = (2+4) + \left(\dfrac{R_1 \times R_2}{R_1 + R_2} \right)$, $R_1 = 3R$, $R_2 = R$

$\left(\dfrac{3R \times R}{3R + R} \right) = 15 - 6$

$3R^2 = 36R$

$R = 12$이므로

∴ $R_1 = 3R = 36[\Omega]$

11 보기와 같은 브리지 회로에서 a, b 사이의 전압이 0일 때, R_4에서 소모되는 전력이 2[W]라면, c와 d 사이의 전압 V_{cd}는?

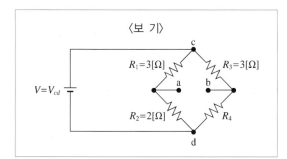

〈보 기〉

① 1[V]

② 2[V]

③ 5[V]

④ 10[V]

해설

단자 a, b 사이의 전압 $V = 0$ ⇒ (브리지 평형상태)

∴ $R_4 = 2[\Omega]$

R_4에서 소비되는 전력이 2[W]이므로 $P = I^2 R$

∴ $I = \sqrt{\dfrac{P}{R}} = \sqrt{\dfrac{2}{2}} = 1$

R_3 양단 전압 $V_{cb} = I \times R_3 = 1 \times 3 = 3[V]$

R_4 양단 전압 $V_{bd} = I \times R_4 = 1 \times 2 = 2[V]$

∴ $V_{cd} = V_{cb} + V_{bd} = 3 + 2 = 5[V]$

12 10×10^{-6}[C]의 양전하와 6×10^{-7}[C]의 음전하를 갖는 대전체가 비유전율 3인 유체 속에서 1[m] 거리에 있을 때 두 전하 사이에 작용하는 힘은?(단, 비례상수 $k = \dfrac{1}{4\pi\varepsilon_0} = 9 \times 10^9$이다)

① -1.62×10^{-1}[N]

② 1.62×10^{-1}[N]

③ -1.8×10^{-2}[N]

④ 1.8×10^{-2}[N]

해설

$F = \dfrac{1}{4\pi\varepsilon_o\varepsilon_s} \times \dfrac{Q_1 Q_2}{r^2}, \ \varepsilon_s = 3$

$= 9 \times 10^9 \times \dfrac{1}{3} \times \dfrac{10 \times 10^{-6} \times 6 \times 10^{-7}}{(1)^2}$

$= 180 \times 10^{-4}$

$= 1.8 \times 10^{-2}$ [N]

※ $Q_1 = 10 \times 10^{-6}$ (양전하), $Q_1 = -6 \times 10^{-7}$ (음전하)로 해석하면 ③번도 답이 된다.

13 자체 인덕턴스가 각각 $L_1 = 10$[mH], $L_2 = 10$[mH]인 두 개의 코일이 있고, 두 코일 사이의 결합계수가 0.5일 때, L_1코일의 전류를 0.1[s] 동안 10[A] 변화시키면 L_2에 유도되는 기전력의 양(절댓값)은?

① 10[mV]　　　　② 100[mV]

③ 50[mV]　　　　④ 500[mV]

해설

상호인덕턴스

$M = k \sqrt{L_1 L_2}$

$= 0.5 \times \sqrt{10 \times 10}$

$= 0.5 \times 10$

$= 5$[mH]

∴ $e = -M\dfrac{di}{dt}$

$= 5 \times \dfrac{10}{0.1}$

$= 500$[mV]

14 어떤 회로에 $v = 100\sqrt{2}\sin\left(120\pi t + \dfrac{\pi}{4}\right)$[V]의 전압을 가했더니 $i = 10\sqrt{2}\sin\left(120\pi t - \dfrac{\pi}{4}\right)$[A]의 전류가 흘렀다. 이 회로의 역률은?

① 0

② $\dfrac{1}{\sqrt{2}}$

③ 0.1

④ 1

해설

$\theta = \theta_v - \theta_i$

$\quad = 45° - (-45°)$

$\quad = 90°$

$\therefore \cos 90° = 0$이므로 역률은 0이 된다.

15 보기와 같은 회로에서 전류 I의 값은?

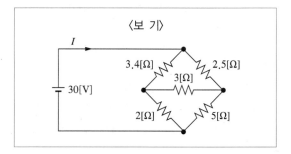

〈보 기〉

① 6[A]

② 8[A]

③ 10[A]

④ 12[A]

해설

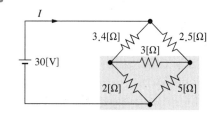

· △부하를 Y로 변환

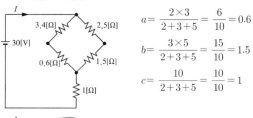

$a = \dfrac{2 \times 3}{2+3+5} = \dfrac{6}{10} = 0.6$

$b = \dfrac{3 \times 5}{2+3+5} = \dfrac{15}{10} = 1.5$

$c = \dfrac{10}{2+3+5} = \dfrac{10}{10} = 1$

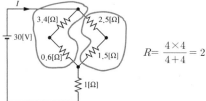

$R = \dfrac{4 \times 4}{4+4} = 2$

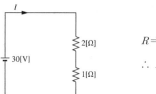

$R = 2 + 1 = 3$

$\therefore I = \dfrac{V}{R} = \dfrac{30}{3} = 10$[A]

16 보기와 같은 그림에서 스위치가 $t=0$인 순간 2번 접점으로 이동하였을 경우 $t=0^+$인 시점과 $t=\infty$가 되었을 때, 저항 5[kΩ]에 걸리는 전압을 각각 구한 것은?

〈보 기〉

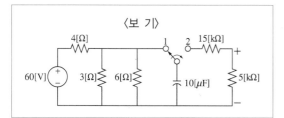

① 5[V], 0[V]

② 7.5[V], 1.5[V]

③ 10[V], 0[V]

④ 12.5[V], 3[V]

해설

$t<0$때, 콘덴서 C 개방

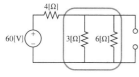

$$R=\frac{3\times6}{3+6}=2$$

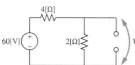

$$V=\frac{2}{4+2}\times60$$
$$=\frac{120}{6}=20[V]$$

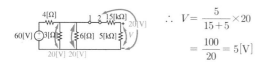

$$\therefore V=\frac{5}{15+5}\times20$$
$$=\frac{100}{20}=5[V]$$

$t=\infty$일 때, 콘덴서는 서서히 방전되므로 $V=0$

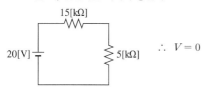

$$\therefore V=0$$

17 보기와 같이 R, C 소자로 구성된 회로에서 전달함수를 $H=\dfrac{V_o}{V_i}$라고 할 때, 회로의 특성으로 옳은 것은?

〈보 기〉

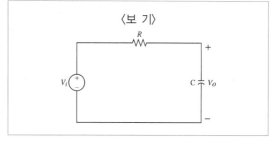

① 고역 통과 필터(High-pass Filter)

② 저역 통과 필터(Low-pass Filter)

③ 대역 통과 필터(Band-pass Filter)

④ 대역 차단 필터(Band-stop Filter)

해설

RC 적분회로로서 저역 통과 필터를 나타낸다.

18 진공 중 반지름이 a[m]인 원형 도체판 2매를 사용하여 극판거리 d[m]인 콘덴서를 만들었다. 이 콘덴서의 극판거리를 3배로 하고 정전용량을 일정하게 하려면 이 도체판의 반지름은 a의 몇 배로 하면 되는가?(단, 도체판 사이의 전계는 모든 영역에서 균일하고 도체판에 수직이라고 가정한다)

① $\dfrac{1}{3}$ 배　　　　② $\dfrac{1}{\sqrt{3}}$ 배

③ 3 배　　　　④ $\sqrt{3}$ 배

해설

$C=\dfrac{\varepsilon S}{d}$, $d=3$배

$C=\dfrac{\varepsilon S}{3d}$, C는 일정하므로 면적 S는 3배가 된다.

$\quad=\dfrac{\varepsilon\,3S}{3d}$

면적 $S=\pi r^2$, $S=3$배

$3S=\pi r^2$

$\therefore r=\sqrt{3}$ 배

19 보기와 같이 전압원을 접속했을 때 흐르는 전류 I의 값은?

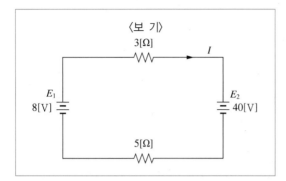

〈보 기〉

① 4[A]

② −4[A]

③ 6[A]

④ −6[A]

해설

키르히호프의 법칙 적용

$8 - 40 = 8i$

$\therefore i = -\dfrac{32}{8} = -4[\text{A}]$

20 보기와 같은 회로에서 인덕터의 전압 v_L이 $t > 0$ 이후에 0이 되는 시점은?(단, 전류원의 전류 $i = 0$, $t < 0$이고 $i = te^{-2t}[\text{A}]$, $t \geq 0$이다)

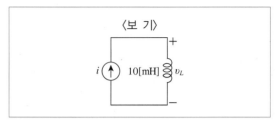

〈보 기〉

① $\dfrac{1}{2}[\text{s}]$

② $\dfrac{1}{5}[\text{s}]$

③ $2[\text{s}]$

④ $5[\text{s}]$

해설

$v_L = L\dfrac{di}{dt} = 0$

$i = te^{-2t}[\text{A}]$에서

$\{f(x) \cdot g(x)\}' = f'(x) \cdot g(x) + f(x) \cdot g'(x)$

$\therefore f'(x) = 1,\ g(x) = e^{-2t}$

$\quad f(x) = t,\ g'(x) = -2e^{-2t}$

$\therefore v_L = L((1 \cdot e^{-2t}) + (t \cdot -2e^{-2t}))$

$\qquad = L((e^{-2t}) - (2te^{-2t}))$

$\qquad = L(1 - 2t)e^{-2t},\ 1 - 2t = 0$

$\therefore 1 - 2t = 0$

$\quad t = \dfrac{1}{2}[\text{s}]$

2018년 서울시 제2회 전기이론

01 개방 단자 전압이 12[V]인 자동차 배터리가 있다. 자동차 시동을 걸 때 배터리가 0.5[Ω]의 부하에 전류를 공급하면서 배터리 단자 전압이 10[V]로 낮아졌다면 배터리의 내부저항값[Ω]은?

① 0.1
② 0.15
③ 0.2
④ 0.25

해설

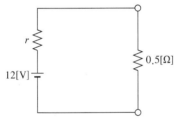

- $V = 10[V]$일 때, 0.5[Ω]에 흐르는 전류

  $I = \dfrac{V}{R} = \dfrac{10}{0.5} = 20[A]$

- 배터리 단자 전압이 10[V]이므로, 내부저항 r에서의 전압강하

  $V = 2[V]$

  $\therefore r = \dfrac{V}{I} = \dfrac{2}{20} = 0.1[\Omega]$

02 특이함수(스위칭함수)에 대한 설명으로 옳은 것을 보기에서 모두 고른 것은?

〈보 기〉
ㄱ. 특이함수는 그 함수가 불연속이거나 그 도함수가 불연속인 함수이다.
ㄴ. 단위 계단함수 $u(t)$는 t가 음수일 때 −1, t가 양수일 때 1의 값을 갖는다.
ㄷ. 단위 임펄스함수 $\delta(t)$는 $t = 0$ 외에는 모두 0이다.
ㄹ. 단위 램프함수 $r(t)$는 t의 값에 상관없이 단위 기울기를 갖는다.

① ㄱ, ㄴ
② ㄱ, ㄷ
③ ㄴ, ㄷ
④ ㄷ, ㄹ

해설
- 단위 계단함수 $u(t)$는 t가 음수일 때 0, t가 양수일 때 1의 값을 갖는다.
- 단위 램프함수 $r(t)$는 $t > 0$일 때 단위 기울기를 갖는다.

03 공장의 어떤 부하가 단상 220[V]/60[Hz] 전력선으로부터 0.5의 지상역률로 22[kW]를 소비하고 있다. 이때 공장으로 유입되는 전류의 실횻값[A]은?

① 50
② 100
③ 150
④ 200

해설

$P = VI\cos\theta$

$I = \dfrac{P}{V\cos\theta}$

$\quad = \dfrac{22 \times 10^3}{220 \times 0.5} = 200[A]$

04 보기와 같은 필터 회로에 대한 설명으로 가장 옳은 것은?

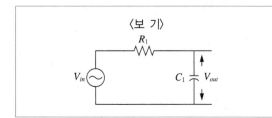

〈보 기〉

① 입력전압 V_{in}의 주파수가 0일 때 출력전압 V_{out}은 0이다.

② 입력전압 V_{in}의 주파수가 무한대이면 출력전압 V_{out}은 V_{in}과 같다.

③ 필터회로의 차단주파수는 $f_c = \dfrac{1}{2\pi\sqrt{R_1 C_1}}$ [Hz]이다.

④ 차단주파수에서 출력전압은 입력전압보다 위상이 45° 뒤진다.

해설

RC 회로

• 콘덴서 개방상태 $V_{out} = V_{in}$

• 콘덴서 단락상태 $V_{out} = 0$

① 입력전압 V_{in}의 주파수가 0일 때 출력전압 V_{out}은 V_{in}과 같다.

② 입력전압 V_{in}의 주파수가 무한대이면 출력전압 V_{out}은 0이다.

③ $Z = R - j\dfrac{1}{2\pi f C}$일 때 $\left(R = \dfrac{1}{2\pi f C}\right)$이므로

$f = \dfrac{1}{2\pi RC}$ [Hz]

④ $Z = R - j\dfrac{1}{2\pi f C}$에서 실수부와 허수부를 각각 1이라고 하면

$Z = 1 - j1$

$\therefore \theta = \tan^{-1}\dfrac{1}{1} = 45°$

즉, 출력전압은 입력 전압보다 위상이 45° 뒤진다.

05 반경이 a, $b(b > a)$인 두 개의 동심구 도체 구 껍질(Spherical Shell)로 구성된 구 커패시터의 정전용량은?

① $\dfrac{2\pi\varepsilon}{a-b}$

② $\dfrac{4\pi\varepsilon}{a-b}$

③ $\dfrac{2\pi\varepsilon}{\dfrac{1}{a}-\dfrac{1}{b}}$

④ $\dfrac{4\pi\varepsilon}{\dfrac{1}{a}-\dfrac{1}{b}}$

해설

동심구도체 정전용량

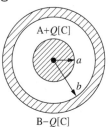

$V_a = \dfrac{Q}{4\pi\varepsilon a}$ [V]

$V_b = \dfrac{Q}{4\pi\varepsilon b}$ [V]

$V_{ab} = V_a - V_b = \dfrac{Q}{4\pi\varepsilon}\left(\dfrac{1}{a} - \dfrac{1}{b}\right)$ [V]

$\therefore C = \dfrac{Q}{V} = \dfrac{Q}{\dfrac{Q}{4\pi\varepsilon}\left(\dfrac{1}{a} - \dfrac{1}{b}\right)}$

$= \dfrac{4\pi\varepsilon}{\left(\dfrac{1}{a} - \dfrac{1}{b}\right)}$

06 보기와 같이 평균 길이가 10[cm], 단면적이 20[cm²], 비투자율이 1,000인 철심에 도선이 100회 감겨 있고, 60[Hz]의 교류전류 2[A](실효치)가 흐르고 있을 때, 전압 V의 실효치[V]는?(단, 도선의 저항은 무시하며, μ_0는 진공의 투자율이다)

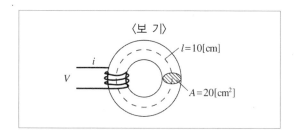

〈보 기〉

$l = 10$[cm]
$A = 20$[cm²]

① $12\pi \times 10^6 \mu_0$

② $24\pi \times 10^6 \mu_0$

③ $36\pi \times 10^6 \mu_0$

④ $48\pi \times 10^6 \mu_0$

해설

• 자속 $\phi = \dfrac{F}{R_m} = \dfrac{NI}{R_m}$, $R_m = \dfrac{l}{\mu A}$

$= \dfrac{NI}{\dfrac{l}{\mu A}} = \dfrac{\mu A N I}{l}$

$= \dfrac{\mu_0 \times 1,000 \times 20 \times 10^{-4} \times 100 \times 2}{0.1}$

$= 4,000\mu_0$

• 전압 $E = 2\pi f N \phi$[V]

$= 2\pi \times 60 \times 100 \times 4,000\mu_0 = 48\pi \times 10^6 \mu_0$

07 보기와 같이 종속전압원을 갖는 회로에서 V_2 전압[V]은?

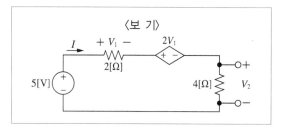

〈보 기〉

I $+ V_1 -$ $2V_1$
2[Ω]
5[V] 4[Ω] V_2

① 1

② 1.5

③ 2

④ 3

해설

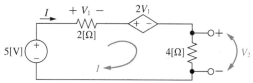

• 직렬회로이므로 회로에 흐르는 전류 I는 일정
• 2[Ω] 양단 전압은 V_1,
4[Ω] 양단 전압은 2배의 V_1이 되므로 $2V_1$

$V_1 + 2V_1 + 2V_1 = 5V$

$V_1 = \dfrac{5}{5} = 1$[V]

∴ 즉, 4[Ω] 양단 $V_2 = 2V_1 = 1 \times 2 = 2$[V]

08 자유공간에 놓여 있는 1[cm] 두께의 합성수지판 표면에 수직 방향(법선 방향)으로 외부에서 전계 E_0[V/m]를 가하였을 경우에 대한 설명으로 가장 옳지 않은 것은?(단, 합성수지판의 비유전율은 $\varepsilon_r = 2.5$이며, ε_0는 자유공간의 유전율이다)

① 합성수지판 내부의 전속밀도는 $\varepsilon_0 E_0$[C/m^2]이다.
② 합성수지판 내부의 전계의 세기는 $0.4E_0$[V/m]이다.
③ 합성수지판 내부의 분극 세기는 $0.5\varepsilon_0 E_0$[C/m^2]이다.
④ 합성수지판 외부에서 분극 세기는 0이다.

해설
• 내부 전속밀도 $D = \varepsilon_0 E_0$[C/m^2]
• 내부 전계의 세기 $E = \dfrac{D}{\varepsilon} = \dfrac{\varepsilon_0 E_0}{2.5\varepsilon_0} = 0.4E_0$[V/m]
• 내부 분극의 세기 $P = \varepsilon_0(\varepsilon_r - 1)E$
$\qquad\qquad = \varepsilon_0(2.5-1)0.4E_0$
$\qquad\qquad = 0.6\varepsilon_0 E_0$[C/m^2]
• 외부 분극의 세기 $P = \varepsilon_0(\varepsilon_r - 1)E$, $\varepsilon_r = 1$
$\qquad\qquad\qquad = 0$

09 15[F]의 정전용량을 가진 커패시터에 270[J]의 전기에너지를 저장할 때, 커패시터 전압[V]은?

① 3
② 6
③ 9
④ 12

해설
$W = \dfrac{1}{2}CV^2$[J]
$V = \sqrt{\dfrac{2W}{C}}$
$\quad = \sqrt{\dfrac{2 \times 270}{15}} = \sqrt{36} = 6$[V]

10 자성체의 성질에 대한 설명으로 가장 옳지 않은 것은?

① 강자성체의 온도가 높아져서 상자성체와 같은 동작을 하게 되는 온도를 큐리온도라 한다.
② 강자성체에 외부자계가 인가되면 자성체 내부의 자속밀도는 증가한다.
③ 발전기, 모터, 변압기 등에 사용되는 강자성체는 매우 작은 인가자계에도 큰 자화를 가져야 한다.
④ 페라이트는 매우 높은 도전율을 가지므로 고주파수 응용 분야에 널리 사용된다.

해설
페라이트는 매우 높은 투자율을 가지므로 고주파수 응용 분야에 널리 사용된다.

11 보기와 같은 회로에서 스위치 S를 닫고 3초 후 커패시터에 나타나는 전압의 근삿값[V]은?(단, $V_s = 50$[V], $R = 3$[MΩ], $C = 1[\mu F]$이며, 스위치를 닫기 전 커패시터의 전압은 0이다)

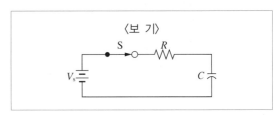

〈보 기〉

① 18.5
② 25.5
③ 31.5
④ 35.5

해설
RC 직렬회로
• 시정수 $\tau = RC$
$\qquad = 3 \times 10^6 \times 1 \times 10^{-6}$
$\qquad = 3$[s]
• $V_c = V_s\left(1 - e^{-\frac{1}{RC}t}\right)$, $\left(1 - e^{-\frac{1}{RC}t}\right) = 0.632$
$\qquad = 50 \times 0.632$
$\qquad = 31.6 ≒ 31.5$[V]

12 RLC 직렬회로에 공급되는 교류전압의 주파수가 $f = \dfrac{1}{2\pi\sqrt{LC}}$ [Hz]일 때, 보기의 설명 중 옳은 것을 모두 고른 것은?

〈보 기〉
ㄱ. L 또는 C 양단에 가장 큰 전압이 걸리게 된다.
ㄴ. 회로의 임피던스는 가장 작은 값을 가지게 된다.
ㄷ. 회로에 흐른 전류는 공급전압보다 위상이 뒤진다.
ㄹ. L에 걸리는 전압과 C에 걸리는 전압의 위상은 서로 같다.

① ㄱ, ㄴ
② ㄴ, ㄷ
③ ㄱ, ㄷ, ㄹ
④ ㄴ, ㄷ, ㄹ

해설

RLC **직렬회로**
• 직렬 공진이므로 L 또는 C 양단에 가장 큰 전압이 걸리게 된다.
• 전류가 최대가 되므로 임피던스는 최소가 된다.
• 직렬 공진이므로 저항 R만의 회로가 되어 동위상이다.
• L에 걸리는 전압과 C에 걸리는 전압의 위상은 $180°$이다.

13 보기와 같은 회로에서 전압 V_x의 값[V]은?

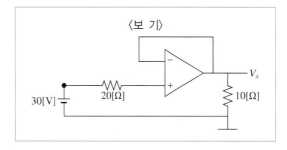
〈보 기〉

① 10
② 20
③ 30
④ 45

해설

연산증폭기

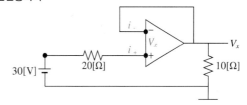

• 입력전류 $i_+ = i_- = 0$
• −점과 +점의 전위 V_x는 같다.
  $i_+ = 0$이므로 $V_x = 30[\text{V}]$가 되면 등전위가 되어 전류가 흐르지 않는다.
  ∴ $V_x = 30[\text{V}]$

14 보기와 같은 2포트 회로의 어드미턴스(Y) 파라미터를 모두 더한 값[℧]은?

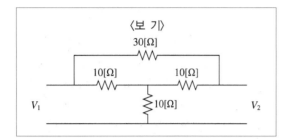

① 1/15   ② 1/30

③ 15   ④ 30

해설

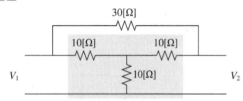

Y결선을 △결선으로 변환

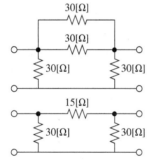

문제에서 어드미턴스 Y를 묻고 있으므로

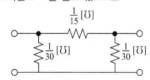

$Y_{11} = \dfrac{1}{30} + \dfrac{1}{15}$

$Y_{12} = -\dfrac{1}{15}$

$Y_{21} = -\dfrac{1}{15}$

$Y_{22} = \dfrac{1}{30} + \dfrac{1}{15}$

$\therefore \ Y = Y_{11} + Y_{12} + Y_{21} + Y_{22}$

$= \dfrac{1}{30} + \dfrac{1}{30} = \dfrac{1}{15} \, [\text{℧}]$

15 보기와 같은 RL 직렬회로에서 소비되는 전력[kW]은?

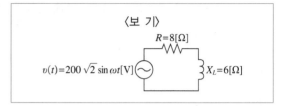

① 3.2   ② 3.8

③ 4   ④ 10

해설

RL **직렬회로**

- $Z = 8 + j6$

  $|Z| = 10 [\Omega]$

- 전류 $I = \dfrac{V}{|Z|}$

  $= \dfrac{200}{10} = 20 [\text{A}]$

- 전력 $P = I^2 R$

  $= (20)^2 \times 8 = 3,200 = 3.2 [\text{kW}]$

16 보기와 같은 회로에서 V_{ab}전압의 정상상태값[V]은?

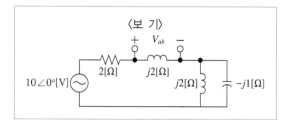

① $5+j10$

② $5+j5$

③ $j5$

④ $j10$

해설

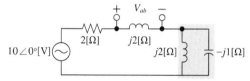

• 병렬 합성 임피던스 $Z = \dfrac{(j2)\times(-j1)}{(j2)+(-j1)}$

$\qquad = \dfrac{-j^2\,2}{j} = -j2$

• 등가회로

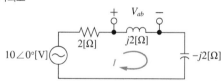

직렬 공진이므로

전류 $I = \dfrac{V}{Z}$

$\qquad = \dfrac{10}{2} = 5[A]$

전압 $V_{ab} = ZI$

$\qquad = j2\times 5 = j10[V]$

17 보기와 같은 회로에서 R_x에 최대 전력이 전달될 수 있도록 할 때, 저항 R_x에서 소모되는 전력[W]은?

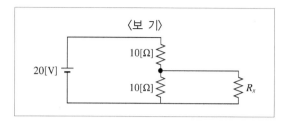

① 1 　　　　② 5

③ 10 　　　　④ 15

해설

• 등가회로

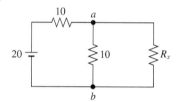

• 테브난 등가회로

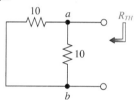

$R_{TH} = \dfrac{10\times10}{10+10} = 5[\Omega]$

• 단자 a, b 양단 전압 V_{TH}는 분배되므로

$\quad V_{TH} = 10[V]$

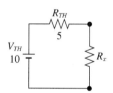

$R_{TH} = R_x$일 때 최대 전력이 전달되므로

$R_x = 5[\Omega]$

$\therefore$ 최대 전력 $P = \dfrac{V^2}{4R_x} = \dfrac{10^2}{4\times5} = 5[W]$

18 비정현파 전류 $i(t) = 10\sin\omega t + 5\sin(3\omega t + 30°) + \sqrt{3}$
$\sin(5\omega t + 60°)$일 때, 전류 $i(t)$의 실횻값[A]은?

① 6   ② 8
③ 10   ④ 12

해설

실효전류 $I = \sqrt{\left(\dfrac{10}{\sqrt{2}}\right)^2 + \left(\dfrac{5}{\sqrt{2}}\right)^2 + \left(\dfrac{\sqrt{3}}{\sqrt{2}}\right)^2}$

$\quad\quad\quad\quad = \sqrt{\dfrac{100}{2} + \dfrac{25}{2} + \dfrac{3}{2}}$

$\quad\quad\quad\quad = \sqrt{\dfrac{128}{2}} = \sqrt{64} = 8[\text{A}]$

19 라플라스함수 $F(s) = \dfrac{s+1}{s^2 + 2s + 5}$ 의 역변환 $f(t)$는?

① $e^{-2t}\cos t$

② $e^{-2t}\sin t$

③ $e^{-t}\cos 2t$

④ $e^{-t}\sin 2t$

해설

• 식 변형

$F(s) = \dfrac{s+1}{s^2 + 2s + 5}$

$\quad\quad = \dfrac{s+1}{(s^2 + 2s + 1) + 4}$

$\quad\quad = \dfrac{s+1}{(s+1)^2 + 2^2}, \quad s+1 \rightarrow s$

$\quad\quad = \dfrac{s}{s^2 + 2^2} \Rightarrow \cos 2t$

• $s+1$은 e^{-t} 함수이므로

$\therefore f(t) = \cos 2t \cdot e^{-t}$

$\quad\quad\quad = e^{-t} \cdot \cos 2t$

20 비투자율이 3,600, 비유전율이 1인 매질 내 주파수가
1[GHz]인 전자기파의 속도[m/s]는?

① 3×10^8

② 1.5×10^8

③ 5×10^7

④ 5×10^6

해설

속도 $v = \dfrac{1}{\sqrt{\varepsilon\mu}}$

$\quad\quad = \dfrac{1}{\sqrt{\varepsilon_0 \mu_0}} \times \dfrac{1}{\sqrt{\varepsilon_s \mu_s}}$

$\quad\quad = 3 \times 10^8 \times \dfrac{1}{\sqrt{3,600 \times 1}}$

$\quad\quad = 5 \times 10^6 [\text{m/s}]$

2018년 지방직 고졸경채 전기이론

01 전류에 의한 자기장 현상에 대한 설명으로 옳지 않은 것은?

① 렌츠(Lenz)의 법칙으로 유도기전력의 방향을 알 수 있다.
② 직선도체에 흐르는 전류 주위에는 원형의 자기력선이 발생한다.
③ 직선도체에 전류가 흐를 때 자기력선의 방향은 앙페르(Ampere)의 오른나사 법칙을 따른다.
④ 플레밍(Fleming)의 오른손 법칙으로 직선도체에 흐르는 전류의 방향과 자기장의 방향이 수직인 경우, 직선도체가 자기장에서 받는 힘의 방향을 알 수 있다.

해설

④ 플레밍(Fleming)의 왼손 법칙으로 직선도체에 흐르는 전류의 방향과 자기장의 방향이 수직인 경우, 직선도체가 자기장에서 받는 힘의 방향을 알 수 있다.

• 플레밍(Fleming)의 오른손 법칙 : 발전기의 원리이며 자계 내에 놓인 도체가 운동하면서 자속을 끊어 기전력을 발생시키는 원리
• 렌츠의 법칙(Lenz's Law) : 코일에서 발생하는 기전력의 방향은 자속 ϕ 의 증감을 방해하는 방향으로 발생한다는 법칙
• 앙페르(Ampere)의 오른나사 법칙 : 도선에 전류가 흐를 때 발생하는 자계의 방향을 알 수 있다는 법칙으로, 전류가 들어가는 방향일 때의 자력선의 방향을 알 수 있다.

02 다음 전기력선의 성질에 대한 설명으로 옳은 것만을 모두 고르면?

> ㄱ. 전기력선은 양(+)전하에서 시작하여 음(−)전하에서 끝난다.
> ㄴ. 전기장 내에 도체를 넣으면 도체 내부의 전기장이 외부의 전기장을 상쇄하나 도체 내부에 전기력선은 존재한다.
> ㄷ. 전기장 내 임의의 점에서 전기력선의 접선 방향은 그 점에서의 전기장의 방향을 나타낸다.
> ㄹ. 전기장 내 임의의 점에서 전기력선의 밀도는 그 점에서의 전기장의 세기와 비례하지 않는다.

① ㄱ, ㄴ
② ㄱ, ㄷ
③ ㄴ, ㄹ
④ ㄷ, ㄹ

해설

전기력선의 성질

• 도체 표면에 존재(도체 내부에는 없다)
• (+) → (−) 이동
• 등전위면과 수직으로 발산
• 전하가 없는 곳에는 전기력선이 없음(발생, 소멸이 없다)
• 전기력선 자신만으로 폐곡선을 이루지 않음
• 전위가 높은 곳에서 낮은 곳으로 이동
• 전기력선은 서로 교차하지 않음
• 전기력선 접선 방향 = 그 점의 전계의 방향
• $Q[\mathrm{C}]$ 에서 $\dfrac{Q}{\varepsilon_0}$ 개의 전기력선이 나옴
• 전기력선의 밀도는 전기장의 세기에 비례

03 공기 중에서 자속밀도 3[Wb/m²]의 평등 자기장 내에 10[cm]의 직선도체를 자기장의 방향과 직각이 되게 놓고 이 도체에 4[A]의 전류를 흐르게 할 때, 도체가 받는 힘[N]은?

① 1.2 ② 2.4
③ 4.8 ④ 9.6

해설

힘 $F = BlI\sin\theta[\mathrm{N}]$
$= 3[\mathrm{Wb/m^2}] \times 10[\mathrm{cm}] \times 4[\mathrm{A}] \times \sin 90°$
$= 3 \times 0.1 \times 4 \times 1$
$= 1.2$
$\therefore F = 1.2[\mathrm{N}]$

04 자기인덕턴스가 L_1과 L_2인 두 개의 코일이 직렬로 가동접속되어 있을 때, 합성 인덕턴스 $L[\mathrm{H}]$은?(단, $L_1 = 2[\mathrm{H}]$와 $L_2 = 3[\mathrm{H}]$, 상호인덕턴스 $M = \sqrt{6}[\mathrm{H}]$이다)

① $6 + \sqrt{6}$
② $6 - 2\sqrt{6}$
③ $5 + 2\sqrt{6}$
④ $5 - \sqrt{6}$

해설

• 가극성 합성 인덕턴스 $L = L_1 + L_2 + 2M[\mathrm{H}]$
• 감극성 합성 인덕턴스 $L = L_1 + L_2 - 2M[\mathrm{H}]$
∴ 합성 인덕턴스 $L = 5 + 2\sqrt{6}$

05 기전력 $E = 18[\mathrm{V}]$, 내부저항 $r = 4[\Omega]$인 전지 4개를 직렬연결하고, 여기에 외부저항 R를 접속할 때 R에 흐르는 전류를 $I_s[\mathrm{A}]$, 동일한 전지 4개를 병렬연결하고 외부저항 R를 접속할 때 R에 흐르는 전류를 $I_p[\mathrm{A}]$라 한다. 이때 두 전류의 차이($I_s - I_p$)[A]는?(단, 외부저항 $R = 8[\Omega]$이다)

① 1 ② 2
③ 3 ④ 4

해설

$I = \dfrac{E}{r + R}[\mathrm{A}]$

• 직렬접속 시
 – 내부저항 $r_0 = n \times R = 4개 = 4[\Omega] = 16[\Omega]$
 – 기전력 $E_0 = n \times E = 4개 \times 18[\mathrm{V}] = 72[\Omega]$
 – 전류 $I_s = \dfrac{E}{r + R} = \dfrac{72}{16 + 8} = 3[\mathrm{A}]$

• 병렬접속 시
 – 내부저항 $r_0 = \dfrac{R}{n} = \dfrac{4[\Omega]}{4개} = 1[\Omega]$
 – 기전력 $E_0 = E = 18[\mathrm{V}]$
 – 전류 $I_p = \dfrac{E}{r + R} = \dfrac{18}{1 + 8} = 2[\mathrm{A}]$

$\therefore I_s - I_p = 1[\mathrm{A}]$

06 그림과 같은 회로에서 전류 $I[\mathrm{A}]$는?

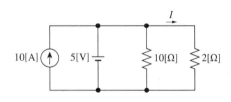

① 2.0 ② 2.5
③ 3.0 ④ 3.5

해설

중첩의 원리 10[A]일 때 전압원 단락하면 $I = 0[\mathrm{A}]$, 5[V]일 때 전류원 개방하면

$I = \dfrac{V}{R} \times \dfrac{R_2}{R_1 + R_2} = \dfrac{5}{\dfrac{10 \times 2}{10 + 2}} \times \dfrac{10}{10 + 2}$

$= \dfrac{5 \times 12}{20} \times \dfrac{10}{12} = 2.5[\mathrm{A}]$

07 그림과 같은 회로에서 임피던스 $\dot{Z} = 30 + j40[\Omega]$일 때 회로에 흐르는 전류의 실횻값 $I = 4[A]$이다. 이때 인가한 전압의 실횻값 $V[V]$과 무효전력[Var]은?

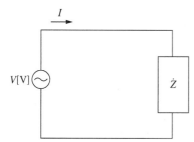

	실횻값 $V[V]$	무효전력[Var]
①	200	480
②	200	640
③	100	640
④	100	480

해설

$|Z| = \sqrt{30^2 + 40^2} = 50[\Omega]$, 전압 $V = I|Z| = 4 \times 50 = 200[V]$

무효분 $P_r = VI\sin\theta = VI \times \dfrac{X}{Z} = 200 \times 4 \times \dfrac{40}{50} = 640[Var]$

08 그림과 같은 정현파 교류전압을 $R = 5[\Omega]$인 부하에 인가했을 때, 이 회로에 흐르는 전류 $I(t)[A]$는?

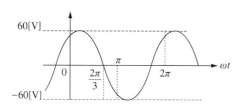

① $12\sin\left(\omega t - \dfrac{\pi}{3}\right)$ ② $12\sin\left(\omega t + \dfrac{\pi}{3}\right)$

③ $12\sin\left(\omega t - \dfrac{2\pi}{3}\right)$ ④ $12\sin\left(\omega t + \dfrac{2\pi}{3}\right)$

해설

전류 실횻값 $I = \dfrac{V}{R} = \dfrac{\frac{60}{\sqrt{2}}}{5} = \dfrac{12}{\sqrt{2}} = 6\sqrt{2}[A]$

위상각 $\theta = \pi - \dfrac{2\pi}{3} = \dfrac{\pi}{3}$

순싯값 $i = I_m\sin(\omega t + \theta) = \sqrt{2}\,I\sin(\omega t + \theta)$

$\qquad = 12\sin\left(\omega t + \dfrac{\pi}{3}\right)[A]$

09 그림과 같은 회로에서 10$[\Omega]$ 양단에 걸리는 전압이 20$[V]$일 때, 이 회로에 인가된 전압 $V[V]$와 회로의 소비전력 $P[W]$는?

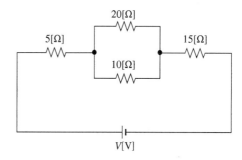

	$V[V]$	$P[W]$
①	40	120
②	40	240
③	80	120
④	80	240

해설

10$[\Omega]$에 걸리는 전압 = 20$[\Omega]$에 걸리는 전압 = 20$[V]$

10$[\Omega]$에 흐르는 전류 $i_{10} = \dfrac{V_{10}}{R} = \dfrac{20}{10} = 2[A]$

20$[\Omega]$에 흐르는 전류 $i_{20} = \dfrac{V_{20}}{R} = \dfrac{20}{20} = 1[A]$

총전류 $= 2 + 1 = 3[A]$

총저항

$= 5 + (20 \parallel 10) + 15 = 5 + \dfrac{20 \times 10}{20 + 10} + 15 = 5 + \dfrac{20}{3} + 15$

$= \dfrac{(5 \times 3) + 20 + (15 \times 3)}{3}$

$= \dfrac{15 + 20 + 45}{3} = \dfrac{80}{3}[\Omega]$

전체 전압 $V =$ 총전류 $\times$ 총저항 $= 3 \times \dfrac{80}{3} = 80[V]$

소비전력 $P = VI = 80 \times 3 = 240[W]$

$\therefore V = 80[V], P = 240[W]$

10 RC 직렬회로에 50[V]의 전압이 인가될 때, 저항 $R[\Omega]$에 소비되는 전력이 200[W]이다. 임피던스 Z가 10 $[\Omega]$이라면 저항 $R[\Omega]$와 용량성 리액턴스 $X_c[\Omega]$는?

	$R[\Omega]$	$X_c[\Omega]$
①	3	4
②	4	3
③	6	8
④	8	6

해설

- $P = VI = I^2 R = \dfrac{V^2}{R}$

- $Z = R - jX_c$, $|Z| = \sqrt{R^2 + X_c^2}$

- 전체 전류 $I = \dfrac{V}{Z} = \dfrac{50}{10} = 5[\text{A}]$

- 저항 R에 소비되는 전력 $= 200[\text{W}]$

  $P_R = I^2 R = 200[\text{W}]$

  $5^2 \times R = 200$

  $R = \dfrac{200}{5^2} = 8[\Omega]$

- $|Z| = \sqrt{R^2 + X_c^2}$

  $\sqrt{8^2 + X_c^2} = 10$

  $8^2 + X_c^2 = 10^2$

  $X_c^2 = 100 - 64$

  $X_c = \sqrt{36} = 6$

  $\therefore R = 8[\Omega],\ X_c = 6[\Omega]$

11 두 전하 $Q_1[\text{C}]$, $Q_2[\text{C}]$ 사이의 거리가 $r[\text{m}]$일 때, 쿨롱(Coulomb)의 법칙에 대한 설명으로 옳지 않은 것은?

① 정전기력은 두 전하 Q_1, Q_2의 크기에 비례한다.

② 정전기력은 두 전하 사이의 거리 r에 반비례한다.

③ 두 전하 Q_1, Q_2가 서로 다른 극성일 때 두 전하 사이에는 끌어당기는 힘이 작용한다.

④ 진공에서의 유전율은 약 $8.854 \times 10^{-12}[\text{F/m}]$이다.

해설

- 두 전하 Q_1, Q_2 사이에 작용하는 힘은 두 전하의 곱에 비례하고 거리의 제곱에 반비례한다.

  $F = \dfrac{1}{4\pi\varepsilon_0} \times \dfrac{Q_1 Q_2}{r^2}[\text{N}] = 9 \times 10^9 \times \dfrac{Q_1 Q_2}{r^2}[\text{N}]$

- 진공 중의 유전율

  $\varepsilon_0 = 8.855 \times 10^{-12}[\text{F/m}]$

- 두 전하 Q_1, Q_2가 서로 다른 극성일 때 두 전하 사이에는 끌어당기는 힘이 작용한다.

12 그림과 같은 회로에서 $\dot{Z}_\triangle = 3 + j4[\Omega]$인 부하에 선간 전압 380[V]인 대칭 3상 전압을 인가하고, Y결선으로 등가변환할 때 등가 임피던스를 $\dot{Z}_Y[\Omega]$라 한다. 이때 선전류 $I_l[A]$과 등가 임피던스 $\dot{Z}_Y[\Omega]$는?

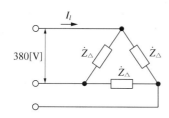

	$I_l[A]$	$\dot{Z}_Y[\Omega]$
①	76	$9 + j12$
②	76	$1 + j\dfrac{4}{3}$
③	$76\sqrt{3}$	$9 + j12$
④	$76\sqrt{3}$	$1 + j\dfrac{4}{3}$

해설

△결선 : $V_l = V_p$, $I_l = \sqrt{3}\,I_p$

· 임피던스 $|Z_p| = \sqrt{(3)^2 + (4)^2} = \sqrt{9+16} = \sqrt{25} = 5[\Omega]$

· 상전류 $I_p = \dfrac{V_p}{|Z_p|} = \dfrac{380}{5} = 76[A]$

· 선전류 $I_l = \sqrt{3}\,I_p = \sqrt{3} \times 76 = 76\sqrt{3}[A]$

△→Y 변환

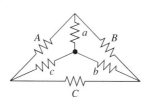

· $a = \dfrac{AB}{A+B+C}$, $b = \dfrac{BC}{A+B+C}$, $c = \dfrac{CA}{A+B+C}$

$Z_Y = \dfrac{Z_\triangle \cdot Z_\triangle}{Z_\triangle + Z_\triangle + Z_\triangle} = \dfrac{(3+j4) \cdot (3+j4)}{(3+j4)+(3+j4)+(3+j4)}$

$= \dfrac{-7+j24}{9+j12} = \dfrac{(-7+j24) \cdot (9-j12)}{(9+j12) \cdot (9-j12)} = \dfrac{225+j300}{225}$

$= 1 + j\dfrac{4}{3}$

$\therefore I_l = 76\sqrt{3}[A]$, $Z_Y = 1 + j\dfrac{4}{3}$

13 저항 4[Ω]와 용량성 리액턴스 3[Ω]이 직렬로 접속된 회로에 $V(t) = 100\sin(\omega t)[V]$인 전압을 인가할 때, 회로에 흐르는 전류 $I(t)[A]$는?(단, $\theta = -\tan^{-1}\dfrac{3}{4}$[rad] 이다)

① $25\sin(\omega t + \theta)$

② $25\sin(\omega t - \theta)$

③ $20\sin(\omega t + \theta)$

④ $20\sin(\omega t - \theta)$

해설

$Z = \sqrt{4^2 + 3^2} = 5[\Omega]$, $V = \dfrac{100}{\sqrt{2}} = 50\sqrt{2}[V]$,

$I = \dfrac{V}{Z} = \dfrac{50\sqrt{2}}{5} = 10\sqrt{2}[A]$, $\theta = -\tan^{-1}\dfrac{3}{4}[rad]$

순싯값 $i = I_m\sin(\omega t + \theta) = \sqrt{2}\,I\sin(\omega t + \theta)$

$= 20\sin(\omega t - \theta)[A]$

14 감은 횟수가 40회인 코일에서 0.4[s] 동안 자속이 0.8[Wb]에서 0.6[Wb]으로 변화하였을 때, 유도되는 기전력[V]은?

① 5   ② 10

③ 15   ④ 20

해설

$e = -L(M)\dfrac{di}{dt} = -N\dfrac{d\phi}{dt}[V]$

$= -40 \times \dfrac{-0.2}{0.4} = 20[V]$

$\therefore e = 20[V]$

유도기전력을 나타낼 때 e와 v를 같이 쓴다.

유도기전력의 부호(−)는 방향이 반대임을 나타낸다.

여기서, L : 자체 인덕턴스

$\quad\quad\quad i$: 전류

$\quad\quad\quad N$: 코일의 권선비

$\quad\quad\quad \phi$: 자속

15 회로에 $v(t) = 100\sin(377t + 70°)$[V]인 전압을 인가했더니 $i(t) = 10\sin(377t + 10°)$인 전류가 흘렀다. 이 회로의 소비전력[W]과 무효율은?

	소비전력[W]	무효율
①	500	$\dfrac{\sqrt{3}}{2}$
②	500	$\dfrac{1}{2}$
③	250	$\dfrac{\sqrt{3}}{2}$
④	250	$\dfrac{1}{2}$

해설

$V = \dfrac{100}{\sqrt{2}}$[V], $I = \dfrac{10}{\sqrt{2}}$[A], $\theta = 70 - 10 = 60°$

소비전력 $P = VI\cos\theta = \dfrac{100}{\sqrt{2}} \times \dfrac{10}{\sqrt{2}} \times \cos 60°$

$\qquad = \dfrac{100}{\sqrt{2}} \times \dfrac{10}{\sqrt{2}} \times \dfrac{1}{2} = 250$[W]

무효율 $\sin\theta = \sqrt{1 - \cos^2\theta} = \sqrt{1 - \left(\dfrac{1}{2}\right)^2} = \sqrt{\dfrac{4}{4} - \dfrac{1}{4}} = \dfrac{\sqrt{3}}{2}$

16 그림과 같은 평형 3상 교류회로에 대한 설명으로 옳은 것은?(단, $\dot{V}_a = 200 \angle 0$[V], $\dot{Z} = 4 + j3$[Ω]이다)

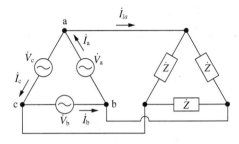

① 선간전압은 상전압의 $\sqrt{3}$ 배이다.
② 선전류는 상전류보다 위상이 $30°$앞선다.
③ 3상 부하에서 소비되는 전력은 19.2[kW]이다.
④ 선전류의 실횻값은 $50\sqrt{3}$[A]이다.

해설

△결선 $V_l = V_p$, $I_l = \sqrt{3}\,I_p \angle -30°$
임피던스 $|Z| = \sqrt{3^2 + 4^2} = 5$[Ω]

상전류 $I_p = \dfrac{V_p}{Z} = \dfrac{200}{5}° = 40 \angle 30$[A]

소비전력 $P = 3V_p I_p \cos\theta = 3I_p^2 R = 3 \times 40^2 \times 4 = 19,200$[W]

$\qquad = 19.2$[kW]

$I_l = \sqrt{3}\,I_p \angle -30° = 40\sqrt{3} \angle -30°$

17 그림과 같은 *RC* 직렬회로에서 *t* = 0일 때 스위치 SW 를 닫았다. 이때 콘덴서 양단의 전압 $V_c(0^+)$[V]와 회로 의 전류 $I(0^+)$[A]는?(단, $R = 5$[kΩ], $C = 200$[μF], $V = 10$[V]이고 콘덴서의 초기 전압은 0[V]이다)

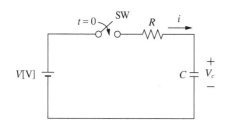

	$V_c(0^+)$[V]	$I(0^+)$[A]
①	0	0.002
②	0	2.0
③	10	0.002
④	10	2.0

해설

• 전류

$$i_c(t) = \frac{E}{R}\left(e^{-\frac{1}{RC}t}\right)[\text{A}]$$

$$i(0^+) = \frac{10}{5,000}\left(e^{-\frac{1}{5,000 \times 0.0002} \cdot 0}\right) = 2 \times 10^{-3}[\text{A}]$$
$$= 0.002[\text{A}]$$

• 전압

$$V_c = \frac{1}{C}\int i(t)\ dt = E\left(1 - e^{-\frac{1}{RC}t}\right)[\text{V}]$$

$$t = 0\ (e^{-0} = 1) \Rightarrow V_c = 0$$

$$t = \infty\ (e^{-\infty} = 0) \Rightarrow V_c = E$$

∴ $V_c(0^+) = 0$[V], $i(0^+) = 0.002$[A]

18 그림과 같은 회로에서 *t* = 0일 때 스위치 SW를 닫았다. 이때 스위치 SW로 흐르는 전류 $i_s(0^+)$[A]는?(단, *t* < 0에서 회로는 정상상태이다)

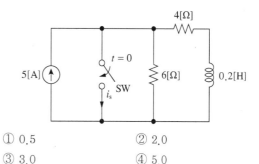

① 0.5   ② 2.0

③ 3.0   ④ 5.0

해설

$i_s(0^+)$ = 전류원 전류 − 정상상태 i_4 전류

• SW Off 시 정상전류(*L* : 단락)

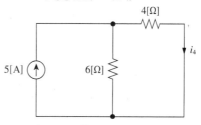

$$i_4 = \frac{6}{6+4} \times 5 = \frac{30}{10} = 3[\text{A}]\ (L\text{에 흐르는 전류})$$

• SW On 시 전류 $i_s(0^+)$

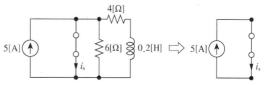

스위치 단락상태이므로 오른쪽과 같이 폐회로 구성되어 코일쪽으 로는 전류가 흐르지 않는다($i_4 = 0$).

∴ $i_s(0^+)$ = 전류원 전류 − 정상상태 i_4 전류
$$= 5[\text{A}] - 3[\text{A}] = 2[\text{A}]$$

19 전압의 최댓값이 220[V]이고 주파수가 60[Hz]인 경우 $t = \dfrac{1}{720}$[s]일 때, 전압의 순싯값[V]은?(단, 전압의 위상은 0°이다)

① $220\sqrt{2}$

② 220

③ $110\sqrt{2}$

④ 110

해설

$$\underset{\text{순싯값}}{v} = \underset{\text{최댓값}}{V_m}\sin(\underset{\text{각속도}}{\omega t} + \underset{\text{위상}}{\theta})\,[\text{V}]$$

• $V_m = 220[\text{V}]$

• $\omega = 2\pi f\ (f : \text{주파수}) \rightarrow \omega = 2\pi \times 60 = 120\pi[\text{rad/s}]$

• $\theta = 0°$

• $t = \dfrac{1}{720}[\text{s}]$

$v(t) = V_m \sin(\omega t + \theta)[\text{V}]$

$v\left(\dfrac{1}{720}\right) = 220\sin\left(120\pi \cdot \dfrac{1}{720} + 0°\right)[\text{V}]$

$\qquad = 220\sin\left(\dfrac{\pi}{6}\right)[\text{V}]$

$\qquad = 220 \times \dfrac{1}{2}[\text{V}]$

$\qquad = 110[\text{V}]$

∴ 순싯값 = 110[V]

20 비정현파 회로의 전압 $V(t)$와 전류 $I(t)$가 다음과 같은 경우, 이 회로에 대한 설명으로 옳지 않은 것은?

$$V(t) = \sin\omega t + 2\sin3\omega t + 3\sin5\omega t\,[\text{V}]$$
$$i(t) = 2\sin\left(\omega t - \dfrac{\pi}{6}\right) + 3\sqrt{2}\sin\left(2\omega t - \dfrac{\pi}{4}\right)$$
$$+ 2\sin\left(3\omega t - \dfrac{\pi}{2}\right)[\text{A}]$$

① 전압 $V(t)$와 전류 $i(t)$ 파형을 푸리에 급수(Fourier Series)로 전개할 수 있다.

② 전류의 실횻값은 $\sqrt{13}$[A]이다.

③ 소비전력은 $\dfrac{\sqrt{3}+9}{2}$[W]이다.

④ 전압의 실횻값은 $\sqrt{7}$[V]이다.

해설

② 전류 실횻값

$$I = \sqrt{\left(\dfrac{2}{\sqrt{2}}\right)^2 + \left(\dfrac{3\sqrt{2}}{\sqrt{2}}\right)^2 + \left(\dfrac{2}{\sqrt{2}}\right)^2}$$

$$= \sqrt{\dfrac{4+18+4}{2}} = \sqrt{\dfrac{26}{2}} = \sqrt{13}\,[\text{A}]$$

③ 소비전력은 같은 고조파가 있는 경우만 발생한다.

$$P = \dfrac{1}{\sqrt{2}} \times \dfrac{2}{\sqrt{2}} \times \cos\left(\dfrac{\pi}{6}\right) + \dfrac{2}{\sqrt{2}} \times \dfrac{2}{\sqrt{2}} \times \cos\left(\dfrac{\pi}{2}\right)$$

$$= \dfrac{\sqrt{3}}{2}\,[\text{V}]$$

④ 전압 실횻값

$$V = \sqrt{\left(\dfrac{1}{\sqrt{2}}\right)^2 + \left(\dfrac{2}{\sqrt{2}}\right)^2 + \left(\dfrac{3}{\sqrt{2}}\right)^2} = \sqrt{\dfrac{14}{2}} = \sqrt{7}\,[\text{V}]$$

2019년 지방직 전기이론

01 2개의 코일이 단일 철심에 감겨 있으며 결합계수가 0.5 이다. 코일 1의 인덕턴스가 10[μH]이고 코일 2의 인덕턴스가 40[μH]일 때, 상호인덕턴스[μH]는?

① 1 ② 2
③ 4 ④ 10

해설

코일의 결합계수 $K = 0.5$
코일 1의 인덕턴스 $L_1 = 10[\mu\text{H}]$
코일 2의 인덕턴스 $L_2 = 40[\mu\text{H}]$ 이므로
상호인덕턴스 $M = K\sqrt{L_1 \cdot L_2}$
$= 0.5\sqrt{10 \cdot 40} = 0.5 \times 20$
$= 10[\mu\text{H}]$

02 비사인파 교류전압 $V(t) = 10 + 5\sqrt{2}\sin\omega t + 10\sqrt{2}$ $\sin\left(3\omega t + \dfrac{\pi}{6}\right)$[V]일 때, 전압의 실횻값[V]은?

① 5 ② 10
③ 15 ④ 20

해설

비정현파 교류전압 v의 순싯값
$v = V_0 + \sqrt{2}\,V_1\sin(\omega t + \theta_1) + \sqrt{2}\,V_2\sin(2\omega t + \theta_2)$
$+ \cdots + \sqrt{2}\,V_n\sin(n\omega t + \theta_n)$ 이고,
비정현파 교류의 실횻값
$V = \sqrt{V_0^2 + V_1^2 + \cdots + V_n^2}$ 이므로
전압의 실횻값 $V = \sqrt{10^2 + 5^2 + 10^2} = \sqrt{225} = 15[\text{V}]$

03 전압 $v(t) = 110\sqrt{2}\sin\left(120\pi t + \dfrac{2\pi}{3}\right)$[V]인 파형에서 실횻값[V], 주파수[Hz] 및 위상[rad]으로 옳은 것은?

	실횻값	주파수	위상
①	110	60	$\dfrac{2\pi}{3}$
②	110	60	$-\dfrac{2\pi}{3}$
③	$110\sqrt{2}$	120	$-\dfrac{2\pi}{3}$
④	$110\sqrt{2}$	120	$\dfrac{2\pi}{3}$

해설

정현파 교류의 전압 $v = V_m\sin(\omega t + \theta)$[V]에서
V_m(최댓값) = 실횻값 $\times \sqrt{2} = 110\sqrt{2}$, ω(각속도) $= 120\pi$,
θ(위상) $= \dfrac{2\pi}{3}$
따라서 $v(t) = 110\sqrt{2}\sin\left(120\pi t + \dfrac{2\pi}{3}\right)$에서

• 실횻값 : $\dfrac{V_m}{\sqrt{2}} = \dfrac{110\sqrt{2}}{\sqrt{2}} = 110[\text{V}]$

• 주파수 : $\omega t = 2\pi f t = 120\pi t$ ∴ $f = 60[\text{Hz}]$

• 위상 : $\theta = \dfrac{2\pi}{3}[\text{rad}]$

04 회로에서 임의의 두 점 사이를 5[C]의 전하가 이동하여 외부에 대하여 100[J]의 일을 하였을 때, 두 점 사이의 전위차[V]는?

① 20 ② 40
③ 50 ④ 500

해설

$W = QV$에서 $V = \dfrac{W}{Q} = \dfrac{100[\text{J}]}{5[\text{C}]} = 20[\text{V}]$

05 그림의 회로에서 저항 $R[\Omega]$은?

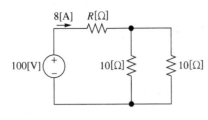

① 2.5 ② 5.0
③ 7.5 ④ 10.0

해설

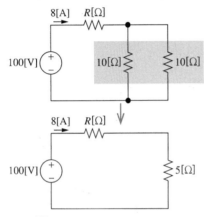

따라서, $I = \dfrac{100}{R+5} = 8$

$8(R+5) = 100$ ∴ $R = 7.5$

06 그림의 회로에서 $N_1 : N_2 = 1 : 10$을 가지는 이상변압기 (Ideal Transformer)를 적용하는 경우 $\dot{Z}_L$에 최대 전력이 전달되기 위한 $\dot{Z}_S$는?(단, 전원의 각속도 $\omega = 50$ [rad/s]이다)

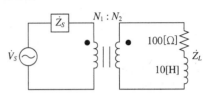

① $\underset{1[\Omega] \quad 1[H]}{-\!\!\!\bigwedge\!\!\!\!\bigwedge\!\!\!-\!\!\!\frown\!\!\!\frown\!-}$

② $\underset{1[\Omega] \quad 10[mH]}{-\!\!\!\bigwedge\!\!\!\!\bigwedge\!\!\!-\!\!\!\frown\!\!\!\frown\!-}$

③ $\underset{1[\Omega] \quad 4[mF]}{-\!\!\!\bigwedge\!\!\!\!\bigwedge\!\!\!-\!\!|\!|-}$

④ $\underset{1[\Omega] \quad 4[F]}{-\!\!\!\bigwedge\!\!\!\!\bigwedge\!\!\!-\!\!|\!|-}$

해설

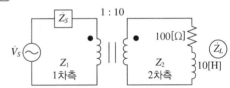

문제에서 전원의 각속도 $\omega = 50[\text{rad/s}]$이므로

$\dot{Z}_L = R + j\omega L = 100 + j \cdot 50 \cdot 10$

$= 100 + j500$이다($Z_2 = $ 2차측 임피던스값).

1차측과 2차측의 권수비가 $N_1 : N_2$이고

권수비 $a = \dfrac{N_1}{N_2} = \dfrac{I_2}{I_1} = \dfrac{V_1}{V_2} = \sqrt{\dfrac{Z_1}{Z_2}}$ 이므로

1차측 임피던스 크기 Z_1은 $\dfrac{N_1}{N_2} = \sqrt{\dfrac{Z_1}{Z_2}}$ 에서

$Z_1 = \dfrac{N_1^2}{N_2^2} \cdot Z_2 = \dfrac{Z_2}{100} = \dfrac{100 + j500}{100} = 1 + j5$이다. 따라서 Z_L에

최대 전력 전달을 위해(허수부 = 0) $\dot{Z}_s$에는 $1 - j5$의 값을 가지게 되며, $-j5$는 음(−)의 값이므로 콘덴서 성분을 갖는다($X_C = 5$ $[\Omega]$).

$X_C = \dfrac{1}{\omega C}$에서

$C = \dfrac{1}{\omega \cdot X_C} = \dfrac{1}{50 \cdot 5} = \dfrac{1}{250} = 0.004[\text{F}] = 4[\text{mF}]$

따라서 $\dot{Z}_s$에 들어가는 값은 $\underset{1[\Omega] \quad 4[mF]}{-\!\!\!\bigwedge\!\!\!\!\bigwedge\!\!\!-\!\!|\!|-}$이다.

07 그림의 회로에서 $I_1 + I_2 - I_3$[A]는?

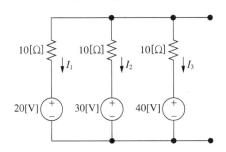

① 1

② 2

③ 3

④ 4

해설

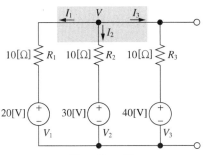

$I_1 + I_2 + I_3 = 0$이므로 $\dfrac{V_1}{R_1} + \dfrac{V_2}{R_2} + \dfrac{V_3}{R_3} = 0$에서

$\dfrac{V-20}{10} + \dfrac{V-30}{10} + \dfrac{V-40}{10} = 0$이다.

$3V - 20 - 30 - 40 = 0$

$V = 30$[V]이므로

$I_1 = \dfrac{30-20}{10} = 1$[A], $I_2 = \dfrac{30-30}{10} = 0$[A], $I_3 = \dfrac{30-40}{10} = -1$[A]

$\therefore\ I_1 + I_2 - I_3 = 1 + 0 - (-1) = 2$[A]

[별 해]

• 밀만의 정리 이용

$V = \dfrac{\dfrac{20}{10} + \dfrac{30}{10} + \dfrac{40}{10}}{\dfrac{1}{10} + \dfrac{1}{10} + \dfrac{1}{10}} = \dfrac{20+30+40}{1+1+1} = 30$[V]

$I_1 = \dfrac{30-20}{10} = 1$[A], $I_2 = \dfrac{30-30}{10} = 0$[A],

$I_3 = \dfrac{30-40}{10} = -1$[A]

$\therefore\ I_1 + I_2 - I_3 = 1 + 0 - (-1) = 2$[A]

08 그림의 회로에서 저항 20[Ω]에 흐르는 전류 $I = 0$[A]가 되도록 하는 전류원 I_S[A]는?

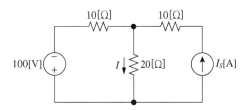

① 10

② 15

③ 20

④ 25

해설

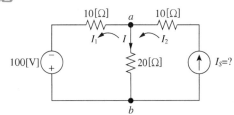

문제에서 $I = 0$이라고 주어졌으므로, 저항 20[Ω]의 양단에 걸리는 전위차 $V_{ab} = 0$이다.

$I_1 = \dfrac{V_{ab} - (-100)}{10} = \dfrac{0 + 100}{10} = 10$[A]

$I_2 = I_S$

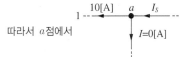

따라서 a점에서

$I_S = 10$[A] $+ 0$[A] $= 10$[A]

09 그림의 회로에서 $v_s(t) = 100\sin\omega t$[V]를 인가한 후, L[H]을 조절하여 $i_s(t)$[A]의 실횻값이 최소가 되기 위한 L[H]은?

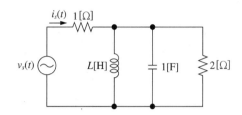

① $\dfrac{1}{\omega^2}$

② $\dfrac{1}{\omega}$

③ $\dfrac{1}{\omega\sqrt{2}}$

④ $\dfrac{\sqrt{2}}{\omega}$

해설

전압원에서 나온 전류 $i_s(t)$의 실횻값이 최소가 되게 하려면 주어진 RLC 병렬회로에서 공진을 일으켜 어드미턴스값을 최소화하면 된다.

따라서,

$\omega = \dfrac{1}{\sqrt{LC}}$ 에서 $L = \dfrac{1}{\omega^2 C}$ 이고,

$C = 1$[F]이므로 $L = \dfrac{1}{\omega^2 \cdot 1^2} = \dfrac{1}{\omega^2}$ 이다.

10 그림의 회로에서 이상변압기(Ideal Transformer)의 권선비가 $N_1 : N_2 = 1 : 2$일 때, 전압 $\dot{V}_o$[V]는?

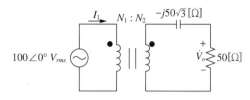

① $100 \angle 30°$

② $100 \angle 60°$

③ $200 \angle 30°$

④ $200 \angle 60°$

해설

권선비가 $N_1 : N_2 = 1 : 2$이므로, $a = \dfrac{N_1}{N_2} = \dfrac{V_1}{V_2}$ 에서

1차측 전압이 $100\angle 0°$이면($\dot{V}_1 = 100\angle 0°$),

2차측 전압은 $200\angle 0°$이고($\dot{V}_2 = 200\angle 0°$)

2차측의 등가회로는 다음과 같이 된다.

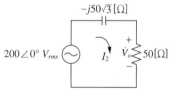

2차측 회로의 임피던스 $\dot{Z}_2 = 50 - j50\sqrt{3} = 100\angle -60°$[Ω]

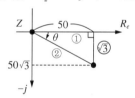

$\dot{I}_2 = \dfrac{V_2}{Z_2} = \dfrac{200\angle 0°}{100\angle -60°} = 2\angle 60°$[A]

따라서 저항 50[Ω]에 걸리는 전압

$\dot{V}_0 = \dot{I}_2 \cdot 50 = 2\angle 60° \cdot 50 = 100\angle 60°$[V]

11 전자유도(Electromagnetic Induction)에 대한 설명으로 옳은 것만을 모두 고르면?

> ㄱ. 코일에 흐르는 시변 전류에 의해서 같은 코일에 유도기전력이 발생하는 현상을 자기유도(Self-Induction)라 한다.
> ㄴ. 자계의 방향과 도체의 운동 방향이 직각인 경우에 유도기전력의 방향은 플레밍(Fleming)의 오른손 법칙에 의하여 결정된다.
> ㄷ. 도체의 운동 속도가 v[m/s], 자속밀도가 B[Wb/m²], 도체 길이가 l[m], 도체 운동의 방향이 자계의 방향과 각(θ)을 이루는 경우, 유도기전력의 크기 $e = Blv\sin\theta$[V]이다.
> ㄹ. 전자유도에 의해 만들어지는 전류는 자속의 변화를 방해하는 방향으로 발생한다. 이를 렌츠(Lenz)의 법칙이라고 한다.

① ㄱ, ㄴ
② ㄷ, ㄹ
③ ㄱ, ㄷ, ㄹ
④ ㄱ, ㄴ, ㄷ, ㄹ

해설

패러데이 전자유도 법칙

ㄱ. $e = L\dfrac{di}{dt}$[V]

ㄴ. 플레밍의 오른손 법칙 : 운동 방향(v)⊥자계 방향(B)

ㄷ. 플레밍의 오른손 법칙 : $e = B \cdot l \cdot v \cdot \sin\theta$

ㄹ. 렌츠의 법칙 : $e = -N\dfrac{d\phi}{dt}$[V]

---

12 그림의 회로에 대한 설명으로 옳은 것은?

$i(t) = 10\sqrt{2}\sin(\omega t + 60°)$[A]

$v(t) = 200\sin(\omega t + 30°)$[V] $\dot{Z}$

① 전압의 실횻값은 200[V]이다.
② 순시전력은 항상 전원에서 부하로 공급된다.
③ 무효전력의 크기는 $500\sqrt{2}$ [Var]이다.
④ 전압의 위상이 전류의 위상보다 앞선다.

해설

$i(t) = 10\sqrt{2}\sin(\omega t + 60°)$[A]이고,
$v(t) = 200\sin(\omega t + 30°)$[V]이므로,

① 전압의 실횻값 $V_{rms} = \dfrac{V_m}{\sqrt{2}} = \dfrac{200}{\sqrt{2}}$ 이다.

② 전압과 전류의 위상차가 발생하므로 순시전력의 값은 (+)와 (−) 값을 교번하여 갖게 되고 (+)일 때는 전원에서 부하로 공급하고 (−)일 때는 부하에서 전원으로 공급된다.

③ 임피던스 $\dot{Z} = \dfrac{\dot{V}}{\dot{I}} = \dfrac{200\angle 30°}{10\sqrt{2}\angle 60°} = 10\sqrt{2}\angle -30°$

따라서 (−)의 위상을 갖는 부하이므로,
RC 회로인 것을 알 수 있으며,
이때 무효전력 $P_r = V_s \cdot I_s \cdot \sin\theta$

$= \dfrac{200}{\sqrt{2}} \cdot \dfrac{10\sqrt{2}}{\sqrt{2}} \cdot \sin 30° = 500\sqrt{2}$ [Var]이다.

④ 전압의 위상은 전류의 위상보다 느리다.

13 어떤 부하에 단상 교류전압 $v(t) = \sqrt{2}\,V\sin\omega t$[V]를 인가하여 부하에 공급되는 순시전력이 그림과 같이 변동할 때 부하의 종류는?

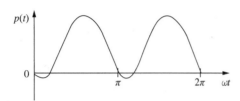

① R 부하
② $R-L$ 부하
③ $R-C$ 부하
④ $L-C$ 부하

해설

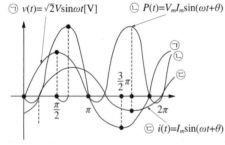

ⓖ $v(t) = \sqrt{2}V\sin\omega t$[V] ⓛ $P(t) = V_m I_m \sin(\omega t + \theta)$

ⓖ
ⓛ
ⓒ

ⓒ $i(t) = I_m \sin(\omega t + \theta)$

전류 $i(t)$가 전압 $v(t)$보다 θ만큼 느리다(RL 회로).

14 0.3[μF]과 0.4[μF]의 커패시터를 직렬로 접속하고 그 양단에 전압을 인가하여 0.3[μF]의 커패시터에 24[μC]의 전하가 축적되었을 때, 인가한 전압[V]은?

① 120　　　　② 140
③ 160　　　　④ 180

해설

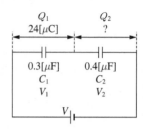

$Q = CV$이므로

$Q_1 = C_1 V_1$에서 $V_1 = \dfrac{Q_1}{C_1} = \dfrac{24 \times 10^{-6}}{0.3 \times 10^{-6}} = 80$[V]

커패시터 직렬접속이므로
$Q_1 = Q_2 = Q$

따라서 $V_2 = \dfrac{Q}{C_2} = \dfrac{24 \times 10^{-6}}{0.4 \times 10^{-6}} = 60$[V]

$V = V_1 + V_2 = 80 + 60 = 140$[V]

15 그림과 같이 평형 3상 회로에 임피던스 $\dot{Z}_\Delta = 3\sqrt{2} + j3\sqrt{2}\,[\Omega]$인 부하가 연결되어 있을 때, 선전류 $I_L[A]$은?(단, $V_L = 120[V]$)

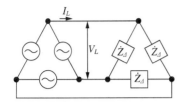

① 20

② $20\sqrt{3}$

③ 60

④ $60\sqrt{3}$

해설

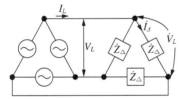

$\dot{Z}_\Delta = 3\sqrt{2} + j3\sqrt{2}\,[\Omega]$에서

$|Z_\Delta| = \sqrt{(3\sqrt{2})^2 + (3\sqrt{2})^2} = \sqrt{36} = 6[\Omega]$

$I_\Delta = \dfrac{V_L}{Z_\Delta} = \dfrac{120[V]}{6[\Omega]} = 20[A]$

△결선에서 선전류(I_L)은 상전류(I_Δ)의 $\sqrt{3}$ 배이므로

$(I_l = \sqrt{3}\,I_P)$

따라서 선전류 $I_L = \sqrt{3} \cdot I_\Delta = \sqrt{3} \cdot 20[A] = 20\sqrt{3}\,[A]$

16 선간전압 $V_s[V]$, 한 상의 부하저항이 $R[\Omega]$인 평형 3상 △-△ 결선 회로의 유효전력은 $P[W]$이다. △결선된 부하를 Y결선으로 바꿨을 때, 동일한 유효전력 $P[W]$를 유지하기 위한 전원의 선간전압[V]은?

① $\dfrac{V_s}{\sqrt{3}}$

② V_s

③ $\sqrt{3}\,V_s$

④ $3\,V_s$

해설

• △결선의 평형 3상 부하에서 $V_l = V_P$이므로

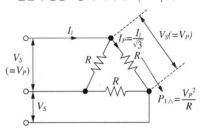

△결선 한상의 전력

$P_{1\Delta} = \dfrac{V_P^2}{R} = \dfrac{V_l^2}{R}[W]$

△결선 3상의 전력

$P_{3\Delta} = 3 \cdot P_{1\Delta} = \dfrac{3 \cdot V_l^2}{R}[W]$

• Y결선의 평형 3상 부하에서 $V_P = \dfrac{V_l}{\sqrt{3}}$ 이므로

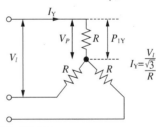

Y결선 한상에서의 전력

$P_{1Y} = V_P \cdot I_Y = \dfrac{V_l}{\sqrt{3}} \times \dfrac{\frac{V_l}{\sqrt{3}}}{R} = \dfrac{V_l^2}{3R}[W]$

Y결선 3상에서의 전력

$P_{3Y} = 3 \cdot P_{1Y} = 3 \cdot \dfrac{V_l^2}{3R} = \dfrac{V_l^2}{R}[W]$

따라서

△결선 → Y결선 변환하여도 전력 $P[W]$가 동일한 전원의 선간전압은 $\dfrac{V_l}{\sqrt{3}} = V_s$에서 $V_l = \sqrt{3} \cdot V_s$이다.

17 그림의 회로에 $t = 0$에서 직류전압 $V = 50[V]$를 인가할 때, 정상상태 전류 $I[A]$는?(단, 회로의 시정수는 2[ms], 인덕터의 초기 전류는 0[A]이다)

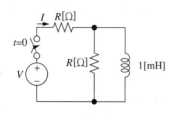

① 12.5

② 25

③ 35

④ 50

해설

$t = 0$일 때 L에서 바라본 회로의 모습은 아래와 등가이다.

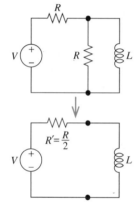

위 등가회로의 저항 $R' = \dfrac{R}{2}$이므로

시정수 $\tau = \dfrac{L}{R}$에서 $\tau = \dfrac{L}{\frac{R}{2}} = 2[\text{ms}]$이다.

$L = 1[\text{mH}]$이므로 $R = 1[\Omega]$이다. 따라서 $t = 0$일 때, 회로는 다음과 같으며

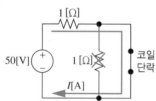

회로에 흐르는 전류

$I[\text{A}] = \dfrac{V}{R} = \dfrac{50[\text{V}]}{1[\Omega]} = 50[\text{A}]$

18 그림의 회로에서 단자 A와 B에서 바라본 등가저항이 12[Ω]이 되도록 하는 상수 β는?

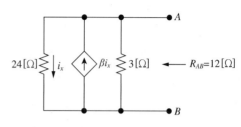

① 2

② 4

③ 5

④ 7

해설

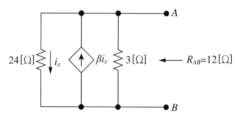

단자 AB에 임의의 전압 V_{AB}를 걸어줬을 때 흐르는 전류가 I_{AB}라고 하면,

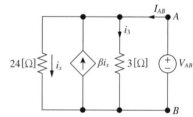

$I_{AB} = i_x - \beta i_x + i_3$이고, 회로의 좌측 24[$\Omega$]에서 $i_x = \dfrac{V_{AB}}{24}$

이므로 $I_{AB} = \dfrac{V_{AB}}{24} - \dfrac{\beta}{24} V_{AB} + \dfrac{V_{AB}}{3}$이다.

양변에 24를 곱하면,

$24 \cdot I_{AB} = V_{AB} - \beta V_{AB} + 8 V_{AB}$

$24 I_B = (9 - \beta) V_{AB}$이다.

단자 A, B에서 바라본 저항 $R_{AB} = 12[\Omega]$이므로

$R_{AB} = \dfrac{V_{AB}}{I_{AB}} = \dfrac{24}{(9 - \beta)} = 12[\Omega]$

따라서,

$24 = 12(9 - \beta)$

$2 = 9 - \beta$

$\therefore \ \beta = 7$

19 그림과 같은 회로에서 스위치를 B에 접속하여 오랜 시간이 경과한 후에 $t = 0$에서 A로 전환하였다. $t = 0^+$에서 커패시터에 흐르는 전류 $i(0^+)$[mA]와 $t = 2$에서 커패시터와 직렬로 결합된 저항 양단의 전압 $v(2)$[V]은?

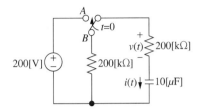

	$i(0^+)\,[\text{mA}]$	$v(2)\,[\text{V}]$
①	0	약 74
②	0	약 126
③	1	약 74
④	1	약 126

해설

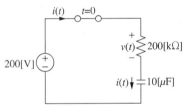

콘덴서 $10[\mu\text{F}]$에 걸리는 초기 전압은 $0[\text{V}]$이므로
$v(0^+) = 200[\text{V}]$

$t = 0^+$에서 커패시터에 흐르는 전류 $i(0^+) = \dfrac{200[\text{V}]}{200[\text{k}\Omega]} = 1[\text{mA}]$

시정수 $\tau = RC$이므로
$\tau = 200[\text{k}\Omega] \times 10[\mu\text{F}] = 2[\text{s}]$

이는, RC 직렬회로에서 콘덴서의 충전전압이 전원전압의 $63.2[\%]$가 되는데 걸리는 시간, 즉 시정수가 2[s]라는 뜻으로 $10[\mu\text{F}]$ 커패시터 양단에 걸리는 전압을 v_c라고 할 때
$v_c(2) = 200 \times 63.2[\%] = 126.4[\text{V}]$

$200[\text{k}\Omega]$ 저항 양단에 걸리는 전압
$v(2) = 200 - 126.4 = 73.6[\text{V}] \fallingdotseq 74[\text{V}]$

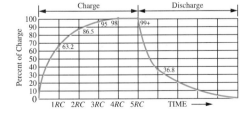

20 $v_1(t) = 100\sin(30\pi t + 30°)[\text{V}]$와 $v_2(t) = V_m\sin(30\pi t + 60°)[\text{V}]$에서 $v_2(t)$의 실횻값은 $v_1(t)$의 최댓값의 $\sqrt{2}$배이다. $v_1(t)[\text{V}]$와 $v_2(t)[\text{V}]$의 위상차에 해당하는 시간[s]과 $v_2(t)$의 최댓값 $V_m[\text{V}]$은?

	시 간	최댓값
①	$\dfrac{1}{180}$	200
②	$\dfrac{1}{360}$	200
③	$\dfrac{1}{180}$	$200\sqrt{2}$
④	$\dfrac{1}{360}$	$200\sqrt{2}$

해설

문제에서 $\omega = 30\pi$이므로 $2\pi f = 30\pi$, $f = 15[\text{Hz}]$ 한 주기에 소요되는 시간 $T = \dfrac{1}{f} = \dfrac{1}{15}[\text{s}]$

따라서 $v_1(t)$와 $v_2(t)$의 위상차($30°$)에 소요되는 시간
$T' = \dfrac{1}{15}[\text{s}] \times \dfrac{30°}{360°} = \dfrac{1}{15} \times \dfrac{1}{12} = \dfrac{1}{180}[\text{s}]$

$v_{1(rms)} = \dfrac{100}{\sqrt{2}}$, $v_{2(rms)} = 100\sqrt{2}$

$v_{2(m)} = \sqrt{2} \cdot v_{2(rms)} = \sqrt{2} \cdot 100\sqrt{2} = 200[\text{V}]$

2019년 서울시 전기이론

01 그림의 회로에서 $i_1 + i_2 + i_3$의 값[A]은?

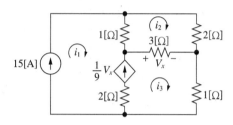

① 40[A]

② 41[A]

③ 42[A]

④ 43[A]

해설

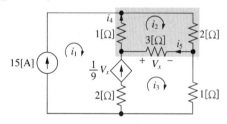

- $V_x = (i_3 - i_2) \cdot 3$
- $i_1 = 15[A]$
- $i_4 = i_2 - i_1$
- $i_5 = i_2 - i_3$
- $\dfrac{1}{9} V_x = i_3 - i_1$

표시한 영역에 KVL을 적용하면

$V_x = i_4 \cdot 1 + i_2 \cdot 2$

$(i_3 - i_2) \cdot 3 = (i_2 - i_1) \cdot 1 + i_2 \cdot 2$

$3i_3 - 3i_2 - i_2 + i_1 - 2i_2 = 0$

$3i_3 - 6i_2 + i_1 = 0 \leftarrow i_1 = 15[A]$

$3i_3 - 6i_2 = -15$

$2i_2 - i_3 = 5 \cdots\cdots \bigcirc$

$V_x = 3(i_3 - i_2)$을 $\dfrac{1}{9} V_x = i_3 - i_1$에 대입하면,

$\dfrac{1}{9} \cdot 3(i_3 - i_2) = i_3 - i_1 \leftarrow i_1 = 15[A]$

$i_3 - i_2 = 3(i_3 - 15)$

$i_3 - i_2 - 3i_3 + 45 = 0$

$i_2 + 2i_3 = 45 \cdots\cdots \bigcirc$

$\bigcirc$과 $\bigcirc$을 연립방정식으로 풀면,

$\begin{cases} 2i_2 - i_3 = 5 \\ i_2 + 2i_3 = 45 \end{cases} \rightarrow \dfrac{\begin{aligned} 4i_2 - 2i_3 &= 10 \\ + \quad i_2 + 2i_3 &= 45 \end{aligned}}{5i_2 = 55}$

따라서,

$i_2 = 11[A], \ i_3 = 17[A], \ i_1 = 15[A]$

$i_1 + i_2 + i_3 = 15 + 11 + 17 = 43[A]$

02 그림과 같이 한 접합점에 전류가 유입 또는 유출된다.

$i_1(t) = 10\sqrt{2}\sin t[\text{A}]$, $i_2 = 5\sqrt{2}\sin\left(t + \dfrac{\pi}{2}\right)[\text{A}]$,

$i_3 = 5\sqrt{2}\sin\left(t - \dfrac{\pi}{2}\right)[\text{A}]$일 때, 전류 i_4의 값[A]은?

① $10\sin t[\text{A}]$

② $10\sqrt{2}\sin t[\text{A}]$

③ $20\sin\left(t + \dfrac{\pi}{4}\right)[\text{A}]$

④ $20\sqrt{2}\sin\left(t + \dfrac{\pi}{4}\right)[\text{A}]$

해설

KCL에 의해(유입전류의 합 = 유출전류의 합)

$i_3 + i_4 = i_1 + i_2$

$i_1 = 10$, $i_2 = 5j$, $i_3 = -5j$이므로,

$-5j + i_4 = 10 + 5j$

∴ $i_4 = 10 + 10j$

이를 순싯값으로 표현하면,

$i(t) = I_m\sin\omega t$에서

$i_4 = (I_{rms} \cdot \sqrt{2})\sin(\omega t + \theta)$

$\quad = 10\sqrt{2} \cdot \sqrt{2} \cdot \sin\left(\omega t + \dfrac{\pi}{4}\right)$

$\quad = 20 \cdot \sin\left(\omega t + \dfrac{\pi}{4}\right)$

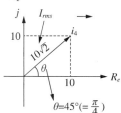

$i_1 \sim i_3$ 모두 각속도 $\omega = 1$이므로,

전류 $i_4 = 20 \cdot \sin\left(t + \dfrac{\pi}{4}\right)[\text{A}]$

03 그림의 회로에서 $v(t = 0) = V_0$일 때, 시간 t에서의 $v(t)$의 값[V]은?

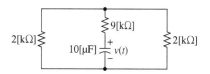

① $v(t) = V_0 e^{-10t}[\text{V}]$

② $v(t) = V_0 e^{0.1t}[\text{V}]$

③ $v(t) = V_0 e^{10t}[\text{V}]$

④ $v(t) = V_0 e^{-0.1t}[\text{V}]$

해설

콘덴서의 전압 $v(t)$는 $\begin{cases} t = 0일 \ 때 \ v(0) = V_0 \\ t = \infty일 \ 때 \ v(\infty) = 0 \end{cases}$

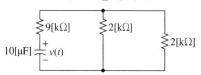

$v(t)$에서 바라본 합성 저항은

$9[\text{k}\Omega] + (2[\text{k}\Omega] \parallel 2[\text{k}\Omega]) = 10[\text{k}\Omega]$이다.

RC 회로의 과도특성에서

$v(t) = V_0 \cdot e^{-\frac{1}{\tau}t}$이고,

시정수 $\tau = RC$이므로

$\tau = 10[\text{k}\Omega] \times 10[\mu\text{F}]$

$\quad = 0.1[\text{s}]$

따라서 $v(t) = V_0 \cdot e^{-\frac{1}{0.1}t} = V_0 \cdot e^{-10t}[\text{V}]$

04 그림의 회로에서 $C=200[\text{pF}]$의 콘덴서가 연결되어 있을 때, 시정수 $\tau[\text{ps}]$와 단자 $a-b$ 왼쪽의 테브난 등가전압 V_{Th}의 값[V]은?

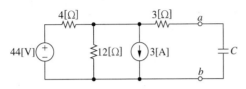

① $\tau=1,200[\text{ps}]$, $V_{Th}=24[\text{V}]$

② $\tau=1,200[\text{ps}]$, $V_{Th}=12[\text{V}]$

③ $\tau=600[\text{ps}]$, $V_{Th}=12[\text{V}]$

④ $\tau=600[\text{ps}]$, $V_{Th}=24[\text{V}]$

해설

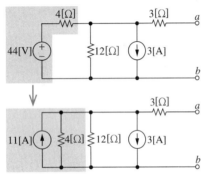

두 전류원과 병렬저항을 합성하면

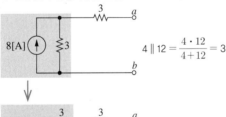

$4 \parallel 12 = \dfrac{4 \cdot 12}{4+12} = 3$

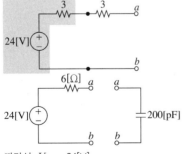

따라서 $V_{Th}=24[\text{V}]$,

$\tau=R \cdot C = 6[\Omega] \times 200[\text{pF}] = 1,200[\text{ps}]$

05 그림과 같은 전압 파형이 100[mH] 인덕터에 인가되었다. $t=0[\text{s}]$에서 인덕터 초기 전류가 0[A]라고 한다면, $t=14[\text{s}]$일 때, 인덕터 전류의 값[A]은?

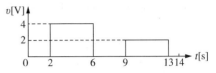

① 210[A] ② 220[A]

③ 230[A] ④ 240[A]

해설

$e = L \cdot \dfrac{di}{dt} [\text{V}]$에서 $L=0.1[\text{H}]$이므로

$e = 0.1 \cdot \dfrac{di}{dt} [\text{V}]$이며,

$\dfrac{di}{dt}$는 단위 시간당 전류의 변화량을 의미함

주어진 그래프에서

㉠ 2~6초($dt_1=4$초) : 4초간 유도된 기전력의 크기가 4[V]이므로

$e_1 = 0.1 \dfrac{di_1}{dt_1}$ 에서 $4=0.1 \cdot \dfrac{di_1}{4}$

∴ 전류변화량 $di_1=160[\text{A}]$이다.

㉡ 9~13초($dt_2=4$초) : 4초간 유도된 기전력의 크기가 2[V] 이므로 $e_2 = 0.1 \dfrac{di_2}{dt_2}$ 에서 $2=0.1 \cdot \dfrac{di_2}{4}$

∴ 전류변화량 $di_2=80[\text{A}]$이다.

따라서, $t=14$초일 때, 인덕터의 최종전류량은 $di_1+di_2=160+80=240[\text{A}]$

06 20[Ω]의 저항에 실효치 20[V]의 사인파가 걸릴 때, 발생열은 직류전압 10[V]가 걸릴 때 발생열의 몇 배인가?

① 1배 ② 2배

③ 4배 ④ 8배

해설

실횻값이란 교류와 동일한 일을 하는 직류로 나타냈을 때의 값으로 문제에서 주어진 교류와 직류값은 동일하게 다루어야 한다.

열량 $H = 0.24Pt[\text{cal}] = 0.24\dfrac{V^2}{R} \cdot t[\text{cal}]$이므로,

전압이 10[V]에서 20[V]로 2배 증가했으므로 $H \propto V^2$에서 열량 H는 4배 증가한다.

07 교류전원 $v_s(t) = 2\cos 2t$[V]가 직렬 RL 회로에 연결되어 있다. $R = 2[\Omega]$, $L = 1$[H]일 때, 회로에 흐르는 전류 $i(t)$의 값[A]은?

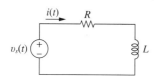

① $\sqrt{2}\cos\left(2t - \dfrac{\pi}{4}\right)$[A]

② $\sqrt{2}\cos\left(2t + \dfrac{\pi}{4}\right)$[A]

③ $\dfrac{1}{\sqrt{2}}\cos\left(2t + \dfrac{\pi}{4}\right)$[A]

④ $\dfrac{1}{\sqrt{2}}\cos\left(2t - \dfrac{\pi}{4}\right)$[A]

해설

$v_s(t) = 2\cos 2t$[V]

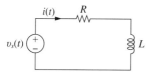

$X_L = \omega L$에서

$R = 2[\Omega]$, $\omega = 2$이고, $L = 1$[H]이므로,

$X_L = 2 \cdot 1 = 2[\Omega]$

$\dot{Z} = R + jX_L = 2 + j2[\Omega]$

$\quad = 2\sqrt{2} \angle \dfrac{\pi}{4}$

$\theta = 45° \left(= \dfrac{\pi}{4}\right)$

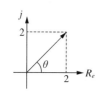

$i(t) = \dfrac{v_s(t)}{Z} = \dfrac{2\cos 2t}{2\sqrt{2} \angle \dfrac{\pi}{4}} = \dfrac{1}{\sqrt{2}}\cos\left(2t - \dfrac{\pi}{4}\right)$[A]

08 단면적은 A, 길이는 L인 어떤 도선의 저항의 크기가 10[Ω]이다. 이 도선의 저항을 원래 저항의 $\dfrac{1}{2}$로 줄일 수 있는 방법으로 가장 옳지 않은 것은?

① 도선의 길이만 기존의 $\dfrac{1}{2}$로 줄인다.

② 도선의 단면적만 기존의 2배로 증가시킨다.

③ 도선의 도전율만 기존의 2배로 증가시킨다.

④ 도선의 저항률만 기존의 2배로 증가시킨다.

해설

$R = \rho\dfrac{l}{A} = \dfrac{l}{\sigma A}$

(ρ : (고유)저항률, l : 길이, σ : 도전율, A : 단면적)

따라서, 원래 저항의 $\dfrac{1}{2}$로 줄이기 위해 저항률은 $\dfrac{1}{2}$로 줄여야 한다.

09 그림의 회로에서 1[Ω]에서의 소비전력이 4[W]라고 할 때, 이 회로의 전압원의 전압 V_s[V]의 값과 2[Ω] 저항에 흐르는 전류 I_2의 값[A]은?

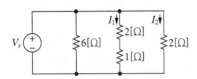

① V_s=5[V], I_2=2[A]

② V_s=5[V], I_2=3[A]

③ V_s=6[V], I_2=2[A]

④ V_s=6[V], I_2=3[A]

해설

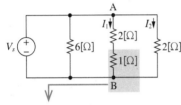

1[Ω]에 발생하는 전력이 4[W]이므로,

$P_{1[\Omega]} = I_1^2 R = I_1^2 \cdot 1^2 = 4$[W]

I_1 = 2[A]가 된다.

㉠ 1[Ω]에 걸리는 전압강하는 2[V],

2[Ω]에 걸리는 전압강하는 4[V],

V_{AB} = 2 + 4 = 6[V]이다.

㉡ 병렬이므로 6[Ω]과 2[Ω]에도 6[V]가 걸리므로,

6[Ω]에는 1[A]가 흐르고 $I_2 = \dfrac{6[V]}{2[\Omega]}$ =3[A]가 흐른다.

따라서 V_s=6[V], I_2=3[A]

10 정전용량이 C_0[F]인 평행평판 공기 콘덴서가 있다. 이 극판에 평행하게, 판 간격 d[m]의 $\dfrac{4}{5}$ 두께가 되는 비유전율 ε_s인 에보나이트 판으로 채우면, 이 때의 정전용량의 값[F]은?

① $\dfrac{5\varepsilon_s}{1+4\varepsilon_s} C_0$[F]

② $\dfrac{5\varepsilon_s}{4+\varepsilon_s} C_0$[F]

③ $\dfrac{4+\varepsilon_s}{5} C_0$[F]

④ $\dfrac{1+4\varepsilon_s}{5} C_0$[F]

해설

평행판 콘덴서의 정전용량

$C = \varepsilon \cdot \dfrac{A}{d}$[F]

(A : 평행판 면적, d : 평행판 간격, $\varepsilon(=\varepsilon_0 \cdot \varepsilon_r)$: 유전율, ε_0 : 고유유전율(공기 = 1), ε_r : 비유전율)

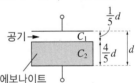

C_1 : 공기(ε_1 = 1)

C_2 : 에보나이트($\varepsilon_r = \varepsilon_s$)

모두 공기 : $C_0 = \varepsilon_0 \cdot \dfrac{A}{d}$

공기 : $C_1 = \varepsilon_0 \cdot 1 \cdot \dfrac{A}{\frac{1}{5}d} = 5\varepsilon_0 \cdot \dfrac{A}{d} = 5C_0$

에보나이트 : $C_2 = \varepsilon_0 \varepsilon_s \cdot \dfrac{A}{\frac{4}{5}d} = \dfrac{5}{4} \cdot \varepsilon_s \cdot \varepsilon_0 \dfrac{A}{d} = \dfrac{5}{4}\varepsilon_s \cdot C_0$

C_1과 C_2는 직렬로 연결되어 있으므로,

$C = \dfrac{C_1 \cdot C_2}{C_1 + C_2} = \dfrac{5C_0 \cdot \frac{5}{4}\varepsilon_s C_0}{5C_0 + \frac{5}{4}\varepsilon_s \cdot C_0}$

$= \dfrac{\frac{5}{4}\varepsilon_s \cdot 5C_0 \cdot C_0}{\left(1 + \frac{1}{4}\varepsilon_s\right) \cdot 5C_0} = \dfrac{5\varepsilon_s}{4+\varepsilon_s} C_0$[F]

11 그림의 회로에서 전류 i의 값[A]은?

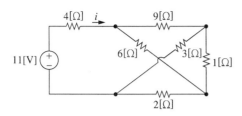

① $\dfrac{3}{4}$[A]

② $\dfrac{5}{4}$[A]

③ $\dfrac{7}{4}$[A]

④ $\dfrac{9}{4}$[A]

해설

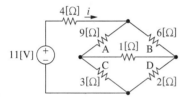

$9[\Omega] \times 2[\Omega] = 6[\Omega] \times 3[\Omega]$

저항 A, B, C, D의 관계가 $AD = BC$이므로

브리지 평형상태가 된다. 따라서 1[Ω]에는 전류가 흐르지 않아

회로를 다시 그리면

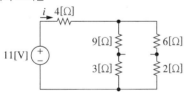

$12 \parallel 8 = \dfrac{12 \cdot 8}{12+8} = 4.8[\Omega]$

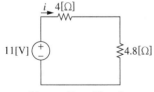

따라서 전류 $i = \dfrac{11}{4+4.8} = \dfrac{11}{8.8} = \dfrac{10}{8} = \dfrac{5}{4}$[A]

12 그림과 같이 전압원 V_s는 직류 1[V], $R_1 = 1[\Omega]$, $R_2 = 1[\Omega]$, $R_3 = 1[\Omega]$, $L_1 = 1[H]$, $L_2 = 1[H]$이며, $t = 0$ 일 때, 스위치는 단자 1에서 단자 2로 이동했다. $t = \infty$일 때, i_1의 값[A]은?

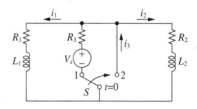

① 0[A]

② 0.5[A]

③ −0.5[A]

④ −1[A]

해설

스위치 단자가 1에서 2로 전환되었으므로, 전원이 제거된 $t = \infty$인 상태에서 회로에 전류는 흐르지 않는다. 따라서 $i_1 = 0$[A]

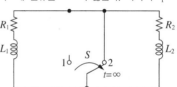

13 그림과 같은 회로에서 단자 A, B 사이의 등가저항의 값[kΩ]은?

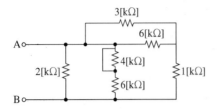

① 0.5[kΩ] ② 1.0[kΩ]

③ 1.5[kΩ] ④ 2.0[kΩ]

해설

회로에서 4[kΩ] 옆에 By Pass한 분기선이 있으므로 4[kΩ]은 단락처리

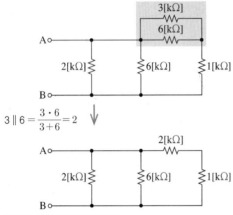

$3 \parallel 6 = \dfrac{3 \cdot 6}{3+6} = 2$

따라서 AB 사이의 등가저항

$R_{AB} = 1[\mathrm{k\Omega}]$

14 그림에서 (가)의 회로를 (나)와 같은 등가회로로 구성한다고 할 때, $x+y$의 값은?

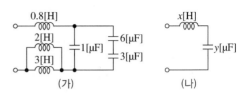

① 3 ② 4

③ 5 ④ 6

해설

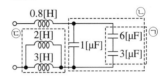

㉠ $\dfrac{6 \cdot 3}{6+3} = 2[\mu\mathrm{F}]$

㉡ $1+2 = 3[\mu\mathrm{F}]$

㉢ $\dfrac{2 \cdot 3}{2+3} = 1.2[\mathrm{H}]$

따라서

$1.2 + 0.8 = 2[\mathrm{H}]$

$x = 2[\mathrm{H}], \ y = 3[\mu\mathrm{F}]$

$x+y = 5$

15 그림과 같은 자기회로에서 철심의 자기저항 R_c의 값
[A·turns/Wb]은?(단, 자성체의 비투자율 μ_{r1}은 100
이고, 공극 내 비투자율 μ_{r2}은 1이다. 자성체와 공극의
단면적은 4[m²]이고, 공극을 포함한 자로의 전체 길이
L_c = 52[m]이며, 공극의 길이 L_g = 2[m]이다. 누설자
속은 무시한다)

① $\dfrac{1}{32\pi} \times 10^7$ [A·turns/Wb]

② $\dfrac{1}{16\pi} \times 10^7$ [A·turns/Wb]

③ $\dfrac{1}{8\pi} \times 10^7$ [A·turns/Wb]

④ $\dfrac{1}{4\pi} \times 10^7$ [A·turns/Wb]

해설

공극의 길이 L_g = 2[m]이고,

자로 전체의 길이 L_c = 52[m]이므로

자성체의 길이 L_m = 52 − 2[m]

자성체의 자기저항

$R_m = \dfrac{l}{\mu A}$ [AT/Wb]에서

투자율 $\mu = \mu_0 \mu_r$ 이므로 ···($\mu_0 = 4\pi \times 10^{-7}$)

$R_m = \dfrac{50}{(4\pi \times 10^{-7}) \cdot 100 \cdot 4}$

$= \dfrac{10^7}{32\pi}$ [AT/m]

(여기서, $\mu_0 = 4\pi \times 10^{-7}$, $\mu_{r_1} = 100$)

16 그림과 같은 전압 파형의 실횻값[V]은?(단, 해당 파형
의 주기는 16[s]이다)

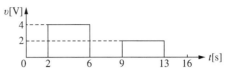

① $\sqrt{3}$ [V]　　　　② 2[V]

③ $\sqrt{5}$ [V]　　　　④ $\sqrt{6}$ [V]

해설

실횻값 $V_{rms} = \sqrt{\dfrac{1}{T} \displaystyle\int_0^T V(t)^2 dt}$ 이고,

문제에서 파형의 주기가 16[s]이므로($T = 16$[s])

$V_{rms} = \sqrt{\dfrac{1}{16}\left(\displaystyle\int_2^6 4^2 \cdot dt + \int_9^{13} 2^2 dt \right)}$

$= \sqrt{\dfrac{1}{16}(4^2 \cdot 4 + 2^2 \cdot 4)}$

$= \sqrt{\dfrac{64+16}{16}} = \sqrt{5}$

17 시변 전계, 시변 자계와 관련한 Maxwell 방정식의 4가
지 수식으로 가장 옳지 않은 것은?

① $\nabla \cdot \vec{D} = \rho_v$　　　② $\nabla \cdot \vec{E} = 0$

③ $\nabla \cdot \vec{B} = 0$　　　④ $\nabla \times \vec{H} = \vec{J} + \dfrac{\partial \vec{D}}{\partial t}$

해설

Maxwell 방정식

• $\nabla \cdot E = \dfrac{\rho}{\varepsilon_0}$: 전기장의 가우스 법칙

$\oint E \cdot dA = \dfrac{Q}{\varepsilon_0}$ (전기장은 전하에 의해 만들어진다)

• $\nabla \cdot B = 0$: 자기장의 가우스 법칙

$\oint B \cdot dA = 0$(자기장은 시작과 끝이 없다. 단일 자극이 없다)

• $\nabla \times E = -\dfrac{\partial B}{\partial t}$: 패러데이 법칙

$\oint E \cdot dl = -\dfrac{d\phi}{dt}$ (전기장은 자기장의 변화에 의해 만들어진다)

• $\nabla \times B = \mu_0 \left(J + \varepsilon_0 \cdot \dfrac{d\phi}{dt} \right)$: 맥스웰이 수정한 앙페르 법칙

$\oint B \cdot dl = \mu_0 \left(J + \varepsilon_0 \dfrac{d\phi}{dt} \right)$(자기장은 전류나 전기장의 변화에
의해 만들어진다)

18 무한히 먼 곳에서부터 A점까지 +3[C]의 전하를 이동시키는 데 60[J]의 에너지가 소비되었다. 또한 무한히 먼 곳에서부터 B점까지 +2[C]의 전하를 이동시키는 데 10[J]의 에너지가 생성되었다. A점을 기준으로 측정한 B점의 전압[V]은?

① -20[V]

② -25[V]

③ $+20$[V]

④ $+25$[V]

해설

㉠ ∞ ——→ ●

$\oplus$ 3[C]···60[J] 소비

㉡ ∞ ——→ ●

$\oplus$ 2[C]···10[J]

무한히 먼 곳의 전위는 0[V]이므로

㉠의 경우는 0[V]보다 높은 전위로 이동하며 일을 한 경우(에너지 소비)

㉡의 경우는 0[V]보다 낮은 전위로 이동하며 일을 한 경우(에너지 생성, 일의 개념에서는 (−) 음의 값)

따라서, 문제에서 A점을 기준한 B점의 전위를 구하라고 하였으므로 $W = Q \cdot V$에서

$$V_B - V_A = -\frac{W_B}{Q_B} - \frac{W_A}{Q_A}$$

$$= -\frac{10}{2} - \frac{60}{3} = -25[\text{V}]$$

19 그림과 같은 연산증폭기 회로에서 $v_1 = 1$[V], $v_2 = 2$[V], $R_1 = 1[\Omega]$, $R_2 = 4[\Omega]$, $R_3 = 1[\Omega]$, $R_4 = 4[\Omega]$일 때, 출력전압 v_0의 값[V]은?(단, 연산증폭기는 이상적이라고 가정한다)

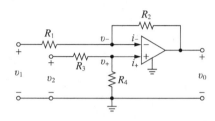

① 1[V]　　　　② 2[V]

③ 3[V]　　　　④ 4[V]

해설

• 이상적인 증폭기의 특성
  – 전압제한 : $V_+ = V_-$
  – 전류제한 : $i_+ = i_-$

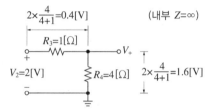

$V_+ = 1.6$[V], $V_+ = V_-$이므로 $V_- = 1.6$[V]

$$\frac{V_- - V_1}{R_1} + \frac{V_- - V_0}{R_2} = 0$$

$$\frac{1.6 - 1}{1} + \frac{1.6 - V_0}{4} = 0$$

$$4 \cdot 0.6 + 1.6 = V_0$$

$$\therefore V_0 = 4[\text{V}]$$

20 커패시터 양단에 인가되는 전압이 $v(t) = 5\sin\left(120\pi t - \frac{\pi}{3}\right)$[V]일 때, 커패시터에 입력되는 전류는 $i(t) = 0.03\pi\cos\left(120\pi t - \frac{\pi}{3}\right)$[A]이다. 이 커패시터의 커패시턴스의 값[$\mu$F]은?

① 40[μF]
② 45[μF]
③ 50[μF]
④ 55[μF]

해설

$I = \frac{V}{Z} = \frac{V}{\frac{1}{\omega C}} = \omega CV$에서

$C = \frac{I}{\omega \cdot V} = \frac{0.03\pi}{120\pi \cdot 5} = 0.00005$[F]
$= 50 \times 10^{-6}$[F] $= 50$[μF]

정답 20 ③

2019년 지방직 고졸경채 전기이론

01 그림과 같이 동일한 평행 도선에 방향과 크기가 같은 전류(I)가 흐른다. 두 평행 도선의 간격(d)을 3배로 넓힐 때 작용하는 힘은 몇 배인가?(단, 자유 공간에 있는 두 평행 도선의 간격을 제외한 다른 조건은 동일하다)

① $\dfrac{1}{3}$

② $\dfrac{1}{2}$

③ 2

④ 3

해설

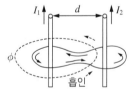

두 전선의 전류가 같은 방향이면 흡인력이 생기고 반대 방향이면 반발력이 생긴다. 전선의 길이가 $l[\mathrm{m}]$일 때, 두 전선 사이의 작용력

$F = \dfrac{2I_1 I_2}{d} \cdot l \times 10^{-7}[\mathrm{N}]$이고

두 평행 도선의 간격(d)이 3배로 되면

$F' = \dfrac{2I_1 I_2}{3d} \cdot l \times 10^{-7} = \dfrac{1}{3} \cdot F$이 된다.

02 회로에 전압전원 $v(t) = 200\sqrt{2}\sin\left(377t + \dfrac{2}{3}\pi\right)[\mathrm{V}]$

이고, 전류 $i(t) = 10\sqrt{2}\sin\left(377t + \dfrac{1}{3}\pi\right)[\mathrm{A}]$가 흐를 때, 전원이 공급하는 유효전력[W]은?

① 500

② 1,000

③ 2,000

④ 4,000

해설

$v(t) = 200\sqrt{2} \cdot \sin\left(377t + \dfrac{2}{3}\pi\right)$이고

$i(t) = 10\sqrt{2} \cdot \sin\left(377t + \dfrac{1}{3}\pi\right)$이므로,

• $v(t)$와 $i(t)$의 위상차 $\theta = \dfrac{2}{3}\pi - \dfrac{1}{3}\pi = \dfrac{1}{3}\pi(60°)$

• $V_{rms} = \dfrac{V_m}{\sqrt{2}} = \dfrac{200\sqrt{2}}{\sqrt{2}} = 200[\mathrm{V}]$

  $I_{rms} = \dfrac{I_m}{\sqrt{2}} = \dfrac{10\sqrt{2}}{\sqrt{2}} = 10[\mathrm{A}]$

따라서 유효전력

$P = V_{rms} \cdot I_{rms} \cdot \cos\theta$

$= 200 \cdot 10 \cdot \cos 60°$

$= 2,000 \times \dfrac{1}{2} = 1,000[\mathrm{W}]$

1 ① 2 ② **정답**

03 동일한 면적의 진공 평판 콘덴서의 평판 간격을 2배로 증가시키고 전압을 2배로 인가할 때, 콘덴서에 저장되는 정전에너지는 몇 배인가?(단, 가장자리 효과는 무시한다)

① 0.5
② 1
③ 2
④ 4

해설

평행판 콘덴서의 유전율 ε, 두께 d, 면적 S라고 하면,

정전용량에서 $C = \varepsilon \dfrac{S}{d}$[F]이다.

면적은 동일하게, 간격을 2배로 하면($d' = 2d$)

정전용량 $C' = \varepsilon \cdot \dfrac{S}{d'} = \varepsilon \cdot \dfrac{S}{2d} = \dfrac{1}{2}C$

전압을 2배로 하면 $V' = 2V$

정전에너지 $W = \dfrac{1}{2}CV^2$에서 간격 2배, 전압 2배일 경우

정전에너지 $W' = \dfrac{1}{2}C'V'^2 = \dfrac{1}{2} \cdot \dfrac{1}{2}C \cdot (2V)^2 = CV^2$

따라서, 정전에너지는 2배가 된다.

04 다음 회로에서 단자 b와 c 사이의 합성 정전용량[F]은?

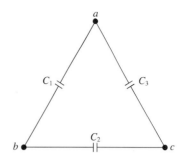

① $C_3 + \dfrac{1}{\dfrac{1}{C_1} + \dfrac{1}{C_2}}$

② $C_2 + \dfrac{1}{\dfrac{1}{C_1} + \dfrac{1}{C_3}}$

③ $C_1 + \dfrac{1}{\dfrac{1}{C_2} + \dfrac{1}{C_3}}$

④ $C_1 + C_2 + C_3$

해설

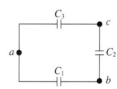

C_3와 C_1은 직렬연결

C_2와 (C_3와 C_1)은 병렬연결

따라서 bc 사이의 정전용량 C_{bc}

$C_{bc} = C_2 + \dfrac{C_1 \cdot C_3}{C_1 + C_3} = C_2 + \dfrac{1}{\dfrac{1}{C_1} + \dfrac{1}{C_3}}$

05 다음 회로에서 $t = 0$에 스위치(S)가 닫힐 때, 인덕터 L에 걸리는 전압[V]은?

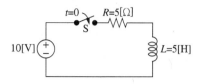

① 1
② 2
③ 9
④ 10

해설

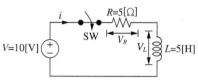

시상수 $\tau = \dfrac{L}{R} = \dfrac{5}{5} = 1[\text{s}]$

전류 $i = \dfrac{V}{R}(1 - e^{-\frac{R}{L}t})$

$\quad\quad = \dfrac{10}{5}(1 - e^{-\frac{5}{5}t})$

$\quad\quad = 2(1 - e^{-t}) = 0 \cdots (t = 0)$

$V_R = R \cdot i = V(1 - e^{-\frac{R}{L}t})$

$\quad\quad = 10(1 - e^{-t}) = 0 \cdots (t = 0)$

$V_L = V - V_R = 10 - 10(1 - e^{-t})$

$\quad\quad = 10 \cdots (t = 0)$

06 어느 가정에서 하루 동안 60[W] 전구 5개를 6시간, 900[W] 오븐을 1시간, 600[W] 청소기를 30분, 500[W] 전열기를 2시간, 100[W] TV를 5시간 사용하였을 때, 사용한 총 전력량[kWh]은?

① 3.0
② 3.5
③ 4.0
④ 4.5

해설

전구 : 60[W] × 5개 × 6시간 = 1,800[Wh]
오븐 : 900[W] × 1대 × 1시간 = 900[Wh]
청소기 : 600[W] × 1대 × 0.5시간 = 300[Wh]
전열기 : 500[W] × 1대 × 2시간 = 1,000[Wh]
TV : 100[W] × 1대 × 5시간 = 500[Wh]
총 전력량 = 1,800 + 900 + 300 + 1,000 + 500 = 4,500[Wh]
$\quad\quad\quad\quad$ = 4.5[kWh]

07 다음 회로에서 $R_1 = 3[\Omega]$, $R_2 = 1[\Omega]$, $X_{C_1} = a[\Omega]$, $X_{C_2} = 4[\Omega]$, $X_{L_1} = 3[\Omega]$이다. 최대 전류가 흐르기 위한 a는?

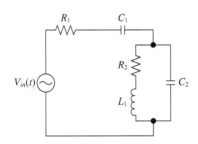

① 1
② 2
③ 3
④ 4

해설

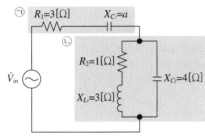

㉠ $Z_1 = 3 - ja$

㉡ $Z_2 = \dfrac{(1+j3) \cdot (-j4)}{(1+j3) - j4} = \dfrac{12 - 4j}{1 - j} = \dfrac{(12 - 4j)(1 + j)}{(1 - j)(1 + j)}$

$= \dfrac{12 + 4 - 4j + 12j}{1 + 1} = \dfrac{16 + 8j}{2} = 8 + 4j$

회로에 흐르는 전류가 최대가 되려면 임피던스의 크기가 최소가 되어야 하며, 임피던스 크기를 최소로 하기 위해서는 임피던스 성분 중 리액턴스부가 0이 되는 직렬 공진이 일어나야 한다. 따라서 직렬 공진은 임피던스의 허수부 = 0이어야 하므로,

회로 전체의 임피던스
$Z = Z_1 + Z_2 = (3 - ja) + (8 + 4j)$

$= 11 + (4 - a)j$

허수부 $4 - a = 0$

$\therefore a = 4$

08 평형 3상 $\triangle$ 결선회로로 연결된 부하가 4.8[kW]의 유효전력을 소비하고 역률은 지상 0.80이다. 이 평형 3상 $\triangle$ 결선회로의 선간전압 실횻값의 크기가 400[V]일 때, 선전류 실횻값[A]의 크기는?

① $3\sqrt{3}$
② $5\sqrt{3}$
③ 15
④ $15\sqrt{3}$

해설

$\triangle - \triangle$ 결선에서 선전류 I_l의 크기는 상전류 I_P의 $\sqrt{3}$ 배이며, 위상이 $\dfrac{\pi}{6}$[rad]($= 30°$)만큼 뒤진다($I_l = \sqrt{3} \, I_P$).

또한, 선간전압과 상전압의 관계는 $V_l = V_P$이다.

부하의 역률이 $\cos\theta$라고 하면,

$\triangle - \triangle$ 결선의 3상 전력은 $P_\triangle = 3 V_P I_P \cos\theta$

$= 3 \cdot V_l \cdot \left(\dfrac{I_l}{\sqrt{3}} \right) \cos\theta = \sqrt{3} \cdot V_l \cdot I_l \cdot \cos\theta$[W]이다.

따라서,

$P_\triangle = 4.8$[kW], $\cos\theta = 0.8$, $V_l = 400$[V]이므로,

$P_\triangle = \sqrt{3} \cdot V_l \cdot I_l \cdot \cos\theta$에서

$I_l = \dfrac{P_\triangle}{\sqrt{3} \cdot V_l \cdot \cos\theta} = \dfrac{4,800}{\sqrt{3} \cdot 400 \cdot 0.8}$

$= \dfrac{4,800}{320\sqrt{3}} = \dfrac{15}{\sqrt{3}} = \dfrac{15\sqrt{3}}{3} = 5\sqrt{3}$ [A]

09 다음 회로에서 저항 10[Ω] 양단에 걸리는 전압이 20 [V]일 때, 전원 V_S[V]는?

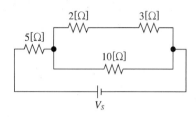

① 30   ② 40
③ 50   ④ 60

해설

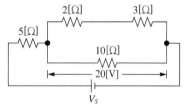

전체 저항 $R = 5 + \{(2+3) \parallel 10\} = 5 + \dfrac{5 \cdot 10}{5+10} = \dfrac{125}{15} = \dfrac{25}{3}$ [Ω]

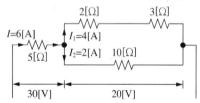

$(2+3)I_1 = 20, \ I_1 = 4$[A]

$I = I_1 + I_2 = 4 + 2 = 6$[A]

따라서, $V_S = 30 + 20 = 50$[V]

10 그림에서 자속밀도가 10[Wb/m²]인 자기장 내에서 길이 50[cm]인 도체가 분당 60[cm]의 속도로 운동할 때, 유도기전력[V]은?(단, 자속밀도, 도체의 운동 방향, 도체의 길이 방향은 서로 수직이다)

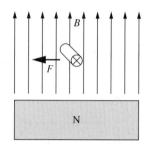

① 0.05   ② 0.1
③ 0.5   ④ 1.0

해설

자속밀도 $B = 10[\text{Wb/m}^2]$,
도체의 길이 $l = 0.5[\text{m}]$,
속도 $v = 60[\text{cm/min}] = 1[\text{cm/s}] = 0.01[\text{m/s}]$
도체의 길이 방향은 서로 수직 : $\theta = 90°$
유도기전력 e는 플레밍의 오른손 법칙에 따라
$e = B \cdot l \cdot v \cdot \sin\theta = 10 \times 0.5 \times 0.01 \times \sin 90° = 0.05[\text{V}]$

11 다음 회로에서 전압 전원 $v(t) = 100\sqrt{2}\sin(377t + 30°)$ [V]가 $R = 5[\Omega]$과 $X_L = 5[\Omega]$에 연결될 때, 회로에 흐르는 전류의 순싯값[A]은?

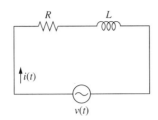

① $4\sin(377t - 15°)$

② $4\sqrt{2}\sin(377t + 15°)$

③ $20\sin(377t - 15°)$

④ $20\sqrt{2}\sin(377t + 15°)$

해설

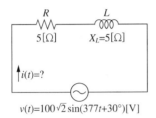

주어진 회로의 임피던스

$\dot{Z} = 5 + j5[\Omega]$

$|Z| = \sqrt{5^2 + 5^2} = 5\sqrt{2}[\Omega]$

$\cos^{-1}\left(\dfrac{5}{5\sqrt{2}}\right) = 45°$

$\therefore \theta = 45°$

따라서 회로에 흐르는 전류는 전압에 비해 45° 지상이므로

$i(t) = \dfrac{100\sqrt{2}}{5\sqrt{2}}\sin(377t + (30° - 45°))$

$= 20\sin(377t - 15°)[A]$

12 평형 3상 회로에서 선간전압, 선전류, 상전압, 상전류의 관계에 대한 설명으로 옳지 않은 것은?

① Y결선 부하에서 선간전압 크기는 상전압 크기의 $\sqrt{3}$배이다.

② Y결선 부하에서 선전류 크기와 상전류 크기는 같다.

③ △결선 부하에서 선간전압 크기는 상전압 크기와 같다.

④ △결선 부하에서 상전류 크기는 선전류 크기의 $\sqrt{3}$배이다.

해설

④ △결선 부하에서 선전류 $\dot{I}_a$, $\dot{I}_b$, $\dot{I}_c$의 위상은 상전류 $\dot{I}_{ab}$, $\dot{I}_{bc}$, $\dot{I}_{ca}$보다 $\dfrac{\pi}{6}$[rad] 뒤지게 되고, 크기는

$I_a = 2I_{ab}\cos\dfrac{\pi}{6} = \sqrt{3}\,I_{ab}[A]$

$I_b = 2I_{bc}\cos\dfrac{\pi}{6} = \sqrt{3}\,I_{bc}[A]$

$I_c = 2I_{ca}\cos\dfrac{\pi}{6} = \sqrt{3}\,I_{ca}[A]$

선전류가 상전류의 $\sqrt{3}$ 배이다.

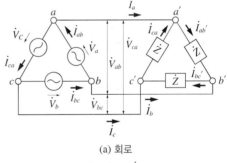

(a) 회로

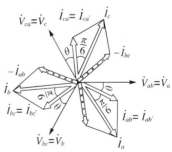

(b) 벡터도

13 그림 (가)의 자기회로 합성 인덕턴스는 40[mH]이고, 그림 (나)의 자기회로 합성 인덕턴스는 28[mH]일 때, 상호인덕턴스 M[mH]은?

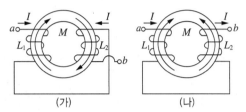

① 3
② 6
③ 9
④ 12

해설
(가) 가동접속 : $L_{(가)} = L_1 + L_2 + 2M$

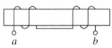

(나) 차동접속 : $L_{(나)} = L_1 + L_2 - 2M$

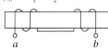

$L_{(가)} = 40$[mH]이고, $L_{(나)} = 28$[mH]이므로

$L_1 + L_2 + 2M = 40$
$-) \ L_1 + L_2 - 2M = 28$
$\overline{\qquad 4M = 12}$

∴ 자기회로의 상호인덕턴스 $M = 3$[mH]이다.

14 다음 회로에 실횻값 200[V]의 교류전압 전원을 연결했을 때, 단자 a, b 사이의 전압 V_{ab}의 실횻값[V]은?

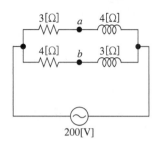

① 56
② 72
③ 96
④ 128

해설

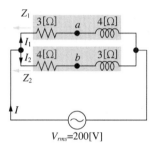

$\dot{I_1} = \dfrac{V_{rms}}{\dot{Z_1}} = \dfrac{200}{3+j4} = \dfrac{200 \cdot (3-j4)}{(3+j4)(3-j4)}$

$= \dfrac{600-j800}{9+16} = \dfrac{600-j800}{25}$

$= 24 - j32$[A]

$\dot{I_2} = \dfrac{V_{rms}}{Z_2} = \dfrac{200}{4+j3} = \dfrac{200 \cdot (4-j3)}{(4+j3)(4-j3)}$

$= \dfrac{800-j600}{16+9} = \dfrac{800-j600}{25}$

$= 32 - j24$[A]

∴ $\dot{V_{ab}} = \dot{V_a} - \dot{V_b} = j4\dot{I_1} - j3\dot{I_2}$
$= j4(24-j32) - j3(32-j24)$
$= j96 + 128 - j96 - 72$
$= 56$[V]

따라서 V_{ab}의 실횻값 $V_{ab(rms)} = 56$[V]

15 다음 회로에서 $t = 0$에 스위치(S)가 닫힐 때, 시정수[s]는?

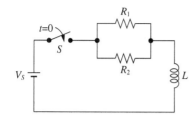

① $\dfrac{R_1 + R_2}{R_1 R_2} \dfrac{1}{L}$

② $\dfrac{R_1 + R_2}{R_1 R_2} L$

③ $\dfrac{R_1 R_2}{R_1 + R_2} L$

④ $(R_1 + R_2) L$

해설

$t = 0$에 스위치가 닫힐 때 주어진 회로는 RL 회로로 동작한다.

$R_1 \parallel R_2 = \dfrac{R_1 \cdot R_2}{R_1 + R_2} = R$ 이라고 할 때

시정수 $\tau = \dfrac{L}{R}$[s]이므로

$\tau = \dfrac{L}{\dfrac{R_1 \cdot R_2}{R_1 + R_2}} = \dfrac{R_1 + R_2}{R_1 \cdot R_2} L$[s]가 된다.

16 다음 비정현파 전압전원 $v(t)$가 저항 2[Ω] 양단에 연결되었을 때, 저항에 전달되는 전력[W]은?

$$v(t) = 2 + 4\sin\omega t + 2\sin 2\omega t \,[\mathrm{V}]$$

① 2　　　　　　　② 4

③ 5　　　　　　　④ 7

해설

$$i(t)$$

$$v(t) = 2 + 4\sin\omega t + 2\sin 2\omega t \,[\mathrm{V}]$$

$$v(t) = V_0 + \sqrt{2}\, V_1 \sin(\omega t + \theta_1) + \sqrt{2}\, V_2 \sin(2\omega t + \theta_2) + \cdots$$

에서

$V_0 = 2, \ \sqrt{2}\, V_1 = 4, \ \sqrt{2}\, V_2 = 2$

$\theta_1 = \theta_2 = 0°$이므로,

$V_0 = 2, \ V_1 = 2\sqrt{2}, \ V_2 = \sqrt{2}$ 이고

$I_0 = \dfrac{V_0}{R} = \dfrac{2}{2} = 1, \ I_1 = \dfrac{V_1}{R} = \dfrac{2\sqrt{2}}{2} = \sqrt{2}$

$I_2 = \dfrac{V_2}{R} = \dfrac{\sqrt{2}}{2}$ 이다.

따라서,

비정현파 교류의 평균 전력

$P = V_0 I_0 + \displaystyle\sum_{n=1}^{\infty} V_n I_n \cos\theta_n$[W]이므로

$P = V_0 I_0 + V_1 I_1 \cos\theta_1 + V_2 I_2 \cos\theta_2$ 에서

$\quad = 2 \cdot 1 + 2\sqrt{2} \cdot \sqrt{2} \cdot \cos 0° + \sqrt{2} \cdot \dfrac{\sqrt{2}}{2} \cdot \cos 0°$

$\quad = 2 + 2 \cdot 2 + 1 = 7$

[별 해]

• 비정현파의 실횻값

$\quad V_{rms} = \sqrt{직류분^2 + 기본파^2 + 고조파^2}$

$\qquad = \sqrt{V_0^2 + \left(\dfrac{V_{m1}}{\sqrt{2}}\right)^2 + \left(\dfrac{V_{m2}}{\sqrt{2}}\right)^2 + \cdots}$

$\qquad = \sqrt{2^2 + \left(\dfrac{4}{\sqrt{2}}\right)^2 + \left(\dfrac{2}{\sqrt{2}}\right)^2} = \sqrt{4+8+2} = \sqrt{14}\,[\mathrm{V}]$

$\therefore P = \dfrac{V_{rms}^2}{R} = \dfrac{14}{2} = 7[\mathrm{W}]$

17 회로에 2[A]의 전류가 순수 저항에 흘러 16[W] 전력을 소모할 때, 컨덕턴스[℧]는?

① 0.25　　　　② 0.5
③ 0.75　　　　④ 1

해설

$I = 2$[A]이고, 순수저항에서 소모된 전력이 16[W]이므로

$P = I^2 R$[W]에서 $R = \dfrac{P}{I^2} = \dfrac{16}{2^2} = 4[\Omega]$이고,

컨덕턴스 $G = \dfrac{1}{R}$이므로 $G = \dfrac{1}{4} = 0.25[\text{℧}]$이다.

18 다음 그래프는 교류회로에서 순시전압 $v(t)$와 전류 $i(t)$를 나타낸 것이다. 이에 대한 설명으로 옳지 않은 것은?

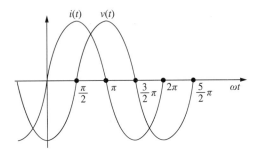

① 위상은 전류가 전압보다 앞선다.
② 회로는 용량성이다.
③ 위상각 차 $\theta_v - \theta_i$는 90°이다.
④ 전류와 전압주파수는 서로 같다.

해설

주어진 그래프에서

$i(t) = I_m \sin \omega t$이고, $v(t) = V_m \sin\left(\omega t + \dfrac{\pi}{2}\right)$이다.

따라서

① $i(t)$는 $v(t)$에 비해 $90°\left(= \dfrac{\pi}{2}\right)$ 빠른 위상이며, 반대로 $v(t)$는

　　$i(t)$에 비해 $90°\left(= \dfrac{\pi}{2}\right)$ 느린 위상이다.

② 전압을 기준하여 전류가 진상이므로 콘덴서가 있는 용량성 회로임을 알 수 있다.

③ 전압과 전류의 위상각의 차이($\theta_v - \theta_i$)는 전류가 전압보다 90° 빠르므로 $0° - 90° = -90°$이다.

④ 전류와 전압의 주파수는 같은 주기이므로 서로 같다.

19 평형 3상 Y결선 부하에 선간전압 크기의 실횻값이 $110\sqrt{3}$ [V]이고, 한상의 임피던스 $Z = 3 + j4[\Omega]$일 때, 평형 3상 전체 부하에 공급된 유효전력[W]은?

① 1,452　　　　② 4,356
③ 13,068　　　　④ 39,204

해설

평형 3상 Y결선에서 선간전압 $= \sqrt{3}$ 상전압($V_l = \sqrt{3} V_P$)이므로

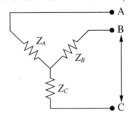

$V_{l(BC)} = 110\sqrt{3}$ 일 때
$V_P = V_A = V_B = V_C = 110$[V]
$\dot{Z} = 3 + j4$에서 $|Z| = \sqrt{3^2 + 4^2} = 5[\Omega]$

역률 $\cos\theta = \dfrac{3}{5} = 0.6(60[\%])$

$I_P = \dfrac{V_P}{|Z|} = \dfrac{110}{5} = 22$[A], (Y결선에서 $I_l = I_P$)

따라서
평형 3상의 유효전력
$P_3 = 3 V_P I_P \cos\theta = 3 \cdot 110 \cdot 22 \cdot 0.6 = 4,356$[W]
$\quad = \sqrt{3} V_l I_l \cos\theta = \sqrt{3} \cdot 110\sqrt{3} \cdot 22 \cdot 0.6 = 4,356$[W]
$\quad = 3 I_P^2 R = 3 \cdot 22^2 \cdot 3 = 4,356$[W]

20 다음 회로에서 단자 A와 B간 합성 저항은 단자 C와 D간 합성 저항의 몇 배인가?

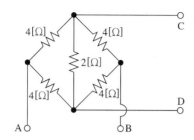

① $\dfrac{1}{3}$ ② $\dfrac{1}{2}$

③ 2 ④ 3

해설

브리지 평형 조건 : $R_1 R_4 = R_2 R_3$

・ $A-B$ 간 합성 저항

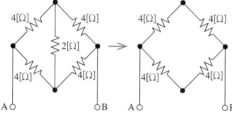

브리지 평형($4 \times 4 = 4 \times 4$)이므로 $V_C = V_D$, $V_{CD} = 0$, 2[Ω] 저항에 전류가 흐르지 않는다.

$$\therefore R_{AB} = \frac{8 \cdot 8}{8 + 8} = \frac{64}{16} = 4[\Omega]$$

・ $C-D$ 간 합성 저항

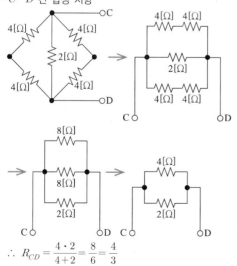

$$\therefore R_{CD} = \frac{4 \cdot 2}{4 + 2} = \frac{8}{6} = \frac{4}{3}$$

따라서,

$R_{AB}(=4[\Omega])$은 $R_{CD}(=\dfrac{4}{3}[\Omega])$의 3배이다.

2020년 지방직 전기이론

01

그림의 자기 히스테리시스 곡선에서 가로축(X)과 세로축(Y)에 해당하는 것은?

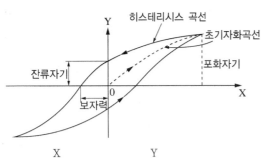

	X	Y
①	자속밀도	투자율
②	자속밀도	자기장의 세기
③	자기장의 세기	투자율
④	자기장의 세기	자속밀도

해설

히스테리시스 곡선(자기이력 곡선)은 자기력 H의 변화에 지연되는 자속밀도 B를 나타낸 그래프로서 X축은 자기장(자계)의 세기(H), Y축은 자속밀도(B)를 나타낸다.

$B = \mu H$

02

그림의 회로에서 전류 I_1[A]은?

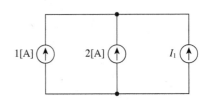

① −1

② 1

③ −3

④ 3

해설

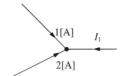

$\sum I = 0$(들어오고 나가는 전류의 대수합은 0이다)

1[A] + 2[A] + I_1[A] = 0(위쪽 Node를 기준으로 모두 들어가는 방향으로 표시되어 있음)

3 + I_1 = 0

$I_1 = -3$[A]

03 그림의 회로에서 공진주파수[Hz]는?

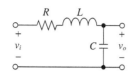

① $\dfrac{1}{\sqrt{LC}}$

② $\dfrac{1}{LC}$

③ $\dfrac{1}{2\pi LC}$

④ $\dfrac{1}{2\pi\sqrt{LC}}$

해설

RLC 직렬회로의 임피던스 $Z=R+j\left(\omega L-\dfrac{1}{\omega C}\right)[\Omega]$ 에서

허수부가 0

$\omega L-\dfrac{1}{\omega C}=0$, $\omega L=\dfrac{1}{\omega C}$, $\omega^2 LC=1$, $\omega^2=\dfrac{1}{LC}$, $\omega=\dfrac{1}{\sqrt{LC}}$

$f=\dfrac{1}{2\pi\sqrt{LC}}[\mathrm{Hz}]\,(\omega=2\pi f)$

04 그림의 Ch1 파형과 Ch2 파형에 대한 설명으로 옳은 것은?

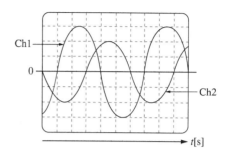

① Ch1 파형이 Ch2 파형보다 위상은 앞서고, 주파수는 높다.

② Ch1 파형이 Ch2 파형보다 위상은 앞서고, 주파수는 같다.

③ Ch1 파형이 Ch2 파형보다 위상은 뒤지고, 진폭은 크다.

④ Ch1 파형이 Ch2 파형보다 위상은 뒤지고, 진폭은 같다.

해설

위상은 0을 기준으로 시작하는 점이 앞쪽에 있는 Ch1의 파형이 앞선다(왼쪽의 파형이 앞선다).

두 파형의 1주기의 간격이 같으므로 주기와 주파수가 같다.

진폭은 (+)최댓값과 (−)최솟값의 폭으로 Ch1이 크다.

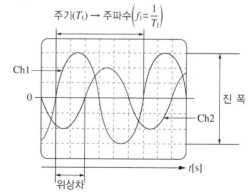

05 그림의 회로에서 $t=0$일 때, 스위치 SW를 닫았다. 시정수 τ[s]는?

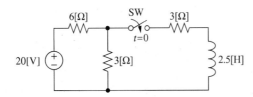

① $\dfrac{1}{2}$　　　　② $\dfrac{2}{3}$

③ 1　　　　　　④ 2

해설

테브난 등가저항 : 전압원(단락), 전류원(개방)

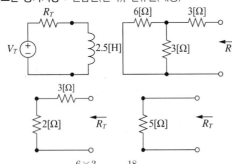

$R_T = (6 \parallel 3) + 3 = \dfrac{6 \times 3}{6+3} + 3 = \dfrac{18}{9} + 3 = 2 + 3 = 5 [\Omega]$

$\tau = \dfrac{L}{R_T} = \dfrac{2.5}{5} = \dfrac{1}{2} [\mathrm{s}]$

06 0.8 지상역률을 가진 20[kVA] 단상부하가 200[V_rms] 전압원에 연결되어 있다. 이 부하에 병렬로 커패시터를 연결하여 역률을 1로 개선하였다. 역률 개선 전과 비교한 역률 개선 후의 실효치 전원전류는?

① 변화 없음

② $\dfrac{2}{5}$로 감소

③ $\dfrac{3}{5}$으로 감소

④ $\dfrac{4}{5}$로 감소

해설

역률 개선 전

$\cos\theta = 0.8$

$P = P_a \cos\theta = 20 \times 0.8 = 16 [\mathrm{kW}]$

$P_a = 20 = VI = 200 \cdot I [\mathrm{kVA}]$

$I = \dfrac{20{,}000}{200} = 100 [\mathrm{A}]$

역률 개선 후

$\cos\theta' = 1$

$P' = P = 16 = P_a{}' \cos\theta' = P_a{}' [\mathrm{kW}]$(역률 개선 후에도 유효전력은 변하지 않음)

피상전력 = 유효전력(무효전력 = 0)

$P_a{}' = 16 = VI' = 200 \cdot I' [\mathrm{kVA}]$(병렬로 C를 연결하였으므로 V는 동일)

$I' = \dfrac{16{,}000}{200} = 80 [\mathrm{A}] = \dfrac{4}{5} \times 100 = \dfrac{4}{5} \cdot I$(역률 개선 후 개선 전 I의 $\dfrac{4}{5}$로 감소)

07 그림의 회로에서 3[Ω]에 흐르는 전류 I[A]는?

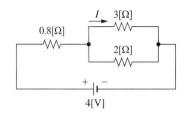

① 0.4
② 0.8
③ 1.2
④ 2

해설

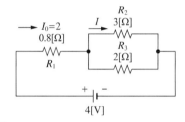

합성 저항

$R_0 = R_1 + \dfrac{R_2 \times R_3}{R_2 + R_3} = 0.8 + \dfrac{3 \times 2}{3 + 2} = 0.8 + 1.2 = 2[\Omega]$

0.8[Ω] 저항에 흐르는 전체 전류 : $I_0 = \dfrac{V}{R_0} = \dfrac{4}{2} = 2[A]$

전류 배분에 의해

$I = \dfrac{2}{3+2} \times 2 = \dfrac{4}{5} = 0.8[A]$

08 그림의 회로에서 30[Ω]의 양단 전압 V_1[V]은?

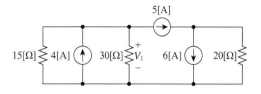

① −10
② 10
③ 20
④ −20

해설

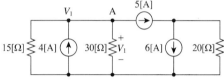

A점에서 KCL을 적용하면

$\dfrac{V_1}{15} - 4 + \dfrac{V_1}{30} + 5 = 0$(양변에 30을 곱하면)

$2V_1 - 120 + V_1 + 150 = 0$

$3V_1 = -30$

$V_1 = -10[A]$

09 그림의 회로에서 $v = 200\sqrt{2}\sin(120\pi t)$[V]의 전압을 인가하면 $i = 10\sqrt{2}\sin\left(120\pi t - \dfrac{\pi}{3}\right)$[A]의 전류가 흐른다. 회로에서 소비전력[kW]과 역률[%]은?

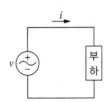

	소비전력	역 률
①	4	86.6
②	1	86.6
③	4	50
④	1	50

해설

$v = 200\sqrt{2}\sin(120\pi t)$[V], $\dot{V} = 200\angle 0°$

$i = 10\sqrt{2}\sin\left(120\pi t - \dfrac{\pi}{3}\right)$, $\dot{I} = 10\angle-\dfrac{\pi}{3} = 10\angle -60°$

$\dot{Z} = \dfrac{\dot{V}}{\dot{I}} = \dfrac{200\angle 0°}{10\angle -60°} = 20\angle 60°$

θ : 전압과 전류의 위상차 : $0 - \left(-\dfrac{\pi}{3}\right) = \dfrac{\pi}{3} = 60°$

역률 : $\cos\theta = \cos 60° = \dfrac{1}{2} = \dfrac{1}{2}\times 100 = 50[\%]$

소비전력 : $P = VI\cos\theta = 200 \cdot 10\cos 60° = 2,000 \cdot \dfrac{1}{2}$[W]

$\qquad = 1,000 = 1[\text{kW}]$

10 그림의 회로에서 스위치 SW가 충분히 긴 시간 동안 접점 a에 연결되어 있다. $t = 0$에서 접점 b로 이동한 직후의 인덕터와 커패시터에 저장된 에너지[mJ]는?

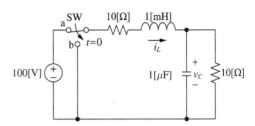

	인덕터	커패시터
①	12.5	1.25
②	1.25	12.5
③	12.5	1,250
④	1,250	12.5

해설

정상상태 등가회로 : L은 단락, C는 개방

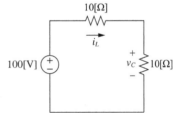

$i_L = \dfrac{100}{10+10} = 5$[A]

$v_C = \dfrac{10}{10+10}\times 100 = 50$[V] 또는 $v_C = 5[\text{A}]\times 10[\Omega] = 50$[V]

$t = 0$일 때

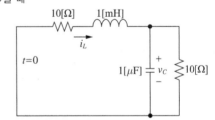

인덕터에 저장되는 에너지

$W_L = \dfrac{1}{2}LI^2 = \dfrac{1}{2}\times 1\times 10^{-3}\times 5^2 = \dfrac{1}{2}\times 25\times 10^{-3}$

$\qquad = 12.5\times 10^{-3} = 12.5[\text{mJ}]$

커패시터에 저장되는 에너지

$W_C = \dfrac{1}{2}CV^2 = \dfrac{1}{2}\times 1\times 10^{-6}\times 50^2 = \dfrac{1}{2}\times 2,500\times 10^{-6}$

$\qquad = 1.25\times 10^{-3} = 1.25[\text{mJ}]$

11 선간전압 200[V_rms]인 평형 3상 회로의 전체 무효전력이 3,000[Var]이다. 회로의 선전류 실횻값[A]은?(단, 회로의 역률은 80[%]이다)

① $25\sqrt{3}$

② $\dfrac{75}{4\sqrt{3}}$

③ $\dfrac{25}{\sqrt{3}}$

④ $300\sqrt{3}$

해설

역률 80[%] → $\cos\theta = 0.8$

$\sin\theta = 0.6$

무효전력 : $P_r = \sqrt{3}\,V_lI_l\sin\theta\,[\text{Var}]$

$3,000 = \sqrt{3}\cdot 200\cdot I_l \cdot 0.6$

$I_l = \dfrac{3,000}{\sqrt{3}\cdot 200\cdot 0.6} = \dfrac{25}{\sqrt{3}}\,[\text{A}]$

---

12 비정현파 전압 $v = 3 + 4\sqrt{2}\sin\omega t\,[\text{V}]$에 대한 설명으로 옳은 것은?

① 실횻값은 5[V]이다.

② 직류 성분은 7[V]이다.

③ 기본파 성분의 최댓값은 4[V]이다.

④ 기본파 성분의 실횻값은 0[V]이다.

해설

① 실횻값 : $V = \sqrt{\text{직류분}^2 + \text{기본파}^2 + \text{고조파}^2} = \sqrt{3^2 + 4^2} = 5[\text{V}]$

② 직류 성분 : $V_0 = 3[\text{V}]$

③ 기본파의 최댓값 : $V_{m1} = 4\sqrt{2}\,[\text{V}]$

④ 기본파의 실횻값 : $V_1 = 4[\text{V}]$

---

13 어떤 코일에 0.2초 동안 전류가 2[A]에서 4[A]로 변화하였을 때 4[V]의 기전력이 유도되었다. 코일의 인덕턴스[H]는?

① 0.1

② 0.4

③ 1

④ 2.5

해설

시간의 변화 : $dt = 0.2[\text{s}]$

전류의 변화 : $di = 4 - 2 = 2[\text{A}]$

유도기전력 $e = L\dfrac{di}{dt}$, $4 = L\dfrac{2}{0.2}$

코일의 인덕턴스 $L = 4\cdot 0.1 = 0.4[\text{H}]$

---

14 전자유도현상에 대한 설명이다. ㉠과 ㉡에 해당하는 것은?

> (㉠)은 전자유도에 의해 코일에 발생하는 유도기전력의 방향은 자속의 증가 또는 감소를 방해하는 방향으로 발생한다는 법칙이고, (㉡)은 전자유도에 의해 코일에 발생하는 유도기전력의 크기는 코일과 쇄교하는 자속의 변화율에 비례한다는 법칙이다.

	㉠	㉡
①	플레밍의 왼손 법칙	플레밍의 오른손 법칙
②	플레밍의 왼손 법칙	패러데이의 법칙
③	렌츠의 법칙	플레밍의 오른손 법칙
④	렌츠의 법칙	패러데이의 법칙

해설

- 렌츠의 법칙(Lenz's Law) - 기전력의 방향
  : 유도기전력의 방향은 코일 면을 통과하는 자속의 변화를 방해하는 방향으로 나타난다.
- 패러데이의 법칙(Faraday's Law) - 기전력의 크기
  : 유도되는 기전력의 크기는 쇄교하는 자속에 비례한다.
- 플레밍(Fleming)의 오른손 법칙
  : 자계 내에 놓인 도선이 운동하면서 자속을 끊어 기전력을 발생시키는 원리
  $e = Blv\sin\theta\,[\text{V}]$
- 플레밍(Fleming)의 왼손 법칙
  : 자계 내에 놓인 도선에 전류가 흐를 때 도선이 받는 힘의 원리
  $F = BlI\sin\theta\,[\text{N}]$

15 그림의 회로에 200[V_rms] 정현파 전압을 인가하였다. 저항에 흐르는 평균 전류[A]는?(단, 회로는 이상적이다)

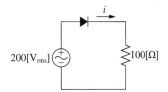

① $\dfrac{4\sqrt{2}}{\pi}$

② $\dfrac{4}{\pi}$

③ $\dfrac{2\sqrt{2}}{\pi}$

④ $\dfrac{2}{\pi}$

해설

반파 정류 회로

구 분	파 형	실횻값	평균값	파고율	파형률
반파 (정류)		$\dfrac{V_m}{2}$	$\dfrac{V_m}{\pi}$	2	$\dfrac{\pi}{2}$

다이오드의 특징 : 전류를 한쪽으로는 흐르게 하고 반대쪽으로는 흐르지 않게 하는 정류작용을 하는 전자 부품(─▶─).
즉, (+)방향의 전류는 흐르고 (−)방향의 전류는 흐르지 않는다.
저항에 걸리는 평균 전압

$$V_a = \frac{V_m}{\pi} = \frac{200\sqrt{2}}{\pi}\,[\text{V}]$$

저항에 흐르는 평균 전류

$$I_a = \frac{V_a}{R} = \frac{\dfrac{200\sqrt{2}}{\pi}}{100} = \frac{2\sqrt{2}}{\pi}\,[\text{A}]$$

16 그림과 같이 3상 회로의 상전압을 직렬로 연결했을 때, 양단 전압 $\dot{V}$[V]는?

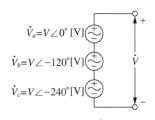

① $0\angle 0°$

② $V\angle 90°$

③ $\sqrt{2}\,V\angle 120°$

④ $\dfrac{1}{\sqrt{2}}\,V\angle 240°$

해설

$$\begin{aligned}
\dot{V} &= \dot{V_a} + \dot{V_b} + \dot{V_c} = V\angle 0° + V\angle -120° + V\angle -240° \\
&= V[\cos 0° + j\sin 0°] + V[\cos(-120°) + j\sin(-120°)] \\
&\quad + V[\cos(-240°) + j\sin(-240°)] \\
&= V(1 - j0) + V\left(-\frac{1}{2} - j\frac{\sqrt{3}}{2}\right) + V\left(-\frac{1}{2} + j\frac{\sqrt{3}}{2}\right) \\
&= V - \frac{1}{2}V - \frac{1}{2}V = 0
\end{aligned}$$

[별 해]
평형 3상 전압
$$\dot{V_a} + \dot{V_b} + \dot{V_c} = 0\,[\text{V}]$$

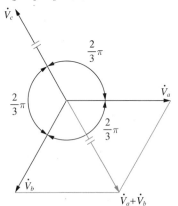

17 그림 (a)회로에서 스위치 SW의 개폐에 따라 코일에 흐르는 전류 i_L이 그림 (b)와 같이 변화할 때 옳지 않은 것은?

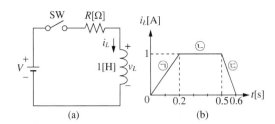

(a)　　　(b)

① ㉠ 구간에서 코일에서 발생하는 유도기전력 v_L은 5[V]이다.

② ㉡ 구간에서 코일에서 발생하는 유도기전력 v_L은 0[V]이다.

③ ㉢ 구간에서 코일에서 발생하는 유도기전력 v_L은 10[V]이다.

④ ㉡ 구간에서 코일에 저장된 에너지는 0.5[J]이다.

해설

㉠ 구간의 전류의 변화량 $di=1$, 시간의 변화량 $dt=0.2$

유도기전력 $V_L = L\dfrac{di}{dt} = 1 \times \dfrac{1}{0.2} = 5[V]$

㉡ 구간의 전류의 변화량 $di=0$,
시간의 변화량 $dt = 0.5 - 0.2 = 0.3$

유도기전력 $V_L = L\dfrac{di}{dt} = 1 \times \dfrac{0}{0.3} = 0[V]$

㉡ 구간의 코일에 저장된 에너지

$W = \dfrac{1}{2}LI^2 = \dfrac{1}{2} \times 1 \times 1^2 = 0.5[J]$

㉢ 구간의 전류의 변화량 $di = -1$,
시간의 변화량 $dt = 0.6 - 0.5 = 0.1$

유도기전력 $V_L = L\dfrac{di}{dt} = 1 \times \dfrac{-1}{0.1} = -10[V]$

18 그림과 같이 유전체 절반이 제거된 두 전극판 사이의 정전용량[μF]은?(단, 두 전극판 사이에 비유전율 ε_r = 5인 유전체로 가득 채웠을 때 정전용량은 10[μF]이며 전극판 사이의 간격은 일정하게 유지된다)

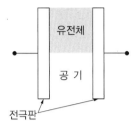

① 5　　　　② 6
③ 9　　　　④ 10

해설

유전체 절반이 제거되기 전 $\varepsilon_r = 5$

$C = \dfrac{\varepsilon S}{d} = \dfrac{\varepsilon_0 \varepsilon_r S}{d} = 10[\mu F]$, $\dfrac{\varepsilon_0 \times 5 \times S}{d} = 10$, $\dfrac{\varepsilon_0 S}{d} = 2[\mu F]$

유전체 절반이 제거된 후($S_1 = S_2 = \dfrac{1}{2}S$), 공기의 비유전율 $\varepsilon_r' = 1$

유전체 : $C_1 = \dfrac{\varepsilon_0 \varepsilon_r S_1}{d} = \dfrac{\varepsilon_0 \times 5 \times \frac{1}{2}S}{d} = \dfrac{\varepsilon_0 S}{d} \times \dfrac{5}{2} = 2 \times \dfrac{5}{2}$
$= 5[\mu F]$

공기 : $C_2 = \dfrac{\varepsilon_0 \varepsilon_r' S_2}{d} = \dfrac{\varepsilon_0 \times 1 \times \frac{1}{2}S}{d} = \dfrac{\varepsilon_0 S}{d} \times \dfrac{1}{2} = 2 \times \dfrac{1}{2}$
$= 1[\mu F]$

합성 정전용량(병렬연결) : $C_0 = C_1 + C_2 = 5 + 1 = 6[\mu F]$

19 그림의 회로에서 I_1에 흐르는 전류는 1.5[A]이다. 회로의 합성 저항[Ω]은?

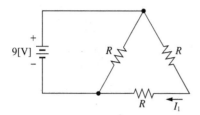

① 2
② 3
③ 6
④ 9

해설

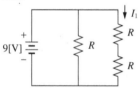

$I_1 = \dfrac{9}{2R} = 1.5[\text{A}], \ R = 3[\Omega]$

$R_0 = \dfrac{R \times 2R}{R + 2R} = \dfrac{2}{3}R = 2[\Omega]$

20 평형 3상 Y-Y 회로의 선간전압이 100[V_{rms}]이고 한 상의 부하가 $Z_L = 3 + j4[\Omega]$일 때 3상 전체의 유효전력[kW]은?

① 0.4
② 0.7
③ 1.2
④ 2.1

해설

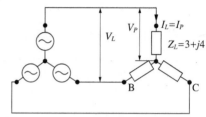

$V_L = 100[\text{V}], \ V_P = \dfrac{V_L}{\sqrt{3}} = \dfrac{100}{\sqrt{3}}[\text{V}]$

$Z_L = 3 + j4, \ |Z| = \sqrt{3^2 + 4^2} = 5[\Omega]$

$I_P = \dfrac{V_P}{|Z|} = \dfrac{\dfrac{100}{\sqrt{3}}}{5} = \dfrac{20}{\sqrt{3}}[\text{A}]$

유효전력 $P = 3I_P^2 R = 3 \times \left(\dfrac{20}{\sqrt{3}}\right)^2 \times 3 = 3 \times \dfrac{400}{3} \times 3$

$\qquad = 1,200[\text{W}] = 1.2[\text{kW}]$

2020년 서울시 전기이론

01 보기와 같이 1[Ω], 5[Ω], 9[Ω]의 저항 3개를 병렬로 접속하고 120[V]의 전압을 인가할 때, 5[Ω]의 저항에 흐르는 전류 I[A]는?

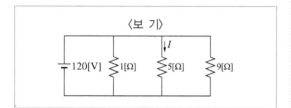

〈보 기〉

① 20[A]
② 24[A]
③ 40[A]
④ 48[A]

해설
3개의 저항에 걸리는 전압은 120[V]로 동일
5[Ω]에 흐르는 전류 $I = \dfrac{V}{R} = \dfrac{120}{5} = 24$[A]

02 전원과 부하가 모두 △결선된 3상 평형 회로가 있다. 전원전압이 80[V], 부하 임피던스가 $3 + j4$[Ω]인 경우 선전류[A]의 크기는?

① $4\sqrt{3}$ [A]
② $8\sqrt{3}$ [A]
③ $12\sqrt{3}$ [A]
④ $16\sqrt{3}$ [A]

해설
부하 임피던스 $Z = 3 + j4$[Ω]
$|Z| = \sqrt{3^2 + 4^2} = 5$[Ω]
$V_l = V_p = 80$[V]
$I_p = \dfrac{V_p}{Z} = \dfrac{80}{5} = 16$[A]
∴ $I_l = \sqrt{3}\, I_p = 16\sqrt{3}$ [A]

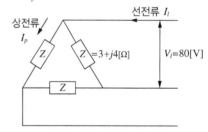

03 1개의 노드에 연결된 3개의 전류가 보기와 같을 때 전류 I[A]는?

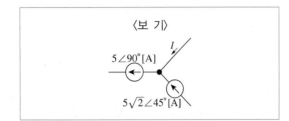

〈보 기〉

$5 \angle 90°$[A]

$5\sqrt{2} \angle 45°$[A]

① -5[A] ② 5[A]

③ $5 - j5$[A] ④ $5 + j5$[A]

해설

$5 \angle 90° = 5(\cos 90° + j\sin 90°) = 5(0 + j) = j5$[A]

$5\sqrt{2} \angle 45° = 5\sqrt{2}(\cos 45° + j\sin 45°) = 5\sqrt{2}\left(\dfrac{1}{\sqrt{2}} + j\dfrac{1}{\sqrt{2}}\right)$

$\qquad\qquad = 5 + j5$[A]

KCL을 적용

$I + 5 + j5 = j5$

$\therefore I = -5$[A]

04 보기는 이상적인 연산증폭기를 사용하는 회로이다. 두 입력 v_1과 v_2를 가할 때 출력 v_0[V]은?

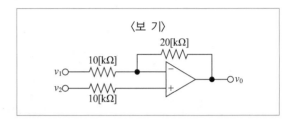

〈보 기〉

20[kΩ]

10[kΩ]

v_1

v_2

10[kΩ]

v_0

① $v_1 + v_2$[V] ② $2v_1 + 2v_2$[V]

③ $-2v_1 + 3v_2$[V] ④ $2v_1 + 3v_2$[V]

해설

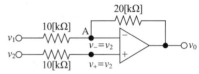

v_2와 v_+ 사이에 전류가 흐르지 않으므로 $v_+ = v_2$

이상적인 연산증폭기는 $v_+ = v_-$ 이므로 $v_- = v_2$

A마디에 KCL을 세우면

$\dfrac{v_1 - v_2}{10} = \dfrac{v_2 - v_o}{20}$

$2(v_1 - v_2) = v_2 - v_o$

$2v_1 - 2v_2 - v_2 = -v_o$

$\therefore v_o = -2v_1 + 3v_2$[V]

05 유전율이 ε_0, 극판 사이의 간격이 d, 정전용량이 1[F]인 커패시터가 있다. 보기와 같이 극판 사이에 평행으로 유전율이 $3\varepsilon_0$인 물질을 $2d/3$ 두께를 갖도록 삽입했을 때, 커패시터의 정전용량[F]은?

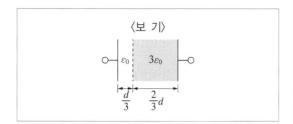

〈보 기〉

① 1.5[F] ② 1.8[F]
③ 2[F] ④ 2.3[F]

해설

유전율이 ε_0, 극판 사이의 간격이 d, 정전용량이 1[F]인 커패시터의 면적을 $S[\text{m}^2]$라 할 때 $\dfrac{\varepsilon_0 S}{d}=1$

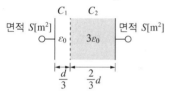

면적 $S[\text{m}^2]$ 면적 $S[\text{m}^2]$

$$C_1 = \frac{\varepsilon_0 S}{\dfrac{d}{3}} = 3\frac{\varepsilon_0 S}{d} = 3\times 1 = 3[\text{F}]$$

$$C_2 = \frac{3\varepsilon_0 S}{\dfrac{2d}{3}} = \frac{9}{2}\frac{\varepsilon_0 S}{d} = \frac{9}{2}\times 1 = \frac{9}{2}[\text{F}]$$

직렬연결된 커패시터의 합성 정전용량

$$\therefore C_0 = \frac{C_1 \times C_2}{C_1 + C_2} = \frac{3\times \dfrac{9}{2}}{3+\dfrac{9}{2}} = \frac{\dfrac{27}{2}}{\dfrac{15}{2}} = \frac{27}{15} = \frac{9}{5} = 1.8[\text{F}]$$

06 보기와 같이 2개의 점전하 +1[μC]과 +4[μC]이 1[m] 떨어져 있을 때, 두 전하가 발생시키는 전계의 세기가 같아지는 지점은?

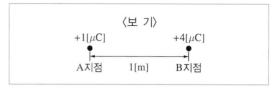

〈보 기〉

+1[μC]   +4[μC]
A지점   1[m]   B지점

① A지점에서 오른쪽으로 0.2[m] 지점
② A지점에서 오른쪽으로 0.5[m] 지점
③ A지점에서 왼쪽으로 0.5[m] 지점
④ A지점에서 왼쪽으로 1[m] 지점

해설

Q[C]의 전하가 r[m] 떨어진 곳에서 단위 전하 +1[C]에 대해 작용하는 힘의 세기는 $E = \dfrac{1}{4\pi\varepsilon_0}\times\dfrac{Q}{r^2}[\text{V/m}]$

+1[μC]   +4[μC]
A지점   1[m]   B지점

두 전하가 발생시키는 전계의 세기가 같아지는 지점을 r이라 하면

$$\frac{1}{4\pi\varepsilon_0}\times\frac{1\times 10^{-6}}{r^2} = \frac{1}{4\pi\varepsilon_0}\times\frac{4\times 10^{-6}}{(1-r)^2}$$

$$\frac{1}{r^2} = \frac{4}{(1-r)^2}$$

$$4r^2 = (1-r)^2$$

$$4r^2 = 1-2r+r^2$$

$3r^2 + 2r - 1 = 0$ 식을 인수분해하면

$$(3r-1)(r+1) = 0$$

$$r = \frac{1}{3},\ r = -1$$

∴ 두 전하가 발생시키는 전계의 세기가 같아지는 지점은

A지점에서 오른쪽으로 $\dfrac{1}{3}$[m], 왼쪽으로 1[m]

(∵ 부호가 −이므로)

07 교류회로의 전압과 전류의 실횻값이 각각 50[V], 20[A]이고 역률이 0.8일 때, 소비전력[W]은?

① 200[W] ② 400[W]

③ 600[W] ④ 800[W]

해설

소비전력 = 유효전력

$P = VI\cos\theta = 50 \cdot 20 \cdot 0.8 = 800[\text{W}]$

08 무한히 긴 2개의 직선 도체가 공기 중에서 5[cm]의 거리를 두고 평행하게 놓여져 있다. 두 도체에 각각 전류 20[A], 30[A]가 같은 방향으로 흐를 때, 도체 사이에 작용하는 단위 길이당 힘의 크기[N/m]는?

① $2.4 \times 10^{-3}[\text{N/m}]$

② $15 \times 10^{-3}[\text{N/m}]$

③ $3.8 \times 10^{3}[\text{N/m}]$

④ $12 \times 10^{3}[\text{N/m}]$

해설

두 도체 사이에 작용하는 단위 길이당 힘의 크기

$F = 2 \times 10^{-7} \times \dfrac{I_1 I_2}{r}[\text{N/m}] = 2 \times 10^{-7} \times \dfrac{20 \times 30}{0.05}$

$= \dfrac{1{,}200 \times 10^{-7}}{5 \times 10^{-2}} = \dfrac{12}{5} \times 10^{-3}$

$= 2.4 \times 10^{-3}[\text{N/m}]$

09 처음 정전용량이 2[F]인 평행판 커패시터가 있다. 정전용량을 6[F]으로 변경하기 위한 방법으로 가장 옳지 않은 것은?

① 극판 사이의 간격을 1/3배로 한다.

② 판의 면적을 3배로 한다.

③ 극판 사이의 간격을 1/2배로 하고, 판의 면적을 2배로 한다.

④ 극판 사이의 간격을 1/4배로 하고, 판의 면적을 3/4배로 한다.

해설

처음 정전용량 $C = \dfrac{\varepsilon S}{d} = 2[\text{F}]$일 때

③ 극판 사이의 간격을 1/2배로 하고, 판의 면적을 2배로 한다.

$C' = \dfrac{\varepsilon(S \times 2)}{\dfrac{d}{2}} = 4\dfrac{\varepsilon S}{d} = 8[\text{F}]$

① 극판 사이의 간격을 1/3배로 한다. $C' = \dfrac{\varepsilon S}{\dfrac{d}{3}} = 3\dfrac{\varepsilon S}{d} = 6[\text{F}]$

② 판의 면적을 3배로 한다. $C' = \dfrac{\varepsilon(S \times 3)}{d} = 3\dfrac{\varepsilon S}{d} = 6[\text{F}]$

④ 극판 사이의 간격을 1/4배로 하고, 판의 면적을 3/4배로 한다.

$C' = \dfrac{\varepsilon\left(S \times \dfrac{3}{4}\right)}{\dfrac{d}{4}} = 3\dfrac{\varepsilon S}{d} = 6[\text{F}]$

10 여러 개의 커패시터가 보기의 회로와 같이 연결되어 있다. 전체 등가용량 $C_T[\mu\text{F}]$은?

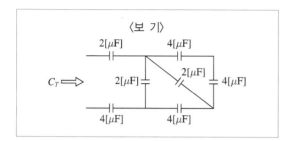

① $1[\mu\text{F}]$

② $2[\mu\text{F}]$

③ $3[\mu\text{F}]$

④ $4[\mu\text{F}]$

해설

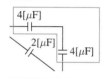

$$\frac{C_1 \times C_2}{C_1 + C_2} = \frac{4 \times 4}{4+4} = \frac{16}{8} = 2[\mu\text{F}]$$

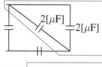

$$C_1 + C_2 = 2 + 2 = 4[\mu\text{F}]$$

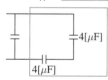

$$\frac{C_1 \times C_2}{C_1 + C_2} = \frac{4 \times 4}{4+4} = \frac{16}{8} = 2[\mu\text{F}]$$

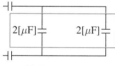

$$C_1 + C_2 = 2 + 2 = 4[\mu\text{F}]$$

$$\frac{C_1 \times C_2}{C_1 + C_2} = \frac{4 \times 4}{4+4} = \frac{16}{8} = 2[\mu\text{F}]$$

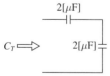

$$\therefore C_T = \frac{C_1 \times C_2}{C_1 + C_2} = \frac{2 \times 2}{2+2} = \frac{4}{4} = 1[\mu\text{F}]$$

11 보기의 회로에서 단자 A, B에서 본 테브난(Thévenin) 등가회로를 구했을 때, 테브난 등가저항 R_{TH} [kΩ]은?

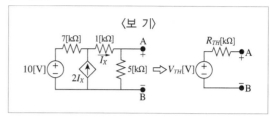

① $10[\text{k}\Omega]$

② $20[\text{k}\Omega]$

③ $30[\text{k}\Omega]$

④ $40[\text{k}\Omega]$

해설

독립전원과 종속전원을 모두 포함하는 회로의 테브난 등가저항 (R_{TH})은 개방회로 전압(V_{oc})과 단락회로 전류(I_{sc})를 모두 구한 후 옴의 법칙으로 구한다. 특히, 테브난 등가회로를 구하기 위해 회로를 분리할 때, 종속전원과 제어 변수를 분리해서는 안 된다.

$$R_{TH} = \frac{V_{oc}}{I_{sc}}$$

• V_{oc}값 구하기

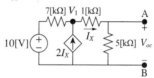

가운데 노드의 전압이 $V_1[\text{V}]$일 때 KCL을 적용하면

$$\frac{V_1 - 10}{7k} + I_X = 2I_X$$

$$V_1 - 10 = 7k(I_X) \qquad \cdots\cdots\cdots ㉠$$

1[kΩ]에 흐르는 전류 I_X

$$I_X = \frac{V_1 - V_{oc}}{1k} \qquad \cdots\cdots\cdots ㉡$$

AB단자에는 전류가 흐르지 않으므로 5[kΩ]에 흐르는 전류는 I_X

$$I_X = \frac{V_{oc}}{5k} \qquad \cdots\cdots\cdots ㉢$$

㉡, ㉢식을 통해

$$\frac{V_1 - V_{oc}}{1k} = \frac{V_{oc}}{5k}, \ 5(V_1 - V_{oc}) = V_{oc},$$

$$6V_{oc} = 5V_1$$

$$V_1 = \frac{6}{5}V_{oc} \qquad \cdots\cdots\cdots ㉣$$

㉠식에 ㉢, ㉣식을 넣어서 V_{oc}를 구하면

$$\frac{6}{5}V_{oc} - 10 = 7k\left(\frac{V_{oc}}{5k}\right)$$

$$6V_{oc} - 50 = 7V_{oc}$$

$$V_{oc} = -50[\text{V}]$$

• I_{sc}값 구하기

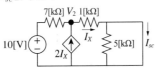

가운데 노드의 전압이 V_2[V]일 때 KCL을 적용하면

$$\frac{V_2 - 10}{7k} + I_X = 2I_X$$

$$V_2 - 10 = 7k(I_X) \quad \cdots\cdots\cdots\cdots ㉠$$

1[kΩ]에 흐르는 전류 I_X

$$I_X = \frac{V_2}{1k} \quad \cdots\cdots\cdots\cdots ㉡$$

5[kΩ]에는 전류가 흐르지 않으므로

$$I_X = I_{sc} \quad \cdots\cdots\cdots\cdots ㉢$$

㉡, ㉢식을 통해

$$V_2 = 1k \times I_{sc} \quad \cdots\cdots\cdots\cdots ㉣$$

㉠식에 ㉢, ㉣식을 넣어서 I_{sc}를 구하면

$$1k \times I_{sc} - 10 = 7k(I_{sc})$$

$$-10 = 6k \times I_{sc}$$

$$I_{sc} = -\frac{10}{6}[\text{mA}]$$

$$\therefore R_{TH} = \frac{V_{oc}}{I_{sc}} = \frac{-50}{-\frac{10}{6} \times 10^{-3}} = 30[\text{k}\Omega]$$

[별 해]

AB단자에 1[V]의 전압원을 연결한 후 전류 I_o와 $R_{TH} = \frac{1}{I_o}$를 구하

는 방법(기존 전압원은 단락)

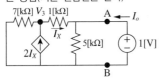

$$\frac{V_3}{7k} - 2I_X + I_X = 0$$

$$\frac{V_3}{7k} - I_X = 0 \quad \cdots\cdots\cdots\cdots ㉠$$

$$I_X = \frac{V_3 - 1}{1k} \quad \cdots\cdots\cdots\cdots ㉡$$

㉠식에 ㉡식을 넣어서 V_3를 구하면

$$\frac{V_3}{7k} - \frac{V_3 - 1}{1k} = 0$$

$$V_3 - 7V_3 + 7 = 0$$

$$6V_3 = 7$$

$$V_3 = \frac{7}{6}$$

$$I_X = \frac{\frac{7}{6} - 1}{1k} = \frac{1}{6}[\text{mA}]$$

5[kΩ]에 흐르는 전류는 $\frac{1}{5k} = \frac{1}{5}[\text{mA}]$

$$I_o = \frac{1}{5} - I_X = \frac{1}{5} - \frac{1}{6} = \frac{1}{30}[\text{mA}]$$

$$\therefore R_{TH} = \frac{V}{I_o} = \frac{1}{\frac{1}{30}[\text{mA}]} = 30[\text{k}\Omega]$$

12 균일하게 대전되어 있는 무한길이 직선전하가 있다. 이 선으로부터 수직거리 r만큼 떨어진 점의 전계 세기에 대한 설명으로 가장 옳은 것은?

① r에 비례한다.

② r에 반비례한다.

③ r^2에 비례한다.

④ r^2에 반비례한다.

해설

선전하밀도가 $\lambda = \frac{Q}{r}[\text{C/m}]$인 무한길이 직선전하에서

전계는 $E = \frac{\lambda}{2\pi\varepsilon r}[\text{V/m}]$이므로

전계의 세기는 거리(r)에 반비례한다.

13 보기의 회로에서 전원의 전압이 140[V]일 때, 단자 A, B 간의 전위차 V_{AB}[V]는?

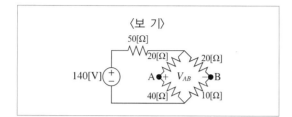

〈보 기〉

① $\dfrac{10}{3}$[V]

② $\dfrac{20}{3}$[V]

③ $\dfrac{30}{3}$[V]

④ $\dfrac{40}{3}$[V]

해설

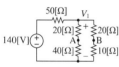 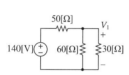

병렬회로 합성 저항 $60 \parallel 30 = \dfrac{60 \times 30}{60+30} = \dfrac{1,800}{90} = 20[\Omega]$

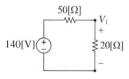

전압 분배 $V_1 = \dfrac{20}{50+20} \times 140 = 40[V]$

$V_A = \dfrac{40}{20+40} \times 40 = \dfrac{80}{3}$ [V]

$V_B = \dfrac{10}{20+10} \times 40 = \dfrac{40}{3}$ [V]

$\therefore V_{AB} = V_A - V_B = \dfrac{80}{3} - \dfrac{40}{3} = \dfrac{40}{3}$ [V]

14 보기와 같이 단면적이 S, 평균 길이가 l, 투자율이 μ인 도넛 모양의 원형 철심에 권선수가 N_1, N_2인 2개의 코일을 감고 각각 I_1, I_2를 인가했을 때, 두 코일 간의 상호인덕턴스[H]는?(단, 누설자속은 없다고 가정한다)

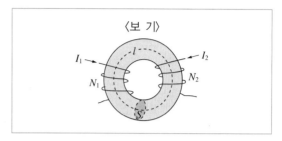

〈보 기〉

① $\dfrac{\mu S N_1 N_2}{l}$[H]

② $\dfrac{\mu N_1 N_2}{I_1 I_2 l}$[H]

③ $\mu S N_1 N_2 l$[H]

④ $\mu S N_1 N_2 I_1 I_2 l$[H]

해설

기자력 $F = NI = \phi R_m$, 자기저항 $R_m = \dfrac{l}{\mu A}$[AT/Wb]이므로

$L = \dfrac{N\phi}{I} = \dfrac{N}{I} \cdot \dfrac{NI}{R_m} = \dfrac{N^2}{\dfrac{l}{\mu S}} = \dfrac{\mu S N^2}{l}$[H]

$M = \dfrac{N_2 \phi_1}{I_1} = \dfrac{N_2}{I_1} \dfrac{N_1 I_1}{R_m} = \dfrac{N_1 N_2}{\dfrac{l}{\mu S}} = \dfrac{\mu S N_1 N_2}{l}$[H]

15 RLC 직렬 공진회로가 공진주파수에서 동작할 때, 이에 대한 설명으로 가장 옳지 않은 것은?

① 회로에 흐르는 전류의 크기는 저항에 의해 결정된다.
② 회로에 흐르는 전류의 크기는 최대가 된다.
③ 전압과 전류의 위상은 동상이다.
④ 인덕터와 커패시터에 걸리는 전압의 위상은 동상이다.

해설

① 전류는 $I = \dfrac{V}{Z} = \dfrac{V}{R}[\text{A}]$ 이므로 저항에 의해 결정된다.

② 임피던스가 최소가 되므로 전류는 최대

③ $Z = R$이므로 전압과 전류는 동위상

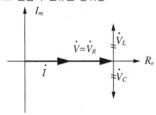

④ 인덕터에 걸리는 전압 $\dot{V}_L$은 $\dot{I}$보다 $\dfrac{\pi}{2}$ 위상이 앞서고 커패시터에 걸리는 전압 $\dot{V}_C$은 $\dot{I}$보다 $\dfrac{\pi}{2}$ 위상이 뒤진다.

16 보기와 같은 교류회로에 전압 $v(t) = 100\cos(2{,}000t)$ [V]의 전원이 인가되었다. 정상상태(Steady State)일 때 $10[\Omega]$ 저항에서 소비하는 평균 전력[W]은?

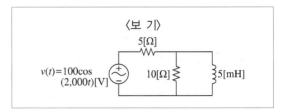

① 100[W]
② 200[W]
③ 300[W]
④ 400[W]

해설

5[mH]를 복소수 형식으로 변경하면 $\omega = 2{,}000$이므로

$$j\omega L = j \times 2{,}000 \times 5 \times 10^{-3} = j10[\Omega]$$

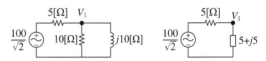

전체 임피던스

$$Z = 5 + \frac{10 \times j10}{10 + j10} = 5 + \frac{j100}{10 + j10} = 5 + \frac{j100(10 - j10)}{(10 + j10)(10 - j10)}$$

$$= 5 + \frac{1{,}000(1 + j)}{200} = 5 + (5 + j5) = 10 + j5$$

$10[\Omega]$ 저항에 걸리는 전압(전압 분배)

$$V_1 = \frac{5 + j5}{5 + (5 + j5)}\frac{100}{\sqrt{2}} = \frac{(5 + j5)(10 - j5)}{(10 + j5)(10 - j5)}\frac{100}{\sqrt{2}}$$

$$= \frac{50 + 25 + j25}{125}\frac{100}{\sqrt{2}} = \frac{4(75 + j25)}{5\sqrt{2}} = \frac{60 + j20}{\sqrt{2}}$$

$$= 30\sqrt{2} + j10\sqrt{2}\,[\text{V}]$$

$$|V_1| = \sqrt{(30\sqrt{2})^2 + (10\sqrt{2})^2} = \sqrt{1{,}800 + 200} = \sqrt{2{,}000}\,[\text{V}]$$

$10[\Omega]$ 저항에서 소비하는 평균 전력

$$P = V_1 I = \frac{V_1^2}{R} = \frac{(\sqrt{2{,}000})^2}{10} = \frac{2{,}000}{10} = 200[\text{W}]$$

17 서로 다른 금속선으로 된 폐회로의 두 접합점의 온도를
다르게 하였을 때 열기전력이 발생하는 효과로 가장
옳은 것은?

① 톰슨(Thomson) 효과   ② 핀치(Pinch) 효과
③ 제베크(Seebeck) 효과   ④ 펠티어(Peltier) 효과

해설
③ 제베크 효과 : 두 종류의 금속을 고리 모양으로 연결(폐회로
구성)하고, 한쪽 접점을 고온, 다른 쪽을 저온으로 했을 때 그
회로에 기전력(열기전력)이 발생하여 일정한 방향으로 전류가
흐르는 현상
① 톰슨 효과 : 동일한 금속에서 부분적인 온도차가 있을 때 전류를
흘리면 발열 또는 흡열이 일어나는 현상
② 핀치 효과 : 기체 중을 흐르는 전류는 동일 방향의 평행 전류
간에 작용하는 흡인력에 의해 중심을 향해서 수축하려는 성질로
인한 현상
④ 펠티어 효과 : 다른 종류의 금속을 접속해 전류가 흐를 때 접합부
에서 열의 발생 또는 흡수가 일어나는 열전현상. 즉, 금속의
양쪽에 전위차를 걸어 주면 열이 흘러서 양쪽 끝에 온도차를
만들어 내는 효과

18 보기의 회로에서 부하저항 R에 최대로 전력을 전달하
기 위한 저항값 $R[\Omega]$은?

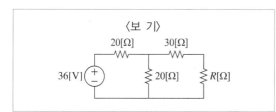

〈보 기〉

① $10[\Omega]$ ② $20[\Omega]$
③ $30[\Omega]$ ④ $40[\Omega]$

해설

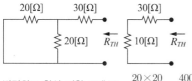

병렬회로 합성 저항 $20 \parallel 20 = \dfrac{20 \times 20}{20+20} = \dfrac{400}{40} = 10[\Omega]$

직렬회로 합성 저항 $R_{TH} = 10 + 30 = 40[\Omega]$

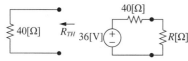

부하저항 R에 최대로 전력을 전달하기 위한 저항 R은
∴ $R = R_{TH} = 40[\Omega]$

19 누설자속이 없을 때 권수 N_1회인 1차 코일과 권수 N_2
회인 2차 코일의 자기인덕턴스 L_1, L_2와 상호인덕턴스
M의 관계로 가장 옳은 것은?

① $\dfrac{1}{\sqrt{L_1 \cdot L_2}} = M$

② $\dfrac{1}{\sqrt{L_1 \cdot L_2}} = M^2$

③ $\sqrt{L_1 \cdot L_2} = M$

④ $\sqrt{L_1 \cdot L_2} = M^2$

해설
$M = k\sqrt{L_1 L_2}$ (k : 결합계수, $0 \leq k \leq 1$)
누설자속이 없으므로 결합계수 $k = 1$이므로
$M = \sqrt{L_1 L_2}$

20 인덕터 $L = 4[H]$에 10[J]의 자계에너지를 저장하기 위
해 필요한 전류[A]는?

① $\sqrt{5}[A]$

② $2.5[A]$

③ $\sqrt{10}[A]$

④ $5[A]$

해설
인덕터 $L = 4[H]$, $W = 10[J]$ 이므로
$W = \dfrac{1}{2}LI^2$

$10 = \dfrac{1}{2} \times 4 \times I^2$

$I^2 = \dfrac{10}{2} = 5$

$I = \sqrt{5}[A]$

2020년 지방직 고졸경채 전기이론

01 교류회로에서 유효전력이 400[W]이고 무효전력이 300[Var]일 때, 피상전력[VA]과 역률은?

	피상전력[VA]	역률
①	50	0.6
②	50	0.8
③	500	0.6
④	500	0.8

해설

피상전력 $P_a = \sqrt{P^2 + P_r^2} = \sqrt{400^2 + 300^2} = \sqrt{500^2}$
$= 500[VA]$

역률 $\cos\theta = \dfrac{P}{P_a} = \dfrac{400}{500} = 0.8$

02 (가)와 (나)에 대한 전기현상을 바르게 연결한 것은?

> (가) 두 종류의 금속을 고리 모양으로 양끝을 접속하고 두 접속점에 서로 다른 온도를 가하면 기전력이 발생하여 일정한 방향으로 전류가 흐른다.
>
> (나) 전기분해에 의해서 석출되는 물질의 양은 전해액을 통과한 총 전기량에 비례하며, 같은 전기량에 의해서 여러 가지 화합물이 전해될 때 석출되는 물질의 양은 각 물질의 화학당량에 비례한다.

	(가)	(나)
①	제베크 효과	렌츠의 법칙
②	제베크 효과	패러데이의 법칙
③	펠티에 효과	렌츠의 법칙
④	펠티에 효과	패러데이의 법칙

해설

• 제베크 효과 : 두 종류의 금속을 고리 모양으로 연결(폐회로 구성)하고, 한쪽 접점을 고온, 다른 쪽을 저온으로 했을 때 그 회로에 기전력(열기전력)이 발생하여 일정한 방향으로 전류가 흐르는 현상

• 패러데이의 법칙
  – 전기분해 : 전기분해를 하는 동안 전극에 흐르는 전하량(전류 × 시간)과 전기분해로 인해 생긴 화학변화의 양 사이의 정량적인 관계를 나타내는 법칙 → 전해질용액을 전기분해할 때 전극에서 석출되는 물질의 질량은 그 전극을 통과한 전기량에 비례하며, 같은 전기량에 의해 석출되는 물질의 질량은 물질의 종류에 관계없이 각 물질의 화학당량에 비례
  – 전자기유도 : 전자기유도에 의해 회로 내에 유발되는 기전력의 크기는, 회로를 관통하는 자기력선속(磁氣力線束)의 시간적 변화율에 비례

• 펠티어 효과 : 다른 종류의 금속을 접속해 전류가 흐를 때 접합부에서 열의 발생 또는 흡수가 일어나는 열전현상. 즉, 금속의 양쪽에 전위차를 걸어 주면 열이 흘러서 양쪽 끝에 온도차를 만들어 내는 효과

• 렌츠의 법칙 : 코일 중심을 통과하는 자속이 변화하면 코일에 자속의 변화를 방해하는 방향으로 기전력이 발생하는 전자기 법칙

03 그림의 발전기 회로에서 역률이 1이 되기 위한 부하 임피던스 $Z_L[\Omega]$로 적절한 것은?(단, $Z_g = 1.3 + j2[\Omega]$, $Z_l = 1.7 + j3[\Omega]$이다)

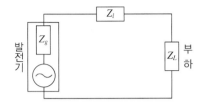

① 3

② $\sqrt{3^2 + 5^2}$

③ $3 + j5$

④ $3 - j5$

해설

$\cos\theta = \dfrac{R}{|Z|} = 1$이 되기 위해서는 $|Z| = R$이 되어야 하므로

$Z_g + Z_l + Z_L = R + jX$에서 $X = 0$

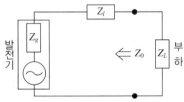

$Z_0 = Z_g + Z_l = 1.3 + j2 + 1.7 + j3 = 3 + j5$

∴ Z_L의 허수부분 : $-j5$

※ 부하에 최대 전력을 전달하게 되는 부하 임피던스 Z_L은 내부 임피던스의 켤레(공액) 복소수 $\overline{Z_0}$가 되어야 하므로

∴ $Z_L = 3 - j5[\Omega]$

04 그림과 같이 전력계 두 대를 사용하여 3상 평형회로의 전력을 측정하였다. 3상 전력이 800[kW]이고 $W_1 = 400$[kW]일 때, 측정 전력 W_2[kW]는?

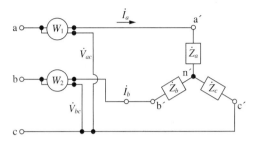

① 100

② 200

③ 300

④ 400

해설

$P = W_1 + W_2$[W]

$800 = 400 + W_2$

∴ $W_2 = 400$[W]

05 다음의 전압과 전류에 대한 설명으로 옳은 것은?

> • $e(t) = 100\cos(120\pi t + 30°)$[V]
> • $i(t) = 20\sqrt{2}\sin(120\pi t + 60°)$[A]

① e와 i의 위상차는 30°이다.

② e와 i의 주파수는 모두 60[Hz]이다.

③ e의 실횻값은 100[V]이고, i의 실횻값은 $20\sqrt{2}$[A] 이다.

④ e의 평균값은 $\dfrac{100}{\pi}$[V]이고, i의 평균값은 $\dfrac{20\sqrt{2}}{\pi}$ [A]이다.

해설

$e(t) = 100\cos(120\pi t + 30°)$[V] $= 100\sin(120\pi t + 120°)$[V]

$i(t) = 20\sqrt{2}\sin(120\pi t + 60)$[A]

② $\omega = 2\pi f = 120\pi$, $f = 60$[Hz]

① e, i의 위상차 : $120° - 60° = 60°$

③ 실횻값 $E = \dfrac{E_m}{\sqrt{2}} = \dfrac{100}{\sqrt{2}}$[V], $I = \dfrac{I_m}{\sqrt{2}} = \dfrac{20\sqrt{2}}{\sqrt{2}} = 20$[A]

④ 평균값 $E_a = \dfrac{2E_m}{\pi} = \dfrac{2 \times 100}{\pi} = \dfrac{200}{\pi}$[V],

$I_a = \dfrac{2I_m}{\pi} = \dfrac{2 \times 20\sqrt{2}}{\pi} = \dfrac{40\sqrt{2}}{\pi}$[A]

06 3상 평형 회로의 △-△ 결선과 Y-Y 결선에 대한 설명으로 옳은 것은?

① △-△ 결선의 선간전압의 위상은 상전압의 위상과 같다.

② △-△ 결선은 3상 4선식으로 사용한다.

③ Y-Y 결선의 선전류 크기는 상전류 크기의 $\sqrt{3}$ 배이다.

④ Y-Y 결선은 상이 모이는 중성점이 없다.

해설

① △-△ 결선은 $V_l = V_p$(선전압 = 상전압)이므로 선간전압의 위상과 상전압의 위상은 같다.

② △-△ 결선은 중성선이 없으므로 3상 3선식으로 사용한다.

③ Y-Y 결선은 $I_l = I_p$(선전류 = 상전류)이므로 크기는 같다.

④ Y-Y 결선은 상이 모이는 중성점이 있다.

07 RL 직렬 회로에 $e(t) = 1,000\sqrt{2}\sin\omega t = 500\sqrt{2}\sin 3\omega t + 200\sqrt{2}\sin 5\omega t$[V]를 인가할 때, 제5고조파 전류의 실횻값[A]은?(단, 기본 각주파수 ω에서 $R = 80[\Omega]$, $X_L = 12[\Omega]$이다)

① 1   ② 2

③ 3   ④ 4

해설

$V_5 = 200$, $R = 80[\Omega]$, $X_L = 12[\Omega]$

제5고조파 전류

$$I_5 = \frac{V_5}{\sqrt{R^2 + (5X_L)^2}} = \frac{200}{\sqrt{80^2 + (5 \times 12)^2}} = \frac{200}{\sqrt{80^2 + 60^2}}$$

$$= \frac{200}{100} = 2[A]$$

08 그림의 회로에서 단자 a, b 사이의 전압 V_{ab}[V]는?

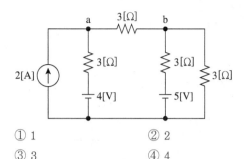

① 1   ② 2

③ 3   ④ 4

해설

키르히호프의 전류법칙(KCL) $\sum I = 0$

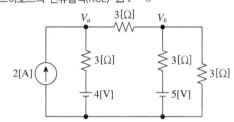

a점에서 KCL을 적용하면

$$-2 + \frac{V_a - 4}{3} + \frac{V_a - V_b}{3} = 0$$

$$-6 + V_a - 4 + V_a - V_b = 0$$

$$2V_a - V_b = 10 \quad\cdots\cdots\cdots \text{㉠}$$

b점에서 KCL을 적용하면

$$\frac{V_b - V_a}{3} + \frac{V_b - 5}{3} + \frac{V_b}{3} = 0$$

$$V_b - V_a + V_b - 5 + V_b = 0$$

$$-V_a + 3V_b = 5 \quad\cdots\cdots\cdots \text{㉡}$$

㉠, ㉡ 2개의 식의 연립방정식의 해를 구하면

$$\begin{array}{l} 6V_a - 3V_b = 30 \\ + \quad -V_a + 3V_b = 5 \end{array}$$

$5V_a = 35$, $V_a = 7[V]$

$-7 + 3V_b = 5$, $3V_b = 12$, $V_b = 4[V]$

∴ 단자 a, b 사이의 전압 $V_{ab} = V_a - V_b = 7 - 4 = 3[V]$

09 그림의 RL 부하회로에서 스위치를 a와 연결했을 때 저항계의 측정값이 5[Ω]이고, 스위치를 b와 연결했을 때 전류계의 측정값이 10[A]이다. 부하인덕턴스[H]는?(단, $e(t) = 100\sqrt{2}\sin120\pi t$[V]이고, 전류계와 저항계의 내부저항은 무시한다)

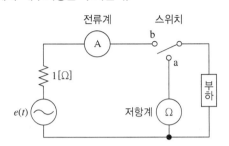

① $\dfrac{\sqrt{3}}{40\pi}$ ② $\dfrac{\sqrt{3}}{5\pi}$

③ $\dfrac{1}{15\pi}$ ④ $\dfrac{8}{15\pi}$

해설

$e(t) = 100\sqrt{2}\sin120\pi t$[V]이므로

실횻값 $E = \dfrac{E_m}{\sqrt{2}} = \dfrac{100\sqrt{2}}{\sqrt{2}} = 100$[V],

$\omega = 120\pi$

• 스위치를 a와 연결했을 때

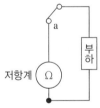

저항계의 값이 5[Ω]이므로 부하 $Z_L = R + jX_L$에서

$R = 5$, $Z_L = 5 + jX_L$

• 스위치를 b와 연결했을 때

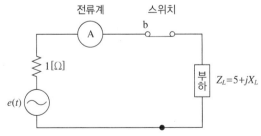

전체 저항 $Z = 1 + 5 + jX_L = 6 + jX_L$

전류계의 값이 10[A]이므로 $I = \dfrac{E}{|Z|} = \dfrac{E}{\sqrt{R^2 + X_L^2}} = 10$[A]

$\dfrac{100}{\sqrt{6^2 + X_L^2}} = 10$

$\dfrac{100}{10} = \sqrt{6^2 + X_L^2}$

$10^2 = 6^2 + X_L^2$

$X_L = 8$

$X_L = \omega L$

$\therefore\ L = \dfrac{X_L}{\omega} = \dfrac{8}{120\pi} = \dfrac{1}{15\pi}$[H]

10 100[W] 전열기를 10분간 사용하면 20[℃]의 물 1[kg]을 몇 도[℃]로 올릴 수 있는가?(단, 물의 비열은 1이고 1[J]은 0.24[cal]이다)

① 34.4 ② 36.5

③ 38.0 ④ 39.8

해설

전열기를 10분간 사용하여 발생한 열량

$Q = 0.24Pt = 0.24 \times 100 \times 10(분) = 24 \times 10 \times 60(초)$

$= 14,400$[cal]

온도변화에 따른 열량

$Q = cm\Delta t = 1 \times 1,000 \times \Delta t = 14,400$

$\Delta t = \dfrac{14,400}{1,000} = 14.4$[℃]

상승한 온도 = 처음온도 + Δt = 20 + 14.4 = 34.4[℃]

11 그림의 회로에서 단자 a, b 사이의 합성 인덕턴스[H]
는?

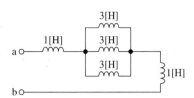

① 1   ② 2

③ 3   ④ 4

해설

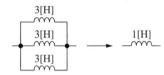

병렬회로의 합성 임피던스

$: \dfrac{1}{L}+\dfrac{1}{L}+\dfrac{1}{L}=\dfrac{1}{3}+\dfrac{1}{3}+\dfrac{1}{3}=\dfrac{3}{3}=1[\text{H}]$

직렬회로의 합성 임피던스 : $L+L+L=1+1+1=3[\text{H}]$

12 자기인덕턴스가 각각 L_1, L_2인 두 개의 코일이 직렬로
접속되어 있다. 여기서 각 코일이 만드는 자속 방향이
같을 때 측정된 합성 인덕턴스는 100[mH]이고, 각 코
일이 만드는 자속 방향이 반대일 때 측정된 합성 인덕턴
스는 60[mH]이다. 이때 두 코일의 자기인덕턴스 합
L_1+L_2[mH]와 상호인덕턴스 M[mH]은?(단, 두 개의
자기인덕턴스는 전자 결합이 있고, 상호인덕턴스는 양
의 값을 갖는다)

	L_1+L_2[mH]	M[mH]
①	80	10
②	80	20
③	160	10
④	160	20

해설

직렬로 접속된 두 개의 코일

• 자속의 방향이 같을 때

  $L_t=L_1+L_2+2M$

  $100=L_1+L_2+2M[\text{mH}]$ ·········· ㉠

• 자속의 방향이 반대일 때

  $L_t=L_1+L_2-2M$

  $60=L_1+L_2-2M[\text{mH}]$ ·········· ㉡

㉠, ㉡ 2개의 식의 연립방정식의 해를 구하면

$2(L_1+L_2)=160$

$\therefore\ L_1+L_2=80$

$4M=40$

$\therefore\ M=10$

13 그림의 직렬연결된 커패시터 회로에서 합성 정전용량 C_{ab}[μF]와 4[μF] 커패시터 양단의 전압 V_1[V]은?

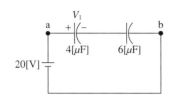

	C_{ab}[μF]	V_1[V]
①	2.4	8
②	2.4	12
③	10	8
④	10	12

해설

합성 정전용량

$$C_t = \frac{C_1 \times C_2}{C_1 + C_2} = \frac{4 \times 6}{4 + 6} = 2.4[\mu F]$$

4[μF] 커패시터 양단의 전압 V_1

$$V_1 = \frac{6}{4+6} \times 20 = 12[V]$$

14 그림과 같은 삼각형 꼭짓점에 있는 진공 중의 점 전하 $+Q$, $-Q$가 각각 +10[nC], −16[nC]일 때, A지점의 전기장 세기[V/m]는?(단, 진공의 유전율은 $\varepsilon_0 = 8.855 \times 10^{-12}$[F/m]이고, $\frac{1}{4\pi\varepsilon_0} = 9 \times 10^9$이다)

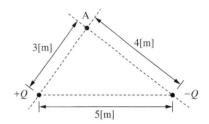

① 1   ② $\sqrt{19}$

③ $\sqrt{181}$ ④ $\sqrt{361}$

해설

$+Q$(+10)[nC]에 의한 A지점의 전기장의 세기

$$E_1 = 9 \times 10^9 \times \frac{Q_1}{r_1^2} = 9 \times 10^9 \times \frac{10 \times 10^{-9}}{3^2} = 10[V/m]$$

$-Q$(−16)[nC]에 의한 A지점의 전기장의 세기

$$E_2 = 9 \times 10^9 \times \frac{Q_2}{r_2^2} = 9 \times 10^9 \times \frac{16 \times 10^{-9}}{4^2} = 9[V/m]$$

A지점은 $+Q$, $-Q$와의 거리가 직각삼각형이므로 피타고라스의 정리에 의하여

두 점 전하에 의한 A지점의 전기장의 세기는

$$E = \sqrt{E_1^2 + E_2^2} = \sqrt{9^2 + 10^2} = \sqrt{81 + 100} = \sqrt{181}[V/m]$$

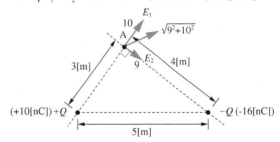

15 그림의 RLC 회로에서 단자 a, b 사이의 합성 임피던스가 1[Ω]일 때, 커패시턴스 $C[\mu F]$는?(단, 회로의 동작주파수는 $\frac{1,000}{2\pi}$[Hz]이다)

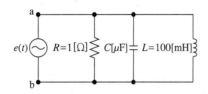

① 1 ② 2
③ 5 ④ 10

해설

주파수 $f = \frac{1,000}{2\pi}$[Hz]이므로,

각속도 $\omega = 2\pi f = 2\pi \frac{1,000}{2\pi} = 1,000$

합성 임피던스가 1[Ω]이므로 어드미턴스도 1[℧]이다.

회로의 어드미턴스는

$Y = \frac{1}{R} + j\left(\omega C - \frac{1}{\omega L}\right)$

$1 = \frac{1}{1} + j\left(1,000C - \frac{1}{1,000 \times 100 \times 10^{-3}}\right)$

$1,000C = \frac{1}{100}$

$\therefore \ C = \frac{1}{100 \times 1,000} = \frac{10}{1,000,000} = 10 \times 10^{-6} = 10[\mu F]$

16 그림의 회로에서 전류계의 측정값이 10[A]일 때, 전압 E[V]와 저항 R[Ω]는?(단, 전류계의 내부저항은 무시한다)

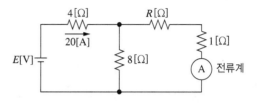

	E[V]	R[Ω]
①	120	7
②	120	8
③	160	7
④	160	8

해설

A마디의 전압을 V[V]라고 하고

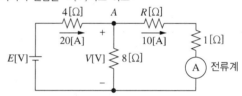

A마디에 KCL을 세우면

$20 = \frac{V}{8} + 10, \ V = 80$[V]

오른쪽 루프에 옴의 법칙을 적용하면

$V = (R+1)10 = 80$

$R + 1 = 8$

$\therefore \ R = 7[\Omega]$

왼쪽 루프에 옴의 법칙을 적용하면

$\frac{V-E}{4} = -20$

$V - E = -80$

$80 - E = -80$

$\therefore \ E = 160[V]$

17 그림과 같이 두 개의 코일이 하나의 원통에 감겨 있으며 시간에 따라 전류 i_1과 i_2가 증가하고 있다. 이에 대한 설명으로 옳지 않은 것은?

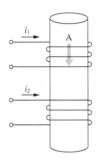

① 전류 i_1과 i_2에 의한 자속 방향은 같다.

② 각 코일에 흐르는 전류 방향과 자속 방향은 앙페르의 오른나사의 법칙이 적용된다.

③ 전류 i_1에 의해 발생되는 자속은 A방향이다.

④ 각 코일의 단자 간에 걸리는 전압은 코일을 쇄교하는 자속의 시간당 변화율에 비례한다.

해설

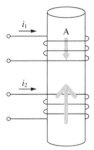

① 그림과 같이 전류 i_1과 i_2에 의한 자속 방향은 다르다.

② 각 코일에 흐르는 전류 방향과 자속 방향은 앙페르의 오른나사의 법칙이 적용된다.

③ 전류 i_1에 의해 발생되는 자속은 A방향이다.

④ 각 코일의 단자 간에 걸리는 전압은 코일을 쇄교하는 자속의 시간당 변화율에 비례한다. → 패러데이의 법칙 $e \propto \dfrac{\Delta\phi}{\Delta t}$,

$$e = -N\frac{d\phi}{dt}$$

18 비사인파전압 $e(t) = 10\sqrt{2}\sin\omega t + 4\sqrt{2}\sin 3\omega t + 3\sqrt{2}\sin 5\omega t$[V]의 실횻값[V]과 왜형률[%]은?(단, ω는 기본 각주파수이다)

	실횻값[V]	왜형률[%]
①	$2\sqrt{5}$	50
②	$2\sqrt{5}$	100
③	$5\sqrt{5}$	50
④	$5\sqrt{5}$	100

해설

비사인파의 실횻값

$$E = \sqrt{E_0^2 + \left(\frac{E_{m1}}{\sqrt{2}}\right)^2 + \left(\frac{E_{m2}}{\sqrt{2}}\right)^2 + \cdots}$$
$$= \sqrt{10^2 + 4^2 + 3^2} = \sqrt{100 + 16 + 9} = \sqrt{125} = 5\sqrt{5}\,[\text{V}]$$

왜형률[%] $= \dfrac{\sqrt{E_3^2 + E_5^2}}{E_1} \times 100 = \dfrac{\sqrt{4^2 + 3^2}}{10} \times 100$

$$= \frac{\sqrt{25}}{10} \times 100 = \frac{5}{10} \times 100$$
$$= 50\,[\%]$$

19 1[A]의 전류를 60초간 흘리면 6,000[J]의 열량이 발생하는 전열기가 있다. 같은 전열기에 2[A]의 전류를 흘려 같은 크기의 열량을 얻었을 때, 전류가 흐른 시간 [s]은?

① 15　　　　　　　② 20

③ 25　　　　　　　④ 30

해설

1[A]의 전류가 60초 흐를 때

$$W_1 = I_1^2 R t_1 = 1^2 \times R \times 60 = 6,000$$

$\therefore\ R = 100\,[\Omega]$

2[A]의 전류를 흘려 6,000[J]의 열량이 발생하려면

$$W_2 = I_2^2 R t_2 = 2^2 \times 100 \times t_2 = 6,000$$

$\therefore\ t_2 = \dfrac{6,000}{400} = 15\,[\text{s}]$

20 그림의 회로에서 전류 i_1[A], i_2[A], i_3[A]는?

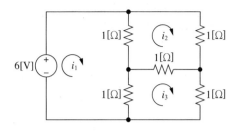

	i_1[A]	i_2[A]	i_3[A]
①	6	2	3
②	6	3	3
③	9	2	3
④	9	3	3

해설

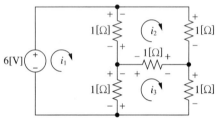

• i_1 루프에 대해서 전류 방향으로 일주하면서 KVL을 적용하여 방정식을 세우면

$1(i_1 - i_2) + 1(i_1 - i_3) = 6$

$2i_1 - i_2 - i_3 = 6$ .... ㉠

• i_2 루프에 대해서 KVL을 적용하여 방정식을 세우면

$1(i_2 - i_1) + i_2 + 1(i_2 - i_3) = 0$

$-i_1 + 3i_2 - i_3 = 0$ .... ㉡

• i_3 루프에 대해서 KVL을 적용하여 방정식을 세우면

$1(i_3 - i_1) + 1(i_3 - i_2) + i_3 = 0$

$-i_1 - i_2 + 3i_3 = 0$ .... ㉢

㉠, ㉡, ㉢ 3개의 식의 연립방정식의 해를 구하면

$$\begin{array}{l} 2i_1 - i_2 - i_3 = 6 \\ -i_1 + 3i_2 - i_3 = 0 \\ -i_1 - i_2 + 3i_3 = 0 \end{array}$$

3개의 식을 합치면

$i_2 + i_3 = 6$ .... ㉣

㉣식을 ㉠식에 넣어서 정리하면

$2i_1 - (i_2 + i_3) = 6$

$2i_1 - 6 = 6$, $2i_1 = 12$

$\therefore \ i_1 = 6$[A] .... ㉤

㉣, ㉤식을 ㉡식에 넣어 정리하면

$4i_2 = 12$

$\therefore \ i_2 = 3$[A] .... ㉥

㉥식을 ㉣식에 넣어 정리하면

$3 + i_3 = 6$

$\therefore \ i_3 = 3$[A]

[별 해]

3×3 행렬식을 이용

$$\begin{array}{l} 2i_1 - i_2 - i_3 = 6 \\ -i_1 + 3i_2 - i_3 = 0 \\ -i_1 - i_2 + 3i_3 = 0 \end{array}$$

$$i_1 = \frac{\begin{bmatrix} 6 & -1 & -1 \\ 0 & 3 & -1 \\ 0 & -1 & 3 \end{bmatrix}}{\begin{bmatrix} 2 & -1 & -1 \\ -1 & 3 & -1 \\ -1 & -1 & 3 \end{bmatrix}} = \frac{(54-0-0)-(0+6+0)}{(18-1-1)-(3+2+3)}$$

$$= \frac{54-6}{16-8} = \frac{48}{8} = 6[A]$$

$$i_2 = \frac{\begin{bmatrix} 2 & 6 & -1 \\ -1 & 0 & -1 \\ -1 & 0 & 3 \end{bmatrix}}{\begin{bmatrix} 2 & -1 & -1 \\ -1 & 3 & -1 \\ -1 & -1 & 3 \end{bmatrix}} = \frac{(0+6+0)-(0+0-18)}{(18-1-1)-(3+2+3)}$$

$$= \frac{6+18}{16-8} = \frac{24}{8} = 3[A]$$

$$i_3 = \frac{\begin{bmatrix} 2 & -1 & 6 \\ -1 & 3 & 0 \\ -1 & -1 & 0 \end{bmatrix}}{\begin{bmatrix} 2 & -1 & -1 \\ -1 & 3 & -1 \\ -1 & -1 & 3 \end{bmatrix}} = \frac{(0+0+6)-(-18+0+0)}{(18-1-1)-(3+2+3)}$$

$$= \frac{6+18}{16-8} = \frac{24}{8} = 3[A]$$

2020년 서울시 고졸경채 전기이론

01 보기와 같은 회로에서 I[A]의 값은?

〈보 기〉

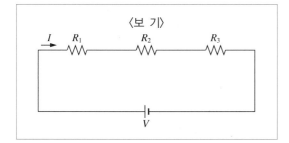

① $\dfrac{V}{R_1 + R_2 + R_3}$

② $\dfrac{V}{\dfrac{1}{R_1} + \dfrac{1}{R_2} + \dfrac{1}{R_3}}$

③ $\left(\dfrac{1}{R_1} + \dfrac{1}{R_2} + \dfrac{1}{R_3}\right) \times \dfrac{1}{V}$

④ $\dfrac{R_1 + R_2 + R_3}{V}$

해설

직렬연결된 저항의 합성 저항 $R_0 = R_1 + R_2 + R_3$

전압이 V[V]일 때 전류 $I = \dfrac{V}{R_0} = \dfrac{V}{R_1 + R_2 + R_3}$[A]

02 보기와 같은 회로에서 $I_1 = 5$[A], $I_2 = 3$[A], $I_3 = -2$[A], $I_4 = 4$[A]일 때, I_5[A]는?

〈보 기〉

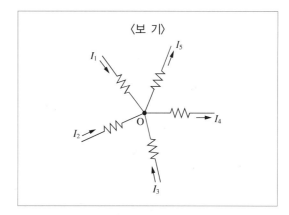

① 1

② 2

③ 3

④ 4

해설

Node O점을 기준으로 들어가는 방향의 전류는 (+)로, 나가는 방향의 전류는 (−)로 표시

$\sum I = I_1 + I_2 + I_3 - I_4 - I_5 = 0$

$5 + 3 + (-2) - 4 - I_5 = 0$

$I_5 = 2$[A]

03 보기와 같은 회로에서 $E = 40[V]$, $R_1 = 2[\Omega]$, $R_2 = 12[\Omega]$, $R_3 = 4[\Omega]$, $R_4 = 5[\Omega]$일 때, $R_3 = 4[\Omega]$에 흐르는 전류 $I_3[A]$의 값은?

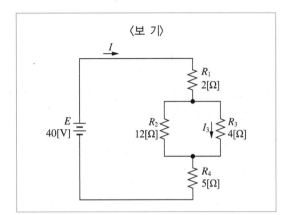

〈보 기〉

① 0.5   ② 1
③ 3   ④ 5

해설

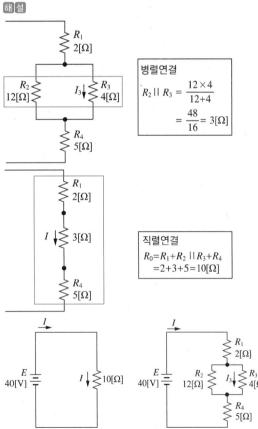

병렬연결

$R_2 \parallel R_3 = \dfrac{12 \times 4}{12 + 4}$

$= \dfrac{48}{16} = 3[\Omega]$

직렬연결

$R_0 = R_1 + R_2 \parallel R_3 + R_4$
$= 2 + 3 + 5 = 10[\Omega]$

$I = \dfrac{V}{R_0} = \dfrac{40}{10} = 4[A]$

전류 분배 법칙에 따라 R_3에 흐르는 전류는

$I_3 = \dfrac{12}{12 + 4} \times 4 = \dfrac{12 \times 4}{16} = 3[A]$

04 유효전력이 40[W]이고, 무효전력이 30[Var]인 교류 회로의 역률은?

① 0.4   ② 0.6
③ 0.8   ④ 1

해설

피상전력 $P_a = \sqrt{P^2 + P_r^2} = \sqrt{40^2 + 30^2} = \sqrt{50^2} = 50[VA]$

역률 $\cos\theta = \dfrac{P}{P_a} = \dfrac{40}{50} = 0.8$

05 $I = 5\sqrt{3} + j5[\text{A}]$로 표시되는 교류전류의 극좌표로 옳은 것은?

① $10 \angle 30°$ ② $10 \angle 60°$

③ $20 \angle 30°$ ④ $20 \angle 60°$

해설

복소수법으로 표시된 $I = 5\sqrt{3} + j5[\text{A}]$를 극좌표 형식으로 표시하면

$I = |I| \angle \theta[\text{A}]$

$|I| = \sqrt{(5\sqrt{3})^2 + 5^2} = \sqrt{75 + 25} = \sqrt{100} = 10[\text{A}]$

$\theta = \tan^{-1}\dfrac{5}{5\sqrt{3}} = \tan^{-1}\dfrac{1}{\sqrt{3}} = \dfrac{\pi}{6} = 30°$

$I = 10 \angle 30°[\text{A}]$

06 $v = 3\sin\left(240\pi t - \dfrac{\pi}{2}\right)[\text{V}]$일 때, 주파수[Hz]는?

① 60   ② 120

③ 180   ④ 240

해설

$v = 3\sin\left(240\pi t - \dfrac{\pi}{2}\right)[\text{V}]$

$\omega = 2\pi f = 240\pi[\text{rad/s}]$

$f = \dfrac{240\pi}{2\pi} = 120[\text{Hz}]$

07 직류발전기의 전기자 반지름이 30[cm], 출력이 3[kW]일 때, 1,500[rpm]으로 회전을 하고 있다면 전기자의 주변 속도[m/s]는?

① 900π ② 450π

③ 15π ④ 7.5π

해설

반지름이 $0.3[\text{m}]$이므로 지름은 $D = 2 \times 0.3 = 0.6[\text{m}]$,

전기자 회전속도 $N = 1,500[\text{rpm}]$

전기자 주변 속도는

$v = \dfrac{\pi D N}{60} = \dfrac{\pi \times 0.6 \times 1,500}{60} = 15\pi[\text{m/s}]$

※ 직류발전기

- 1개의 전기자가 도선에 유도하는 평균 기전력
  $e = Blv[\text{V}]$

- 전기자 주변속도
  - 전기자가 회전을 하고 있을 때, 최외곽 1점의 속도
  - 전기자 회전속도 $N[\text{rpm}]$은 분당 회전수이므로 초당 회전수로 바꾸면 $\dfrac{N}{60}[\text{rps}]$
  - 회전거리는 원의 둘레이므로 $2\pi r = D\pi$ (r : 전기자 반지름, D : 전기자 지름$[\text{m}]$)

    $\therefore v = \dfrac{\text{거리}}{\text{시간}} = \pi D\dfrac{N}{60}[\text{m/s}]$

- 전기자 전체의 유도기전력

  $E = e \cdot \dfrac{Z}{a}$, ($\dfrac{Z}{a}$: 병렬회로수(a)당 도체수(Z))

  $= Blv \cdot \dfrac{Z}{a} = Bl \cdot \dfrac{D\pi N}{60} \cdot \dfrac{Z}{a}$, (속도 $v = D\pi\dfrac{N}{60}[\text{m/s}]$)

  $= \dfrac{p\phi}{\pi Dl} \cdot l \cdot \dfrac{D\pi N}{60} \cdot \dfrac{Z}{a}$, (극수가 p일 때 자속은 $p\phi[\text{Wb}]$,

  면적은 원기둥의 면적 $D\pi l[\text{m}^2]$이므로 자속밀도

  $B = \dfrac{\phi}{A} = \dfrac{p\phi}{\pi Dl}[\text{Wb/m}^2]$)

  $= \dfrac{pZ}{60a}\phi N[\text{V}]$

  → 직류발전기 유도기전력은 회전수와 자속의 곱에 비례

08 보기와 같은 접속 형태일 때, 합성 인덕턴스값[H]은? (단, 전자결합인 상호인덕턴스 M[H]을 고려한다)

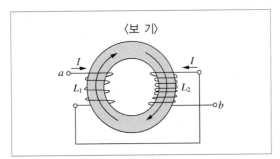

〈보 기〉

① $L_1 + L_2 + M$

② $L_1 + L_2 + 2M$

③ $L_1 - L_2 + M$

④ $L_1 - L_2 + 2M$

해설

보기의 접속 형태는 인덕턴스의 직렬접속으로 자속의 방향이 같은 가동결합이다.

∴ 합성 인덕턴스는 $L_1 + L_2 + 2M$[H]

10 보기와 같은 커패시터의 병렬연결 회로도에서 $C_1 = 1$[F], $C_2 = 2$[F], $C_3 = 3$[F]일 때, 합성 정전용량[F]은?

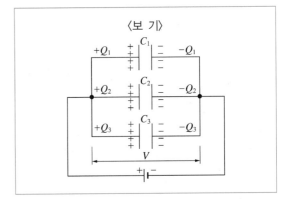

〈보 기〉

① 3

② 4

③ 5

④ 6

해설

3개의 커패시터가 병렬접속이므로

$C_t = C_1 + C_2 + C_3 = 1 + 2 + 3 = 6$[F]

09 단상전압 100[V], 유효전력 800[W], 역률 80[%]인 회로의 전류[A]는?

① 10

② 8

③ 6

④ 2

해설

유효전력

$P = VI\cos\theta = 100 \cdot I \cdot 0.8 = 800$[W]

$I = \dfrac{800}{80} = 10$[A]

11 보기와 같은 사인파의 주기[s]와 주파수[Hz]가 옳게 짝 지어진 것은?

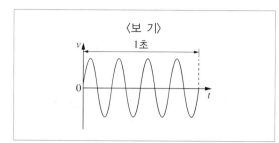

	[s]	[Hz]
①	0.25	4
②	0.25	3
③	0.5	2
④	0.5	1

해설

주기 $T = \dfrac{1}{4} = 0.25[s]$

주파수 $f = \dfrac{1}{T} = \dfrac{1}{\frac{1}{4}} = 4[Hz]$ (1초에 4번 반복)

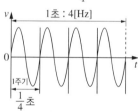

12 공기 중에 자속밀도가 1.3[Wb/m²]으로 균일한 자기장 내에 길이가 0.3[m]인 도체를 자기장의 방향과 30°각 도로 놓고 이 도체에 2[A]의 전류를 흘리면 도체가 받 는 힘의 크기[N]는?

① 0.39   ② 0.78

③ $0.39\sqrt{3}$ ④ $0.78\sqrt{3}$

해설

자속밀도 : $B = 1.3[\text{Wb/m}^2]$, 도선의 길이 : $l = 0.3[m]$, 전류 : $I = 2[A]$

도체와 자기장의 각도 : $\theta = 30°$, $\sin 30° = \dfrac{1}{2}$

$F = BIl\sin\theta = 1.3 \times 0.3 \times 2 \times \dfrac{1}{2} = 0.39[N]$

13 〈보기〉와 같이 검류계에 전류가 흐르지 않을 때, 휘트 스톤 브리지 회로에서 $R_X = 100[\Omega]$, $R_2 = 50[\Omega]$, $R_4 = 10[\Omega]$이라고 하면, $R_V[\Omega]$의 값은?

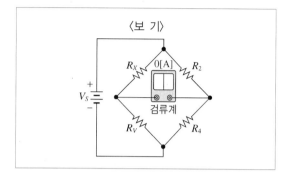

① 10   ② 20
③ 30   ④ 40

해설

검류계에 전류가 흐르지 않으므로 브리지 평형
$R_X R_4 = R_2 R_V$
$R_X = 100[\Omega]$, $R_2 = 50[\Omega]$, $R_4 = 10[\Omega]$
$100 \times 10 = 50 \times R_V$
$\therefore R_V = \dfrac{1,000}{50} = 20[\Omega]$

14 5[μF]의 커패시터에 1,000[V]의 전압이 공급될 때, 축 적되는 에너지는 몇 [J]인가?

① 0.5   ② 1.5

③ 2.5   ④ 3.5

해설

커패시터 용량 $C = 5[\mu F]$, 전압 $V = 1,000[V]$
커패시터에 축적되는 에너지

$W = \dfrac{1}{2}CV^2 = \dfrac{1}{2} \times 5 \times 10^{-6} \times 1,000^2 = \dfrac{1}{2} \times 5 \times 10^{-6} \times 10^6$

$= 2.5[J]$

15 보기와 같이 전지가 접속되어 있을 때 단자 a와 단자 e 사이의 전위차 V_{ae}[V]의 값은?

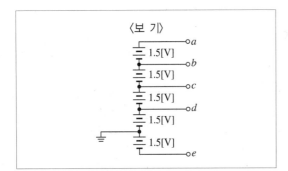

〈보 기〉

① 1.5
② 3
③ 4.5
④ 7.5

해설

접지 = 0[V]를 기준으로

단자 a의 전위 $V_a = 1.5 + 1.5 + 1.5 + 1.5 = 6[\text{V}]$

단자 e의 전위 $V_e = -1.5[\text{V}]$

단자 a와 단자 e 사이의 전위차

$V_{ae} = V_a - V_e = 6 - (-1.5) = 7.5[\text{V}]$

16 온도 10[℃]에서 구리선의 저항 $R = 10[\Omega]$이라고 할 때, 20[℃]에서의 저항 $R_t[\Omega]$는?(단, 구리선의 온도계수는 $3.93 \times 10^{-3}[1/℃]$이다)

① 103.93
② 10.393
③ 207.86
④ 20.786

해설

온도 10[℃]에서 구리선의 저항 $R_0 = 10[\Omega]$

온도변화값 $\Delta t = 20 - 10 = 10[℃]$

저항온도계수 $\alpha = 3.93 \times 10^{-3}[1/℃]$

$R = R_0(1 + \alpha\Delta T) = 10(1 + 3.93 \times 10^{-3} \times 10)$

$\quad = 10(1 + 0.0393) = 10 \times 1.0393 = 10.393[\Omega]$

17 진공 중에 자극의 세기가 2[Wb]인 점 자극으로부터 20[cm] 떨어진 점에서의 자기장의 세기[AT/m]의 근삿값은?

① 6.33×10^3

② 3.165×10^2

③ 6.33×10^6

④ 3.165×10^6

해설

진공 중의 점 자극의 세기 $m = 2[\text{Wb}]$, 떨어진 거리 $r = 0.2[\text{m}]$

$H = 6.33 \times 10^4 \times \dfrac{m}{r^2} = 6.33 \times 10^4 \times \dfrac{2}{0.2^2}$

$\quad = 6.33 \times 10^4 \times \dfrac{1}{2 \times 10^{-2}} = 3.165 \times 10^6 [\text{AT/m}]$

18 보기와 같이 실효전압 $V = 100[V]$, 저항 $R = 100[\Omega]$ 이고 코일 $L = 25[mH]$, 커패시터 $C = 10[\mu F]$일 때, 전류값이 최대가 되는 조건의 주파수 $f\,[kHz]$와 최대 전류 $I[A]$의 실효치를 순서대로 바르게 나열한 것은?

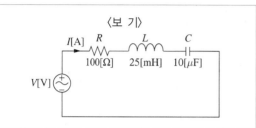

	[kHz]	[A]
①	$\dfrac{1}{\pi}$	1
②	$\dfrac{100}{\pi}$	3
③	$\dfrac{100}{\pi}$	1
④	$\dfrac{1,000}{\pi}$	3

해설

임피던스가 최소가 되어야 전류는 최대가 되므로 $(X_L = X_C)$인 공진주파수를 구한다.

$\omega L - \dfrac{1}{\omega C} = 0$, $\omega L = \dfrac{1}{\omega C}$, $w^2 LC = 1$, $w^2 = \dfrac{1}{LC}$, $w = \dfrac{1}{\sqrt{LC}}$

$$f_0 = \frac{1}{2\pi\sqrt{LC}} = \frac{1}{2\pi\sqrt{25\times10^{-3}\times10\times10^{-6}}}$$

$$= \frac{1}{2\pi\sqrt{250\times10^{-9}}} = \frac{1}{2\pi\sqrt{25\times10^{-8}}}$$

$$= \frac{1}{2\pi\sqrt{(5\times10^{-4})^2}} = \frac{1}{2\pi\times5\times10^{-4}}$$

$$= \frac{10^3}{\pi}[Hz] = \frac{1}{\pi}[kHz]$$

$$I = \frac{V}{Z} = \frac{V}{R} = \frac{100}{100} = 1[A]$$

19 저항이 3[kΩ]인 도체에 2[A]의 전류를 3분 동안 흘려 주었을 때 발생하는 발열량[kcal]의 근삿값은?

① 259

② 518

③ 1,080

④ 2,160

해설

저항 $R = 3[k\Omega]$, 전류 $I = 2[A]$, 시간 $t = 3\times60[s] = 180[s]$

$H = 0.24 I^2 Rt = 0.24\times2^2\times3\times10^3\times180 = 518.4\times10^3$

$\fallingdotseq 518[kcal]$

20 대칭 3상 △결선에서 선전류와 상전류와의 위상 관계로 가장 옳은 것은?

① 상전류가 $\dfrac{\pi}{3}$[rad] 앞선다.

② 상전류가 $\dfrac{\pi}{3}$[rad] 뒤진다.

③ 상전류가 $\dfrac{\pi}{6}$[rad] 앞선다.

④ 상전류가 $\dfrac{\pi}{6}$[rad] 뒤진다.

해설

대칭 3상 △ − △ 결선에서 $I_l = \sqrt{3}\,I_p \angle -30°$이므로

상전류가 $30° = \dfrac{\pi}{6}$[rad] 앞선다.

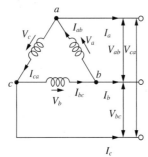

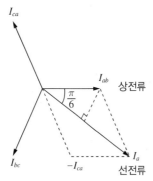

2021년 지방직 전기이론

01 일반적으로 도체의 전기저항을 크게 하기 위한 방법으로 옳은 것만을 모두 고르면?

> ㄱ. 도체의 온도를 높인다.
> ㄴ. 도체의 길이를 짧게 한다.
> ㄷ. 도체의 단면적을 작게 한다.
> ㄹ. 도전율이 큰 금속을 선택한다.

① ㄱ, ㄷ
② ㄱ, ㄹ
③ ㄴ, ㄷ
④ ㄷ, ㄹ

해설
ㄱ. $R = R_0(1 + \alpha \Delta T)[\Omega]$ → 온도 변화에 비례한다.

ㄴ, ㄷ. 전기저항 $R = \rho \dfrac{l}{A}[\Omega]$ → 길이 l에 비례하고, 단면적 A에 반비례한다.

ㄹ. 고유저항 $\rho = \dfrac{RA}{l}[\Omega \cdot m]$, 도전율 $\sigma = \dfrac{1}{\rho} = \dfrac{l}{RA}[\mho/m]$
→ 고유저항 ρ에 비례하고, 도전율 σ에 반비례한다.

02 평등 자기장 내에 놓여 있는 직선의 도선이 받는 힘에 대한 설명으로 옳은 것은?

① 도선의 길이에 반비례한다.
② 자기장의 세기에 비례한다.
③ 도선에 흐르는 전류의 크기에 반비례한다.
④ 자기장 방향과 도선 방향이 평행할수록 큰 힘이 발생한다.

해설

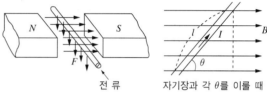

전류   자기장과 각 θ를 이룰 때

$F = BIl\sin\theta[\text{N}]$
(F : 도체가 받는 힘, B : 자속밀도, l : 도선의 길이, I : 전류, θ : 도선과 자기장의 각도)
① 도선의 길이에 비례한다.
③ 도선에 흐르는 전류의 크기에 비례한다.
④ 자기장의 방향과 도선의 방향이 평행할수록 작은 힘이 발생한다 ($\sin\theta \rightarrow \sin 0° = 0$).

03 환상 솔레노이드의 평균 둘레 길이가 50[cm], 단면적이 1[cm²], 비투자율 μ_r = 1,000이다. 권선수가 200회인 코일에 1[A]의 전류를 흘렸을 때, 환상 솔레노이드 내부의 자계 세기[AT/m]는?

① 40
② 200
③ 400
④ 800

해설
환상 솔레노이드 내부의 자계 세기

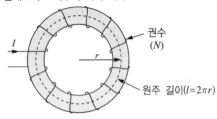

$$\therefore H = \frac{NI}{l} = \frac{NI}{2\pi r} = \frac{200 \times 1}{0.5} = 400[\text{AT/m}]$$

04 그림과 같은 평형 3상 회로에서 $V_{an} = V_{bn} = V_{cn} = \frac{200}{\sqrt{3}}$[V], $Z = 40 + j30[\Omega]$일 때, 이 회로에 흐르는 선전류[A]의 크기는?(단, 모든 전압과 전류는 실횻값이다)

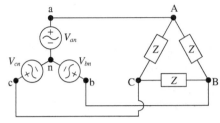

① $4\sqrt{3}$
② $5\sqrt{3}$
③ $6\sqrt{3}$
④ $7\sqrt{3}$

해설

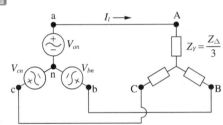

임피던스를 Y결선으로 변환하면

• $Z_Y = \frac{Z_\triangle}{3} = \frac{40 + j30}{3}[\Omega]$

• $|Z_Y| = \frac{\sqrt{40^2 + 30^2}}{3} = \frac{50}{3}[\Omega]$

$$\therefore \text{선전류 } I_l = \frac{V}{|Z_Y|} = \frac{\frac{200}{\sqrt{3}}}{\frac{50}{3}} = \frac{12}{\sqrt{3}} = 4\sqrt{3}[\text{A}]$$

05 그림의 회로에서 전압 v_2[V]는?

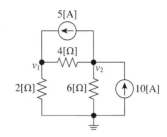

① 0

② 13

③ 20

④ 26

해설

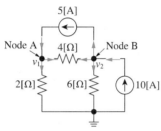

- Node A에 KCL을 적용하면

$$5 = \frac{v_1}{2} + \frac{v_1 - v_2}{4}$$

$$2v_1 + v_1 - v_2 = 20$$

$$3v_1 - v_2 = 20 \quad \cdots \ \text{㉠}$$

- Node B에 KCL을 적용하면

$$10 = \frac{v_2}{6} + \frac{v_2 - v_1}{4} + 5$$

$$3(v_1 - v_2) - 2v_2 = -60$$

$$3v_1 - 5v_2 = -60 \quad \cdots \ \text{㉡}$$

㉠식에서 ㉡식을 빼면

$$4v_2 = 80$$

$$\therefore \ v_2 = 20\text{[V]}$$

06 그림과 같이 미세공극 l_g가 존재하는 철심회로의 합성 자기저항은 철심부분 자기저항의 몇 배인가?

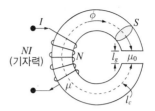

① $1 + \dfrac{\mu_0 l_g}{\mu l_c}$

② $1 + \dfrac{\mu l_g}{\mu_0 l_c}$

③ $1 + \dfrac{\mu_0 l_c}{\mu l_g}$

④ $1 + \dfrac{\mu l_c}{\mu_0 l_g}$

해설

자기저항

$$R_m = \frac{l}{\mu A} = \frac{l}{\mu_0 \mu_s A} \text{[AT/Wb]}$$

- 철심부분 자기저항 : $R_c = \dfrac{l_c}{\mu S}$

- 공극부분 자기저항 : $R_g = \dfrac{l_g}{\mu_0 S}$

- 철심회로의 합성 자기저항 : $R_m = R_c + R_g = \dfrac{l_c}{\mu S} + \dfrac{l_g}{\mu_0 S}$

$$\therefore \ \frac{R_m}{R_c} = \frac{R_c + R_g}{R_c} = 1 + \frac{R_g}{R_c} = 1 + \frac{\dfrac{l_g}{\mu_0 S}}{\dfrac{l_c}{\mu S}} = 1 + \frac{\mu l_g}{\mu_0 l_c}$$

07 그림의 직류 전원공급장치 회로에 대한 설명으로 옳지 않은 것은?(단, 다이오드는 이상적인 소자이고, 커패시터의 초기 전압은 0[V]이다)

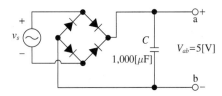

① 일반적으로 서지전류가 발생한다.
② 다이오드를 4개 사용한 전파 정류회로이다.
③ 콘덴서에는 정상상태에서 12.5[mJ]의 에너지가 축적된다.
④ C와 같은 용량의 콘덴서를 직렬로 연결하면 더 좋은 직류를 얻을 수 있다.

해설
④ 커패시터는 정류회로에서 평활작용을 하므로 C와 같은 용량의 콘덴서를 병렬로 추가 연결하면 전기용량이 증가하여 더 좋은 직류를 얻을 수 있다. 또한 인덕터 L을 직렬로 연결하면 더 좋은 직류를 얻을 수 있다.
① 전력변환장치(교류 → 직류)에는 일반적으로 커패시터에 의해 서지전류가 발생한다.
② 회로는 다이오드 4개를 사용한 전파 정류회로이다.
③ 커패시터에 충전되는 에너지

$$W = \frac{1}{2}CV^2 = \frac{1}{2} \times 1,000 \times 10^{-3} \times 5^2 = 12.5[\text{mJ}]$$

08 2[μF] 커패시터에 그림과 같은 전류 $i(t)$를 인가하였을 때, 설명으로 옳지 않은 것은?(단, 커패시터에 저장된 초기 에너지는 없다)

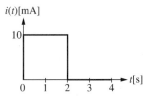

① $t = 1$에서 커패시터에 저장된 에너지는 25[J]이다.
② $t > 2$ 구간에서 커패시터의 전압은 일정하게 유지된다.
③ $0 < t < 2$ 구간에서 커패시터의 전압은 일정하게 증가한다.
④ $t = 2$에서 커패시터에 저장된 에너지는 $t = 1$에서 저장된 에너지의 2배이다.

해설

$$i(t) = \frac{dQ}{dt} = C\frac{d}{dt}v(t)[\text{A}]$$

$$v(t) = \frac{1}{C}\int i(t)\,dt[\text{V}]$$

$$= \frac{1}{2 \times 10^{-6}}\int_0^2 10 \times 10^{-3}\,dt$$

$$= \frac{10^6}{2} \times 20 \times 10^{-3} = 10 \times 10^3 = 10[\text{kV}]$$

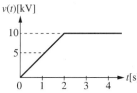

① $t = 1$에서 $v(1) = 5[\text{kV}]$이므로 커패시터에 저장된 에너지는

$$W = \frac{1}{2}CV^2 = \frac{1}{2} \times 2 \times 10^{-6} \times 5,000^2 = 10^{-6} \times 25 \times 10^6$$

$= 25[\text{J}]$이다.

② $0 < t < 2$ 구간까지 일정한 전류가 흘러 커패시터의 전하가 충전되었으므로, 전류가 흐르지 않는 $t > 2$ 구간에서 커패시터의 전압은 10[kV]로 일정하게 유지된다.
③ $0 < t < 2$ 구간에서 $i(t)$값이 일정하므로, 커패시터의 전압은 일정하게 증가한다.
④ $t = 2$에서 $v(2) = 10[\text{kV}]$이므로 커패시터에 저장된 에너지는

$$W = \frac{1}{2}CV^2 = \frac{1}{2} \times 2 \times 10^{-6} \times 10,000^2 = 10^{-6} \times 100 \times 10^6$$

$= 100[\text{J}]$로, $t = 1$에서 저장된 에너지의 4배이다(전압의 제곱에 비례한다).

09 그림의 교류회로에서 저항 R에서의 소비하는 유효전력이 10[W]로 측정되었다고 할 때, 교류전원 $v_1(t)$이 공급한 피상전력[VA]은?(단, $v_1(t)=10\sqrt{2}\sin(377t)$[V], $v_2(t)=9\sqrt{2}\sin(377t)$[V]이다)

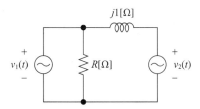

① $\sqrt{10}$

② $2\sqrt{5}$

③ 10

④ $10\sqrt{2}$

해설

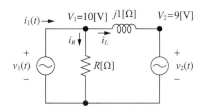

- 저항 R에서 소비하는 유효전력

$$P=\frac{V_{rms}^2}{R}=\frac{10^2}{R}=10[\text{W}],\ R=10[\Omega]$$

- 저항 $R[\Omega]$에 흐르는 전류 $i_R=\frac{10}{10}=1[\text{A}]$

- 인덕터 $j1[\Omega]$에 흐르는 전류 $i_L=\frac{V_1-V_2}{j1}=\frac{10-9}{j}=-j[\text{A}]$

- $v_1(t)$에 흐르는 전류 $i_1(t)=1-j[\text{A}]$

∴ $v_1(t)$이 공급한 피상전력

$$v_1(t)\cdot i_1(t)=10(1-j)=10-j10=\sqrt{10^2+10^2}$$
$$=10\sqrt{2}[\text{VA}]$$

10 그림의 (가)회로를 (나)회로와 같이 테브난(Thevenin) 등가변환하였을 때, 등가 임피던스 $Z_{TH}[\Omega]$와 출력전압 $V(s)$[V]는?(단, 커패시터와 인덕터의 초기 조건은 0이다)

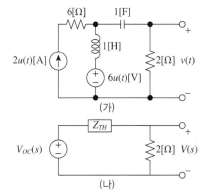

	$Z_{TH}[\Omega]$	$V(s)[\text{V}]$
①	$\dfrac{s}{s^2+1}$	$\dfrac{4(s+3)}{(s+1)^2}$
②	$\dfrac{s^2+1}{s}$	$\dfrac{4(s+3)}{(s+1)^2}$
③	$\dfrac{s}{s^2+1}$	$\dfrac{4(s^2+1)(s+3)}{s(2s^2+s+2)}$
④	$\dfrac{s^2+1}{s}$	$\dfrac{4(s^2+1)(s+3)}{s(2s^2+s+2)}$

해설

- 테브난 임피던스(Z_{TH})를 구하기 위해 다음과 같이 등가회로를 구성한다.

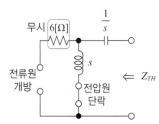

- 저항 6[Ω]은 폐회로가 구성되지 않았으므로 무시한다.

- 인덕터 1[H]를 라플라스 변환하면 $sL=s$이다.

- 커패시터 1[F]를 라플라스 변환하면 $\dfrac{1}{sC}=\dfrac{1}{s}$이다.

∴ 테브난 임피던스 $Z_{TH}=\dfrac{1}{s}+s=\dfrac{1+s^2}{s}$

• 테브난 전압(V_{OC})를 구하기 위해 다음과 같이 등가회로를 구성한다.

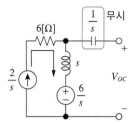

- 커패시터 $\dfrac{1}{S}$은 폐회로가 구성되지 않았으므로 무시한다.

- 인덕터 S에 걸리는 전압 $V_L = I \cdot Z = \dfrac{2}{s} \times s = 2$이다.

∴ 테브난 전압 $V_{OC}(s) = 2 + \dfrac{6}{s} = \dfrac{2s+6}{s}$

• 저항 $2[\Omega]$에 걸리는 $V(s)$는 전압 분배에 의하여

$$V(s) = \dfrac{2}{\dfrac{s^2+1}{s}+2} \times \dfrac{2s+6}{s} = \dfrac{2}{\dfrac{s^2+2s+1}{s}} \times \dfrac{2s+6}{s}$$

$$= \dfrac{2(2s+6)}{s^2+2s+1} = \dfrac{4(s+3)}{(s+1)^2}$$

---

11 그림의 (가)회로와 (나)회로가 등가관계에 있을 때, 부하저항 $R_L[\Omega]$은?

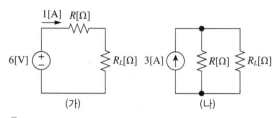

① 1
② 2
③ 3
④ 4

해설

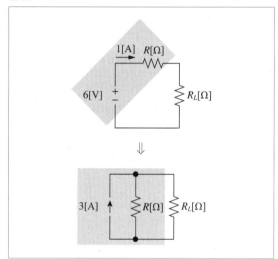

테브난 회로를 노턴 회로로 등가변환한다.

$R = \dfrac{V}{I} = \dfrac{6}{3} = 2[\Omega]$

(가)에서 전류는 $1[A]$, 합성 저항은 $R + R_L$이다.

$V = I(R + R_L)$

$6 = 1 \times (2 + R_L)$

$6 = 2 + R_L$

∴ $R_L = 4[\Omega]$

12 그림의 회로에서 전압 V_{ab}[V]는?

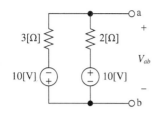

① 1
② 2
③ 4
④ 8

해설

테브난 회로를 노턴 회로로 등가변환한다.

$$I_1 = \frac{V}{R} = \frac{10}{3}[\text{A}], \quad I_2 = \frac{10}{2}[\text{A}]$$

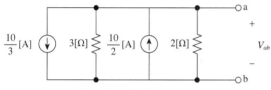

• 합성 전류 $I = \frac{10}{2} - \frac{10}{3} = \frac{30-20}{6} = \frac{10}{6}[\text{A}]$

• 합성 저항 $R = 3 \parallel 2 = \frac{2 \times 3}{2+3} = \frac{6}{5}[\Omega]$

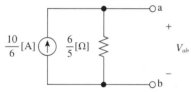

∴ 전압 $V_{ab} = IR = \frac{10}{6} \times \frac{6}{5} = 2[\text{V}]$

[별 해]

밀만의 정리를 이용하면

$$V_{ab} = \frac{-\frac{10}{3} + \frac{10}{2}}{\frac{1}{3} + \frac{1}{2}} = \frac{\frac{-20+30}{6}}{\frac{2+3}{6}} = \frac{10}{5} = 2[\text{V}]$$

13 RL 직렬회로에 대한 설명으로 옳은 것은?

① 주파수가 증가하면 전류는 증가하고, 저항에 걸리는 전압은 증가한다.
② 주파수가 감소하면 전류는 증가하고, 저항에 걸리는 전압은 감소한다.
③ 주파수가 증가하면 전류는 감소하고, 인덕터에 걸리는 전압은 증가한다.
④ 주파수가 감소하면 전류는 감소하고, 인덕터에 걸리는 전압은 감소한다.

해설

RL **직렬회로**

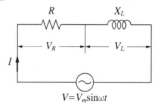

• 임피던스 $Z = R + jX_L[\Omega] = R + j\omega L[\Omega] \quad (\omega = 2\pi f)$

• 전류 $I = \frac{V}{|Z|}[\text{A}]$

• 전압 $V = V_R + V_L = Z \cdot I = (R + jX_L)I[\text{V}]$

∴ 주파수(ω)가 증가하면 임피던스(Z)의 크기가 커지므로 전류(I)는 감소하고, 인덕터에 걸리는 전압($V_L = I \cdot (j\omega L)$)은 증가한다.

14 그림의 회로에서 스위치 S가 충분히 긴 시간 동안 접점 a에 연결되어 있다가 $t = 0$에서 접점 b로 이동하였다. 회로에 대한 설명으로 옳지 않은 것은?

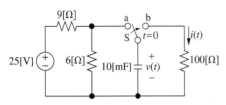

① $v(0) = 10[\text{V}]$이다.

② $t > 0$에서 $i(t) = 10e^{-t}[\text{A}]$이다.

③ $t > 0$에서 회로의 시정수는 1[s]이다.

④ 회로의 시정수는 커패시터에 비례한다.

해설

• $t < 0$일 때 커패시터 $10[\text{mF}]$은 개방상태이므로, 회로는 다음과 같다.

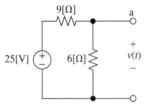

$$v(0) = \frac{6}{6+9} \times 25 = 10[\text{V}]$$

• $t > 0$일 때 커패시터 $10[\text{mF}]$은 단락상태이므로, 회로는 다음과 같다.

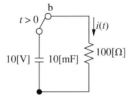

– $i(0) = \frac{10}{100} = 0.1[\text{A}]$, $i(\infty) = 0[\text{A}]$

– $\tau = RC = 100 \times 10 \times 10^{-3} = 1[\text{s}]$
 (시정수 τ는 커패시터 C에 비례한다)

– $i(t) = 0 + (0.1 - 0)e^{-\frac{t}{1}} = 0.1 \cdot e^{-t}[\text{A}]$

15 그림과 같이 주기적으로 변하는 전압 $v(t)$의 실홋값 [V]은?

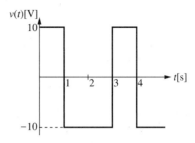

① $\dfrac{10}{\sqrt{5}}$

② $\dfrac{10}{\sqrt{3}}$

③ $\dfrac{10}{\sqrt{2}}$

④ 10

해설

구형파의 실홋값은 파형의 최댓값(V_m)이므로, $10[\text{V}]$이다.

$$\begin{aligned}
\text{실홋값 } V &= \sqrt{\frac{1}{T}\int_0^T v^2(t)\,dt} \\
&= \sqrt{\text{1주기 동안 } v^2 \text{의 평균}} \\
&= \sqrt{\frac{1}{3}\left(\int_0^1 10^2\,dt + \int_1^3 (-10^2)\,dt\right)} \\
&= \sqrt{\frac{1}{3}(100 + 200)} = 10[\text{V}]
\end{aligned}$$

16 RLC 직렬 공진회로, 병렬 공진회로에 대한 설명으로 옳지 않은 것은?

① 직렬 공진, 병렬 공진 시 역률은 모두 1이다.
② 병렬 공진회로일 경우 임피던스는 최소, 전류는 최대가 된다.
③ 직렬 공진회로의 공진주파수에서 L과 C에 걸리는 전압의 합은 0이다.
④ 직렬 공진 시 선택도 Q는 $\dfrac{1}{R}\sqrt{\dfrac{L}{C}}$ 이고, 병렬 공진 시 선택도 Q는 $R\sqrt{\dfrac{C}{L}}$ 이다.

해설

RLC 직렬 공진회로와 병렬 공진회로 비교

RLC 직렬 공진회로	RLC 병렬 공진회로
(R — L — C 직렬 회로도)	(R, L, C 병렬 회로도)
• 임피던스 $Z=R+j\left(\omega L-\dfrac{1}{\omega C}\right)[\Omega]$에서 $\omega L-\dfrac{1}{\omega C}=0$, $\omega L=\dfrac{1}{\omega C}$ ∴ 허수부가 0이므로 $Z=R$ 만의 회로(Z는 최소) • 전류 $I=\dfrac{V}{Z}[\mathrm{A}]$ (Z=최소이므로 I=최대) • 역률 $\cos\theta=1$ $(V_L=V_C)$	• 어드미턴스 $Y=\dfrac{1}{R}+j\left(\omega C-\dfrac{1}{\omega L}\right)[\mho]$에서 $\omega C-\dfrac{1}{\omega L}=0$, $\omega C=\dfrac{1}{\omega L}$ ∴ 허수부가 0이므로 $Y=\dfrac{1}{R}$ 만의 회로(Y는 최소) • 전류 $I=YV[\mathrm{A}]$ (Y=최소이므로 I=최소) • 역률 $\cos\theta=1$ $(I_L=I_C)$
선택도 $Q=\dfrac{1}{R}\sqrt{\dfrac{L}{C}}$	선택도 $Q=R\sqrt{\dfrac{C}{L}}$

17 그림의 회로에서 전류 $I[\mathrm{A}]$의 크기가 최대가 되기 위한 X_o에 대한 소자의 종류와 크기는?
(단, $v(t)=100\sqrt{2}\sin 100t[\mathrm{V}]$이다)

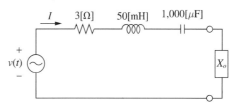

	소자의 종류	소자의 크기
①	인덕터	50[mH]
②	인덕터	100[mH]
③	커패시터	1,000[μF]
④	커패시터	2,000[μF]

해설

• $v(t)=100\sqrt{2}\sin 100t[\mathrm{V}]$에서 $\omega=100$이다.
• 회로의 리액턴스

$$j(X_L-X_C)=j\left(\omega L-\dfrac{1}{\omega C}\right)$$
$$=j\left(100\times 50\times 10^{-3}-\dfrac{1}{100\times 1,000\times 10^{-6}}\right)$$
$$=j(5-10)=-j5$$

전류 $I[\mathrm{A}]$의 크기가 최대가 되려면 직렬 공진이 일어나야 한다(리액턴스 = 0).

$-j5+jX_o=0$, $X_o=5$ (X_o : 인덕터)
$X_o=5=\omega L=100\times L$
∴ $L=0.05=50[\mathrm{mH}]$

18 그림의 회로에서 스위치 S를 $t=0$에서 닫았을 때, 전류 $i_c(t)$[A]는?(단, 커패시터의 초기 전압은 0[V]이다)

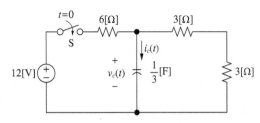

① e^{-t}

② $2e^{-t}$

③ e^{-2t}

④ $2e^{-2t}$

해설

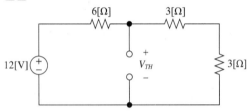

$$V_{TH} = \frac{3+3}{6+(3+3)} \times 12 = 6[\text{V}]$$

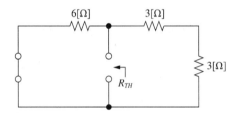

$$R_{TH} = 6 \parallel (3+3) = \frac{6}{2} = 3[\Omega]$$

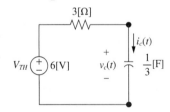

• $i(0) = \frac{6}{3} = 2[\text{A}]$, $i(\infty) = 0[\text{A}]$

• $\tau = R_{TH}C = 3 \times \frac{1}{3} = 1[\text{s}]$

∴ $i(t) = 0 + (2-0)e^{-\frac{t}{1}} = 2 \cdot e^{-t}[\text{A}]$

19 그림 (가)의 입력전압이 (나)의 정류회로에 인가될 때, 입력전압 $v(t)$와 출력전압 $v_o(t)$에 대한 설명으로 옳지 않은 것은?(단, 다이오드는 이상적인 소자이고, 출력전압의 평균값은 200[V]이다)

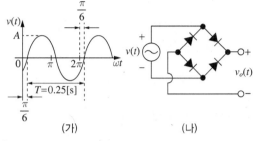

(가)   (나)

① 입력전압의 주파수는 4[Hz]이다.

② 출력전압의 최댓값은 100π[V]이다.

③ 출력전압의 실횻값은 $100\pi\sqrt{2}$[V]이다.

④ 입력전압 $v(t) = A\sin(\omega t - 30°)$[V]이다.

해설

① 입력전압의 주파수 $f = \frac{1}{T} = \frac{1}{0.25} = 4[\text{Hz}]$

② 출력전압(전파)의 평균값 $V_{av} = \frac{2}{\pi} V_m = 200[\text{V}]$

∴ 출력전압의 최댓값(A) $V_m = 200 \times \frac{\pi}{2} = 100\pi[\text{V}]$

③ 출력전압의 실횻값 $V = \frac{V_m}{\sqrt{2}} = \frac{100\pi}{\sqrt{2}} = 50\pi\sqrt{2}[\text{V}]$

④ 입력전압 $v(t) = A\sin\left(\omega t - \frac{\pi}{6}\right) = A\sin(\omega t - 30°)[\text{V}]$

($\frac{\pi}{6}[\text{rad}] = 30°$만큼 지연)

20 그림의 Y-Y 결선 불평형 3상 부하 조건에서 중성점 간 전류 I_{nN}[A]의 크기는?(단, ω = 1[rad/s], $V_{an} = 100\angle 0°$ [V], $V_{bn} = 100\angle -120°$[V], $V_{cn} = 100\angle -240°$[V]이 고, 모든 전압과 전류는 실횻값이다)

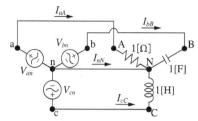

① $100\sqrt{3}$

② $200\sqrt{3}$

③ $100 + 50\sqrt{3}$

④ $100 + 100\sqrt{3}$

해설

노드 N에 KCL을 적용하면 $I_{nN} + I_{aA} + I_{bB} + I_{cC} = 0$이다.

• 1[Ω]에 흐르는 전류 $I_{aA} = \dfrac{V_{an}}{1[Ω]} = \dfrac{100\angle 0°}{1} = 100\angle 0°$[A]

• 1[F]의 리액턴스 $X_C = \dfrac{1}{j\omega L} = \dfrac{1}{j \times 1 \times 1} = -j = 1\angle -90°$[Ω]

• 1[F]에 흐르는 전류

$\begin{aligned} I_{bB} &= \dfrac{V_{bn}}{X_C} = \dfrac{100\angle -120°}{1\angle -90°} \\ &= 100\angle -30°[A] \\ &= 100(\cos -30° + j\sin -30°) = 100\left(\dfrac{\sqrt{3}}{2} - j\dfrac{1}{2}\right) \\ &= 50\sqrt{3} - j50[A] \end{aligned}$

• 1[H]의 리액턴스 $X_L = j\omega L = j \times 1 \times 1 = j = 1\angle 90°$[Ω]

• 1[H]에 흐르는 전류

$\begin{aligned} I_{cC} &= \dfrac{V_{cn}}{X_L} = \dfrac{100\angle -240°}{1\angle 90°} \\ &= 100\angle -330° = 100\angle 30°[A] \\ &= 100(\cos 30° + j\sin 30°) = 100\left(\dfrac{\sqrt{3}}{2} + j\dfrac{1}{2}\right) \\ &= 50\sqrt{3} + j50[A] \end{aligned}$

$\begin{aligned} \therefore\ I_{nN} &= -(I_{aA} + I_{bB} + I_{cC}) \\ &= -(100\angle 0° + 100\angle -30° + 100\angle 30°) \\ &= -(100 + 50\sqrt{3} - j50 + 50\sqrt{3} + j50) \\ &= -(100 + 100\sqrt{3})[A] \end{aligned}$

I_{nN}의 크기는 $100 + 100\sqrt{3}$[A]이다.

※ $I_{nN} = 100\angle 0° + 100\angle -30° + 100\angle 30°$을 벡터로 표현하면 다음과 같다.

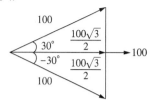

$\therefore\ I_{nN} = 100 + \dfrac{100\sqrt{3}}{2} + \dfrac{100\sqrt{3}}{2} = 100 + 100\sqrt{3}$[A]

2021년 서울시 전기이론

01 전기회로 소자에 대한 설명으로 가장 옳은 것은?

① 저항소자는 에너지를 순수하게 소비만 하고 저장하지 않는다.

② 이상적인 독립전압원의 경우는 특정한 값의 전류만을 흐르게 한다.

③ 인덕터 소자로 흐르는 전류는 소자 양단에 걸리는 전압의 변화율에 비례하여 흐르게 된다.

④ 저항소자에 흐르는 전류는 전압에 반비례한다.

[해][설]

② 이상적인 독립전압원은 특정한 값의 전압만 걸리게 하며, 이상적인 독립전류원은 특정한 값의 전류만 흐르게 한다.

③ 인덕터 소자에 걸리는 전압은 소자 양단에 걸리는 전류의 변화율에 비례하여 걸리게 된다$\left(V_L = L\dfrac{di}{dt}\right)$.

④ 저항소자에 흐르는 전류는 전압에 비례한다$\left(I = \dfrac{V}{R}\right)$.

02 보기의 회로에서 R_L 부하에 최대 전력 전달이 되도록 저항값을 정하려 한다. 이때, R_L 부하에서 소비되는 전력의 값[W]은?

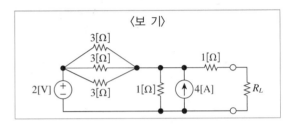

① 0.8

② 1.2

③ 1.5

④ 3.0

[해][설]

$$3 \parallel 3 \parallel 3 = \dfrac{1}{\dfrac{1}{3} + \dfrac{1}{3} + \dfrac{1}{3}} = 1[\Omega]$$

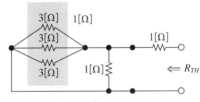

$$R_{TH} = 1 \parallel 1 + 1 = \dfrac{1}{2} + 1 = \dfrac{3}{2}[\Omega]$$

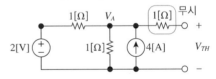

$V_A = V_{TH}$

KCL을 적용하면

$$\dfrac{2 - V_A}{1} + 4 = \dfrac{V_A}{1}$$

$$2V_A = 6$$

$$V_A = V_{TH} = 3[\text{V}]$$

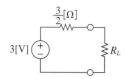

내부저항(R_{TH})=부하저항(R_L)일 때 최대 전력이 전달된다.

$$\therefore \text{전력 } P=\frac{V_{TH}^2}{4R_{TH}}=\frac{3^2}{4\times\frac{3}{2}}=\frac{3}{2}=1.5[\text{W}]$$

04 모선 L에 보기와 같은 부하들이 병렬로 접속되어 있을 때, 합성 부하의 역률은?

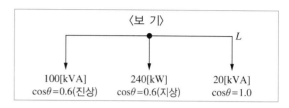

① 0.8(진상, 앞섬)
② 0.8(지상, 뒤짐)
③ 0.6(진상, 앞섬)
④ 0.6(지상, 뒤짐)

해설

- 피상전력 $\dot{P}_{a1}=P\pm jP_r$, $|P_a|=\sqrt{P^2+P_r^2}\,[\text{VA}]$
- 유효전력 $P=P_a\cos\theta=\sqrt{P_a^2-P_r^2}\,[\text{W}]$
- 무효전력 $P_r=P_a\sin\theta=\sqrt{P_a^2-P^2}\,[\text{Var}]$

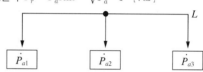

- $P_{a1}=100[\text{kVA}]$, $\cos\theta=0.6$, $\sin\theta=0.8$이므로

  $\dot{P}_{a1}=P+jP_r=P_{a1}\cos\theta+jP_{a1}\sin\theta=100(0.6+j0.8)$
  $=60+j80[\text{kVA}]$

- $P_2=240[\text{kW}]$이므로

  $P_{a2}=\dfrac{P}{\cos\theta}=\dfrac{240}{0.6}=400[\text{VA}]$,

  $P_{r2}=P_{a2}\sin\theta=400\times0.8=320[\text{Var}]$,

  $\dot{P}_{a2}=P_2+jP_{r2}=240-j320[\text{kVA}]$

  (지상이므로 허수부가 음수(−)이다)

- $P_{a3}=20[\text{kVA}]$, $\cos\theta=1$, $\sin\theta=0$이므로

  $\dot{P}_{a3}=20+j\times0=20[\text{kVA}]$

  합성 부하 $\dot{P}_a=\dot{P}_{a1}+\dot{P}_{a2}+\dot{P}_{a3}$
  $=60+j80+240-j320+20$
  $=320-j240[\text{VA}]$

무효전력이 $-j240[\text{Var}]$이므로 지상부하로 역률이 뒤지며, 합성 부하의 역률은 다음과 같다.

$$\cos\theta=\frac{P}{P_a}=\frac{P}{\sqrt{P^2+P_r^2}}$$

$$=\frac{320}{\sqrt{320^2+240^2}}=\frac{320}{\sqrt{8^2(40^2+30^2)}}$$

$$=\frac{320}{8\sqrt{50^2}}=\frac{320}{400}=\frac{4}{5}=0.8$$

03 평판형 커패시터가 있다. 평판의 면적을 2배로, 두 평판 사이의 간격을 1/2로 줄였을 때의 정전용량은 원래의 정전용량보다 몇 배 증가하는가?

① 0.5배
② 1배
③ 2배
④ 4배

해설

커패시터의 정전용량

$$C=\frac{\varepsilon A}{d}[\text{F}]$$

평판의 면적 A가 2배, 두 평판 사이의 간격 d가 $\dfrac{1}{2}$ 배되면

$$C'=\varepsilon\frac{2A}{\frac{1}{2}d}=4\cdot\varepsilon\frac{A}{d}[\text{F}]$$ 이므로 원래의 정전용량보다 4배 증가

한다.

05 보기의 R, L, C 직렬 공진회로에서 전압확대율(Q)의 값은?[단, f(femto) = 10^{-15}, n(nano) = 10^{-9}이다]

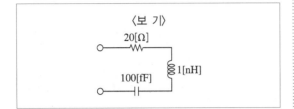

〈보 기〉
20[Ω]
100[fF] 1[nH]

① 2
② 5
③ 10
④ 20

해설

RLC 직렬 공진회로에서 전압확대율(Q)은 저항에 대한 리액턴스 비이다.

$$Q = \frac{X_L}{R} = \frac{X_C}{R} = \frac{1}{R}\sqrt{\frac{L}{C}} = \frac{1}{20}\sqrt{\frac{1 \times 10^{-9}}{100 \times 10^{-15}}} = \frac{1}{20}\sqrt{10^4}$$
$$= \frac{100}{20} = 5$$

06 보기 4단자 회로망(Two Port Network)의 Z 파라미터 중 Z_{22}의 값[Ω]은?

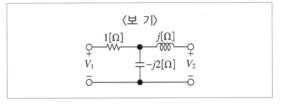

〈보 기〉
1[Ω] j[Ω]
V_1 $-j2$[Ω] V_2

① j
② $j2$
③ $-j$
④ $-j2$

해설

T형 4단자 회로망의 임피던스 Z 파라미터

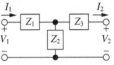

I_1 Z_1 Z_3 I_2
V_1 Z_2 V_2

• $Z_{11} = \dfrac{V_1}{I_1} \mid_{I_2 = 0} = Z_1 + Z_3$

• $Z_{12} = \dfrac{V_1}{I_2} \mid_{I_1 = 0} = Z_3$

• $Z_{21} = \dfrac{V_2}{I_1} \mid_{I_2 = 0} = Z_3$

• $Z_{22} = \dfrac{V_2}{I_2} \mid_{I_1 = 0} = Z_2 + Z_3$

∴ $Z_{22} = Z_2 + Z_3 = -j2 + j = -j$[Ω]

07 1[μF]의 용량을 갖는 커패시터에 1[V]의 직류전압이 걸려 있을 때, 커패시터에 저장된 에너지의 값[μJ]은?

① 0.5
② 1
③ 2
④ 5

해설

커패시터에 저장되는 에너지

$$W = \frac{1}{2}CV^2 = \frac{1}{2} \times 1 \times 10^{-6} \times 1^2 = 0.5[\mu J]$$

08 반지름 a[m]인 구 내부에만 전하 $+Q$[C]가 균일하게 분포하고 있을 때, 구 내·외부의 전계(Electric Field)에 대한 설명으로 가장 옳지 않은 것은?[단, 구 내·외부의 유전율(Permittivity)은 동일하다]

① 구 중심으로부터 $r = a/4$[m] 떨어진 지점에서의 전계의 크기와 $r = 2a$[m] 떨어진 지점에서의 전계의 크기는 같다.

② 구 외부의 전계의 크기는 구 중심으로부터의 거리의 제곱에 반비례한다.

③ 전계의 크기로 표현되는 함수는 $r = a$[m]에서 연속이다.

④ 구 내부의 전계의 크기는 구 중심으로부터의 거리에 반비례한다.

해설

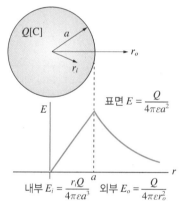

④ 구 내부의 전계의 크기 $\left(E_i = \dfrac{r_i Q}{4\pi\varepsilon a^3}\right)$는 구 중심으로부터의 거리에 비례한다.

① 구 중심으로부터 $r_1 = \dfrac{a}{4}$[m], $r_2 = 2a$[m] 떨어진 지점에서의 전계의 크기는 다음과 같다.

- $E_1 = \dfrac{r_i Q}{4\pi\varepsilon a^3} = \dfrac{\frac{a}{4}Q}{4\pi\varepsilon a^3} = \dfrac{Q}{16\pi\varepsilon a^2}$
- $E_2 = \dfrac{Q}{4\pi\varepsilon r_o^2} = \dfrac{Q}{4\pi\varepsilon (2a)^2} = \dfrac{Q}{16\pi\varepsilon a^2}$
- $\therefore E_1 = E_2$

② 구 외부의 전계의 크기 $\left(E_o = \dfrac{Q}{4\pi\varepsilon r_o^2}\right)$는 구 중심으로부터의 거리의 제곱에 반비례한다.

③ 전계의 크기로 표현되는 함수는 $r = a$[m]에서 내부의 전계 E_i와 외부의 전계 E_o의 크기가 같으므로 연속이다.

09 길이 1[m]의 철심($\mu_s = 1,000$) 자기회로에 1[mm]의 공극이 생겼다면 전체의 자기저항은 약 몇 배가 되는가?(단, 각 부분의 단면적은 일정하다)

① 1/2배　　　② 2배

③ 4배　　　④ 10배

해설

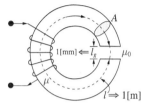

- 공극이 없을 때 자기저항

$$R_m = \frac{l}{\mu A} = \frac{l}{\mu_0 \mu_s A} = \frac{1}{1,000\mu_0 A}\text{[AT/Wb]}$$

- 공극의 자기저항

$$R_g = \frac{l_g}{\mu A} = \frac{l}{\mu_0 A} = \frac{1\times 10^{-3}}{\mu_0 A} = \frac{1}{1,000\mu_0 A}\text{[AT/Wb]}$$

$1,000$[mm] ≒ $1,000 - 1 = 999$[mm] 이므로

$\therefore$ 전체의 자기저항 $R = R_m + R_g = \dfrac{2}{1,000\mu_0 A} \approx 2R_m$

10 진공 중에 직각좌표계로 표현된 전압함수가 $V = 4xyz^2$ [V]일 때, 공간상에 존재하는 체적전하밀도[C/m³]는?

① $\rho = -2\varepsilon_0 xy$　　　② $\rho = -4\varepsilon_0 xy$

③ $\rho = -8\varepsilon_0 xy$　　　④ $\rho = -10\varepsilon_0 xy$

해설

가우스 법칙

> $\nabla \cdot D = \rho$　$(D = \varepsilon E)$
> $\nabla \cdot \varepsilon E = \rho$　$(E = -\nabla \cdot V)$
> $\nabla^2 \cdot V = -\dfrac{\rho}{\varepsilon}$ (푸아송 방정식)

$\nabla^2 V = \dfrac{\partial^2}{\partial x^2}V + \dfrac{\partial^2}{\partial y^2}V + \dfrac{\partial^2}{\partial z^2}V$

$= \dfrac{\partial^2}{\partial x^2}4xyz^2 + \dfrac{\partial^2}{\partial y^2}4xyz^2 + \dfrac{\partial^2}{\partial z^2}4xyz^2$

(x, y, z에 대하여 각각 2번 미분)

$= 0 + 0 + 8xy = 8xy$

$8xy = -\dfrac{\rho}{\varepsilon_0}$ (진공 중에 있으므로 $\varepsilon = \varepsilon_0$)

$\therefore$ 체적전하밀도 $\rho = -8\varepsilon_0 xy$[C/m³]

11 보기와 같이 이상적인 연산증폭기를 이용한 회로가 주어졌을 때, R_L에 걸리는 전압의 값[V]은?

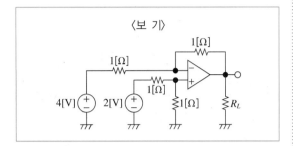

〈보 기〉

① −2.0

② −1.5

③ 2.5

④ 3.0

해설

이상적인 연산증폭기

• 조건 : 내부저항 $R_i = \infty$, 출력저항 $R_o = 0$

• 두 입력단자의 전압은 같다($v_+ = v_-$).

• 두 입력단자로 흘러 들어가는 전류는 0이다($i_+ = i_-$).

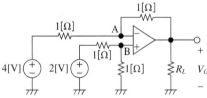

• 노드 B에 KCL을 적용하면

$$\frac{V_B}{1} = \frac{2 - V_B}{1}$$

$$V_B = 1[\text{V}]$$

• 연산증폭기 두 입력단자의 전압은 같으므로

$$V_A = V_B = 1[\text{V}]$$

∴ 노드 A에 KCL을 적용하면

$$\frac{4-1}{1} = \frac{1 - V_O}{1}$$

$$V_O = -2.0[\text{V}]$$

12 60[Hz]의 교류발전기 회전자가 균일한 자속밀도(Magnetic Flux Density) 내에서 회전하고 있다. 회전자 코일의 면적이 100[cm²], 감은 수가 100[회]일 때, 유도기전력(Induced Electromotive Force)의 최댓값이 377[V]가 되기 위한 자속밀도의 값[T]은?(단, 각속도는 377[rad/s]로 가정한다)

① 100

② 1

③ 0.01

④ 10^{-4}

해설

유도기전력 $e = -N\dfrac{d\phi}{dt}[\text{V}]$, 자속 $\phi = BA[\text{Wb}]$

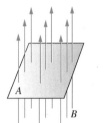 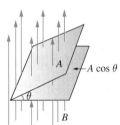

평면이 자기장에 수직이 아니라면

자속 $\phi(t) = BA\cos\theta = BA\cos\omega t\,[\text{Wb}]$ 이다.

$$e = -N\frac{d\phi}{dt} = -N\frac{d}{dt}(BA\cos\omega t) = -\omega NBA\sin\omega t\,[\text{V}]$$

위 식에서 유도기전력의 최댓값 $e_m = \omega NBA$이다.

∴ 자속밀도 $B = \dfrac{e_m}{\omega NA}$

$$= \frac{377}{377 \times 100 \times 100 \times 10^{-4}}$$

$$= 1[\text{Wb/m}^2] = 1[\text{T}]$$

13 보기와 같은 회로에서 전류 $i(t)$에 관한 특성방정식 (Characteristic Equation)이 $s^2 + 5s + 6 = 0$이라고 할 때, 저항 R의 값[Ω]은?(단, $i(0) = I_0$[A], $v(0) = V_0$[V]이다)

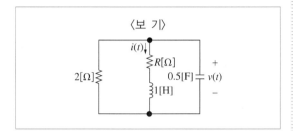

① 1

② 2

③ 3

④ 4

해설

인덕터 1[H]를 라플라스 변환하면 $sL = s$이고,

커패시터 0.5[F]를 라플라스 변환하면 $\dfrac{1}{sC} = \dfrac{1}{s \times 0.5} = \dfrac{2}{s}$이다.

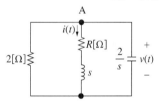

Node A에 KCL을 적용하면 다음과 같다.

$$\frac{V_A}{2} + \frac{V_A}{s+R} + \frac{V_A}{\frac{2}{s}} = 0$$

$$\frac{1}{2} + \frac{1}{s+R} + \frac{s}{2} = 0$$

$$\frac{1+s}{2} + \frac{1}{s+R} = 0$$

$$\frac{(s+1)(s+R) + 2}{2(s+R)} = 0$$

$$(s+1)(s+R) + 2 = 0$$

$$s^2 + 1s + Rs + R + 2 = 0$$

$$s^2 + (1+R)s + (R+2) = 0$$

문제에서 주어진 특성방정식이 $s^2 + 5s + 6 = 0$이므로

$1 + R = 5$ 또는 $R + 2 = 6$

$\therefore\ R = 4[\Omega]$

14 보기와 같은 회로에서 스위치가 충분히 오랜 시간 동안 열려 있다가 $t = 0$[s]에 닫혔다. $t > 0$[s]일 때 $v(t) = 8e^{-2t}$[V]라고 한다면, 코일 L의 값[H]은?

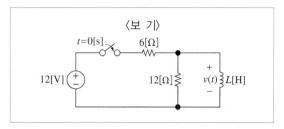

① 2

② 4

③ 6

④ 8

해설

테브난 등가회로로 변환한다.

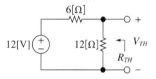

- $R_{TH} = 6 \parallel 12 = \dfrac{6 \times 12}{6+12} = \dfrac{72}{18} = 4[\Omega]$(전압원 단락)

- $V_{TH} = \dfrac{12}{6+12} \times 12 = \dfrac{12}{18} \times 12 = 8[V]$

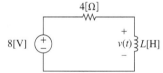

- $v(0) = 8[V]$, $v(\infty) = 0[V]$

- $v(t) = 0 + (8-0)e^{-\frac{t}{\tau}} = 8e^{-\frac{t}{\frac{L}{R}}} = 8e^{-\frac{t}{\frac{L}{4}}}$

문제에서 $v(t) = 8e^{-2t}$[V]로 주어졌으므로

$$\frac{L}{4} = \frac{1}{2}$$

$\therefore\ L = 2[H]$

15 보기와 같은 회로에서 Z_L에 최대 전력이 전달되기 위한 X의 값[Ω]과 Z_L에 전달되는 최대 전력[W]을 순서대로 나열한 것은?

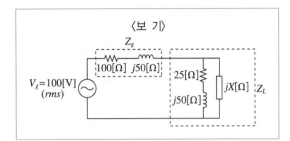

〈보 기〉

① 50, 25
② 50, 50
③ -50, 25
④ -50, 50

해설

• 최대 전력 전달 조건 : 부하 임피던스(Z_L) = 내부 임피던스의 켤레 복소수(Z_g^*)

– $Z_g^* = 100 - j50$

– $Z_L = (25 + j50) \parallel jX = \dfrac{(25+j50) \times jX}{25 + j50 + jX} = \dfrac{j25X - 50X}{25 + j(50+X)}$

$Z_L = Z_g^*$ 이므로

$\dfrac{j25X - 50X}{25 + j(50+X)} = 100 - j50$

$\dfrac{jX - 2X}{25 + j(50+X)} = 4 - j2$

$-2X + jX = (4 - j2)(25 + j(50+X))$

$\qquad\qquad = 100 + j4(50+X) - j50 - 2(50+X)$

$\qquad\qquad = 100 + j200 + j4X - j50 + 100 + 2X$

$\qquad\qquad = 200 + 2X + j150 + j4X$

$-4X - j3X = 200 + j150$

$X(-4 - j3) = 50(4 + j3)$

$X = -50\dfrac{(4+j3)}{(4+j3)} = -50[\Omega]$

• 최대로 전달되는 전력 $P = \dfrac{V^2}{4R} = \dfrac{100^2}{4 \times 100} = \dfrac{100}{4} = 25[\text{W}]$

16 보기의 회로와 같이 △결선을 Y결선으로 환산하였을 때, Z의 값[Ω]은?

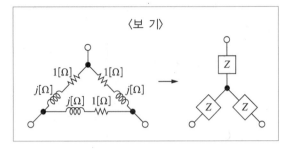

〈보 기〉

① $1 + j$
② $1/3 + j1/3$
③ $1/2 + j1/2$
④ $3 + j3$

해설

△결선의 임피던스를 Y결선으로 변환하면 다음과 같다.

$Z_Y = \dfrac{Z_\triangle}{3} = \dfrac{1+j}{3} = \dfrac{1}{3} + j\dfrac{1}{3}[\Omega]$

17 보기와 같은 한 변의 길이가 d[m]인 정사각형 도체에 전류 I[A]가 흐를 때, 정사각형 중심점에서 자계의 값 [A/m]은?

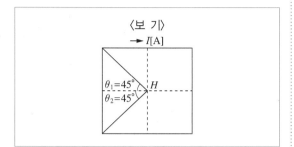

〈보 기〉

① $H = \dfrac{\sqrt{2}}{\pi d} I$

② $H = \dfrac{2\sqrt{2}}{\pi d} I$

③ $H = \dfrac{3\sqrt{2}}{\pi d} I$

④ $H = \dfrac{4\sqrt{2}}{\pi d} I$

해설

유한길이 직선전류에 의한 자계

$$H = \frac{I}{4\pi a}(\cos\theta_1 + \cos\theta_2)\,[\text{AT/m}]$$

정사각형 중심점에서는 한 변의 자계의 값을 구한 뒤 4배를 곱해 준다.

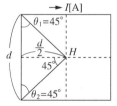

$$\therefore\ H = 4 \times \frac{I}{4\pi a}(\cos\theta_1 + \cos\theta_2)$$

$$= 4 \times \frac{I}{4\pi \times \dfrac{d}{2}}(\cos 45° + \cos 45°)$$

$$= \frac{2I}{\pi d}\left(\frac{\sqrt{2}}{2} + \frac{\sqrt{2}}{2}\right) = \frac{2\sqrt{2}}{\pi d} I\,[\text{A/m}]$$

18 균일 평면파가 비자성체($\mu = \mu_0$)의 무손실 매질 속을 $+x$ 방향으로 진행하고 있다. 이 전자기파의 크기는 10[V/m]이며, 파장이 10[cm]이고 전파속도는 1×10^8[m/s]이다. 파동의 주파수[Hz]와 해당 매질의 비유전율(ε_r)은?

	파동주파수	ε_r
①	1×10^9	4
②	2×10^9	4
③	1×10^9	9
④	2×10^9	9

해설

• 파동의 주파수 $f = \dfrac{v}{\lambda} = \dfrac{1 \times 10^8}{10 \times 10^{-2}} = 1 \times 10^9\,[\text{Hz}]$

• 전파속도 $v = \lambda \cdot f\,[\text{m/s}] = \dfrac{1}{\sqrt{\mu\varepsilon}}\,[\text{m/s}]$

$$v = \frac{1}{\sqrt{\mu\varepsilon}} = \frac{1}{\sqrt{\mu_0\mu_r\varepsilon_0\varepsilon_r}} = \frac{1}{\sqrt{\mu_0\varepsilon_0}} \cdot \frac{1}{\sqrt{\mu_r\varepsilon_r}}$$

$$= 3 \times 10^8\,\frac{1}{\sqrt{\mu_r\varepsilon_r}} = 1 \times 10^8$$

(빛의 속도 $c = \dfrac{1}{\sqrt{\mu_0\varepsilon_0}} = 3 \times 10^8\,[\text{m/s}]$)

$$\frac{1}{\sqrt{\mu_r\varepsilon_r}} = \frac{1}{3}\ \ (\mu = \mu_0\text{이므로}\ \mu_r = 1)$$

$$\frac{1}{\sqrt{\varepsilon_r}} = \frac{1}{3}$$

$$\sqrt{\varepsilon_r} = 3$$

∴ 비유전율 $\varepsilon_r = 9$

19 보기와 같은 진공 중에 점전하 $Q = 0.4[\mu C]$가 있을 때, 점전하로부터 오른쪽으로 4[m] 떨어진 점 A와 점전하로부터 아래쪽으로 3[m] 떨어진 점 B 사이의 전압차[V]는?(단, 비례상수 $k = \dfrac{1}{4\pi\varepsilon_0} = 9 \times 10^9$이다)

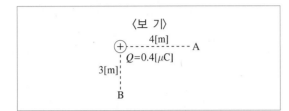

① 100

② 300

③ 500

④ 1,000

해설

전위 $V = \dfrac{1}{4\pi\varepsilon_0} \times \dfrac{Q}{r} = 9 \times 10^9 \times \dfrac{Q}{r}[V]$

• 점 A의 전위 $V_A = 9 \times 10^9 \dfrac{Q}{4}[V]$

• 점 B의 전위 $V_B = 9 \times 10^9 \dfrac{Q}{3}[V]$

∴ 점 A, B 사이의 전위차

$\begin{aligned}
V_{BA} &= V_B - V_A \\
&= 9 \times 10^9 \times \left(\dfrac{Q}{3} - \dfrac{Q}{4}\right) = 9 \times 10^9 \times Q \times \left(\dfrac{4-3}{12}\right) \\
&= 9 \times 10^9 \times 0.4 \times 10^{-6} \times \dfrac{1}{12} = 300[V]
\end{aligned}$

20 보기의 회로에서 스위치가 오랫동안 1에 있다가 $t = 0[s]$ 시점에 2로 전환되었을 때, $t = 0[s]$ 시점에 커패시터에 걸리는 전압 초기치 $v_c(0)[V]$와 $t > 0[s]$ 이후 $v_c(t)$가 전압 초기치의 e^{-1}만큼 감소하는 시점[ms]을 순서대로 나열한 것은?

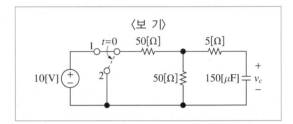

① 5, 4.5   ② 10, 2.5

③ 5, 3.0   ④ 3, 2.5

해설

$t \leq 0$일 때 테브난 등가회로로 변환하면 다음과 같다.

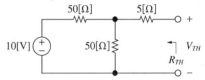

• $R_{TH} = 50 \parallel 50 + 5 = 25 + 5 = 30[\Omega]$(전압원 단락)

• $V_{TH} = \dfrac{50}{50+50} \times 10 = 5[V]$

∴ $v_c(0) = V_{TH} = 5[V]$

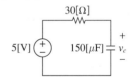

• $v_c(\infty) = 0[V]$

• $v_c(t) = 0 + (5-0)e^{-\frac{1}{RC}t} = 5e^{-\frac{1}{RC}t}[V]$

• $\tau = R_{TH}C = 30 \times 150 \times 10^{-6} = 4.5 \times 10^{-3} = 4.5[\text{ms}]$

$v_c(4.5[\text{ms}]) = 5e^{-1}[V]$

∴ 4.5[ms]일 때 전압 초기치의 e^{-1}만큼 감소한다.

2021년 지방직 고졸경채 전기이론

01 그림의 회로에서 단자 a, b 사이의 전압 V_{ab}[V]는?

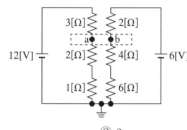

① 1
② 2
③ 5
④ 6

해설

단자 a, b의 전압은 전압 분배에 의해 다음과 같다.

- $V_a = \dfrac{2+1}{3+2+1} \times 12 = \dfrac{3}{6} \times 12 = 6[\mathrm{V}]$

- $V_b = \dfrac{4+6}{2+4+6} \times 6 = \dfrac{10}{12} \times 6 = 5[\mathrm{V}]$

∴ 단자 a, b 사이의 전압 $V_{ab} = V_a - V_b = 6 - 5 = 1[\mathrm{V}]$

02 두 점 사이를 0.2[A]의 전류가 10초 동안 흘러 2.4[cal]의 일을 하였을 때, 두 점 사이의 전위차[V]는?(단, 1[cal]는 4.186[J]이다)

① 0.3
② 1.2
③ 2.1
④ 5.0

해설

$W = P \cdot t = VI \cdot t = I^2 R \cdot t[\mathrm{J}], \quad 1[\mathrm{J}] = \dfrac{1}{4.2}[\mathrm{cal}] = 0.24[\mathrm{cal}]$

줄의 법칙에 의해 열량은 다음과 같다.

$Q = 0.24 \cdot W = 0.24 \cdot P \cdot t = 0.24 \cdot VI \cdot t[\mathrm{cal}]$

$2.4 = 0.24 \times V \times 0.2 \times 10$

∴ $V = \dfrac{2.4}{0.24 \times 2} = 5.0[\mathrm{V}]$

03 (가), (나)에 들어갈 내용을 바르게 연결한 것은?

> 히스테리시스 루프에서 가로축과 만나는 점은 (가) 을(를) 의미하며, 세로축과 만나는 점은 (나) 을(를) 의미한다.

	(가)	(나)
①	보자력	잔류자속밀도
②	보자력	자기장의 세기
③	자기장의 세기	잔류자속밀도
④	잔류자속밀도	보자력

해설

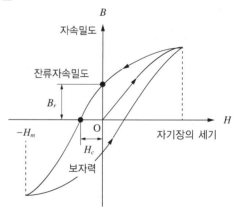

히스테리시스 루프에서 가로축과 만나는 점은 '보자력'을, 세로축과 만나는 점은 '잔류자속밀도'를 의미한다.

04 일반적인 정전기 방지 대책이 아닌 것은?

① 대전 방지 용품 사용

② 배관 내 액체의 흐름 속도 제한

③ 제습기를 이용하여 낮은 습도 유지

④ 화학섬유보다는 천연섬유로 만든 옷 착용

해설

정전기는 전하가 정지상태에 있는 전기로, 주로 마찰에 의해 발생한다.

③ 습도가 높아야 전하가 흡수되어 정전기 발생이 억제된다.

① 전기를 띠지 않도록 하는 용품을 사용하면 정전기 발생이 억제된다.

② 액체의 속도가 느릴수록 마찰이 줄어 정전기 발생이 억제된다.

④ 화학섬유보다 천연섬유가 정전기 발생이 적다.

05 그림의 회로에서 전압 V_o[V]는?

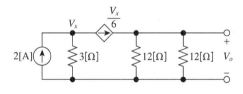

① 2.5   ② 3

③ 3.5   ④ 4

해설

Node V_x에 KCL을 적용하면 다음과 같다.

$2 = \dfrac{V_x}{3} + \dfrac{V_x}{6}$

$2 = \dfrac{2V_x + V_x}{6}$

$3V_x = 12$

$V_x = 4[\text{V}]$

$6[\Omega]$에 흐르는 전류는 $\dfrac{V_x}{6} = \dfrac{4}{6}[\text{A}]$이므로

$6[\Omega]$에 걸리는 전압 $V_o = \dfrac{4}{6} \times 6 = 4[\text{V}]$이다.

06 그림의 회로에서 전류 I[mA]는?

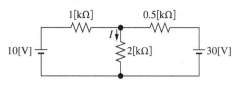

① 10

② 20

③ 30

④ 40

해설

$2[\text{k}\Omega]$에 $I[\text{mA}]$의 전류가 흐를 때 $2[\text{k}\Omega]$ 걸리는 전압

$V = 2 \times I = 2I[\text{V}]$이다.

KCL을 적용하면 다음과 같다.

$\dfrac{10 - 2I}{1} = I + \dfrac{2I - 30}{0.5}$

$10 - 2I = I + 4I - 60$

$70 = 7I$

$\therefore I = 10[\text{mA}]$

07 다음 그림처럼 전압원을 하나 더 추가하여 변경할 경우 (가), (나)에 들어갈 내용으로 알맞은 것은?

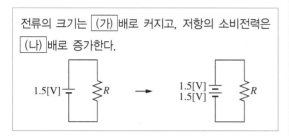

	(가)	(나)
①	2	2
②	2	4
③	4	2
④	4	4

해설

전압원을 하나 더 추가하여 전압이 2배가 되었을 때
• 전류

– $I_{(가)} = \dfrac{V}{R} = \dfrac{1.5}{R}$

– $I_{(나)} = \dfrac{1.5+1.5}{R} = \dfrac{3}{R}$

∴ 2배 증가한다.

• 저항의 소비전력

– $P_{(가)} = \dfrac{V^2}{R} = \dfrac{1.5^2}{R}$

– $P_{(나)} = \dfrac{3^2}{R}$

∴ 4배 증가한다.

08 황산구리 용액을 이용해 음극에서 구리 33[g]을 석출하기 위해 50[A]의 전류를 흘렸다. 이때, 전류가 흐른 시간[s]은?(단, 구리의 전기화학당량 $k \fallingdotseq 0.33 \times 10^{-3}$ [g/C]이다)

① 1,650   ② 2,000
③ 4,000   ④ 6,600

해설

패러데이의 법칙 : 전지 분해에서 생성되거나 소모된 물질의 질량은 흘려 준 전하량에 비례한다. 흐른 전하량이 일정할 때 석출되는 물질의 질량은 각 물질의 화학당량(원자량/이온의 전하수)에 비례한다.
$W = kQ = kIt\,[\mathrm{g}]$
($W[\mathrm{g}]$: 석출된 물질의 양, $Q[\mathrm{C}]$: 통과한 전하량($=It$))
$33 = 0.33 \times 10^{-3} \times 50 \times t$
∴ $t = 2,000[\mathrm{s}]$

09 그림에서 환상 솔레노이드 평균 반지름이 5[m]이고, 권수가 100[T], 솔레노이드에 흐르는 전류가 10π[A]일 때, 솔레노이드의 내부 자기장[AT/m]은?

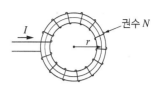

① 50   ② 50π
③ 100   ④ 100π

해설

환상 솔레노이드 내부의 자계 세기

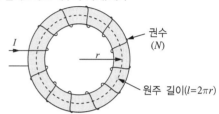

∴ $H = \dfrac{NI}{l} = \dfrac{NI}{2\pi r} = \dfrac{100 \times 10\pi}{2\pi \times 5} = 100[\mathrm{AT/m}]$

10 그림과 같이 평등 자계에 놓인 도체에 작용하는 전자력의 크기[N]는?

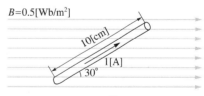

① 0.025   ② 0.05
③ 25   ④ 500

해설

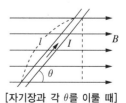

[자기장과 각 θ를 이룰 때]

$F = BlI\sin\theta = 0.5 \times 0.1 \times 1 \times \sin 30° = 0.05 \times \dfrac{1}{2} = 0.025[\mathrm{N}]$

11 그림의 회로에서 $t=0$에서 스위치가 닫힐 때, 닫는 순간 전류 $i(0^+)$[A]와 정상상태 전류 $i(\infty)$[A]는?(단, 인덕터와 커패시터의 초깃값은 0이고, 정상상태는 시간이 오래 지난 상태를 의미한다)

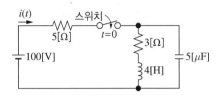

닫는 순간 전류 $i(0^+)$ 정상상태 전류 $i(\infty)$

	닫는 순간 전류 $i(0^+)$	정상상태 전류 $i(\infty)$
①	10	20
②	$10\sqrt{2}$	10
③	20	$\dfrac{5}{4}$
④	20	$\dfrac{25}{2}$

해설
• $t=0$일 때 L은 개방회로($X_L=\infty$)로, C는 단락회로($X_C=0$)로 동작한다.

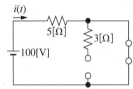

$\therefore i(0^+)=\dfrac{100}{5}=20$[A]

• $t=\infty$일 때 L은 단락회로($X_L=0$)로, C는 개방회로($X_C=\infty$)로 동작한다.

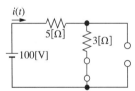

$\therefore i(\infty)=\dfrac{100}{5+3}=\dfrac{100}{8}=\dfrac{25}{2}$[A]

12 우리나라에서 가정용으로 공급하는 단상전압의 최댓값[V]은?

① 156
② 220
③ 311
④ 380

해설
우리나라 가정용 단상전압의 실횻값 $V=220$[V]
$\therefore$ 최댓값 $V_m=V\sqrt{2}=220\sqrt{2}=220\times1.414$
$=311.08\fallingdotseq311$[V]

13 그림의 회로에서 $\dot{I}=50$[A], $\dot{I}_L=30$[A], $\dot{V}=100$[V]일 때, 컨덕턴스 G[S]는?

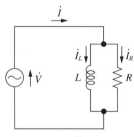

① 0.4   ② 0.8
③ 4   ④ 8

해설
• 전체 전류 $\dot{I}=\dot{I}_R+\dot{I}_L$
저항 R에 흐르는 전류 $\dot{I}_R=\sqrt{\dot{I}^2-\dot{I}_L^2}=\sqrt{50^2-30^2}=40$[A]
• 저항 $R=\dfrac{\dot{V}}{\dot{I}_R}=\dfrac{100}{40}$[$\Omega$]
$\therefore$ 컨덕턴스 $G=\dfrac{1}{R}=\dfrac{40}{100}=0.4$[S]

14 그림의 직렬연결된 커패시터 회로에 대한 설명으로 옳은 것만을 모두 고르면?

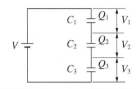

> ㄱ. 커패시터의 합성 정전용량은 $C_1 + C_2 + C_3$의 값이다.
> ㄴ. C_2에 축적되는 전하량 Q_2는 $C_2 \times V_2$로 구한다.
> ㄷ. C_1, C_2, C_3의 정전용량이 같을 경우 V_1, V_2, V_3의 값은 동일하다.
> ㄹ. 세 개의 커패시터에 축적되는 총전하량 Q는 $\dfrac{1}{Q} = \dfrac{1}{Q_1} + \dfrac{1}{Q_2} + \dfrac{1}{Q_3}$로 구한다.

① ㄱ, ㄴ   ② ㄱ, ㄹ
③ ㄴ, ㄷ   ④ ㄷ, ㄹ

해설

• 전하량 $Q = CV$, 전압 $V = V_1 + V_2 + V_3$

• $\dfrac{Q}{C_T} = \dfrac{Q_1}{C_1} + \dfrac{Q_2}{C_2} + \dfrac{Q_3}{C_3}$

ㄴ. C_2에 축적되는 전하량 $Q_2 = C_2 V_2$

ㄷ. C_1, C_2, C_3의 정전용량이 같을 경우 $V_1 = V_2 = V_3$이다.

ㄹ. 직렬연결된 커패시터 회로에서 축적되는 전하량 Q는 동일하다 ($Q_1 = Q_2 = Q_3 = Q$).

ㄱ. 커패시터의 합성 정전용량

$\dfrac{1}{C_T} = \dfrac{1}{C_1} + \dfrac{1}{C_2} + \dfrac{1}{C_3}$, $C_T = \dfrac{C_1 \times C_2 \times C_3}{C_2 C_3 + C_1 C_3 + C_1 C_2}$ [F]

15 인덕터 L과 커패시터 C가 직렬로 연결된 회로에 교류전압 $v(t) = V_m \sin \omega t$ [V]을 인가할 경우 옳은 설명은?

① $\omega L < \dfrac{1}{\omega C}$이면 유도성 회로가 된다.

② $\omega L > \dfrac{1}{\omega C}$이면 전류가 전압보다 위상이 뒤진다.

③ $\omega L = \dfrac{1}{\omega C}$이면 최대의 합성 임피던스값을 나타낸다.

④ 합성 임피던스의 크기는 ωL과 $\dfrac{1}{\omega C}$를 합한 값에 해당한다.

해설

합성 임피던스 $Z = j\left(\omega L - \dfrac{1}{\omega C}\right)$ [Ω]

① $\omega L < \dfrac{1}{\omega C}$이면 용량성 회로이다.

② $\omega L > \dfrac{1}{\omega C}$이면 유도성 회로로, 지상 전류가 흐른다 ($V_L > V_C$).

③ $\omega L = \dfrac{1}{\omega C}$이면 공진회로로, 합성 임피던스값이 최소가 된다.

④ 합성 임피던스의 크기 $|Z| = \sqrt{\left(\omega L - \dfrac{1}{\omega C}\right)^2} = \omega L - \dfrac{1}{\omega C}$이므로, ωL에서 $\dfrac{1}{\omega C}$을 뺀 값이다.

16 그림의 회로에서 정상상태 전류 I[A]는?(단, 정상상태는 시간이 오래 지난 상태를 의미한다)

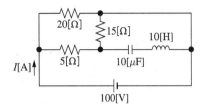

① 10

② 15

③ 20

④ 25

해설

정상상태$(t = \infty)$에서 L은 단락회로$(X_L = 0)$로, C는 개방회로$(X_C = \infty)$로 동작한다.

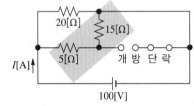

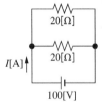

합성 저항 $R = \dfrac{20 \times (5+15)}{20 + (5+15)} = \dfrac{400}{40} = 10[\Omega]$

∴ 전류 $I = \dfrac{V}{R} = \dfrac{100}{10} = 10[A]$

17 그림의 회로에서 $t = 0$에서 스위치가 열릴 때 설명으로 옳은 것은?(단, 커패시터의 초기 충전전압은 없다)

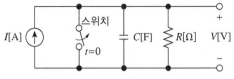

① $t \geq 0$에 대한 회로방정식은 $C\dfrac{dI}{dt} + \dfrac{V}{R} = 0$이다.

② $V(0^+) = 1[V]$이다.

③ $\dfrac{dV}{dt}\Big|_{t=0^+} = 0$이다.

④ V의 정상상태값은 $V = RI$[V]이다.

해설

① $t \geq 0$일 때 회로는 다음과 같다.

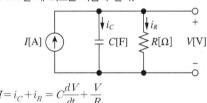

$$I = i_C + i_R = C\frac{dV}{dt} + \frac{V}{R}$$

② · ③ $t = 0$일 때 C는 단락회로$(X_C = 0)$로 동작하므로 모든 전류는 C[F]로 흐르고, 전압은 걸리지 않는다($V(0^+) = 0$[V]).
$i_C(0) = I$[A], $i_C(\infty) = 0$[A]

$$i_C(t) = 0 + (I - 0)e^{-\frac{t}{RC}} = I \cdot e^{-\frac{t}{RC}} [A]$$

$i_C = C\dfrac{dV}{dt}$이므로 $C\dfrac{dV}{dt} = I \cdot e^{-\frac{t}{RC}}$, $\dfrac{dV}{dt} = \dfrac{I}{C} \cdot e^{-\frac{t}{RC}}$

$t = 0$일 때 $\dfrac{dV}{dt}\Big|_{t=0^+} = \dfrac{I}{C} \cdot e^{-\frac{0}{RC}} = \dfrac{I}{C}$

④ 정상상태$(t = \infty)$일 때 C는 개방회로$(X_C = \infty)$로 동작하므로 모든 전류는 R[Ω]로 흐르고, 전압은 $V = RI$[V]이다.

18 그림에서 평형 3상 △결선 회로의 부하 임피던스 $Z_{TRIANGLE}$[Ω]를 Y결선으로 변환할 경우 각 상의 부하 임피던스 $\dot{Z}_Y$[Ω]의 크기는?(단, $Z_{TRIANGLE} = 18 + j24$ [Ω]이다)

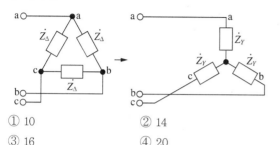

① 10
② 14
③ 16
④ 20

해설

△결선의 임피던스를 Y결선으로 변환하면 다음과 같다.

$$Z_Y = \frac{Z_\Delta}{3} = \frac{18 + j24}{3} = 6 + j8 [\Omega]$$

$$\therefore |Z_Y| = \sqrt{6^2 + 8^2} = \sqrt{10^2} = 10 [\Omega]$$

19 그림에서 $V = 30$[V], $T = 20$[ms]일 때, 제3고조파의 주파수[Hz]와 최대 전압[V]은?

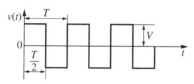

    주파수[Hz]   최대 전압[V]

①   50   6.4
②   50   10
③   150   12.7
④   150   17.9

해설

• 주파수 $f = \frac{1}{T} = \frac{1}{20 \times 10^{-3}} = \frac{1,000}{20} = 50$[Hz]

  ∴ 제3고조파의 주파수 $f_3 = 3f = 3 \times 50 = 150$[Hz]

• 구형파의 푸리에 급수식

$$v(t) = \frac{4V_m}{\pi}\left(\sin\omega t + \frac{1}{3}\sin 3\omega t + \frac{1}{5}\sin 5\omega t + \cdots\right)$$

∴ 제3고조파의 최대 전압

$$V_3 = \frac{4V_m}{\pi} \times \frac{1}{3} = \frac{4 \times 30}{3\pi} = \frac{40}{\pi} = \frac{40}{3.14} \fallingdotseq 12.7 [V]$$

20 다음 파형에 대한 설명으로 옳은 것만을 모두 고르면?

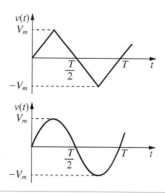

ㄱ. 삼각파의 평균값은 사인파의 평균값보다 크다.
ㄴ. 삼각파의 실횻값은 사인파의 실횻값보다 크다.
ㄷ. 삼각파의 파형률은 사인파의 파형률보다 크다.
ㄹ. 삼각파의 파고율은 사인파의 파고율보다 크다.

① ㄱ, ㄴ
② ㄱ, ㄹ
③ ㄴ, ㄷ
④ ㄷ, ㄹ

해설

파형의 데이터값

파 형	실횻값	평균값	파고율 $\left(= \dfrac{최댓값}{실횻값}\right)$		파형률 $\left(= \dfrac{실횻값}{평균값}\right)$
사인파 (정현파)	$\dfrac{V_m}{\sqrt{2}}$	$\dfrac{2}{\pi}V_m$	$V_m \times \dfrac{\sqrt{2}}{V_m} = \sqrt{2}$		$\dfrac{\pi}{2\sqrt{2}}$
삼각파 (톱니파)	$\dfrac{V_m}{\sqrt{3}}$	$\dfrac{V_m}{2}$	$V_m \times \dfrac{\sqrt{3}}{V_m} = \sqrt{3}$		$\dfrac{2}{\sqrt{3}}$

ㄱ. 삼각파의 평균값은 사인파의 평균값보다 작다.
ㄴ. 삼각파의 실횻값은 사인파의 실횻값보다 작다.

23 2021년 서울시 고졸경채 전기이론

01 어느 도체의 단면에 5초 동안 4[A]의 전류가 흘렀다. 이때 도체의 단면을 통과한 전하량의 값[C]은?

① 10
② 15
③ 20
④ 25

해설

$Q = It = 4 \times 5 = 20[\text{C}]$

02 보기의 회로에서 $R_1 = 20[\Omega]$, $R_2 = 40[\Omega]$, $R_3 = 40[\Omega]$, $V = 100[\text{V}]$일 때 I의 값[A]은?

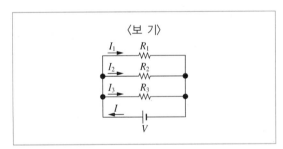

① 8
② 10
③ 12
④ 16

해설

저항의 병렬연결 시 각 저항에 걸리는 전압은 동일하다.

• $I_1 = \dfrac{V}{R_1} = \dfrac{100}{20} = 5[\text{A}]$

• $I_2 = \dfrac{V}{R_2} = \dfrac{100}{40} = 2.5[\text{A}]$

• $I_3 = \dfrac{V}{R_3} = \dfrac{100}{40} = 2.5[\text{A}]$

∴ KCL에 의해 합성 전류 $I = I_1 + I_2 + I_3 = 5 + 2.5 + 2.5 = 10[\text{A}]$

03 보기에서 등전위면에 대한 설명으로 옳은 것을 모두 고른 것은?

〈보 기〉
ㄱ. 등전위면은 전기력선과 수직으로 교차한다.
ㄴ. 등전위면의 간격이 넓을수록 전기장의 세기가 강하다.
ㄷ. 전기장 안에서 도체의 내부와 표면은 등전위이다.
ㄹ. 등전위면을 따라 전하 Q[C]를 이동시킬 때 한 일은 $\dfrac{1}{2}CV^2$이다.

① ㄱ, ㄷ
② ㄴ, ㄷ
③ ㄴ, ㄹ
④ ㄱ, ㄷ, ㄹ

해설

ㄴ. 등전위면의 간격이 좁을수록 전기장의 세기가 강하다 $\left(E = \dfrac{V}{d}[\text{V/m}]\right)$.

ㄹ. 전위차가 발생하지 않았으므로 등전위면을 따라 전하 Q[C]를 이동시킬 때 한 일 $W = QV = Q \times 0 = 0[\text{J}]$이다.

04 공기 중에서 평행한 2개의 도체가 50[cm] 간격을 유지하고 있다. 2개의 평행 도체에 각각 10[A], 50[A]의 전류가 동일한 방향으로 흐를 때, 도체의 단위 길이 1[m]당 작용하는 힘의 크기의 값[N/m]은?

① 2×10^{-1}　　　　② 2×10^{-2}

③ 2×10^{-3}　　　　④ 2×10^{-4}

해설

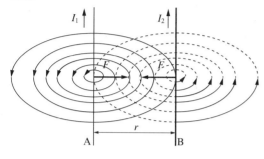

[직선 전류에 작용하는 힘]

$F = \dfrac{\mu_0}{2\pi} \dfrac{I_1 I_2}{r} = 2 \times 10^{-7} \times \dfrac{I_1 I_2}{r} = 2 \times 10^{-7} \times \dfrac{10 \times 50}{0.5}$

$= 2 \times 10^{-4} \,[\text{N/m}]$

05 길이 1[m], 단면적 10[mm²]인 저항선의 저항이 50[Ω]이다. 보기에서 옳은 것을 모두 고른 것은?

〈보 기〉
ㄱ. 컨덕턴스값은 10[℧]이다.
ㄴ. 전도율(σ)은 2,000[℧/m]이다.
ㄷ. 저항률(ρ)은 1,000[$\Omega \cdot$m]이다.

① ㄱ　　　　② ㄴ

③ ㄱ, ㄴ　　　　④ ㄴ, ㄷ

해설

ㄱ. 컨덕턴스 $G = \dfrac{1}{R} = \dfrac{1}{50} = 0.02\,[\text{℧}]$

ㄷ. 저항 $R = \rho \dfrac{l}{A}\,[\Omega]$

　저항률 $\rho = \dfrac{RA}{l} = \dfrac{50 \times 10 \times 10^{-6}}{1} = 5 \times 10^{-4}\,[\Omega \cdot \text{m}]$

ㄴ. 도전율 $\sigma = \dfrac{1}{\rho} = \dfrac{l}{RA} = \dfrac{1}{50 \times 10 \times 10^{-6}} = 2,000\,[\text{℧/m}]$

06 비사인파 교류전압이 보기와 같을 때, 이 전압의 왜형률의 값[%]은?

〈보 기〉
$v(t) = 400\sin(\omega t) + 30\sqrt{2}\sin(3\omega t)$
$\qquad + 40\sqrt{2}\sin(5\omega t) + 50\sqrt{2}\sin(7\omega t)\,[\text{V}]$

① 20

② 25

③ 35

④ 40

해설

비사인파의 왜형률

$\text{THD} = \dfrac{\text{전 고조파의 실횻값}}{\text{기본파의 실횻값}} \times 100$

$= \dfrac{\sqrt{V_2^2 + V_3^2 + V_4^2 + \cdots}}{V_1} \times 100$

$= \dfrac{\dfrac{\sqrt{30^2 + 40^2 + 50^2}}{400}}{\dfrac{}{\sqrt{2}}} \times 100 = \dfrac{\sqrt{50^2 + 50^2} \times \sqrt{2}}{400} \times 100$

$= \dfrac{\sqrt{2(50^2)} \times \sqrt{2}}{400} \times 100 = \dfrac{\sqrt{2} \times 50 \times \sqrt{2}}{400} \times 100$

$= \dfrac{2 \times 50}{400} \times 100 = 25\,[\%]$

07 비유전율이 3인 유전체 중에 10[cm]의 거리를 두고 양전하 2[μC]과 양전하 5[μC]의 두 점전하가 있을 때, 서로 작용하는 힘의 종류와 정전기력의 크기의 값[N]은?(단, 비례상수 $k = \dfrac{1}{4\pi\varepsilon_0} = 9 \times 10^9$이다)

	힘의 종류	정전기력의 크기
①	척 력	3
②	척 력	30
③	인 력	3
④	인 력	30

해설

부호가 같은(양, +) 전하이므로 척력(밀어내는 힘)이 작용한다. 두 전하 Q_1, Q_2 사이에 작용하는 힘은 쿨롱의 법칙에 의해 다음과 같다.

$$F = \frac{1}{4\pi\varepsilon_0\varepsilon_s} \times \frac{Q_1 Q_2}{r^2} = 9\times10^9 \times \frac{1}{\varepsilon_s} \times \frac{Q_1 Q_2}{r^2}[\text{N}]$$
$$= 9\times10^9 \times \frac{1}{3} \times \frac{2\times10^{-6}\times5\times10^{-6}}{0.1^2}$$
$$= 3\times10^9 \times 10^{-9} = 3[\text{N}]$$

08 어떤 교류회로에 $v(t) = 200\sqrt{2}\cos(628t)$[V]의 전압을 인가하였더니 흐르는 전류가 $i(t) = 100\sin\left(628t + \dfrac{\pi}{6}\right)$ [A]이다. 이 교류회로에 대한 설명으로 가장 옳은 것은? (단, 원주율 $\pi = 3.14$로 계산한다)

① 전류의 위상이 전압의 위상보다 60° 빠르다.
② 전압의 주파수는 200[Hz]이다.
③ 전류의 평균값은 100[A]이다.
④ 전압의 실횻값은 200[V]이다.

해설

- $v(t) = 200\sqrt{2}\cos(628t) = 200\sqrt{2}\sin(628t + 90°)$[V]
- $i(t) = 100\sin\left(628t + \dfrac{\pi}{6}\right) = \dfrac{100\sqrt{2}}{\sqrt{2}}\sin(628t + 30°)$[A]
- 각주파수 $\omega = 2\pi f = 628[\text{rad/s}]$
- $I_{ave} = \dfrac{1}{T/2}\int_0^{\frac{T}{2}} i\,dt = \dfrac{2}{T}\int_0^{\frac{T}{2}} i\,dt = \dfrac{2}{T}\int_0^{\frac{T}{2}} I_m\sin\omega t\,dt$
  $= \dfrac{2}{\pi}I_m = 0.637 I_m[\text{A}]$

① 전압의 위상이 전류의 위상보다 60° 빠르다.

② 전압의 주파수 $f = \dfrac{\omega}{2\pi} = \dfrac{628}{2\times3.14} = 100[\text{Hz}]$

③ 전류의 평균값 $I_{ave} = \dfrac{2}{\pi}I_m = \dfrac{2\times100}{3.14} \fallingdotseq 63.7[\text{A}]$

④ 전압의 실횻값 $V = \dfrac{200\sqrt{2}}{\sqrt{2}} = 200[\text{V}]$

09 보기의 회로가 있을 때, R_3에서 소모되는 전력의 값 [W]은?

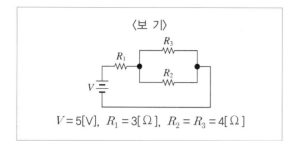

〈보 기〉

$V = 5[V]$, $R_1 = 3[\Omega]$, $R_2 = R_3 = 4[\Omega]$

① 1   ② 2

③ 3   ④ 4

해설

병렬연결된 저항의 합성 저항은 $R_2 \parallel R_3 = 4 \parallel 4 = \dfrac{4 \times 4}{4+4} = 2[\Omega]$ 이다.

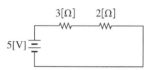

$2[\Omega]$에 걸리는 전압은 전압 분배에 의해 다음과 같다.

$$V_3 = \frac{2}{3+2} \times 5 = 2[V]$$

병렬연결된 R_2, R_3에 걸리는 전압 V_2, V_3은 같으므로

R_3에서 소모되는 전력 $P_3 = \dfrac{V_3^2}{R_3} = \dfrac{2^2}{4} = 1[W]$ 이다.

10 도선의 길이를 8배, 단면적을 4배로 하면 전기저항은 초기 상태의 (   )배가 된다. (   ) 안의 숫자로 옳은 것은?

① $\dfrac{1}{2}$ ② 2

③ 4   ④ 8

해설

전기저항 $R = \rho \dfrac{l}{A}[\Omega]$

길이 l에 비례하고 단면적 A에 반비례하므로,
도선의 길이를 8배, 단면적을 4배로 하면

$$R' = \rho \frac{8l}{4A} = 2 \cdot \rho \frac{l}{A} = 2 \cdot R[\Omega]$$이 된다.

따라서 전기저항은 초기 상태의 2배가 된다.

11 보기의 회로에서 스위치를 A에 접속하면 5[A]의 전류가 흐르고, 스위치를 B에 접속하면 10[A]가 흐른다. 이때 기전력 E의 값[V]은?

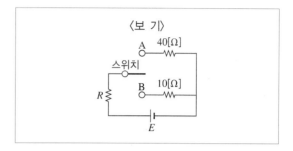

〈보 기〉

① 100   ② 200

③ 300   ④ 400

해설

• 스위치를 A에 접속하면 기전력은 다음과 같다.

$$\frac{E}{R+40} = 5[A], \quad E = 5(R+40)$$

• 스위치를 B에 접속하면 기전력은 다음과 같다.

$$\frac{E}{R+10} = 10[A], \quad E = 10(R+10)$$

$5(R+40) = 10(R+10)$

$R+40 = 2R+20$

$R = 20$

$\therefore E = 5(R+40) = 5(20+40) = 300[V]$

12 100[V]의 직류전압이 걸렸을 때 커패시턴스 3[μF]에 저장되는 전하량의 값[μC]은?

① 100   ② 200

③ 300   ④ 400

해설

커패시턴스에 저장되는 전하량

$Q = CV = 3 \times 10^{-6} \times 100 = 300[\mu C]$

13 전기력선의 성질에 대한 설명으로 가장 옳지 않은 것은?

① 전기력선은 전위가 높은 곳에서 낮은 곳으로 향한다.
② 양(+)전하에서 출발한 전기력선은 그 자신만으로 폐곡선을 이룬다.
③ 전기력선은 도중에 갈라지거나 교차하지 않는다.
④ 단위 면적당 전기력선의 밀도가 높은 곳이 밀도가 낮은 곳보다 전기장의 세기가 강하다.

해설

양(+)전하에서 출발한 전기력선은 발산하고 음(−)전하가 있을 때 폐곡선을 이룬다.
※ 자기력선 자신만으로 폐곡선을 이룰 수 있다(div $B = 0$).

14 8초에 5[A]의 일정한 비율로 전류 I가 변하여 50[V]의 유도기전력이 발생하는 코일의 인덕턴스의 값[H]은?

① 10   ② 25

③ 40   ④ 80

해설

$V_L = L\dfrac{di}{dt}$

• 시간에 따른 전류의 변화량 $\dfrac{di}{dt} = \dfrac{5}{8}$

• $V_L = 50[\text{V}]$

$\therefore L = \dfrac{L}{\frac{di}{dt}} = \dfrac{50}{\frac{5}{8}} = 80[\text{H}]$

15 보기는 시간에 따른 교류전압을 나타내는 파형이다. 각속도 ω의 값[rad/s]은?

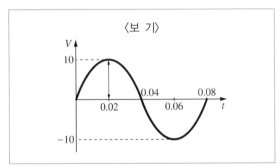

〈보 기〉

① 15π ② 20π

③ 25π ④ 30π

해설

각속도 $\omega = 2\pi f = \dfrac{2\pi}{T} = \dfrac{2\pi}{0.08} = \dfrac{200}{8}\pi = 25\pi[\text{rad/s}]$

16 전원과 부하가 모두 △결선된 3상 평형회로가 있다. 상전압이 220[V], 부하 임피던스가 $Z = 8 + j6[\Omega]$일 때, 선전류의 값[A]은?

① $\dfrac{\sqrt{3}}{22}$

② $\dfrac{22}{\sqrt{3}}$

③ 22

④ $22\sqrt{3}$

해설

△-△ 결선

• $V_l = V_p$(선전압 = 상전압)

• $I_l = \sqrt{3}\,I_p \angle -30°$(선전류 = $\sqrt{3}$ 상전류)

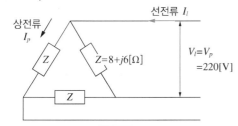

• $Z = 8 + j6[\Omega]$, $|Z| = \sqrt{8^2 + 6^2} = 10[\Omega]$

• $I_p = \dfrac{V_p}{|Z|} = \dfrac{220}{10} = 22[A]$

∴ $I_l = \sqrt{3}\,I_p = 22\sqrt{3}[A]$

17 전동기의 회전 방향을 알고 싶을 때 활용하는 법칙은?

① 렌츠의 법칙

② 쿨롱의 법칙

③ 앙페르의 오른손 법칙

④ 플레밍의 왼손 법칙

해설

④ 플레밍(Fleming)의 왼손 법칙(전동기의 원리)

• 자계 내에 놓인 도선에 전류가 흐를 때 도선이 받는 힘의 원리이다.

• $F = BIl\sin\theta[N]$

※ 플레밍(Fleming)의 오른손 법칙(발전기의 원리)

• 자계 내에 놓인 도선이 운동하면서 자속을 끊어 기전력을 발생시키는 원리이다.

• $e = Blv\sin\theta[V]$

① 렌츠의 법칙(Lenz's Law) – 기전력의 방향

• 유도기전력의 방향은 코일 면을 통과하는 자속의 변화를 방해하는 방향으로 나타난다.

• $e = -\dfrac{\Delta\phi}{\Delta t}[V] = -\dfrac{d\phi}{dt}[V]$

② 쿨롱의 법칙

• 두 전하 Q_1, Q_2 사이에 작용하는 힘은 두 전하의 곱에 비례하고, 거리의 제곱에 반비례한다.

• $F = \dfrac{1}{4\pi\varepsilon_0} \times \dfrac{Q_1 Q_2}{r^2}[N] = 9 \times 10^9 \times \dfrac{Q_1 Q_2}{r^2}[N]$

③ 암페어(Ampere : 앙페르)의 오른손 법칙 : 주먹을 쥐고 엄지만 편 상태에서 엄지 방향으로 전류가 흐르면 네 손가락을 감은 방향으로 자기장이 발생하고, 네 손가락을 감은 방향으로 전류가 흐르면 엄지손가락 방향으로 자기장이 발생하는 법칙으로, 전류와 자기장의 방향을 알 수 있다.

18 보기의 회로에서 $R_1 = 10[\Omega]$, $R_2 = 40[\Omega]$, $R_3 = 50[\Omega]$, $V = 100[V]$일 때, V_2의 값[V]은?

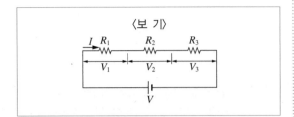

① 10
② 20
③ 40
④ 50

해설
저항의 직렬연결 회로에서는 저항의 크기에 비례해서 전압이 걸린다.
따라서 전압 분배 법칙에 의해
$V_2 = \dfrac{40}{10+40+50} \times 100 = 40[V]$ 이다.

19 교류전류의 순싯값이 $i(t) = 100\sqrt{2}\sin\left(120\pi t + \dfrac{\pi}{3}\right)$ [A]일 때, 전류의 실횻값[A]과 주파수[Hz]는?

	실횻값	주파수
①	100	60
②	100	120
③	$100\sqrt{2}$	60
④	$100\sqrt{2}$	120

해설
순싯값의 표현
$i(t) = I_m\sin\omega t = I\sqrt{2}\sin2\pi ft\,[A]$
$\quad = 100\sqrt{2}\sin\left(120\pi t + \dfrac{\pi}{3}\right)[A]$

• 실횻값 $I = \dfrac{I_m}{\sqrt{2}} = \dfrac{100\sqrt{2}}{\sqrt{2}} = 100[A]$

• 각속도 $\omega = 2\pi f[\mathrm{rad/s}]$, 주파수 $f = \dfrac{\omega}{2\pi} = \dfrac{120\pi}{2\pi} = 60[\mathrm{Hz}]$

20 저항 $R = 30[\Omega]$, 리액턴스 $X = 40[\Omega]$인 RL 직렬회로에 150[V]의 교류전압을 가할 때, 소비되는 전력의 값[W]은?

① 180
② 210
③ 270
④ 320

해설
RL **직렬회로**

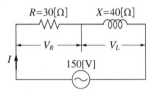

• 임피던스 $Z = R + jX = 30 + j40[\Omega]$
$|Z| = \sqrt{30^2 + 40^2} = 50[\Omega]$

• 전류 $I = \dfrac{V}{|Z|} = \dfrac{150}{50} = 3[A]$

∴ 소비전력 $P = I^2 \cdot R = 3^2 \times 30 = 270[W]$

SECTION 24 2022년 지방직 전기이론

01 그림의 회로에서 등가 컨덕턴스 G_{eq}[S]는?

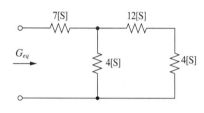

① 1.5   ② 2.5

③ 3.5   ④ 4.5

해설

컨덕턴스 $G = \dfrac{1}{R}$[S]

• 직렬연결된 합성 컨덕턴스 $\dfrac{1}{G_0} = \dfrac{1}{G_1} + \dfrac{1}{G_2}$

• 병렬연결된 합성 컨덕턴스 $G_0 = G_1 + G_2$

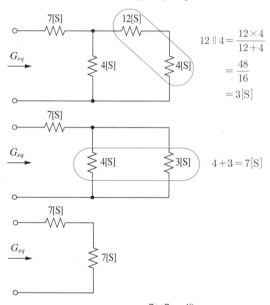

$12 \parallel 4 = \dfrac{12 \times 4}{12+4}$

$= \dfrac{48}{16}$

$= 3$[S]

$4 + 3 = 7$[S]

∴ 등가 컨덕턴스 $G_{eq} = 7 \parallel 7 = \dfrac{7 \times 7}{7+7} = \dfrac{49}{14} = 3.5$[S]

02 그림의 회로에서 저항 1[Ω]에 흐르는 전류 I[A]는?

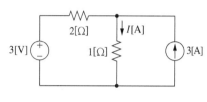

① 1   ② 2

③ 3   ④ 4

해설

• 중첩의 원리를 이용하여 전압원에 의해 흐르는 전류(전류원 : Open)

$I_1 = \dfrac{V}{R} = \dfrac{3}{2+1} = 1$[A]

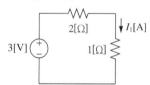

• 중첩의 원리를 이용하여 전류원에 의해 흐르는 전류(전압원 : Short)

$I_2 = \dfrac{2}{2+1} \times 3 = 2$[A] (전류 분배)

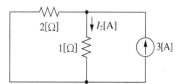

∴ 1[Ω]의 저항에 흐르는 전류 $I = I_1 + I_2 = 1 + 2 = 3$[A]

03 그림과 같이 전류와 폐경로 L이 주어졌을 때 $\oint_L \vec{H} \cdot d\vec{l}$ [A]은?

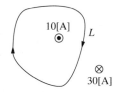

① −20

② −10

③ 10

④ 20

해설

앙페르의 주회법칙에 의해 임의의 폐곡선상에서 자계의 선적분은 폐곡선으로 둘러싸인 면을 통과하는 전류와 같고, 앙페르의 오른나사 법칙에 의해 자기장의 방향은 전류의 반대 방향이므로

$$\oint_L \vec{H} \cdot d\vec{l} = \sum I = -10 [\text{A}] \text{이다.}$$

04 RL 직렬회로에 $t = 0$에서 일정 크기의 직류전압을 인가하였다. 저항과 인덕터의 전압, 전류 파형 중에서 $t > 0$ 이후에 그림과 같은 형태로 나타나는 것은?(단, 인덕터의 초기 전류는 0[A]이다)

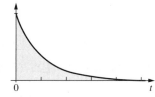

① 저항 R의 전류 파형

② 저항 R의 전압 파형

③ 인덕터 L의 전류 파형

④ 인덕터 L의 전압 파형

해설

RL 직렬회로

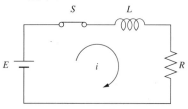

• 전류 $i(t) = \dfrac{E}{R}(1 - e^{-\frac{R}{L}t})[\text{A}]$

→ $i = 0$일 때 0, $i = \infty$일 때 $\dfrac{E}{R}$

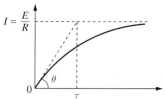

• R에 걸리는 전압 $V_R(t) = Ri(t) = E(1 - e^{-\frac{R}{L}t})[\text{V}]$

→ $t = 0$일 때 0, $t = \infty$일 때 E

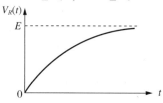

• L에 걸리는 전압

$$V_L(t) = E - V_R(t) = E - E(1 - e^{-\frac{R}{L}t}) = E(e^{-\frac{R}{L}t})[V]$$

→ $t = 0$일 때 E, $t = \infty$일 때 0

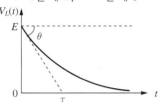

06 평형 3상 교류회로의 전압과 전류에 대한 설명으로 옳은 것은?

① 평형 3상 △결선의 전원에서 선간전압의 크기는 상전압의 크기의 $\sqrt{3}$ 배이다.

② 평형 3상 △결선의 부하에서 선전류의 크기는 상전류의 크기와 같다.

③ 평형 3상 Y결선의 전원에서 선간전압의 크기는 상전압의 크기와 같다.

④ 평형 3상 Y결선의 부하에서 선전류의 크기는 상전류의 크기와 같다.

해설

3상 교류의 결선

• Y결선의 경우
  - $I_l = I_p$ (선전류 = 상전류)
  - $V_l = \sqrt{3}\,V_p \angle 30°$ (선전압 = $\sqrt{3}$ 상전압)
• △결선의 경우
  - $V_l = V_p$ (선전압 = 상전압)
  - $I_l = \sqrt{3}\,I_p \angle -30°$ (선전류 = $\sqrt{3}$ 상전류)

05 그림과 같이 내부저항 1[Ω]을 갖는 12[V] 직류 전압원이 5[Ω] 저항 R_L에 연결되어 있다. 저항 R_L에서 소비되는 전력[W]은?

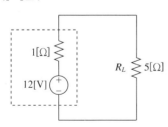

① 12
② 20
③ 24
④ 28.8

해설

R_L에 흐르는 전류 $I = \dfrac{V}{R} = \dfrac{12}{1+5} = 2[A]$

∴ R_L에 소비되는 전력 $P = I^2 R = 2^2 \times 5 = 20[W]$

07 그림의 회로에서 전압 $v(t)$와 전류 $i(t)$의 라플라스 관계식은?(단, 커패시터의 초기 전압은 0[V]이다)

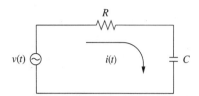

① $I(s) = \dfrac{C}{sRC+1} V(s)$

② $I(s) = \dfrac{s}{sRC+1} V(s)$

③ $I(s) = \dfrac{sR}{sRC+1} V(s)$

④ $I(s) = \dfrac{sC}{sRC+1} V(s)$

해설

그림의 회로를 라플라스 변환하여 나타내면 다음과 같다.

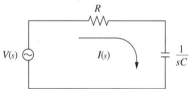

• 임피던스 $Z = R + \dfrac{1}{sC} = \dfrac{sCR+1}{sC}$

• 전류 $I(s) = \dfrac{V(s)}{Z} = \dfrac{V(s)}{\dfrac{sCR+1}{sC}} = \dfrac{sC}{sRC+1} V(s)$

08 그림의 회로에서 역률이 $\dfrac{1}{\sqrt{2}}$ 이 되기 위한 인덕턴스 L[H]은?(단, $v(t) = 300\cos(2\pi \times 50t + 60°)$[V]이다)

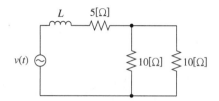

① $\dfrac{1}{\pi}$

② $\dfrac{1}{5\pi}$

③ $\dfrac{1}{10\pi}$

④ $\dfrac{1}{20\pi}$

해설

합성 저항 $R = (10 \| 10) + 5 = \dfrac{10 \times 10}{10 + 10} + 5 = 5 + 5 = 10[\Omega]$

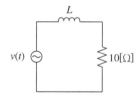

역률 $\cos\theta = \dfrac{1}{\sqrt{2}}$ 이므로 $\theta = 45°$이다.

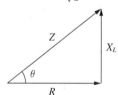

$R = X_L = \omega L$

$10 = \omega L = 2\pi \times 50 \times L \ (\because \ \omega = 2\pi f = 2\pi \times 50)$

$\therefore \ L = \dfrac{10}{100\pi} = \dfrac{1}{10\pi} [\text{H}]$

09 그림의 RC 직렬회로에 200[V]의 교류전압 V_s[V]를 인가하니 회로에 40[A]의 전류가 흘렀다. 저항이 3 [Ω]일 경우 이 회로의 용량성 리액턴스 X_C[Ω]는? (단, 전압과 전류는 실횻값이다)

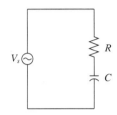

① 4   ② 5
③ 6   ④ 8

해설

$Z = \dfrac{V}{I} = \dfrac{200}{40} = 5[\Omega]$

$Z = \sqrt{R^2 + (X_C)^2}$ 이므로

$(X_C)^2 = Z^2 - R^2 = 5^2 - 3^2 = 16 = 4^2$

$\therefore X_C = 4[\Omega]$

10 그림 (a)의 회로를 그림 (b)의 테브난 등가회로로 변환하였을 때, 테브난 등가전압 V_{TH}[V]와 부하저항 R_L에서 최대 전력이 소비되기 위한 R_L[Ω]은?

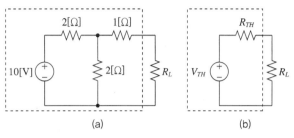

	V_{TH}	R_L
①	5	2
②	5	5
③	10	2
④	10	5

해설

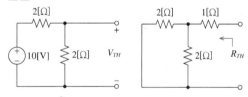

- $V_{TH} = \dfrac{2}{2+2} \times 10 = 5[\text{V}]$

- $R_{TH} = (2 \parallel 2) + 1 = \dfrac{2 \times 2}{2+2} + 1 = 1 + 1 = 2[\Omega]$

부하저항에 최대 전력이 소비되기 위해서는 $R_L = R_{TH} = 2[\Omega]$ 이다.

11 그림은 $t = 0$에서 1초 간격으로 스위치가 닫히고 열림을 반복하는 RL 회로이다. 이때 인덕터에 흐르는 전류의 파형으로 적절한 것은?(단, 다이오드는 이상적이고, $t < 0$에서 스위치는 오랫동안 열려 있다고 가정한다)

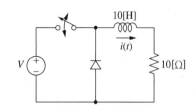

①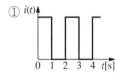

②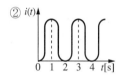

③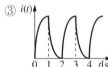

④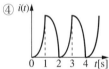

해설
• 스위치를 닫을 때

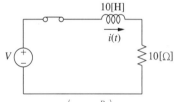

• 전류 $i(t) = \dfrac{V}{R}\left(1 - e^{-\frac{R}{L}t}\right)$

→ 0에서부터 점점 증가하여 $\dfrac{V}{R}$로 수렴한다.

• 스위치를 열 때

전류 $i(t) = \dfrac{V}{R}\left(e^{-\frac{R}{L}t}\right)$

→ $\dfrac{V}{R}$에서부터 점점 감소하여 0으로 수렴한다.

12 RC 직렬회로에 교류전압 V_s = 40[V]가 인가될 때 회로의 역률[%]과 유효전력[W]은?(단, 저항 $R = 10$ [Ω], 용량성 리액턴스 $X_C = 10\sqrt{3}$ [Ω]이고, 인가전압은 실횻값이다)

	역 률	유효전력
①	50	20
②	50	40
③	100	20
④	100	40

해설
• 역률 $\cos\theta = \dfrac{R}{Z} = \dfrac{10}{20} = \dfrac{1}{2} = 0.5 = 50[\%]$

여기서, 임피던스 $Z = \sqrt{R^2 + X_C^2}$
$= \sqrt{10^2 + (10\sqrt{3})^2} = \sqrt{100 + 300}$
$= \sqrt{400} = 20[\Omega]$

• 유효전력 $P = I^2 R = 2^2 \times 10 = 40[\text{W}]$

여기서, 전류 $I = \dfrac{V}{Z} = \dfrac{40}{20} = 2[\text{A}]$

13 그림과 같은 RLC 직렬회로에서 교류전압 $v(t) = 100\sin(\omega t)$[V]를 인가했을 때, 주파수를 변화시켜서 얻을 수 있는 전류 $i(t)$의 최댓값[A]은?(단, 회로는 정상상태로 동작하며, $R = 20[\Omega]$, $L = 10$[mH], $C = 20[\mu$F]이다)

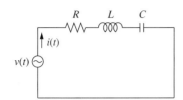

① 0.5

② 1

③ 5

④ 10

해설

주파수를 변화시켜 직렬 공진회로가 될 때 전류가 최대가 되며, $\omega L = \dfrac{1}{\omega C}$일 때 임피던스($Z = R$)는 최소가 된다.

∴ 전류의 최댓값 $I_m = \dfrac{V}{Z} = \dfrac{V_m}{R} = \dfrac{100}{20} = 5[A]$

14 그림의 회로에서 합성 인덕턴스 L_o[mH]와 각각의 인덕터에 인가되는 전압 V_1[V], V_2[V], V_3[V]는?(단, 모든 전압은 실횻값이다)

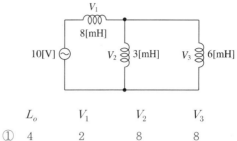

	L_o	V_1	V_2	V_3
①	4	2	8	8
②	10	4	4	8
③	4	6	4	8
④	10	8	2	2

해설

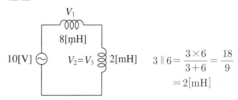

$3 \| 6 = \dfrac{3 \times 6}{3 + 6} = \dfrac{18}{9}$
$= 2[\text{mH}]$

• 합성 인덕턴스 $L_o = 8 + 2 = 10[\text{mH}]$

• 각 인덕터에 인가되는 전압

 − $V_1 = \dfrac{8}{8+2} \times 10 = 8[\text{V}]$

 − $V_2 = V_3 = \dfrac{2}{8+2} \times 10 = 2[\text{V}]$

15 그림과 같이 진공 중에 두 무한도체 A, B가 1[m] 간격으로 평행하게 놓여 있고, 각 도체에 2[A]와 3[A]의 전류가 흐르고 있다. 합성 자계가 0이 되는 지점 P와 도체 A까지의 거리 x[m]는?

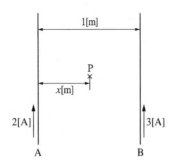

① 0.3

② 0.4

③ 0.5

④ 0.6

해설

무한도체에 의한 자기장의 세기

$$H = \frac{I}{2\pi r}[\text{AT/m}]$$

앙페르의 오른나사 법칙에 의해 P점에서 도체 A에 의한 자계는 들어가는 방향이고, P점에서 도체 B에 의한 자계는 나오는 방향이다. 따라서 합성 자계가 0이 되는 지점 P에서의 두 도체에 의한 자계의 세기는 크기가 같고 방향이 반대이다.

$$H_A = \frac{2}{2\pi x}, \ H_B = \frac{3}{2\pi(1-x)}$$

$H_A = H_B$이므로

$$\frac{2}{2\pi x} = \frac{3}{2\pi(1-x)}$$

$$\frac{2}{x} = \frac{3}{1-x}$$

$$3x = 2 - 2x$$

$$5x = 2$$

$$\therefore \ x = \frac{2}{5} = 0.4[\text{m}]$$

16 그림의 Y–Y 결선 평형 3상 회로에서 각 상의 공급전력은 100[W]이고, 역률이 0.5 뒤질(Lagging PF) 때 부하 임피던스 $Z_p[\Omega]$는?

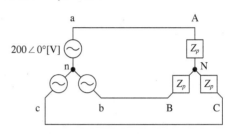

① $200 \angle 60°$

② $200 \angle -60°$

③ $200\sqrt{3} \angle 60°$

④ $200\sqrt{3} \angle -60°$

해설

각 상에 걸리는 전압과 전류는 같으므로, 다음 회로에서 상전류를 구한다.

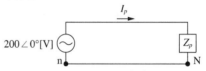

유효전력 $P = V_p I_p \cos\theta = 100[\text{W}]$ 이므로

$$200 \times I_p \times 0.5 = 100$$

상전류의 크기 $I_p = 1[\text{A}]$ 이다.

문제에서 역률 $\cos\theta = 0.5 = \frac{1}{2}$ 이므로 $\theta = 60°$이고,

역률이 뒤지(Lagging PF)므로 전류가 전압에 60°만큼 느리다. 따라서 $I_p = 1 \angle -60°$이다.

$\therefore$ 부하 임피던스 $Z_p = \dfrac{V_p}{I_p} = \dfrac{200 \angle 0°}{1 \angle -60°} = 200 \angle 60°[\Omega]$

17 임의의 철심에 코일 2,000회를 감았더니 인덕턴스가 4[H]로 측정되었다. 인덕턴스를 1[H]로 감소시키려면 기존에 감겨 있던 코일에서 제거할 횟수는?(단, 자기포화 및 누설자속은 무시한다)

① 250
② 500
③ 1,000
④ 1,500

해설

자기인덕턴스 $L = \dfrac{N\phi}{I} = \dfrac{N}{I} \cdot \dfrac{NI}{R_m} = \dfrac{N^2}{\dfrac{l}{\mu S}} = \dfrac{\mu S N^2}{l}$ [H]

$L \propto N^2$ 이므로 인덕턴스가 4[H]에서 1[H]로 감소되려면 코일의 감은 횟수는 2,000[T]에서 1,000[T]로 줄어야 한다.

18 다음 그림에서 $-2Q$[C]과 Q[C]의 두 전하가 1[m] 간격으로 x축상에 배치되어 있다. 전계가 0이 되는 x축 상의 지점 P까지의 거리 d[m]에 가장 가까운 값은?

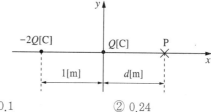

① 0.1
② 0.24
③ 1
④ 2.4

해설

P지점에서 두 전하의 전계$\left(E = \dfrac{Q}{4\pi\varepsilon_0 r^2}[\text{V/m}]\right)$가 같으므로

$$\dfrac{2Q}{4\pi\varepsilon_0(1+d)^2} = \dfrac{Q}{4\pi\varepsilon_0 d^2}$$

$$\dfrac{2}{(1+d)^2} = \dfrac{1}{d^2}$$

$$\left(\dfrac{1+d}{d}\right)^2 = 2$$

$$\left(\dfrac{1+d}{d}\right) = \pm\sqrt{2}$$

$1+d = \sqrt{2}\,d$ (∵ 그림상 d는 양수)

$(\sqrt{2}-1)d = 1$

∴ $d \simeq \dfrac{1}{0.414} \simeq 2.4$ (∵ $\sqrt{2} \simeq 1.414$)

[별 해]

근의 공식을 이용하여 d를 구한다.

$ax^2 + bx + c = 0$(단, $a \neq 0$)일 때, $x = \dfrac{-b \pm \sqrt{b^2 - 4ac}}{2a}$

$2d^2 = (1+d)^2$

$d^2 - 2d - 1 = 0$

∴ $d = \dfrac{-(-2) \pm \sqrt{2^2 - 4 \times (-1)}}{2} = \dfrac{2 \pm \sqrt{4+4}}{2}$

$= \dfrac{2 \pm \sqrt{8}}{2} = \dfrac{2 \pm 2\sqrt{2}}{2} = 1 \pm \sqrt{2}$

$\simeq 2.4$ (∵ 그림상 d는 양수이고, $\sqrt{2} \simeq 1.414$)

19 그림의 회로에서 전압 $v_o(t)$ 에 대한 미분방정식 표현으로 옳은 것은?

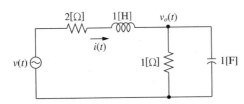

① $\dfrac{d^2 v_o(t)}{dt^2} + \dfrac{1}{3}\dfrac{dv_o(t)}{dt} + \dfrac{1}{3}v_o(t) = v(t)$

② $\dfrac{d^2 v_o(t)}{dt^2} + \dfrac{1}{3}\dfrac{dv_o(t)}{dt} + 3v_o(t) = v(t)$

③ $\dfrac{d^2 v_o(t)}{dt^2} + 3\dfrac{dv_o(t)}{dt} + \dfrac{1}{3}v_o(t) = v(t)$

④ $\dfrac{d^2 v_o(t)}{dt^2} + 3\dfrac{dv_o(t)}{dt} + 3v_o(t) = v(t)$

해설

그림의 회로를 라플라스 변환하면 다음과 같다.

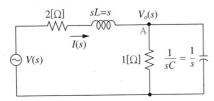

A점에 KCL을 적용하면

$$\frac{V(s) - V_o(s)}{2 + s} = \frac{V_o(s)}{1} + \frac{V_o(s)}{\dfrac{1}{s}}$$

$$= V_o(s) + s\,V_o(s)$$

$$= (1 + s)\,V_o(s)$$

$$V(s) - V_o(s) = (s + 2)(s + 1)\,V_o(s) = (s^2 + 3s + 2)\,V_o(s)$$

$$(s^2 + 3s + 3)\,V_o(s) = V(s)$$

$$s^2 V_o(s) + 3s\,V_o(s) + 3V_o(s) = V(s)$$

∴ 라플라스 역변환하면 $\dfrac{d^2 v_o(t)}{dt^2} + 3\dfrac{dv_o(t)}{dt} + 3v_o(t) = v(t)$

20 그림 (a)는 도체판의 면적 $S = 0.1[\text{m}^2]$, 도체판 사이의 거리 $d = 0.01[\text{m}]$, 유전체의 비유전율 $\varepsilon_r = 2.5$인 평행판 커패시터이다. 여기에 그림 (b)와 같이 두 도체판 사이의 거리 $d = 0.01[\text{m}]$를 유지하면서 두께 $t = 0.002[\text{m}]$, 면적 $S = 0.1[\text{m}^2]$인 도체판을 삽입했을 때, 커패시턴스 변화에 대한 설명으로 옳은 것은?

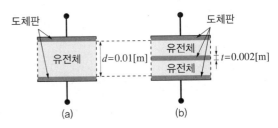

① (b)는 (a)에 비해 커패시턴스가 25% 증가한다.
② (b)는 (a)에 비해 커패시턴스가 20% 증가한다.
③ (b)는 (a)에 비해 커패시턴스가 25% 감소한다.
④ (b)는 (a)에 비해 커패시턴스가 20% 감소한다.

해설

• (a)의 커패시턴스 $C_a = \dfrac{Q}{V} = \dfrac{\varepsilon S}{d}[\text{F}]$

• (b)의 커패시턴스

  – 위쪽 : $C_1 = \dfrac{\varepsilon S}{0.4d} = 2.5\dfrac{\varepsilon S}{d} = 2.5 C_a$

  – 아래쪽 : $C_2 = \dfrac{\varepsilon S}{0.4d} = 2.5\dfrac{\varepsilon S}{d} = 2.5 C_a$

C_1과 C_2는 직렬로 연결되어 있으므로

합성 커패시턴스 $C_b = 2.5 C_a \parallel 2.5 C_a = \dfrac{2.5}{2}C_a = 1.25 C_a$

∴ C_b는 C_a보다 25[%] 증가한다.

[별 해]

(a) 커패시터의 유전체 폭은 10[mm]이고, (b) 커패시터의 유전체 폭은 삽입된 2[mm] 도체판에 의해 8[mm]가 되었으므로

$$C_a \equiv \frac{\varepsilon S}{d} = \frac{\varepsilon S}{10}, \quad C_b \equiv \frac{\varepsilon S}{d} = \frac{\varepsilon S}{8}$$

$$\frac{C_a}{C_b} = \frac{\dfrac{\varepsilon S}{10}}{\dfrac{\varepsilon S}{8}} = \frac{8}{10}$$

$$C_b = \frac{10}{8}C_a = 1.25 C_a$$

∴ C_b는 C_a보다 25[%] 증가한다.

2022년 서울시 전기이론

01 (+)x 방향으로 3[kV/m], (+)y 방향으로 5[kV/m]인 전기장이 있다. t = 0일 때 원점에 있는 전하 Q = 4[nC]를 띤 질량 m = 4[mg]인 입자가 (+)x 방향으로 4[m/s], (+)y 방향으로 10[m/s]로 움직일 경우 1초 후에 이 입자 가속도의 (+)x 방향 및 (+)y 방향의 값[m/s²]은?

	(+)x 방향	(+)y 방향
①	1	3
②	3	3
③	1	5
④	3	5

해설

• 전기장에 의한 힘의 세기 $F = QE$[N]
• 뉴턴의 가속도의 법칙 $F = ma$[N = kg · m/s²]

$ma = QE,\ a = \dfrac{QE}{m}$[m/s²] 이므로

∴ (+)x 방향으로의 가속도

$a_x \equiv \dfrac{4[\text{nC}] \times 3[\text{kV/m}]}{4[\text{mg}]} = \dfrac{4 \times 10^{-9} \times 3 \times 10^3}{4 \times 10^{-6}} = 3[\text{m/s}^2]$

(+)y 방향으로의 가속도

$a_y \equiv \dfrac{4[\text{nC}] \times 5[\text{kV/m}]}{4[\text{mg}]} = \dfrac{4 \times 10^{-9} \times 5 \times 10^3}{4 \times 10^{-6}} = 5[\text{m/s}^2]$

02 자기인덕턴스(Self-inductance), L = 1[H]인 코일에 교류전류 $i = \sqrt{2} \sin(120\pi t)$[A]가 흐른다고 할 때, 코일의 전압의 실횻값[V]은?

① 1
② 60π
③ 120π
④ $\sqrt{2}\,(120\pi)$

해설

$v_L(t) = L\dfrac{di(t)}{dt} = 1 \times \dfrac{d}{dt}\left(\sqrt{2}\sin(120\pi t)\right)$

$\qquad = \sqrt{2} \times 120\pi \times \cos(120\pi t)$

∴ 최댓값 $V_m = 120\pi\sqrt{2}$[V]

실횻값 $V = 120\pi$[V]

03 어떤 도선에 5[A]의 직류전류가 10초가 흘렀다면, 도체 단면을 통과한 전자의 개수는?(단, 전자의 전하량은 -1.6×10^{-19}[C]으로 계산한다)

① 3.125×10^{20}

② 50

③ 1.6×10^{-19}

④ 6.25×10^{18}

해설

전하량은 전하가 가지고 있는 전기적인 양으로
$Q = It[\mathrm{C}] = 5 \times 10 = 50[\mathrm{C}]$ 이며,
전하의 크기만을 고려하면
전자 1개의 전하량 $e = 1.6 \times 10^{-19}[\mathrm{C}]$ 이므로
∴ 도체 단면을 통과한 전자의 개수

$$n = \frac{Q}{e} = \frac{50}{1.6 \times 10^{-19}} = 3.125 \times 10^{20}[\text{개}]$$

04 보기의 회로에서 $R_1 = 10[\Omega]$, $R_2 = 5[\Omega]$, $R_3 = 15[\Omega]$일 때, 이 회로에 흐르는 전류 I와 전원 V 사이의 관계로 옳은 것은?

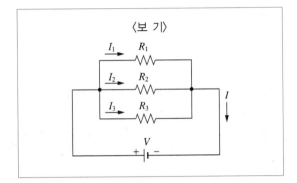

① $V[\mathrm{V}] = \dfrac{11}{30}[\Omega] \cdot I[\mathrm{A}]$

② $V[\mathrm{V}] = \dfrac{30}{11}[\Omega] \cdot I[\mathrm{A}]$

③ $V[\mathrm{V}] = 11[\Omega] \cdot I[\mathrm{A}]$

④ $V[\mathrm{V}] = 30[\Omega] \cdot I[\mathrm{A}]$

해설

병렬접속 회로의 합성 저항은 다음과 같다.

$$\frac{1}{R} = \frac{1}{R_1} + \frac{1}{R_2} + \frac{1}{R_3} = \frac{1}{10} + \frac{1}{5} + \frac{1}{15} = \frac{3}{30} + \frac{6}{30} + \frac{2}{30} = \frac{11}{30}$$

$$R = \frac{30}{11}[\Omega]$$

$$\therefore \ V[\mathrm{V}] = IR = \frac{30}{11}[\Omega] \cdot I[\mathrm{A}]$$

05 보기의 빈 칸에 들어갈 숫자는?

〈보 기〉
공기 중에 평행한 두 도선의 길이와 도선 사이의 거리가 각각 두 배가 되고, 각 도선에 흐르는 전류가 반으로 줄어들면, 도선 사이에 작용하는 힘은 ___배가 된다. 단, 도선은 충분히 길다고 가정한다.

① $\frac{1}{8}$ ② $\frac{1}{4}$

③ $\frac{1}{2}$ ④ 1

해설
평행한 두 도선 간에 작용하는 힘

$$F = 2 \times 10^{-7} \times \frac{I_1 I_2 \, l}{r} [\text{N}]$$

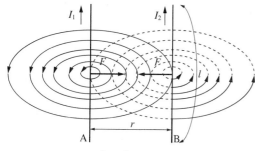

$$\therefore \ F' = 2 \times 10^{-7} \times \frac{\dfrac{I_1}{2} \times \dfrac{I_2}{2} \times 2l}{2r}$$

$$= 2 \times 10^{-7} \times \frac{I_1 I_2 \, l}{r} \times \frac{1}{4}$$

$$= F \times \frac{1}{4} [\text{N}]$$

06 보기 RLC 직렬회로의 $L = 10[\text{mH}]$, $C = 100[\mu\text{F}]$이며, 정현파 교류전원 V의 최댓값(Amplitude)이 일정할 때, R_L에 공급되는 전력을 최대로 하는 전원 V의 주파수[kHz]는?

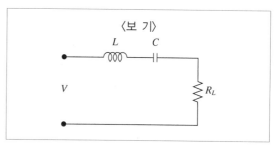

① $\frac{1}{2\pi}$ ② 2π

③ 1   ④ 1,000

해설
전력 $P = I^2 R[\text{W}]$에서 직렬 공진회로가 될 때 임피던스는 최소, 전류는 최대가 되어 R_L에 전력을 최대로 공급한다.

이때 $X_L = X_C$, $\omega L = \dfrac{1}{\omega C}$, $\omega^2 LC = 1$이므로

$$\therefore \ \text{공진 주파수} \ f_0 = \frac{1}{2\pi \sqrt{LC}} = \frac{1}{2\pi \sqrt{10 \times 10^{-3} \times 100 \times 10^{-6}}}$$

$$= \frac{1}{2\pi \sqrt{10^3 \times 10^{-9}}} = \frac{1}{2\pi \sqrt{10^{-6}}}$$

$$= \frac{1}{2\pi \times 10^{-3}} = \frac{10^3}{2\pi} = \frac{1}{2\pi} [\text{kHz}]$$

07 보기와 같은 평형 3상 회로의 역률은?(단, 3상의 위상 순서는 a–b–c이다)

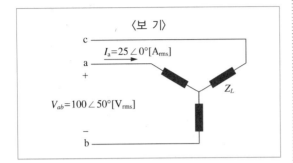

① cos20°(지상)
② cos20°(진상)
③ cos80°(지상)
④ cos80°(진상)

해설

3상 교류의 결선 중 Y결선
- $I_l = I_p$(선전류 = 상전류) $= 25 \angle 0°$
- $V_l = \sqrt{3}\, V_p \angle 30°$(선전압 = $\sqrt{3}$ 상전압)

$\to V_p = \dfrac{V_l}{\sqrt{3} \angle 30°} = \dfrac{100 \angle 50°}{\sqrt{3} \angle 30°} = \dfrac{100}{\sqrt{3}} \angle 20°$

역률은 유효전력을 피상전력으로 나눈 값으로, 교류회로에서 전류와 전압의 위상차의 cos값으로 나타낸다.

∴ 역률은 cos20°이며, 전류가 전압보다 20°만큼 느리므로 지상전류가 흐른다.

08 보기의 회로에서 정현파 전류 i_R과 i_C의 실횻값이 각각 4[A]와 3[A]일 때, 전류 i의 최댓값[A]은?

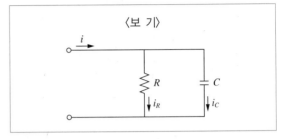

① 5
② 7
③ $5\sqrt{2}$
④ $7\sqrt{2}$

해설

RC 병렬회로

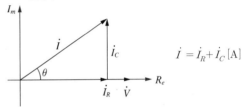

$\dot{I} = \dot{I}_R + \dot{I}_C$ [A]

전류 i의 실횻값 $|i| = \sqrt{i_R^2 + i_C^2} = \sqrt{4^2 + 3^2} = \sqrt{25} = 5$[A]

∴ 전류 i의 최댓값 $I_m = \sqrt{2}\,|i| = \sqrt{2} \times 5 = 5\sqrt{2}$[A]

09 보기의 회로에서 양단에 교류전압 $v = 100\sqrt{2}\sin(10t)$[V]인 정현파를 가할 때, 저항 R_1에 흐르는 전류의 실횟값이 10[A]였다면, 저항값 $R[\Omega]$은?

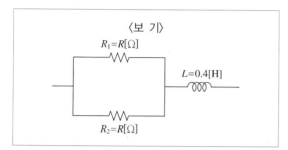

〈보 기〉

① 1   ② 6

③ 9   ④ 12

해설

$R_1 = R_2$이고, 양단에 걸리는 전압이 같으므로 두 저항에 흐르는 전류는 10[A]로 서로 같다. 따라서 인덕터 L에 흐르는 전류는 20[A]이다.

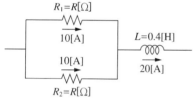

$v = 100\sqrt{2}\sin(10t)$의 전압이 걸리므로

합성 임피던스의 크기(실횟값) $|Z| = \dfrac{V}{I} = \dfrac{100}{20} = 5[\Omega]$이며,

인덕터의 유도리액턴스 $X_L = \omega L = 10 \times 0.4 = 4[\Omega]$이므로

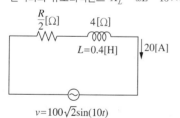

$|Z| = \sqrt{R^2 + X_L^2}$

$5^2 = \left(\dfrac{R}{2}\right)^2 + 4^2$

$\left(\dfrac{R}{2}\right)^2 = 25 - 16 = 9$

$\dfrac{R}{2} = 3$

$\therefore R = 6[\Omega]$

10 라플라스함수 $F(s) = \dfrac{1.5s + 3}{s^3 + 2s^2 + s}$일 때, 역변환함수 $f(t)$의 최종값은?

① 1.5

② 2

③ 3

④ 4.5

해설

라플라스 변환에서 최종값 정리

$\mathcal{L}\left[\lim_{t \to \infty} f(t)\right] = \lim_{s \to 0} sF(s)$

$\quad = \lim_{s \to 0} s\left(\dfrac{1.5s + 3}{s^3 + 2s^2 + s}\right)$

$\quad = \lim_{s \to 0} s\dfrac{1.5s + 3}{s(s^2 + 2s + 1)}$

$\quad = \dfrac{1.5s + 3}{s^2 + 2s + 1}\bigg|_{s \to 0} = \dfrac{3}{1} = 3$

11 보기와 같은 전압 파형이 2[H]의 인덕터에 인가되었을 때, $t = 10$[s]인 시점에서 인덕터에 저장된 자계에너지 [J]는?(단, 인덕터 초기 전류는 0[A]이다)

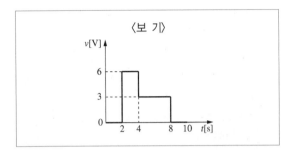

〈보 기〉

① 121
② 130
③ 144
④ 169

해설

$v(t) = L\dfrac{di(t)}{dt}$ [V]이므로

$$i(t) = \frac{1}{L}\int_0^t v(t)dt$$

$$= \frac{1}{2}\left(\int_0^2 0dt + \int_2^4 6dt + \int_4^8 3dt + \int_8^{10} 0dt\right)$$

$$= \frac{1}{2}\left(0 + [6dt]_2^4 + [3dt]_4^8 + 0\right)$$

$$= \frac{1}{2}\left([6\times4 - 6\times2] + [3\times8 - 3\times4]\right)$$

$$= \frac{1}{2}\left([24-12] + [24-12]\right)$$

$$= \frac{1}{2}(12+12) = \frac{1}{2}(24) = 12[A]$$

∴ $t = 10$[s]인 시점에서 인덕터에 저장된 자계에너지

$$W = \frac{1}{2}LI^2 = \frac{1}{2}\times2\times12^2 = 144[J]$$

[별 해]

$v(t)$를 적분한 값은 보기에 제시된 그래프의 넓이와 같다.

12 보기와 같이 10[mH]의 인덕터에 최대치 10[V], 60[Hz]의 구형파 전압을 가할 때, 인덕터에 흐르는 전류의 3고조파 성분의 최댓값 I_3[A]와 기본파 성분의 최댓값 I_1[A]의 비, 즉 $\dfrac{I_3}{I_1}$는?

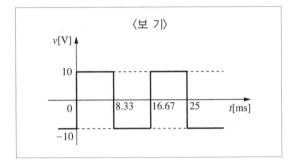

〈보 기〉

① $\dfrac{1}{3}$
② $\dfrac{1}{5}$
③ $\dfrac{1}{7}$
④ $\dfrac{1}{9}$

해설

• 구형파 전압의 푸리에 급수식

$$v(t) = \frac{4V_m}{\pi}\left(\sin\omega t + \frac{1}{3}\sin3\omega t + \frac{1}{5}\sin5\omega t + \cdots\right)$$

- 기본파 성분 $v_1(t) = \dfrac{4V_m}{\pi}\sin\omega t$[V],

  최댓값 $V_1 = \dfrac{4V_m}{\pi}$[V]

- 3고조파 성분 $v_3(t) = \dfrac{4V_m}{3\pi}\sin3\omega t$[V],

  최댓값 $V_3 = \dfrac{4V_m}{3\pi}$[V]

• 비정현파의 n고조파 유도리액턴스 $Z_n = jn\omega L$[Ω]

인덕터에 흐르는 n고조파 전류 $I_n = \dfrac{V_n}{jn\omega L}$[A]

• $I_1 = \dfrac{V_1}{j\omega L} = \dfrac{\frac{4V_m}{\pi}}{j\omega L} = \dfrac{4V_m}{j\pi\omega L}$[A]

• $I_3 = \dfrac{V_3}{j3\omega L} = \dfrac{\frac{4V_m}{3\pi}}{j3\omega L} = \dfrac{4V_m}{9\times j\pi\omega L}$[A]

∴ $\dfrac{I_3}{I_1} = \dfrac{\frac{4V_m}{9\times j\pi\omega L}}{\frac{4V_m}{j\pi\omega L}} = \dfrac{1}{9}$

13 보기와 같이 $t = 0$에서 회로의 스위치를 닫을 때, 회로의 시정수[ms]와 인덕터에 흐르는 전류 i_L의 최종값[A]은?

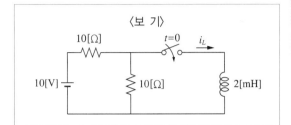

〈보 기〉

	시정수	전 류
①	0.2	0.5
②	0.4	0.5
③	0.2	1
④	0.4	1

해설

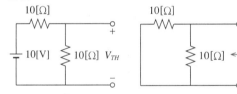

- $V_{TH} = \dfrac{10}{10+10} \times 10 = 5[\text{V}]$

- $R_{TH} = 10 \parallel 10 = \dfrac{10 \times 10}{10 + 10} = 5[\Omega]$

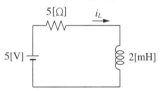

- 시정수 $\tau = \dfrac{L}{R} = \dfrac{2}{5} = 0.4[\text{ms}]$

- 전류 $i_L(t) = \dfrac{E}{R}(1 - e^{-\frac{R}{L}t})[\text{A}]$

정상전류, 즉 최종값 $i_L(\infty) = \dfrac{E}{R}(1-0) = \dfrac{E}{R} = \dfrac{5}{5} = 1[\text{A}]$

14 보기와 같은 RLC 직렬회로에 $v = 10\sqrt{2}\sin(10t)[\text{V}]$의 교류전압을 가할 때, 유효전력이 6[W]였다면, C의 값[F]은?(단, 전체 부하는 유도성 부하이다)

〈보 기〉

$R=6[\Omega]$ $L=1[\text{H}]$ $C=?$

① 0.01
② 0.05
③ 0.1
④ 1

해설

유효전력 $P = I^2R[\text{W}]$이므로
$6 = I^2 \cdot 6$, $I^2 = 1$
전류의 실횻값 $I = 1[\text{A}]$이다.

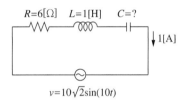

$v = 10\sqrt{2}\sin(10t)$

$v = 10\sqrt{2}\sin(10t)$에서 전압의 실횻값 $V = 10$이며,

임피던스 $|Z| = \dfrac{V}{I} = \dfrac{10}{1} = 10[\Omega]$이다.

$Z = R + j(X_L - X_C)[\Omega] = R + j\left(\omega L - \dfrac{1}{\omega C}\right)[\Omega] = Z\angle\theta[\Omega]$

$|Z| = \sqrt{R^2 + (X_L - X_C)^2}\,[\Omega]$

$10 = \sqrt{6^2 + (X_L - X_C)^2}$

$10^2 = 6^2 + (X_L - X_C)^2$

$(X_L - X_C)^2 = 8^2$

$X_L - X_C = 8$

$X_C = 10 - 8 = 2[\Omega] = \dfrac{1}{\omega C}$ ($\because X_L = \omega L = 10 \times 1 = 10[\Omega]$)

$\therefore C = \dfrac{1}{2\omega} = \dfrac{1}{2 \times 10} = \dfrac{1}{20} = 0.05[\text{F}]$

15 보기와 같은 RC 직렬회로에서 소비되는 유효전력을 50[%] 감소하기 위한 방법으로 가장 옳은 것은?

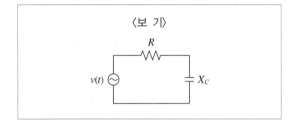

〈보 기〉

① 전압 $v(t)$를 $\dfrac{1}{\sqrt{2}}$ 배 한다.

② 전압 $v(t)$를 0.5배 한다.

③ 저항 R을 $\dfrac{1}{\sqrt{2}}$ 배 한다.

④ 저항 R을 0.5배 한다.

해설

유효전력 $P = I^2 R[\mathrm{W}]$ 이므로

유효전력을 $50[\%] = 0.5 = \dfrac{1}{2}$ 감소하려면

전류 I^2을 $\dfrac{1}{2}$배, 즉 I 를 $\dfrac{1}{\sqrt{2}}$ 배하면 되고,

전압 $V = IR$, $V \propto I$이므로 V를 $\dfrac{1}{\sqrt{2}}$ 배하면 된다.

16 유전율이 ε_0이고, 극판 사이의 간격이 d인 커패시터가 있다. 보기와 같이 극판 사이에 평행으로 유전율이 ε인 물질을 $\dfrac{d}{2}$ 두께를 갖도록 삽입했을 때, 커패시터의 합성 정전용량이 1.6배가 되었다. 이때 삽입한 유전체의 비유전율은?

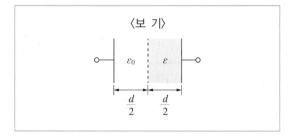

〈보 기〉

① 1.5

② 2

③ 3

④ 4

해설

도체판의 면적이 S일 때

• 유전율 ε인 유전체 삽입 전 커패시터의 정전용량 $C = \varepsilon_0 \dfrac{S}{d}$

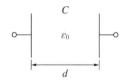

• 유전율 ε인 유전체 삽입 후 커패시터의 정전용량

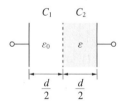

– 왼쪽의 기존 정전용량 $C_1 = \varepsilon_0 \dfrac{S}{\frac{d}{2}} = 2\varepsilon_0 \dfrac{S}{d} = 2C$

– 오른쪽의 정전용량 $C_2 = \varepsilon \dfrac{S}{\frac{d}{2}} = 2\varepsilon_0 \varepsilon_s \dfrac{S}{d} = 2\varepsilon_s C$

($\because$ 비유전율이 ε_s 일 때 $\varepsilon = \varepsilon_0 \varepsilon_s$)

두 커패시터는 직렬로 연결되어 있으므로

합성 정전용량 $C' = \dfrac{C_1 \times C_2}{C_1 + C_2} = \dfrac{2C \times 2\varepsilon_s C}{2C + 2\varepsilon_s C} = \dfrac{2\varepsilon_s C}{1 + \varepsilon_s}$ 이며,

$C' = 1.6C$ 이므로 $1.6C = \dfrac{2\varepsilon_s C}{1 + \varepsilon_s}$ 이다.

$1.6 = \dfrac{2\varepsilon_s}{1 + \varepsilon_s}$

$1.6(1 + \varepsilon_s) = 2\varepsilon_s$

$1.6 + 1.6\varepsilon_s = 2\varepsilon_s$

$0.4\varepsilon_s = 1.6$

$\therefore \ \varepsilon_s = 4$

17 두 개의 코일로 구성된 이상적인 변압기(Ideal Transformer)에 대한 설명으로 가장 옳지 않은 것은?

① 두 코일 간에 결합계수는 무한대이다.
② 두 코일의 자기인덕턴스는 무한대이다.
③ 두 코일의 저항은 0[Ω]이다.
④ 변압기의 철손은 0[W]이다.

해설

• 상호 인덕턴스와 자기인덕턴스의 관계
  $M = k\sqrt{L_1 L_2}$
  여기서, k : 결합계수($0 \le k \le 1$)
• 이상적인 변압기의 조건
  – 두 코일 간의 결합계수(k)가 1일 것(누설자속 = 0)
  – 코일에 손실이 없을 것(코일의 저항, 히스테리시스 손실, 와류 손실이 없다)
  – 각 코일의 인덕턴스는 무한대일 것

18 보기의 연산증폭기 회로에 $5\sin(3t)$[mV] 입력이 주어졌을 때, 출력신호의 진폭[mV]은?(단, 연산증폭기는 이상적이다)

〈보 기〉

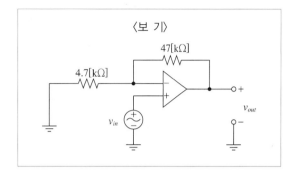

① 15
② 45
③ 50
④ 55

해설

이상적인 연산증폭기(OP AMP)의 특성
• 두 입력 단자의 전압은 같으므로, $v_A = v_{in} = 5\sin(3t)$[mV] 이다.
• 두 입력 단자로 흘러 들어가는 전류는 0이므로 $i_+ = i_- = 0$이다.

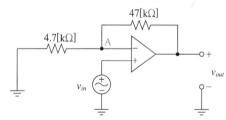

v_{out} 의 진폭을 구해야 하므로 최댓값 V_{out} 으로 계산한다.
$v_A(= v_{in})$ 의 최댓값 $V_A = 5$[mV] 이므로
A점에 KCL을 적용하면

$\dfrac{0 - V_A}{4.7} = \dfrac{V_A - V_{out}}{47}$

$\dfrac{-5}{4.7} = \dfrac{5 - V_{out}}{47}$

$10(-5) = 5 - V_{out}$

$-50 - 5 = -V_{out}$

$\therefore \ V_{out} = 55$[mV]

19 보기의 회로를 A-B 터미널에서 바라본 하나의 등가 커패시터로 나타낸다고 할 때 그 커패시턴스[μF]는?

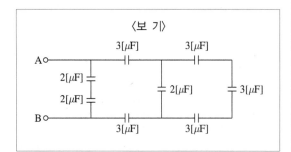

〈보 기〉

① 1   ② 1.5

③ 2   ④ 2.5

해설

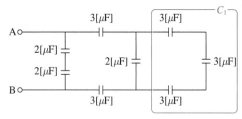

합성 정전용량

$$\frac{1}{C_1} = \frac{1}{3} + \frac{1}{3} + \frac{1}{3} = \frac{3}{3} = 1$$

$$C_1 = 1[\mu F]$$

※ 크기가 같은 커패시터 3개가 직렬연결되었을 경우

$$C_1 = \frac{C}{3} = \frac{3}{3} = 1[\mu F]$$

$$C_2 = 2 + 1 = 3[\mu F]$$

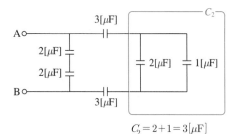

$$C_3 = \frac{C}{3} = \frac{3}{3} = 1[\mu F]$$

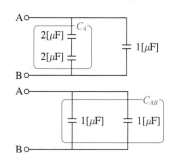

※ 크기가 같은 커패시터 2개가 직렬연결되었을 경우

$$C_4 = \frac{C}{2} = \frac{2}{2} = 1[\mu F]$$

$$C_{AB} = 1 + 1 = 2[\mu F]$$

20 권선비 3 : 1인 이상적인 변압기(Ideal Transformer)의 2차측 권선에 대해 $N_{21} : N_{22} = 2 : 1$의 위치에 탭을 이용하여 보기와 같은 회로를 구성하였다. 1차측 전압의 실횻값이 9[V]라면 1차측 전류의 실횻값[A]은?

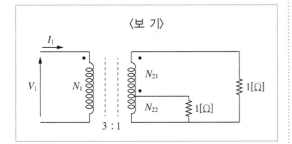

〈보 기〉

① $\dfrac{4}{3}$　　　　② $\dfrac{10}{3}$

③ $\dfrac{4}{9}$　　　　④ $\dfrac{10}{9}$

해설

- $N_{21} : N_{22} = 2 : 1$이므로 $N_2 = N_{21} + N_{22} = 2 + 1 = 3$이라 하면 권선비가 3 : 1이므로 $N_1 : N_2 = 3 : 1 = 9 : 3$이고, $N_1 : N_{21} = 9 : 2$, $N_1 : N_{22} = 9 : 1$로 나타낼 수 있다.

- 권수비 $a = \sqrt{\dfrac{Z_1}{Z_2}}$, $Z_1 = a^2 Z_2$

  여기서, Z_1 : 1차측 임피던스, Z_2 : 2차측 임피던스

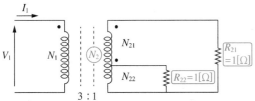

- 회로에서 2차측의 오른쪽 끝에 있는 저항 1[Ω]을 1차측 저항으로 변환하면 $N_1 : N_2 = 3 : 1$에서 권수비 $a_1 = \dfrac{N_1}{N_2} = \dfrac{3}{1} = 3$이므로 $R_{11} = a^2 R_{21} = 3^2 \times 1 = 9[\Omega]$이다.

- 회로에서 2차측의 아래쪽에 있는 저항 1[Ω]을 1차측 저항으로 변환하면 $N_1 : N_{22} = 9 : 1$에서 권수비 $a_2 = \dfrac{N_1}{N_{22}} = \dfrac{9}{1} = 9$이므로 $R_{12} = a^2 R_{22} = 9^2 \times 1 = 81[\Omega]$이다.

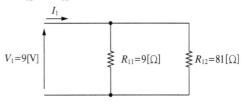

합성 저항 $R_1 = R_{11} \| R_{12} = \dfrac{9 \times 81}{9 + 81} = \dfrac{729}{90} = \dfrac{81}{10}[\Omega]$

∴ 1차측 전류의 실횻값 $I_1 = \dfrac{V_1}{R_1} = \dfrac{9}{\dfrac{81}{10}} = \dfrac{10}{9}[A]$

참 / 고 / 문 / 헌

- 전기이론, 박상철, 도서출판 세화, 1996
- 회로이론, 한국산업인력공단, 2007
- 전기회로, 김완태 등 5인, 씨마스, 2015
- 전기회로, 교육과학기술부, (주)천재교육, 2013
- 전기회로, 교육과학기술부, (주)두산동아, 2011
- 전기기사 산업기사 필기, 동일출판사, 2015
- 전기공사 산업기사 필기, 엔트미디어, 2015
- 전기실험실습, 나채동 등 3인, 웅보출판사, 1999
- 최신 기초전자전기실험, 김동일 등 5인, 두양사, 2008
- NCS기반 전기회로실험, 한학근, 동일출판사, 2016
- 알기 쉬운 기초전기전자 실험, 김지홍 등 3명, 동일출판사, 2000
- 자동제어공학, 윤만수, 일진사, 2007
- 자동제어공학, 한국산업인력공단, 2006
- 전기전자측정, 구마가이 후미히로, 대광서림, 1996
- 전기전자측정, 교육인적자원부, (주)두산, 2008
- 전기응용, 강대하 등 6명, 동일출판사, 2011
- 전기응용, 경기도교육청, 웅보출판사, 2014
- 송배전공학, 송길영, 동일출판사, 1992
- 전기설비설계, 정타관, 형설출판사, 1993
- 전기전자수학, 박건수, 상학당, 1988
- 전기자기학, 한국고시회, (주)고시넷, 2016
- 전기자기실습, 기술시험연구회, 원화, 1991
- 회로이론, J. David Irwin & R. Mark Nelms, 교보문고, 2011
- 전자기학, William H. Hayt, Jr. McGraw Hill Education, 2019